最近兩百年中國史【3】

中國共產革命七十年

上冊

（修訂版）

陳永發　著

最近兩百年中國史總序

我不治史學，但自有記憶以來，身歷八十餘年不斷的內亂外侮(如民國革命時在廣州的戰亂，民初小學時期中之歐戰及北京大學引起五四運動，廣東逐桂系之戰爭，1920年代的直奉戰爭，國民革命軍之北伐戰爭，國民政府成立後之中原大戰、剿共戰爭、九一八日佔東北，接著是1932年之上海大戰、熱河華北事件，繼而有盧溝橋抗戰；1940年代雖有抗戰勝利，而國共之戰又興，終致國民政府潰敗遷臺，形成目前兩岸對峙情形)。我雖從未有政治性的活動，但自然而然的養成強烈的國家民族觀念。

1983年冬，我任職中央研究院。一日在與近代史研究所同仁會談中，提出希望同仁中，有人有興趣考慮從事一部敘事客觀、分析深入的「中國近代史」之編著工作。我解釋這項工作的意義，和我的企望如下：

所謂「中國近代史」的「近代」年代問題，數十年來我們大都接受1920年代末蔣廷黻氏在南開大學首次講授「中國近代史」的斷代觀點，指「近代」始自1840年代鴉片戰爭。蔣氏以來(至1980年時)，中國近代史在臺已有十餘種不同版本，大都始自鴉片戰爭而止於民國肇造，亦有敘至抗日戰爭前夕的。我這裡所指的時期，乃自鴉片戰爭甚至應提前到乾隆五十八年(1793)，拒絕英國特使馬戛爾尼提出的要求，至目前(1990年)為止的兩百年。這段時期中，我國由幾乎與外隔絕的情形而開放，外強的侵入，我國的「自強」運動，中日甲午之戰，民國之建立，軍閥之割據，國民政府之成立，中共的興起，日本在東北及華北之侵略，抗日戰爭，國共戰爭，國民政府之遷臺及中華人民共和國的成立，以至目前兩岸對峙之情形。

這是一個有數億人口、五千餘年歷史文化的國家：在短短的一百數十年間，尤其是在最近六、七十年間，所作的「脫胎換骨」的變化——在政治、社會思想、觀念、體制、生活水準、思維方式、宗教信仰、學術、藝術……方面的改變。這些改變不純是我國由文化接觸交流而自然的改變，而多是由列強的經濟、政治之侵略，強加我國而改的；這些改變的「基本性」和「劇烈性」，幾乎使我國為列強所瓜分，幸而有列國間的競爭，救了我們。

這樣的一部客觀而深入的「中國近代史」，目前還未出現。國人的著作中，最大的問題，是國共兩方的偏頗觀點。目前大陸五十歲以下的人，對我國近六、七十年的歷史的知識和了解，顯然是不盡客觀的。臺灣在國民政府治下，則有另一偏頗。一是臺灣受日本管轄五十載，無疑產生極深的影響。例如目前六、七十歲以上的人，其基礎教育是日本的，他們對中國歷史文化沒有認同感，亦是自然的事。

國民政府遷臺之初，因曾挫敗於中共，對中共有過度的恐懼和敵視仇恨，更由此而對臺獨過度敏感，從而引致某些不幸的愚昧的政策或措施。政府在全力著重經濟發展政策之下，在教育方面，忽略了了解臺灣因日據所留下的影響；忽略了增強人民對祖國文化傳統的欣賞認同。近年來「本土化」觀點的提倡，是脫離我國文化意識的示標。一個民族，語言文字生活風俗，連媽祖都來自大陸，但因政治而堅持否定其本身的文化淵源，是可悲的事。

在中研院近史所與同仁的會談中，我希望能有一部「中國近代史」（近兩百年中國史），一部國人皆可讀的、客觀信實而分析深入的書，使國人皆知我國民族歷史文化之發展，尤其近百數十年的迅速變遷之因果，希望這有助於我中華民族對自己有較深的認識。

1991年雙十節日，我將上述構想在《民生報》寫了一篇短文，頗獲得一些贊同。翌年我向中華教育文化基金會董事會申請一些補助，聘請歷史學者劉廣京氏(在美)、張玉法氏及陳永發氏(中研院近史所)三人主持此計畫，並聘何炳棣、余英時、黃仁宇先生為顧問。

1997年，三位作者分別成稿三冊，總名為：《最近兩百年中國史》，內分：

上冊，晚清篇，劉廣京著；

中冊，民國篇(另名《中華民國史稿》)，張玉法著；

下冊，中共篇(另名《中國共產革命七十年》)，陳永發著。三冊各單行出版。

三篇各約六十萬言，皆盡客觀，不具黨見偏頗，然三篇約共二百萬言，具學術嚴肅性，或不易卒讀。故我與劉、張、陳三位著者商請合著普及本，以十餘萬言為度，使凡我國民皆易覽閱。

劉、張、陳三位各以五、六年時間精力，成此「劃」時代大著，有助於我國民族的自檢，助我個人達成數十年的企望，茲謹以此序為劉、張、陳三氏賀並致謝意。

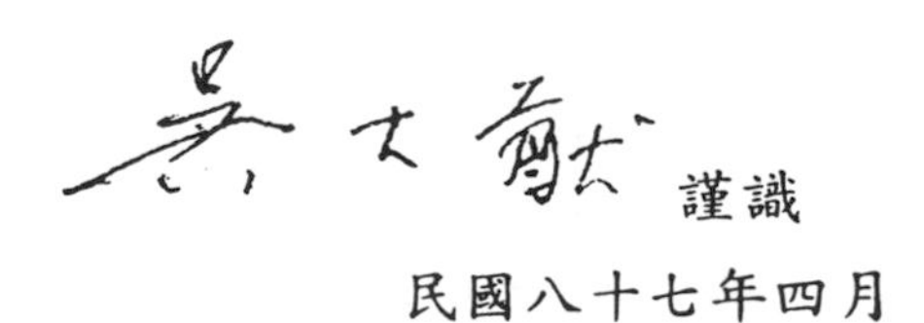

謹識

民國八十七年四月

劉　序

這一套叢書分起來是三部專書，合起來卻是一部互相連貫的中國近、現代史，涵蓋十八世紀末的乾、嘉之際，一直到最近幾年。這一套叢書所以要從乾、嘉之際說起是因為中國近、現代史上的一些問題，那時代已經有了。略述乾、嘉之際的若干問題，可以為這一套叢書的序幕。

乾隆五十八年(1793)，英國特使馬戛爾尼(George Lord Macartney)到熱河承德行宮覲見乾隆皇帝。他向清廷(主要包括軍機大臣和珅)要求於廣州之外多開通商口岸，並讓英國在北京駐使。這些要求都被拒絕；要到五十年後，鴉片戰爭中國戰敗之後纔有一部分被接受。但是就中國內部的情形而言，這五十年卻是很重要的一段歷史。

馬戛爾尼使華的同年，1793，自翰林院派出為貴州學政的洪亮吉(1746-1809)撰寫他有名的劄記《意言》，其中有幾篇討論民生吏治問題，觀察頗為敏銳。洪亮吉(江蘇陽湖人)注意到當時的人口問題，指出康、雍、乾三朝長期太平，結果人口大增，而農田和居屋卻增加有限。他說：「治平百餘年可謂久矣。然言其户口則較三十年以前增五倍焉；視六十年以前增十倍焉；視百年、百數十年前，不啻增二十倍焉……。」當然，田地和居屋也都有增加，但是新墾地和新建的屋宇比起人口的增加顯然不足。「高曾之時隙地未闢、閒廛未盡居也，然亦不過增一倍而止矣；或增三倍、五倍而止矣。而户口則增至十倍、二十倍。是田與屋之數常處其不足，而户與口之數常處其有餘也。又況有兼併之家，一人據百人之屋，一户佔百户之田，何怪乎遭風雨、霜露、飢寒、顛踣而死者之比比乎？」[1]

除了人口遽增外，據洪亮吉的觀察，乾隆朝的後半期，大約在1765以後的二三十年間，地方官的風氣大壞。任知府、知縣的官很少談吏治民生的問題。「其間即有稍知自愛及實能為民計者，十不能一二也。此一二人者又常被七八人者笑以為迂、以為拙、以為不善自為謀。」其實這些地方官就是有心為民造福，事實上也難於辦到。因為地方官除審案外必須收錢糧，而只有世業的胥吏知道地方的田地為誰所有，也只有他們能指揮衙役，迫人交稅。實際上賦稅所入，「入於官者十之三，其入於吏胥者已十之五矣。」強橫的胥吏且常凌虐沒有勢力的人，逼人破家。「是其權上足以把持官府，中足以凌脅士大夫，下足以魚肉里閭。」這種情形到了乾隆末年則有變本加厲之勢。

乾隆晚期寵信和珅，任他掌權。和珅(1750-1799)於1776年入軍機處，1780年為户部尚書，1784年為吏部尚書、協辦大學士，京師有許多大官都拜他為師，自稱門生；各省督撫或由他推薦，或向他拉關係，「交關通賄」，或贈送貴重禮物。督撫既要向他納賄，就不能不向地方官多索款。據洪亮吉1798年翰林朝考時所上的奏章：「今日州縣之惡，百倍於十年、二十年以前。」此奏作於《意言》成稿之後五年，似乎情形較五年前尤惡。1796年，湖北、四川白蓮教起義，旗幟上書「官逼民反」；係地方胥吏、衙役向教民勒索不止，因而激變。據洪亮吉說：地方官「借邪教之名，把持之，誅求之，不逼至於為賊不止。」[2]嘉慶四年(1799)正月，乾隆逝世，嘉慶親政，捕和珅，列舉其罪二十款，賜之死。京官及督撫中和珅黨羽罷黜了幾人。但是據洪亮吉該年九月的上成親王書，許多和珅舊人仍在位，有的年初被罷黜而現在又起復。洪亮吉說：尤其是1790年以後，有許多因和珅弄權而造成的冤案，其中少數嘉慶帝曾欲

1 本文引用《意言》資料，皆見洪亮吉，《洪北江先生遺集》(1877-79受經閣重刊本，台北華文影印，1969)，《卷施閣文》甲集卷一，頁8-10、19-22。

2 〈征邪教疏〉，見《卷施閣文》甲集卷十，頁1-3。

為之平反而事實上沒有做到。而造成冤案的人卻未必受罰。那時征剿教匪最緊急的四川省，就有聲名最劣、害人最多的前達州知州戴如煌，雖被解任，而「挈家安處川中，反得超然事外」[3]。

洪亮吉請成親王代奏的信批評皇帝不夠勤勞，而且有「俳優近習的人，熒惑聖聽」。刑部審洪亮吉以「大不敬罪」擬斬立決，奉旨改流放到新疆。但半年之後嘉慶皇帝赦之歸里。皇帝自作〈導言納諫論〉，置洪氏原書於座右，使諸臣知「朕為可與言之君」[4]。

上文藉洪亮吉的資料，說明本叢書何以以乾、嘉之際的十八世紀末為中國近、現代史的起始。洪亮吉1799年上書之前兩年內，安徽涇縣的包世臣(1775-1855)在湖北、四川任幕職，所看到的地方情形和洪亮吉說的相似。一年之後包氏撰《說儲》一書(1801)，為中國近代第一部主張變法的著作。包氏與明清之際的大儒黃宗羲、顧炎武等不同。他憂心的對象不是君主專制，而是「兵弱威屈，民貧財絕」。「財匱則威不行，威沮則德不立，非即有橫潰四出之患也，而天子已孤立於上矣。」[5]包世臣主張廢吏胥及幕職，而代之以經過考試、試用之後頒有品級的「級吏」。包氏要廢各省的督撫和道台，由藩司主政，臬司主刑。藩、臬及縣官的人選由中央指派，但中央政府本身要有新建置，設審官院，鼓勵天下人民上書，「不拘現任、故官、儒生、幕客、農民、吏卒皆許言事」；而上書的人，經過特別考試，可以補授中外官職。原來的考試不廢，但罷八股，只試經術與策論。現任的科道等官「歸俸三年以上而無一語建白者，罷之。」包氏顯然希望官員有思想，有抱負。同時則主張提高所有官員的俸祿，以勵廉恥。對於貪污的官吏則一體嚴懲，甚至要加罪於他們家裡的人：「子自成童以上，知而不力諫者，禁錮；兄弟在署者如之；父母不禁止者，奪誥敕。」官僚之間的拉關係要嚴格禁止：「禁座

---

3 洪亮吉上成親王書見同上，卷十續，頁1-10。

4 《洪北江先生遺集》，卷首〈年譜〉，頁32-33；〈碑銘〉，頁24。

5 《包世臣全集：小倦游閣集‧說儲》，李星、劉長桂點校(合肥黃山書社，1991)，頁133-134

主、舉主、恩師、門生、同年兄弟伯姪之稱，犯者俱坐『無恥』奪職，永不敘用。」6

在經濟方面包氏注重農業生產，主要的方策是多設屯田。當時剿白蓮教，鄉勇頭目裡頗多「草莽英雄」，將來解甲時「兵撤於上，將驕於下，元戎無善後之策，郡縣無撫恤之能，則杞人之憂於茲方始。」包氏認為現有兵勇四十餘萬人應挑選力強技精的兩萬人作戰，其餘則命之於險要之處建築堡壘，就地為屯田，以勇目為官，督導屯墾。政府應提供農具及至少半年口糧。一次收成後兵屯便可自給，五年後賦稅所得較原來費用必多數倍。包氏認為「勸農」政策應大規模實行。華北等旗民閑散之地，尤應舉辦。他認為當時可墾之地，包括邊地，尚不少，由官來勸農，並依每户正丁(二十歲以上，五十歲以下)的數目，重定較輕之田賦數額，屯田則只收秋租，不徵夏税——結果可以實現「藏富於民」的理想，也就是《説儲》書名揭示之政策。包氏同時主張通商惠工。現行制度之有礙於工商業者，如關卡之稅及鹽業專利，皆應撤除。鹽除在產場收稅一次外，任何商人皆許運銷，不再徵稅。本於「勸農抑商」的原則，工商每人應交月稅若干。令工匠每人月賦十五文、商人「本銀五十兩者，人月賦十五文……本銀二千兩以上，皆人月賦九十文。」此外則廢捐納制度，商人不得購官銜。國家收入雖然表面上有損失，而「生財之大道乃得，一切與民爭利之弊政乃絕。」7

包氏《説儲》乃以「待訪錄」的形式提出：「苟有用我，……漢唐二宗〔似指漢文帝、唐太宗〕必復見於今日也。」他在政治方面最重要的建議是立左右丞相，與審官院合作，起用新人，禁絕貪污，使民間無冤苦而不至於作亂。「夫倡亂執詞，必指墨吏。墨吏冤酷，纔被〔殃及〕數人，奸民口舌，遂搖眾志。」如果能夠通上下之情，盡人才之用，則「下志得達而吏無廢事，逆氣不萌，而國無卒衅也。……精選院卿，委

6 《包世臣全集》，頁134-139、178。
7 同上，頁159-160、182-186、188-189。

澄京職，亦即精選京職，使監外郡，……止亂興治，斯其要樞。」8

包世臣《說儲》當時沒有刊印，但友人有傳鈔者。年紀比包氏小十七歲的龔自珍(1792-1841)即獲知包氏之說。他在〈投包愼伯世臣〉的詩裡說：「乾隆狂客發此議，君復掉罄今公卿。」(按：掉罄應即掉磬，謂彼此批評。)9 後來要到1906年《說儲》纔由上海國學保存會出版。劉師培在1903年撰寫的跋文裡說包氏的改制學說「行之於今，頗與泰西憲政之制相合。當嘉道之世，中國之局方守其老洫不化，而先生已先見及此，仁和龔氏之外，一人而已。」10

本叢書計劃出版三部書：《晚清篇》由筆者負責撰寫；《民國篇》由張玉法先生撰寫；《中共篇》，由陳永發先生撰寫。依各篇完成的先後，盡早出版。

我們三人編寫中國近、現代史的計劃，原由吳大猷先生創意，最初計劃合作一部三十餘萬字的書。承中華教育文化基金董事會撥給兩年的研究助理等費用。但我們嗣發現撰寫大學程度的中國近、現代史，無法寫得過於簡單，也不宜過於簡單；因此多費研究時間，也多費筆墨。稽延時日，要向吳先生及中基會表示歉意與謝意。聯經出版事業公司主持人屢賜筵宴，給予鼓勵，謹此一併道謝。本叢書各篇文責由該篇著者自負，筆者參與協調及審查工作，亦應分擔部分責任。

劉廣京
1997年9月

8 《包世臣全集：小倦游閣集・說儲》，頁134、142、189-190。

9 《包世臣全集》，附錄：〈包愼伯先生年譜〉，頁215-217。《龔自珍全集》(台北：河洛出版社版，1975)，頁462。

10 《包愼伯說儲》(上海：國粹學報館，1906)；另見《包世臣全集》，附錄，頁199。

修訂版自序

中共「脫褲子，割尾巴」的自我批評，我不贊成，也不會作，但是某種程度的自我批評仍是需要的。

本書初版是在極端倉促的情況下付梓的，任誰也難以相信，我因為心身交疲，而又出國在即，居然沒有親自校對。這還不是我要自我批評的重點，眞正的重點是缺乏自知之明，原本就學淺識陋，又用功不夠，再加上粗枝大葉成性，本來就沒有資格一個人寫中國共產革命的全部歷史，承擔下責任之後卻不知道戒愼恐懼，反而掉以輕心，難怪本書初版之後，到處發現錯誤，以致自己在相當長的一段時間內寢食難安，羞於面對熟識。所幸讀者抬愛，本書得有機會修訂再版。在此應向讀者致十二萬分的歉意。

此次修訂再版，要感謝齊錫生、郭恒鈺、汪榮祖、楊奎松、高華、陳東林、李丹陽、劉建一、邢義田、李菁豪、緒形康、石川禎浩等前輩和朋友的指教。老友范毅軍和陸天瑢小姐幫我製圖，學生王俊中、陳思宇、高國鼎和家小弟永敏則替我找到不少錯誤，也都要致謝。楊奎松和高華是中國大陸治中共黨史的頂尖學者，他們對本書的指教，為學術批評建立了典範，也在我重新修訂本書時，幫助我避免了許多錯誤；同事陶英惠先生已經退休，卻慨然放下手中事情，替我從頭到尾仔細校對一遍；黎漢基在百忙之中，也把修正稿從頭到尾校對一遍，斧正不少錯誤；汪榮祖教授閱讀了一小部分修訂稿，他的潤飾和建議，讓我再次體會到學無止境，進一步力求文字表達方面的乾淨俐落和精確無誤。

我更要感謝我的學生吳喆、同事周道瞻和朋友王震邦三人，他們在今年新舊曆年前後，都犧牲假期，耐心校對和潤飾本書的修訂稿，減少了不少史實和行文上的失誤，也增加了本書的可讀性；我的編輯鄭天凱，瞭解本書初版的問題所在，慨然負起文字編輯的重責大任，幫我修改歐化到難以閱讀的字句，更耐心配合每一次校改，總以盡可能編好本書為原則，我尤其五內銘感。

最後，還是要再次感謝這本書的催生者——故中央研究院院長吳大猷先生。吳先生極其厚道，提攜後進不遺餘力，對晚輩的態度更永遠都是鼓勵的，無論本書初版時出現了多少疏失，他都予以包容，而不曾對我表達過任何負面的意見。我不能符合他的期望，寫出一本通俗易讀的中共革命史，原本內心就有遺憾，發現本書初版時所犯下的許多錯誤以後，更覺得有負長者厚望而慚愧萬分。每次一想到自己不能在他生前徹底重訂本書，就難過不已。但願此書修訂再版，能稍稍彌補我的過失，並告慰他的在天之靈。

陳永發

2001年3月

於中央研究院

原　序

這本書是為吳大猷院長的通俗化中國近現代史計畫寫的。要不是劉廣京和張玉法兩位院士強力推薦，我也不會成為計畫的一員。吳院長的期望是以蔣廷黻先生《中國近代史大綱》或是黃仁宇先生《萬曆十五年》的筆法，寫一本一般讀者都可以讀、也都喜歡讀的書；除了文字暢達以外，最重要的要求是簡短通俗。說實在，最初聽到吳院長這個構想時，我就心虛，自認為不具備寫這種歷史的條件。但是臉皮子薄，不好意思說不，一參加計畫，就更不敢打退堂鼓，只好勉力做過河卒子了。實際著手時，發現自己做的都是專家之學，連中國共產革命七十年歷史的基本輪廓都沒好好弄清楚，又怎能符合吳院長的構想！所以從弄懂歷史輪廓的角度著手，開始蒐集和閱讀有關書籍和資料，不料如此一來，卻像從前一樣，又寫了一部又臭又長的大書。我的第一本書有600多頁，花了近十年功夫；出版之前，已經心力交瘁，出版之後更力誡自己，不要重蹈覆轍，寫大部頭著作了。可是現在竟然重蹈覆轍，把吳院長的三年計畫拖成「八年抗戰」，吳院長也從八十初度的「年輕」老人變成九十古稀的「老童」了。既然無法滿足吳院長原來的心願，就只好以這樣厚厚的一部書先向吳院長請罪了。

吳院長關心中國最近兩百年的歷史，所以提出撰寫通俗化中國近現代史的計畫。他不僅提出這個構想，也為這個構想的付諸實現，尋求各種奧援。我相信若不是他登高一呼，中華教育文化基金會不可能慷慨解囊，而聯合報系文化基金會也不可能從旁促成本書的出版。吳先生最令人感動的是，他雖然是我「長官」的「長官」——中央研究院院長，卻從來不會官大學問大。他對科學研究也有當仁不讓的「知識傲慢」，但是絕對尊重我們這些所謂「專家」，除了為我們的計畫尋求資助以外，完全放手讓我們工作。對我個人更只有鼓勵再加鼓勵。我幾次因為不能按時交卷，深懷內疚，忍不住向他告罪，他卻總是以長者溫煦的語氣安慰我說：不要急嘛！寫不出來就慢慢寫，只要最後能把書寫好就行了。他甚至也不堅持初衷，一定要我們按照他原來的構想交卷。在此我也要向中華教育文化基金會和聯合報系文化基金會致誠摯謝意。

原來的撰寫計畫是：劉廣京院士寫晚清部分，張玉法院士寫民國部分，而我負責中共部分。張玉法院士的部分大概三年前就已經完成了，是我耽擱他的。由於張先生單獨寫了40幾萬字，而我也寫了60幾萬字，吳院長在翻閱我們的底稿以後，又發現兩人的寫作方式大不相同，因此建議分別出版，於是今年7月張先生的大作先以《中華民國史稿》為書名問世。而我為了因應這個新情勢，把書名由原來的《最近兩百年中國史：中共篇》改為《中國共產革命七十年》。我所以特別揭出「共產革命」一詞，是說我的關懷超出一般中共黨史著作，在上層的政治史以外，也特別注意下層的社會經濟因素。

這本書能夠順利出版，要感謝很多人。第一個要感謝的是劉廣京院士。劉院士愛護後進，在我們史學界是有名的。這只要翻閱一下今年中央研究院近代史研究所出版的《近世中國之傳統與蛻變》，就非常清楚了：這是一部為劉院士祝壽的論文集，共收錄了47篇文章，其中許多作者就和我一樣，受過劉院士提攜。我的第一本書是劉院士推薦給柏克萊加州大學出版社的；出版社的總編輯聽他強力推薦，沒等我寫完博士論文就前來約稿了。劉院士所以這麼熱心，並不是因為我和他有什麼交情，只是因為我們一起開會，看過我一篇論文而已。後來回台北做事，要不是他極力從中撮合，應該不會那麼順利。這一次吳院長提議寫最近兩百年史，他不僅極力邀我參加計畫，而且在計畫開始以後，給我非常多的鼓勵。不僅每一次來台灣都詳詢寫作情形，而且在論文還只有一個粗稿時，就已經詳細閱讀，除幫忙潤飾文字外，也提供了許多寶貴意見。劉院士更以他獨特的「溢美」方式，鞭策我把稿子一改再改，實在不勝感激之至。

其次要感謝的是同事羅久蓉小姐。這一個年頭，每一個人都非常忙碌，沒有人有什麼時間看別人文稿，尤其是要看一篇又臭又長的文稿。不知道那裡來的勇氣，我請她在百忙之中幫忙校對，也不知道那裡來的好運氣，她竟然一口允應。羅小姐是很好的書評家，她不僅文字的造詣極佳，而且看書細心，尤其能替朋友設想。她一眼就看出我的校樣稿仍有嚴重問題，不止結構缺乏層次，而且文字重複累贅，隨後更自己耐下性子，根據不同的毛病，替我逐一下藥。要不是有她大力幫忙，這本書就會帶著它無可救藥的諸多毛病與讀者見面了。另外有兩個要感謝的人，是同事余敏玲小姐和翟志成先生。余小姐讓我分享她好不容易纔得到的資料，對我的初稿也提供了許多寶貴意見，並幫忙我釐清想法。翟志成先生對中共的歷史涉獵極廣，而且見解獨到，能和他交換讀書心得，一起月旦中共人物，確實不亦快哉!本書有不少觀念和資料就是他提供的。希望他在本書中看到似曾相識的說法時，能付諸莞爾。

幫助我的人還有很多，這裡無法一一致謝。只是心裡還是有兩點要說。第一、研究中國共產革命歷史並做出貢獻的前輩和同行很多。本書雖然有腳註，也有冗長書目，卻無法逐一交代每一位前輩和同行對我的幫助。在這裡特別致歉。沒有他們的開路，我不可能寫出這本書。第二、對吳大猷先生的計畫，聯合報關係事業一開始就提供了精神支持，我銘感五內。聯經出版公司的劉國瑞和林載爵兩位先生，等我們的書稿至少已五年了，但願這本書能稍贖我延誤的罪過。聯合報的王震邦耐下性子，閱讀初稿，提供意見，特此致謝。在本書的出版過程中，聯經的方清河先生、鄭秀蓮小姐和鄭天凱先生都是幕後功臣，他們在組好版給我校樣稿以後，仍然容許我根據文章的需要作大幅度更動。對他們不怕麻煩的專業精神，我謹致敬意。

最後要感謝的是我的父母和弟妹。兩次答應父母，要陪他們到大陸探親和旅遊，兩次都因為書稿沒有完成而食言。許多假日，應該回台中老家探望他們，但都因為趕稿子而滯留在台北。他們沒有抱怨，只是安慰我：忙嘛！打一通電話就行了。弟妹們代我照顧和陪伴他們兩位老人家，非常感激！因為有這一個計畫纏身，我不僅忽略了問候親友，也經常不能及時回覆親友來信。我更沒有盡為夫和為父之道。內子處理所有家務，讓我根據自己的工作節奏，鎮日埋首書堆。平常不知道說聲謝，這裡卻不能不說。至於兩個兒子，希望他們將來長大，懂得父親並不是故意冷落他們。

中國共產革命從「革命奪權」，經「不斷革命」到「告別革命」，已經七十餘年了。不論我們喜不喜歡，這是二十世紀繼俄國十月革命以後世界最重要的一次革命。為什麼這一場革命會在中國大陸發生？為什麼中國共產黨在短短的三十年內會取得中國大陸政權？毛澤東宣稱中國已經站立起來，中國不僅在重工業和國防工業方面取得相當成就，也一度被全世界所謂「進步」知識分子認為是人類社會未來的燈塔，為什麼在1976年毛澤東辭世前後，中國的社會主義國家體系卻出現搖搖欲墜之勢？從1980年代鄧小平實行改革開放政策以來，中國大陸已經變成世界經濟體系的重要一環。到底中國大陸在其社會主義國家體系與資本主義世界經濟體系的互動過程中建立了什麼樣的新國家？

本書嘗試對中國共產革命的七十年作一總括性的論述，並試圖對上述問題提出初步答案。

1969年負笈美國以後，我終於發現自己原來對中國共產革命完全無知；為了打破完全無知，我在范力沛(Lyman van Slyke)和康無為(Harold Kahn)兩位老師的指導之下，選擇抗戰時期中共的農村革命為題目來寫博士論文。從那個時候到現在，二十幾個寒暑已經過去了。雖然從不相信有完全客觀的歷史存在，但是也從不相信治史可以離事而言理、可以不尊敬和不批判歷史文獻。本書就是以這種治史態度，二十幾年來認識和思考中國共產革命的結果。願關心世界歷史何去何從、尤其是關心中國何去何從的讀者，與我共享之。

陳永發
1998年8月
於中央研究院

目　次

上　冊

最近兩百年中國史總序……吳大猷 i
劉　序……劉廣京 v
修訂版自序……xi
原　序……xiii
導　論……1

第一部：革命奪權……47

第一章　知識分子搞革命……55
　第一節　新文化運動的轉向……62
　　一、社會主義蔚為思潮……62
　　二、共產國際輸出革命……69
　　三、馬克思列寧主義思想一元化……76
　第二節　從理想到謀略……93
　　一、馬林與統一戰線……94
　　二、在聯俄容共中茁壯……105

三、從徘徊到盲動……112
第二章　尋找群眾的基礎……127
第一節　從知識分子到職業革命家……132
一、革命的職業化……133
二、三種類型的知識分子……145
三、學生運動……153
第二節　被推上歷史舞台：工人運動……161
一、開啓民智和勞工神聖……162
二、民族主義的大纛：省港大罷工……173
三、從廣東到長江中下游……186
第三節　狂風暴雨：農民運動……194
一、被遺忘的貧苦農民……195
二、尋找革命策略……206
三、矯枉必須過正……210
第三章　到農村去：「割據」自主……227
第一節　「某種再版的農民戰爭」……234
一、由城市到鄉村……235
二、燒殺政策和赤白對立……245
三、土地革命的階級基礎……252
第二節　根據地的建立和崩潰……264
一、列寧主義的組織原則：黨指揮槍……265
二、面對日益擴大的國民政府圍剿……277
三、懲罰主義和過度動員……286
第四章　民族戰爭中東山再起……295
第一節　廢墟中再起爐灶……301
一、被迫另尋出路……302
二、藉攘外以便喘息……310

三、開創新局勢：西安事變……319
第二節　爭取抗日戰爭的領導權……329
一、統一戰線中獨立作戰……331
二、在日本敵後建立根據地(1939–1941)……335
三、建設和鞏固根據地之道……346
第三節　唯我獨尊局面的形成……368
一、中共中央的集體領導……369
二、爭取最後決定權……377
三、毛澤東思想定於一尊……392
第五章　包圍和孤立城市……401
第一節　冷戰中的熱戰……406
一、中間地帶的革命……407
二、放棄華南、鞏固華北、搶占東北……418
三、鄉村包圍城市……424
第二節　裡應外合的城鄉革命……434
一、武裝鬥爭中的農民動員……434
二、中共回到城市……446
三、第二條戰線……451
第二部：不斷革命……467
第六章　封建王朝抑革命政權……481
第一節　黨一元化領導體制的推向全國……489
一、從權力分散到權力集中……490
二、「上層活動分子」的政治參與……502
三、反貪污、反浪費、反官僚……510
第二節　恢復城市經濟……521
一、抑制通貨膨脹……522

二、沒收外資企業和官僚資本……528
三、勞資兩利口號下動員和組織工人……534
第三節　抗美援朝與政權的鞏固……543
一、一邊倒的外交政策……543
二、禦敵於國門之外……551
三、攘外以安內，安內以攘外……565

下　冊

第七章　社會自主力量的窒息……579
第一節　農民的農奴化……591
一、繼續土地革命……591
二、城鄉經濟關係的變化……596
三、農業集體化……603
第二節　私營工商業的「安樂」死……622
一、增強私營工商業的依賴性……624
二、把資本主義搞臭……634
三、資產階級走進歷史……642
第三節　從百家爭鳴到反右運動……658
一、知識分子貧窮化和自疚心情……660
二、山雨欲來風滿樓：對知識分子的幾次思想鬥爭……670
三、從開門整黨到引蛇出洞：大鳴大放……678
第八章　向共產主義天堂邁進……697
第一節　多快好省的現代化……704
一、開始大躍進……706
二、廬山會議……726
三、三年大饑荒……740

第二節　退一步、進兩步……757
一、中蘇分裂：反修正主義……758
二、毛澤東退居二線……770
三、大批判開路……781
第九章　人類歷史發展的巔峰？……795
第一節　文化大革命……801
一、發動文化大革命……802
二、反帝反修和開門整黨……827
三、在平衡遊戲中繼續文化大革命……838
第二節　政治掛帥和自力更生……850
一、十年空白的教育制度……851
二、文革中的農村和城市……860
三、文化大革命的餘暉……873
第三部：告別革命……883
第十章　鄧小平時代……889
第一節　改弦易轍：摸著石頭過河……895
一、鄧小平復出……896
二、經濟體制的改革……905
三、資產階級自由化？……915
第二節　天安門事件……924
一、鄧小平體制的內在矛盾……925
二、繼承人的問題……939
三、中共黨史上最黑暗的一天……944
第三節　社會主義市場經濟……956
一、經濟繼續開放……957
二、黨一元化體制的動搖……968

三、鞏固江澤民核心……983
第十一章　結論……995
第一節　民族主義、國際主義和階級鬥爭……998
第二節　國家和社會：縣以下的基層政治結構……1012
第三節　一元化黨國體制：整風改造……1026
一、黨中央集權制度的形成……1030
二、從血腥肅反到整風改造……1034
三、宗派主義、地方主義和山頭主義……1039
徵引及參考書目……1055
人名及重要名詞索引……1117
附圖一：中共主要蘇區分布圖(1930)……229
附圖二：中共抗日根據地分布圖(1943)……347
附圖三：中共建國初期黨政系統簡圖……492

圖片目次

上　冊

導　論

毛澤東詞〈沁園春：雪〉……32
毛澤東評點的《後漢書》……38

第一章

中共第一次全國代表大會會場……50
中共一大的13名代表……57
領導中國共產黨締建的「南陳北李」……65
亢慕義齋……69
魏金斯基：中國共產黨的催生者……71
外國語學社招生廣告和五位學生……75
北京工讀互助團……82
勤工儉學的蔡和森一家……84
新民學會的部分會員……86
新民學會的會員……86

陳獨秀和新文化運動圈……93
列寧、馬林和鮑羅廷……99
國民黨改組以後的上海執行部……100
周恩來……106
四一二政變……115
南昌暴動的四位軍事領袖……120

第二章

瞿秋白……137
莫斯科中山大學和上海大學……139
楊明齋……147
學生運動的領袖……156
三一八慘案……158
早期領導中共工人運動的鄧中夏……168
安源路礦工人俱樂部……169
二七慘案……172
香港海員大罷工……174
全國第二次勞動大會……176
五卅運動……178
李立三在群眾大會上演講……179
沙基慘案……181
省港大罷工……183
上海工人第三次暴動……188
廣州暴動……191
沈定一……201
農民運動大王彭湃和他的「革命伴侶」許玉慶……202
農會舊址……203
廣東的農民運動……205
北伐時期湖南的農民運動……215

羅易和譚平山……218

第三章

蘇兆徵和向忠發……231
照顧中共烈士以及職業革命家子女的幼稚園……231
井岡山……238
赤都瑞金……238
李立三的城市革命路線……243
國民政府的通緝令……243
袁文才和王佐……256
蘇維埃地區內的幾個景象……267
江西時期的中共黨證和入黨誓言……269
紅軍的政治教育……279
李德和他面對的國軍碉堡……284

第四章

夾金山和松潘草地……300
窮山惡水之間的延安……305
一二九學生運動……316
黃敬和宋黎……316
上海救國會運動……317
犧牲救國同盟會……317
西安事變……321
戴青天白日帽徽的中共軍事將領……325
六屆六中全會……336
中共參加國軍南嶽幹訓班人員……340
百團大戰……342
華北日軍的碉堡和封鎖溝……343
減租減息……358

抗日根據地的群眾武裝……360
中共的民兵抗日……362
大生產運動……365
王明對毛澤東的挑戰……372
王明和周恩來在武漢……375
劉少奇和任弼時……381
整風改造……387

第五章

蘇聯野營教導旅的華籍軍官……411
左右手不協調……411
美國調停國共內戰……413
共軍的武器來源……420
收回延安空城……423
戰爭與社會條件密切結合……428
中共的現代化火砲……429
中共軍隊的群眾紀律……436
反內戰運動……455
下關慘案……457
反美示威……457
見證蘇聯紅軍軍紀敗壞的盧冬生……459
第二戰線的勝利……461

第六章

重新統一中國……483
中共的開國大典……484
中共建國後的幾個地方軍頭……498
與民更始之一……512
與民更始之二……512

三反運動……513
動員和組織工人……537
向蘇聯一邊倒……546
中蘇友好同盟互助條約的簽訂……549
中共介入韓戰……554
中共的聯合國軍俘虜……557
地下坑道工事體系……560
簽訂停戰協議……563
抗美援朝運動……568
鎮壓反革命運動之一……573
鎮壓反革命運動之二……573

下 冊

第七章

蘇聯技術專家……581
第一個五年計畫……583
土地革命……593
農業集體化……609
鄧子恢……612
階級畫分榜……616
雙輪雙鏵犁……619
五反運動…… 630~631
公私合營之一……644
公私合營之二……653
〈應當重視電影《武訓傳》的討論〉……663
知識分子自動學習《毛澤東選集》……666
毛澤東批判的幾個大知識分子……676

反右運動……688

第八章

大躍進的先聲……708
人民公社……711
浮誇風…… 714~715
人民公社大食堂……717
煉鋼煉鐵……721
彭張黃周反黨集團……732
中共中央工作會議…… 748~749
大饑饉中的劉少奇……751
迎頭趕上美蘇……767
農村四清運動的樣板……774
四清運動中的雨集村……779
黑龍江阿城的四清運動……779
學習雷鋒運動……783
康生和陳伯達……789

第九章

文化大革命……805
破四舊……807
反帝反修……808
鬥爭前後的形象判若雲泥——例一：王光美……815
鬥爭前後的形象判若雲泥——例二：羅瑞卿……816
文化大革命中的殘酷批鬥……817
中央專案審查組的結論……819
文化大革命的風雲人物……822
革命浪漫主義的藝術……826
文革期間中共的國防科技……831

四五天安門事件……844
對毛澤東的個人崇拜之一……853
對毛澤東的個人崇拜之二……854
對毛澤東的個人崇拜之三……858
毛澤東、陳永貴和錢學森……861
農業學大寨……866
工業學大慶……872
中共的對外宣傳……876
四人幫審判……877

第十章

鄧小平……890
從華國鋒到鄧小平時代……897
1980年中共的新領導班子……904
包產到户的先驅者……907
深圳……913
山西平朔安太堡露天煤礦……914
1980和1990年代的延安……929
大地反撲……938
六四天安門事件……948~949
證券業捲土重來……960
意識形態危機中的宗教復甦……977
1992年底的領導班子……984
改革開放帶來的明顯變化……990~991

第十一章

褪色的「紅海洋」……997

導　論

中國共產革命的意義

自1989年以來，世界局勢的發展，尤其是蘇聯和東歐社會主義國家的解體，在知識分子的心中，激起了普遍的懷疑：中國的共產主義革命，究竟是不是一場歷史的誤會？如果它不是少數知識分子因爲錯誤的信仰和錯誤的判斷而進行的一場錯誤的革命，爲什麼中國共產黨在經過七、八十年的犧牲奮鬥之後，竟然發現1990年代的今天，他們所要徹底改造、也曾徹底改造過的國家，和他們矢志要打倒推翻的舊中國有驚人的類似之處：中國依舊是世界的貧窮國家之一，而文化和教育的落後，也使得中國與西方先進國家之間仍有一段明顯的差距；中國的幹部階層，除了更加龐大臃腫之外，似乎和過去的官僚制度沒有太大的差別，反而幹部的官僚主義和貪汙腐敗卻有可能比過去更加嚴重。即使是毛澤東時代引以爲榮的貧富差距縮小，現在也明顯逆轉；擁貲億萬的富豪不再是資本主義國家的特產，他們已成爲中國大陸的時代新寵。

以上這些觀察基本無誤，但是不夠全面，也失之空泛。它們只注意到現在和過去的相似性和延續性，卻忽略了中國大陸所發生的各種根本變化。歷史並沒有回到原點，因爲1990年代的中國大陸，和1950年以前固然有相似的地方，也有許多不同之處。最明顯的不同是軍事力量的成長。早在韓戰時期，中國大陸已經證明它是一個敢捋虎鬚的軍事強權。1989年蘇聯解體以後，它在原子彈、氫彈和戰略飛彈等科學技術上的發展，更被美國一些專家認爲是威脅當今世界和平的最大軍事力量。

經濟方面，中共也不再是世界最大且等待先進國家開拓的市場，而是一個擁有能夠生產工作母機、重要鋼材、先進火箭和精密武器的國家，其鋼鐵和石油的年產量均超過億噸，整個輕重工業的產值已達到西方先進國家不敢輕視的地步，而中共最近數年來經濟發展之快速，更令許多經濟學家和資本家刮目相看，許爲二十一世紀的經濟強權。如果從這個角度來看，我們便不會認爲中國大陸沒有什麼重要變化和進步了。但我們仍必須追問：是那些因素帶動這些變化？爲什麼這些變化遮蓋不了歷史倒退的論調？回答這兩個問題，我們有必要仔細檢視中國共產主義革命的歷程。

或許有人認爲，中國共產革命是中國大陸的事，與台灣無關。過去四十幾年當中，台灣逐漸走出了自己的道路，並開拓了自己的一片天空。爲什麼要關心台灣海峽彼岸的歷史呢？答案是顯而易見的。如果中國大陸的位置不是在台灣海峽的對岸，而是在歐洲或是美洲大陸，如果中國大陸不是一個有13億人口，有960萬平方公里土地的大國，或許這種想法還可以接受。不幸，台灣海峽只有一、兩百公里寬，現代噴射機從大陸彼岸起飛到抵達台灣此岸，僅需短短數分鐘而已。我們頭上的酸雨，就有不少是中國大陸飄來的。而一度在台灣海峽裏猖獗的各種走私貿易活動，也說明我們無法完全割絕和中國大陸的關係。最近的歷史更顯示，即便我們選擇南進或東向，或是走上更改國號的獨立道路，也不能置中國大陸於不聞不問。因爲我們是在一頭醒獅身邊睡覺，我們的臥榻再怎麼安定和安靜，也不容我們不加以探索、了解這頭醒獅的究竟。

其實，不論我們是否喜歡，我們正透過各種途徑和中國大陸建立更密切的聯繫。隨政府來台人士及其子女的返鄉省親固然拉近了兩岸關係，1945年以前落籍台灣的本地人士也是這一趨勢的參與者。台灣觀光客的足跡遍及大江南北，而台灣對大陸的投資也正由東南沿海各省向內地推展，由傳統產業提升至高科技產業。在這種情況下，我們不能假裝中國大陸和我們完全沒有關係，從而對中共的歷史擺出不屑一顧的態度。

如果我們願意把視野擴展到台灣海峽的彼岸，而不一味耽溺在自身的悲情中，我們便會發現，中國共產黨史不只是一個政黨的歷史，它其實也是中國近現代史中的一個重要部分。從中國近現代史的角度來看中共歷史，當然會和中共的角度所看到的不一樣。在中共看來，他們負有歷史使命。按照庸俗化的馬克思主義說法，人類歷史殊途同歸，但任何國家都必定會經過固定的進化階段，先由封建社會轉變為資本主義社會，再轉變為社會主義社會。近代中國是一個半封建和半資本主義的社會，中共的歷史使命便是如何把這個落後社會，加速帶到先進的社會主義階段。

我們不是馬(克思)列(寧)主義的信仰者，對中國歷史的何去何從，當然看法迥異。儘管我們不相信歷史的發展有固定規律，也不相信階級鬥爭是社會進化的動力，但一種使中國躋身於先進國家行列的「現代化」思想也曾經在腦際徘徊。只是根據這種現代化的史觀，歷史應該是以歐美國家的「現狀」為指標，向「平等」、「民主」、「均富」等方向前進的；雖然對歷史未來趨勢的看法與馬列主義的史觀不同，但基本上也不脫歷史目的論的框架。

如果我們不從中國應該走向何處為思考起點，而單純就歷史具體的發展過程來討論中國近現代史的走向，則不難發現共產黨和國民黨之間異中有同。在實際的歷史發展過程中，兩黨均面臨相同的歷史挑戰，內有地方軍閥和土豪劣紳等離心力量，外有各種各樣的帝國主義侵凌；兩黨都有使中國迎頭趕上歐美的宏大志願，只是雙方基本信仰不同，取徑互異。

例如國共兩黨都強調對地方的控制和對國家資源的動員，但是共產黨信仰階級鬥爭，國民黨相信全民革命，共產黨挑戰以歐美列強為主的世界秩序，國民黨尊重以歐美為主的世界秩序，因而兩者所採取的對策截然不同，所獲得的效果當然也會有天淵之別。又例如國共兩黨都要建立一個工業化體系，也都同樣遭遇到籌措龐大資金的問題，但由於意識形態不同，中共透過土地革命締造出一個控制和動員的新體系，所以能夠比較順利地把農村的資源轉移出來，國民黨則形成不了類似的控制和動員體系，以致過分仰賴於直接的國家暴力，卻依舊克服不了地方勢力千方百計的阻撓。

如果對共產黨的歷史有進一步的了解，或許我們能對幾個更大的問題提出一些不同的看法：為什麼國民黨會在中國大陸失敗，而被它視為邪說異端的共產黨，卻能贏得中國大陸的民心而取得政權？為什麼國民黨在全盤失敗以後，猶能在台灣另創局面，而共產黨在享受四十多年相對的承平以後，卻依然距離迎頭趕上歐美先進國家的理想尚遠？回答這兩個問題，或許能使我們對中國近現代史的何去何從，有一些全新的想法。

早在1949年中共取得大陸政權前夕，中共領袖劉少奇便已公開表示，中共革命的經驗可供殖民地或半殖民地國家借鏡。1950年秋，中共在北朝鮮政權瀕臨崩潰之際，派遣「志願軍」扶危持傾，恢復其原有領土。未幾，又在中南半島協助胡志明，把法軍從北越驅趕出去。因此，中共革命的經驗能否向國外輸出，一直是世人關切的重要問題。1966年文化大革命爆發後，連所謂資本主義國家也有不少大學生相信：中共建國前後的革命經驗，不僅為落後的亞、非、拉美國家提供新典範，也值得先進的資本主義國家作為參考。當然，1978年以後，隨著毛澤東體制的逐步解體，越來越沒有人想學習毛澤東的革命經驗；文化大革命真相的暴露，粉碎了許多左派人士對紅色中國的憧憬。可是一些亞、非、拉美國家的青年仍舊推崇中共的革命經驗，這是什麼緣故？

另一方面，鄧小平體制已取毛澤東體制而代之，竟然在世界共產主義運動面臨崩潰的逆境中，形成一枝獨秀的局面，也著實令人嘖嘖稱奇。這又是什麼緣故？到了1980年代底，蘇聯分崩離析，唯莫斯科馬首是瞻的東歐共產主義國家也相繼風雲變色，而中共卻仍是世界僅存的少數幾個共產主義國家之一。它擁有世界五分之一的人口，十分之一的陸地，以及相當於三倍左右台灣人口的黨員，是全世界最大的共產主義國家。儘管中共已不是傳統意義下的共產主義國家，儘管鄧小平時代的中國和毛澤東時代的中國，也是極不相同的兩個世界，但沒有人能否認中共今天仍然掛著社會主義國家的招牌。經過鄧小平的改弦易轍，它不但在經濟上有優於其他社會主義國家的表現，而且迫使歐美資本主義國家刮目相看，有人甚至許為未來世界的希望。這應該如何解釋？這是否表示中國已經走出一條所謂具有中國特色的社會主義路線？

三個歷史階段

歷史本如大江洪流，豈容分割！可是1949年就像金光寶劍，硬把中國共產革命的歷史，分割成幾乎不相關連的前後兩段。一方面台灣對於1949年中共建國以後的研究，基本上仍屬敵情研究性質，而且注意力的多寡，和距離現在的遠近成反比，距離現在越遠，越乏人研究。1980年代以來，台灣關於1949年以後中共的研究，雖然有越來越學術化的趨勢，但是直到今天為止，研究的成果支離破碎，仍然沒有一本以中共建國以後全部歷史為對象的像樣研究。另一方面，敵情研究放棄的園地，即1949年以前的中共黨史，一般歷史學者也都受制於當時的政治環境，踟躕不前，不敢稍越雷池一步。其實，我們的中國現代史基本上停頓在八年抗戰時期，連我們如何丟掉大陸的內戰歷史，也因為攸關顏面，鮮有研究者願意面對其中的尷尬，作深入的探討。美國的中國研究執西方學界之牛耳，他們對中國歷史的研究同樣有視1949年為一道不可跨越鴻溝的傾向。通常社會科學家只研究1949年中共建國以後的社會、經濟和政治課題，而歷史學者則劃地自限，決不輕易涉足1949年以後，與他們展開對話。

中國大陸把1949年作為區分「中國近現代史」和「中國當代史」

的分水嶺；「中國近現代史」指的是1840年鴉片戰爭到1949年國民政府流亡台灣之間大約一百年的歷史，「中國當代史」則專指1949年中共建國以後的歷史。雖然如此，但有一些中共黨史專家在處理中共自己的歷史時，仍能跨越前後兩個不同時代，注意到其中的一些關連。可惜，這些中共黨史專家絕大多數無法超越毛澤東所樹立的馬克思主義分析典範，總認爲歷史都不可抗拒地會向社會主義發展，並且把注意力置放在黨的上層以及其政治軍事策略，而不太考慮黨在社會中下層的運作，尤其忽略中國共產革命理論和實踐之間的距離。

本書以「中國共產革命七十年」爲題，就是針對以上遺憾，強調各時段和各部分中國共產革命史的不可分割性。由於中國共產革命翻天覆地，有必要作一全盤性的考量，因此凡是它所涉及的層面，不論政治外交還是社會經濟，也不論是文化軍事還是思想教育，只要整體看來有足夠的重要性，就嘗試給予適當的位置和討論。本書的基本假設是，歷史之中並無中共所堅信的科學必然法則存在，整個中國共產革命，只是中共按照馬列主義社會進化原則「人爲」製造出來的歷史，其過程更帶有各種程度的偶然性和選擇性。但在強調「人爲」性質濃厚的政治軍事和思想文化等因素的同時，我們決不忽視變化緩慢的社會經濟脈絡。因爲當中共根據他們所理解的馬列主義來改造中國時，若要獲得成功，就必須注意中國的特殊國情，而事實上，他們對中國社會的理解，也遠遠超過當時的非共知識分子和政治人物。

中國的共產革命，大略可以分爲三個階段。第一個階段是從1921年創黨到1949年內戰勝利爲止。在這一個階段，中共領袖的主要關懷是「革命奪權」。所謂革命奪權，並不一定限於武裝鬥爭，而是說，中共自認爲是一個有歷史使命的革命政黨，始終以奪取國家的政治權力爲其當前的奮鬥目標。中共在實際的革命過程中，逐漸了解，從事社會主義現代化的變革，如果沒有自己的武裝和政權，無異緣木求魚。但是要擁有自己的武裝和建立政權，如果不走武裝割據和鄉村包圍城市的道路，也不可能成其事。尤其重要的是，如果不動員群眾，則其武裝割據將與一般軍閥割據無異，而軍隊和政權也不可能持續擴大，軍隊和政權若不擴大，則中共不可能問鼎中原。經過二十多年的奮鬥，中共終於在毛澤東的領導之下，從國民黨手裡奪取得了國家權力。在此過程中，毛澤東思想定於一尊，而毛澤東本人也在中共黨內取得前所未有「有關重大事務的最後決定權」。

第二個階段是從1949年中共建國，到1978年開始否定文化大革命為止。其特色可以用「不斷革命」來總括。1949年起，毛澤東繼續領導中共，在中國大陸建立了一個前所未有的龐大一元化黨國體制，擁有思想、軍事、政治、政策和組織的絕對領導權和控制權，而他所念茲在茲的是，如何利用手中所掌握的國家權力，把中國帶向社會主義現代化的理想境界。這裡採用「不斷革命」這個名詞，並不是因為它在國際共黨文獻中有其特定涵義，而是因為其字面解釋相當貼切地形容了毛澤東在此一階段的心理狀態：亦即不斷通過階級鬥爭改變中國社會的生產關係，使中國由他認為「被剝削」、「被壓迫」的社會，變為「按勞分配」的社會，進而再變為「各盡所能、各取所需」的共產主義國家。在這一個段時期，中共的其他領袖雖然不一定同意毛澤東「改造」中國的速度，但基本上都相信社會主義制度有其優越性，認為只要把傳統社會改造成為一個社會主義的社會，則中國有可能成為最先進、最現代化的國家。經過毛澤東將近三十年的不懈努力，中華人民共和國雖然理論上成為世界上最先進的社會主義國家之一，實際上卻依舊經濟落後，連四鄰的香港、南韓、台灣和新加坡都不如。

第三個階段是從1978年開始否定文化大革命到目前為止。從1978年開始，中共的掌舵人換了鄧小平，他雖然堅持毛澤東思想的正統和共產黨專政，但是在理論上已經背離毛澤東的「不斷革命」思想，承認目前的中國大陸不能「躐等以進」，必須停在「社會主義的初級階段」，提高國家的生產力，改進大多數人民的物質生活。根據他這個構想，中國大陸一方面引進外來資本，向歐美資本主義學習，並深深進入世界貿易體系；另一方面則把指令性的國家計畫經濟逐步轉變成為指導性的市場經濟，讓商品經濟重新發展，政府不再無所不管。鄧小平這些政策，為中國大陸帶來了前所未有的經濟發展，但也為中共的黨國體制帶來了史無前例的巨大衝擊。到目前為止，中國大陸的官方，並不認為隨著經濟上的改革開放，必須放棄其黨國體制，反而認為維持黨國體制，是改革開放政策成功的保證，而且必須不斷自我警惕。在這一歷史過程中，中國大陸與共產革命的目標漸行漸遠。如果我們視階級鬥爭和群眾動員為中國共產革命的基本特質，則中共的確已「告別革命」[1]。

把中國共產革命史分為「革命奪權」、「不斷革命」和「告別革命」三個歷史階段，只是為了論敘方便。因為如果沒有「革命奪權」，則毛澤東何能「不斷革命」？又如果沒有「不斷革命」，則鄧小平何需「告別革命」？現在有一個很流行的見解是：假如毛澤東在1949年中共建國以後，始終繼續中共在抗戰以及內戰時期貌似改革的各種政策，不追求「烏托邦」的理想，則中共的現代化可以避免走許多歪路，而不必遲到1980年代再由鄧小平來撥亂反正，回歸現代化的正道。

研究歷史，能否用「假設」的辦法，本來見仁見智。但這個「假設」之所以受到質疑，理由是：其成真的可能性實在微乎其微。中共建黨，是「以俄為師」思想的落實。1930年代底以來，中共的黨內思想教育，更強調學習史達林的社會主義建設經驗，以便快速迎頭趕上歐美先進國家。所以1953年毛澤東提出向社會主義過渡的總路線，黨內並無任何異議，沒有什麼人認為他是在試驗「烏托邦」。即使1958年毛澤東修正蘇聯社會主義建設的模式，也沒有人反對他的乾綱獨

1　「告別革命」這一個詞，取自李澤厚、劉再復的書名──《告別革命──回望二十世紀中國》。

斷。次年大躍進碰壁後，毛澤東提倡所謂「正確的」個人崇拜，黨內更沒有人根據黨綱的民主集中制予以勸止或抗議。其實，中共建國以來，每一個階段的具體目標容或不同，但是從社會主義的理想看來，終極目標始終不變，而在執行方法方面，強調整風審幹(審查幹部)和政治掛帥，強調階級鬥爭和群眾路線，也與過去「革命奪權」階段的經驗非常相似。中共黨內儘管有一些領袖不同意毛澤東追求「不斷革命」的速度，但是這並不表示，他們在毛澤東號召「不斷革命」後，不想趕上形勢。他們有時反而比毛澤東更「左」，而在進行黨內鬥爭時，為了避免小資產階級溫情主義的指責，也可能比毛澤東顯得更殘酷無情。劉少奇、周恩來、鄧小平和彭德懷是等而上之者，他們尚且不免有這種問題，等而下之者就不堪聞問了。

就「告別革命」階段的歷史來說，不了解前兩個階段的歷史，我們也就無法消除內心的一些困惑。1978年鄧小平開始推行改革開放的政策，他是帶著歷史包袱來開創一個新時代的。由於新政策改變了毛澤東時代的既定方針，所以表面上好像得到全民擁戴，實際上卻是阻力重重，以致新舊雜揉。不論是支持的一方，還是反對的一方，都表現得特別令人注目。其實，鄧小平內心裡也清楚：他一方面揚棄毛澤東的「不斷革命」，想在毛澤東的道路以外開闢一條中國現代化的新路；另一方面則因為自己畢竟是毛澤東在「革命奪權」和「不斷革命」過程中的重要幫手，不能完全否定有中國列寧之稱的毛澤東，尤其不能否定毛澤東的革命遺產。所以其言行看來既反左又反右，既反毛又擁毛，總令人感覺他是在矛盾中尋求出路，也總令人迷惘。

五個基本想法

以上這三個階段的中國共產革命史，涵蓋面極廣，內容錯綜複雜。在進入正文之前，我們先針對五個屬於鳥瞰歷史層次的關鍵問題提出一些基本想法。這五個關鍵問題，恐怕也是關心中國共產革命史者所最想得到答案的。因爲正文以鉤勒歷史發展的主線爲主，不可能有系統地進行討論，故在這裡先作交代。這五個關鍵問題分別是：一、如何理解中國共產黨的民族主義？二、如何理解中國共產黨的民主觀？三、如何理解中國共產黨的極權主義黨國體制？四、如何理解中國共產黨的農民化問題？五、如何對毛澤東做歷史評價？這五個關鍵問題的回答，並不是彼此截然無關，而是可以相互參考的。茲分別討論如下。

1 意識形態框架中的民族主義

如何理解中共的民族主義？中共向來以愛國主義者自居，但在1960年中蘇共分裂之前，這種說法不斷受到各方質疑。有人甚至認爲中國共產革命完全是來自蘇聯的「舶來品」，而中共根本是蘇聯帝國主義的「螟蛉子」。這種議論現在幾乎不復存在。歷史的後見之明使我們不得不相信，國民黨和共產黨儘管在作法上經常南轅北轍，但基本上都可以視爲二十世紀中國民族主義的產物。

二十世紀的民族主義是西方帝國主義國家侵略的產物。中國的知識分子面對海上來的挑戰，向西方先進國家學習，開始有現代國家的觀念。一方面接受西方主權國家的想法，以富國強兵爲追逐目標，越來越強調中國領土的完整性和國際地位的平等。另一方面則接受單一民族國家的想法，或強調中國是漢族的國家，要求「驅除（滿清）韃虜」，或強調培養全體國民的國民意識，實行憲政改革。無論是哪一派，大多數的知識分子都以清末「中國」這一塊土地爲思考單位。中華民國成立後，孫中山揭櫫「中華民族」的新國家認同，雖然承認國內原有各民族一律平等，但強調中華民族的共同血緣或共同歷史經驗，始終難以完全擺脫以漢族爲本位的思考模式。

對中國的民族主義，有了以上一些起碼認識，便不難理解中共的許多作爲，例如中共爲什麼在其「革命奪權」階段，曾兩度在打倒帝國主義(尤其是日本帝國主義)的前提下，要求與國民黨「合作」，而國民黨竟然同意？爲什麼中共在推翻國民政府以後，堅持派大軍進入過去國民政府鞭長莫及、甚至事實上完全無法統治的邊疆地區——內蒙古、新疆和西藏，而力圖把政權伸展到中華民國從滿清帝國繼承來的領土範圍之內？

雖然如此，中共的民族主義仍是一種意識形態框架中的民族主義。他們和國民黨等其他民族主義者有同樣的認同、情緒和理想，卻在面對許多攸關民族主義的具體問題時，意見不同，彼此各持一端。其中原因複雜，很難清楚說明，但是否信仰馬列主義，應爲箇中關鍵。中共相信馬列主義是科學的真理，可以用來拯救和改造中國。儘管在不同的時代，他們對馬列主義會有不同的詮釋，尤其馬列主義數度中國化後，即便馬克思和列寧再生，也不一定會將毛澤東、鄧小平或江澤民視爲同道。但是很難否認中共的馬列主義也有其不變的一面：視馬列主義爲科學真理，馬克思不僅發現了階級鬥爭這個歷史發展的動力，而且發現了人類歷史發展的規律。

中共相信歷史必然性，但不是歷史發展的守株待兔者。他們同時相信個人的意志可以影響歷史的進程，提倡主觀能動性。在這兩個相互背反的觀念之間，他們以其對「自由」的特殊看法來予以調和，認爲真正的「自由」，就是認識歷史的必然性，然後據以發揮主觀能動性，否則主觀能動性的發揮是盲動，而所謂「自由」是虛假的，一定會面臨挫折和失敗。因此對中共而言，擁抱馬克思主義的最大的挑戰，是正確地了解中國歷史發展所處的階段，然後據以提出正確的革命策略，使中國一步一步走向共產主義的終極目的。

離開這個馬列主義的核心觀念，來討論中共這一個民族主義政黨的所作所爲，將無以理解。例如，爲什麼1921年中共建黨時，會全心全力從事城市的工人運動，而一直到運動好幾次碰壁以後，纔把主要精力轉移到農村的土地革命上面？為什麼抗戰爆發後，中共答應國民政府停止土地革命，卻始終堅持「階級鬥爭」的基本教義，視地主和富農為潛在的敵人？為什麼中共在農民均分土地以後，隨即推行農業集體化，取消農民的私有財產制？為什麼中共在民族資本家協助其恢復經濟之後，仍然堅持要改造和消滅中國的資本主義制度？又為什麼毛澤東在文化大革命期間，屢屢楬櫫「反資本主義」和「反修正主義」的大旗，而在今天引進類似資本主義國家的市場經濟以後，中國大陸依舊不時發生走資本主義抑走社會主義路線的爭論呢？即令現今中國大陸「全國皆商」，表面上已經變得和一般資本主義國家沒有兩樣，中共當局也依舊強調中國大陸是在「社會主義的初級階段」，未來仍然是要走向「社會主義的高級階段」。儘管中共也鼓勵發家致富，製造了不少擁貲千萬、甚至上億的資本家，並讓「全民所有制」的國營經濟萎縮，迄今為止卻始終堅持土地國有的立國原則，企業發展也還是以省、市、縣、鄉、鎮或村為單位的集體所有制為主要著重點。這些簡單事實，像前面所提出的問題一樣，都在在顯示，意識形態是了解中共動向的重要因素。

如果對中共的馬列主義信仰有正確的估量，就不難發現，冷戰時代討論中共究竟是蘇聯的傀儡，還是人工奶油的冒牌共產主義者，其實並沒有太大的意義。如果我們理解，中共相信以俄為師，相信馬列主義，相信歷史必然是從原始公社，經奴隸社會、封建社會和資本主義社會階段向社會主義進化的，更相信蘇聯的今天是中國的明天，則我們不會誇大毛澤東對蘇共大國沙文主義(極端民族主義)行為的批評，也不會誇大他對馬克思主義與中國國情結合的強調，更不會像一些美國學者那樣，一廂情願地認為，意識形態既然不重要，毛澤東就可能根據他們想像的中國民族主義邏輯，處理中蘇共之間的關係，因此不難離間他和史達林的關係，把毛澤東拉離社會主義陣營。

這些美國學者低估了中共對馬列主義的信仰，從而高估了毛澤東對史達林的不滿。早在1930年代，史達林領導的蘇共儘管支持中共國際派中央，卻未因此停止毛澤東是中國共產革命領袖的宣傳。後來毛澤東成為中共內部無人可以挑戰的領袖，就是因為得到史達林的支持。毛澤東對史達林的態度也始終是以尊敬為主，即便有所挑戰，也不表示其否認蘇共的上級地位。須知在1943年史達林解散共產國際、全面取消對世界各地的共產革命控制之前，莫斯科始終是中國共產革命合法性的根源，毛澤東對此有深刻的體認。

即使在1943年以後，史達林也仍然維持其共產革命領袖的地位，毛澤東就算對共產國際或史達林個人再不滿，也沒有理由對其正面挑戰；他主張馬克思主義中國化，批評中共內部「言必稱希臘」的教條主義者，只是乘史達林無暇他顧時稍伸己意而已。毛澤東在崛起的過程中，不僅力爭史達林的好感，甚至在相當長的一段期間，還壟斷中共與莫斯科的電訊，決不容許同僚過問。毛澤東對史達林的尊敬不只是表面的，他還把史達林的作品列為黨員必須學習的文件，要黨員學習史達林宣傳部門編著的《蘇聯共產黨(布)歷史簡明教程》。在中共建國以前，他不斷向史達林請教外交和政治問題；在中共建國以後，更全面移植史達林的政治體制和計畫經濟經驗。為了把私有經濟部門變為國家或集體所有，以便國家機器主導的計畫經濟伸入全國各個角落，並集中全國可以動員的財富，有效的發展輕重工業，毛澤東實行帶有中國特色的農業集體化和贖買私營工商企業政策。至於後來中蘇共之間的交惡，原因很複雜，不能離開毛澤東對馬列主義的信仰，單純的以「中國民族沙文主義」來解釋，而必須從具體的歷史情境來分析，尤其必須注意毛澤東在史達林死後對蘇共及其領袖的重估。

不過，馬列主義畢竟是西方社會的產物，含有兩項特別內容：第一項是國際主義的視野，這種視野是超越民族主義的，甚至嚴厲批評西方近代國家的民族主義，而主張被壓迫的各國人民團結起來，共同締造一個沒有國界的人間天堂。另一項是階級鬥爭的信仰，否定有超階級的國家利益存在，主張被統治和被剝削的階級聯合起來推翻統治的和剝削的階級。主觀上，中共認爲馬列主義和愛國主義之間並無任何矛盾或緊張關係，實際卻因爲帶有上述國際主義和階級鬥爭的內容，所以國民黨可以從其自有的民族主義立場來質疑中共的民族主義。中共當然也可以從其馬列主義的立場來批判國民黨的民族主義，但是有意無意之間仍然以爭取二十世紀中國民族主義代言人的地位爲其要務。不過爭取二十世紀中國民族主義代言人的地位，並不能單靠理論爭辯，也要有其他主客觀條件的配合，否則不能贏得勝利。關於這一個歷程，在結論部分將有詳細討論。

2 「民主」觀念的窄狹化和工具化

如何理解中共對民主觀念的看法？這一個問題攸關中國共產革命的歷史脈絡。中共自命爲五四新文化運動的繼承人，所以思想上主張「民主」和「科學」並重。這裡只討論中共所謂「民主」。中共雖然標舉民主大旗，但是更加強調「大眾」，實際並不以全面移植西方議會式的民主爲其最高目標。他們認爲，西方國家的議會民主其實是資產階級的民主，表面上講究平等，實際上是限制性的民主，假借各種各樣理由把社會下層(包括女性)排斥在民主選舉的過程之外；即便後來不得已普及了選舉權，資產階級仍然憑藉財富，暗中操縱選舉，骨子裡依舊維持其原有的「資產階級專政」局面。簡單說來，議會式民主是資產階級用來掩飾階級鬥爭真實情況的騙人工具。他們在全民選舉的背後依然把無產階級工人踩在腳底之下，並剝削其剩餘價值。因此，中共認爲他們的歷史使命是，根據馬克思主義，闡明中國社會階級鬥爭的本質，直接動員工農群眾，建立一個由工農群眾當家作主的專政體制，改造或消滅所有的階級異已分子，並率領工農群眾爲實現共產主義的理想而奮鬥。

中共誕生以後，根據上述見解，迅速展開以工農群眾爲對象的群眾運動。中共是一個列寧主義的黨，非常重視內部思想的統一，尤其強調權力集中的組織原則。1923年決定其黨員以個人身分加入國民黨後，很快就展現了這方面的優越條件，而在國民黨內製造出有利於和平奪權的條件。只是和平奪權的方式畢竟不見容於「槍桿子出政權」的時代，中共終於不得不步上國民黨武裝奪權的舊路。1931年，中共在江西農村地區成立中華蘇維埃共和國政府，首次有自己的政權。當時實行土地革命，動員貧苦農民起來鬥爭地主或富農等所謂「階級異己分子」，把社會分化為兩個勢不兩立的敵對群體：貧苦農民是絕大多數，「階級異己分子」則僅占人口少數。一方面吸收運動中浮現的積極分子入黨，另一方面以工農群眾為基礎，實行由鄉、縣、省到中央各級蘇維埃議會的選舉，產生各級執行部門。不同於西方議會式民主的是，中共由各級蘇維埃議會選舉政府主要官員，並允許蘇維埃代表同時出任政府重要職務。他們視司法為行政的一環，由各級蘇維埃議會選舉產生。中共認為無論蘇維埃議會和政府都是為工農服務的工具，行政、立法、司法三權分立，彼此制衡，不僅事屬多餘，反而有礙其服務工農的初衷。

蘇維埃議會和政府理論上是表達工農群眾意志的工具，實際上卻有黨組織在背後操縱一切。中共是革命政黨，相信自己是無產階級的先鋒隊，對內強調下級對上級絕對服從，對外奉行「以黨領政」的原則，透過雙線領導來保證其凌駕於議會和政府之上。各級蘇維埃議會和政府(包括司法部門)，除聽從上級領導外，內部都有黨組織。議會和政府的主要成員均為黨員，黨可以透過其組織指揮之。黨組織當然也透過思想訓練，灌輸馬列主義的基本內容，以便取得成員之間的共識，但更重要的是「大權獨攬、小權分散」，控制重要人事和決策，並透過升遷黜陟和獎懲兩柄來控制黨員的行動。蘇維埃選舉，即在黨政策和組織的雙重領導下，迅速淪為政治工具，有時連工具也說不上，只是政治儀式而已。鄉以上的議會代表選舉，黨組織非僅包辦提名，甚或逕直指派，所以黨外人士視各級蘇維埃議會為黨組織的橡皮圖章，而其選舉產生的蘇維埃政府為執行黨組織意志的工具。

這種觀點，不利於中共在奪權階段的宣傳。所以抗戰爆發前後，中共以抗日重於一切為藉口，一面停止土地革命，一面也恢復所謂階級異己分子，包括資本家、地主和富農在內參與政治的權利，提出所謂「新民主主義社會」的主張。當時中共強調鄉選制和三三制。所謂鄉選制雖無土地革命的配合，但是其實質精神仍然是階級鬥爭。中共透過貌似溫和的改革(例如合理負擔和減租減息)，仍然把農村社會分化成勢同水火的兩個群體。階級異己分子可以組織自己的社團，但是不能參加在人口中占大多數的貧苦農民之組織。中共繼續兩者之間的階級鬥爭，動員工農群眾，據以改變農村原有的政權結構之餘，更據以鞏固工農群眾在階級鬥爭中所取得的政治優勢。

所謂三三制則是，中共限制自己當選的席次在三分之一以內，而把其餘席位開放給非黨員。這個政策主要實行於鄉以上。鄉以上選舉是間接選舉，鄉選的勝利保證黨員和工農出身的代表控制鄉以上蘇維埃。但是為了和一黨專政的國民黨競爭，表示開放政權的「誠意」，並在所謂民主人士和開明士紳的心目裡，逐漸建立起西方議會式「民主」形象，中共宣布要自動讓出當選席次。不過，讓出席次並不影響中共對政權的壟斷，因為讓出席次是有謀略的。其基本原則是：所謂右派分子根本不讓，所謂進步分子讓三分之一，而所謂中間分子讓另外一個三分之一。至於如何決定所謂右派分子、中間分子和進步分子，則語含玄機，盡在不言中。這樣安排，中共可以得到西方議會式「民主」的形象，又不會失去對各級議會的控制，還能鞭策自己加強對黨籍議員的領導。

中共建國初期延續抗戰時期的作法，但是在整個國家從所謂新民主主義社會向社會主義過渡以後，不僅地主階級不存在了，連資產階級和富農階級也都不存在了，整個國家只有工農階級。在這樣的國家中，毛澤東承認仍有各種各樣的社會矛盾存在著，但堅持這是人民內部的矛盾，不同於敵我之間那種矛盾，可以經由四大自由——大鳴、大放、大字報和大辯論的提倡來解決。毛澤東認為提倡四大自由，是提倡「大民主」，並諷刺西方議會式民主為「小民主」。

1957年，毛澤東號召民主人士以四大自由批評中共的黨國體制，不料竟然出現許多中共當局無法容忍的反對言論。毛澤東雖然沒有把這些反對言論看成不折不扣的敵我矛盾，但堅持人民內部的矛盾已向人民外部的敵我矛盾轉化，並以反社會主義為罪名把發表反對言論者打成右派分子。被打成右派分子以後，當然就不能繼續享有四大自由了。從這個經驗來看，四大自由的保障是有清楚底線的：不僅不能反對當權的共產黨，連批評超過中共所能容忍的限度(沒有客觀標準，由中共主觀認定)，也不容許。換言之，儘管理論上人民享有所謂四大自由，中共可以套用人民內部的矛盾已向敵我矛盾轉化的公式，把人民變成階級異己的「非人民」，而任意取消之。毛澤東生前如此，毛澤東死後到鄧小平時代也是一樣。鄧小平擁護毛澤東的四大自由，可是一旦四大自由不再符合政治需要，他便另有看法了。只是時代改變，鄧小平不可能再學習毛澤東，把人民內部矛盾視為敵我矛盾而發起反右運動，他為一勞永逸計，乾脆全部加以廢除。

鄧小平執政以後，選舉各級人民代表時，雖然實行差額選舉制，給選民一些選擇。但基本上仍然按照上級的意志提名和投票。農村基層的情況也無例外。此時因為中共並未事先以關係農民物質利益和社會地位的階級鬥爭來進行動員，所以大部分基層農民表現得相當被動和冷淡。另一方面，中共組織威信的降低和農村私有經濟的恢復，卻使得基層人民的選舉制度比較有可能反映不同於黨意的民意，雖有可能重複過去的經驗，淪為被打壓和扼殺的對象，但也有可能產生自我生長的動力，而使得中共體制不得不遵循新的邏輯向前發展。就目前的情況來說，所謂各級代表選舉和村民自治仍然是為了高度集中權力、為威信不斷失墜的黨國體制提供一些合法性而已。

從上述歷史過程看來，「民主」從晚清以來，雖已成為有志之士奮鬥的目標，但並不能為關心政治人士提供一個達成共識的程序。不過，由於潮流所趨，公然抗拒勢必帶來輿論指責。中共很了解這一點，故一方面透過「平等」的觀念，鼓勵工農直接參與政治，另一方面則把「民主」視為階級鬥爭， 將之轉變為集中原則的工具。在這一個過程中，民主被簡化為以群眾動員為主要內容的基層選舉，和以開放言路為主要內容的政治參與，而不再是一般民主人士所設想的西方式選舉和民主，當然在中共黨國體制中也沒有西方式民主中的權力制衡觀念以及對民主參與的超階級保障。

另一方面，中共以群眾動員為基礎，建立一個外似工農當家作主，內實共產黨專政的新制度，其實是國民黨一黨專政的翻版。不同的是，中共比較高明而已。1924年，國民黨繼共產黨之後，根據列寧主義的組織原則改組，但始終無法脫胎換骨，成為一個無論思想上或是組織上凝固力均強的革命政黨。同時國民黨也沒有發展出動員群眾的能力，為其政權建設取得一個全新基礎。國民黨僅在社會既有的權力結構基礎上移植西方的「民主」制度，非但不能帶來解決各種政治力量紛爭的共同語言和起碼機制，反而治絲益棼，製造更多的問題。可是繼承孫中山遺教，由黨訓政，也就是由國民黨訓練民眾實行民主，曠日費時，而事實上國民黨也行不顧言，因此批評國民黨一黨專政的言論甚囂塵上。

中共批評國民黨的一黨專政，但其黨內的民主集中制同樣向集中傾斜，而且有過之而無不及。理論上，黨員都有由下而上表達意見的民主權利，實際上組織強調下級服從上級，對上級的指示不理解，也要全心全力執行；而隨著時間的演變，也越來越清楚地強調個人領導了。到1940年代初期，毛澤東不僅取得與蔣中正一樣近乎黨內獨裁的權力，更成功地取得思想的主導權，可以根據自己的意思，在黨內進行嚴格的思想訓練。正因爲他在這方面的成績，毛澤東在一定時候，敢於開放言路，甚至開放政權，卻無懼喪失其對政權的壟斷。

3 以群眾參與爲基礎的極權主義黨國體制

如何理解中共的極權主義黨國體制？在過去很長的時期，中共被認爲是極權主義國家。在這個國家裡面既沒有法律，也沒有道德，馬列主義的意識形態凌駕一切，社會秩序全靠赤色恐怖維持，到處都是警察、特務、監獄和勞改營，老百姓根本就是幹部皮鞭之下的奴隸，在暴力之下孤立無助。另一方面，中共的統治也被認爲是一個運動緊接著另一個運動——從土地革命、農業集體化到大躍進；從增加薪資、打倒工頭，到吞併私營工商企業的公私合營；從鎮壓反革命運動、三反(反貪汙、反浪費、反官僚)五反(反行賄、反偷稅漏稅、反盜竊國家資財、反偷工減料、反盜竊國家經濟情報)運動，到四清(清經濟、清政治、清思想、清組織)五反；或從批判胡適和胡風運動、1957年反右運動到文化大革命——每一次運動都摧毀各種人倫和社會關係，鼓勵親朋好友相互檢舉，甚至要夫妻畫清界線，要子女揭發父母，既破壞家庭，又滅絕人性。中共要建立共產主義的天堂，卻不容許有任何私人想法，根本就是製造人間煉獄。以上這種種看法，其實就是冷戰初期流行於歐美國家的看法，只是用語更加極端而已。

這種把中共惡魔化的作法，除了增加對他們的嫌惡和仇恨以外，只是把極端複雜的問題簡單化而已，有礙於我們了解真正的中共。美國著名的政治學者 Hannah Arendt 雖然並不研究中共，但注意到歐洲極權主義的一個特質：無論德國的希特勒或是蘇聯的史達林，他們都擁有群眾的熱烈支持，麾下不乏大大有名的知識分子。當然，她所謂群眾指的是一群在政治運動過程中沒有自我、專靠組織尋求慰藉，而且一個指令一個動作、幾乎沒有主動性和積極性的機器人。

如果把群眾看成仍然擁有自我，雖然唯最高領袖的命令是從，但仍有主動性和積極性，則這個結論也可以適用於毛澤東和中共。毛澤東崛起之前，中共即曾吸引了不少優秀知識分子，毛澤東崛起之後，他的延安成為抗日年輕知識分子嚮往的聖地。而於1950年代，我們更發現舉國上下的讀書人，包括當時最受尊敬的許多大知識分子在內，幾乎都對毛澤東和他所領導的中共採取歡迎和歌頌的態度。中共不僅在1920年代一度成為工人所擁戴的政治力量，1950年代初期，也再度取得他們的衷心擁護，成為中共政權據以逼迫所謂資產階級「自動」退出歷史舞台的重要憑藉。至於毛澤東和大多數貧苦農民的關係，就用不著再強調了。中共是在無數貧苦農民的全力支持下奪取中國大陸的政權的。中共建國之後，毛澤東透過土地革命又得到許多貧苦農民的擁護。中國大陸現在認為錯誤的農業集體化和大躍進政策，當初也都一度得到不少貧苦農民的熱烈響應。

Hannah Arendt對毛澤東的中國所知極為有限。她根據所能掌握的證據，認為中共所建立的國家雖然算是極權主義國家，但是就赤色恐怖一點而言，毛澤東表現得要比史達林有節制。毛澤東在中共建國初期所殺害的人口是全部人口的百分之三左右，比起「天生殺人魔王」史達林要少多了。毛澤東後來還承認社會主義體制之下仍然存有各種社會矛盾，需要正確對待和處理[2]。

Arendt的比較大體無誤，但是她沒有問兩個重要問題：同樣是極權

2 Hannah Arendt, *The Origins of Totalitarianism*, pp. xxvi-xxvii. 沒有人知道史達林治下究竟有多少人遭受迫害而死。Arendt 採信的估計數字是2,600萬，不包括在烏克蘭饑荒中餓死的600萬人。黎自京根據中共中央黨史研究室、中共中央文獻研究室、中共中央宣傳部、中共中央黨校理論研究室合編的《建國以來歷次政治運動史實》說，除了2,215.7萬人死於大躍進帶來的饑荒外，共有269.8萬人死於其他歷次政治運動。其中被正式判處死刑的只有100萬人左右。其餘都是所謂「非正常死亡」，包括自殺的、被群眾打死的和被專政機關逼死的。上述總數極有可能低估了實情，但至少是中共官方暗中所承認的。黎自京，〈中共暗承毛暴政害國殃民：二千六百萬人慘死〉，《爭鳴》，1996年10月號，頁14-17。

主義國家的領導人，毛澤東為什麼表現得不如史達林那麼依賴國家機器的暴力？她也沒有問：毛澤東究竟是靠什麼取得了那麼多群眾的支持？如果考慮到這兩個問題，她可能會發現，毛澤東比史達林更懂得透過階級鬥爭來動員多數群眾，也更懂得如何利用各種資源的重新分配，來製造使居少數地位的反對者就範的逼人形勢。關於第二個問題，Arendt 可能會有這樣的答案：毛澤東像史達林一樣，依賴血腥暴力，使個人陷入完全孤立無助(atomized)的境地，然後以組織挾制個人，使其不敢不服從。我們的答案則偏重於社會經濟因素，正因為有各種實實在在的社會經濟矛盾存在，毛澤東可以根據馬列主義理論，把社會一分為二，煽動群眾起來從事階級鬥爭，並在一定期間縱容以暴易暴。

Arendt的極權主義模式似乎太強調國家機器的暴力，以及人民面對國家機器時的恐懼和無助。要想了解中共極權主義的國家體制，一定要從群眾動員的角度著眼。如果從這個角度看問題，會發現，中共進行政治動員時，總是迅速地帶來社會分化，形成兩個完全不同的世界：一邊是「敵」，另一邊是「友」；一邊是階級敵人，另一邊是基本群眾。雙方展開攸關生死存亡的鬥爭。從基本群眾的觀點和階級敵人的觀點看世界，當然不一樣。在階級敵人的世界裡，我們很容易感到害怕、恐懼和無助，但在基本群眾的世界裡，我們卻容易感到熱情擁護，充滿道德憤怒或道德自信，有時幾近瘋狂。這是我們在土地革命中看到的貧苦農民、在文化大革命時看到的青少年學生，以及在屢次政治運動中看到的積極分子。被動員的貧苦農民認為受地主壓迫數千年了，所以「造反有理」；被動員的青年學生認為幹部墮落了，所以「造反有理」；各種積極分子則認為中共的政治號召正確，所以熱烈響應，熱烈檢舉和揭發所謂的敵人。1950年代，毛澤東有所謂四大自由之說，其實土地革命時貧苦農民所得到的「自由」也是廣大無邊的，只是表達的形式不一樣而已。獲得自由的群眾以各種形式針對選擇的階級敵人進行批判和鬥爭，迫使這些敵人俯首認罪。這種群眾參與隨之俱來的各種暴力，乃是中共黨國體制迥異於史達林的地方。

群眾「熱烈響應」的動機當然是複雜的，但基本上說來可以分為兩類，一類涉及個人切身生活的改善，另一類攸關美好世界的承諾。前一個理由是實際的，後一個理由是道德的。兩大理由交織在一起，在其背後可能還有千奇百怪的動機：例如自我表態、希意承旨和諂媚當道等等，其中更不乏言不由衷者。但無論如何，所謂群眾匯集起來的力量是巨大的。面對群眾猶如面對排山倒海而來的壓力，很少人可以抗拒和抵擋。為了鼓勵群眾參與，儘管政治動員過程中的批評、檢舉與揭發可能是不負責任的，也可能雜有其他難以表露的動機，但卻經常受到縱容，以致各種暴力行為和冤錯假案層出不窮。如果冤錯假案牽連的是階級敵人，中共一定毫無憐憫，甚至鼓勵；如果是自己的幹部和黨員，則多半會由專門幹部調查案情，假以時日更可能代為平反，甚至給予某些補償。無論如何，中共都不會像傳統法律一樣，嚴懲不實誣告，對犯錯的積極分子，除非錯誤嚴重到駭人聽聞的地步，都允許認錯改過，不太可能依法懲治，很多時候反而因為他們能積極配合政治動員，而在事過境遷以後，在政治上不斷予以優待和提拔。

有人把中共政治動員等同為欺騙，顯然將問題道德化和簡單化了。人民的眼睛不是雪亮的嗎？為什麼有那麼多的人，包括中國一流的知識分子，不選擇相信蔣中正而選擇相信毛澤東呢？為什麼不選擇國民黨而選擇共產黨呢？當然意識形態牽涉到可信度的問題，宣傳手法也有優劣之分。如果從實際政治動員的過程來了解，我們會發現抽象的政治號召，一定牽涉到各種資源的重新分配。這些資源包括財產、地位和名譽。即以土地革命的號召為例，中共有其理論基礎，但對一般貧苦群眾而言，最重要的卻是它可以實實在在帶來生活的改善；毛澤東並不僅僅是抽象的救世主而已。

正因如此，中國的共產革命纔有可能建立其群眾基礎，也正因為有群眾基礎，中共可以把政權伸展到社會基層的各個角落，建構一個規模比國民政府龐大許多而且相當有效率的政府。每次群眾運動都會冒出許多積極分子，其中一部分可以吸收進入講究菁英主義的黨。在他們的支持下，中共雖然沒有蘇聯那麼龐大的警察和特務制度，卻同樣可以使所有真實的或是潛在的異議分子，無所遁藏於天地之間。

經過共產革命，中共逐漸將其黨國體制深入社會基層，發展到極致時，每個人都被包納在一個單位之中。延安時代的單位主要存在於黨、政、軍、群眾團體、機關學校和廠礦企業當中。中共建國以後，隨著私有經濟部門的萎縮和消失，單位遍布社會基層。成員在單位之間橫向流動的機會，也隨著政權的鞏固而迅速遞減，垂直流動則因政府缺乏新陳代謝的機制而明顯減少。成員因為無法脫離單位，所以對單位的依賴性極大。如果是幹部的話，他的個人薪資所得、政治昇遷、法律待遇、個人福利、醫藥照顧，甚至遷移戶口、出外旅行，全都要受到上級的主導。中共這一個黨國體制，無所不包，無所不在，不容任何與其抗衡的社會力存在。納入各單位的成員平時便依賴上級領導，發生各種政治運動期間，依賴度尤其之大，同時也因為沒有任何社會力量的保護，所以極其脆弱，難以抗拒國家權力的獨斷。

在這個邁向權力高度集中化的過程中，中共批評國民黨實行一黨專政背叛了五四以來的民主傳統。其實，中共很了解，其所形成的一元化黨領導，比起國民黨的訓政體制來說，無論廣度或是深度，都可以說有過之而無不及。第一，毛澤東和蔣中正同樣掌握了最後決定權，但是兩個人在行使這一權力時卻有明顯差異。毛澤東比蔣中正地位穩固，根本無人敢於挑戰其威信。他至高無上的地位來自於中共所獨有的思想改造方法——整風審幹，也就是說批評和自我批評，以及不計工本、強調對黨忠誠的人事調查和考核。當然中共把毛澤東思想視為馬克思主義的中國化，更是毛澤東確立其思想領導的關鍵。第二，中共和國民黨一樣是菁英主義，自認為有歷史使命。但是兩者比較起來，中共不僅帶有更明確的菁英主義性格，而且把黨的組織伸展到社會基層，以每一個村落、每一個連隊、每一個工廠車間都有黨支部存在為目標。第三、中共雖然承認軍隊、政權和群眾團體在特定的狀況下有其獨立自主性，但是軍隊，政權和群眾團體如果偏離了黨的領導，立即斥之為鬧獨立性，而予嚴厲批評。其黨國體制奉行的基本運作原則是嚴格的以黨領軍、以黨領政(政府組織)和以黨領群(群眾組織)，落實這一個原則時，不像國民黨一樣仰賴於蔣中正一人，而是透過黨組織直接控制軍事、政治和社會各個部門，且不限於中央部分，也包括地方和社會基層。

這一個黨國體制單位中的積極分子，為了個人前途，講求關係的建立和鞏固，而上級幹部因為有特別關係，曲予維護，從而在上級和下級、幹部和積極分子之間產生一種人身依附的威權關係。這種威權關係外表看來都是符合意識形態的，實際上卻暗含極大的功利性質。美國學者Andrew Walder在其工廠研究中發現這種他稱之為新傳統主義(Neo-Traditionalism)的威權關係。但強調它並非來自文化積澱，而是源於黨國體制本身，所以應該是共產極權主義國家的共同現象[3]。從這一個角度出發，中共批判其黨內的「宗派主義」、「山頭主義」、「官僚主義」時，將之完全歸因於「封建主義」，是相當有問題的作法。

附帶一提的是，中共雖然強調他們是五四反傳統主義的繼承人，但是他們和傳統的關係非常複雜。文化大革命毛澤東提倡破四舊、立四新，打破舊思想、舊文化、舊風俗、舊習慣，建立新思想、新文化、新風俗、新習慣，反傳統主義發展到了極致。中共黨國體制中人身依附關係卻警告我們，舊思想、舊文化、舊風俗、舊習慣雖然被打倒了，仍有可能在新的環境中借屍還魂，重新復活。另一方面，我們也不可以忽略，中共雖然是激烈的反傳統主義者，卻非完全不談過去

3 Andrew Walder, *Communist Neo-Traditionalism: Work and Authority in Chinese Industry*, pp. 1-27.

文化遺產繼承的問題。爲了縮小知識分子和工農大眾的距離，毛澤東要求知識分子發掘出一個農民起義、反抗統治階級的歷史傳統，並要求他們向群眾所喜聞樂見的民族文藝學習；爲了解決醫療資源短缺的問題，毛澤東指示大力發展和推廣傳統醫藥；爲了解決互助合作組織一成立就垮台的問題，毛澤東堅持向民間舊慣學習。至於上層社會的文化傳統，毛澤東有時強調批判性的繼承，反對不分青紅皂白地概予唾棄。他後來批孔揚秦，提倡法家思想，即爲一例。

4 中共不等於農民黨

如何理解中共的農民化問題？儘管中共以無產階級的先鋒隊自誓，建國以後更切實照顧工人，也儘管中共靠貧苦農民取得政權，並以傳統農民起義的繼承人自居，但中共建立的政權決不是工農政權，而毛澤東的所作所爲決不能視爲知識分子農民化後的發展。就階級背景而言，中共從1925年以來一直以工農爲大多數成員，在某些時期，也特別提拔工農幹部，但它畢竟是高度官僚體系化的政黨，靠文字統治，其中上層幹部，尤其是領導精英多少一定要受過一些教育。這些中上層幹部的階級成分和國民黨之間並無明顯差別，仍以知識分子爲主，而且均以小知識分子爲絕大多數。

1957年大鳴大放，便有民主人士批評中共是小知識分子黨。毛澤東聽後雖勃然大怒，但承認中共是小知識分子的黨，要求黨員以事實證明小知識分子也會治國。當時，毛澤東所用的標準並不清楚。1951年2月，中共建國伊始，毛澤東修改《中共中央關於糾正電報、報告、指示、決定中的文字缺點的指示》，指出部下送閱的文電中經常出現「句法不全、交代不明、眉目不清」之病[4]。五年後，周恩來發現，國務院文件中的一般通病是「文字含糊不清楚，籠統而不明確，文法混

---

4 毛澤東，《毛澤東建國以來文稿》，2：97-102。

亂無條理、錯誤或不通；文義常不合邏輯，更缺少辯明」[5]。顯然，與國民黨相比，中共的中上層幹部中，應有更大比例的一群人，缺乏完整的教育，以致出現了在國民黨統治下難以想像的上述指示。當然這反映了一個事實：中共內部有不少脫盲不久的工農黨員，問題是：他們究竟仍是一般工農黨員，還是已經小知識分子化以後的工農黨員？

因爲要從事群眾動員，中共黨員和幹部對工人和農民的理解比國民黨遠爲深入，而爲了縮短知識分子幹部和工農群眾的距離，中共也不斷督促他們透過和工農群眾「同吃、同住、同勞動」，與工農群眾打成一片。在這個過程中，若說知識分子幹部不受工農群眾影響是不可能的。毛澤東認爲知識分子幹部必須和工農群眾形成魚水關係。可是就中國共產革命的歷程而言，不論工農群眾是否真心的同意，中共中央已認定馬克思主義是科學的真理，無論那一個社會都可根據馬克思的預測，順著從原始公社到封建社會，再從資本主義社會到社會主義社會，最後到共產主義的過程發展。中共中央假定，工農群眾在有了所謂階級覺悟以後，一定會接受這個道理，而其任務就是決定歷史發展的適當時機，既不能一步登天，走得太快，以致脫離工農群眾，也不能踟躕不前，走得太慢，變成工農群眾的尾巴。中共中央這樣看自己，也以同樣的看法對待下級幹部。

從這個觀點看，我們必須強調中國共產黨**領導**工農群眾，而不是工農群眾**領導**中國共產革命。從誰領導中國共產黨的觀點來看，我們更必須強調，所謂中國共產革命，基本上由革命的知識分子主導，而不是真正所謂工農當家作主。因爲不論工農群眾的真正需要是什麼，中共中央已根據意識形態規定他們未來的走向了。只是領導中國共產革命的知識分子最初並不知道如何推行革命，這需要經驗和反省。隨著時間的改變，中共知識分子搞革命的手法越來越符合實際需要，也

5　中共中央文獻研究室，《周恩來年譜，1949-1976》，上，頁455。

越來越有成效。尤其後來在毛澤東領導之下，中共這個以小知識分子成員爲主的黨終於走向全面勝利，當然革命奪權階段的成功經驗就會繼續受到重視。毛澤東雖然因爲重施群眾動員的故伎，可以不費吹灰之力便改造了私有經濟，但是當他發動大躍進和文化大革命時，就帶來歷史的大悲劇了。

另一方面，我們也要注意，投身中國共產革命的知識分子以處身邊緣的小知識分子爲多。所謂邊緣知識分子，所受的雖然不是傳統教育，但是在當時的學歷結構中，大學畢業或留學外國的僅占少數，絕大多數只有高中以下程度。他們在加入共產黨之前，很少人具有全國性聲望。如果傳統的科舉制度仍然存在，他們十之八九都會因爲沒有舉人以上的功名，而根本無法過問中央層次的政治。就個人收入而言，他們既不像傳統士紳，家裡沒有足夠的恒產，也不像現代的中產階級，有足夠溫飽生活的職業收入，基本上仍是比較清貧的一群。他們因受歐美文化的影響，晚清以來已積極問政，經過民國成立和新文化運動，他們對上層政治的關懷越來越深。中共就是靠著這些邊緣知識分子中的理想主義者取得政權。毛澤東是他們的領袖，雖然毛的父親是富裕農民，但他基本上也是屬於這一類知識分子。

從馬列主義的觀點來看，上述這一類知識分子基本上都是小資產階級的知識分子。理論上說，中共一旦成立，他們便因爲歷史已經步入世界共產革命的階段，而成爲被所謂工人無產階級領導的對象，除非全心全意地接受工人無產階級的領導，他們沒有獲得救贖的希望。換言之，他們從中共建黨以來就是帶有「原罪」的階級，不論他們如何認同中共的主張，都有不小心犯各種錯誤——尤其是「主觀主義傾向」和「宗派主義傾向」——的可能，甚至於連帶汙染中共黨內的工農黨員[6]。很少人注意到「主觀主義」和「宗派主義」這一類字眼的

6　關於知識分子原罪的觀點，參閱毛澤東，《毛澤東選集》，3：991-96。

空洞性和曖昧性，它們的定義可鬆可緊，可以「自由心證」的餘地極大，端看使用者的意向而定。如果把它們當成道德反省的起碼水準，則不太可能有人敢於宣稱能夠免於不犯。

無論如何，毛澤東在中共宣告知識分子黨員有原罪之後，再號召「懲前毖後、治病救人」，允許他們整風改過，只要態度被認為良好，上級便可以根據「坦白從寬、抗拒從嚴」的原則，予以寬宥。知識分子黨員知道，除了整風改過，另一選擇就是被開除黨籍，視為「階級異己分子」，打入另冊，不准(參加中共)革命，所以對毛澤東的這種作法，很難不心存感激。當然，毛澤東並不是不要他們付出代價，因此他們必須根據上級的期望，對自己進行反省檢討，同時必須接受上級群眾動員所產生的批評考驗。這就是整風改造。由於整風改造中所承受的批評壓力太大，可能抵擋不住，因此不得不作違心檢討，只是事態發展到這種地步，知識分子黨員便永世難以翻身了。因為事後如果要求翻案，則無異於承認自己曾經對黨不忠實；如果不要求把違心檢討時加諸自己的罪名洗清，又覺得寢食難安。進退失據的結果，常是為了證明自己的清白，而只有更竭力執行之一途了。

這裡也必須注意非共知識分子對社會主義「理想」的同情。晚清以來的知識分子，包括立憲派的梁啟超和革命派的孫中山，雖然彼此對社會主義可能有不同的看法，卻少有人懷疑社會主義理想是人類歷史不可抗拒之潮流的說法。不論未來的社會應該像大同世界還是像無政府主義烏托邦，他們都認為人人平等、大公無私是社會進化的最高境界。儘管他們也可能從事商業，但意識形態上卻羞談追求市場利潤。其實，他們在心態和想法上，也和馬列主義知識分子有相同的地方，例如認為知識分子應該負起改造社會的責任，國家應該肩負改造社會的義務。到1930年代，甚至在政治上主張自由主義的知識分子，也多半認為蘇聯的計畫經濟值得倣效。

另一方面，中國的知識分子由於長期戰亂的關係，越來越依賴政府維持生活。中共建國之際，他們就已經完全依賴政權維生，而隨著中共黨國體制的擴張，他們對政權的依賴越來越深。到私有經濟部門萎縮到不存在以後，他們即便不想依賴國家，也因爲中共政權完全壟斷國家的資源，而變得完全沒有獨立自主的空間。再加上知識分子多少有成王敗寇的心理，以成敗論英雄，看到中共武裝鬥爭的迅速勝利，見識到中共群眾動員的深入(特別是土地革命)，再了解到中共對功名利祿的壟斷，於是對中共組織，尤其是毛澤東個人，佩服得五體投地，從而自動響應中共整風改造的號召，努力學習馬列主義和毛澤東思想。我們都知道1957年的大鳴大放運動中，知識分子曾大肆批評中共，但是很少人能想像他們對中共政權，尤其是毛澤東個人，死心塌地的竭誠擁戴。即使後來以知識分子爲主要對象的反右運動發生了，我們也會發現一個奇怪現象，被迫害的所謂「右派分子」，似乎對揭發和批鬥的同僚和群眾的痛恨，遠超過對黨組織和毛澤東個人的不滿，更會發現絕大多數知識分子對中國共產革命，尤其是思想改造的基本前提，並沒有深刻的檢討和反省。

5 毛澤東不等於秦始皇加史達林

如何對毛澤東做歷史評價？1980年以後，中國大陸因爲對文化大革命採取否定的態度，可是又不能全面否定「開國之君」的毛澤東，所以若不是強調毛澤東從1950年代中期以後生理出了嚴重毛病，就是強調他的精神狀態不佳。我們認爲毛澤東日益老邁是一個不容否認的事實，但並不認爲他的身體在1950年代末，已經老邁到影響他的政治判斷力，尤其不相信他已經瘋狂。早在五四時代，毛澤東已有改造中國和世界的豪情壯志，他擁抱馬列主義，並不是因爲無政府主義所標舉的理想失去了對他的吸引力，而是因爲馬列主義提供了一個實現這些理想的工具。同樣重要的是，馬列主義同時也提供了一個改造整個中國社會的思想不二法門，也就是他所謂「大本大源」的階級鬥爭理論。後來，他為了追求馬列主義的實現，走上武裝鬥爭的道路。其後，為了從國民黨手中奪取政權，他雖然一直致力於馬列主義與中國實踐的結合，但是並沒有忘記勝利的目的是實現馬列主義的理想，尤其是以俄為師，學習蘇聯社會主義建設的經驗。毛澤東不是為了理想而理想，而是為了求得實際成效而堅持理想，他真的認為社會主義建設是改變中國落後面貌的不二法門。他「為有犧牲多壯志，敢教日月換新天」，於是先後發動了大躍進和文化大革命，只是他所追求的理想，後來被證明根本是不可能實現的烏托邦，不僅帶來中國有史以來最大的饑荒，也帶來中共建國以後所未曾有過的社會大動盪，最後他更深陷進退兩難的窘境，在百般無奈中到地下去見馬克思。

毛澤東在中共領袖中，有其不同凡響之處：他是一個革命家，也是一個政治家。性格浪漫、敢於幻想，但同時又嫻熟謀略，精於計算。他可以很抽象，但講求調查研究，為人霸氣十足，處事則不以察察為明，能從戰略、理論和哲學層次討論中國共產革命。不論他的馬列主義造詣如何，他確實能講出一套令人眩服的道理。其實，他最令下級折服的，恐怕還是對中國古書的涉獵之廣和造詣之深。他的文章，不論是氣勢之豪邁，還是用語之生動，均令人印象深刻。尤其是對文史掌故和民間俚語之熟悉，信手拈來，自然活潑，在近現代政治人物中確實難有匹敵。1936年2月，時值深冬，他的軍隊走完二萬五千里路後，又東渡黃河；他眺望白雪籠罩的黃土高原，寫下一首詞〈沁園春：雪〉：

> 北國風光，千里冰封，萬里雪飄。望長城內外，惟餘莽莽；大河上下，頓失滔滔。山舞銀蛇，原馳臘象，欲與天公試比高。須晴日，看紅裝素裹，分外妖嬈。
>
> 江山如此多嬌，引無數英雄競折腰。惜秦皇漢武，略輸文采；唐宗宋祖，稍遜風騷。一代天驕，成吉思汗，只識彎弓射大雕。俱往矣，數風流人物，還看今朝。

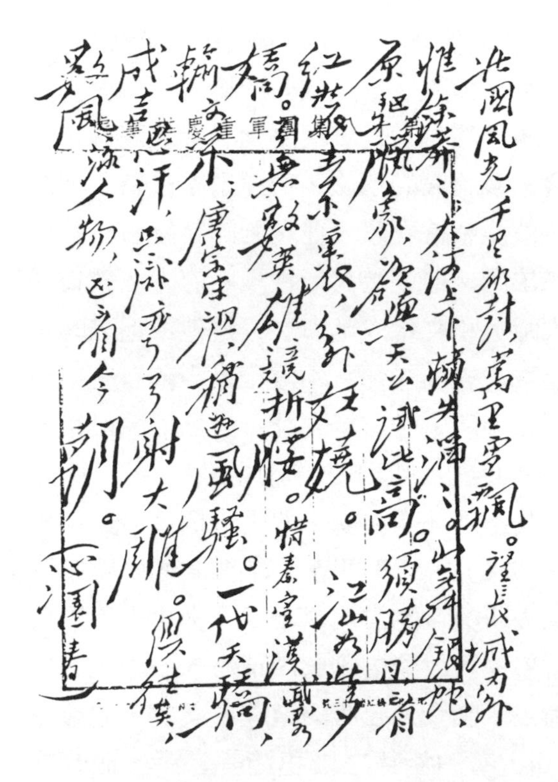

毛澤東詞〈沁園春：雪〉。這首詞寫於1936年2月，1945年8月底毛澤東赴重慶談判，手書此詞贈給南社詩人柳亞子，次日便被發表於重慶《新華日報》，一時之間膾炙人口，成為各方視聽所在，是毛澤東最廣為人吟誦的作品。又毛澤東有修改詩詞的習慣，後來發表〈沁園春：雪〉中的「原馳臘象」一句，原稿作「原驅臘象」。

毛澤東自註，他所謂風流人物指的是「無產階級」。有人卻堅持，「風流人物」指的就是領導所謂無產階級打天下的他自己；因爲，無產階級豈能叫秦始皇和漢武帝「略輸文采」？豈能叫唐太宗和宋太祖「稍遜風騷」？又豈能和成吉思汗比賽軍事韜略？其實，毛澤東究竟有無帝王意識，恐怕誰也難以確言。但是這首詞發表的時機，卻令人懷疑毛澤東的自註是欲蓋彌彰。須知毛澤東這首詞作於1936年2月，卻發表於1945年8月。當時毛澤東正應蔣中正之邀到重慶談判，他在這個時候發表，雖然有一些偶然因素，但敢於不懼非議，卻如實反映了他在中共黨內的地位。因爲他這時候已經正式取得中共黨內的最後決定權，而他的思想也在中共黨內定於一尊。

有一則軼事，頗堪玩味。1938年底以前，毛澤東雖已是中共內部最有影響力的領袖，但名義畢竟次於當時總綰黨務的張聞天。張聞天事事尊重毛澤東，不會以上位驕人，毛澤東卻喜歡當面戲稱其為「明君」，其夫人為「娘娘」[7]。1938年底毛澤東取張聞天而代之以後，當然停止這樣的玩笑語，但是時移勢變以後，他的下級會以什麼態度來對待他呢？其後毛澤東在黨內的地位越來越崇高，不僅經由黨史的反省和檢討，證明自己是中共建黨以來，唯一能代表黨內正確路線的領導人物，而且取得中共的最後決定權，並形成毛澤東思想定於一尊的局面。毛澤東合政治上的政統和思想上的道統為一，權力之大，恐怕中國歷史上找不到第二個人。有趣的是，就在1958年毛澤東開始公開提倡「正確的」個人崇拜前夕，他的重要秘書竟然模倣《三國演義》臣下稱呼主子的語氣，背後稱呼毛澤東為「主公」。此時他正為其向社會主義過渡政策的成功而志得意滿，內心深處果真沒有一絲一毫的帝王意識？潛意識中，也仍未以「明君」自居？

不論答案為何，強調毛澤東受傳統帝王術的影響，應該不錯。1950年代中共向社會主義階段過渡以後，他把繁忙的國家大事放在一旁，仍然擠出大量時間重新閱讀二十五史和《資治通鑑》之類的傳統史書，以及研究帝王治術的《韓非子》之類的法家典籍。雖說目的是古為今用，卻很難不令人懷疑，他能完全不受其潛移默化。

許多人所以強調毛澤東有帝王意識，主要目的是批評他繼承了傳統帝王制度最壞的一面，亦即以一人之意為天下人之意，並且殺人如草芥，比暴君秦始皇有過之而無不及。其實，毛澤東本人即曾針對這一個批評有所回應：他認為秦始皇的罪狀，無非只有焚書坑儒兩條。焚書不過燒了一些書罷了，坑儒則只是殺了四百六十個儒生，沒有幾個人，不值得大驚小怪。他自己為了統一中國，建立無產階級專政，就殺了好幾十倍甚至幾百倍這個數字的人。但是就對後世的貢獻而

7　劉英，《我和張聞天命運與共的歷程》，頁119。

言，毛澤東強調，秦始皇要比孔夫子偉大多了。孔夫子栖栖惶惶，一事無成，而秦始皇統一中國，同文共規，廢封建，行郡縣，厲行中央集權，爲後來二千多年的中國奠定制度基礎，勳業之偉大，中國歷史上找不到第二個人[8]。

其實，毛澤東建立了一個比秦始皇還要權力集中的黨國體制，這個黨國體制能汲取龐大的經濟資源，所以能組織傳統帝制所沒有的龐大政府，以管理社會基層的各個層面，並摧毀或馴化傳統政府所無法控制的社會力量。其次，這個政權在很長一段時期有堅固的群眾基礎，可以從社會基層汲取傳統政府所無法汲取的資源，而不致引起社會基層的嚴重抵抗。

毛澤東所以能建立這樣一個史無前例的黨國體制，是因爲他擁有秦始皇所沒有的兩個工具──馬克思列寧主義的階級鬥爭以及史達林的聯共政黨模式。秦始皇以武力統一六國，但是沒有群眾基礎，所以一旦武力受到致命的打擊後，全國便立即土崩魚爛。毛澤東當然也是槍桿子出政權，但是有廣大的貧苦工農擁護。他根據階級鬥爭的理論，在中國社會發掘各種矛盾，並以土地革命和各種政治運動，吸引貧苦工農起來和地主或資本家鬥爭，在兩極分化過程中與貧苦工農結爲「命運共同體」，然後利用貧苦工農建立的各種組織，把黨國體制的觸角伸入城市和農村的各個角落，製造各種逼人的形勢，以之挾帶貧苦工農向社會主義過渡。

毛澤東承認，在這一個過程中曾經發生各種侵害人權、財權、地權和物權的情事，但強調堅持這種過左、過火的行爲出自所謂群眾的主動和堅持，由於它乃是動員群眾的應有之義和必備條件，也有階級鬥爭的理論基礎，所以在一段期間內必須予以縱容。毛澤東就是因爲懂得以階級鬥爭來號召和動員群眾，所以對赤裸裸國家暴力和特務統

8 黃麗鏞編著，《毛澤東讀古書實錄》，頁202，214。

治的依賴，遠不如史達林爲甚。也因爲有這些政治動員的豐富經驗，所以他在1940年代能夠提出馬克思主義中國化的政策，並在1958年提出大躍進和文化大革命這兩場迥異於蘇聯社會主義建設經驗的主張。

另一方面，只要政治有所需要，毛澤東在黨內可以根據史達林聯共黨史的模式，將持反對意見者，升高到正確路線和錯誤路線鬥爭的層次來批鬥。1959年彭德懷說，毛澤東能夠把政治與感情結成一體[9]。其實，彭德懷所謂的「政治」，包括了毛澤東對形勢的判斷。毛澤東在形勢不利時，逼感情遷就政治，但在形勢有利時，則任政治追隨感情。1935年以前，毛澤東身處下位，儘管政治上有所堅持，但組織上要不是逆來順受，就是陽奉陰違。1935年以後，毛澤東高踞上位，他在組織上不必低聲下氣，所以逐漸任由政治追隨感情了。根據史達林的黨史模式，毛自居爲黨內正確路線的代表，再把對手打成錯誤路線的代表，最後予以鬥倒鬥臭。這種作法，完全否認了對手意見也有道德性和正義性，發展到極致，就是頑固堅持自己的一貫正確性。

毛澤東此時不需要親自出手，只要表示意思，就有下級自動起來挖掘錯誤路線的思想根源和階級根源，從而把對手打成一文不值，甚至加上叛徒、階級敵人、右傾反黨分子等莫須有的罪名。既然在道德上可以置人於死地，毛澤東又何必學習史達林，大費周章地以法律審判的形式，殺害真實的和想像的敵人呢？因此，他基本上是以允許思想改造爲名，維持政敵的肉體生命，甚至還給他們官位。就是因爲這個緣故，遲至文化大革命爆發以後，他也不肯直接命令特務處決對手。文化大革命中死難的中共高級幹部，幾乎都是在批鬥大會中遭受所謂「群眾」的暴力毆打，或是在隔離審查中遭受折磨而死的。

毛澤東如何評價史達林，當然和他如何自我評價息息相關。他不否認史達林曾經犯錯，但強調史達林是馬克思和列寧兩人事業的繼承

9　李銳，《廬山會議實錄》，頁221。

人，對世界歷史至少有兩大貢獻：第一、領導蘇聯人民長期對抗各種帝國主義，爲蘇聯社會主義建設爭取了寶貴的時間。第二、在極端艱苦的內外環境中，史達林以社會主義建設的模式改變了蘇聯的落後面貌，而其中最偉大的成就是工業現代化和農業集體化[10]。這不正是毛澤東對他自己的看法嗎？他至死爲止，始終沒有懷疑過社會主義的優越性，始終想要爲中國開出一條社會主義建設的道路，雖然在學習蘇聯經驗的過程中，工業現代化的成就猶待進一步的努力，但在農業集體化方面，他避免了史達林以特務和軍隊直接強迫的方法，因而自認爲比史達林高明。

毛澤東承認史達林有兩個大問題。第一是肅反的確過頭了。第二是搞個人崇拜過頭了。他說，史達林肅反殺了100萬人(實際上死亡人數在1,000萬人以上)，確實應該批評。但是他更強調，沒有統治階級是自願離開政治舞台的，舊社會有那麼多壞人，不殺掉幾個，又怎麼能建立全新的社會體制？史達林的錯誤不在肅反，而在於肅反擴大化：殺了許多不該殺的人。其所以如此，則是因爲脫離實際和脫離群眾，所以原來肅反只有一些「個別的、局部的、暫時的」錯誤，後來竟然迅速演變成「全國性的、長期的」錯誤。史達林爲什麼脫離實際和脫離群眾呢？毛澤東不同意赫魯雪夫的看法，認爲後者把問題完全歸因於搞個人崇拜一點上是錯誤的。他認爲史達林的真正問題有兩個：一個是缺乏經驗，另一個則是把自己放在群眾之上。毛澤東的言下之意是，如果史達林當初像他一樣提倡群眾路線，不脫離「群眾」，並且知道有錯必糾，就不會犯肅反擴大化的錯誤了。問題是毛爲了動員群眾，總是縱容過左過火現象，甚至在「懲前毖後、治病救人」的口號下縱容同志之間的「殘酷鬥爭、無情打擊」，以致在其有錯必糾以前，已任由無數冤錯假案發生了。即便在他已踰耳順的晚年，同樣的

---

10 中共中央文獻研究室，《建國以來重要文獻選編》，8：224-242、9：560-94；毛澤東，《建國以來毛澤東文稿》，6：59-67，283-85。

情形反覆出現。他儘管強調群眾路線，卻不能免於重蹈史達林製造無數冤錯假案的覆轍；也儘管提倡有錯必糾，無數黨員、幹部或老百姓免於「逼供信」的基本權利，也早已因爲他的縱容而遭到踐踏了！

1956年，毛澤東還認爲史達林搞個人崇拜有點不妥，但在1959年大躍進遭受嚴重質疑後，卻步史達林的後塵，並把個人崇拜推到極端。這時他把個人崇拜分爲兩類：一類是正確的，崇拜的對象掌握科學真理；另一類是錯誤的，沒有掌握真理卻想要奪權。毛澤東顯然以爲自己掌握了科學真理，所以不但不再批評對他本人的個人崇拜，反而縱容下級大力提倡。列寧面對批評者，曾不客氣地說：「與其讓你獨裁，不如我獨裁好。」[11] 毛澤東引這兩句話說，那些批評史達林搞個人崇拜者，打倒史達林好讓別人崇拜自己。顯然他認爲列寧快人快語，令人擊節稱賞！毛澤東不言而喻的是：與其聽你們批評個人崇拜，不如讓掌握真理的我，搞對毛澤東的個人崇拜！

毛澤東這種當仁不讓、提倡對他個人崇拜的深層心理，可能源自他成長時期的理學訓練。他年輕的時候，認爲「聖人」掌握「宇宙之真理」，也就是「大本大源」，若以「大本大源」號召天下，即可以形成人人動員的局面[12]。這種思想中，擔憂個人崇拜和害怕脫離群眾的問題，是不存在的。1965年文化大革命發動前夕，毛澤東點讀《後漢書・黃瓊傳》，下面這一段文字特別引起他的注意：「自生民以來，善政少，而亂俗多。必待堯舜之君，此爲志士，終無時矣。常聞語曰：『嶢嶢者易缺，皦皦者易汙。』陽春之曲，和者必寡，盛名之下，其實難副」。他在第一句旁邊畫線，上面畫一個大圈，在第三句旁邊也畫線，上面則畫三個小圈。在同書〈陳寔傳〉中陳寔勸梁上君子自動悔改一段，他眉批道：「人在一定條件下是可以改造的。」[13] 毛

11 毛澤東，《毛澤東思想萬歲》1969年本，頁162-63。

12 毛澤東，《毛澤東早期文稿》，頁84-90。

13 司馬遷等著，《毛澤東點校二十四史》，第二十卷，《後漢書》，頁32-33，80。

送陳毅同志閱——陳閱

陳寔傳

黃瓊傳

李固傳

劉、周、鄧、彭一閱。

後漢書寫得不壞，請注意閱讀。

（周少康之邑也。竹書紀年云：楚及秦伐鄭於綸氏。今洛州故嵩陽縣城是也。）縣以禮慰遣，遂不得已。先是徵聘處士多不稱望，李固素慕於瓊，乃以書逆遺之曰：「聞已度伊洛，近在萬歲亭，（萬歲亭在今洛州故嵩陽縣西北。武帝元封元年幸緱氏，登太室，聞山上呼萬歲者三，因以名焉。）豈即事有漸，將順王命乎？蓋君子謂伯夷隘，柳下惠不恭，故傳曰『不夷不惠，可否之間』。（論語孔子曰：伯夷、叔齊不降其志，不辱其身；謂柳下惠、少連降志辱身；我則異於是，無可無不可。鄭玄注云：不為夷齊之清，不為惠連之屈，故曰異於是也。）蓋聖賢居身之所珍也。誠遂欲枕山棲谷，擬跡巢、由，斯則可矣；若當輔政濟民，今其時也。自生民以來，善政少而亂俗多，必待堯舜之君，此為志士終無時矣。常聞語曰：『嶢嶢者易缺，皦皦者易污。』陽春之曲，和者必寡；盛名之下，其實難副。（宋玉對楚襄王問曰：客有歌於郢中者，其為陽春白雪，國中屬而和者不過數人，是其曲彌高，其和彌寡。）近魯陽樊君被徵初至，朝廷設壇席，猶待神明。（樊君，樊英也，具英傳。）雖無大異，而言行所守亦無所缺；而毀謗布流，應時折減者，豈非觀聽望深，聲名太盛乎？自頃徵聘之士胡元安、薛孟嘗、朱仲昭、顧季鴻等，其功業皆無所採，是故俗論皆言處士純盜虛聲。願先生弘此遠謨，令衆人歎服，一雪此言耳。」瓊至，即拜議郎，稍遷尚書僕射。初，瓊隨父在臺閣，習見故事。及後居職，達練官曹，爭議朝堂，莫能抗奪。時連有災異，瓊上疏

毛澤東評點的《後漢書》。在《後漢書》的扉頁中，毛澤東指名陳毅、劉少奇、周恩來、鄧小平和彭真等五人，建議他們在百忙中抽空看黃瓊、陳寔、李固等三個列傳。

澤東相信真理在其掌握之中，但是以「和者必寡」為憾。當時他正準備利用人們對他的個人崇拜發動文化大革命，雖然不無「盛名之下，其實難副」之歎，卻顯然還是相信人民可以按照他的期望，在一定條件下予以徹底改造。毛澤東並不認為「六億神州盡舜堯」，只是不可企及的烏托邦夢想。

毛澤東提倡或縱容以他個人為對象的「正確」個人崇拜，不料正好再犯史達林脫離群眾的錯誤，更為中國人民帶來巨大災難。為何事與願違？原因很多，最重要的可能是以下三點：第一、毛澤東和中共其他領袖，都過於重視所謂黨和上級的威信，認為任何有損黨和上級威信的事情都必須保持機密，不得任意透露給下級和一般群眾知道。這種思想基本上就是一味強調為尊者諱，很容易變成刻意的資訊控制，並進而為上級製造一貫正確神話的作風。1938年中共中央強調下級不可以發表有損黨和上級威信的言論，後來更要求所有黨員就自己有無損及黨和上級威信的言行深入檢討。1942年毛澤東為方便高級幹部檢討中共六大以來的歷史，命機要秘書胡喬木編輯中共六大以來的重要文件，胡喬木發現一件劉少奇的自我檢討，向毛澤東請示是否編入。當時毛澤東表示沒必要，就是基於維護劉少奇威信的考慮[14]。

如果中共可以根據上級的威信需要，來決定資料之選取，就表示中共可以為了維護上級，尤其是領袖的威信，隱藏或甚至湮滅史料。如此又如何讓黨員判斷黨史上的是非對錯呢？又如何從黨史吸取教訓呢？根據史達林的《蘇聯共產黨(布)歷史簡明教程》，毛澤東可以不斷進行「正確路線」與「錯誤路線」的黨內鬥爭。配合黨內鬥爭的需要，他可以決定誰的威信應該維護，誰的威信應該打擊，再利用人事資料，對「朋友」進行爭取，對「敵人」進行批鬥。有史達林的榜樣在前，毛澤東對某些黨內意見，儘管原先採取默認、同意或不置可否

14 胡喬木，《胡喬木回憶毛澤東》，頁178。

的態度，也不管下級是否已經改弦更張並力求趕上形勢，都一律根據他的「最後決定」，硬把它們升高到路線層次來鬥爭。用一度在中國大陸流行的話說，就是上綱上線，發動全黨甚至全國一致的批鬥了。

黨內沒有控制毛澤東的力量，黨外更是缺乏監督力量。1950年代中期以來，中共發展出全世界最大的黨國體制，實在比任何可以想像的「大政府」都大，因為他們還包括政府機構以外受中共控制的各種各類組織，例如群眾團體和工礦企業。這個黨國體制無所不在，卻不一定能完全避免其他官僚體制所遭遇到的各種問題。毛澤東認為透過整風改造，可以徹底改造其成員，把各種問題減少到最低點。但是中共建立的黨國體制，龐大到足以吞噬社會的各種政治和經濟活動，同時內部又缺乏其他制衡的力量，所以遲早會違背毛澤東的主觀期望，出現各種脫離群眾基礎的朕兆，進而「異化」成為群眾的對立面。無論如何，中共的黨國體制在毛澤東時代，所表露出來的官僚主義和貪汙腐化問題已經難以掩飾。毛澤東也不斷發動群眾，據以徹底改造這個官僚體系。

最初，毛澤東認為問題出在中下層幹部，所以先展開了以他們為主要對象的社會主義教育運動，例如所謂四清和五反的政治運動。後來想法改變，他認為上層幹部更需要整頓改造，否則無論如何整頓中下層幹部，都會因為「上樑不正下樑歪」而徒勞無功。整頓中下層幹部時，毛澤東可以挾一元化黨國體制對上層幹部的敬畏，動員基層群眾配合。但是當他把目標轉移到上層幹部時，往昔的憑藉頓失，殊難動員已經馴服於一元化黨國體制的基層幹部和群眾。於是他只好求助富於理想主義、情緒容易衝動的年輕學生，並以其對毛澤東的個人崇拜，克服他們對一元化黨國體制的畏懼，希望透過他們的批鬥，把上層幹部改造成更能體會他個人意旨，也更能為一般群眾所接受的個人統治工具。毛澤東的錯誤是，連意識形態方面可以說是最認同毛澤東主張的所謂「四人幫」，他都無法透過「批評」和「自我批評」的工具予以徹底改造，又如何能對其他各級幹部寄予厚望呢？更何況要他們面對所謂群眾的各種過火、過左行為來虛心檢討自己了。結果鄧小平便在無法徹底改造的老幹部的全力擁戴之下，重新回到政治舞台，造成毛澤東時代的大逆轉。

毛澤東生前並沒有料到這一點。他始終認為自己掌握了人類的真理，所以雖千萬人吾往矣，也因此他在晚年自我評價時，會認為一生最重要的功業有兩項：一是把蔣中正趕到台灣，一是發動文化大革命。為什麼他這樣說呢？他心目中社會主義體制的優越性，應該是最重要的考慮。他認為把蔣中正趕到台灣是值得傲世的功業，但其主要理由並不是推翻了一個腐敗無能的政府，而是奪取了中國大陸的政權，可以有機會為中國建立曠古所無的社會主義體制。至於文化大革命，其意義之重大，也和比資本主義體制「優越」的社會主義體制有關。因為在他看來，經過這一次不斷革命的洗禮後，中國大陸好不容易纔建立的社會主義體制可以確保不致變色。他可以避免史達林的覆轍，像秦始皇一樣，留下一個永垂不朽的歷史遺產。

1973年8月，他寫了一首七律給中國科學院院長郭沫若。其中前六句是這樣說的：「勸君少罵秦始皇，焚坑事業要商量。祖龍魂死秦猶在，孔學名高實秕糠。百代都行秦政法，十批(郭著有《十批判書》)不是好文章。」[15] 毛澤東那能設想，中共犧牲至少二千萬條生命以後建立的新中國，在殺了至少二百多萬(毛澤東認為只有70萬)人和製造至少二千萬人「非正常死亡」(主要是餓死)以後才建立的社會主義國家體制，不要說百代、竟然連一代的生命也都無法延續！雖然毛澤東推翻國民黨政權的成就尚未受到中國大陸百姓的懷疑，但是他引以為傲的文化大革命已經遭到全面否定，而他千辛萬苦為中國建立的社會主義體制，也正在面臨改型的痛苦。

15　毛澤東，《建國以來毛澤東文稿》，13：361。

過去七十年來，中國大陸的變化很大，鄧小平的時代不同於毛澤東的時代，告別革命的時代不同於不斷革命的時代，許多問題都必須放在歷史脈絡裡面來看，不可以古論今，更不可以今論古。一個人在後一時代的政治觀點不一定和前一時代相同。所以我們不能因爲他在後一時代採取這一個觀點，就貿然推論說，他從前不曾反對過這一觀點；也不能因爲他在後一時代反對這個觀點，就貿然推論說，他從前不曾贊成過這一觀點。具體點說，鄧小平在1980年代否定毛澤東的文化大革命，但我們並不能據此推論他當年不曾熱心地支持過毛澤東打擊地主的土地革命、不曾熱心地支持過打擊知識分子的反右運動，甚或不曾熱心地支持過毛澤東對蘇聯修正主義的批判。同理，我們不能因爲農民在1980年代爭先恐後的要恢復小農經濟和市場經濟，就說他們之中的大多數人當年從來沒有歡迎過土地革命，也沒有響應過農業集體化和大躍進。歷史事實就是歷史事實，不能根據後來的發展結果，隨便否認以前歷史的實際進程。

以上這些基本想法，當然能夠有檔案資料檢證最爲理想，但是直到今天爲止，中共當局都無意開放其典藏黨史資料的檔案館，基本上仍一本過去內外有別的政策，不容海外一般歷史學者有一窺堂奧的機會。雖然如此，我們也不應該放棄理解中國共產革命史歷程的願望，更何況在中共的檔案收藏之外，我們也不是完全一無憑藉。

中共視其黨史爲指導革命行動的指南，故對黨史研究和黨史教學一向都採取極爲嚴格的管制手段，完全不容許外界有置喙餘地。1940年代以來官方的黨史，基本上以毛澤東的一生爲主軸，闡釋中國共產黨內正確路線對錯誤路線的鬥爭；除凸顯毛澤東一貫正確外，主要目的就是宣傳毛澤東思想係馬克思、列寧、史達林主義在中國的創造性發展[16]。這種中共黨史思維，當然無法主宰中共政權鞭長莫及之地。

16　毛澤東，《毛澤東選集》(北京：人民出版社，1966)，3：955-1002；胡喬木，《中國共產黨的三十年》(北京：人民出版社，1951)。

中國大陸以外地區的學者和專家，不論其原始的研究動機是什麼，他們利用所能掌握到的中共原始文獻和香港難民訪談資料，已對中國共產革命的進程提出許多獨立的看法。英語世界學者和專家的研究成果，尤其豐富而不容忽視。

1980年代以來，中共不再把中國共產革命視為毛澤東一個人的成就，開始注意毛澤東以外其他人士對中國共產革命的貢獻，中國大陸的黨史專家順應潮流，更把研究視野從中共中央散向地方，以致中共黨史變得比以前複雜多了。最初，黨史禁忌仍多，中共的黨史專家還不敢向中共原有的史觀正面挑戰，只有極少數膽子比較大的人，積極翻譯國外著作，藉以試探官方容忍不同歷史見解的程度。隨後不久，中國大陸就因為黨史的進一步解禁，而出現了有關中共黨史資訊的大爆炸。在翻譯作品以外，各種不一定完全符合正統黨史史觀的論文和成書，以及原始檔案、回憶錄大量問世。當然這些出版品並不能取代檔案館和資料室的各種收藏，但它們仍然為我們檢視過去對中國共產革命史的理解，提供了很好的憑藉。這些出版資料的可信度參差不齊，不少根本只是中共官方歷史觀點的重複。可是即便是重複中共官方觀點的出版品，因為充滿細節，只要耐心閱讀，加上有長期研究中共出版資料的經驗，也不難分辨出一些有價值的東西。更何況這些中國大陸的出版品中，有不少是完全沒有經過刪改的原始文件匯集，而且有些作品受到實事求是考證學風的影響，更早已經突破過去中共黨史的框框，提出具有挑戰性意味的見解了。

作者相信，以這些一手、二手甚至三四手資料為基礎，仍然可以寫出一本不同於目前書店可以看到的中國共產革命史。不僅涵蓋面比較完整，而且歷史視野也比較寬廣，尤其史實的可信度比較大，有助於我們對中國共產革命的全盤理解。作者的唯一遺憾是，1980年代以來，中國大陸有關中國共產革命史的出版品車載斗量，數量之龐大，已到了歷史學者難以完全消化的地步。關於鄧小平時代，作者所閱讀的大陸出版品不多，除了港台有關成書以外，主要是依賴港台報紙、雜誌和台灣的一些研究成果。

三個歷史焦點

中國共產革命史波瀾壯闊，雖然在不同階段有不同的主要關懷，但是放在中國近現代史追求現代化的長期脈絡來看，有三個大問題：第一、中共究竟和中國近現代民族主義有什麼關係？為何中共建黨之初，有不少知識分子視其為蘇聯共產黨的傀儡？又為什麼隨後有愈來愈多的知識分子，把中共當成中國民族主義的代言人？中共經過1930年代初期的挫敗，到八年抗戰期間，連向來不關心國事的農民也大規模團結在其抗日的旗幟底下。國民黨提倡民族主義，為何做不到這一點？中共相信階級鬥爭，為什麼反而能夠取得民族主義的桂冠，受無數農民的擁戴？其後，中共又如何在民族主義的大纛下，徹底在內戰中擊敗國民黨，並進而鞏固其民族主義發言人的地位？

第二、中共是如何動員群眾，建立其基層政治結構？不論現代化三個字如何定義，十九世紀以來的中國的確處在三千年所未有的大變局之中，而在整部中國近現代史裡中國所面臨的問題是：如何把傳統儒家以小農經濟為主的社會，轉變為一個能夠與近代西方國家並駕齊驅的國家。姑且不論這個過程是不是歷史學家黃仁宇先生所說的化走獸為飛禽，也不論其最後結果是像歐美一樣的「資本主義」國家，還是像前蘇聯一樣的「社會主義」國家，有一點卻是大家都同意的，那就是中國必須擁有現代科學、技術和工業。要想達到這個目標，中國固然可以求助於外資和外援，但還是有必要動員全國所有的財力、物力和人力。中共的解決方案是動員群眾，建立一個能夠與上層政治相呼應的基層政治結構。中共基本上是達到這一個目的了。為什麼中國國民黨和熱心中國現代化的志士仁人也同樣熱中於動員群眾，卻始終無法建立一個類似的基層政治結構？

第三、中共究竟是如何建立一個龐大無比而又上下整合的黨國體制？一般說來，組織變龐大了，便難於上下整合，因為上下整合需要協調更多成員的思想。中國共產黨不斷擴大之後，成為一個擁有千百萬黨員的黨，而它領導的黨國體制更加龐大，為什麼他們雖然內部也有無數鬥爭，但在毛澤東領導之下卻能長期予人以精誠團結的印象呢？毛澤東如何通過「整風改造」來建立內部的共識，減少內部的離心力量？

總而言之，我們要分別討論中共歷史上的三大問題，也就是民族主義、基層權力結構、思想改造和控制。討論這三大問題，實在是理解七十年來中國共產革命的一個重要途徑。

第一部

革命奪權

中國共產革命曾經被認爲是人類歷史上的三大革命之一，與十八世紀的法蘭西大革命以及二十世紀的俄國大革命並列。在今天這個「告別革命」的年代，俄國的十月革命已被認爲是錯誤的開始，兩百多年前的法蘭西革命亦不免受人質疑，中國共產革命更已喪失其理想主義的光環，就是「革命」兩個字也不再是令人興奮而歡呼的字眼了。可是過去一百年來，不少中國知識分子認爲革命是中國唯一的出路，而中國共產黨更認爲中國共產革命是中國唯一的出路，並因此走上革命奪權的道路。

中國共產革命的革命奪權階段，基本經過四個時期。這四個時期分別是：一、上海時期(1920-1927)；二、瑞金時期(1928-1935年)；三、延安時期(1936-1945)；四、平山時期(1946-1949)。除了上海以外，瑞金、延安和平山都是名不見經傳的縣名，而且地處窮鄉僻壤，分別位於江西南部、陝西北部和河北西部。中共中央遷離上海以後，曾先後將辦公地點設置在這三個縣裡的葉坪、延安縣城和西柏坡。

上海時期(1920-1927)

中國共產黨是在國民黨開始北伐前五年成立的。雖然在意識形態上，他們自認是代表工人階級，其實卻是一群知識分子在搞革命。其最早的成員，都是受五四新文化運動洗禮的青年知識分子，領袖則是該運動的旗手陳獨秀。他們以改造中國爲職志，不但認爲社會主義是世界的未來，而且以俄爲師，認爲中國像俄國一樣，必須經過階級鬥爭和暴力革命，纔能夠脫胎換骨，成爲一個進步的現代化國家。由於當時的北洋政府堅決反赤反共，所以中共成立以後，始終沒有合法的空間可以運作。中共的黨員必須在合法機關的掩護下從事各種活動。正因爲如此，中共雖然致力於宣傳和擴大組織，但直到1925年五卅運動爆發以前，始終都擺脫不了青年知識分子小團體的面貌，缺乏真正的群眾基礎。

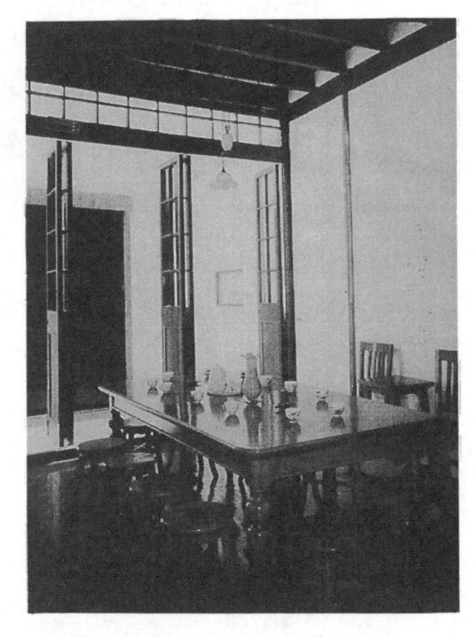

中共第一次全國代表大會會場。這是黃興首席軍事智囊李書城在上海法租界的一棟房子。李書城在日本長大的弟弟李漢俊，是東京帝國大學工科碩士，同住在這裡。趁哥哥在外地工作，主動出借給中共，作為開會之用。圖左為一大會址現景，圖右則是當年會桌擺設的重建。李漢俊後來不滿陳獨秀的領導，脫離中共，但政治仍不放過他。國共分裂後，他被占領武漢的桂系國民黨將領胡宗鐸和陶鈞捕殺。

中共之所以能在五卅運動時迅速發展，和它的統一戰線政策有關。根據這一個政策，中共不再追求工人無產階級專政的立即實現，而把政治鬥爭的目標暫時局限於帝國主義國家和北洋軍閥政客。面對這兩大敵人，共產黨找到和國民黨合作的共同目標，但是由於國民黨的堅持，他們無法以黨對黨平等的名義合作，而只能以個人身分加入國民黨。中共在決定和國民黨合作後，一方面致力於國民黨的改組和發展，另一方面則透過群眾運動力圖壯大自己。由於國民黨內部的不團結，宛如鐵板一塊的中共迅速成爲國民黨內部最有力量的「小組織」，幾乎能夠左右國民黨的高層政治；而由於國民黨同情工農的政策，中共不僅使工農運動迅速發展，而且實際上成了國民黨地區主導工農運動的政治力量。國民黨雖然受益於容共政策和群眾運動，然而因爲中共主導的工農運動奠基於階級鬥爭的理念之上，所激起的社會動盪和分裂更嚴重衝擊了社會既有秩序，國民黨終於決定對其展開血腥軍事鎮壓。中共既無政權，也無武力，反擊無力，卒致一敗塗地。

瑞金時期(1928-1936)

1927年國民黨清黨以後，中共只能在體制之外進行共產革命。受其意識形態影響，中共最初認爲城市工人運動是未來的希望，但是城市的國民黨統治相當鞏固，中共在城市地區根本沒有多少從事工人運動的空間，遑論成立軍隊和政權了。然而中共卻從流血的經驗中，發現廣大農村能提供無限廣闊的活動空間。他們可以利用國民黨的內戰，在跨省的窮鄉僻壤地帶，組織自己的軍隊和政權，據以掀起土地革命，取得群眾基礎，從而鞏固和擴大自己的軍隊和政權，形成所謂工農割據的局面。用中共的話說，就是建立所謂革命根據地。就形式而言，這種割據與一般軍閥割據並無不同，但是在兩方面迥然有別：第一、中共不像軍閥，是有意識形態的，有其政治理想，爲主義而戰，在這一方面，中共比國民黨還要強調。第二、中共特別重視群眾基礎，經由土地革命，中共激化農村原有的社會矛盾，動員貧苦農民起來和地主士紳鬥爭。貧苦農民與地主士紳鬥爭過程中，一方面改善自己的生活，另一方面認同中共所建立的新政治秩序，爲中共提供軍隊和政權所需的人力和物力。

不過，在中共的力量足以向國民政府正面挑戰前，國民黨中央便已瞭解到中共工農割據的嚴重威脅了。所以國民政府一方面停止對殘餘軍閥的討伐，以求內部團結，另一方面則採取攘外必先安內的政策，竭盡全國之力，尤其是城市之財力，針對中共的割據地盤展開圍剿。中共經過三、四年的土地革命，雖已取得貧苦農民的擁戴，在長江中游地區建立了幾塊擁有人口在百萬以上的根據地以及總數高達20萬左右的紅軍，但畢竟仍不是國民政府軍隊的對手。尤其是國軍屢敗屢戰，終於在戰略和政略上找到截長補短的辦法，先後予各根據地紅軍以致命的打擊。中共中央在兵敗以後，下令向西突圍，僅數萬軍隊通過所謂「二萬五千里長征」的艱苦考驗，苟延殘喘於窮山惡水的陝北黃土高原上。

延安時期(1936-1945)

中共經過所謂「長征」，其實已經是窮途末路，然而終於保持了種子隊伍，不僅毫不氣餒，反而掌握日本昇高對華侵略的局勢，叫出「停止內戰，一致對外」的口號，而終於在高漲的民族主義潮流中，找到捲土重來、重新建立根據地的機會。爲了再次和國民政府建立統一戰線，中共不僅名義上奉國民政府的「正朔」，而且公開承諾停止土地革命。然而一旦國民政府軍捲入對日軍的殊死戰後，中共就在抗日的大旗下公然派軍進入前線，並在日軍敵後建立根據地了。中共在這些根據地中，雖然不再號召土地革命，然而透過合理負擔和減租減息等政策，仍然動員和組織了貧苦農民，並刺激他們和反對這些政策的地主士紳鬥爭。由於貧苦農民的積極支持，中共在敵後重建了類似江西時期的根據地。也因爲有群眾基礎，可以成功地運用游擊戰略，抵抗日軍進剿，並不斷擴大根據地。其結果是，國民政府在敵後不斷喪失其地盤，中共則因爲游擊戰略的成功，而不斷擴展實力。到八年抗戰結束之時，國民黨疲罷至極，但中共已經發展成爲擁有一億人口和將近百萬軍隊的新興力量了。

平山時期(1945-1949)

日本宣布投降後，中共不但擁有比瑞金時期更爲龐大的軍事力量，政治上也發展出一套確保內部團結的整風審幹辦法。國民黨強調一個領袖、一個政黨和一個主義，然而除了激起專制獨裁的指控以外，並不能化口號為事實；中共則不僅實質上達成了一個領袖、一個政黨和一個主義的目標，並且在輿論上贏得了「民主力量」的美名。其根本原因便是中共內部團結一致，正因為內部團結一致，中共可以實行所謂「三三制」，開放政權，在其行政機構中容納更多的非黨人士，而不怕喪失對政權的最後控制。中共何以能夠鞏固內部的團結？意識形態的灌輸，也就是毛澤東的思想領導，當然是一個重要因素，但同樣重要的卻是，毛澤東能在黨內形成批評和自我批評的壓力，使黨員在面對黨組織時不敢有任何掩飾，而逐漸以黨的大我取代小我，甚至失去自我意志，而只保留黨的意志。

儘管中共在對日抗戰結束時，已非昔日侷處陝北一隅、不足掛齒的軍事力量，然而和國民政府分庭抗禮，究竟鹿死誰手，尚難預料。國民政府從日本侵華軍手中接管了大部分菁華的城市地區，又有美國的大力援助，本來占盡優勢。只是不能善用這些資產，廣結民心，反而驕縱自恃，勇於內鬥，造成城市人民的離心離德。相形之下，中共在國民政府決定以武力解決中共問題之後，一方面透過土地革命和開鬥整風，激起貧苦農民為共產黨一戰的狂熱，另一方面則繼續透過統一戰線爭取對國民政府失望的中上層人士。結果，中共不僅迅速扭轉戰場上的頹勢，而且轉敗為勝，甚至在短短的兩年之內席捲整個中國大陸。群眾動員和統一戰線，加上優越的軍事指揮，使得國民黨的軍隊一敗再敗，最後棄甲曳兵而逃來台灣。

第一章

知識分子搞革命

1921年7月盛暑，中共在上海法租界召開第一次全國代表大會。出席代表共13人，代表上海、北京、長沙、武漢、濟南、廣州六個城市和日本的黨員。這13名代表都是知識分子，多半在25歲以下，職業有律師、雜誌主編、新聞記者、和中小學教師。有幾個人還是留學生、大學生和師範學校在校學生。其中並無工人和農民。他們所代表的53名黨員中，也沒有工人和農民[1]。這些代表選出來的中共領導——中央局書記陳獨秀是新文化運動的領袖、新青年的導師，組織主任張國燾是陳獨秀的北大學生，宣傳主任李達是陳獨秀留日的後輩，都是熱心於五四啟蒙救亡的知識分子[2]。中國共產黨可說是一個由知識分子組成的小黨。

中共召開第一次全國代表大會時，正逢少年中國學會也在南京召開年會。北京在選派代表時，有資格出任代表的黨員寧願到南京，也不願到上海與會。中共創建人陳獨秀也因為擔任陳炯明的廣東省教育委員會委員長，而無法親自主持。當時似乎沒有人料到這一次聚會，竟然將為中國現代史開啟一個全新的歷程。這13名中共代表見面時，雖然有兩位職業革命家馬林和尼科爾斯基(Vladimir Nikolsky)在場，但在討論政策主張時，這兩位洋顧問都沒有參與其事。與會的各地代表盡情表達意見，所表現出來的讀書人味道甚濃。討論問題時，有人主張把中共辦成教育和研究機關，等徹底弄懂弄通馬列主義後，再著手實際行動；也有人要求立即革命，反對與現實政治作任何妥協，拒絕

1　中央檔案館，《中國共產黨第一次代表大會檔案資料》，頁130。另說共有黨員五十七人，其中四人為工人，而這四人可能指李中(造船廠鐵工)、鄭凱卿(學校工友)、趙子俊(失業工人) 和陳子博(書店店員)。此說即便屬實，必須注意除李中外，其餘三人都不是眞正現代產業工人，而李中是毛澤東長沙第一師範的同學，畢業後受無政府主義影響，投筆從「工」。參見李新、陳鐵健主編，《偉大的開端》，頁470; 王健英，《中國共產黨組織史資料彙編》，頁2。

2　中央檔案館，《中國共產黨第一次代表大會檔案資料》，頁11-13。

中共一大的13名代表。(第一排左起)留日學生李達、李漢俊、周佛海、董必武,(第二排左起)大學生張國燾、劉仁靜、陳公博、陳潭秋,(第三排左起)師範生王盡美、毛澤東、包惠僧、何叔衡,(第四排)中學生鄧恩銘,代表全國五十三名黨員討論中共建黨後的行動方針。沒有人會料到這一個小黨,在三十年不到的時間裡,將宰制整個中國大陸。除毛澤東和董必武外,所有代表都在1949年以前,成為中共烈士或脫離中國共產黨。成為中共烈士的有王盡美、何叔衡、陳潭秋和鄧恩銘四人。

在任何現存政府中做官和擔任議員，拒絕在反對共同敵人的前提下，和任何其他黨派聯合。這些代表「以俄爲師」，楬櫫廢除私人財產權、實行無產階級專政的主張，認爲只要掀起工人運動，便可以實行其政治理想。他們腦袋中並無農民，也不了解動員和組織工人之艱辛。總的說來，他們是一群知識分子搞革命，若不是理論重於行動，便是幻想一步登天，堅持理想和道德的純潔，而不知道實際政治究竟是怎麼回事。

中共在建黨以後，立即投入工人運動。但是直到1924年國共合作正式展開之前，成效不彰。農民運動更是進展有如牛步，僅少數幾個黨員基於個人觀點，熱心於組織和動員農民。和工農運動比較起來，中共反倒是在中國的大小知識分子中得到比較熱烈的回響。即使如此，直到1925年五卅運動前夕，中共始終只是一個黨員不到1,000人的小黨，根本趕不上他們在政治上所表現出的活動力。其中最主要的原因便是入黨標準太高。五卅運動爆發後，由於全國反帝國主義情緒的高漲，中共纔獲得迅速發展的機會。中共中央把握千載良機，降低入黨標準，不再強調馬列主義的修養，也不再強調個人工作的能力，只要是各項運動中的「積極分子」，便吸收到黨內來訓練，同時更縮短黨員的候補期限，對工人積極分子更提出他們是「天然黨員」的說法，根本不需要候補考察。所以五卅運動以後，中共在短短的一年之中，黨員人數就增加了至少十倍，達到11,000人以上，而工人黨員的人數更開始超過學生黨員的總數[3]。這種趨勢一直繼續到國民黨清共前夕，當時中共有黨員58,000人，工人黨員占了51%，知識分子黨員占19%[4]。儘管在黨員的階級結構中，知識分子已經變成了少數，但在中共中央集權的權力結構中，他們仍然具有壟斷的地位，而新文化運動

3 趙生暉，《中國共產黨組織史綱要》，頁36，41；中央檔案館，《中共中央文件選集》，1：450，474。

4 趙生暉，《中國共產黨組織史綱要》，頁52。

的領袖陳獨秀在黨內的地位更是無人能夠挑戰。

至於黨的外圍組織——社會主義青年團，最初加入沒有年齡限制，三、四十歲的人都可以是團員，而且同時可以兼有、黨團員的身分。到1924年以後，中共纔把團員限制在25歲以下。社會主義青年團經過三年的發展，到國民黨清黨前夕，已擁有3萬成員。當時團員仍然以青年知識分子爲主，工人和農民極少。由於有起碼知識，且充滿活力，故其聲勢仍然像團員沒有年齡限制的時候一樣，有凌駕共產黨的態勢，甚而引起黨員的譏刺，稱之爲「第二黨」[5]。

中共既然是以知識分子爲主的革命政黨，當然在其建立之初也帶有濃厚的知識分子特性。問題是：新文化運動是一個向西方學習的運動，陳獨秀乃其最重要的領袖，爲什麼他會把羨慕的眼光從法蘭西文明轉移到法蘭西人視爲落後的俄國去呢？爲何他忽然之間會認爲法蘭西文明不值得學習，而真正值得學習的倒是批判主流法蘭西文明的馬克思列寧主義呢？其他知識分子的心路歷程如何？是否也有同樣的轉變？共產國際在這個轉變中扮演何種角色？當時自命先進的青年知識分子多半沉迷於社會主義思潮，尤其是無政府主義思想。這些思潮主要是以反暴力爲特色，爲什麼其中不少人轉而擁抱並鼓吹暴力革命的馬克思列寧主義呢？

中共在建黨之初，其領袖人物的知識分子性格已甚昭然，既看不起北洋政壇上的檯面人物，也看不起孫中山及其領導的國民黨。他們認爲國民黨黨魁孫中山是扶不起的阿斗，早已經墜入軍閥政治的漩渦；孫中山在中國南方所建立的政府，便是建立在軍閥和政客的基礎之上，和北方的軍閥政府幾無二致。但於1924年中國國民黨改組時，中共黨員竟然扮演了舉足輕重的角色。中共黨員不但以國民黨黨員的身分向孫中山宣誓效忠，並且竭盡全力爲國民黨的發展而努力，爲什

5　中央檔案館，《中共中央文件選集》，1：240-41，365-66。

麼中共中央的態度前倨而後恭，前後有如此巨大的改變呢？自從中共黨員以個別身分加入國民黨以後，國民黨得到前所未有的發展，從一個已有暮氣的政黨迅速蛻變為一個廣受全國青年嚮往的革命陣營。中共為什麼捨己耘人，為國民黨的改組和發展效力？

中共黨員雖紛紛以個人身分加入了國民黨，但中共並未因此而宣告解散，反而在國民黨改組和發展的過程中，迅速發展和壯大了自己。正因為有國民黨的招牌和支持，中共在反帝國主義的號召下，以1925年的五卅運動為轉捩點，取得了明顯突破。在這一個群眾運動中，由於青年知識分子的爭相加入，以及工農運動的大規模開展，中共迅速由一個毫無實力的知識分子組合，轉變成為一個真正具有群眾基礎的革命政黨，不僅黨員人數超過十月革命布爾雪維克黨，也在國民黨內取得足以左右重大決策的力量。

中共在加入國民黨之初，雖未想到所謂革命陣營的「領導權」問題，也沒想到鵲巢鳩占，然而已在國民黨內引起原國民黨員的反彈。中共之對策是採取分化手段，在鞏固並擴大國民黨的中間派的同時，拉攏國民黨的「左派」，並打擊國民黨的右派。就在和反彈力量的鬥爭中，中共越來越注意到國民黨的「領導權」問題；事實上，此時它在國民黨中也迅速取得了重大黨政決策的部分參與和主導權。除在國民黨內進行「黨內鬥爭」之外，中共也力圖掌握和控制名義上由國民黨主導的工農運動。1925年，五卅運動和省港(廣州省城和香港)大罷工爆發，中共一躍而為中國學生和工人運動的真正主導力量。工人運動主導權的掌握，也為中共的黨員結構帶來質變；從這一年開始，工人在中共所占的比例正式超過知識分子。工人運動的迅速發展更讓中共有在國民黨外一爭革命領導權的雄心。另一方面，國民黨內受到刺激而反對中共的力量也越來越大。中共挾其從事工人運動所得到的支持，在國民黨內部從事分化和鬥爭，國共雙方的鬥爭愈演愈烈，最後國民黨的反共黨員先發制人，採取清共和分共的政策，殺戮或逐出中共的跨黨黨員，迫使中共從合法鬥爭走入非法鬥爭，在各地大肆暴動。綜而觀之，中共和國民黨的關係，可以說是既聯合又鬥爭。為什麼以一個在國民黨內地位舉足輕重、又具有所謂群眾基礎的黨團，竟然會在反共國民黨人的打擊和限制的關鍵時刻，變得一籌莫展？中共建黨前後七年之間，陳獨秀是組織領袖兼思想領袖。儘管黨內對他有不滿的物議，但始終無人能挑戰他的最高地位。他如何把中共這個無足輕重的政黨轉變成在國民黨內幾乎具有主宰能力的政治力量？又如何在中共取得這樣驚人的成績以後，再眼睜睜看到中共走上幾乎被國民黨徹底摧毀的結局？

第一節　新文化運動的轉向

中國共產黨是一個知識分子的革命政黨，於五四新文化運動中，建立組織。在追溯其誕生的歷史時，中國共產黨最常強調的兩件事是：他們是五四新文化運動的直接繼承者，而同時也是中國社會結構變化的必然產物。新文化運動的精神，雖然有強烈的一元化傾向，但其參加者以西歐和美國的「民主」和「科學」為追求目標，許多人採取「兼容並蓄」和「博採旁通」的態度，呈現多元價值的面貌。為什麼這樣一個運動，信仰馬列主義的中共會自認為是其發揚光大者？另一方面，馬列主義的學者認為，中國社會結構在五四新文化運動中發生變化，中國的現代產業工人階級開始出現，而中國共產黨代表工人無產階級，其誕生的時機因而成熟。大多數反對共產主義的學者則強調，中國共產黨只是蘇俄對亞非國家輸出世界革命的一環，是蘇俄共產黨扶植的革命團體。以上這兩種看法南轅北轍。我們要問：到底中共是不是中國工人無產階級成長以後必然的歷史產物？又莫斯科的共產國際在中共的誕生過程中，究竟擔當了什麼角色？

一、社會主義蔚為思潮

毛澤東說：「十月革命一聲炮響，給我們送來了馬克思列寧主義」。其實，十月革命在1917年發生後，蘇俄紅軍一直在歐美列強的環攻之下，自顧不暇，更別說是越過歐亞邊界的烏拉爾山東進了。不過，十月革命的消息難以徹底封鎖，不久便點點滴滴傳抵了中國沿海大城市。有一些中國知識分子認為是新世紀來臨的證據，為之熱烈歡呼。但是歡呼的聲音仍不夠響亮，很快便為知識分子對歐美盟國的熱望所淹沒；一直要到1919年5月4日北京天安門前發生愛國示威，部分中國新知識分子的思潮中，出現了向社會主義轉向的大變化以後，十月革命纔得到真正的重視。

中國最早謳歌十月革命是新時代來臨的象徵者，並不是中共奉為黨創始人的北京大學圖書館主任李大釗，而是上海無政府主義者辦的《勞動》雜誌。李大釗雖然謳歌「布爾雪維克主義」勝利，但從他謳歌「庶民」勝利的文章看來，他固然不是嚴格意義下的無政府主義者，卻也明顯帶有無政府主義的色彩。這些無政府主義知識分子楬櫫反專制、反權威、反階級的旗幟，戴著無政府主義的有色眼鏡來觀察俄國的變局，所以像無政府主義大師克魯泡特金一樣，認為十月革命只是反對專制獨裁、廢除私有財產、反對戰爭和取締宗教。當他們發現十月革命並不是想像那樣美好，不僅鎮壓俄國的無政府主義者，甚至連專程從法國返回莫斯科共體時艱的克魯泡特金也不放過時，幡然改易，又群起批評十月革命中的階級鬥爭，甚至痛斥蘇聯共黨是「食人」的「強盜主義者」[1]。然而，其中也有極少數人，走向相反的一條道路。他們像李大釗一樣，認為革命鎮壓乃是實現無政府主義理想的必要過程，因此回過頭來批評無政府主義對無產階級專政的指責不切實際。無政府主義分子，不論是堅持無政府主義的原旨，或是轉向馬克思列寧主義，都不斷報導和討論十月革命的發展，一方面反映新文化運動中知識分子渴望社會革命的求變心理，另一方面則增進了中國知識分子對馬克思主義的興趣和理解。

當時的北洋政府封鎖有關蘇聯的消息，不讓中國知識分子對十月革命有可靠的直接訊息。有關蘇聯的片斷新聞，幾乎完全來自仇視十月革命的西方國家和北京政府，給人的印象是殘酷的階級鬥爭和血腥的暴力革命。所以五四的新知識分子雖然開始注意到十月革命和馬克思主義，但羨慕的眼光仍然集中於歐美先進國家。即使認為社會主義是世界未來的潮流，心儀的社會主義也仍然是歐美國家流行的改革型

---

1 Arif Dirlik, *The Origins of Chinese Communism*, pp. 25-30；楊奎松、董士偉，《海市蜃樓與大漢綠洲》，頁119-21。

社會主義，而非蘇聯革命型的馬克思列寧主義。歡呼十月革命的無政府主義者畢竟是極少數人，可是連這些持肯定態度的知識分子也沒有一個人想到要實際去學習俄共經驗，組織相同的革命政黨，並從而以階級鬥爭的暴力方式推翻北京現有的政權。

對現實政治的失望，開始改變一切。1918年底，當歐戰結束的消息傳抵中國時，北京家家張燈結綵，市民冒著冬寒，提燈遊行慶祝。熱衷新文化運動的知識分子，對歐戰的結束更殷切盼望。他們認為中國曾經派遣了20萬華工到歐洲去協助抗德，也是勝利國之一。由於列強和北京政府的宣傳，他們天真地把歐戰看成真理和強權之間的對抗或民主自由和專制獨裁之間的競爭；英、法、美諸國代表正義和民主自由，而德國代表強權和專制獨裁，所以前者的戰勝是真理的勝利，也是民主自由的勝利，而後者的失敗則是強權的失敗，以及專制獨裁的失敗。這種善惡兩極的世界觀，受到美國總統威爾遜的宣揚，尤其深入知識分子的人心。在歐戰結束之前，威爾遜總統透過所謂十四點原則，對世人許諾了一個戰後世界新秩序。在這個新的世界新秩序下，各國一律平等，無所謂先進和落後之分，自由、人權和公義的價值將取代暴力和權謀。中國人相信了威爾遜的許諾，期望歐美列強會幫助中國從日本人手中取回青島。不料，興奮了幾個月以後，面對的竟然是無盡的失望。巴黎和平會議傳來的消息是，中國無法收回青島，原因則是英國基於英日同盟的默契，在歐戰期間已暗中答應日本，支持他們在青島問題上的立場。

當時新文化運動的領袖陳獨秀，是北京大學文科學長。他在教育界的地位，儼然是帝制時代國子監祭酒的副手，在當時新知識分子心目中具有崇高形象，是公認的啟蒙導師。他對美國總統威爾遜的評價，說明了世變對知識分子的衝擊。原來他稱讚威爾遜是「世界上第一個好人」，但美國未能在巴黎和會中主持正義，失望之餘，他態度丕變，竟然痛斥威爾遜是專說大話騙人的「威大砲」。中國當時所受

領導中國共產黨締建的「南陳北李」。圖左南陳——安徽陳獨秀——提倡民主和科學，是五四新文化運動的領袖。五四愛國運動中，他的思想從崇拜法蘭西文明轉變為主張「以俄為師」，他是中共建黨最初八年的「大家長」。1927年國共合作政策失敗後被迫下台。隨後因為政治見解獨樹一幟，一方面被中共中央開除黨籍，另一方面則被國民政府下獄五年。晚年貧病交加，1942年死於四川江津。圖右北李——河北李大釗——是北京大學圖書館館長兼教授。名望雖然不如陳獨秀，但是深受學生愛戴。他是最早謳歌十月革命的中國知識分子，在陳獨秀皈依馬克思主義以前，已根據日文著作介紹馬克思主義到中國。中共建黨以後，他是中共北方黨務的主要領導人。1927年為軍閥張作霖絞殺於北京。

美國侵略的荼毒不深，陳獨秀的反應已如此強烈，他對進行秘密外交的英法老牌帝國主義國家更是咬牙切齒，進而指責巴黎和會楬櫫的理想，其實都是騙人的符咒，只是軍國(帝國)主義和金力(資本)主義國家用來迷惑世人的美麗幌子。從深切的期望回到醜惡的現實外交，大多數的中國知識分子，都像陳獨秀一樣，很容易便轉身擁抱批評帝國主義和資本主義國家的各種社會主義理論。

另一方面，知識分子對北京政府的不滿，也在抗議對外交涉失敗的過程中，逐步升高，痛斥其專制獨裁和賣國媚外。既然這個政府如此不值得信賴和支持，則其視蘇俄革命為過激黨人的革命、是毒蛇猛獸的各種宣傳就須徹底懷疑了。如果他們原來認為十月革命不過是以暴易暴，其中的血腥恐怖不足為法，而其所楬櫫的階級鬥爭更有待商榷，現在則因為對北京政府的痛恨，而認為必須重估。北京政府就像帝俄政府一樣，必須推翻，而且捨蘇俄過激黨人所使用的暴力手段外，別無他途。於是中國知識分子開始重新思考十月革命：蘇共如果不採取暴力手法，俄國的專制腐敗政權會自動垮台嗎？蘇共新政府如果不實行專政，在內有資本家反對，外有協約國武裝干涉的情況下，能夠輕易站立起來而屹立不倒嗎？

就在知識分子對歐美民主國家徹底失望、對軍閥政治又深惡痛絕的時候，歐美民主國家本身也正面臨著空前未有的嚴重危機。當時勞工運動風起雲湧，資本家經常與政府合作，對勞工施以血腥鎮壓，階級關係極度惡化。種種跡象似乎顯示，這些所謂先進國家的社會和經濟體制亟待修正，也證明了馬克思階級鬥爭的理論完全正確。在這些國家如火如荼的勞工運動中，中國知識分子不僅看到了世界未來的動向，也找到了中國未來的道路。另一方面，當時思想稍微敏銳的歐美知識分子也多少受到勞工運動的衝擊。經歷過死傷空前慘烈的歐戰之後，他們本來就對「資本主義」的歐美文明產生懷疑，而目睹勞工階級意識的高漲之後，更是五內沸騰，於是各種救偏補弊的方案紛紛出籠。其中有主張改革、反對階級鬥爭的費邊主義，有反對改革、主張階級鬥爭的馬列主義，也有反對一切政府和權威的無政府主義。種種主張，旨在反對資本主義，可說是社會主義的一個個流派，彼此爭鳴，在日本引起強烈回響，更在中國引起巨大共鳴。

五四新知識分子的眼光投向歐美，反而對自己腳底下的土壤不甚了然。誠然，在歐戰期間，中國的民族工業因為歐美列強的不暇東顧，而有令人耳目一新的發展，現代產業的工人也隨之急遽增加，並為爭取自己的利益，從事各種類似罷工的抗議活動。可是他們在總人口中的比率畢竟連百分之一的一半都沒達到，除了少數無政府主義活動家以外，沒有幾個知識分子認為他們有多麼重要。熱心新文化運動的中國知識分子在向西方學習的過程中發現社會主義，因而加以介紹和討論，但所能直接得到的資訊相當有限。其中不少人曾經留學日本，所以在很大程度上是依賴日文有關社會主義的知識，因此早期的中國社會主義思想受到日本的影響，同樣偏重理論的研究，而對如何實踐的革命策略則殊少注意，帶有學術象牙塔的氣味。

五四思想由崇拜歐美主流文明轉向崇拜社會主義，明顯地反映在當時的出版品上。有人研究1920年新出版的各種報刊雜誌，發現在所能找到的四百多種之間，居然有一半稍多是「帶有不同程度的社會主義傾向」[2]。當時已嶄露頭角的哲學家張東蓀曾說：歐戰結束前幾乎沒有人談社會主義，但歐戰結束之後，討論社會主義成為潮流[3]。或許張東蓀言過其實，但也可見五四愛國運動之後，思想界確實已開始把社會主義看成歐美國家現行體制之外的另一種政治選擇了。

蘇俄的馬列主義，在這種社會主義風行的時代氛圍中，獨樹一幟。儘管當時的歐美國家千方百計地要打倒蘇俄這個世界上唯一從理論上反資本主義的國家，可是蘇俄終於在這些國家和日本的環攻下站立起來了。嚴重的經濟困難不但沒有壓垮新政府，在列寧的領導之下，反而按照社會主義的原則，初步完成了國家和社會的重組。相比之下，主張溫和改革路線的社會主義人士，連政權的邊都碰不到，因此很容易在中國知識分子心目中變成了只會講空話的理想家。中國知識分子面對這樣的世局，開始思考：俄國是西方最落後的國家，甚至和中國一樣落後(其實中國更加落後)，如果在採取馬克思主義以後，便能立即面貌一新，迎頭趕上歐美先進的國家，而不再是昔日被人瞧

2　中央團校青運史研究室，《中國新民主主義革命時期青年運動簡史》，頁18。

3　張東蓀，〈我們為什麼講社會主義〉，《解放與改造》，第1卷第7期(1919，12)，頁3。

不起的吳下阿蒙，則中國「以俄爲師」當然有可能重複同樣的歷史過程，由落後國家一躍而成爲先進國家。馬克思主義原來是批判歐美資本主義國家的「科學」理論，而這些資本主義國家又正好是侵略中國的帝國主義國家。一些年輕的中國知識分子於是堅信資本主義已經窘態畢露，世界歷史一定會向社會主義發展，他們對馬克思主義的態度從懷有好感進而頂禮膜拜，視爲救國的不二法門，因而不遠萬里，到共產主義的祖國蘇俄去學習了。

但是，中國知識分子從相信自由民主轉變到相信馬克思主義，並不是什麼思想上的飛躍。以陳獨秀爲例，他提倡歐美式的民主，是因爲民主可以發揮每一個個人的聰明才智。他對軍閥時代的議會制度本來就非常失望。當他發現經濟不平等有如沉重的枷鎖，壓在平民大眾的身上時，他對歐美式議會制度更無信心。他認爲這根本就是金力主義，理論上人人平等，選舉時每人一票，實際上則是擁有巨資的資本家在背後暗中操縱，進而控制整部國家機器，爲他們自己謀福利。貧苦大眾在這種民主制度之中，永遠是被剝削和壓制的一群。他們的經濟生活永遠不可能改善。陳獨秀認爲，真正的民主只存在於沒有階級的社會當中。在這個沒有階級的社會中，私有財產制度全面廢止，金力主義無所依附，才能人人平等，一人一票也才有真實的意義。陳獨秀於是從馬克思主義中看到他原來所崇信的法國大革命的理想——自由、平等、博愛。相形之下，凡爾賽宮的巴黎和會充分顯示，歐美所謂民主國家背棄了這些理想，才是不折不扣的強權，所謂巴黎和會根本便是其國內議會的縮影，少數強權從中宰制一切，不讓被侵略、被壓迫國家追求自由、平等、博愛。透過這種思考方式，陳獨秀和不少熱心西方式自由民主的知識分子，開始轉向馬列主義。

五四時代的知識分子，在以俄爲師的心理驅使下，開始深入了解俄國的十月革命，也開始大力介紹馬克思列寧主義。北京大學圖書館長兼歷史系教授李大釗組織馬爾喀斯(馬克思)研究會，毛澤東則在湖

亢慕義齋。亢慕義是德文Das Kammunistsches Zimmer的翻譯，意為共產主義小室。北京大學校長蔡元培容許學生和教職員成立馬爾喀斯(馬克思)學說研究會，並撥了這棟不起眼的建築供會員使用。會員在這裡可以讀書，可以工作，也可以從事政治活動。

南長沙組織俄羅斯研究會。不過傳播馬克思主義最重要的管道，恐怕還是報章雜誌。陳獨秀和李大釗透過新文化運動最重要的兩個刊物——《新青年》與《每周評論》，介紹和宣傳馬克思主義。當時的兩大政黨——進步黨和國民黨(當時稱中華革命黨)，有意無意間也做著相同的傳播工作。國民黨在上海辦《民國日報》、《建設雜誌》和《星期評論》，進步黨則有北京《晨報》和上海《時事新報》以及《解放與改造》，執輿論界之牛耳。這些報章雜誌的主編不一定完全同意馬克思主義，但在社會主義時代思潮的衝擊下，把馬克思主義當成社會主義的一支，經常大篇幅地介紹和討論，結果使馬克思主義成為知識分子注意和學習的對象。

二、共產國際輸出革命

從1917年11月到1919年5月成立共產國際，蘇俄一直在協約國的干涉下進行內戰，根本無力注意亞洲事務。遲至1919年下半年，紅軍越過烏拉爾山，進入貝加爾湖以西地區後，才有餘力過問東方事務。就在紅軍逼向東西伯利亞之前幾個月，蘇俄發表了一篇對華外交宣言，宣布無條件廢止帝俄從中國搶奪而來的一切權益。當時中蘇交通斷絕，北洋政府又有意封鎖消息，所以中國知識分子並不知情。1920年4月，蘇共為了應付美日兩國的武裝干涉，成立遠東共和國以為緩衝，同時由遠東局派魏金斯基(Gregory Voitinsky，或譯吳廷康、伍廷康、胡定康、維丁斯基和維經斯基)以新聞記者身分來華探路。就在魏金斯基抵達北京前夕，北洋政府外交部接獲蘇俄對華宣言的正式抄本；上海、北京、天津各大報紙在得知消息後，紛紛發表評論，譽之為「世界人類從來未有之義舉」[4]。中國知識分子原來對歐美國家已大失所望，此時益加相信李大釗對十月革命的歡呼是有道理的；列寧於是代替了威爾遜，成為公理和正義的化身。魏金斯基在這個時候來華，加上他身上看不出一般白種人的優越感，所以立即成為北京社交界的名人，到處都是為他召開的歡迎會、演講會和座談會。魏金斯基透過這些公開場合，向中國人介紹十月革命前後的蘇俄實況，也趁機尋找有志於共產革命的中國同志。

魏金斯基的東來，代表蘇俄革命策略的巨大轉變。在此前後，俄國共產黨人還難以想像實現「一國社會主義」(Socialism in one country) 的可能，而仍相信蘇俄的共產主義革命是世界性的，其存亡絕續與世界共產主義革命的發展息息相關；倘使世界共產主義革命不

4 王聿均，《中蘇外交之序幕：從優林到越飛》，頁51-60；〈對於俄羅斯勞農政府通告的輿論〉，《新青年》，第7卷第6號，附錄，頁1-29。蘇俄對華宣言又稱加拉罕第一宣言。加拉罕是蘇俄政府外交委員(外交部長)，他於1919年9月簽署這個文件。中國政府雖然隨後即從非正式管道獲悉其內容，但宣言的正式抄本一直到1920年3月才從蘇俄傳抵北京。關於此一宣言草擬的背景、經過及其修改過程，參閱Mihail Krykov, "Has the Riddle of the First Declaration by Karakhan " been solved , pp.31-68.

對於俄羅斯勞農政府通告的輿論

通告譯文

中國國民，西南政府及北京政府：

那反對革命的專制魔王柯爾恰克（Koltchak），以靠倚恃武力和外資固牢固他的地位，現在已經為勞農政府底軍隊所打滅。勞農政府底軍隊，已經一直到西比利亞，和西比利亞底革命國民攜手了。現在勞農政府人民委員會拿親愛的話對中國國民說：勞農政府底俄國和紅軍軍隊底與外底戰爭，託無限精力，纔得為拉遠至遠東以表現其勝利的精神。在西比利亞的人民，都曉得我們的真意所在。我們的真意，是在拯救人民，脫離武力主義和外國金錢的束縛，得着自由，使其不因受外國金錢壓迫，淪為外人的奴隸。在東方人民的當中，中國人民，實在是占一個重要的位置。

所以我們不單是援助俄國的工人，並且要援助中國的人民。我們自從一千九百十七年十月革命之後，所屢屢不斷以通告中國人民的，常常被歐、美、日本等國的人，隱蔽起來，不給中國人民曉得；所以現在希望中國人民，格外注意我們的說話！

自從一九一七年十月之後，勞農政府就取得大權，用俄國人民的名義通告各國，表示願訂永久和平底意思，並且說以這和平底基礎，要由各國放棄從前所侵略底土地和賠款，不問國的大小；以及該各國勢內，應該自主；各國對工人農人，不得以勞力來壓制，使他們不能上進。

並且聲明凡從前與日本、中國、及協約國所訂的秘約，一律取消；因爲這種密約，僅僅供給從前俄皇和協約國政府壓制剝削其人民；尤其對於剝削中國的人民，僅僅是俄國資本家和俄國軍閥的謀人利益底緣故。

勞農政府，曾經向中國提議磋商廢止一八九六年的中俄密約；一九〇一年北京和約；（即庚子條約）以及一九〇六年、一九〇七年和日本所訂的協約；把從前俄羅斯帝國政府時代所取於中國的，以及取於中國又轉讓與日本及協約國的，一概退還中國。我們所磋商的一直等到一九一八年五月，協約國家會向中國政府，和賄賂中國的官宦與報紙，使中國政府和勞農政府斷絕往來。而日本和協約國當這個時會，再持不讓俄國底滿洲鐵路交還中國，反圖利榮俄，據爲己有，並且強迫中國軍隊，援助他們以搶擄的行爲。因此，中國的工人農人對於英、美、日、各國的軍隊底攻入西比利亞及滿洲，不但不知道他們所侵奪的理由，並且不知道是不是事實。

我們到了現在，纔遇着這個機會，提給中國人民，使大家可以於國際明瞭着，免得再受他們的蒙蔽。凡從前俄羅斯帝國政府時代，在中國滿洲以及別處，用侵略的手段所取得的土地，一律歸還。在那塊土地上的人民，當然他們願意的國，採取何種的政體，一任人民底自由選擇。

勞農政府把中東鐵路礦產林業等權利，及其他由俄羅斯帝國政府，克倫斯基（Kerensky）政府，土匪霍爾瓦特（Horvath），謝米諾夫（Semenoff），和俄國軍人律師，資本家所取得的特權，都歸還給中國，不受何種報酬。

勞農政府，拋棄庚子賠款。我們對於這一層，所以不能不三番四次的，因爲要說明這一項賠款，我們已經壹實放棄，而中國政府，反拿來供養從前俄羅斯帝國駐在北京底公使，和駐在中國各地方底俄羅斯帝國的領事。現在任命這種公使和領事底政府，早就消滅，而從前所任命的公使和領事，居然得日本和協約國的援助，反安居在中國。天天在那裏欺蒙中國人民，中國人民，應該明白這件事，驅逐這些欺詐的人出境。

凡俄國從前所獲取底各種特權，以及俄國商人在中國內地所設的工廠，與夫俄國官員、教牧師、或委員等，所有不受中國法庭審判等的特權，第一律放棄。除勞農政府底全權大使，與中國人民往來，因而發生底特別情形外，以後在中國地方一切法律和權力，純粹為中國人民的法律和權力，絕對沒有第二者底法律和權力，援權在這裏面。

凡其他各種問題，與向來日本協約國、俄羅斯帝國政府、對於中國所施底以強暴且不合正義的行爲，都願意從此審行交涉。

勞農政府現在曉得日本與協約國以我們的軍隊天天向西比利亞前進，援救西比利亞的農民工人脫離土匪和軍閥的[illegible]，[illegible]日本底強制，他們援助中[illegible]人民，纔幫這種消息，所以他們百計設法，務必使我們的話，傳不到中國人民的耳朵裏。如果中國人民，因爲我們的提議，要學俄國一樣自由的人民，要免除巴黎和約所範中國於朝鮮印度第二底運命，須要中國人民和俄國農民工人及紅軍軍作提携，爲自由而戰！

現在勞農政府向中國國民提議，正式恢復兩國人民的友誼，並且請派代表到俄國軍隊來！

署名者勞農政府外交委員喀拉罕

(Karakhin)

魏金斯基：中國共產黨的催生者。他奉共產國際之命來華，化名吳廷康，以新聞記者身分廣結善緣，並暗中尋找同志，籌組中國共產黨。在他來華前夕，蘇俄政府於1919年7月25日發表的《告中國人民和南北政府宣言》(即加拉罕第一次宣言)傳到中國。在這次宣言中，蘇俄政府提議磋商廢止沙皇政府與中國簽訂的所有不平等條約。圖為《新青年》第7卷第6號刊登的加拉罕宣言譯文。

能實現，則蘇俄的共產主義革命也勢必夭折。因此，列寧在蘇俄穩定後立即成立共產國際，以加速實現世界共產革命。另一方面，儘管歐洲勞工運動異常蓬勃，但共產黨人領導的革命並未在德國、匈牙利和波蘭等地取得勝利，反而相繼失敗。經此挫折，列寧重新估量世局，認為世界革命的預言所以未能實現，乃因歐美資本主義國家宰制了東方，利用從殖民地或半殖民國家搾取而來的高額利潤，「賄賂」國內無產階級，使其喪失戰鬥性。因此，共產國際的注意力必須轉移到東方來。魏金斯基便是在這種策略改變中來到中國的第一個重要人物。

1920年4月，魏金斯基抵達北京，並會晤了李大釗。他認為李是一個有社會聲望的馬列主義信徒，鼓勵他創建中國共產黨的組織。李大釗認為責任十分重大，必須找一個比他更具有國內聲望的人士來出任艱巨，於是介紹魏金斯基到上海去會晤陳獨秀。同年5月魏赴上海。陳獨秀不是一個坐而談的理論家，五四愛國運動爆發後，他曾親自走進人潮，散發傳單。這時，他聆聽魏金斯基的意見，立即表示贊成，並劍及履及，約請他在上海新文化運動中的朋友，共襄盛舉。當時上海的新文化圈中對傳播社會主義最有興趣的主要是陳獨秀的《新青年》、國民黨的《民國日報》和進步黨的《時事新報》三個團體。《民國日報》主事者為追隨孫中山的戴傳賢(季陶)、沈定一(玄廬)和邵力子三人，而《時事新報》則由梁啟超的弟子張東蓀主編。至於陳獨秀本人，在思想上原已駁雜不純，更不在意社會主義中分歧的流派。他認為只要有用社會主義改造中國的共同意願，便是同志，便能結合在一起。他約請這些老朋友參加，並沒想到馬克思主義俄國化以後的變化，當然也不十分清楚列寧主義強調組織紀律和思想鬥爭的含義。經過兩、三個月討論和籌備，戴季陶和張東蓀等人終於了解研究馬克思主義和參加共產黨組織不是一件事，相繼退出籌備。不過，陳獨秀畢竟不是容易半途而廢的人，他下定了決心後便不回頭，終於在1920年7、8月之間成立了中國共產黨上海小組。

陳獨秀決心組黨後，立即約請李大釗擔任中共北方黨務的開拓工作。李大釗邀同北大講師張申府和北大學生張國燾兩人，創建中共北京小組。陳獨秀透過新文化運動的關係，隨後又約請國會議員王樂平在濟南籌建中共組織。王樂平和國民黨的關係太深，不願脫黨，把工作交給了中學剛畢業的小輩親戚王盡美。王在李大釗的協助下，成立了濟南的第一個中共組織。武漢中共黨小組則由上海小組成員李漢俊委請留日先輩、前同盟會會員董必武負責籌建。隨後，陳獨秀又加派留日的朋友劉伯垂前往武漢協助。長沙的毛澤東在陳獨秀和李大釗兩人的影響下，走上共產主義的道路，接受陳獨秀的委託，從上海回到長沙建立中共的組織。廣州的共產主義小組是魏金斯基成立的，成員都是無政府主義者，難以控制。陳獨秀前往廣州任職後，解散這個小組，另由三個北大畢業生成立新的小組。除了上海、北京、濟南、武漢、長沙、廣州這六個小組以外，日本和法國也有共產黨小組。成員都是從上海去的，帶有陳獨秀要他們建黨的使命。

在陳獨秀建黨前後，中國也曾出現了幾個自稱是馬列主義的政黨。當時可以說完全沒有現代產業的四川重慶便出現了一個叫「共產黨」的組織[5]。其成員宣稱服膺「共產主義」，主張與蘇俄聯合。只是黨員不多，頂多十幾個人而已，其中完全沒有知名的社會人士，尤其是沒有像陳獨秀這樣有名的大知識分子，所以他們的存在鮮為人知。他們設法取得共產國際的承認，可是共產國際在多方了解中國的情況以後，目標鎖定在陳獨秀一個人身上，根本不願接納其他自命為共產黨的人。這些自認為馬克思主義的政黨，既然得不到共產國際的承

5　楊奎松，〈關於重慶「共產黨」及其他〉，《黨史研究資料》，1992年第12期，頁5-11；曹仲彬，〈重慶「共產黨」辨析〉，《黨史研究資料》，1992年第2期，頁4-7。楊奎松用重慶「共產黨」來說明「中國共產主義組織的產生，在當時的國際國內條件下，確是一種必然現象」，我則強調，當時中國共產主義組織的產生是否為一種歷史必然現象，仍有商榷之必要；他們若沒有共產國際支持，也不可能成為一股舉足輕重的政治勢力。

認，當然也得不到共產國際的經濟援助，因此很難長期存在，不久便煙消雲散，否則其成員恐怕也只有加入中共組織一途了。

共產國際的承認和援助不僅攸關陳獨秀組織的存亡，共產國際的代表也實際參與了陳獨秀建黨的過程。魏金斯基以新聞記者的身分遍訪各大城市，武漢、長沙、濟南、廣州都有他的蹤跡。他還在廣州最先建立中共組織。1921年1月魏金斯基回到北京時，陳獨秀已在六個城市成立了「共產主義小組」，並在他的顧問和協助之下，初步展開了這六個城市的黨務工作；工作內容主要是辦專門給勞工看的雜誌，藉此吸收工人同志。陳獨秀在上海，除把《新青年》變成中共的機關雜誌以外，還秘密發行一份叫做《共產黨》的刊物，以便黨員提高理論水平。同時，更由魏金斯基直接幫忙，成立外國語學社，招收青年學生，一方面在他們中間成立社會主義青年團，另一方面則準備把他們送往蘇俄，接受「職業革命家」的訓練。正因爲奠基的工作已大體完成，所以魏金斯基再次見到李大釗時，便告訴他說，正式成立中國共產黨的時機已到。

在共產國際的催促下，陳獨秀決定於1921年7月在上海法租界召開第一次全國代表大會(簡稱一大，下同)。共產國際派馬林和尼科爾斯基兩位代表前來參加。只是在高漲的民族主義思潮中，初誕生的中共雖然亟需俄共的先進經驗和經濟支援，卻不願明文規定自己成爲共產國際的一個支部[6]。1921年秋，陳獨秀從廣州回到上海，甫抵英美租界，即爲巡捕房所逮捕。陳獨秀後來獲釋，孫中山固然幫了大忙，但

---

6 陳獨秀的民族自尊心極強，在中共建黨的過程中，他發現只要接受共產國際的經濟援助，便很難避免共產國際代表的「頤指氣使」和「過分干預」。為釜底抽薪計，陳獨秀一直強調中共應該追求經濟上的獨立自主。可能由於這一個考量，他決定不回上海參加中共第一次全國代表大會。因為如果他在廣東辦學的計畫成功，中共或許以後就不再需要共產國際的經濟援助了。見中國社會科學院現代史研究室、中國革命博物館黨史研究室，《「一大」前後》，2：384，388-89；唐寶林、林茂生，《陳獨秀年譜》，頁148-49，154-55。

民國日報

THE REPUBLICAN DAILY NEWS

本報覺悟欄八月份彙刊已釘成照前例出售

華洋義振會勸募急賑通告

馬玉山糖果餅乾公司開設分行

公共租界納稅華人會通告

南洋烟草公司調查員郎頌庭移賬啓事

華義銀行敬謝來賓

上海商界籌賑協會通告

華洋義振會敬謝 中西各大善士

俞君大綸追悼會通告

美大公司綢緞洋貨大放盤一月

山東外交問題徵文揭曉

江逢治花柳皮膚專科醫院

鳴謝德醫鄭邦彥先生

河南正券第九期

外國語學社招生廣告

社會經濟叢書第一期出版預告

研究世界問題之民心週報

新式國史課本出版

新青年第八卷第一號已經出版要目如左

學藝雜誌出版

外國語學社招生廣告和五位學生。外國語學社教授英文、俄文、法文和日文，為有志於出國留學的青年學生提供了一條門徑。中共在外國語學社中有社會主義青年團的組織，由杭州一師學潮後到上海尋找思想出路的俞秀松擔任書記。圖左為《民國日報》上的招生廣告。圖右後排居中的是俞秀松，1938年冤死在史達林的勞改營中。前排第一人是羅亦農，1928年死於國民黨白色恐怖。中共第一代的留俄職業革命家，包括劉少奇、任弼時、柯慶施在內，都出身外國語學社。

是如果沒有共產國際支付昂貴的律師費用與高額的保釋金，也不可能出獄。這次痛苦的經驗使陳獨秀放下了虛矯的民族自尊，了解共產國際的重要。在中共尚未壯大之前，堅持完全的獨立自主，是不切實際的，於是他同意中共爲共產國際的支部，繼續接受共產國際的經濟援助。如此一來，中共服從共產國際的指揮，也就變得更加理所當然了。更何況在心理上，中共本來便是「以俄爲師」，認爲蘇共有豐富的「革命」經驗。難怪中共建黨以來，黨綱、路線、政策，以至於組織的內容都受共產國際的影響。儘管中共領袖在解讀共產主義的經典和指示時，有其個人和中國經驗的限制，尤其是在建黨初期，受到日本馬克思主義的影響很大[7]。但總的說來，中共基本上還是遵循俄國的經驗和指示。

三、馬克思列寧主義思想一元化

中共誕生過程中有兩個現象特別值得注意。第一個是思想選擇的一元化，第二個是烏托邦信仰的權力政治化。五四新文化運動在「向西方學習」的口號下，盛行「拿來主義」，凡是認為有助於中國「迎頭趕上」西方先進國家的思想都被介紹進來，並沒有人注意到不同思想體系之間的矛盾和衝突。後來儘管社會主義蔚為時代潮流，各種思想仍舊雜然並存，甚至同時存在於同一個人的腦袋之中，而傳統思想也不會受到有意排斥。可是當青年知識分子接受馬列主義以後，尤其是在中共成立以後，思想選擇方面出現了明顯的一元化趨勢，不僅馬列主義表現了明顯的排他性，越來越不能容忍異己的思想，而且黨組織為了追求行動統一，掌握馬列主義的詮釋權，也越來越強調思想領導。這就是所謂思想選擇的一元化。

至於烏托邦信仰的權力政治化，則是這樣的：五四知識分子認為社會主義是不可抗拒的歷史潮流，未來的世界一定是既反對軍國主義又反對金力(資本)主義的，這個世界講求無私互助，「各盡所能、各取所需」，沒有國界，也沒有族界，沒有貧富差距，也沒有政府和法律[8]。就大規模的社會實踐而言，這種社會主義理想，多少帶有烏托邦信仰的性質。但是中國知識分子在致力於其實現的過程中，不論遭遇何種失敗和挫折，均不認為自己的社會主義理想是空想的烏托邦信

---

7 楊奎松、董士偉，《海市蜃樓與大漠綠洲》，頁160-61。

8 即使反對在中國實行俄式社會主義的孫中山和梁啓超也都相信「社會主義的原則代表人類歷史發展的方向和趨勢」。見楊奎松，董士偉，《海市蜃樓與大漠綠洲》，頁191。

仰，反而認定問題全出在現有的社會和經濟體制。如果想要實現社會主義理想，則必須正視權力政治，從事政治奪權，而為了達到政治奪權的目的，更必須接受暴力流血的階級鬥爭觀念。在這種思維的過程中，目的成為辯護手段的理由；違反社會主義道德標準的手段也可以不受良心責備。

具體一點說，五四是百家爭鳴的時代，而正由於知識分子在輸入西方學理方面，多半採取「旁通博採」和「兼容並蓄」的態度，所以他們對西方的學理，雖然談不上深湛的了解，卻能不講門戶。因此西方學者認為不相容的思想體系，在他們的心目中，經常都能融為一體，共存共榮。李大釗的思想便帶有釋、儒、道的各種成分，也帶有民粹主義和自由主義的成分。他一面宣稱自己是馬克思主義的信徒，另一面則崇信無政府主義的大師克魯泡特金，還以克魯泡特金的《互助論》彌補馬克思主義思想的不足[9]。青年毛澤東的思想中，有理學的因素，也有反理學的因素，有胡適的實驗主義，也有陳獨秀的激進主張[10]。張申府則想融孔子的仁道、羅素的邏輯哲學、馬克思的階級鬥爭、弗洛伊德的心理分析和愛因斯坦的物理學於一爐[11]。

但在擁抱馬克思主義的過程之中，早期的中共黨人有意無意之間，走上了排拒其他思想成分的道路，而在中共成立以後，因為黨組織強調思想團結和思想領導，對於非馬克思主義思想的容忍度迅速減小。1919年夏天，胡適掀起「問題和主義」的論戰，李大釗為馬克思主義的信仰辯護。雖然李大釗並不認為馬克思主義是一種萬靈丹，可以解決中國的一切問題，但他認為思想中要有一個主導性的重心，只有在大方向和大原則確定以後，問題纔能逐一解決，而馬克思主義正

9　Arif Dirlik, *The Origins of Chinese Communism*, pp. 45-52.

10　李銳，《三十歲以前毛澤東》；李銳，序汪樹白《毛澤東思想的中國基因》；李銳，〈毛澤東為什麼獨服曾文正〉，《聯合報》(1992年9月15日)。

11　周恩來，《周恩來選集》，下，頁356-57。

好提供了這樣一個大方向和大原則。毛澤東在知道陳獨秀獨尊馬列主義後，說他不愧為「旗幟鮮明」，似乎就是根據同樣邏輯得出來的結論。只是知識分子一旦皈依馬列主義之後，尤其是加入了標舉馬列主義的政黨以後，其思想中的非馬列主義成分便遭到排拒，而難有存在的餘地。早期中共領袖為了堅持思想領導，統一黨員的思想信仰，也不斷發動對其他模式的社會主義，尤其是工團主義和無政府主義的文字批判，並逼迫已經加入中共組織的工團主義和無政府主義分子，在退黨和放棄原來信仰中作一抉擇。

儘管如此，這些遭到排拒的社會主義信仰，並不一定就此完全消失，尤其是它們對未來世界的看法，十之八九都以共產主義理想的形式繼續存在。從這個觀點看，無政府主義在中共誕生過程中所扮演的催生角色特別值得注意。早期中共組織不但吸收僅有無政府主義傾向的知識分子，也吸收了許多自認為是虔誠無政府主義信徒的知識分子。其實，陳獨秀在上海籌建共產黨之前，已參加了一個信仰馬列主義和無政府主義者的聯合組織，叫「社會主義者同盟」。這個聯合組織有組織的名稱，卻極其鬆散，成員之間缺乏明顯的權力關係。陳獨秀籌建共產黨時，從這個組織的成員得到很大的幫助，經由他們的中介，展開工人運動，並編輯、印刷和出版宣傳刊物[12]。

上海的情形如此，其他城市亦莫不皆然，不論北京、武漢、濟南、長沙、廣州，新成立的共產黨小組中，都有信仰無政府主義的青年知識分子。李大釗在北京成立共產黨小組時，便把無政府主義領袖劉師復的傳人黃凌霜，視為臂助，並積極吸收無政府主義分子。這些曾經或繼續沉迷於無政府主義的共產黨員中，後來有不少人成為中共的領袖。長沙的毛澤東是一個例子。他不僅盛讚過克魯泡特金的主

12 任武雄，〈對「社會主義者同盟」的探索〉，《黨史研究資料》，1993年第6期，頁15-18；胡慶雲，〈何謂社會主義者同盟〉，《黨史研究資料》，1993年第10期，頁16-20。

張，而且認為它比馬克思主義的想法更深刻。廣州最早的共產主義小組，全都是無政府主義者，後來為陳獨秀所解散。廣州最著名的共產黨員彭湃則在他教育局長辦公室中掛有兩幅大鬍子像，一幅是馬克思，另一幅則是克魯泡特金[13]。其他例如浙江的沈定一，湖北的惲代英、四川的吳玉章、北京的瞿秋白和天津的周恩來都一度相信過無政府主義。正因為無政府主義者和中共建立有如此密切的關係，所以上海中央在出版《共產黨》這一機關雜誌時，封面竟然出現了「無政府」和「安那其」的字樣，上海中央也不認為有何不妥[14]。如果我們知道當時官府警察書報檢查最嚴厲的正是「無政府」和「安那其」主義[15]，則此舉顯然並不是有意蒙騙官府，而根本就是他們混同無政府主義和馬克思主義的反映。

什麼是無政府主義？為什麼無政府主義的信徒會轉變成為無產階級專政的提倡者呢？又為什麼他們會認為掌握國家機器是實現無政府主義理想的第一步，以致在實際行動中竟然放棄了無政府主義反權威的基本信仰呢？清末民初的無政府主義，雖然帶有各種「衝決網羅」、追求個人解放的色彩，但基本上則是外來社會主義思想的一支。其中流派相當複雜，共同特色是均貧富，主張無政府、無法律、無家庭、無宗教，追求絕對的個人解放，取消勞心和勞力者的差別，也取消私有財產權，由社會成員各盡所能，各取所需。民國成立以前，無論是廣義的社會主義還是狹義的無政府主義，都已傳入了中國。當時的無政府主義者中，北方以蔡元培、吳稚暉和李石曾最為有名，南方則以劉師復為大師。北派的歷史觀是向前的，認為科學萬能，人類終究會因為科學的發展，解決所有的生計問題；南派的歷史

13 劉林松，〈彭湃烈士入黨時間問題的商榷〉，《黨史研究資料》，第1集，頁327。

14 余世誠、張升善，《楊明齋》，頁120。

15 Arif Dirlik, *The Origins of Chinese Communism*, pp. 32-33.

觀則是向後的，多少認爲農民是道德的化身，希望回歸自然，進而在農業的基礎上，共同建立一個新的社區。到了五四時代，隨著中國知識分子對歐美資本主義國家的失望，這兩種思想都受到自命爲先進的年輕知識分子的歡迎，連軍人出身的蔣中正也曾經承認，一度受其吸引[16]。一般說來，五四前後的無政府主義者對人類歷史抱持樂觀態度，反對集體主義和暴力革命，所以對馬列主義多少採取了一些保留態度。1919年夏秋，毛澤東便根據無政府主義者反暴力反強權的立場，駁斥過以暴易暴的「炸彈革命」、「有血革命」[17]。

五四愛國示威遊行後，文化學術界出現了工學互助和勤工儉學兩個運動。雖然這兩個運動都幾乎網羅了當時所有熱心於新思潮的知識分子領袖，但其中最引人注目的主要成員，仍然是無政府主義信徒，尤其是年輕的一代。他們是受強烈的歷史使命感所驅使的菁英主義者，把這兩個運動都看成改造社會的起點，由於他們過於強調其政治意義，一旦失敗，挫折感也特別深重。他們中間一些人的思想越來越激進，不是拿無政府主義所標榜的道德高標準鞭策自已，就是相信現有社會制度是一切問題的根源，而要求徹底改造；在這種心理的驅使之下，有一批青年人開始擁抱馬列主義，走上推翻現有政治和社會體制的不歸路。

1 工讀互助團

五四前後，在克魯泡特金、托爾斯泰和武者小路實篤等無政府主義大師的影響下，無論是後來左派的惲代英、毛澤東，還是右派的左舜生都曾有過進行社會實驗的念頭。他們主張成立一個共同生活的組

---

16 中國第二歷史檔案館，《蔣介石年譜初稿》，頁220。

17 毛澤東，《毛澤東早期文稿》，頁292-95。晚清所謂無政府主義者，如吳樾、汪精衛、劉師復和蔡元培等，均受俄國虛無主義影響，而一度堅信，推翻專制，必須訴諸暴力、暗殺和恐怖。

織，基本上廢除私有財產制度，讓每個成員各盡所能，各取所需。只是空想，始終未有行動。倒是思想帶有濃厚浪漫色彩的無政府主義者王光祈異常積極，想到便做，而且不畏艱難。1919年隆冬，由於他的熱心發起和推動，北京、天津、上海、南京、揚州、武昌、長沙、廣州各大城市，到處出現工讀互助團以及類似的組織。這些組織，或由發起人甄別有志青年組合之，或由理想相同的青年自願組合之。如果把爲這項實驗活動盡過心力者都算在內，則幾乎所有參加新文化運動的有名知識分子都未缺席。對提倡杜威實證主義的胡適而言，工讀互助團只是類似美國學生工讀的活動，但對陳獨秀和李大釗而言，則是「帝力(政府)於我何有哉」理想實現的開始。王光祈本人認爲這是和平經濟革命的實驗，工讀互助團發展到一定數量，可以向資本家施壓力，並進而改造整個舊社會。

工讀互助團在新文化人物的關懷或資助下，紛紛成立。團員主要是輟學的大中學生。每天以一定的時間工作，工作之餘則從事學習和娛樂。他們開始實驗新生活後，迅速發現自已賺錢的本領實在有限，只能洗衣服、做女紅、放電影、開飯館、辦合作社、替人補習或翻譯。由於未具備專業水準，工作比不上真正的工人，有時反而變成搶貧苦工人的飯碗，製造社會問題。然而最根本的問題，還是在於收入極爲有限。開飯館者更發現客人不多，吃閒飯的卻不乏其人，入不敷出，僅一個多月，便開不下去了。有的工讀互助團堅持的時間比較長久，但頂多也不過一年。

北京工讀互助團的失敗，引起關心人士的熱烈檢討。有的人認爲學生的理想過高，成員彼此陌生，硬湊在一起，缺乏共識，加上治生本領有限，收入不夠，自然無法成功。也有的人從失敗經驗中，認爲一點一滴的改革比較有道理，改造社會並非一蹴可幾，理想不能太高。但更有人認爲理想主義本身不是問題，出問題的是整個社會，在整個社會接受徹底改造之前，在經濟組織和生產制度出現徹底改變之

工讀互助團募款啓事。

做工的人沒有力量讀書受教育，這不是民智發達上一種缺憾嗎？讀書的人不能做工，教育越發達沒有職業的流氓越多，這不是教育界一種危機嗎？占全國民半數的女子不讀書不做工，這不是國民的智力及生產力一種大大的損失嗎？父兄養子弟，子弟靠父兄，這種寄生的生活，不但做子弟的有精神上的痛苦，在這財政緊急的時代做父兄的也受不了這種經濟上的重累。同人等因此種種理由特組織「工讀互助團」來幫助北京的青年，實行半工半讀主義，庶幾可以達教育和職業合一的理想。倘然試辦有效，可以推行全國，不但可以救濟教育界和經濟界的危機，並且可以免得新思想的青年和舊思想的家庭發生許多無謂的衝突。照眼前試辦的預算，需費不滿千元，凡贊成此舉者，請鼎力捐助爲荷。

工讀互助團

發起人

顧兆熊　陶履恭　孟壽椿
李大釗　程演生　徐彥之
蔡元培　王星拱　陳溥賢
陳獨秀　高一涵　羅家倫
胡　適　張崧年　王光祈
周作人　李辛白

關於繳納捐款等事，請與北京大學新潮社徐彥之君接洽。

工讀互助團簡章

(一)宗旨　本互助團的精神，實行半工半讀。

(二)團員　凡志願入本團者，須團員一人之介紹，經全體團員認可，得爲本團團員。

(三)服務　團員每日每人必須作工四小時。若生活費用不能支持，得臨時由團員公議加增作工鐘點。

(四)權利　團員生活必需之衣食住，由團體供給。團員所需之教育費醫藥費書籍費，由團體供給，惟書籍係歸團體公有。

(五)工作種類　暫分九種。
(一)石印。
(二)素菜食堂。
(三)洗衣服。
(四)製漿糊。
(五)印信箋。
(六)販賣商品及書報。
(七)裝訂書報。
(八)製墨汁及藍墨水。
(九)其他。

(六)工作所得　歸團體公有。

(七)設備　設書報室及音樂室。

(八)組織　由全體團員組織團員會，選舉事務員，並討論團中重要事務，及審查新入團員。事務員設總會計一人，管理全團銀錢出入事務；會計若干人，分管各組會計事務。設庶務二人，管理全團買貨及一切雜務。事務員每月末日選舉一次，得連任一次。組織細則，另行規定。

(九)規約　凡團員有怠於作工情事，由團員會提出警告，經繼續三次警告仍不努力盡職，即令其出團。

(十)出團　團員得自由退出團體，惟須提出理由書。

(十一)附則　凡團員不能入校聽講者，得由本團聘請教員，每日教授二鐘，若程度不齊，得適用單級教授制。本團預算及工作分配方法，另有細章。

北京工讀互助團三四兩組自造的毛巾、襪子出來了！他們只取相當資金、最低工價所以價廉物精。諸位願試的請到東城馬神廟東食勞軒或各國貨店　商標是「工讀」

北京工讀互助團。圖上左是北京工讀互助團的募款啓事和簡章，出名募款者幾乎一網打盡了五四新文化運動的檯面人物；原載《少年中國》第1卷第7期。圖上右是「工讀互助團」的倡導者和組織者王光祈，他信仰無政府主義，後來留學德國，改習音樂，1936年客死異鄉。圖下是北京工讀互助團以北京大學學生為對象的廣告三則：第一則是做衣服，第二則招待飯館客人，第三則是推銷自製毛巾襪子；原載1920年9月16日、10月16日和17日《北京大學日刊》。

前，工讀互助團注定會失敗。這是因爲社會改革必定會觸及舊有的經濟基礎，也一定會遭到擁護這種經濟基礎的舊勢力和惡勢力的反對，在徹底打倒這些舊勢力和惡勢力以前，小組織的改革根本是緣木求魚，欲打倒這些舊勢力和惡勢力，則流血暴力勢所難免，因此不應加以迴避。原來，因爲主張暴力革命、流血奮鬥以及無產階級專政，而遭受無政府主義或社會主義者排拒的馬列主義，在這種邏輯推論下，便不再被反對了。因爲無論社會主義、無政府主義或是馬列主義，它們的理想目標都沒有明顯的差別，不同的只是手段和方法罷了。

北京工讀互助團中，北京的何孟雄以及杭州的俞秀松和施存統諸人，就是這樣走上了馬列主義的道路，成爲早期中共社會主義青年團的重要領袖。上海滬濱工讀互助團，是旅滬湖南學生根據北京模式發起的，會員也帶有無政府主義的色彩[18]。1920年5、6月之間，毛澤東在走上馬列主義的不歸路前，就曾在上海加入過這一個工讀互助團，替人家洗過衣服，也一度想進工廠工作。這個互助團員中有好幾位後來參加中共設立的外國語學社，半工半讀。中共以外國語學社爲基礎籌設的社會主義青年團，就曾使用「工讀輔助團」的名稱，直至組織正式成立[19]。

2 勤工儉學

國民黨內的無政府主義者蔡元培、吳稚暉和李石曾三人，在中國教育界都是有名的人物。他們在歐戰期間，已開始倡導勤工儉學，組織學生去法國工作和讀書。歐戰終結以後，他們更大力鼓吹和贊助，到法國去參加勤工儉學迅速蔚爲時代風氣。參加此項運動的青年學生有3,000多人，其中四川和湖南籍的最多。他們每個人的動機不同，但是在蔡、吳、李等人的影響之下，懷有無政府主義信仰的青年不在少數。

18　任武雄，〈李中並非高語罕〉，《黨史研究資料》，第4集，頁319-21。

19　中國革命博物館、湖南省博物館，《新民學會資料》，頁129-32。

勤工儉學中的蔡和森一家。蔡和森是最早皈依馬列主義、主張以俄為師的留法學生。母親、妹妹、女友同他一起到法國留學。他省吃儉用，拒絕勤工，一抵達法國，便不顧自己法文的根柢有限，每天帶著字典，猛看猛譯法文馬列主義著作，是個全心奉獻於救國理想的工作狂和革命狂。他於1921年底加入中共，1931年底在廣州被捕處死。圖上為1920年7月蔡和森(右後方第7人)、女友向警予(右後方第1人)在法國蒙達尼與新民學會的會員合影。圖下為蔡和森的母親葛健豪(1排右起第4人)、妹妹蔡暢(2排右起第1人)與法國女教師在蒙達尼合影。

這批勤工儉學的學生是很特殊的一群年輕人。他們絕大多數出身貧寒，在民初的一般情形下，不可能出國留學。他們當然是想向西方學習，但也有強烈的出人頭地動機。出國之前，他們多半只有初、高中學歷，語言的準備不足，又無一技之長，只是滿懷著無限憧憬前往法國。

蔡和森是湖南新民學會的領袖，曾為勤工儉學運動而奔走。他到法國之後，選擇的作法是儉學，而非勤工。1920年2月他一抵達法國，便猛看猛譯有關共產國際的資料。出國之前，他雖然相信無政府主義的理想，但思想有其務實的一面，認為好人為了實現理想，應該賺取金錢，更應該奪得政權。他注意到列寧的清教徒精神，深為嚮往。後來法文的資料越看越多，越來越相信共產革命為世界的潮流所趨，當他發現列寧只有「一萬個」絕對效忠的黨員，便成功奪取了政權，並進而改造了社會和國家，對列寧更是崇拜得五體投地[20]。他開始認為，無政府主義者唾棄權力，實在是天真幻想，完全不可能改造中國社會。有了這種思想以後，他益發堅信以俄為師，認為中國也必須實行無產階級專政；由於中國社會有階級區分，所以他相信改造中國社會，也必須實行階級鬥爭。

對新民學會的一些會員而言，蔡和森這種政治主張，是為了多數人的福利而不惜犧牲少數人的生命，比較起來，還是尊重少數人生命的溫和教育改革比較可取。因此，這些新民學會的會員還是堅決主張，改造中國和世界之道無他，仍應該是長期的移風易俗，以及推廣工會和合作社組織。1920年7月新民學會留法成員在巴黎東南的一個小城蒙達尼(Montaegis)見面，這兩種看法彼此針鋒相對。但因為大多數人未表示意見，所以爭執並無結論。事後的發展顯示，蔡和森代表的是他個人的意見，其他大多數人仍然傾向於無政府主義的主張[21]。這些傾向無政府主義的新民學會會員，甚至另外組織工學世界社。不過

20　中國革命博物館、湖南省博物館，《新民學會資料》，頁129-32。

21　李維漢，《回憶與研究》，頁16-18。

新民學會的部分會員。1918年4月，湖南第一師範的學生毛澤東、蔡和森和蕭子升(瑜)等組織新民學會，其宗旨為：「革新學術、砥礪品行，改良人心風俗」。這是第二年11月留在長沙的新民學會會員合照。第五排左起第4人為毛澤東。

新民學會的會員。留法新民學會面臨政治上何去何從的選擇，主張走十月革命道路的蔡和森等，和主張無政府主義溫和道路的蕭子升等，在蒙達尼激辯後合照。蕭子升的弟弟蕭子暲(又名蕭三)，後來加入中共，是有名的紅色作家。蕭子升本人則一直追隨無政府主義者李石曾，中共占據大陸後流亡南美烏拉圭。

蔡和森的主張也未被忽視，他們開始試著深入理解俄國十月革命；有一些人顯然受到無產階級專政理論的影響，開始主張世界勞工運動應以「勞動者握政治經濟權」爲目標了[22]。

當馬列主義和無政府主義兩派爭論的消息傳抵長沙時，毛澤東已在李大釗和陳獨秀的影響下，走上馬列主義的道路了。在五四前後，毛澤東的思想，其實像他自己後來所說的那樣，是一個大雜燴，有來自英美自由主義的成分，也有來自俄、法無政府主義的根源。無論是托爾斯泰、克魯泡特金或是武者小路實篤，都是他非常崇拜的偶像。五四發生後的第二年，也就是1920年，他在停留北京和上海期間，曾經閱讀了《共產主義宣言》的節譯本，以及介紹馬列主義和蘇俄革命的各種書籍，並從中攝取到了「階級鬥爭」這一觀念，認爲這是社會進化的大本大源[23]。儘管如此，當時他對如何落實此一觀念，並無明確理解，因而回到湖南之後，他在行動上仍然是一個改良主義者，積極地爲湖南的省憲自治運動努力奔走，並成爲運動中耀眼的青年領袖。不過，隨著省憲自治運動的失敗，他對階級鬥爭的信仰越來越堅定，更在不斷研讀馬列主義書籍的過程中，與改良主義漸行漸遠。

毛澤東經過一段時間的探索後，認爲社會可以分爲有產和無產二階級：前者掌握財富和政權，是有錢的資本家以及腐敗的政客和軍閥，後者無錢無權，亦即一般平民大眾。在這種階級社會中，有產階級控制教育、議會、政府、軍隊，除非平民大眾奪得政權，則財富不可能平均，社會也不可能有徹底的改革。毛澤東認爲，既得利益者決

22　賀果，〈賀果日記選〉，《黨史研究資料》，第5集，頁25，28。

23　黎永泰，《毛澤東與大革命》，頁25-26。毛澤東回憶，他在這一段期間曾經讀到三本書：一本是陳望道翻譯的《共產主義宣言》，一本是考茨基著的《階級鬥爭》，一本是柯卡普著的《社會主義史》。據黎永泰研究，這三本書的譯本都是1920年7月毛澤東回到湖南以後纔出現的，毛澤東不可能在北京和上海讀到；毛澤東讀到這三本書的時間應為1920年8月到1921年初這段期間。

不會自動放棄既得的權益，而溫和的改革，縱使產生效果，也是百年以後的事情。毛澤東後來賦詞：「天地轉，光陰迫。一萬年太久，只爭朝夕。」[24] 此時他豈能坐視無產階級如此長時期的被壓迫和剝削？毛澤東這種階級鬥爭的觀點，和馬克思強調生產關係的階級分析並不盡相同，但頗符合他對湖南省憲運動的觀察，使他對任何不觸及現有經濟和政治制度的改革失去信心。他越來越相信：財富和政權僅是工具，重要的是誰能掌握它們。掌握在有產階級手中，則社會改造無望；掌握在無產階級手中，則中國可以脫胎換骨，起死回生，並進而真正實現無政府主義的夢想。這種對財富和政權的看法，使毛澤東和其他無政府主義分子分道揚鑣，並把馬列主義看成徹底解決中國問題的不二法門。毛澤東和蔡和森一樣，都是在道德上有絕對自信的人，他們大概從來沒想過權力是否有腐化作用。作為道德和正義的化身，他們認為只要能真正有效地改造中國，個人的自由並不重要，暴力流血也在所不惜。在這一年年底，毛澤東接到蔡和森的來信後，當即表示，贊成組織共產黨，實行階級鬥爭。

就在得到毛澤東呼應的同時，蔡和森應邀參加工學世界社的第一次年會，居然成為這個無政府主義組織的貴客，發表一整天的演講，批評無政府主義的不切實際、流於空想，並斷言歷史必然走向無產階級專政的俄式革命。雖然蔡和森的演講在第二天便遭到了反駁，但是已經造成難以抵銷的莫大衝擊。大會表決中國何去何從時，絕大多數人都同意：中國已經病入膏肓，情況有如俄國，非經過一次流血的徹底革命，決不可能得到重生[25]。

蔡和森在工學世界社年會上宣傳馬列主義的時候，中國共產黨在法國已有張申府和趙世炎兩位黨員。他們受陳獨秀之託，要在法國發

24　毛澤東，《建國以來毛澤東文稿》，10：243。

25　賀果，〈賀果日記選〉，《黨史研究資料》，第5集，頁32-33；章祖蓉、夏燕月，〈工學世界社簡介〉，《黨史研究資料》，第5集，頁445-46。

展黨員，但是張申府頗有名士之風，一心想調和馬克思、弗洛伊德和羅素三者的思想，而趙世炎也仍然有強烈的無政府主義傾向，所以會同李立三等人組織勞動學會，自食其力，拒絕爲爭取官費資助而參加反北洋政府的政治鬥爭[26]。相形之下，在巴黎附近的其他勤工儉學學生便沒有他們苦幹實幹的墨家性格了。這些學生志氣雖然也不小，但是生活的壓力實在太沉重。當時在法國找工作困難，縱使僥倖能在工廠找到一份工作，但高大魁梧如李維漢者，也都發現自己體力難以勝任，更遑論手無縛雞之力的文弱書生了[27]。其他如撿馬糞、收垃圾和剝馬鈴薯的工作，固然不太勞累，卻斯文掃地，且所得僅供溫飽，根本不敷求學之用。只有少數比較幸運的學生可以仰賴華法教育會資助，然而此時教育會突然宣布停發津貼，使他們生活頓陷絕境。

1921年2月，蔡和森發起向中國使館和華法教育會爭教育權和生存權的運動，有關當局不但毫不同情，反而唆使法國警方強力對付，以致原本反對爭教育權和生存權的趙世炎諸人也改變置身事外的態度，加入抗爭行列。後來，勤工儉學學生升高抗議行爲，最先是反對中國政府向法國借款，後來則是占領中法里昂大學校園。勤工儉學學生本來在工廠中與法國工人和共產黨人士接觸頻仍，已有左轉傾向，經此連番抗議，更認爲無政府主義大師吳稚暉、蔡元培和李石曾言行不一，大失所望。結果大約有兩百餘人走上了馬克思主義的不歸路。他們有的因爲參加示威運動，被法國當局遣送回國，有的則輾轉前往蘇俄，經短期訓練後，再返回故國。其中不少人後來成爲早期中國共產黨的中堅分子，著名的有周恩來、鄧小平和聶榮臻等人。

從工讀互助團和勤工儉學到馬列主義的過程，說明了馬列主義的吸引力，主要是因爲它提供了一個徹底改造社會的方案。雖然蘇俄的

---

26 Vera Schwarcz, "Historical Amnesia", *Modern China*, vol. 13, no. 2, 1987, pp. 207-15；唐純良，《李立三傳》，頁19。

27 李維漢，《回憶與研究》，頁14。

革命經驗顯示，這個改造社會的過程暴力充斥，但是對一些激進的知識分子而言，它卻是實現徹底社會改革的唯一可行方案。無政府主義的理想縱然可愛，倘使沒有一個強調集體、紀律和服從的組織從中推動，則無異於空想幻想；在實現無政府主義的初步階段，勢須一反無政府主義尊重個人的主張，採取蘇俄共產黨的模式組織政黨。因爲這個緣故，中共在成立之後，特別強調思想、組織和政治的團結和領導，所以從一開始便堅持中央集權制度，黨中央有權監督地方黨部的財務和政治。下級黨部必須絕對服從上級黨部；關於重大政治問題，黨中央若沒有正式指示，地方黨部不得隨意表示意見。同時，中共也鑒於無政府主義信徒的自行其是，對無政府主義展開嚴厲的思想批判，要求服從指揮，但是無政府主義卻以共產主義理想的形式殘存於共產黨員的思想當中，伺機再現[28]。

※ ※ ※

歐戰後中國現代產業工人的人數大有增加，但中國絕對不是馬克思主義所預言的資產階級社會。極少數的知識分子之所以會趕在「歷史」條件水到渠成之前，成立共產黨，其中原由並不能從思想史的內在理路角度來探討，而必須從五四強調向西方學習這個方向來理解，尤其是必須注意當時中國知識分子的心理挫折。歐戰結束後，原本對歐美文明抱有膜拜心理的中國知識分子，對巴黎和會的結果大失所望，對傾向委屈求全的北洋政府更是憤怒鄙薄，渴望在歐美文明之外找到另外一條自強之道。正好當時歐美的有識之士，都認爲歐美資本主義制度已經走入了窮途末路，未來的世界是屬於社會主義的。雖然批評資本主義的各種社會主義思想已經蔚爲時代潮流，但只有俄國共產黨人有明顯的成就，不僅搶在德、法、英等先進資本主義國家之前

---

28 余世誠、張升善，《楊明齋》，頁120。

實現社會主義革命，而且在資本主義列強的群起環攻之下，始終屹立不搖。心儀社會主義的中國知識分子於是又興起了一股「以俄為師」的思潮，要求學習蘇俄的革命經驗，以便迎頭趕上歐美先進國家。

另一方面，列寧領導的俄共為打破美、英、法、日諸國的圍攻，開始在東方尋找盟友。列寧原先以為，十月革命將在歐美各國引發骨牌效應，他根本沒料到，德國、波蘭、捷克和匈牙利的革命會相繼以失敗告終。列寧重新估量世局，認為歐美國家畢竟是資本主義國家體系的大本營，推動世界革命不應該從這裡開始，而應該把注意力轉移到資本主義體系的外環地帶，也就是其控制最薄弱的亞非殖民地或半殖民國家。列寧說，從莫斯科到巴黎的捷徑要經過北京和加爾各答，於是派遣來華傳播世界革命福音的使者絡繹於途。當時「以俄為師」的中國知識分子中，雖然也有人成立了政黨，但絕大多數人還停留在研究和討論階段，並無意付諸實踐。共產國際的代表導引他們組織共產黨，事實也證明惟有共產國際給予承認和援助，陳獨秀的共產黨組織纔能夠進一步向前發展。五四領袖陳獨秀和李大釗在共產國際代表的鼓勵和指導下，利用新文化運動中產生的人際網絡建立中國共產黨，而理想青年知識分子在試圖改造中國過程中所受的挫折，則為他們兩個人的活動提供了沃壤。

早期的中國共產黨員，儘管想學習馬列主義，所能得到的資訊卻極其有限。他們對馬列主義的理解，主要來自日本社會主義學者的研究和宣傳。受到日本和歐美社會主義的啟迪，他們紛紛擁抱反資本主義的社會主義，尤其嚮往無政府主義信徒所楬櫫的理想世界，甚至在無政府主義者的領導和影響下，進行小社團的實驗，或到國外留學，不幸結果多半以失敗告終。環顧世局，中國政治依舊是少數軍人和官紳宰制的局面，年輕的理想主義者不但發揮不了作用，反而遭受無理的逮捕和鎮壓，因此心裡上所受到的挫折極大。由於馬列主義，尤其列寧的反帝國主義，為他們的困境作了特別具說服力的解釋，提出了幾乎是唯一可行的解決之道，因此對他們的吸引力也就特別強烈。

中國的新知識分子，在對十月革命有充分了解之前，便已參加了共產主義運動。其中有一部分人，在進一步了解蘇俄共產主義運動的實況後，認為不符合自己原來的想法，便毅然退出。留在中共黨內的知識分子，當然必須設法使自己的思想更加符合組織的需要，否則便會被迫改造，甚而遭到開除黨籍的處分。這些入黨的知識分子，一般說來，都是先肯定蘇俄的革命經驗，再回過頭來肯定階級鬥爭的理論，他們把階級鬥爭看成實現改造中國理想的工具。至於這個理想中所假定的理想社會是否就是馬列主義的共產主義社會，還是無政府主義的理想社會，或中國原有的大同世界，他們並沒有任何討論，只是認為這個理想社會的道德崇高，有公無私而又不虞匱乏。至於中共為什麼是「無產階級的先鋒隊」？為什麼能夠代表工人階級的利益？他們更無暇注意。正因為激進的五四知識分子全盤肯定蘇俄革命經驗，又依賴共產國際的協助纔展開革命活動，所以他們很快便接受中國共產黨是共產國際支部的觀念。在他們的理念和共產國際有衝突時，也很容易放棄自己的見解，而聽命於共產國際。

第二節　從理想到謀略

中國共產黨成立時，主要領導人都是知識分子，都具有民族主義的信念，所以儘管把中國共產主義運動看成世界共產主義運動的一部分，既承認共產國際的指導地位，也接受經濟資助，卻不願把中國共產黨看成共產國際的下級單位。他們同意每月向共產國際提出工作報告，但不同意以共產國際代表的意見爲最後意見。1921年10月初，陳獨秀在上海租界被捕，經過23天的牢獄之災後，終於徹底覺悟，中共還在襁褓階段，無法奢談獨立自主，所以同意把中共變成共產國際的支部。從他這一次入獄以後，到次年6月底，中共的全部收入只有銀洋17,000元，其中94%由共產國際提供，中共自身僅出1,000元[1]。財政上無法獨力自主，加上承認蘇聯是先進的社會主義國家，要以俄爲師，細心學習蘇聯的革命經驗，所以在實際從事革命時，免不了唯共產國際(實際是蘇

爲陳獨秀君募集訟費啓事

啓者陳獨秀君以社會教育思想自由之故被捕案雖了結而關於訟費及銷燬書籍紙版損失在二千元以上與君清貧同人深悉遭此厄運其何以堪凡表同情於社會教育思想自由及與陳君有舊願解囊相助者上海希交環龍路銘德里二號高君曼北京希交北京大學圖書館李大釗收轉爲荷

蔡元培　李石曾　蔣夢麟　胡適　鄧仲澥
劉仁靜　張國燾　高尚德　李大釗　林素園
范鴻劼　黃日葵　蔡和森　繆伯英　仝啓

陳獨秀和新文化運動圈。陳獨秀籌建中國共產黨後，曾於1922年8月被上海法租界警察逮捕，他新文化運動的朋友和學生，不僅在北京《晨報》刊登「為陳獨秀被捕事敬告國人書」，並為他募集訴訟費用。署名敬告國人書的有少年中國學會、反宗教同盟和非基督教學生同盟等十個團體，在募集訟費廣告中署名的則有新文化運動領袖蔡元培和胡適之，及學術教育界的重要人物李石曾和蔣夢麟。

1　中央檔案館，《中共中央文件選集》，1：47。這種程度的依賴外援，至晚繼續到1927年。是年中共自籌的經費僅為其全部收入的3%。見楊奎松，〈有關中國早期共產黨組織的一些情況〉，《黨史研究資料》，1990年第4期，頁6-7。

共)馬首是瞻。儘管如此，中共領導也不是事事聽命於莫斯科。主要因為莫斯科鞭長莫及，共產國際必須靠代表和文件指揮，這倒也給了中共領導一些自主活動的空間。中共誠然不願公開抗拒共產國際，但藉口通權達便，彈性解釋，甚或陽奉陰違的情形並不是沒有，因此也不能將其視為全無主見的拉線傀儡。

中共在共產國際的指導下，不僅了解到政治世界的複雜性，也終於面對現實，放棄了孤芳自賞的作法，轉而選擇實力派合作。最初，中共試圖和國民黨進行黨外對等合作，但由於孫中山的堅持，又迫於共產國際的嚴令，終於同意黨內合作，下令黨員以個人身分加入國民黨。中共黨員加入了國民黨以後，當然必須宣誓服從三民主義，致力於國民黨的發展，然而又不能忘記共產黨員的身分，必須為共產黨的發展而獻身。一個大腦卻同時要效忠於兩個政黨，而這兩個政黨，又都是使命感極強的革命政黨，對歷史的看法有別，對所負歷史使命的理解也有差異，因此兩種忠誠之間，勢必出現矛盾。中共黨員加入國民黨後，除了個人的心理矛盾以外，還要面臨一些純粹國民黨員對國共合作政治路線的質疑。儘管中共黨員加入國民黨以後，國民黨受益匪淺，但是國民黨內的反對聲音始終存在，而且隨著中共勢力的壯大，聲音越來越難抑止。中共透過國民黨意識形態的重新解釋和國民黨內部任務的分工，努力消弭矛盾和減少衝突，但是國民黨內的反對力量在壯大以後，畢竟不容易控制，結果兩黨之間的矛盾終於白熱化，兩者甚至成為不共戴天的仇敵。面對這一發展趨勢，中共如何因應？一旦矛盾和衝突導致了雙方分裂，中共又如何自處？

一、馬林與統一戰線

國共合作的念頭，可上溯至1920年7月列寧在共產國際第二次代表大會提出的〈民族和殖民地問題提綱初稿〉。當時列寧為了說明預言中的社會主義革命為什麼沒有在先進的歐美國家發生，特別強調殖民地和半殖民地的重要，認為資本主義國家向外擴張和侵略，把落後地區變為其殖民地或半殖民地，然後利用從殖民地和半殖民地掠奪得來的財富賄賂其國內工人階級，使他們安於被統治和剝削的地位。基於此項見解，列寧越來越認為共產國際的世界革命運動策略應以殖民地和半殖民地國家為優先，必須率先在這些地區推展反帝國主義運動。既然必須率先在殖民地和半殖民地推展反帝國主義運動，列寧豈能不重視這些地區內那些民族意識已經覺醒的資產階級民主派人士？仍在形成力量階段的所謂工人顯然必須與他們合作，只是資產階級和無產階級之間存有不可調和的矛盾，隨著時間的轉移，這一矛盾遲早必然激化，所以在與資產階級民主派合作的同時又必須保持獨立性，以免淪為資產階級的附庸，致使歷史滯留在資產階級革命的階段，不再向前邁進。列寧因而強調：凡共產黨須同「殖民地和落後國家的資產階級民主派結成臨時聯盟，但是不要同他們融合，甚至當無產階級還處在萌芽狀態時，也絕對要保持這一運動的獨立性」。

列寧提出上述在殖民地或半殖民地國家推展反帝國主義運動的構想，雖然針對的主要是亞洲局勢，但他在1924年逝世之前，並沒有機會見到構想付諸實現後開花結果的盛況。列寧只是透過共產國際等各種管道，在中國的實力派人物中，尋找最有潛力掀起反帝國主義運動高潮的合作對象。列寧在十月革命前曾與孫中山彼此致意，十月革命後也與孫中山偶有書信聯絡，但他對孫中山、尤其是他所領導的國民黨並無任何深入的理解，更不用說是具有信心了。所以莫斯科派到中國的代表，有可能就地調查，提出合作人選。最先莫斯科派到中國的代表把注意力集中在當時有開明軍閥之稱的吳佩孚和陳炯明兩人，但在具體合作的談判觸礁以後，纔認真考慮孫中山。而一旦孫中山成為蘇聯的合作對象，則作為共產國際支部的中共不可能繼續對孫中山不理不睬，況且在莫斯科的設想中，中共若能與國民黨建立某種合作關係，必能為其帶來發展的契機。

在莫斯科派到中國的代表中，最能體會列寧指示，並付諸實行的是荷蘭共產黨人馬林。馬林不僅最早建議共產國際支持孫中山革命，而且實際解決了列寧所未仔細考慮過的國共合作形式問題。馬林是職業革命家。馬林不過是他無數化名中的一個，他的真名是Hendrius Sneevliet。他加入荷蘭社會民主黨(荷蘭共產黨)後，曾經在荷蘭殖民地的爪哇從事共產革命活動，有和印尼回教民族主義者合作的豐富經驗。1921年6月，他以共產國際二大的執行委員會委員的身分，奉派前來上海實地了解中共的建黨情況，並曾參加中共第一次全國代表大會的開幕會議。同年底，他透過無政府主義國民黨員張繼的介紹，到桂林訪問當時忙於北伐的孫中山，兩人相談甚歡。回上海途中，馬林路經廣州，適逢香港發生帶有反帝國主義意味的海員大罷工。他認為孫中山不畏懼英國，支持這一次大罷工，比印度的甘地更富有革命戰鬥性；中國革命在孫中山的領導下，更有可能發展出高能量的反帝國主義運動。馬林根據他在印尼的經驗，認為中共應和國民黨合作，並在合作中求得快速發展。馬林了解中共只有幾百個黨員，而國民黨卻有數十萬徒眾，不僅擁有中國革命的正統招牌，而且黨員遍布全國各地，何況組織鬆散，很容易加以操縱。當然他更了解，孫中山對中國革命有其獨特的看法，不容許在國民黨之外另形成一個革命中心，因而也不可能視中共為平等的政治伙伴，接受國共兩黨進行黨外合作的建議。所以1922年3月馬林安返上海以後，建議中共總書記陳獨秀接受孫中山黨內合作的主張，指示黨員以個人身分加入國民黨，為國民黨打倒軍閥和帝國主義的事業共同奮鬥。

馬林提出他的建議以後，在中共黨內除了有莫斯科政治經驗、又長期擔任他個人翻譯的張太雷以外，大概得不到任何支持。中共總書記陳獨秀是一個主觀見解極強的領袖人物，不容易說服，尤其不容易壓服。陳獨秀早年參加過反滿革命，也曾與一些國民黨人時相過從，但始終鄙視孫中山之為人，認為孫中山言大而夸，名副其實是「孫大砲」一尊，缺少內涵。他對孫中山在中華革命黨時代，像幫會一樣，要求國民黨黨員打手印，向他個人宣誓效忠，認為尤其是荒謬絕倫，反動至極。加之，當時中共與實際控制北京的吳佩孚關係不惡，陳獨秀正計畫在北京辦一個大型報紙，宣傳中共的政治理念。所以他指責馬林要共產黨員以個人身分加入國民黨是自取其辱，嚴辭拒絕了馬林的建議[2]。馬林雖然手握共產國際的尚方寶劍，卻拿陳獨秀毫無辦法，只能斥責他的辦報構想是癡人說夢，說大規模辦報，辦不到幾天，就會被軍閥禁掉了。

陳獨秀面對馬林的質疑，不是完全聽不進耳裡。他的性格中終究有其務實的一面，知道在落後的中國並無立即實行無產階級專政的條件，因此同意把中共的近程目標降低為打倒軍閥和帝國主義。用中共自己的術語說，陳獨秀同意在中共的最高政綱之外，加上一個最低政綱，而根據這個最低政綱，同意和中共視為資產階級代言人的國民黨進行合作，並把政黨的精力集中在最低政綱的實現上。至於最高政綱的無產階級專政，則俟諸未來。

陳獨秀隨即對孫中山表達了黨外合作的意願。不料，孫中山雖然在不久之後便被陳炯明驅離廣州，卻始終無意放棄共產黨員以個人身分加入國民黨的原來方案。陳獨秀也堅持己見。馬林無計可施，遂專程返回莫斯科，尋求共產國際對其主張的明確支持。1922年8月馬林從莫斯科返回上海，帶回共產國際的訓令，要求陳獨秀完全按照馬林的意見行事，同意中共黨員以個人身分加入國民黨。當時馬林為了支持自己的政策，還重新解釋了國民黨的階級屬性，認為它不是單一階級的，而是多階級的，所代表的不止是資產階級，還包括工農和小資產

2　唐寶林、林茂生，《陳獨秀年譜》，頁163, 165。陳獨秀在給共產國際的報告中，曾經列舉他反對和國民黨合作的理由如下：一、中共和國民黨沒有共同語言。二、國民黨的孫中山派惡名昭彰，同時買空賣空，也沒有地盤。三、孫中山不可能善用中共人才。四、黨內反對。

等其他三個階級；既然工農階級也是國民黨的階級基礎，自認爲代表工農階級的中共，當然可以理直氣壯地加入國民黨了。

陳獨秀在共產國際的壓力下，隨後率同李大釗、蔡和森和張太雷等以個人身分加入國民黨。當時孫中山尚未收回南方地盤，而蘇聯政府正熱心拉攏吳佩孚，加上北方工人運動的形勢看似順暢，所以陳獨秀並未貫徹全體共產黨員加入國民黨的指示。其實當時孫中山雖邀請陳獨秀參預國民黨的改組事宜，卻也認定中共背後有蘇聯作主，有口無心。然而隨著蘇共聯合國民黨政策的落實，尤其在吳佩孚對平漢鐵路工人血腥鎮壓後，陳獨秀終於不得不面對加入國民黨的問題，更必須考慮中共黨員入黨後要如何活動的問題了。1923年1月，孫中山重新掌握廣東地盤，不旋踵又和蘇聯政府外交部來華談判代表越飛(Adolf Joffe)取得共識，發表共同宣言，確定廣州和莫斯科雙方合作的基本架構。在這個宣言裡，孫中山要求越飛明白表示，同意「共產組織、甚至蘇維埃制度，事實均不能引用於中國」；中國的當務之急是由國民黨領導「統一」中國和爭取中國「完全獨立」[3]。隨後不到一個月，吳佩孚就對工人血腥鎮壓，證明中共對華北工人運動的發展過分樂觀。陳獨秀於是把中共中央從北京秘密遷回上海，在馬林再次傳達全體共產黨員加入國民黨的共產國際指示後，更親自前往廣州，積極隨同馬林參與國民黨改組工作的各項籌劃。同年6月，陳獨秀在廣州召開中共三大，正式決議原則上要求全體黨員以個人身分加入國民黨。陳獨秀和馬林在會議中都特別強調，一切工作以國民黨爲依歸，中共暫不考慮爭取領導權的問題，而把主要精力放在鞏固兩黨的合作上。

3 孫中山在聯合宣言中，除確定蘇共和國民黨的合作基本架構以外，還以越飛重申蘇共準備廢止帝俄時期不平等條約的決心為前提，同意蘇聯紅軍可以暫駐於外蒙古，以及根據實際利益與張作霖談判東北中長路的路權和管理問題。見中共中央黨史研究室第一研究部譯，《共產國際、聯共(布)與中國革命文獻資料選輯, 1917-1925》，2：409-10。

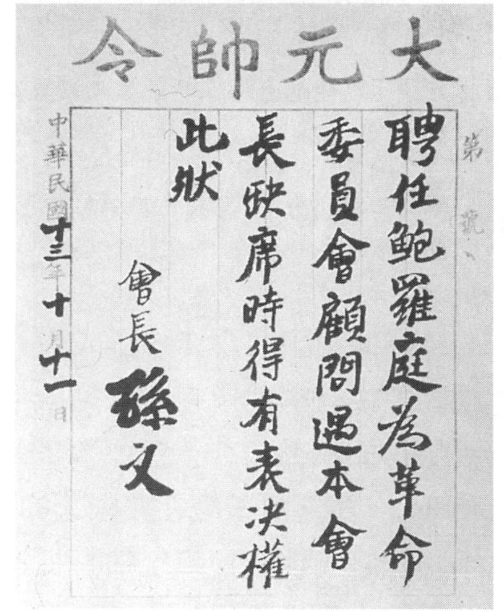

大元帥令

第　號

聘任鮑羅庭為革命
委員會顧問遇本會
長缺席時得有表決權
此狀

會長　孫文

中華民國十三年十月十一日

列寧、馬林和鮑羅廷。列寧(左上)領導俄國十月革命，是蘇聯的國父，他認為世界共產革命必須借助於殖民地和半殖民地的反帝國主義運動。馬林(右上)是荷蘭共產黨人，曾在印尼從事共產主義活動，也曾參加中共第一次全國代表大會。他把列寧的想法初步落實，主張中共黨員以個人身分加入國民黨。鮑羅廷(左下)則以共產國際駐中國代表兼蘇聯駐廣州革命政府代表身分，實際執行蘇聯聯合國民黨的政策。十月革命前，鮑羅廷曾在美國芝加哥附近從事工人運動，熟諳英語。孫中山生前對他言聽計從，孫中山死後，命運幾乎讓他成了國民黨的太上皇。

國民黨改組以後的上海執行部。老國民黨員張繼、胡漢民和汪精衛(左起一排第5、6、7人)周圍，增加了一群具有中共黨員身分的新血輪。跨黨黨員鄧中夏(左起一排第1人)、向警予(第10人)、王荷波(二排第5人)、劉伯倫、毛澤東、沈澤民、羅章龍、惲代英和邵力子(左起三排第1、2、4、7、8、9人)是上海執行部中最有活力的一群國民黨幹部。

馬林催生國共合作，形成中共所謂第一次國共統一戰線。但是共產國際並沒有讓他留在中國完成他的構想，真正實現他的構想而使這次不平等的國共合作大放異彩的，是俄國職業革命家鮑羅廷(Mikhail Borodin)。鮑羅廷曾經在美國芝加哥附近從事工人運動，辯才無礙，政治手腕圓融。他於1923年10月抵達廣州，隨即出任國民黨顧問，積極協助孫中山改組國民黨，使國民黨由鬆散的個人組合，改變為具有列寧主義性格的革命組織，強調思想教育和政治紀律。由於孫中山的極端信賴，鮑羅廷不僅主導了國民黨黨章的重新擬訂，也加重了共產黨員在改組國民黨過程中的角色。國民黨在1924年初召開的第一次全國代表大會中，終於公開宣示其打倒軍閥和帝國主義的決心，而且承諾改善工人和農民的生活，並同意保障他們的結社和言論自由。

在改組後的國民黨內，孫中山仍然擁有近乎獨裁的權力，但在他一人之下集體領導的機構已隱然成型。兼具國共兩黨黨員身分的跨黨黨員，在孫中山的大力支持之下，取得24席中央執行委員的3席，以及16席候補中央執行委員的7席。他們還在國民黨常設的黨務機構中取得重要職位。跨黨黨員譚平山擔任國民黨新中央的組織部長，林祖涵(伯渠)擔任農民部長，而馮菊坡則以秘書身分實際主持工人部。由於跨黨黨員在國民黨內以黨團方式運作，有強烈的政治信仰，又有嚴格的組織紀律，所以他們所起的政治作用遠超過上述席次和職位數目所顯示。雖然國民黨已根據列寧主義的原則重組，不容許黨內有派別，跨黨黨員卻因為有中共秘密黨團為後盾，而成為國民黨內部最有活力的「小組織」。

孫中山對跨黨黨員的信賴，並不全因為鮑羅廷的極力推薦，同樣重要的理由是跨黨黨員在工作崗位上的表現。絕大多數跨黨黨員都受過五四新文化運動的洗禮，是所謂新派人物，年紀輕，有理想，活力十足，任勞任怨，沒有一般老國民黨員的官氣和暮氣。他們積極參與國民黨中央的改組，尤其是熱心於國民黨地方黨務的重建。他們有國民黨組織部長譚平山從中配合，掌握了國民黨北京執行部，並進入上海執行部。在兩個僅有的執行部以外，同時也取得直隸、山西、熱河、湖北、湖南、江蘇、江西等七個省黨部籌備處的主導地位，以便致力於各該省國民黨組織的恢復。

當時共產黨員在軍閥地區不能公開活動，可是取得國民黨員的身分以後，至少比較不受軍閥當局的疑忌和鎮壓。他們的主要精力，除重建國民黨各省組織以外，就是秘密協助黃埔軍官學校招收學員。正因為這兩件事情都有利於國民黨勢力的擴展，所以純粹國民黨員縱使對跨黨黨員有所不滿，也不致於立即反目成仇，勢不兩立。在國民黨統治地區，國民黨的當務之急是軍事和財政的統一，跨黨黨員熱中的工農運動雖然衝撞廣東的既得利益階級，但削弱後者對軍事和財政統一的抗拒，孫中山自然樂觀其成。其實，純粹的國民黨員對工農運動本來殊少興趣，更缺乏奉獻的熱誠。一時之間，雙方即便有一點摩擦，矛盾也不致於表面化。

除各取所需和無意中形成的分工以外，跨黨黨員過去曾與個別國民黨員共事或合作，也有助於國共合作的展開。在五四新文化運動中，他們面對舊派的攻擊，曾攜手合作過，而在向西方學習的過程中，更可能一起摸索過社會主義、無政府主義和馬克思列寧主義，甚至一起組織過社團。就是加入中共組織以後，他們也沒有立即和所有的國民黨友人斷絕來往。他們和一些國民黨員共同奮鬥，一起創立反基督教大同盟，一起組織民權運動大同盟，或一起辦理革命氣息濃厚的上海大學。因此國共合作後，不少共產黨員有如魚得水之感，並不覺得同時向兩個黨效忠有何困難。毛澤東在跨黨黨員中，既無蘇聯關係，也無國民黨淵源，但對參加國民黨工作卻極為興奮專注。他在1924年國民黨改組時當選為國民黨的候補中央執行委員，不久之後又出任國民黨上海執行部負責人胡漢民的秘書，工作異常投入，不料卻因此而遭到共產黨同志的譏諷，說他是替胡漢民提皮包的。在這種情形下，若有純粹國民黨員對他嫉恨，也就不足為奇了。

正如毛澤東的經驗顯示，國民黨的改組帶來政治權力的重新分配。跨黨黨員崛起之後，孫中山不可能像過去一樣重視所有的國民黨老同志。這些老同志在黨內喪失了往昔的地位，如果原本便對馬列主義有所疑懼，當然更有理由來反對孫中山此時形成的聯俄、容共和扶助工農等政策，尤其是反對容許共產黨員加入的政策。中共的黨團活動因此成為指責跨黨黨員的最佳口實，說他們宣誓效忠三民主義，卻繼續鼓吹階級鬥爭；又說他們宣誓恪守國民黨黨綱，卻繼續奉行中共上級黨部的指示。儘管中共中央極力否認指控，強調兩重效忠，相得益彰，其間並無任何矛盾，但事實並非全然如此。根據中共的辯解，中國革命是分兩個階段進行的。第一個階段是資產階級革命，以打倒軍閥和帝國主義為目標，由國民黨領導，第二個階段纔是無產階級革命，以實現無產階級專政為目標，由共產黨領導。目前處於第一個階段，中共正傾全力支持國民黨發展，未來的第二個階段，只要國民黨有歷史覺悟，歷史自然會向無產階級專政邁進。問題是誰能保證國民黨會有這種「正確的」歷史覺悟？難道共產黨真相信，國民黨在強大到足以完成第一階段革命時，決不會因為資產階級認同而轉過頭來壓制共產黨？再說，又有誰能完全否認，共產黨在第一階段革命中已經同時壯大，而且壯大得比國民黨更加快捷！

其實，無論馬林、鮑羅廷還是陳獨秀，都不曾把中共的未來完全寄託在國民黨對歷史的覺悟上。他們知道強調共產黨的獨立性，雖可以防止中共被國民黨融化掉，卻不一定能防止國民黨向右轉；他們更清楚政治鬥爭中實力的重要性，所以都拼命經由工農運動來為中共厚積實力。當時中共沒有想到量變產生質變的道理，要大批工農群眾參加國民黨，以便把國民黨進一步改造成為以工農黨員為主的政黨。其實，除非國民黨變成中共心目中的資產階級民主派，否則改變黨員結構並不足以保證其權力核心也會隨著轉變；對一個業已改造成具有列寧主義性格的國民黨來說，這種想法實在不切實際。無論如何，中共工農運動的發展必須事先得到國民黨高層的支持，而國民黨領袖並不是只見其利，而不見其弊。何況從一開始，中共便壟斷工農運動，不容許純粹國民黨員置喙，更引人疑忌。中共的對策是把國民黨員根據其政治態度區分為左、中、右三派。左派是同情並支持聯俄容共和扶助工農政策者，右派是反對者，兩者人數均少；中派是沉默的大多數，隨波逐流。這是客觀的分析，主觀方面則是擴大左派、拉攏中派，打擊右派，務必縮小打擊面，把要打擊的右派限制在極少數的一撮人身上，以便發揮最大的政治效果，迫使最堅決的所謂右派分子退黨。中共為有效執行分化策略，不斷就國民黨員的組成分子進行調查和分析，尤其針對國民黨的首腦部門，仔細研究。中共就這樣透過黨團的運作，試圖控制國民黨的主要動向。

不論中共的主觀意向如何，採取這種策略正好坐實國民黨右派的指控；指控跨黨黨員肆行分化，居心險惡。面對這一指控，中共總書記陳獨秀始終很難理直氣壯。他任性率情，城府不深，喜歡旗幟顯明。對政治謀略似乎興趣不大，所以心得不多。當馬林要他以既聯合又鬥爭的兩手策略對付國民黨時，他便頗不以為然。後來勉強接受了建議，容許共產黨員加入國民黨，但他心理上的障礙並未全然消失，運用起來，總是沒辦法得心應手。他堅持自己不在國民黨內擔當任何職務。儘管如此，他始終覺得共產黨員在國民黨內一方面強調聯合，進行資產階級革命，一方面又強調鬥爭，準備迎接無產階級革命階段的來臨，殊難兩全其美，尤難免貽人以黨格分裂之譏；在其內心深處，似乎還是覺得共產黨員最好退出國民黨，進行黨外合作，不要背著國民黨籍的負擔，再為國民黨作嫁衣裳。

陳獨秀受制於共產國際，不能貫徹其個人理念。其實，國民黨高層也無意改變其容共政策。孫中山在1924年逝世之前自有定見，他認為只要他活著，跨黨黨員便不足為患。他控制得了他們，更可以潛移默化他們。為了爭取跨黨黨員對他的全面認同，他一再重申，三民主義就是共產主義，兩者的理想相同，只是達到目的之手段有別；中國在一百年內沒有實行共產主義的條件，目前無產階級和資產階級之間的鬥爭尚在萌芽狀態，正好可以透過三民主義的實現，避免嚴重階級衝突的發生。孫中山對自己信心十足，繼之而起的國民黨領袖卻缺乏他這份自信心，在黨內鬥爭中越來越依賴中共的支持。當時，中共主導的工農運動正開花結果，有組織的工農群眾積極參與國民黨黨軍鎮壓商團和第一次東征諸役，使廣東省迅速邁向軍事和財政的統一。加之聯俄政策進行順利，蘇聯的軍事援助正源源而來，國民黨領袖建立了黃埔軍校，又訓練了新型的黨軍。中共為此正盡心竭力，國民黨的新領袖豈敢把眼光局限於跨黨黨員問題，使時光倒流？尤其他們中間沒有一個人有孫中山的威望，彼此之間既不能和衷共濟，又不能相忍為國，聯俄、容共和扶助工農這三大政策原來只是壯大國民黨的政治工具，此時反倒成為他們個人攫取和鞏固權力的重要憑藉。

二、在聯俄容共中茁壯

1925年3月孫中山逝世後，廣州的權力核心是胡漢民、廖仲愷、汪精衛三人。胡漢民是國民黨的代大元帥，最有資格繼承孫中山，政治上雖然反帝，但和廣東的既得利益千絲萬縷，而且為人傲岸褊窄。因此國民黨顧問鮑羅廷利用政治委員會決議，於1925年5月，正式成立國民政府，硬把胡漢民從代大元帥的位置拉了下來，改由周恩來認為是「一個很好留聲機」的汪精衛掌權[4]。後來發生廖仲愷被刺的案件，鮑羅廷又利用胡漢民堂弟的介入，把胡漢民「流放」到莫斯科去。汪精衛在鮑羅廷和中共的雙重支持下，成為國民黨政權的最高領袖，而他在成為最高領袖以後，當然也繼續孫中山統一廣東財政和軍隊的未竟事業。

在此過程中，蔣中正因為積極擁護孫中山的聯俄容共和扶助工農的政策，被中共和共產國際視為「紅色將軍」而全力予以拉攏和支持。這也是蔣中正能順利進行東征等一連串軍事行動的原因。在中共控制的工農運動奧援下，蔣中正率領黨軍平定軍閥劉震寰和楊希閔等部，並在第二次東征中徹底擊潰陳炯明殘部，進一步擴大黃埔黨軍的實力。最後在共產國際和中共的支持下，蔣中正更放逐妨礙財政統一最力的頂頭上司許崇智，而成為汪精衛政權中的軍事強人。國民黨內的汪蔣體制逐漸形成，蔣中正固然從共產國際和中共兩方面得到大量協助，但共產國際和中共也在蔣中正的大力協助之下，進一步開展工農運動，使之成為國民政府統治地區更不可輕侮的力量。這是彼此共

4　周恩來，《周恩來選集》，上，頁117。

周恩來。原籍浙江紹興，出身於沒落的官宦世家，受知於教育界名人張伯苓，先後前往日本和英國留學，讀書不成，到法國投身中國留學生的政治運動，隨後加入中國共產黨。1924年8月回國後，任黃埔軍校政治部主任，成為校長蔣中正倚重的人才。

利。在蔣中正迅速崛起過程中，汪精衛當然也力圖鞏固其地位，但他的表現果然如周恩來所說，是共產國際的忠實傳聲筒；召開國民黨會議時，甚至紆尊降貴，以國民黨顧問鮑羅廷公館為開會場所，簡直太阿倒持，使鮑羅廷成為主導廣東政壇的太上皇[5]。

在汪精衛鞏固領導權的過程中，國民黨內反對容共的聲音越來越高亢。其中已失去往昔政治影響力的國民黨元老，反對尤為激烈。1925年五卅運動爆發，在反彈陣營中又增加了新的動力。在這個全民的愛國運動中，中共因為國民黨提供了合法和半合法的外衣而迅速擴展勢力，不但控制上海的工人和學生組織，也在反帝國主義的旗幟下，成為工人和學生運動的主導力量，聲勢浩大，連參加這次運動的商人領導階層也不得不為之側目。他們警覺到的不再是抽象「階級鬥爭」的鼓吹，而是實實在在「階級鬥爭」的危險，覺得必須立即與中共畫清界限，不容國共合作混淆敵我關係。馬克思描寫的「階級鬥

5 李國祁，《民國史論集》，頁455。

爭」即將發生在資本家和工人之間，就在其漸漸成為上海日常生活寫照的前夕，國民黨理論家戴季陶見微知著，撰文強調國民黨革命的全民性質，指責中共不敢公開闡明其政治觀點，也不敢公開打出共產黨的招牌，只知道寄生在國民黨的組織中搞陰謀詭計，以擴展其勢力。

國民黨上海執行部中的反共黨員，受到戴季陶言論的鼓勵，更是極力排擠中共分子，以致毛澤東不得不稱病離職，回湖南老家休養。北京的國民黨執行部也發生同樣情形，但跨黨黨員李大釗憑其個人聲望和人際關係，加上國民黨左派的通力合作，迅速掌握上風，及時把這一股反共洪流壓了下來。當時在北京主張反共的國民黨員主要是一些國民黨元老，倚老賣老，缺乏新的政治鬥爭經驗，仍然是同盟會時代的老套，呼朋喚侶，想以打架的方式占領會場，控制議程。失敗之後，則以正統自居，另立國民黨中央，不料此舉卻迫使原來同情他們的黨內朋友不得不出面畫清界限，並促成國民黨其他人士和中共之間益加緊密無間的合作。

陳獨秀面對老友戴季陶的犀利質問，倍感尷尬。其直覺反應是，國民黨的資產階級要控制無產階級，代表無產階級的共產黨最好立即退出國民黨，以便放手搞群眾運動。因為鮑羅廷和共產國際的極力反對，他雖然迅速放棄共產黨員退出國民黨的主張，但不久還是把中共中央從廣州遷回上海，以免直接介入中共既聯合又鬥爭之策略的執行。其實中共此時反而因為沒有退出國民黨組織，而成為五卅運動的最大受益者，在短短六個月中，黨員從1,000人增加到10,000人，團員也從2,000人增加到至少10,000人。陳獨秀似乎沒有想到，中共退出國民黨以後，即便已有兩萬黨、團員，能否繼續以同樣速度發展？失去國民黨員身分的黨、團員，又轉入地下活動，他們究竟還有多大政治活動空間？如果國民黨撤消其政治庇護和經濟支持，中共把持的工農運動是否能進一步發展？如果工農運動難以進一步發展，兩萬黨團員即使全部集中在廣東，究竟能發揮多少力量？

陳獨秀雖然無法堅持其退出國民黨的主張，但在五卅運動的鼓舞下，變得更加激進。他在半年前，已經開始強調所謂工人階級的領導權問題，這時更接受共產國際駐上海代表魏金斯基的建議，開始說革命階段很快將由「資產階級革命」邁入「無產階級革命」。換句話說，中共必須加快準備取代國民黨而成為中國革命的領導政黨了。問題是，國民黨仍在繼續擴展實力之中，若其果真為「資產階級」的代表，則豈能坐視此一發展？從國民黨的立場看，中國革命無可避免的走向「無產階級革命」並非科學的真理，而是中共的一廂情願。他們的內部儘管有左右之分，總沒有讓中共決定國民黨何去何從的道理。陳獨秀陶醉在工人運動的美好前景中，既不能堅持退出國民黨的主張，便只好接受鮑羅廷和共產國際的建議，主動改善與國民黨的關係。他為了減少對純粹國民黨員的刺激起見，限制中共在國民黨中的力量，因而規定中共黨員出任國民黨的領導職務，以不超過全部領導職務的三分之一為限，並停止對西山會議右派不加區別地窮追猛打，同意其中的溫和人士回到廣州參加國民黨第二次全國代表大會。另外，他也答應不再讓中共新黨員加入國民黨。相對於國民黨右派，中共此一決定是明智的，因為留在國民黨內，不怕不能在國民黨地區繼續活動。西山會議派自立門戶，僅迫使有同志情誼的汪精衛和蔣中正出言撻伐。中共儘管退讓，卻仍然留在國民黨內，至少以後還有控制國民黨主要動向的可能，只是萬一控制不住，也有遭受全面反撲的嚴重危險。

1926年國民黨召開二大。當時中共只有黨員5,000人，而正式登記的國民黨員有50,000人。透過黨團運作，中共在36席的中央執行委員會中贏得8席，並在更重要的9席中央執行委員常務委員會中贏得3席。這些席位尚不足以反映中共在二大中所獲得的勝利。在9名中常委組成的國民黨新權力核心當中，汪精衛人馬，包括他自己，共擁有3席，胡漢民、譚延闓和蔣中正三人，則各擁有一席，都形單影隻，尚不能構成

「派系」。胡漢民此時尚遠在莫斯科。因此只要汪精衛願意合作，中共便認為萬事大吉，更何況蔣、譚兩人表面上還都是他們所謂的左派哩！國民黨中央此時共有九個部會(秘書處、組織、宣傳、外事、工人、農民、婦女、青年、商民)。這九個部會都各設有一位秘書，清一色是跨黨黨員，實際主持部務。至於更重要的部長職務，則中共掌握了秘書處、組織部、農民部和外事部四部；宣傳部部長汪精衛無法兼顧部務，委由中共黨員毛澤東代理，而工人、商民、和婦女三部的部長則受阻於各種原因，均不能實際視事，所以國民黨的實權都落入跨黨黨員手中。純粹國民黨員恐怕只能控制青年部一個部門[6]。

中共在表面上好像信守了他們的諾言，把自己在國民黨權力核心的席位限制在三分之一內。但是從以上人事分析看來，可以說實際上已掌握了國民黨的權力中樞。中共有躊躇滿志的充分理由，只是人算不如天算，他們能夠控制汪精衛，卻不能夠控制實際掌握黃埔黨軍的蔣中正。蔣中正自認是孫中山遺志的守護人，一向擁護聯俄、容共和扶助工農的政策，卻對俄共和中共都有相當的保留意見。就在國民黨二大前夕，蔣中正已要求周恩來把第一軍和黃埔中的共黨人員名單交出來了。周恩來當時主張不同蔣中正合作，另外成立軍隊[7]。鮑羅廷對此極力反對，陳獨秀也不贊成，後來雖然稍作姿態，同意在第四軍成立由中共暗中控制的獨立團，但在事後仍然全力支持蔣中正，讓他和汪精衛以相同的最高票數當選中央常務執行委員。只是蔣中正很快便以行動證明他既不像汪精衛那樣容易妥協，更不像汪精衛那樣是國民黨左派！

廣州的政治情勢，變化莫測，但是陳獨秀領導的中共中央，卻仍

6　郭恒鈺，《共產國際與中國革命》，頁171-73；林谷良，〈改組後的國民黨中央機構和其中的共產黨員〉，《黨史研究資料》，第1集，頁289-92。

7　周恩來，《周恩來選集》，上，頁118-19。

然遠在上海，鞭長莫及，基本上任由中共廣東區委就近秉承共產國際代表(主要是意見經常相左的國民黨政治顧問鮑羅廷和軍事顧問季山嘉兩人)[8]執行。或許廣東區委和軍事顧問季山嘉認為國民黨是列寧主義的政黨，汪精衛駕御得了蔣中正，如果國民黨模仿蘇聯紅軍的政委制，在軍隊中設置黨代表，再讓跨黨黨員擔任職務，便可以保證國民黨「黨指揮槍」。當時國民黨在廣東有黃埔軍校和六個軍，黃埔軍校和第一軍的主義兵(指重視思想訓練的軍隊)色彩相當濃厚，其黨代表猶不能控制軍事首長，其餘五個軍的主義兵色彩淡得多了，黨代表制之難以貫徹可想而知。蔣中正可以透過擔任各級軍事首長的親信牢牢掌握黃埔軍校和第一軍，他更可以直接透過其他部隊的軍事首長指揮第二軍到第六軍。季山嘉全力推動黨代表制，反而造成軍事首長的離心離德。這時中共能真正控制的武力仍十分有限，其中第四軍獨立團人數不多，而所謂工農武裝，尤其是工人糾察隊，則無論裝備和訓練，均遠遠不及正規軍。在這種情形下，蔣中正的動向尤其值得中共憂慮。

中共所主導製造的國民黨汪蔣領導體制不久便搖搖欲墜了。蔣中正雖然對鮑羅廷個人並無不滿之處，但總認為汪精衛過於屈從於外人，尤其是懷疑他聽信蘇聯軍事顧問季山嘉的「讒言」，乘鮑羅廷到北京公幹，大肆削弱其手中已有的兵權[9]。遲疑了幾個月以後，蔣中正終於在1926年3月20日發動了有名的中山艦事變。當時鮑羅廷仍在北京公幹未歸，蔣中正藉口中山艦異動，忽然派兵解除工人糾察隊的武裝，包圍蘇聯領事館，並軟禁蘇聯顧問和中共高級軍官。汪精衛在獲悉事變的經過以後，對蔣中正的非常之舉憤怒異常。可是木已成舟，

8 季山嘉的眞名是古比雪夫·H·B。中共中央黨史研究第一研究部譯，《聯共(布)、共產國際與中國國民革命運動，1926-1927》，上，頁444-53。

9 中共中央黨史研究室第一研究部譯，《聯共(布)、共產國際與中國國民革命運動，1926-1927》，上，頁17-20, 168-70，448-51。

莫可奈何，他在得知蘇共訪華使團團長布勃諾夫下令褫除季山嘉的軍事顧問職務，而已返回廣州的政治顧問鮑羅廷也奉令對蔣中正妥協以後，便選擇出國作為抗議[10]。殊不知此舉適中蔣中正下懷，因為在汪出國以後，蔣中正接管國民黨大權，不僅無所阻礙，而且名正言順。蔣原先已出任國民黨組織部部長和新設立的軍人部部長，取得了黨和軍兩方面的部分人事主導權，在汪精衛滯留海外不歸以後，又相繼出任國民革命軍總司令、中央軍事委員會主席和中央執行委員會常務委員會主席，集黨政軍諸大權於一身，成為炙手可熱的強人領袖。

蔣中正並無意中止孫中山的聯俄容共政策，發動中山艦事變的目的，除個人權力考量外，主要是防止共產國際和中共控制國民黨，從而出現鵲巢鳩占的局面。因此他提出整理黨務案，限制跨黨中共人員的活動，卻不要求所有跨黨黨員退出。對共產國際也是一樣，他只要求支持軍事北伐，而不及其餘。蔣中正也明白表示，如果共產國際和中共同意他的具體要求，一定盡全力加強國民黨和兩者之間的「合作」。在整理黨務案中，蔣中正要求已經表露身分的250名中共軍官從第一軍和黃埔軍校退出，中共交出跨黨人員的名單，同意其黨員不得出任中央機關的部長，也同意所占高級黨部委員名額不得超過總數的三分之一。國共兩黨成立聯席會議，跨黨黨員非得上級同意，不得以國民黨名義召集會議，未經聯席會議通過，中共和共產國際也不得直接指揮跨黨黨員。此時，鮑羅廷看不出有其他選擇，遂接受蔣中正除

10　向青、石志炎、劉德喜，《蘇聯與中國革命》，頁170-71、405-09。楊天石強調，汪精衛曾試圖組織反蔣同盟，但因為蘇聯顧問的反對而不果行。茅盾回憶，3月19日，毛澤東和他往訪蘇聯顧問季山嘉，季山嘉認為中共實力無法與蔣中正相抗，已經否決了毛澤東組織反蔣同盟的建議。如果汪精衛在蔣中正政變成功以後，眞有一試反蔣同盟之意，則時機已失，成功的可能性更小。見楊天石，《尋求歷史的謎底》，頁405-09；茅盾，《我走過的道路》，上，頁266-69；葉昌友，〈中山艦事件後中共的鬥爭及其未能堅持下去的原因〉，《黨史研究資料》，1997年第5期，頁29-34。

有關聯席會議以外的所有提議。中共內部最初有反對聲浪，實際主持中共軍事工作的兩廣區委主張拒絕，中共總書記陳獨秀也提出退出國民黨的意見。但是共產國際同意鮑羅廷的建議，認為與其冒險切斷和國民黨的關係，不如接受蔣中正的條件，再伺機而動。陳獨秀了解共產國際的意向之後，不得不接受帶有屈辱性質的整理黨務案，成為最大輸家[11]。經此退讓，中共和共產國際纔維持住國民黨的聯俄容共政策。鮑羅廷這時的算盤是，支持蔣中正北伐，打倒軍閥，由於列強對親俄國民黨的疑忌，北伐途中一定會激起更強烈的反帝國主義運動，這固然可以達到削弱列強的目的，同時也可以提供中共發展群眾運動的機會，乘機壯大自己。陳獨秀沒想到這麼遠，只是百般無奈而已。

三、從徘徊到盲動

中山艦事件告一段落後，蔣中正全力籌畫北伐。中共總書記陳獨秀則仍然反對北伐，寄望中共在廣東的發展有所突破。其實廣東的工農運動已達到瓶頸階段，很難邁向新的境界。當時蔣中正在廣東實行軍事統治，把軍民財政皆納入其統轄之下，一方面宣布罷工為非法行為，工人運動陷入停頓；另一方面則停止「軍援」居於弱勢地位的農民協會，地主士紳有捲土重來之勢，農民運動也難有發展。在蔣中正堅持下，北伐終於在1926年夏成為事實。北伐過程中，蔣中正收編軍閥軍隊，擴大其勢力，工農運動也如火如荼地展開，最令人注目的還是反帝國主義運動。有些地方開始有過火現象，中共藉群眾運動擴張其勢力，但是對史達林而言，中共的實力仍不足以爭奪革命領導權，對抗英國纔是當務之急，因此一再指示中共，中國的當前革命仍在打

11　葉昌友，〈中山艦事件後中共的鬥爭及其未能堅持下去的原因〉，《黨史研究資料》，1997年第5期，頁30-31。陳獨秀當時在上海，最初根據布勃諾夫的意見對蔣中正採取退讓政策，後來受陳延年和周恩來影響，一度主張反擊，但在了解共產國際代表的意見以後，最後還是選擇退讓。

倒軍閥和打倒列強的民權革命階段，應以代表資產階級主張的國民黨爲主，不得躐等躁進，直接代表工農群眾爭取中國革命的領導權。簡而言之，繼續目前以個人身分加入國民黨的政策，不在國民黨內跟純粹國民黨員爭控制權。儘管如此，中共始終無法消除對蔣中正的疑忌，所以在政策上固然強調不奪國民黨的權，卻仍然千方百計地「以夷制夷」，以國民黨制國民黨，也就是以他們所認爲的國民黨左派來控制已有從「左」轉「右」傾向的蔣中正了。

爲了控制蔣中正，鮑羅廷利用蔣中正遷都武漢的提議，動員廣州的國民黨黨政要員北上，並由北上的中央執行委員和國民政府委員，於1927年初組織臨時中央黨政聯席會議，也就是武漢政權，藉此代替廣州國民黨中央執行政令。同時，鮑羅廷也利用武漢政權成員反蔣的傾向，削弱蔣的黨政軍大權。同年3月，武漢的國民黨中央召集第二屆中央執行委員會第三次會議(簡稱三中全會)，蔣中正在了解會議的政治意圖後拒絕出席。三中全會雖決議廢除中執委常委會主席的職位，褫除蔣的軍委會主席和組織部長職務，並禁止他過問外交事務，但是尚留有餘地，並未取消其北伐軍總司令的職位。所以蔣中正依然可以在江西南昌指揮全部北伐軍，向盤據長江下游的孫傳芳展開進攻。

另一方面，北伐在打倒列強、聲震雲霄的口號聲中開展，反帝國主義和反宗教運動也如野火燎原，到處觸發潛在已久的中國民族主義情緒，從而導致紀念國恥的遊行示威，英國尤其成爲眾矢之的。教會學校的學生受到感染，帶頭反對讀《聖經》、上宗教課和進教堂做禮拜，並走上街頭，提出他們的抗議。列強干涉僅造成萬縣事件和天津大逮捕案，並無任何嚇阻作用，徒然激起更強烈的反外口號而已。各地出現要求對英經濟絕交和收回各國租界的聲音。人力車夫示威，不慎闖入漢口英國租界，竟然迫使英國承認收回租界的既成事實。武漢政權隨之以同樣方式收回九江租界。雖然在這一次反外運動中，各國商人和傳教士實際所受到的生命威脅不大，但是聲色俱厲地呼口號，仍令他們不寒而慄，而財產損失尤其不貲。示威群眾搜查和焚燒洋煙、洋油和其他洋貨，甚而接管外國教會的產業。1927年3月南京慘案發生，連向來安全的領事館也遭到不明的武裝人員侵擾，甚至出現死傷。列強受此刺激，訴諸砲艦政策，儘管勇於砲轟無辜群眾，卻也不得不重估中國的民族主義，而開始在北伐陣營中尋找比較可以接受的合作對象。正好蔣中正在武漢政權的逼迫之下，走投無路，對武漢政權下的群眾運動也感到強烈不滿，懷有另起爐灶的想法。因此雙方一拍即合。蔣同意停止激烈的反帝國主義運動，而列強外交官員和上海商界代表也同意提供蔣所急需的經濟協助，以便他另立中央，和武漢政權一爭長短，並鎮壓共產黨的活動。

對蔣中正的翻臉無情，中共領袖陳獨秀事先並非全無警覺。3、4月間江西、安徽和浙江相繼發生查封工會和改組黨部的事故。他從種種蛛絲馬跡中，知道工農和反帝國主義的群眾運動，已經導致蔣中正重新考慮「國共合作」，因此也有軍事反蔣的構想。只是中共在上海華界雖然成功地發動了工人暴動，並建立了工人武裝，但論起軍事實力，仍然不是蔣中正北伐軍的對手，況且腹背受敵，上海租界還有大批前來增援的列強軍隊虎視眈眈！史達林害怕軍事對抗變成飛蛾撲火之舉，下令中共全力避免衝突，甚而要求工人糾察隊把武器收藏起來。在這種情形下，史達林支持汪精衛重返國民黨中央，成為陳獨秀手中唯一可以控制蔣中正的王牌，因此在4月初積極拉攏剛抵達上海的汪精衛。在公開發表汪陳宣言的第二天，也就是4月6日，汪、陳兩人分別搭船前往武漢[12]。汪精衛抵達武漢以後，重新掌握了國民黨中央，但是「將在外，軍令有所不受」，蔣中正根本無意屈從。陳獨秀似乎低估了蔣中正行非常之事的決心。

12　唐寶林、林茂生，《陳獨秀年譜，1879-1942》，頁301-11；中共中央黨史研究室第一研究部譯，《聯共(布)、共產國際與中國國民革命運動，1926-27》，下，頁167、169。

四一二政變。1927年4月，蔣中正得到列強、上海商會和上海幫會的政治和經濟承諾，在南京另立國民政府，宣布清黨。首先在4月12日藉口工人內訌，以調解為名，將中共控制的工人糾察隊繳械。次日，在以武裝鎮壓示威群眾後，封閉中共控制的所有組織，並開始大量逮捕中共黨人及其支持者。據中共統計，從12日到15日，約有300人被殺，500人被捕，5,000人失蹤。

蔣中正在長江下游積極尋求政治出路，英日等列強已暗許臂助，上海資本家也投懷送抱，自動解囊。此時，上海幫會領袖同意全力配合，甫抵國門的胡漢民又答應合作，以上海為基地的西山會議派更表示支持。一旦後盾穩固，非常行動便開始了。4月12日凌晨，他唆使上海幫會頭子組織工人流氓武裝，配合北伐軍，將中共的工人糾察隊繳械，奪取上海華界的控制權；隨後又趁中共喘息未定，大捕中共黨人，摧毀中共在上海及其附近的各種組織。南京、廣州和福州等地的國民黨軍政領袖立即響應，隨即展開各自的清黨活動。4月18日，蔣中正在南京成立國民政府，公開挑戰武漢國民政府的合法性。

四一二之後，中共中央主張武漢政權全力東征。但當時武漢政權已自顧不暇，內有工農運動掣肘，外有張作霖的奉軍威脅，處於腹背受敵的窘境。吳佩孚軍的潰散，讓張作霖大軍順利進入河南。武漢政權倘若移師東進，將予張作霖以可乘之機，同時難免刺激向來視長江流域為其勢力範圍的英、日兩國，而遭致干涉。鮑羅廷另外更有一個重要考慮，那就是馮玉祥的國民軍。早在1924年前後，中共黨員和蘇聯的軍事顧問便已經在馮玉祥的國民軍中活動了。只是1926年春吳佩孚和張作霖聯手擊敗國民軍後，所有的努力均付諸東流。同年9月，蘇聯曾大力軍援馮玉祥，使國民軍殘部東山再起，首先在綏遠五原誓師，宣布加入國民黨北伐，然後由陝南進入豫省。鮑羅廷對馮玉祥的估價甚高，期望武漢政權的軍隊北進，不但可以會合馮玉祥所部，夾擊奉軍，並可以打通到蘇聯的陸上交通，取得更多的俄援。由於鮑羅廷的建議聽來合理，中共中央不再堅持東征，武漢政權遂決定北進，終於在付出慘重傷亡的高昂代價之後，擊潰奉軍強敵。

然而，此次勝利並未紓解後方困境。武漢政權在南京政府的封鎖下，因為長江出口被堵，財政收入銳減，同時又因為工人運動持續高漲，無法從工商人士手中收稅，而工廠關門，工人失業，尤其使社會動盪不安。另一方面農民運動勢如狂飆，軍隊內部出現不穩，許多軍官出身地主家庭，紛紛提出質疑。5月中旬，鄂軍夏斗寅師長率先叛變於沙市，武漢政權僥倖加以擊退，不旋踵湖南卻又發生了馬日事變。馬日這一天，也就是5月21日，湘軍團長許克祥率部千餘人，包圍長沙的中共及其群眾組織，屠殺百餘人。許克祥的上司唐生智當時仍在河南前線指揮戰事，聞訊之後，並無譴責之意。武漢政權本來便認為農民運動過火，屢次要求中共克制，當然也不願意採取軍事鎮壓行動，反而重申舊令。中共的政策徘徊在兩個選擇之間：一是服從武漢政府的命令，壓制群眾運動；一是拒絕武漢政府命令，公開與左派國民黨對抗。中共最後認為公開與左派國民黨對抗的勝算不大，更何況共產國際不予支持，於是決定屈從武漢政權的意志，下令抑制工農運動，以便唐生智部完成攻打河南的任務。

6月1日，史達林從莫斯科來電，指示中共奪取國民黨的黨權、政權和軍權，首先要「工農領袖」參加國民黨中央委員會，奪取國民黨的領導權，同時把農民協會變成基層政權組織，實行土地革命，沒收地主土地，再以2萬黨員和5萬工農群眾組織國民政府軍。其次則立即成立軍事法庭，肅清反對工農運動的北伐軍軍官，並改造國民黨領導機構[13]。史達林雖然知道工農運動中的「過火現象」，已對國民黨造成莫大的衝擊，從而要求抑制。但他並未想到，左派的國民黨人不是共產黨人，沒有義務遵從他的指示，更未想到共產國際代表鮑羅廷和中共總書記陳獨秀都認為窒礙難行。陳獨秀說，「莫斯科不了解中國的實際情況」，所提出的指示全無可行性。他進而表示，共產黨員以個人身分加入國民黨，原來就很難不服從國民黨中央的決定；處在別人的屋簷下，那能侈談改造國民黨的中央？而未經過改造的國民黨中央，又那能容許工農取得大量武器？所以陳獨秀堅持一切仍以「國共合作」為先，全力抑制工農運動[14]。當時不僅鮑羅廷同意，就連強力支持湖南農民運動的毛澤東格於政治形勢，也不得不發言支持。

史達林的電報同時抵達另一位共產國際代表羅易(Manabendra Roy)的手裡。羅易是四月初纔抵達武漢的印度革命家。他對中國局勢的看法迥異於鮑、陳兩人，認為湖南的農民武裝可恃，只要動員一個團的正規軍隊，就可以徹底解決許克祥事件，從而為全面進行土地革命打開一條坦途。他雖然知道汪精衛強烈不滿工農運動中的過火現象，但是誤以為汪精衛崇信史達林，因此不先徵求鮑羅廷和陳獨秀兩人的意見，便把史達林電報拿給汪精衛看。不料，汪精衛看了電文以後，警惕之心已起，雖然因為有蔣中正這一大敵當前，不得不對共產國際仍

13　周恩來，《周恩來選集》，上，頁169；中共中央黨史研究室第一研究部譯，《聯共(布)、共產國際與中國國民革命運動》，下，頁298-302。

14　中共中央黨史研究室第一研究部譯，《聯共(布)、共產國際與中國國民革命運動，1926-1927》，下，頁300-11，319，367-68。

有冀望，亦無意和中共立即分手，然而他預為防範，遂更加堅持控制群眾運動的原則了[15]。

局勢瞬息萬變，汪精衛不久便發現，縱使有心維持國共兩黨的合作，也無能為力了。首先，他為了爭取馮玉祥的合作，讓出了北伐軍新占領的河南地盤，可是七天後馮玉祥竟然在徐州會見了蔣中正，甚至認為蔣中正在金錢方面慷慨大方，從而下決心擁護南京政府。河南前線的北伐軍由張發奎的粵軍和唐生智的湘軍所組成，他們一同班師回武漢，卻因為地方資源有限，彼此之間發生嚴重磨擦。為避免為淵驅魚，汪精衛不得不把湖北省政交由湘軍管轄，更不得不尊重湘軍意向，對反帝國主義運動和工農運動採取抑制的政策。至於支持自己最力的廣東部隊，則希望他們南下奪取廣東地盤，但是汪精衛的計畫尚未獲得鮑羅廷的應允，唐生智的部下何鍵便已在武漢發表反共宣言，並開始派兵占領工會機構，同時在街頭大肆逮捕工會人員了[16]。鮑羅廷原本打算以東征蔣中正、提供軍援來換取唐生智的合作，汪精衛也已點頭同意，怎奈何鍵堅持「不分共不能東征」，硬逼汪精衛馬上表態[17]。

時局惡化如此迅速，黨內的嚴重不滿，需要有人承擔責任。儘管史達林的政策沒有可行性，但是不能損及他的威信，陳獨秀便只好成為替罪羔羊了。7月上旬，第一代留俄學生瞿秋白和任弼時帶頭發難，陳獨秀黯然下台，共產國際遂成立五人臨時中央政治局常務委員會(張國燾、周恩來、李維漢、張太雷、李立三)，接掌中共中央。可是改變

15 中共中央黨史研究室第一研究部譯，《聯共(布)、共產國際與中國國民革命運動，1926-1927》，下，頁308-09，361-62。

16 中共中央黨史研究室第一研究部譯，《聯共(布)、共產國際與中國國民革命運動， 1926-1927》，下，頁367-69; 蔣永敬，《鮑羅廷與武漢政權》，頁395-96。

17 蔣永敬，《鮑羅廷與武漢政權》，頁399-400。

領導並不能挽狂瀾於既倒。新領導根據莫斯科的指示，主張擴大工農群眾運動，改組國民政府軍隊，汪精衛當然無法應命，最後中共只好再次根據莫斯科指示，退出武漢中央政府，以表示嚴正抗議[18]。汪精衛認為中共故意拆他後台，7月16日憤然對外宣布分共，要求共產黨員不僅退出武漢中央政府，也全部退出國民黨，以及國民革命軍和下級國民政府。為了留有轉寰餘地，汪精衛雖宣布全面分共，卻採取和平的分共手段，並未大肆逮捕和血腥鎮壓[19]。

儘管汪精衛如此決定，事實還是證明，史達林一面堅持國共兩黨合作，一面堅持全面土地革命的政策破產了。當時處在權力鬥爭關頭的史達林不能認錯，也不願意認錯。他透過新任共產國際代表，把所有責任都推到前中共總書記陳獨秀身上。在新共產國際代表的指導下，中共新中央為證明自己有所作為，決定以國民黨名義在江西南昌發起暴動。當時中共所能控制的軍隊約2萬，正在東征南京的口號下，沿著長江向東移動，絕大部分已經抵達南昌。中共當時的想法還是國民黨北伐軍那一套，認為倘無外援可恃，僅靠工農運動支持，「革命」將難以持久，所以計畫占領南昌成立政府之後，立即全軍直奔廣東海口，俾便取得蘇聯的武器援助，然後憑藉廣東農民運動的基礎，打開局面。8月1日凌晨，中共所控制的軍隊，把握住南昌其餘駐軍毫無戒備的良機，控制了南昌省城。由於共產國際的指令，暴動軍造反之後，仍然打著國民黨左派的旗幟，所以一般群眾並不了解共產黨的主導角色。8月3日以後，暴動軍相繼南下，雖然宣布沒收200畝以上大地主的田地，但200畝以上的大地主難尋，其實南下路上軍情緊急，根本也無法執行沒收。暴動軍原想以打倒土豪、沒收財產的辦法，解決

18　郭恒鈺，《共產國際與中國革命》，頁396-406；中共中央黨史研究室第一研究部譯，《聯共(布)、共產國際與中國國民革命運動, 1926-1927》，下，頁397-98。

19　蔣永敬，《鮑羅廷與武漢政權》，頁405-06。

南昌暴動的四位軍事領袖。賀龍(左上)、葉挺(右上)、朱德(左下)和劉伯承(右下)。他們都是國民革命軍的高級將領。他們在占領南昌三天以後，為了取得俄援，率部向廣東沿海前進。不料在抵達潮汕地區之後，遭到廣東地方部隊截擊，遂致全面崩潰。

軍隊給養問題，因為所到之處，群眾避之惟恐不及，無法及時找到沒收目標，所以仍然承襲北伐軍的舊習，向商會攤款募糧。因此從表面看來，這一支軍隊與四處流竄的軍閥隊伍無異，完全沒有新的作風和氣象[20]。

暴動軍離開南昌後，馬上有受裹脅的軍隊5,000人退出，只剩下15,000人沿著撫河，經贛閩邊界繼續南下。當時正值盛夏，天氣炎熱，又因為老百姓紛紛走避，補給困難，士兵逃亡頗眾。暴動軍雖然在瑞金和會昌兩度擊敗國民黨守軍，但本身也遭受嚴重損失，以致進入粵東之時實力減半。兼以誤判敵情，分兵禦敵，又萬沒料到，廣東當局調動軍隊異常迅速，結果共軍在得到蘇聯軍援以前，便被數量上具有壓倒優勢的廣東軍隊擊潰，倖存者中有千餘人到海陸豐(海豐、陸豐兩縣)去和彭湃會合，後來參加了當地成立蘇維埃政府的運動。另外還有千餘人則在朱德領導之下，游走於贛粵邊界，一度靠上層關係，寄生在雲南同鄉范石生部國軍之中；1928年1月到湘南配合當地農民武裝進行暴動，兵敗後上井岡山與毛澤東部會合，成為中共紅軍的一個主要組成部分。

南昌暴動後一個星期，中共在新任共產國際代表羅明納茲(Vissarion Lominadze)的指揮下召集緊急會議。瞿秋白得膺重寄，成為中共新臨時中央的核心領袖。他接受史達林的指示，以「缺席審判」的方式，嚴厲批判前總書記陳獨秀，說他是「投降主義」和「機會主義」者，同時強調，「中國的革命高潮很快就要到來，並且有很快轉入社會主義革命的趨勢」[21]。莫斯科的指示，高估了當時形勢，完全無視於中共的挫敗。當時，中共中央也因為黨員的死難和運動的嚴重挫敗，異常憤怒，受「小資產階級革命家的狂熱」的役使，下令以長江

20　南昌八一紀念館，《南昌起義》，頁89-91，95-96。

21　周恩來，《周恩來選集》，下，頁306。

中游各省為中心，實行秋收暴動，而且不再像南昌暴動那樣畏首畏尾，公開打出中共自己的旗幟，武裝奪權，成立蘇維埃政府，並實行土地革命，甚至以「殺土豪劣紳」為號召[22]。其實，中共當時毫無舉行暴動的條件。據後來中共外圍組織調查，從1927年3月至8月，約有30,000人被殺，25,000人被捕。以省分論，湖南最慘，有20,000人被殺，5,000人被捕。其次是廣東，有1,500人被殺，5,000人被捕。江蘇再其次，1,500人被殺，5,000人被捕[23]。經過這次嚴重挫敗，黨員從60,000銳減為10,000人，按理中共應該有組織地退卻，以便他日捲土重來。然而，中共繼續在湖南以及其他各地舉行農民暴動，四處碰壁，像是一隻負隅的困獸，已亂了方寸。

11月上旬，南昌暴動和秋收暴動已相繼失敗，但是因為史達林和托洛斯基的鬥爭到了關鍵時刻，不能承認共產國際的政策失敗，中共不顧客觀環境，竟然在共產國際代表的指示之下，通過更加激烈的決議，認為中國已出現有利於「直接革命的形勢」，要求在各大城市進行工人暴動，「進攻、進攻、再進攻」，以便趕上農村革命的形勢，迅速實現革命奪權的期望[24]。12月11日，中共在廣州舉行暴動，暴虎馮河，結果僅占領廣州三天以後，就被迫撤往城北山區，徒然犧牲了許許多多工人。第一次國共合作以來，中共好不容易在華南蓄積的力量幾乎毀於一旦。

※　　　※　　　※

從中共的迅速擴展來看，第一次國共合作是一個成功的策略，但是在其步向成功的過程中，中共也為後來的失敗伏下遠因。第一、中共雖然在國民黨的改組過程中取得一些主導地位，但是國民黨畢竟是

22 周恩來，《周恩來選集》，上，頁174。

23 中國革命博物館，《中國革命七十年圖集》，頁268。

24 周恩來，《周恩來選集》，上，頁174。

一個有歷史根柢的政黨，許多國民黨人，包括蔣中正在內，對國民革命有他們自己的看法。當中共的合作逸出其所希望的範圍之後，他們決不可能坐視不理，任由中共決定國民革命的走向。對這一點，無論中共中央還是共產國際都充分了解，因而採取把國民黨分成左、右、中三派的對策，聯合左派，擴大中派，打擊右派。儘管這一個分化策略相當有效，但還是有幾個基本問題並未解決。他們協助國民黨建立民主集中制，卻不能控制國民黨高層人物，尤其無法控制掌有實際軍權者。他們害怕國民黨控制工農運動，不願意讓工農群眾大批加入國民黨組織。可是縱然改變作法，讓工農群眾大批加入國民黨組織，也因為列寧主義的組織原則，強化了國民黨權力集中於高層的傾向，而不能保證中共能在國民黨高層取得與黨員結構相對應的人數控制。何況，中共在國民黨高層的影響力，也不是建立在基層國民黨員的擁護之上。

第二、中共黨員以個人身分加入國民黨，所謂兩黨合作其實並不是平等地位的合作。在國民黨內，中共尚未積極爭奪領導權，便已引起一些純粹國民黨員的疑懼；如果得到那麼多的重要職位以後，再不稍示退讓，反而回過頭來積極爭奪國民黨的領導權，則其後果更難逆料，國共分裂可能因此提前來到。從這個觀點來看，中共對國民革命的積極貢獻和共產國際對國民黨的支持，都要以爭取時間、蓄積中共實力為先決條件。中共也因此在國民黨外，發展工農群眾運動。他們很清楚，工農群眾運動的激烈程度將導致既有權力結構的反彈，以及國民黨核心人士對容共政策的重新考慮，但是這本來是工農運動的應有之義，並無理由就此停止。問題的關鍵是，能否針對動向，適時調整策略，也就是說以迅速發展的群眾運動為基礎，更有效、也更不惹眼地適時組建可以與國民黨軍相抗衡的軍事力量。中共在國民黨內，暗中蓄積軍事實力，同時也力圖防止國民黨朝對其有害的方向轉變。不過在拿捏發展和退讓之間的分寸時，中共總是太依賴所謂國民黨左派的合作，而所謂國民黨中派或左派在看到中共更快速度的成長，便不斷重估聯俄、容共和扶助農工政策對他們的影響，也不斷向右轉變，並鼓勵國民黨右派採取反共行動。到此關鍵時刻，共產黨反而因爲實力不足，加上共產國際以造成國民黨的反帝國主義運動爲優先考慮，故而不得不採取退讓政策。退讓雖然爲中共爭取到一些繼續合作的時間，但同時也不得不爲自己在國民黨軍隊和政權中的活動套上枷鎖。等國民黨征服長江中游、擁有充分實力從事清黨和分共以後，中共雖然手中已掌握了一些工農武裝，甚至也已控制了一部分國民黨軍隊和政權，但是依舊無法輕言與純粹的國民黨武裝對抗。

在國共合作的過程中，中共的基本策略是共產國際代爲制定的，當然從莫斯科指揮萬里之外的中國革命，有其扞格不入的地方，而難免貽人以胡亂指揮之譏。但是若無共產國際的指揮，中共能否發展如此之快，也殊令人懷疑。成也蕭何，敗也蕭何，共產國際的指令無法應付瞬息萬變的中國情況，最後仍然造成中共的失敗。然而，陳獨秀也不是完全傀儡一個，他在共產國際的指導下，經常有其個人的意見，雖不能堅持到底，卻也不能因此免除他對第一次國共合作失敗的責任。陳獨秀的致命傷，似乎在於書生論政。他畢竟不是嫺熟謀略的政治家，更不是擅長運用黨內合作策略以及又團結又聯合兩手策略的職業革命家，所以無法預先防止正在不斷壯大的國民黨回過頭來採取限共、乃至於清共和分共的決策。國共雙方雖然在反帝國主義和反軍閥專制的口號下，找到合作的基礎，但彼此對中國的何去何從，有異常不同的理念；而聯俄、容共和扶助工農的政策越來越有利於中共，它所帶給國民黨的報酬不但越來越少，反而有害之處越來越多。一旦純粹國民黨員認爲繼續國共合作、尤其是黨內合作已得不償失，便很難不採取包括武力鎮壓在內的斷然行動了。孫中山生前，因爲中共實力猶小，聯俄、容共和扶助工農運動正有利於雙方共同的短程目標，孫中山在黨內又能一言九鼎，所以國共合作沒有出現嚴重裂痕。中山艦事變爆發後，中共雖然仍相對弱小，但對國民黨內實力派的蔣中正等人而言，聯俄、容共和扶助工農的三大政策，已經需要以限共政策來調節了。等到勢如狂飆的群眾運動和反帝運動一發不可收拾後，連最同情共產黨的汪精衛都認為，此一趨勢若不適時遏止，武漢政權就要陷於難以為繼的絕境，因此武漢政權不得不為自己的生存採取分共措施。遭受中共和共產國際聯手打擊的蔣中正，更早在獲得上海商人和英日政府的支持後即採取清黨的行動。國共兩黨終於成了不共戴天之讎。

第二章

尋找群眾的基礎

中共是鼓吹革命的政黨，但它和國民黨不同。國民黨所設想的革命，基本上是政治革命，先喚醒全國民眾以取得政權，政權取得以後，再透過政府政策，從上到下改善貧苦人民的生活，其表面目的是在階級鬥爭成為問題之前，未雨綢繆，預作防範。中共接受馬克思主義的理論以後，認為階級鬥爭並不是尚未發生的現象，根本早已是中國社會中活生生的現實，它的成員必須站在被壓迫、被剝削和被統治階級的立場，從事群眾動員，展開從下而上的革命，一方面改造社會，一方面奪取國家政權。在中共的想法中，社會革命和政治革命是分不開的，政治革命必須建立在社會革命的基礎上，否則不可能成功。

中共心目中的被統治、被剝削和被壓迫階級是所謂工農階級。工人和農民雖然同樣屬於被統治、被剝削和被壓迫的階級，但中共認為工人階級代表進步和未來，而農民階級代表落後和過去，所以在尋找群眾基礎之時，動員工人群眾比起動員貧苦農民更是當務之急。儘管中共相信馬列主義，認同被統治、被剝削和被壓迫的工農大眾，並自認為是中國工人無產階級的先鋒隊，但是其建黨初期的成員清一色是青年知識分子，所謂工農階級反而是他們這些知識分子動員的對象。發展黨員從容易處著手，正因為中共建黨之初的成員主要是青年知識分子，所以發展黨員有集中於文化教育界的明顯傾向。其實，當時方興未艾的新文化運動也提供了許多活動的空間，他們於是利用自己在文化教育界中所建立的人際網絡，進行政治宣傳，並擴大中共的黨、團組織。整體說來，中共在建黨之後的最初幾年，其發展重點與其說是工人無產階級，還不如說是青年知識分子，尤其是正在學校就讀的大學生、中學生和師範學生。

中共在青年知識分子中的活動，主要分兩方面，第一是在各級學校中發展組織，吸引在校學生參加。第二是成立訓練機構，招收青年知識分子，訓練職業革命家，為中共培養幹部。中共建黨之初，完全靠個人的理想支撐，由於黨員黨費和私人捐獻有限，連黨魁陳獨秀都必須有他自己的職業，否則無以維生。中共加入共產國際以後，經費的困難減少，纔有類似孫中山的職業革命家產生，也纔有較大規模支持專業工人運動幹部的可能。在中共加入共產國際之前，絕大部分黨員只能遷就自己的職業，兼顧黨內的工作。很多中共黨員是學校的教師，他們也就在同事和學生中發展組織。另一方面，中共承襲列寧主義的傳統，重視學習和訓練，認為職業革命家不僅要具備起碼的馬列主義認識和修養，尤其必須學習實際從事革命的各種方法，所以從一開始就吸收青年學生到蘇聯去學習，後來在國內也建立類似的訓練機關，招收有興趣的學生和青年知識分子。這些學生和青年知識分子在完成教育以後，多半變成職業幹部，雖說是為革命理想而獻身，但是因為他們所受教育不包括一般就業的能力，所以也經常沒有多少其他職業選擇。他們基於理想，投身革命，其實選擇革命家的職業以後，所謂理想也不得不遷就學習和訓練的內容。

中共在青年知識分子中的發展，頗受益於五四以來的學潮。中共建黨初期，五四學生的愛國運動已歸於沉寂，但是各地的學潮仍然此起彼伏。學潮的原因非常複雜，有牽涉到抗議外國活動的，也有牽涉到抗議國內政治生態的；有關係到思想上新舊派之爭的，也有只關係學生切身利害問題的。中共的黨員、團員在北洋軍閥政府的嚴密監視之下，積極參與這些基本上和馬列主義信仰無關的學潮，一方面爭取其領導地位，以便控制學潮發展方向，另一方面則爭取一般學生的信賴，進而發掘同情分子和招收學生黨員。因為中共在吸收知識分子黨員時特別強調對馬列主義的認識和工作能力，有強烈的菁英主義傾向，所以最初黨員人數的成長相當緩慢，並不足以反映當時社會青年知識分子的左傾時髦。一直到五卅運動以後，中共因為工人運動的飛躍發展，為了配合形勢，決定大幅度擴大黨的組織，並決定以反帝國主義代替馬列主義為主要入黨標準，中共在知識分子中纔加速發展。

1927年以前的中共，作為一個由知識分子組成的政黨而言，呈現兩個特別現象：首先是，中共內部除陳獨秀和李大釗之外，很少有當時被認為大知識分子級的人物，初高中和師範生遠多於大學生，黨員以小知識分子為主；其次是，中共黨員中的日本留學和勤工儉學的學生遠多於一般歐美留學生。這兩個現象應該如何解釋？傳統的科舉制度崩潰以後，社會上仍然存在著士農工商的差別。雖然新時代的知識分子並不是傳統的讀書人，但是新時代知識分子之間仍然隱約存在著不同階層。這些差別是如何反映在早期中共黨員的行為上面？我們強調兩點：第一、即使是五四運動以後，上層政治仍然少有青年知識分子置喙的餘地。中共的建立在體制之外提供了一條可以直接關心上層政治的渠道。第二、從職業革命家的觀點看，黨員身分是歷史使命和社會職業的結合，因此我們在青年知識分子的政治理想以外，也嘗試從就業和社會流動觀點來說明中共組織對不同知識分子的吸引力。

儘管中共耗費不少精力來吸收青年知識分子入黨，但是因為知識分子在馬列主義理論中並不是一個階級，所以在討論發動群眾時，中共的重點仍然是工人運動。直到1925年的五卅運動以前，中共在這一方面的成就始終有限，他們理論上代表工人無產階級，卻不為大多數工人所接受。中共是在五卅運動後爆發的省港大罷工中，纔真正取得突破；中共從這個時候開始，不僅掌握了中國工人運動的主導權，本身也不再只是少數讀書人的菁英組織，而變成了真正帶有明顯群眾性質的政黨，黨員中工人的數量開始超過讀書人。這一次工人運動的成功，使中共異常興奮，相信歷史的主導權即將從「資產階級」落入了「無產階級」的手中。中共作為一個代表無產階級的革命政黨，因而有資格來和代表資產階級的國民黨一爭中國革命的領導權了。在中共的全力推動下，工人運動成了整個國家的注目點，然而就在工人運動發展到一個令人喘不過氣來的高峰時，國民黨也重新估量他們和中共的合作，進而決定以武力清除中共操縱的工人運動，工人運動頓時煙消雲散。為什麼工人運動從五卅運動以後發展得如此快速？又為什麼當它面對國民黨的鎮壓時，表現得如此脆弱？其中關鍵到底何在？

當中共中央的眼光還集中在工人運動時，農民運動已在少數共產黨員的領導之下風起雲湧，成為全中國輿論關注的焦點。隨著國民革命軍的北伐，無論工人運動還是農民運動，都有如狂風暴雨之來襲，頃刻之間，河山為之變色。然而1927年4月，首先有中國國民黨南京政府的清共，三個月後又有中國國民黨武漢政府的分共。面對這兩波攻擊，中國共產黨基本上都採取了消極退讓的政策，後來雖然決定反攻，可是旋即發覺，原來有呼風喚雨之勢的工農運動，並不如想像那樣無堅不摧，反而在很短的期間內便被中國國民黨完全搗為爛泥。為什麼農民運動的發展那麼快捷，而其潰敗又顯得如此突然？為什麼在中國國民黨內變成有舉足輕重地位的一個黨團，在純粹國民黨人的打擊和限制之下，竟然會在關鍵時刻表現得那麼脆弱無力？

第一節　從知識分子到職業革命家

中共建黨時，有南陳北李之說。南陳是陳獨秀，北李則是李大釗，他們都是新文化運動的領導人物。中共在他們領導下成立、壯大。在黨內，陳獨秀是中共從1921年7月到1927年7月的最高領導人，李大釗則在同一時期始終領導中國北方的共黨組織。中共在他們領導下，從知識分子著手發展組織。他們一方面憑藉新文化運動中形成的網絡建立黨的組織，另一方面則利用他們文化、學術和教育上的資源，尋求黨員。因為南陳北李的關鍵角色，早期的中國共產黨帶有很濃厚的知識分子味。北伐前後，中共黨員互稱對方為「大學同學」，青年團員則互稱「中學同學」，以致中央通告開首便是「各級同學們」，而不是各位同志們。青年團轉發中央通告時，也說是「轉發大學講義某某號」[1]。不過中共在知識分子中的發展很慢，建黨第五年，全部黨員的人數仍不到1,000人，其中包括工農和其他社會成分的黨員。一直到1925年五卅運動爆發以後，中共黨員的總人數纔超過10,000，而其中知識分子約占三分之一。到1927年4月，黨員人數增加到約58,000人，其中五分之一為知識分子，也就是約為11,600人[2]。

從成員的組成結構來看，中共的早期發展，與其說是強調工人運動，不如說是強調學生運動，即使工農群眾運動的重要性越來越明顯，學生運動的重要性依舊。中國學生運動的發生，有其自身的因素，但從晚清以來，由於政黨人士的介入，變得異常複雜，政治的色彩太濃。國民黨的前身同盟會，可以說是這一趨勢的始作俑者。五四運動前後，國民黨為了政治鬥爭，一直在爭取學生的支持，只是中共

1　李一氓，《模糊的熒屏》，頁46。

2　趙生暉，《中國共產黨史組織史綱要》，頁36、47、52。

誕生以後，迅速成為國民黨強勁有力的對手。這裡要問的問題是：中共如何在知識分子，尤其是青年學生中，吸收大量信徒？當時社會結構中有那些特別因素有利於中共的擴展？中共建黨初期，那一種知識分子比較可能加入中共組織？而青年知識分子在加入中共以後，如何成為職業革命家？接受過什麼訓練？為什麼中共在成立之後不久便迎頭趕上國民黨，成為青年學生最歡迎的革命政黨？

一、革命的職業化

中共的早期黨員都是知識分子，除少數學生和失業人士之外，幾乎全有專門職業維生。他們之間有作家、編輯、律師、新聞記者、大學教授和雜誌從業人員。其中最大多數人似乎還是大、中、小學的教師。他們從事革命工作，非惟不拿一文薪水，反而還要自掏腰包。陳獨秀和李大釗雖然無私奉獻，畢竟不是百萬富翁，所入有限，因此經常為了黨務開支，和其他同志鬧得很不愉快。儘管如此，曾經代理黨書記的李漢俊仍然認為每一個黨員都要有自己的職業，不能「吃革命飯，領薪水」。

陳獨秀同意李漢俊的想法，所以當中共召開第一次全國代表大會時，他因為廣東省教育委員會的職務在身，並未親自回到上海主持。後來，他被租界當局逮捕，若不是共產國際幫他僱律師，出保釋金，他還不可能那麼快出獄。有了沒錢難辦大事的痛苦經驗之後，他才忍痛犧牲民族主義的尊嚴，同意把中共變成共產國際支部。惟有成為共產國際的支部，中共纔能名正言順的接受共產國際資助，也惟有接受共產國際資助，中共內部纔有「領薪水」的職業革命家出現。職業革命家，以革命為職業，自認為是黨組織所擁有的工具，沒有個人利益，完全以黨的利益為依歸，重視馬列主義革命理論，更講求共產革命的實踐。早期的中共黨員因受中國文化的潛移默化甚久，始終很難接受做職業革命家、吃「革命飯」的想法。這種職業革命家的觀念，還是要等留俄學生回來以後，才逐漸真正落實[3]。

知識分子當然從知識分子中尋找同志，教書的更可以藉培養學生來吸收黨員。早期中共黨員多半是新文化運動的熱心分子，他們在新文化運動中辦社團、辦雜誌、辦書報社。中共建黨以後，這些知識分子當然會利用這些資源來壯大自己。陳獨秀把《新青年》變成宣傳馬列主義的刊物，便是一個最明顯的例子。《新青年》是一個賺錢的雜誌，陳獨秀雖然拿來宣傳共產主義思想，卻不願把財務收入全部交給黨部，為此曾與中共的代理總書記發生衝突[4]。其他黨員，像李大釗、董必武、陳潭秋、何叔衡、吳玉章，都和陳獨秀一樣，不是辦學會，便是以教書為業。陳潭秋在武昌高師附小教書，當時小學生的年齡偏高，他可以在學生中吸收黨員。惲代英先後擔任川南師範教務主任和校長，1922年初入黨以後，更是努力傳播馬列主義思想，並積極培養黨員。毛澤東任長沙第一師範附小校長，同時也在第一師範兼教國文。他透過新文化運動中發展出來的網絡，發展中共黨、團和外圍組織，並利用新民學會發掘同志，把共產主義傳播到衡陽的第三師範。他效法惲代英，模倣利群書社，創設長沙文化書社，但在此之外，還公開成立俄羅斯研究會，散布共產主義的思想。毛澤東比較獨特的作法則為成立自修大學，入學勿需考試，畢業也無文憑，完全由學生自動自發，學校只提供書籍、環境和教師[5]。

陳獨秀在1920年8月成立社會主義青年團，並要求其他各地也成立

---

3 徐彬如，〈陳潭秋同志戰鬥在順直省委〉，《黨史研究資料》，第1集，頁389。劉少奇在1928年擔任順直省委組織部長，他說：「北方只有共產主義者，不夠共產黨員，不成其為黨(原文)」。劉少奇是以職業革命家的眼光來要求黨組織的。

4 李達，〈李達自傳〉，《黨史研究資料》，第2集，頁3。

5 自修大學這個名字是胡適取的，可見毛澤東當時思想上並沒有和五四運動中前期親英美的知識分子勢不兩立。見Stuart Schram, ed., *Mao's Road to Power: Revolutionary Writings 1912-1949*, p. xxii.

同樣的組織。最早的團員很多都是黨員，黨的領袖陳獨秀和李大釗也是團員。當時中共黨是秘密組織，團則是半公開組織，黨的許多活動便以團的名義進行。在北京城，青年團更採取通告招收的辦法，所以發展極快。團員中有各種社會主義思想者，有真正的馬列主義信徒，但也有許多無政府主義分子和其他社會主義流派的追隨者[6]。由於內部思想混雜，團在次年5月解散，要到中國共產黨正式成立以後，方逐漸恢復活動，其後明確規定團員必須信奉馬列主義。團的恢復極快，不到一年，到1922年5月，就已有五千多團員，是黨員十倍以上人數，分布在江蘇、河北、兩湖和兩廣等省17個城市和地方[7]。1923年以後，社會主義青年團的領導人物集中在上海大學教書，團的活動中心遂由北京移到了上海。他們的活動更加積極，曾出版《中國青年》雜誌，透過宣傳和論戰，以及對青年有關政治苦悶、戀愛婚姻、失學失業等方面問題的解答，吸收年輕知識分子參加中共活動。此一雜誌的發行量，到1927年初曾高達30,000份；而一份雜誌，大家爭相閱讀，秘密傳閱，經常有十人，甚至更多的人看過[8]。

中共吸收青年知識分子的第二個重要途徑是辦理留學和升學。辦理升學最重要的例子便是上海大學。上海大學成立於1922年10月，是共產黨員和國民黨員合作的產物。其前身是一所野雞大學，校長乃當時國民黨「左派」的于右任，校務則實際操諸總務長共產黨員鄧中夏(安石)之手。學校只有英國文學、中國文學和社會學三個系。學校在鄧中夏的刻意經營下，面貌一新，擺脫了學店惡名。除英國文學系外，其他兩個系都聘請了不少共黨人士擔任教授；尤其社會學系，在瞿秋白的主持之下，幾乎可以說是中共訓練幹部和黨員的場所。社會

6　中央團校青運史研究室，《中國新民主主義革命時期青年運動簡史》，頁33-39。

7　同上，頁39-42。

8　同上，頁54-55。

學系教的《社會哲學》和《社會科學概論》根本就是階級鬥爭和馬列主義，而《社會進化史》則根本是恩格斯的社會進化理論[9]。教授不僅帶學生參觀工廠，訪問工人，辦理工人補習學校[10]，而且鼓勵學生半工半讀，介紹他們實際擔任國民黨的黨務工作[11]。由於教學內容新穎，而且徵收學生，不必通過考試，只要有一定的文化程度，便允許入學，所以上海大學從全國各地吸收了許多作風新穎的學生[12]，共產黨員的人數也很快超過純粹國民黨員。五卅運動爆發前後，上海大學是上海學生運動的大本營，上海大學的學生控制跨校的學生組織，具有中共黨籍的學生，更是占據其中的關鍵地位，因此很容易把學生運動帶向猛烈的反帝國主義運動方向。1927年南京政府清黨以後，國民黨宣布關閉上海大學。

中共最初並無自己培養軍事幹部的想法。1924年，國民黨成立黃埔軍事學校，中共黨員便以國民黨員身分參加籌設和招募學生的工作。當時國民黨在軍閥統治地區的各省黨部，多半由中共黨員包辦。這些中共黨員積極動員他們認識的初、高中和師範學生投筆從戎。因此黃埔學生中有不少中共黨員和社會主義青年團團員。例如第一期學

9 黃美真等，《上海大學史料》，頁88-90。

10 Yeh Wen-hsin, *The Alienated Academy: Culture and Politics in Republican China, 1919-1937*, pp. 145, 148.上海大學的學生不多，最多時只有400人左右。但是兩個附屬單位——上海大學平民學校和上海大學附設英文夜校則有600多名學生。這兩個附屬單位不收學費，而且提供免費文具和書籍。老師是自願的上海大學學生，吸引的學生則有技術工人、商店店員、公司學徒、小學老師等等。

11 黃美真等，《上海大學史料》，頁93-94。

12 Yeh Wen-hsin, *The Alienated Academy: Culture and Politics in Republican China, 1919-1937*, pp. 139-63. 葉文心認為，研究上海大學，不能光從它是中共革命搖籃這個角度著眼。她從大學教育史的角度來看上海大學，所以除了這所大學與國民黨的密切關係外，也注意到它和上海其他幾所大學的共同點，例如正式學生的學費偏高，課程設計注意就業市場的需要等。

瞿秋白。江蘇常州沒落的官宦世家子弟。北京俄文專修館畢業後，接受《晨報》高薪聘請，偕李宗武前往蘇聯採訪十月革命的真相。他寫的兩本小書《餓鄉記程》和《赤都心史》，反映了他個人走上馬列主義的心路歷程，對1920年前後的青年學生有很大的影響。他也是把俄國化馬克思主義輸入中國的關鍵人物。1935年被國軍逮捕後，寫下《多餘的話》，自承是軟心腸的革命領袖，然後從容赴死。

員約有600人，而具有中共黨、團籍者就占十分之一，這還不包括同情中共政治主張的學生在內[13]。又據中共自己不完全的統計，黃埔前五期的學生當中，光是社會主義青年團員就有500餘人[14]。爲何在好鐵不打釘、好男不當兵的社會，大中學生紛紛棄文就武？除了政治理想之外，中學生畢業後沒有出路，也是一個重要因素。這些中共分子，在黃埔軍校中秘密參加黨團活動，後來更成立外圍組織青年軍人聯合會，吸引其他黃埔學生參加中共的黨團活動。

留學則主要是到蘇聯學習。當時俄共爲了散播其革命經驗，先後成立了東方共產主義勞動大學(Communist University of the Toilers of the East，簡稱東方大學)和孫逸仙勞動大學(Sun Yatsen University of the Toilers of China，簡稱中山大學)，以配合需要。中山大學原來是爲國民黨訓練幹部的，但當時國共不分，訓練國民黨幹部，經常也就是訓

13　周恩來，《周恩來選集》，上，頁115-16。

14　中央團校青運史研究室，《中國新民主主義革命時期青年運動簡史》，頁60。

練共產黨的幹部，中共也派了一批未具備國民黨籍的學生入學。從這個意義上看，中山大學和東方大學並無差異。1921年到1928年之間，這兩所大學總共爲中共訓練了大約3,000名幹部。前往學習的中國學生當然都說想要學習先進俄國的革命經驗，然而雄心壯志背後，很難說沒有一點私人的願望，例如未來的職業更有保障，而個人的社會地位也會有所改善等等。因此中共透過這兩所大學吸收了不少渴望出國留學，卻苦無其他出路的青年學生。

東方大學是共產國際爲訓練土耳其以東地區的革命幹部而興辦的，成立於1921年4月，在莫斯科的高爾基街普希金廣場附近，距離克里姆林宮不遠，環境優雅，建築秀麗。在這裡讀書，很容易產生對俄國先進的羨慕之情，同時益加體認到中國的落後。課程最初是七個月，後來增加到三年，實際則僅爲一年。主要內容爲馬列理論和「革命」歷史。同年7月，東方大學成立中國班，當時約有四十餘名中國人到這裡留學。這些中國學生有從歐洲轉來的留學生，但其中最多的還是經過上海中共中央招來的。他們多半年齡在二十一、二之間，只有初中畢業的學歷，程度參差不齊。其中像劉少奇、任弼時、柯慶施等人，曾在上海外國語學社補習過基礎俄文，其他絕大多數人都不懂俄文，因此上課必須倚賴翻譯。當時俄國沒有這方面的人材，於是以重金禮聘在莫斯科採訪的新聞記者瞿秋白和李宗武兩人，由他們擔任課堂翻譯，協助教學。他們兩人都是北京俄文專修館畢業的學生，俄文閱讀和俄語聽講均無窒礙。

當時俄國剛開始實行新經濟政策，軍事共產主義(Military Communism)所帶來的經濟蕭條，仍舉目可見，莫斯科的街道上還是很容易見到餓殍。東方大學給予中國學生的生活條件並不特別優越。每天只發兩塊巴掌那麼大的麵包和幾個馬鈴薯，他們經常有吃不飽的感覺，但這已經是特別照顧了，因爲每位中國學生所得到的口糧是一般蘇聯大學生的兩倍。1923年蘇聯實行新經濟政策兩年以後，中國學生

莫斯科中山大學和上海大學。這兩所大學都只有一棟樓。莫斯科中山大學為訓練職業革命家的重要機構，學生有國民黨員，但以具有共產黨身分的學生為大多數，對中共的貢獻極大。上海大學可以說是上海的中山大學，其社會學系在中共黨員的主持下，吸引了許多有志於革命的熱血青年前來就讀，迅速成為中共學生運動的大本營。

的生活才有明顯改善。當時一般市場仍缺乏消費商品，人民購買日常用品，必須大排長龍，有時浪費幾小時後，依舊一無所得。不少民眾由於黑麵包不足，忍饑挨餓，可是東方大學學生每星期都可以吃到酥油和白糖[15]。莫斯科冬天漫長，氣溫常在攝氏零下幾十度，缺乏燃料，會凍死人。1923年以前，東方大學學生雖無足夠木柴可供冬天取暖之用，卻至少有軍大衣和毛毯可蓋，比起一般俄國人民幸運多了。東方大學的中國學生，每到炎夏，還可以到黑海的克里米亞島去避暑。俄共不僅特別照顧他們的生活，尤其重視他們的訓練。史達林、托洛斯基等俄共領袖經常到學校演講，而每當俄共重要國家慶典或是共產國際有重要會議，也從東方大學招請優秀人才前往參加或幫忙，使這些學生有宛如置身世界革命中心的感受。

關於辦學目的，東方大學內部曾有爭論。最初有人主張，按一般大學常規教學，不旋踵俄共中央改變想法，以訓練職業革命家爲目的[16]。課程是蘇聯和中國的「革命史」、馬列主義理論，實際工作經驗，以及簡單的軍事訓練。教學目標是養成學生只知有黨的利益，而不知有其他。學生日常生活中，完全排除文學陶冶，也不容許有小我溫情，要求一切爲革命，鞠躬盡瘁，死而後已[17]。經過一年的嚴格訓練，效果如何？很難確切回答。這些中國學生對蘇聯革命究竟有多少了解，也殊令人懷疑。很多人畢業後根本聽不懂俄文。然而畢業學生年輕熱誠，假以時日依舊可以成長爲有用之才，回到中國以後，大多數人都當了職業革命家。從1923年有畢業生以後，東方大學中國班中俄文造詣好的學生或留校擔任翻譯，或在軍事和理論方面深造，其餘大部分人則立即派回中國，投入中共的種種組織活動。這些歸國學生多半在

15 蕭勁光，《蕭勁光回憶錄》，頁29-30。

16 同上，頁25。

17 Alexsander Pantsov, "From Students to Dissidents: The Chinese Trotskyists in Soviet Russia", *Issues and Studies*, vol. 30, no. 3, pp. 121-22.

中共中央任職，僅一小部分人深入地方基層，如劉少奇到湖南安源煤礦從事工人運動。任弼時則是作了一段時間的翻譯，才回國從事社會主義青年團工作。他們的薪資一般不高，但已經比一般小康家庭爲佳。以王一飛爲例，薪資所得足以爲新婚夫人僱請保姆和佣人[18]。有一些歸國學生，後來因爲改變政治理念，脫離中共，參加國民黨或托洛斯基派活動。這些歸國學生因爲所受的教育不是正規教育，除搞「革命」以外，並無一技之長。除非個人特別有語言天才，俄文學得好，可以教書和做翻譯，否則，也只能更換政治招牌，仍然幹職業革命家的工作。由於很難找到正規工作，尤其是在文化教育界出人頭地不易，所以留蘇學生大部分都對中共的革命矢志不貳，甚至後來爲中共奉獻出生命。

瞿秋白並不是東方大學的學生，但他曾在東方大學擔任翻譯。爲了準確翻譯俄國教授的演講，他必須先看懂他們的講稿，因此也像學生一樣努力學習，另一方面要爲不懂的學生解釋講義，所以又像是老師。他初來莫斯科時，身分是北京《晨報》的記者。他當時明知俄國經濟困難，到處饑饉，卻依然接受派遣，前來蘇聯採訪革命的實況。報社的優渥待遇，固然相當誘人，但受到十月革命的感召，更是到俄國吃苦冒險的主要原因。他認爲俄國是伯夷、叔齊的首陽山，在此「餓鄉」雖要受苦，卻可以尋找到真理。懷抱這樣的心情，抵達莫斯科以後，瞿秋白因緣際會，成爲東方大學和其他重要政治場合不可或缺的翻譯。瞿秋白不但思想越來越傾向於馬列主義，也終於加入了中共，後來成爲中共的重要領袖。他的大量中文譯作，頗有影響力，使中共在意識形態上從強調歷史進化論的日式馬克思主義轉變爲強調唯物辯證法的俄式馬克思主義。

中國歷來重文輕武，民國初年，軍閥當政，軍人爬在文人頭上，

18　余沈陽主編，《王一飛傳略・文存》，頁103-04。

但有一些文人反而益加看不起軍人。1923年前後，俄共為培養中共的軍事人才，曾調派東方大學的中國留學生到蘇聯初級紅軍學校學習。陳獨秀知道以後，認為無此需要，硬逼著共產國際把學生調回東方大學。陳獨秀此舉難說沒有文人輕視武人的心理作怪[19]。1925年2月，蘇聯鑑於黃埔建軍的進展順利，又開始培養中共軍事人才，於是從東方大學調了二十幾名學生，到蘇聯紅軍學校(伏龍芝軍事學院)學習。這二十幾名學生組成中國班，由東方大學畢業的王一飛擔任翻譯，共學習了半年。由於學習時間極短，所學不多。五卅運動過後不久，他們全部奉命返國，多半都在中共中央和地方黨部擔任重要職務，只有極少數人像葉挺一樣，在國民革命軍中擔任旅級領導職務。當時，中共沒有自己的軍隊，所以這些軍事人才的主要工作還是調查軍情和聯絡幹部。

東方大學訓練的人才不多，不能滿足中共的需要。1925年，國共第一次合作在五卅運動中急遽展開，無論國民黨和共產黨都需要大量人才。為適應新形勢，史達林決定成立中山大學。他派拉狄克(Karl Radek)為校長，米夫(Pavel Mif)為副校長，負責籌建。拉狄克和米夫後來都遭史達林清算，米夫在1938年病死之前，長期擔任共產國際東方部部長，是北伐以後實際負責中國事務的重要人物。中山大學設在離克里姆林宮不遠的一棟原為俄國貴族府邸的大樓中。成立之後，共產國際把東方大學的一部分教師和中國學生併到這裡。另外更從中國各地招生，其中有一批是從廣州招來的，國民黨員占三、四成，其餘均是中共黨員或社會主義青年團團員[20]。後者之中，有來自西歐的留

19 蕭勁光，《蕭勁光回憶錄》，頁26。

20 中山大學剛建立時有二、三百名學生。中共總書記負責從非國民黨統治區派送學生。他送了24名中共黨員，67名中國社會主義青年團團員，12名中共黨員兼團員，總共103人。見中共中央黨史研究室第一研究部譯，《聯共(布)、共產國際與中國國民革命運動，1920-1925》，頁728。

學生鄧小平，也有來自國內各地的青年學生，包括後來有名的所謂國際派二十八個半布爾雪維克——王明、博古、張聞天、王稼祥諸人[21]。從1925年到1930年爲止，中山大學共有學生1,500人。最多的時候，有500多人。他們的出身像東方大學學生一樣，少數是喝過洋水的留學生，絕大多數則是高初中畢業的失業或待業學生，其中偶有不識幾個大字的工人。工人學生一輩子沒有機會讀書，他們還以爲到莫斯科可以彌補遺憾呢[22]！學校對他們因材施教，分班教授。所受教育的內容和東方大學大體相同。學制名義上全是兩年，實際則有半年、一年和兩年三種之分。

中山大學建校時，俄國的新經濟政策已經實施了五年，因此經濟情況大有改善，每年的預算約爲75萬盧布（校長拉狄克的月薪200盧布，普通教員月薪110盧布）[23]。學校對學生的照顧比東方大學更好，除每個月有生活費20盧布以外[24]，每天三餐，還有下午茶和晚點心，牛奶和雞蛋的供應不斷，雞、魚和肉尤其不缺。伙食費是一般俄國公費學生的一倍。學校提供西裝、皮鞋，以及其他一切日常必須用品。

---

21 關於誰是二十八個半布爾雪維克，迄無定論。重要的是，這些人並不一定有深厚私交，彼此之間主要是思想觀點和策略綱領上的「結合」。加上「國際派」的帽子，指責他們是一個黨內小組織，完全建立在派系意識的基礎之上，不是實事求是的作法。參閱程中原，《張聞天傳》，頁106。

22 Yu Miin-ling, *Sun Yat-sen University in Moscow, 1925-1930*, pp. 88, 145.

23 據余敏玲研究，正式批准的預算為55萬金盧布。這個數字相當於1923年3月史達林同意給予國民黨援助總額(200萬)的四分之一強。一個金盧布等於一個墨西哥銀元；見中共中央黨史研究室第一研究部譯，《聯共(布)、共產國際與中國國民革命運動，1920-1925》，頁226、675。余敏玲又說，經過追加以後，第一年的預算增為73萬盧布。當時莫斯科工廠工人的工資，最高每月225盧布，最低30盧布；見余敏玲，〈國際主義在莫斯科中山大學〉，《近代史研究所集刊》，26：244。劉杰誠對中山大學預算的估計是，一年一千萬盧布，這顯然不符實際；見劉杰誠，《毛澤東與斯大林》，頁99。

24 Yu Miin-ling, *Sun Yat-sen University in Moscow, 1925-1930*, p. 121.

平時免費招待觀賞芭蕾、歌劇，寒暑天則有別墅度假。為照顧學生，學校更不遠千里，派人到遠東採購中國食品。至於所受教育方面，中山大學和東方大學沒有明顯差別，在黨性教育方面卻有不同經驗。學校為了鼓勵學生批評和自我批評，規定黨員每天寫日記，必須嚴格批評和自我批評。由於黨性教育的強化，上級又有意鼓勵，這些日記中竟然充滿了檢舉同學的黑材料[25]。

中山大學最初設有旅莫斯科支部，後來蘇共以國際主義為理由，將它撤消，另外成立了共產黨支部局，把中共的黨團員全部納入俄共的組織管理。王明因受副校長米夫的識拔，控制了支部局。他不僅響應史達林的政策，倡導學生反對托洛斯基，對其中所謂托派分子進行鬥爭，在反對小組織的口號下，更把一些反對他領導的知識分子和工人黨員，打為子虛烏有的「江浙同鄉會」派或「工人反對派」。這種黨內鬥爭，到1930年有了新的發展。因為史達林展開大整肅，也在中山大學內進行全面審查。學校召集中國學生開會審查，先由外來的格別烏特務根據資料提問，然後由其他在場的中國同學當面舉發，如果兩方面都表示沒有特別問題，則當場通過審查，否則，根據兩方面的意見定罪懲罰。當時有700餘學生受到審查，僅200餘人順利過關，其餘都受到警告或開除黨團籍的處分，更有數百人被送到「古拉格群島」(集中營)勞改[26]。這一個審查幹部的經驗後來傳到中國，是導致三〇年代中共血腥肅反的一個重要因素，也是四〇年代審查幹部的一個重要參考。

---

25 Alexsander Pantsov, "From Students to Dissidents: The Chinese Trotskyists in Soviet Russia", *Issues and Studies*, vol. 30, no. 3, pp. 122-23.

26 程中原，《張聞天傳》，頁107；唐有章口述，劉普慶整理，《革命與流放》，頁36-37。審查的重點是「階級成分、社會關係、平時表現和參加什麼組織活動」。此外雖然注意思想觀點，但問題簡單，通常都不會深入追究。見毛齊華，〈追憶在莫斯科中山大學期間的幾個問題〉，《中共黨史資料》，1997年9月，63：62。

1927年國民黨清共後，莫斯科中山大學開始提供軍事訓練[27]。同時，共產國際也開始特別培養軍事人才，在步兵、騎兵、砲兵、工兵等學校都設有中國班或中國連的編制，課程一年。這是下級軍官的培養。另外程度比較好的學生，則送入列寧格勒軍政學院深造。這是一所三年制的軍事學校，其中國班學員享受營級軍官的待遇，中共中上級軍官就是在這裡培養的。

二、三種類型的知識分子

陳獨秀和李大釗開拓中共的組織，新文化運動所形成的社會動員網絡是最重要的孔道，他們從自己的「同志」著手。早期的中共黨員中，引入注目的有以下幾個現象：第一、他們主要是中小知識分子，擁有全國性知名度的大概只有陳、李兩個人。第二、他們中間有國外學歷的人不少，雖然在全部留學生中算是極少數，但是從黨員結構中所占的比率看來，已經算是不少了。其中主要是留日的，留歐留美的不多，留歐留美而加入中共的，主要是勤工儉學學生。第三、他們之中有一些北大、清華和南開的大學生，但比較起來，中學生要占多數，師範學校出身的尤其引人注意。為什麼早期的黨員中出現以上現象呢？除了思想和政治環境以外，是否另有社會經濟方面的因素？其實，我們也要藉機回答一個問題：中共在吸收學生黨員過程中，為什麼升學和留學那麼具有吸引力？

民國初年的知識分子，由傳統文人蛻變為現代知識分子，是一種轉型期的知識分子。儘管科舉制度早已廢除，也儘管鄙視「肉食者」蔚然成風，但是中國社會基本上仍是「萬般皆下品、惟有讀書高」的社會。在這個社會中，知識分子的視野有從地方擴大到中央的明顯趨勢，有志之士為了尋求救國之道，把注意力幾乎完全集中在上層政

27 Yu Miin-ling, *Sun Yat-sen University in Moscow, 1925-1930*, p. 110.

治。儘管在五四新文化運動中，勞工神聖、平民主義的口號日益響亮，但新派知識分子心中仍存有層級的觀念，上下之間仍有很大的社會距離。

在早期的共產黨人中，以陳獨秀、毛澤東和楊明齋爲代表，當能說明這種層級關係。陳獨秀是大知識分子，毛澤東是小知識分子，而楊明齋是半知識分子。陳獨秀念過四書五經，是科舉制度下的秀才，也到過日本留學，是了解現代歐美文明的先驅者，他擔任北京大學的文科學長，是傳統士人眼中的第二號國子監祭酒，也是新文化運動的青年導師、全國性的社會菁英。毛澤東畢業於長沙第一師範，在一般情形下，頂多只是內陸省分的下層菁英。然而因緣際會，他在湖南的反對軍閥運動中，脫穎而出，成爲省城長沙文化圈中小有名氣的人物。五四新文化運動中，他的老師楊昌濟到北京大學任教，他隨後也來到北京，向新文化運動領袖請益。因爲缺乏盤纏，他只能像傳統應考的貧窮士子一樣，住在北京的湖南會館，幾個人同蓋一張被子。毛澤東雖然沒有機會進入北京大學，但所幸有楊昌濟的介紹，得以擔任北京大學圖書館的館員，並沒有因爲失業而脫離文化界。楊明齋小時候念過三、四年四書五經，在生活的重擔之下，到西伯利亞討生活，做過雜工，下過礦坑，可能讀過的書早已經忘了。後來因爲俄國發生十月革命，工人翻身，他被送到莫斯科大學學習，纔有機會在魏金斯基到中國來建立中國共產黨時擔任翻譯，變成中共建黨的功臣。

大知識分子和小知識分子之間，不僅有聲望上的軒輊，也有經濟收入的差別。陳獨秀在中共建黨時，每月所得是200元，是其他黨員的二到二十倍。當時，他已經被迫辭去北京大學文科學長的職務，北大教授胡適的月薪是280元，陳獨秀當文科學長時的收入比他多20元，這還只是計算正薪，並不包括他著述的稿酬。毛澤東擔任圖書館員的月薪只有8元，只是胡適正薪的1/35，其數目之微薄，簡直令人難以置

楊明齋。西伯利亞礦工出身的共產黨員，在接受莫斯科大學訓練後，以魏金斯基的中文翻譯身分返華，在上海辦理外國語學社。雖然是工人出身，卻想和陳獨秀爭意識形態權威的霸主地位，因而撰文批評1920年代的中國三大思想家──梁啟超、章士釗和梁漱溟。

信，不僅比不上一般大學生，甚至連技術工人的收入也遠遠不如。當時進大學就像考進士，學費昂貴，並非一般工農家庭所能負擔。大學生多半出身有錢商人、士紳和官僚家庭，經常在北京八大胡同之類的場所花天酒地。品德良好的雖然不少，但也多半自視甚高，看不起一般人民。難怪毛澤東自己回憶，他因爲職位低微，沒人理睬，想向一些新文化運動的頭面人物請教，也沒人表示興趣，在圖書館見到這些人，有備受冷落的感覺[28]。毛澤東後來離開北京大學，曾在上海參加

28　李銳，《三十歲以前的毛澤東》，頁314。當時梁漱溟是北大講師，他經常在晚上拜訪同事楊昌濟。毛澤東住在準岳丈楊昌濟家中，也經常替梁漱溟開門。但是梁漱溟除點頭寒暄外，從來不問毛澤東是誰，也不自我介紹，便直接進入客廳找楊昌濟談話。二十年後，梁漱溟到延安見毛澤東，要不是毛澤東告訴他，他們早見過面，梁漱溟根本不記得這一段往事了。這個故事也說明了當時大知識分子的自傲。見汪東林，《毛澤東與梁漱溟》，頁2-3。

勤工儉學，像工學互助團的學生一樣，替人洗衣服，然而這無助於他改善社會地位。反倒是在回到湖南老家以後，憑著他在地方上的名望，才得到一個小學校長的職位。雖然對一個師範畢業生而言，這已經相當有成就了，但在人文薈萃的湖南省城，他仍然只是一個卑微的小人物。

小知識分子和大知識分子之間的社會距離，也可以用來說明陳獨秀在黨內的崇高地位。當時他只有四十幾歲，但黨內都稱呼他老頭子，可以說沒有人能向他的權威挑戰，經常是他一個人說了算數。這種「家長制」的領導形態，當然也招來不滿。奇怪的是，最早對他不滿的卻是工人出身的中共創黨人楊明齋。其實楊明齋的不滿，正可以說明半知識分子在面對大知識分子時的心理狀態。陳獨秀成立的中國共產黨，理論上是工人無產階級的先鋒隊，代表社會上最進步的工人無產階級，因此建黨以後，他立即致力於教育、動員和組織工人。面對楊明齋這個工人無產階級出身的出類拔萃人物，他理應加倍尊敬。可是楊明齋的感覺正好相反，認爲自己在陳獨秀眼中根本微不足道，爲此對陳獨秀大不以爲然，後來也毫不遮掩自己對陳獨秀的惡感。

爲了和陳獨秀一爭意識形態上的霸權，楊明齋以翻譯身分隨魏金斯基回中國以後，百般推拖上級指定的工人運動工作，同時則努力爭取自己在知識界的地位。1921年到1924年之間，中共正積極展開建黨工作之際，楊明齋竟然一個人隱居在河北鄉下，潛心著述，從馬列主義的立場，批評當時中國知識界三大名人——梁漱溟、梁啓超、章士釗。雖然楊明齋的作品並未引起學界注意和反響。可是他不屈不撓，再接再厲，1927年到1929年，又以兩年歲月寫了一本革命理論著作——《中國社會改造原理》，但是這本書更不成功，仍然沒有人承認他是中國第一號馬列主義理論家。失望之餘，他偷渡回蘇，被拘留在西伯利亞的古拉格群島上。俄共當局在弄清楚他的真實身分以後，即將他釋放，但並沒有加以重用，他於是拒絕離開勞改營，仍舊獨自過其隱居式的生活，對人自稱是前清秀才，平日足不出戶，大小便吃住都在一個房間。不洗澡，也不換洗衣物，專門鑽研馬列主義，精神看來十分不正常[29]。

同樣是知識分子，卻有大知識分子、小知識分子和半知識分子的差別，造成其中差別的一個因素是教育程度。所以升學成爲不少人追逐的目標，而出國留學成爲社會地位上升的終南捷徑。可是升學和留學都花費不貲。先說留學。當時留學所需費用，歐美比日本昂貴，到法國勤工儉學是最便宜的留學方式。即使便宜，買最價廉的船票，也要一百塊銀元，再加上其他開支，每一名學生至少要有三百塊銀元旅費，才能抵達法國的目的地，並安排好自己的住宿和學校。這項費用並不包括半年以後繼續念書的費用。鄧小平的父親是四川成都附近做過縣團練局長的「土豪」，爲讓兒子出國，費盡心機，才張羅到三百元。可是，鄧小平念了五個月法國中學後，終於被迫輟學，而偷偷離校，到外面去打工賺錢[30]。鄧小平的情形如此，家境比鄧小平差的留學生，尤其是非勤工儉學的學生，就不難想像其境遇之慘了。因此有學者指出，民國初年，留學生主要來自有錢商人、官員和教授的家庭。除非極特別的情形，一般中下層民眾的家庭，尤其是工農家庭，根本不可能送子女出國念書[31]。

同樣是出國留學，清末民初，歐美留學生的地位要比留日學生高。陶希聖回憶他進商務印書館工作時的情形，他發現學歷不僅決定薪資高低，也決定辦公桌的大小。當然北京大學畢業生趕不上留學生，可是

29　師哲，《在歷史巨人的身邊：師哲回憶錄》，頁72-74；中國社會科學院現代史研究室，中國革命博物館黨史研究室選編，《「一大」前后》，3：114。

30　青石，〈莫斯科新發現的《鄧小平自傳》〉，《明報月刊》，1994年9月號，頁139；毛毛，《我的父親鄧小平》，頁46、62。

31　Y. C. Wang, *Chinese Intellectuals and the West, 1872-1949*, p. 152.

留學生中也有區別，日本留學生趕不上歐美留學生；同樣是歐美留學生，一般大學畢業的便遠遠趕不上哈佛、耶魯、牛津、劍橋等名校；同樣是日本留學生，一般大學畢業的也遠遠趕不上帝國大學[32]。這種社會上的差別待遇，或許可以反過來說明一個現象：早期中共黨員中，爲什麼留日學生比留歐美的學生爲多。

這一個現象也牽涉到其他兩項因素。第一、到日本留學雖然比到歐美國家容易，但是進入日本的正式大學，尤其是帝國大學，卻是難上加難。中國學生必須先在日本官立的高等學校就讀，畢業之後，再同日本學生一起考試競爭。天資不能說不高的周恩來，就是投考日本高等學校幾次失敗後，帶著落寞心情回國的[33]。因此當時中國去日本留學而能從日本大學畢業的人數恐怕十不及一，而能從日本帝國大學畢業的更是少之又少。即便有幸完成學業，也不一定能在回國之後，找到值得全心全意投入的本行工作，尤其是文法科以外的學生，幾乎可以說是英雄全無用武之地。李漢俊畢業於東京帝國大學工科，棄工從「政」，以宣傳馬克思主義爲職志，不知是否有鑑於此？

第二、民初時期是日本的大正時代，歐戰以後，社會主義思想開始在學界流行。不少中國學生本來便因爲升學困難，而不滿於日本社會的各種歧視，因此對帶有批評日本現有體制含意的社會主義思想相當注意，甚至傾倒。當他們回到中國以後，面臨出路困難，在官府中找不到適當工作，便做社會地位不高的律師，或在雜誌或報社糊口維生。縱使有這些專門職業，社會地位也可能不如留歐美學生高，收入更可能不如留歐美學生豐厚。其中幸運的，即使能進入大學教書，也缺乏職業保障。陳獨秀在五四前夕，便因爲有人誣衊他敗壞道德，而失去北大文科學長的職務。其他留日學生，例如李大釗、陳望道和沈

32 陶希聖，《潮流與點滴》，頁74。

33 中共中央文獻研究室，《周恩來傳，1898-1949》，頁22-33。

澤民諸人，雖然都是一時俊彥，但際運似乎更糟。他們在當時迅速發展中的教育和文化界中占有一席之地，但和歐美留學生競爭起來，總是相形見絀。在心理飽受挫折之時，非常容易受到十月革命勝利的啓示，而走上馬克思主義的道路。

民國初年在北京和上海念書的費用，也不是一般家庭可以負擔的，有人估計一年花費甚至比到東京讀書還貴[34]。什麼樣的大學生比較可能加入中共？加入中共的北京大學學生不少，他們的家庭出身應該甚佳，但似乎有更多著名的中共人物是貧戶出身的。後來擔任過中共總書記的瞿秋白便是一個好例子。他已經通過北京大學的入學考試，迫於經濟壓力，卻只好選擇了公費的北京俄文專修館念書。俄文專修館畢業之後，並不得意，後來還是因爲中國知識分子想知道蘇聯革命真相，纔得到一份收入不錯的工作。其他大學畢業生，雖然表面上像是在翰林院做了四年進士，但是在人浮於事的社會裡，要找到一份可以相稱的工作，也不容易。

相當於傳統科舉制度舉人身分的中學生，就更難謀到一分差事了。當時家境貧窮的學生能進的是師範學校，畢業之後，如果幸運找到一份小學教員的工作，則月薪不過10至30元的盞盞之數，餬口度日而已。留在鄉村中的知識分子和半知識分子，教育程度低，而境遇也愈加艱難。一份以江浙兩省爲主的調查顯示：小學教員的平均月薪是13、14元。如果他們上有父母，下有子女，一家六口，則最低需要是月薪26元。因此半數左右的小學教員負有債務[35]。靠教私塾餬口的人，境遇更加糟糕，餬口之外，談不上任何出人頭地的機會。

但是五四新文化運動展開以後，知識分子關心國家大事的雄心壯志被激發起來了，稍受教育的年青知識分子，即可能有澄清四海和改

34 Y. C. Wang, *Chinese Intellecutals and the West, 1872-1949*, p.155.

35 俞子夷，〈小學教員生活狀況調查〉，《教育雜誌》，15：21，43-64。

造世界的志向，面對現實世界而有志難伸，其懷才不遇之感慨可知。知識分子留在邊遠地區，還可以出人頭地，成爲地方菁英。如果到大、中城市去尋找機會，則很容易四顧茫然，只能成爲萬頃人潮中的一小滴水，機會渺渺。

毛澤東到北京和上海，目的是尋找思想出路。當時，新文化運動的領導人物，像陳獨秀、李大釗和沈定一等比較著名的，都通過雜誌和報紙，答覆各地青年的問題。各地青年也因爲參加學潮、家庭拘束或婚姻困擾，而湧向上海和北京尋求新的生活。他們在大城市裡，無親無故，不獨精神苦悶，生活也經常陷於絕境。他們之中有些人向陳獨秀和沈定一這些所謂青年導師求助。因此，陳獨秀和沈定一身邊都圍聚著這樣一批等待指導的青年，而這些青年後來也在陳獨秀和沈定一諸人的指導下，紛紛接受了共產主義的信仰。陳、沈身邊這兩群青年人，加上毛澤東介紹到上海準備留俄勤工儉學的湖南初中畢業生，是上海外國語學社的三批主要分子。他們不但熱心政治學習，也熱心於政治宣傳，中共的社會主義青年團便是在他們努力工作下迅速發展起來的。

雄心勃勃的中學生，聽說到蘇聯去勤工儉學不需要任何花費，很少能不動心，更何況能學到救國新知呢！他們於是不遠千里，到上海中共辦的外國語學社半工半讀，一面免費學外國語，一面爲中共打工，幫忙寫文章，發傳單，賺取一個月5元的生活費[36]。這些學生中也有出身富家，充滿理想，或趕時髦的；柯慶施家裡有錢，愛好新文學運動，嚮往無政府主義，就是一個例子[37]。不過，他們究竟人數不多。他們所謂打工，其實是幫忙中共黨務，當社會主義青年團成立時，他們便是最早的團員，然後接受安排，到莫斯科留學，接受職業

36 余世誠、張升善，《楊明齋》，頁126。

37 同上，頁140。

革命家的訓練。經過一段時間的學習以後，通常是一年，便分別返國，投入中共的革命活動之中。瞿秋白雖然不是學生，從其加入中共前的遭際來看，也可以算作留俄勤工儉學的一分子。

三、學生運動

中國共產黨和社會主義青年團的很多成員，都是五四運動時的積極分子。中共成立伊始，五四愛國運動的高潮已經過去，但是餘波蕩漾，學生們發現縱使他們赤手空拳，也可以透過新的方式，包括遊行示威、通電請願、出版報章雜誌和組織政團政黨，來影響國家重要決策，因而形成學生萬能的心理。學生動輒抗議示威，從1919年到1928年，全國總共發生了248起學潮。其中1922年和1925年是兩個高峰點。發生的地點主要是長江中下游數省，其次是北方直、魯兩省。

這些學潮發生的原因，依其抗議對象，可以粗分爲數類：第一類是反帝國主義的，包括檢查日貨事件、反基督教運動和收回教育權運動。第二類是反對軍閥政府的，有以北京中央政府爲對象的，也有以地方軍閥爲目標的。第三類是反對壟斷教育的地方菁英。當時不少地方菁英在教育理念上，相當保守，甚或假公濟私。第四類則是以學校本身爲對象，包括趕走校長和老師，不滿學校的某些措施[38]。

儘管學潮發生的實際原因可能相當複雜，學潮卻爲政治人物帶來火中取栗的機會，尤其是學潮本身帶有濃厚的政治性。五四運動以後發生的學潮，並不一定和中共有任何關係，但是中共從建黨開始，便清楚地認定學生是其動員的主要對象，所以平時已在學生社團中積極活動，甚而在學生中成立黨團組織。一旦學潮發生，則除積極聲援外，更力圖掌握學潮的方向，進而發展其黨團組織，以取得學潮的領導權。由於策略成功，中共很快成爲校園中最重要的一股政治勢力。

---

38 呂芳上，《從學生運動到運動學生》，頁17-27。

反觀軍閥政府，他們面對一波又一波的學潮，不懂疏導，通常採取強硬態度，有如火上加油。青年學生在飽受挫折之餘，越來越把矛頭指向軍閥政府。以安徽為例，1921年6月，安徽督軍倪嗣沖施政無道，先是削減教育經費，並挪用教育經費賄選省議員。其後，則賄賂北洋政府，以親信充當省長，地方為之譁然。在抗議活動中，學生充任急先鋒。中共暗中控制的學生團體，也參加學校教職員的請願和抗議活動。由於軍閥武力鎮壓，發生死傷案件。學生全力反擊，進而推動罷工、罷市，甚至毆打官員，圍困省長公署，毆打省議員，衝散議會，破壞地方選舉會場，燒毀投票箱，迫使政府不得不讓步。安徽的社會主義青年團便在學潮中迅速擴大[39]。毛澤東稍早在湖南的經驗，基本沒有不同，他在湖南以學生為主的反軍閥張敬堯運動中嶄露頭角，並在隨後發生的反湖南督軍趙恆惕的省憲運動中爭取同志，擴大中共黨、團組織。

值得注意的是，學潮隨著反帝國主義的浪潮起伏和擴大。當時各地中外衝突的事件不斷發生。涉及人命的案件，尤其撼動人心。1923年6月湖南長沙發生日本水兵刺死和刺傷中國人的案件。事發之後，湖南各大城市都發生罷工、罷課、罷市，情勢宛如五四運動的翻版。學生便在整個運動中充當急先鋒，毛澤東則從中吸收中共黨、團成員。1922年3月，全國教育界人士倡導非基督教同盟，在經過約兩年半的摸索後，提出收回教育主權的主張，把反帝國主義運動帶到一個新的境界。湖南之外，安徽和江西各省的教會學校都發生抗議活動，有些學生甚至發起集體退學。學生的反帝國主義情緒高漲，中共黨員參加非基督教同盟，積極主動，迅速掌握了該組織的領導權[40]。

1925年五卅運動爆發，學生運動攀上了一個新高峰。上海和廣州

---

39 鮑勁夫，《許繼慎將軍傳》，頁13-34。

40 李維漢，《回憶與研究》，頁53-55，62-63。

是這一波運動的中心，北方所受影響不大。在上海的五卅運動中，上海大學的學生扮演了關鍵性的角色，該校學生領袖中共黨員何秉彝便是在示威遊行中遭租界巡捕射殺而成爲烈士的[41]。積極參與五卅運動的中共學生黨團員多半兼有國民黨籍，他們依賴國民黨黨員的身分，在上海租界和軍閥地區取得了合法和半合法的活動空間，並取得上海學生聯合會和全國學生聯合總會的領導權。他們受過良好的教育，具有愛國熱誠和政治理想，積極協助中共地下黨員取得上海工會的領導權，並代表工人團體出面和上海大商人的團體打對台，自命爲反帝國主義的急先鋒，終於取得了五卅運動的領導權。當時全國學生聯合總會的領導人之一便是上海大學學生李碩勛，不過這時恐怕恁誰也想不到，六十四年後他的遺腹子李鵬竟然是力主鎮壓天安門學生運動的中共國務院總理[42]。

在五卅運動中，純粹國民黨員不但參加活動，更基於「同志」之誼，竭盡所能，爲跨黨的學生黨、團員提供掩護。只是因爲他們多半不願親身參與實際行動，所以學生運動的領導權主要掌握在從事實際工作的中共黨員和團員手中。由於他們無私奉獻，一般學生欽佩之餘，可以說對他們言聽計從。再者，軍閥打壓五卅運動，誇大運動背後的共產黨成分，使不清楚實際狀況的學生信以爲真，認爲五卅運動百分之百是由中共領導的，而以能加入中共爲榮。當上海的五卅運動在大商人和租界當局的聯合打壓下逐漸平息時，上海學生深感挫折，受到學生運動領袖的影響，思想和行動變得更加激烈，投效國民黨者固然有之，加入中共者尤其踴躍。有些學生在加入兩黨之後，進一步接受組織的動員，南下廣東，實際參加打倒軍閥的革命活動。

41　中央團校青運史研究室，《中國新民主主義革命時期青年運動簡史》，頁67。

42　中共廣東省黨史研究委員會《李碩勛》編寫組，《李碩勛》，頁55，73-80。

學生運動的領袖。1925年6月，上海五卅運動爆發後不久，中華全國學生聯合會召開第七次全國代表大會，共產黨員的上海大學學生李碩勛和上海東亞同文書院學生梅龔彬兩人分別當選為執行委員會的正副主任委員。這裡是第六和第七屆執行委員聯歡時的合影。後排左起第四人是李碩勛，他於1931年在海南島被當局捕殺。他的遺腹子就是1989年力主鎮壓學生運動的中共總理李鵬。

雖然上海的五卅運動對長江中下游的學生產生動員的效果，但是對北京的知識分子和學生而言，1926年北京天安門發生的三一八慘案纔是真正的里程碑。在這以前，北京的學生還是承襲五四運動的遺風，在愛國運動中僅擔任急先鋒的角色，並沒有真正起來要推翻北洋政府。另一方面，由於北洋政府對抗議活動一般採取低調處理，所以城市學生之間往往有「學生萬能」的幻覺，一般教授也以爲示威抗議乃是北京日常生活的例行公式，不可能遭到政府太嚴重的鎮壓。五卅運動主要是針對英帝國主義的運動，在北京沒有引起熱烈回響。到1926年3月中旬日本政府公然干涉中國內政時，北京的學生和知識分子便起來行動了。

當時馮玉祥的國民軍控制北平和天津一帶，和張作霖的奉軍以及張宗昌的直魯聯軍爭奪海口。日本爲了支持張作霖，遂於是年3月12日藉口辛丑條約的規定，派軍艦駛入大沽口，國民軍守軍開砲警告，日本軍艦不但不理，反而加倍挑釁，砲轟中國砲台。雖然國民軍驅離了日本軍艦，但日本又聯合其他列強提出最後通牒，要求國民軍立即撤走。消息傳到東京後，許多留日學生結件回國抗議。這是晚清以來的傳統，晚清以來每一次發生喪權辱國的事件，學生都必定組團回國請願和抗議。五四前夕，就有1,500餘名留日學生回國抗議，其中有後來加入中共的李達、李漢俊和黃日葵。這一次也無不同，不過更有籍隸中共的學生成員參加。像以前的抗議一樣，這一次並沒有產生具體的效果。北京的國民黨領袖丁惟汾、徐謙和跨黨的李大釗、趙世炎等人於是發動北京學界、商界、工界團體和群眾，約定3月18日上午，到天安門請願抗議。

北京城這時候仍在知識分子支持的國民軍手中，請願抗議大會的主席是與國民軍關係密切的徐謙和李大釗等人。他們代表國民軍宣布，段祺瑞政府的警衛已經換了國民軍自己的部隊。隨後有2,000名左右激動的群眾忍饑挨餓，於當天下午遊行到段祺瑞國務院門前的空地，不料卻發現負責警衛的仍然是原來的一批軍隊。這些以學生爲主的群眾在發現段祺瑞不在後，情緒益加激動，痛罵士兵是軍閥走狗，硬要闖入段祺瑞的辦公廳。出乎眾人意料之外的是，負責軍官不像過去的北洋軍隊，對由年輕學生組成的示威群眾有所顧忌，竟然下令開槍射擊，當場打死了26人，受傷的200餘人中，送到醫院又有21人不治。此次示威共有47人死亡。小說家魯迅從民國成立以後不久便住在北京城，他聞訊悲憤不已，說這是「民國史上最黑暗的一天」，沒想到他認同的中國革命成功以後，天安門前對示威學生還會有更大規模的屠殺。面對這樣的打擊，北京的知識分子和青年學生，對北洋政府徹底失望，要不是轉入地下活動，便是南下廣州參加革命，不少人更加入了中共的黨團組織，成爲中共的忠實幹部。

三一八慘案發生時的示威抗議運動，主要是以國民黨名義進行的。當時，共產黨在北京仍屬非法。運動的上層領導主要是國民黨人士，只有李大釗一個人例外。但是實際從事中下層工作的人員當中，情形剛好相反，純粹國民黨員少，跨黨國民黨員多。其中工作最熱誠的、予人深刻印象的積極分子多半是共產黨員。這次慘案中死難的人士中，至少有六人是中共的黨員或團員[43]。慘案發生後，軍閥政府以討赤爲藉口，遂造成一個錯誤印象，以爲這次學生運動完全是中共領導的，中共是真正的反帝國主義者。因此，在學生運動轉入地下以後，國民黨雖然有所擴展，受益最大的卻是中共在北京的黨組織。從

三一八慘案。1926年3月18日，以學生為主的群眾在天安門群眾大會結束後，遊行到北京鐵獅子胡同，向段祺瑞執政請願。段祺瑞的衛隊在執政府前與示威群眾對峙，學生堅持闖入執政府，衛隊開槍鎮壓，造成200餘人的死傷。大文豪魯迅的北師大學生劉和珍也在這一次慘案中遇難，魯迅為文悼念，痛心疾首說道：這是民國史上最黑暗的一天。

43 《三一八運動資料》，頁515。

慘案發生到1927年2月為止，北京的中共黨員從300餘人增加到1,000餘人[44]，增加的主要是知識分子，尤其是大學、中學學生。

※ ※ ※

中共由知識分子締造，帶有濃厚的菁英主義色彩。早期黨員的標準頗高，除非對馬列主義有一些起碼認識，而政治熱誠也有起碼的表現，否則很難被介紹入黨。中共建黨之初，黨員寥寥可數。雖然他們犧牲奉獻的精神很高，但畢竟都不是富有貲財的人，加上又沒有以「革命」為職業的觀念和客觀條件，所以發展組織很難逾越他們日常接觸和熟悉的知識分子圈。他們憑藉在文化、學術和教育界所擁有的資源，尤其是在新文化運動中形成的人際網絡和社團關係中，尋找志同道合的革命同志。他們在青年學生圈中尤其活躍。儘管中共早期黨員只能秘密活動，但是他們以合法掩護非法，還是能夠逐漸擴大黨員人數。

1920年代的中國，為中共在知識分子和學生中的活動，提供了兩項有利背景：第一、學生和知識分子的視野迅速由地方升高到中央，他們幾乎只對全國性政治議題有所關懷，可是教育和就業機會並沒有相對應地增加，滿足他們的期望，貧苦學生在教育和就業的競爭中充滿了挫折和不滿。第二、學生求變求新，又在五四愛國運動中養成「學生萬能」的心理，各種不滿和挫折動輒以示威和遊行形式表達。中共抓住時代的脈動，不僅迅速成為學生中最受歡迎的政治團體，也掌握學生運動的部分領導權，並且藉提供升學和留學為管道，吸引和訓練有志青年。當時蘇聯有東方大學和中山大學，中國有上海大學，都為中共培育了一批人才。如東方大學的劉少奇、任弼時和柯慶施，中山大學的王明、秦邦憲、張聞天、鄧小平、陳伯達和葉劍英，上海

---

44 《三一八運動資料》，頁565。

大學的秦邦憲和康生夫婦。他們所受的教育基本上是為職業革命家準備的，畢業以後他們以共產革命為職業，一方面致力於政治理想的實現，一方面藉以維持個人和家庭的生計。基本上在革命以外並無其他專業訓練。他們的崛起導致中共的轉變，使之由知識分子的業餘政治團體逐漸變為職業革命家的專業組織。

中共在學生運動中壯大，而學生運動則吸取反帝國主義運動的養分繼續成長。1925年五卅運動爆發，代表上海地區學生運動和反帝國主義運動合流的一個巔峰，而1926年北京的三一八慘案則以自願為政府後盾的反帝國主義抗議活動始，以青年學生和知識分子群起打倒軍閥政府終。中共在這兩次學生運動中都因為黨員的積極參與，從而取得舉足輕重的地位。軍閥政府的大肆鎮壓，反而加深青年學生和知識分子對中共的好感和認同，促其主動爭取加入中共組織。在軍閥統治地區，中共黨員所以能積極參與學生運動，當然和全國的反帝國主義情緒高漲有關，但是國民黨所提供的合法和半合法掩護也是不容忽略的因素。在國民黨的掩護下，中共很快地取代國民黨，成為激進學生心目中最有吸引力的政治組織。

1927年4月國民黨清黨以後，工人因為對革命失望而脫離中共的情形非常嚴重。相形之下，學生與知識分子卻是無論如何也不願脫黨，千方百計要中共安排工作。這雖然與學生和知識分子的理想主義性格有關，但是他們在清黨以後找不到適當的工作，又不願俯身屈就，應該也是值得注意的重要因素。共產革命可以發洩學生和知識分子對現實的不滿，又可以滿足他們高遠的理想，更可以為學生和知識分子解決生計問題，一舉而數得。不錯，共產革命會導致殺頭，但豈可就此裹足不前？青年知識分子加入中共黨、團組織的越來越多，儘管他們在全體青年知識分子所占的百分比還是很少，但是他們已經成為政治上不可忽視的一股新興力量。

第二節　被推上歷史舞台：工人運動

中共在建黨時，楬櫫無產階級專政為其奮鬥目標。其實黨員之中，工人屈指可數，也沒有幾個知識分子因為對工人階級的生活有深入了解，而信仰馬列主義。當時歐美日本雖然有如火如荼的工人運動，但他們最初總以為這是資本主義高度發展以後的歷史現象；中國畢竟經濟落後，提倡同樣的工人運動是超越歷史發展階段的做法，是躐等而進。當他們從俄國的經驗中發現，資本主義落後國家也可以直接從事共產主義運動後，開始皈依馬列主義；這時發現中國工人也在積極爭取他們自己的權益，於是才開始關心工人階級的生活，並投身於工人的組織和動員。

至於中國所謂「工人階級」，究竟是否像馬列主義信徒所認為的那樣，已有所謂階級意識，這是一個政治信仰問題，不值得爭論。重要的是，最初的中國共產黨人很清楚，一般工人缺乏文化，他們認為政治是「上等人」的事情，工人在政治舞台上並無發言地位。他們對現有社會結構也無深切體認，更無將其推翻或要它改變的念頭。儘管他們為了改善生活，曾不時訴諸集體抗議，甚至罷工，但是他們的對象是個別老闆和資本家，並無打倒所有老闆或是資本家的企圖。儘管工人也曾響應愛國主義或排外主義的號召，進行請願和罷工，可是他們的參預均以接受社會菁英的領導為前提，既無持續性，也無「打倒帝國主義」的清楚概念。對歐美國家資本主義經濟制度和中國工人所處境遇有什麼關係，更是沒有多少理解。

1925年前後，情況出現巨變。中國竟然發生波瀾壯闊的工人運動，而主要成員為知識分子的中共，非但吸收了大批工人黨員，也取得當時工人運動的主要領導權，霎時之間，工人階級似乎已經成為決定中國前途最重要的一股力量。然而兩年之後，這一切又突然煙消雲散。何其興也悖焉，其亡也忽焉？1920年代，工人階級是如何被中共推上政治舞台的？又是如何從政治舞台上迅速消失的？

一、開啓民智和勞工神聖

如果工人運動指的是以工人爲主體的活動，則五四運動之前，中國早已有工人運動。那時的工人運動，主要以兩種形式出現，一種是比較傳統的，工人透過他們自己的組織，譬如以同鄉關係爲基礎的會館、公所和幫口，以及以擬血緣關係爲基礎的青紅幫，發動罷工，要求改善生活。另一種則比較現代化，主要是受歐美社會主義或無政府主義影響的知識分子，或接受蔡元培的勞工神聖思想，或接受劉師復工學合一的思想，透過教育和宣傳，設法提高工人的文化，並幫助工人成立他們自己的組織，謀求工人生活的改善。著名的湖南勞工會有會員約6,000人，創立於1920年11月，主要在紗廠裡活動。領導他們的黃愛和龐人銓兩人都是工業學校的畢業生，也都是無政府主義的信徒，在加入社會主義青年團以後，仍然保持原有信仰，主張徹底破除領袖觀念和男女界限[1]。

中共成立之後，受馬列主義理論的啓示，開始進行工人運動。根據馬列主義的理論，中共之所以成立，是時代「進步」的反映。經過四年的歐戰，中國雖然仍不是正格的資本主義社會，但內部已產生深刻的變化。歐戰期間，英法帝國主義無力顧及中國市場，中國民族工業趁此良機，快速發展。不但資產階級在擴展中，工人階級也由約100萬人增加到約260萬人。戰後國內發生的工潮似乎顯示，依照馬列主義定義的工人運動時代，已經來臨。中共自認爲是「無產階級先鋒隊」，相信他們只要順著潮流往前推進，便能掌握中國的未來。中共似乎忽略了一點，以人數來說，現代產業工人即便在歐戰期間已有相

1 關於1919年以前上海的「工人運動」，參閱Elizabeth Perry, *Shanghai on Strike: The Politics of Chinese Labor*, chapters 2-3.

當的發展，但在全中國的5億人口中仍然是極少數，頂多只占0.52%而已。即使放寬定義，加上2,000萬的店員、職員、苦力和傳統手工業工人，工人無產階級的人數也只有2,260萬人，僅占全國人口的4.52% [2]。

中共雖然自認爲是工人無產階級的先鋒隊，但他們對中國工人生活的了解，極其有限。除了知道他們生活困苦、文化落後以外，既不了解工人實際生活，也不知道他們腦袋中究竟在想什麼。只是根據馬克思主義，認定這些工人是社會最進步的階級，代表中國社會的希望，社會可以經由工人階級的鬥爭向前發展。同時，他們依據馬克思主義，認定現代產業工人，會因爲所謂「階級意識」的高漲，而建立超越地緣觀念的工會組織，開始爲爭取自己集體利益而奮鬥，並進而支持以無產階級先鋒隊自命的中共，實行「無產階級專政」。這些馬列主義的宣傳，從常理推想，應該對工人有相當的吸引力。當時工人的境遇遠遠不如今天，無論工時、薪給或是工作環境，都極其惡劣。每天工時超過十個小時是正常的。一年365天也只有舊曆年、端午和中秋三個節慶日有假。工作環境骯髒不潔，缺乏安全保障，很可能還要遭到工頭虐待，而絕大多數工人的工資所得，差堪餬口而已。在這種情形之下，要工人對僱主完全滿意，任勞任怨，忠心耿耿，恐怕並不容易。現在突然有人告訴他們「勞工神聖」，工人是未來的主人翁，聽來自是悅耳之至。何況參加工運以後，生活也確實比較可能改善，

2　王永璽，《中國工會史》，頁21，24。王永璽所謂現代產業工人，指新式廠礦工人(約50萬到60萬之間)，加上鐵路、航運、郵政、電訊、城市建築和碼頭工人。關於傳統手工業工人、店員、職員和苦力的總人數，此處所採用的是高估，低估只有1,800萬人。其實，關於歐戰後中國現代產業工人的總數，眾說紛紜，而其所以如此，是因為名詞的定義不一，而相關資料欠缺。研究這一個問題最有名的Jean Chexneaus就有不同意見。他認為1919年中國現代產業工人僅約150萬，比王永璽的估計少多了。他的估計包括人力車夫數，但因為沒有資料而省略了某些小型輕工業和城市公用事業僱用的工人總數。見Jean Chexneaus，*The Chinese Labor Movement*, pp.41-42.

甚至還有機會學習文化，減少不識字的痛苦。工人中間原來已有「有工大家做，有飯大家吃」的想法，雖然這不是馬列主義的主張，但是知識分子如此解釋馬列主義，他們聽了以後，恐怕會對馬列主義的宣傳更具好感。

儘管馬列主義具有吸引工人的潛力，但是中國的工人階級畢竟「落後」，沒有明確「階級意識」。因此中共中央必須在1921年8月中旬成立勞動組合書記部，殫精竭慮來推動工人運動。這是一個相當艱辛的工作。最初的勞動組合書記部，連書記張國燾在內，共有七名工作人員。雖然其中有一名工人，還有一名在工廠做工的大學生，但其餘四人都是單純的知識分子[3]。他們在向工人宣傳階級鬥爭理念的過程中，逐漸了解工人的實際生活和平常想法。在其面對的種種困難當中，最令他們憂心不已的是中國現代產業工人的人數太少，因此中共當局再三強調中國工人運動的幾個有利條件。第一、工人集中。中國的現代產業工人主要分布在大城市中，上海有30萬，廣州和香港有20萬，武漢有10萬，其餘分布於天津、青島、東北，動員起來方便。第二、工人的生活和勞動環境極其惡劣。他們工資低，工時長，所得不足以養家活口，還經常受工頭和老闆虐待。衛生條件和工作條件同樣惡劣，以致意外事故層出不窮，工人中職業病如沙眼、組織發炎和鉛中毒相當普遍，而營養不良更使肺病益形猖獗[4]。第三、大城市的工人主要在外資工廠工作，直接受到「帝國主義」的壓迫，對帝國主義有感性的認識[5]。然而，有利條件可能也是不利條件，工人集中於現代城

3 〈駐赤塔赤色職工國際代表斯穆爾基斯的信件摘錄〉，《黨史研究資料》，第3集，頁49。

4 Jean Chesneaux, *The Chinese Labor Movement, 1919-1927*, pp. 76-79.

5 王永璽，《中國工會史》，頁29-32。王永璽根據1925年上海工會的調查說，上海有工人50萬，武漢有工人40萬，廣州和香港有35萬。這裡所使用的數字根據是James Harrison, *The Long March to Power: A History of Chinese Communist Party 1921-1972*, p. 9.

市，這表示政府的控制力比較強，任何宣傳和組織工人的活動，都容易招致鎮壓。工人的生活和勞動條件極其惡劣，他們自顧已不暇，又何來精力從事工人運動？再說，外資工廠的工作條件雖然極差，但是比起民族企業家的工廠，卻又好多了，而比起單調貧窮的農村，更有極大的吸引力。進入外資工廠工作不易，沒有理由為了改善生活，輕易冒犯權威，自討苦吃。

從實際參與工人運動人員的角度來看，他們面對的問題有二：第一、共產黨是非法組織，而他們所宣傳的馬列主義和階級鬥爭，不僅在利害攸關的資本家心目中是異端邪說，必須全力防範，軍閥政府更認為工人運動是洪水猛獸，必須嚴格取締和強力鎮壓。因此，中共宣傳馬列主義的時候，必須學會婉轉迂迴，在公開場合盡量使用不會刺激現有權力結構的語言。其次，儘管工人迫切地盼望改善生活，但他們的習慣是置身政治之外，不太可能為了相信陌生人，而得罪政治權威和老闆。工人戒慎恐懼，中共要如何才能克服這種恐懼心理，並進而領導他們走上和雇主勢不兩立的階級鬥爭道路？

中共為減輕工人的恐懼，也為了避免政府的高度注意，必須盡量為工人運動取得半合法，甚至合法的掩護。當時中國受到新文化運動的影響，許多知識分子，甚至政客、軍閥都認為工人的生活有改善的必要。在北京大學校長蔡元培的鼓吹下，勞工神聖迅速成為知識分子的口頭禪。儘管蔡元培認為勞心者也是勞工，但他在理論上提高了勞力者的地位，認為勞力和勞心可以相提並論[6]。另外，受晚清以來開民智的影響，平民主義和平民教育也已成為知識分子口頭上的流行字眼。例如北大學生曾組織平民教育講演團和「校役夜班」，想從提高一般人民的文化水平以及自覺，來改變整個社會。早期的共產黨人無法公開宣傳其主張，於是便打著勞工神聖和平民主義的旗號，成立工

6　李新、陳鐵健，《偉大的開端》，頁20。

人夜校或工人子弟學校，建立橋頭堡，接觸工人，進而宣傳馬列主義的福音，灌輸階級鬥爭和無產階級專政的理念，提高工人的「階級覺悟」，以便將他們組織起來，實行罷工奪權。

正式建黨前夕，各大城市的共產黨小組都開始發行以勞工為對象的刊物，例如北京的《勞動音》和上海的《勞動界》。這些刊物都是用淺顯的白話文寫的，宣傳勞工神聖，勞動創造價值，勞動階級自求解放並肩負歷史使命等。這些刊物，發行不久便難以維持，其中原因甚多，如經費不足，人手不足，但最大的困難仍是政府鎮壓。文字宣傳之外，這些小組也透過行動宣傳，或是向工人演講，或是舉辦五一勞動節集會，或是支持工人自發性的罷工，或是派遣人員以辦理工人或工人子弟學校名義，到工人群眾中宣傳，爭取工人群眾的信心，並成立工人組織。1921年中共正式建黨以後，進一步成立勞動組合書記部，以張國燾為書記，在共產國際的經濟支援下，繼續發動和組織工人。共產國際的經濟支援，雖然杯水車薪，不敷分配，但是有了比較固定的經費，工人運動總算可以稍微擴大其規模。

當時上海是中國新式產業最發達的城市，每3至5個居民之中便有一個是產業工人。全部產業工人在30萬至50萬之間，約為中國產業工人總人數的四分之一。勞動組合書記部成立之前，中共已在上海楊樹浦活動，成立了一個機器工會。會員是號稱「工人貴族」的機器工人，他們的薪資所得比一般工人為厚，文化水準也比較高，可是會員一直只有幾百人，始終無法在數量上取得突破。其後，中共中央認為上海工人係以紡織業為主，而紡織工人則以婦女為大多數，因此派人到小沙渡工廠區，辦理勞動補習學校，以識字和娛樂活動為媒介，吸引紗廠女工；費盡苦心，終於在1921年1月成立了一個職工會。中共能夠有這一點成就，取得立足點，還是因為女工介紹中共工運幹部拜一位青幫工頭為師傅，得到他這個「地頭蛇」工頭的默許所致。可是，資方一旦發覺有人鼓吹同盟罷工，便立即採取壓制行動，將外來的工會人員驅離，所以工會工作難有突破性的進展。中共中央成立勞動組合書記部以後，仍然把工作重點放在上海。由於一些知識分子的奉獻和努力，終於在上述工會以外，又成立了印刷工人和郵電工人工會。這些工人的教育水準可能比機器工人還要高，但是因為受到外在環境的限制，所以規模都不大。其中最大的印刷工會只有會員1,346人；其他工會之小，可想而知。中共建黨時期領袖李漢俊後來諷刺說，這些工人組織像非中共控制的工會一樣，只有招牌一張，缺乏真正實力[7]。所以中共建議所有工會組織成立工團聯合會時，克服不了反對意見，始終無法使上海的中共工人運動更上層樓。尤其嚴重的致命傷是源自意識形態的猜忌，上海租界決定對中共的工會運動，從密切監視改為直接鎮壓，不僅逮捕實際活動的中共工會幹部，也嚴格取締中共的勞動組合書記部。1922年8月，中共勞動組合書記部在成立不到一年的時間內，終於因為無法立足，而決定從上海這個中國產業中心北遷至政治和文化中心的北京。

上海以外的其他城市，如北京、濟南、武漢、長沙、廣州，中共也大力推展工人運動，雖然也獲得了一些成績，但這些城市畢竟是在軍閥直接統治之下，從事工人運動的中共黨員也必須戰戰兢兢，處境多半並不比上海順利。比較起來，倒是北京郊外的長辛店和湘贛邊境的安源出現了令中共樂觀的因素。長辛店是平漢鐵路的機車維修廠所在，當地有2,500多名工人[8]。中共在北京的成員，五四時期曾以北大學生會和平民教育團的名義，前往宣傳愛國主義。有此經驗在前，又取得了工廠工頭的合作，遂成立勞動補習學校，白天教工人子弟，晚上教工人自己。所教課目以語文常識為主，但透過教學，灌輸階級鬥爭的理念。教學以外，教師盡全力交朋友，或是替工人寫信，或是提

7　李伯剛，〈回憶李漢俊〉，《黨史研究資料》，第4集，頁284。
8　姜平，《鄧中夏的一生》，頁65。

早期領導中共工人運動的鄧中夏。鄧中夏是五四愛國運動的學生領袖。他的北京大學同學張國燾是中共建黨以後第一任中共勞動組合書記部主任，主管工人運動，他自己則和北京大學的另兩位同學羅章龍和何孟雄，從事華北地區工人的組織和動員。1922年8月繼張國燾之後，擔任中共勞動組合書記部主任，領導歷時十六個月的省港大罷工。著有《中國職工運動簡史》。1930年李立三路線當道時，他奉命唯謹，被目為立三路線的大將。1933年被國民政府逮捕處死。

供醫療顧問，或是調解工人糾紛。當時長辛店已有傳統工人組織，爲工頭所控制，中共爲避免摩擦，也爲避免官府注意，僅組織名稱中立的工人俱樂部。工人俱樂部慶祝五一勞動節，但是所起的宣傳作用似乎遠不如實際替工人解決問題爲大。它替工人爭取各項福利和改善待遇，抗爭對象有時是僱主，有時也可能是工頭。1922年8月，工人俱樂部已有1,000人參加。適巧有一些工人和職員發生衝突，工人俱樂部抓住機會推動罷工，要求革除最爲工人不滿的職員，工廠進用或開革工人必須通過俱樂部進行，並增加全部工人工資。工廠廠主迫於形勢，除人事雇用權之外，接受其他所有條件。工人俱樂部也見好就收，既不過分觸怒資方，也達到了代表工人利益的效果。工人俱樂部頓時之間變成最受工人歡迎的組織，要求加入者蜂擁而來。

南方的安源煤礦，位於江西萍鄉縣，共有礦工13,000人，所產煤經株萍鐵路和粵漢鐵路，運往湖北漢陽，專供漢冶萍公司煉鋼之用。安源附近又有鐵路工人1,000人，可以說是一個現代產業工人的集中地。由於工人多半來自湖南，負責中共湖南黨務的毛澤東選擇該地爲工人運動的重點地區，先後派李立三(留法勤工儉學生)和劉少奇(第一代留蘇職業革命家)前往工作。最初，李立三利用邊境地區對省城知識分子的尊敬，以「平民教育」為名，在安源辦理平民小學和工人補習學校。為了爭取官府批准，學校表面上使用官方規定的課本，暗地裡卻由李立三自編教材，宣傳馬列主義，先秘密發展中共黨團組織，再公開申請組織工人俱樂部，社團公開宗旨是「聯絡感情，涵養德性，團結互助，共謀幸福」。為了吸引會員，工人俱樂部還辦理消費合作社，提供廉價日用品以及銀銅錢兌換服務。待會員增加到一定數量以後，工人俱樂部再以索取資方積欠工人的薪資為名，發動罷工，要求公司承認其代表工人權益的合法地位[9]。

安源路礦工人俱樂部。安源地處湘贛邊境，雖然在江西省境，工人卻以湖南人為主。當地有礦工和鐵路工人約15,000人。1921年底，留法勤工儉學學生李立三在返國之後，奉毛澤東之命，前往動員和組織工人，他開辦工人子弟學校和工人補習學校，取得工人信任，終於在次年5月1日正式成立安源路礦工人俱樂部。圖為俱樂部籌備委員會合影。機車上前排右5是工人俱樂部主任李立三。

9　唐純良，《李立三傳》，頁28-44。

無論是在長辛店或是安源，中共都非常注意工人既有的組織(幫口、會館公所和秘密社會)，力爭其領袖的同情和合作。安源工人在舉行總罷工時，要求紅幫頭子在罷工期間關閉鴉片煙館，不開設賭局、也不進行搶劫，因此罷工能夠得到社會輿論的深切同情，逼使資方後來不得不讓步。長辛店開始有工人運動時，工頭的同情也是中共能夠成立工人俱樂部的主要原因。後來，中共在兩地自以為勢力已經夠大，對工頭採取清除策略，弄巧成拙，反而導致俱樂部的崩潰。

長辛店和安源兩地的工運經驗，除說明爭取工頭和幫會同情之重要外，也顯示中共工人運動所面臨的其他難題：首先，工人並無明確的階級意識，有時學徒和僱主關係也不錯，若利用教育來啟迪工人的所謂階級意識，需時甚長。其次，即令中共有此耐心，因為經費有限而難收效果。在長辛店辦理學校，熱心的黨員傾囊相助，甚至典當私人所有，但終究難以長期維持。吸引工人參加工會，理論固然重要，實踐尤為重要。工人並不會因為馬列主義對未來的許諾，而驟然加入。他們一定要有實際好處，才肯參加。第三、工人原來已有組織，他們上面有工頭，而工頭一般和秘密社會，如青紅幫和其他地緣性質的幫口有關；他們也用各種方法來控制工人，例如設雜貨店允許工人賒賬，設立賭局嫖館，讓工人賒欠。再說，1920年代國民黨和無政府主義者都已介入工人運動，他們不僅不願和中共分享工人群眾的支持，反而視其為競爭對手。不過，最大的阻力還是來自軍閥政府當局，他們在防赤的口號下，打擊和鎮壓工人運動。受其影響，有些工人進行罷工時，儘管中共派員前往聯絡，並提供援助，但他們因為恐懼，加上不信賴陌生人而一一予以謝絕[10]。

1922年中共將工人運動的重點從上海轉移到華北，這一年軍閥吳佩孚新敗奉軍，取得北京的控制權，也想爭取工人群眾的好感。當

10 〈北京共產主義組織的報告〉，《黨史研究資料》，第3集，頁41。

時，親奉系的交通系政客利用其主管地位，以訓練技術工人為名，辦理鐵路職工學校和交通傳習所，然後透過它們來控制工人的組織。同時，他們也通過青紅幫和平津同誼會之類的同鄉團體，來操縱工人團體。吳佩孚為了打破這種壟斷，並進而取得鐵路的實質控制，於是揭櫫保護勞工的主張，並透過屬下邀請李大釗推薦津浦、京綏、京漢、京奉、正太、隴海六大鐵路的密查員。密查員的薪水豐厚異常，在百元以上。密查員可以接受檢舉，也可以藉口密查，免費坐車，權力極大。李大釗得此大好機會，立即推薦了六個共產黨員。這六個人利用職務，結交鐵路工人，除成立精業研究所等外圍組織外，在各交通中心積極籌設工人俱樂部。透過對單純經濟罷工的支持，他們拚命擴大組織，並開始鼓吹和推動勞工立法。

勞工立法的主要內容如下：工人有言論、集會、結社的「絕對」自由，可以組織工會，並透過工會改善經濟生活，參加勞動管理，或接受勞動補習教育。工會有代表工人談判、成立團體契約、並實行同盟罷工的權力。其他比較具體的項目是：把工時減少到八小時、把工人的休假定為每年一個月、工人同工同酬。當時這些主張，得到吳佩孚的支持，不少國會議員也願意簽名提案。在此友好的氣氛中，京漢路工人在中共勞動組合書記部北移前一個月，派代表到鄭州，開始籌備京漢鐵路總工會的成立事宜。1923年1月，中共北方區委鑑於過去幾個月內經濟罷工大量發生，且多半取得成功，也決定以「政治鬥爭」代替「經濟鬥爭」，因此積極支持京漢鐵路的工人爭取結社自由。

不料，在此關鍵時刻，吳佩孚收回了他的支持態度，不准工人成立京漢鐵路總工會。中共工會領袖也錯估了他的反對決心，自以為羽翼已豐，堅持按照原定計畫，在次年2月1日召集成立大會。當時工人有20,000餘人參加，吳佩孚派憲兵封閉會場，工人激動異常，接受中共工會領袖的指示，不顧禁令，撕開封條，強行開會。吳佩孚的憲兵展開鎮壓，工人則以罷工抗議為回應，並將罷工總部從鄭州秘密移往北京長辛店。2月7日清晨，吳佩孚唆使他的上司曹錕，派兵到長辛店拘捕工人領袖，工人聚眾抗議，士兵開槍，當場槍斃5人，射傷29人。同日下午，吳佩孚也下令武漢江岸罷工的京漢鐵路工人復工，由於工人拒不從命，吳氏血腥鎮壓，除大肆逮捕外，還將為首數人梟首示眾。這次慘案中，江岸的死難人數是長辛店的六、七倍。其中可能有純粹國民黨人，但主要仍然是中共黨員[11]。隨後吳佩孚更在北京大搜中共黨員和勞動組合書記部成員[12]。從此之後，中共的工人運動在軍閥統治之下無以立足。唯獨江西安源仍有工人俱樂部繼續活動。安源之所以成

二七慘案。1923年2月，京漢鐵路工人在鄭州準備成立京漢鐵路總工會，不料原來持同情態度的軍閥吳佩孚下令禁止，鐵路工人於是決定罷工。2月7日，吳佩孚的軍隊北在北京附近的長辛店、南在武漢的江岸展開血腥鎮壓。共產黨員的京漢鐵路總工會江岸分會委員長林祥謙(左)和湖北省工團聯合會法律顧問施洋(右)等人被捕殺害。

11 中國勞工運動史編纂委員會，《中國勞工運動史》，1：254-56。馬超俊是國民黨員，曾經具名請求卹濟「二七」慘案烈士遺族。他所提供的烈士名單包括國共兩黨黨員。

12 〈羅章龍教授談「二七」大罷工〉，《黨史研究資料》，第1集，頁254-67。

爲工人運動的世外桃源，主要因爲地處偏僻，未受政治當局注意所致。吳佩孚的成功鎮壓清楚顯示，中共雖然可以在勞工問題上找到和軍閥合作的地方，但是工人運動一旦強大到足以威脅其政治利益時，軍閥也絕不可能隱忍不發，坐視情勢朝不利於自己的方向發展。

中共的工人運動，在遭受吳佩孚的鎮壓之後，一蹶不振。不過，國民黨南方政府的統治地區不受北方軍閥的節制，而廣州一帶因爲一年前香港海員大罷工的爆發，已成爲中國工人運動的新焦點。此時中共中央決定傾全力與國民黨合作，中共中央勞動組合書記部遂在南方政府控制地區，找到捲土重來的機會，而且終於掀起中國歷史上最大的一次罷工行動。

二、民族主義的大纛：省港大罷工

中共必須轉移工運工作重點，把注意力從華北轉移到華南。在京漢鐵路二七大罷工遭受鎮壓之前，華南已有工人運動，工人之間有各種各樣的組織。這些組織主要受孫中山和無政府主義分子的影響和控制。中共儘管致力於其主義的宣傳，但組織的發展殊少。在廣州最具影響力的工人組織是機器工會。廣州的中共領袖譚平山和馮菊坡想透過國民黨的關係，到該工會新成立的補習學校教書，但因爲該工會上層人士的反對而未能如願。香港最大的工人組織則是中華海員工業聯合會，其主要領袖陳炳生、蘇兆徵、林偉民等都和國民黨有密切關係。他們在政治上若不是追隨孫中山，便是支持陳炯明。蘇、林兩人都是廣東中山人，地緣關係是他們與國民黨的重要紐帶。在這兩個工人組織中，中共都沒有黨員活動。

1922年1月，香港中華海員工業聯合會策動罷工。當時香港日常用品的物價漲了一倍左右，而薪資卻幾乎凍結，加之同工不同酬，歐籍海員擔任相同的工作，所得薪資竟然爲華籍海員的五倍之多。華籍海員感到不滿的另一個問題是，上船要受包工制內的佣金「剝削」，收入一大部分被介紹工作的包工頭取去，因此罷工抗議，要求增加薪水，並准予正式成立工會。儘管香港政府採取拆除工會招牌的高壓手段，罷工仍然持續了56天，並由單純海員的罷工擴大成為香港各業工人的總同盟罷工。參加人數從6,000餘增加到20萬，終於迫使香港政府承認中華海員工業聯合會的合法性，以及其他改善生活的要求。

這次罷工之所以成功，當然要歸功於工人的彼此合作，但是民族主義的激盪也十分重要。不僅廣州商人拒絕把食物賣給外國輪船，廣東政府也在孫中山和陳炯明的領導下，對罷工海員提供各種精神和物質上的援助。在罷工海員集體撤退至廣州後，廣東政府提供免費住

香港海員大罷工。1922年，香港海員大罷工在國民黨的聲援下，迫使香港殖民地政府讓步，承認海員有組織工會的權利，罷工海員於是正式掛出工會的招牌，慶祝勝利。馬林當時路過廣州，對這一次大罷工印象深刻，因而向共產國際建議，採取聯絡和爭取國民黨的策略。

所，也提供臨時工作以及其他經濟支援。正因爲廣東政府的強力支持是罷工勝利的主要關鍵，所以在孫中山和陳炯明分裂之後，香港政府和船商敢於食言而肥，拒絕履行罷工中所作的各種承諾，而工人一時之間也不敢再有任何抗議行動。

此次海員罷工中，中共雖然只是聲援和慰勞，卻也爭取了一些海員領袖的好感，不過因爲對海員大罷工的領袖心懷成見，認爲他們都是孫中山的信徒，態度拒人千里之外，根本沒有把他們吸收進入中共組織的念頭[13]。儘管如此，1922年5月初中共在廣州召開第一次全國勞動大會時，仍然得到孫中山的協助。這一次勞動大會聲稱代表27萬有組織的工人，人數約爲當時產業工人總數的13.5%，所隸屬的工人組織，有遵奉國民黨領導的，也有接受無政府主義分子領導的，更不乏同鄉同業工人組成的傳統組織，受中共控制的工會組織其實少之又少。中共雖然無法左右大會議程和決議，但畢竟是大會的實際組織者，所以仍然得到大會的委託，負責籌設(中華)全國總工會，而成爲工人運動名義上的盟主。中共在這次勞動大會中，以實際表現爭取了一些工人領袖入黨，如上海海員領袖朱寶庭、香港海員領袖蘇兆徵和林偉民都相繼成爲共產黨員。不過，中共羽翼究竟尚未豐滿，仍然難以赤色工會面目吸引工人群眾，所以也指示黨員盡量加入無政府主義、基督教和國民黨的工會組織，奪取其領導權，而不要爲了強調組織的純潔，勉強自立旗幟[14]。

1923年華北發生血腥鎮壓京漢鐵路工人的慘案後，中共工運重點被迫轉移到華南。到1924年，國共合作正式展開，國民黨左派領袖廖仲愷任工人部長，手下秘書馮菊坡則爲共產黨員。中共當時也派周恩來、陳延年等人主持中共廣東區委，致力於工人運動的推行，他們利

13　中國社會科學院現代史研究室，中國革命博物館黨史研究室選編，《「一大」前后》，3：99-100。

14　中央檔案館，《中共中央文件選集》，1：81。

用廣州沙面租界工人的反外罷工，求得一些發展。只是到1925年5月中共召集第二次全國勞動大會時，中共的實力仍然有限。為避免貽人口實，遂透過所控制的全國鐵路總工會、漢冶萍總工會和香港海員工會，與非其所控制的廣州工人代表會合作，共同擔負發起的職責。然而因為負責全國總工會的籌組，中共掌握了全國總工會的實際領導權。當第二次全國勞動大會宣布全國總工會成立時，林偉民獲選為總工會的首任委員長，蘇兆徵為副委員長。這兩個人的教育水準不高，當時都已經秘密加入中共。在他們手下擔任實際工作的是三個湖南人——副委員長劉少奇、秘書長兼宣傳部長鄧中夏、組織部長李啟漢。其中劉少奇是第一代留俄學生，鄧中夏是北大畢業生，李啟漢是北大旁聽生，都可以說是知識分子出身，乃中共工人運動的真正領導幹部。

全國第二次勞動大會。1925年，全國第二次勞動大會在國民黨控制的廣州召開，代表中共工人運動重心正式南移。在這一次大會中，中共黨員林偉民和劉少奇分別當選為中華全國總工會正副委員長。圖為劉少奇在大會上演講。

中共工運的真正突破是1925年夏五卅慘案所引起的全國性罷工運動。在這一次運動中，中共取得中國工人運動的主導地位，共產黨黨員也由於工人的大量加入，而從千人不到的人數增加到萬人以上。五卅慘案最初只是一個工人顧正紅被日本工頭殺害的單純案件，後來因爲租界當局在應付示威群眾時開槍打死學生，引起全國各界公憤，才變成全國性的反英帝國主義運動。

顧正紅被殺害的事件發生時，中共正在廣州召開全國第二次勞動大會，消息傳來，負責工人運動的大將李立三和劉少奇立即趕往上海，主持和籌劃工人罷工事宜。當時上海工人罷工，學生罷課，商人罷市，全國共有二十幾個城市聲援響應。被打死的工人顧正紅是否如中共所宣傳是共產黨員，難以確知。顧正紅事件發生時，中共在上海已有工人俱樂部的組織，但其在事件擴大過程中所扮演的角色並不十分清楚。能夠確定的是：工人基於同病相憐而參加罷工抗議，中共則透過學生組織因勢利導，不但掀起工人反帝國主義的狂熱，也爭取到商人、政客和青紅幫的有力呼應[15]。其實，在這次罷工成爲全國性抗議活動以後，商人仍然有他們自己的考慮，他們抗議租界當局開徵碼頭捐，要求租界納稅人會議對華人開放。學生則利用工人的抗議，要求徹底廢除治外法權，撤退租界駐軍，取消外籍警察，保障言論自由等等。工人在罷工抗議迅速擴大成爲反英帝國主義運動過程中，反而淪爲次要角色，好像只會跟在學生後面搖旗吶喊而已。

中共在上海的黨員，原以知識分子爲主，集中在上海大學。他們在國共合作的氛圍中，不但奪得了學生運動領導權，也在「平民教育」的口號下，逐漸恢復了中共的工人運動，曾先後在滬西、滬東和滬北建立了工友俱樂部。日本紗廠發生幾次工頭毆打工人的事件，激

15　中國社會科學院現代史研究室，中國革命博物館黨史研究室選編，《「一大」前后》，3：57。

五卅運動。1925年5月，上海約有萬餘名群眾在租界巡捕房前示威，要求釋放抗議日本工頭殺害中國工人以及散播反帝國主義傳單的學生，巡捕房警察開槍鎮壓，當場射殺上海大學學生何秉彝等十餘人，造成五卅慘案。次日，上海學生、工人和商人展開三罷——罷學、罷工和罷市。圖為鎮壓示威群眾的租界警察。

起了工人的民族主義情緒，中共控制的工會才隨而急遽成長。等到顧正紅被毆致死事件爆發後，上海大學的跨黨學生就在純粹國民黨員的通力合作下，擴大反帝國主義運動。李立三和劉少奇則把握時機成立上海總工會，然後透過中共控制的上海學生組織，與上海總商會合作，在上海成立工商學聯合會，發動全面罷工和罷市。在此愛國運動中，中共因爲國民黨、總商會和青紅幫三方面的精誠合作，組織發展極速，但是其急遽發展也引起這三股政治勢力的警覺。首先，商人參加響應罷工，停業罷市，本來的目的便不是和上海租界當局完全決裂，所以在上海租界當局的退讓和恫嚇之下，便不願尾隨學生和工人組織，繼續堅持列強所不可能接受的政治經濟條件。由於總商會是罷工基金的主要來源，是罷工工人生活的主要依靠，既然已經同租界當局達成妥協，工會便難以爲繼。加上和商會有密切關係的國民黨和青紅幫人士相繼改弦易轍，所以中共在罷工二、三個月後，終於不再堅

李立三在群眾大會上演講。李立三是留法勤工儉學學生，1921年歸國後一直從事工人運動。曾在江西安源領導路礦工人罷工。1925年負責組建上海總工會，以委員長名義號召並指揮上海工人罷工。

持原有的談判條件，而下令所屬工人復工。儘管罷工的最高條件沒有達成，隨後北洋軍閥張作霖政府又下令強制解散上海總工會，中共控制的工人和學生組織受益於高漲的民族主義熱情，還是能在暗中大為發展；中共的黨組織拜罷工、罷課和罷市之賜，更是迅速壯大。在此必須強調，五卅運動並非由共產黨所發動，參與此次運動的人來自社會各個階層，並不限於工人和學生，國民黨在運動中也扮演了極重要的角色。不過，從組織發展的觀點看，中共是最大的獲益者。

五卅慘案發生後，中共立即以全國總工會名義派鄧中夏和楊殷前往香港發動響應，並令李啟漢和劉爾崧在廣州發動沙面洋務工人罷工。當時香港雖然有三大派一百二十多個工會，可是中共只有十幾個黨員和十幾個團員，連在海員大罷工中扮演主要角色的中國海員工會和工業聯合會都不在其控制之中，更何況是其他工人組織了[16]。不過，全國總工會的名義畢竟有其說服力，一些工會仍然於6月19日發動了省港大罷工。香港海員、印刷工人和電車工人率先響應，到第十五天，參加罷工的人數高達20萬。他們中間約有半數，像三年前的海員大罷工一樣，因為罷工要遭到香港政府取締，所以相偕返回老家廣東；攜家帶眷的很多，火車和輪船都擠滿了人潮，其中單身的工人約四萬選擇前往廣州暫住。香港的華籍人口約有80萬，頓時減少了四分之一，所受衝擊之大，可想而知[17]。

16　廣東哲學社會科學研究所歷史研究室，《省港大罷工資料》，頁23-26；黃平，《往事回憶》，頁18-20。黃平當時是中共香港支部書記，他說整個支部只有七個黨員。在省港大罷工的前六個月中，他沒有發展一個新黨員。

17　廣東哲學社會科學研究所歷史研究室，《省港大罷工資料》，頁26，91，789，825-26。當事人鄧中夏估計的罷工人數為25萬，這裡採用的是低估。至於返回廣東的工人人數，也有不同說法。當時報紙的報導是，約20萬華人返鄉，其中3萬人返抵廣州。鮑羅廷的理解則是，有10萬工人從香港返國，其中4萬人住在廣州城內。見中共中央黨史研究第一研究部譯，《聯共(布)、共產國際與中國國民革命運動，1926-1927》，上，頁119。

其實香港工人的響應最初並不熱烈，一直到省港大罷工第四天，沙基慘案發生，激起廣東人民的反帝國主義情緒後，纔踴躍投入抗議行動，連帶更引發了香港其他華人的參與，香港遂在全面罷工之外形成全面罷市[18]。6月23日，中共以全國總工會名義在廣州召開群眾大會，當天下午又發動了六萬群眾到城南的沙面租界抗議，參加者除工人、學生以及一些農民和商家以外，還有身穿軍裝的軍校學生800餘人以及約千餘人的三營士兵。士兵全副武裝，攜有槍械，在國民黨軍旅長何應欽率領下，浩浩蕩蕩，齊步前進。示威群眾到沙面北邊的沙基時，因為街巷狹窄，加上市民圍觀，肩摩踵接，情緒更加激昂，不斷

沙基慘案。沙基位於廣州市西南，隔水與沙面租界對峙。1925年6月，廣東群眾到沙面抗議，通過圖上沙基的窄巷時，遭到租界兵和巡捕的射擊，一時死傷枕藉，留下圖上這片混亂。這次的慘案把省港地區(指廣東和香港)群眾的反英情緒高漲到極點，為歷時十六個月的大罷工提供了基本動力。

18 廣東哲學社會科學研究所歷史研究室，《省港大罷工資料》，頁90說：沙基慘案發生之前，香港僅有數萬人參加罷工，回國的約有兩萬人。

高呼打倒帝國主義的口號。誰也沒有想到，租界的英法軍隊忽然開機槍射擊，當場即有52人中彈死亡，170餘人受傷，血肉狼藉。軍人的死傷人數最多，分別為23人和53人。周恩來回憶軍校學生參加示威一事，說事先並未徵得蔣中正的允許，可是隊伍領導者何應欽為蔣中正親信，周恩來的證詞令人難以置信[19]。其實，後來如果沒有蔣中正的鼎力支持，省港大罷工能否支持一年半之久，根本大有疑問。當時中共正全力支持蔣中正統一軍權，所以蔣中正竭誠配合，也不是不可能的。

除了蔣中正以外，當時國民黨領袖汪精衛和廖仲愷，支持省港大罷工也都不遺餘力。這時孫中山在北京逝世還不到三個月，廣州政局動盪不安。政治上是汪精衛取胡漢民而代之的時代。國民黨軍纔因為後方留守的滇桂軍閥有貳心，急急忙忙從潮汕前線班師回廣州靖亂，雖然進展順利，但是外有陳炯明等舊軍閥繼續威脅，內有粵軍將領許崇智等人任意截留地方稅款，政府仍處於風雨飄搖中。這些新舊軍閥都以反共產為名活動，暗中接受香港政府的資助，所以汪精衛和廖仲愷都想釜底抽薪，徹底打擊香港政府，何況他們本來就有反英帝國主義情緒。沙基慘案爆發後，他們支持省港大罷工更是義無反顧。

省港大罷工以罷工為名，其實參與的不僅是工人，與其說是工人階級意識的覺醒，不如說是各界人士民族主義的總爆炸。這是繼承清末中美工約風潮、二辰丸事件和海員大罷工以來的傳統。只是這一次有廣東政府的全面配合，除了大力收容返抵廣州的罷工工人以外，還對香港實施全面經濟封鎖。香港因而成為臭港、餓港和死港。由於清潔工人和垃圾工人罷工，垃圾堆積如山，樓居百姓無法處理糞穢，半

19 中國第二歷史檔案館，《蔣介石年譜初稿》，頁378-79；周恩來，《周恩來選集》，上，頁117-18，396；宋希濂，《鷹犬將軍：宋希濂自述》，頁41-43。英人指責示威群眾先開槍，以致死一法人，傷四英人。見廣東哲學社會科學研究所歷史研究室，《省港大罷工資料》，頁798-799。

夜以紙包裹，擲入市中，加以暑日炎熱，臭氣更是薰天，是謂之臭港。由於屠宰工人和街市各行業工人罷工，而住民搶購囤集，蔬菜、豬肉、雞蛋的價格高漲，市面卻仍然缺貨。搶購糧食之外，柴炭和鹹菜的需求也非常嚴重，市民惶惶然，有如饑荒到來，是謂之餓港。由於海員和碼頭工人罷工，進出港口的船隻大減，許多輪船停滯在港內，無法動彈；由於電車、公共汽車和渡輪停駛，市內一片死寂；而由於電燈局和煤氣局工人的罷工，香港入夜以後，市內更是一片黑暗，像沒有活人住似的，是謂之死港。由於無法迅速解決罷工，香港總督史塔士任期未滿，即被撤職召回。

省港大罷工。沙基慘案後，中共在國民黨的全力支持下成立省港罷工委員會，由蘇兆徵和鄧中夏分別擔任正副委員長。罷工委員會設在廣州東園，動員香港和沙面華人返回故里，並同時對香港和沙面進行封鎖。罷工委員會擁有工人糾察隊，權力極為龐大，當時有東園第二政府之稱，圖為罷工委員會領導人蘇兆徵(中)、鄧中夏(右)正在討論有關罷工事宜。

罷工剛開始時，中共利用國民黨工人部長廖仲愷的支持，在廣州徵用沒收來的煙館、賭館和其他空房安置工人。後來正式成立罷工委員會，以廖仲愷為罷工委員會顧問。在他全力支持下，竟然締造出一個半獨立王國。罷工委員會辦公所在的廣州東園，從罷工發生以後，每天經常有六、七萬從香港撤退回來的罷工工人活動。他們有自己的報紙、公共食堂、宿舍、醫院、學校，意氣高昂，形成廣州政壇一股不可忽視的力量。罷工委員會擁有一般群眾之外，還組成由3,000餘工人參加的武裝糾察隊，授以全權，逮捕破壞罷工和封鎖的工人。他們不僅在廣州協助維持秩序，也協同軍警封鎖港口。另外罷工委員會轄下還有公審處和特別法庭，可以審判破壞罷工、私運糧食和偷賣英貨的商人和農民。由於罷工委員會已帶有政權性質，因此當時有第二政府之稱，大有凌駕國民黨中央的氣勢。

從罷工開始，到1926年6月為止，罷工委員會共籌得經費490萬元，其中海外捐款113萬元，遠不如國民政府提供的280萬稅款為多。其餘均為小宗，如拍賣英貨得40萬元，對違反罷工紀律者處以罰款得20萬元，或從本地殷實富商募款得2萬元等[20]。正因為有國民黨的全力支持，罷工委員會纔有足夠的經費，換取糧食、褥用稻草和生活用品，以供六、七萬工人18個月之用。

這一次罷工，出錢最多、出力最大的是國民黨，但獲益最大的卻是中共。廣東原來只有二、三百個中共黨員，但到1926年9月增加到5,039人，成為全國黨員人數最多的省分[21]。另有統計數字顯示，1925年9月中共僅有3,000名黨員，到省港大罷工結束時，也就是1926年12月，黨員人數劇增為18,500人，其中工人約為11,000人，佔60%[22]。香港黨員最初沒有增加，後來中共改變作法，積極爭取，頗有斬獲，從而奠下中共後來在香港活動的基礎。儘管工人的大量入黨並沒有改變

20 廣東哲學社會科學研究所歷史研究室，《省港大罷工資料》，頁40。

21 趙生暉，《中國共產黨組織史綱要》，頁36；中共廣東省委黨史研究室，《中國廣東黨史大事紀》，頁58、81。

22 趙生暉，《中國共產黨組織史綱要》，頁36、47。

中共的上層權力結構，但對掌權的知識分子而言，這一發展卻提供了最強而有力的證據，證明中國的無產階級果然已經成熟，中共領導工人階級奪取政權的時機即將來臨。受到局勢的鼓舞和中共宣傳的影響，參加工人運動的工人也真以為他們的時代已經來到，中國的命運掌握在工人階級手中，因而有陶醉的感覺，卻不知他們的成功也加速了反對力量的凝聚。

省港大罷工發生時，正值國民黨以軍事統一廣東，東征陳炯明，南征鄧本殷諸軍閥，罷工委員會則動員工人參加北伐軍運輸隊、宣傳隊和衛生隊。所以國民政府對所謂東園第二政府出錢出力，除共同的反英帝國主義立場以外，也因為罷工正巧符合廣州政治人物的政治和軍事需要。直到無此需要，且反過頭來威脅到自己的生死存亡時，國民政府當局勢必出手鎮壓，更不可能繼續出錢出力支援它了。1926年以前，蔣中正從工人運動得到不少好處，但是當他決心北伐以後，立即注意到後方的政治穩定問題，所以主動和香港政府展開談判。英國雖然拒絕接受賠償工人在罷工期間損失的要求，但是當國民政府海關開始徵收二五附加稅時，卻視若無睹，不加干涉，以便國民政府有足夠財力為省港大罷工善後。英國贏得顏面，國民政府獲得實際效益，雙方的關係因而緩和。

不過，中共所控制的罷工委員會，卻失掉了不少活動空間。北伐之後，蔣中正進一步宣布戒嚴，禁止工人持械遊行，禁止工人罷工，只准工會經過仲裁解決與資方的糾紛，工會的活動因而愈益艱難。1927年2月，國民政府廣東當局，又下令收繳工人糾察隊的武裝，在削弱罷工委員會的武裝實力以後，接著宣布資方有解雇工人之權。廣州工人運動似乎是向後倒退了。直到蔣中正在南京成立政府，宣布清共，國民政府留守廣東的李濟琛認為這正是徹底解決罷工委員會的時機，除徹底解除工人糾察隊的武裝以外，更逮捕工人2,000餘名，並將其中百餘人殺害。死者包括工人領袖劉爾崧和李啓漢。省港罷工委員會的工人宿舍雖然繼續存在，但是工人運動失去了靈魂人物，加上外面又有廣東工人代表會和廣東機器工會的有力競爭，雪上加霜，整個運動於是完全陷入了停頓狀態。

三、從廣東到長江中下游

隨著國民革命軍的北伐，中共工人運動雖然在廣東遭到一些挫折，但在長江中下游的城市中卻大有斬獲。1926年11月國民革命軍攻陷武漢後，中共的黨員總數約為2萬人，其中六成是工人，到1927年4月，黨員增加到約6萬，工人黨員增加到約3萬。這反映中共在長江一帶、尤其是兩湖地區工人運動的復甦[23]。中共的工人運動集中在上海和武漢兩大城市。一年半以前，中共的工人運動在上海曾有過前所未有的發展，轟轟烈烈，但是因為上海商人並不同意工人運動的政治和經濟立場而撤回其支持，結果在租界和軍閥當局聯手壓制下，迅速轉為沉寂。國民革命軍的北伐為上海工人運動帶來恢復的良機。其具體表現即為所謂上海三次工人起義。1926年10月，國民黨人鈕永建組織暴動，中共預備投入100多名武裝以及1,000多名無武裝工人參加，但是因為收不到暴動開始的信號，實際上毫無行動。1927年2月，中共拋開國民黨人，自己組織暴動，暴動之前有20萬名工人進行總罷工，然而因為上層領袖不懂指揮，在罷工發生後，聽任暴動自由發展，加上北伐軍的進展並未如預期迅速，上海的軍閥當局尚有餘力血腥鎮壓，於是工人被迫復工，暴動完全失敗[24]。

1927年3月，中共又在上海發起第三次暴動。這次暴動的指揮者，除顧順章是工人以外，其餘都是知識分子。當時，北伐軍已勢如破竹抵達上海近郊，響應中共總罷工號召的工人多達80餘萬人，幾乎占全市工人總數的三分之二。工人糾察隊的實力和以前並無太大差別，但

23 趙生暉，《中國共產黨組織史綱要》，頁47、52。

24 〈張維楨同志談上海工人三次武裝起義〉，《黨史研究資料》，第1集，頁315。

是訓練比以前要好。雖然仍只有100多支槍，卻因爲當地軍閥和警察已經喪失鬥志，所以戰鬥不到30個小時，就取得完全的勝利，得到上海華界的控制，甚至成立了市政府。這一次暴動雖然贏了，但是中共卻越來越感覺孤立。一方面是上海的純粹國民黨員拒絕參與，另一方面則是上海的工商業主和青紅幫面臨日益強大的中共工人運動，深感不安；他們和中共工人運動之間的關係，已經從「有合作有鬥爭」，變成彼此勢不兩立[25]。經過第三次暴動，中共控制的工人糾察隊雖然迅速成長，達到4,000餘人，但只有十幾挺輕重機關槍和1,500多支槍，實力和上海南郊的北伐軍相比，難以望其項背。此時英、美、日等國的軍艦又載來大量兵員，到上海租界「護僑」，正虎視眈眈。面臨這些軍事威脅，中共成立的上海市政府感覺度日如年。

沒有北伐軍的支持，上海的工人運動難有出路。只是北伐軍進入上海之前，已秘密取得工商業主和幫會領袖的充分支持和合作。4月12日，北伐軍藉口工會糾察隊和幫會分子衝突，解除雙方武裝，實際則是解除了糾察隊的武裝。中共發動工人請願遊行，意圖索回槍枝，北伐軍立即以武力將他們驅散，甚而開槍射擊，造成不少傷亡。隨後，國民黨正式展開清黨，派人占領中共工人運動的大本營——上海總工會，強制解散糾察隊，宣布總工會的活動爲非法，並縱容工廠老板開除總工會的活動分子。在此次行動中，工人反抗無力，中共也採取退讓政策，結果四天之內共有300多工人和黨員被殺，500多人被捕，

25　據Elizabeth Perry, *Shanghai on Strike: The Politics of Chinese Labor*, p. 86，當時代理上海總工會委員長的汪壽華(原名何今亮，第一代留俄職業革命家)曾向周恩來報告，青幫領袖杜月笙表示願意提供幫助，交換條件是，武裝暴動成功以後不提鴉片走私問題，並同意由他重組青紅幫會。沒有資料顯示中共曾經答應杜月笙的條件，但在第三次暴動中，杜月笙等青幫頭子確曾提供金錢和情報等協助，在租界不僅提供中共幹部保護，也協助被捕的工會人員重獲自由。這一個發現解釋了杜月笙為什麼在四一二政變之前能輕而易舉地誘殺汪壽華。關於汪壽華被誘殺一事，見章君穀，《杜月笙傳》，頁1-16。

上海工人第三次暴動。1927年3月，當北伐軍接受上海的時候，上海工人在中共領導之下進行第三次武裝暴動，佔領上海華界，成立上海市市民政府，市民政府的委員中有上海商界領袖王曉籟、文化界領袖楊杏佛和大律師鄭毓秀。圖為中共控制的工人糾察隊游行，慶祝武裝暴動成功。

5000人下落不明[26]。

武漢的工人運動發展得比上海更快，但最後也以同樣的結局終場。1926年9月，北伐軍抵達武漢時，全市只有17個工人團體；9月北伐軍進據漢口後的第一個禮拜，工人團體的總數增加到30幾個。10月北伐軍攻陷武昌城後，工人運動的發展尤為迅速。在隨後的三個月

26 趙生暉，《中國共產黨組織史綱要》，頁50。這是不完全統計。其實，關於被捕和被殺工人的總數，沒有人弄得清楚。據卜士奇，《中國過去和現在的職工運動》，頁49所載：四一二以後，共有1,000餘工人被處決，2,000餘人被捕，6,000餘人失業。卜世奇是劉少奇同輩的中共黨員，他這本書是1927年5月前後為莫斯科中山大學的中國學生寫的，似乎誇大了國民黨的白色恐怖。又據中共上海市委黨史研究室，《中國共產黨在上海》，頁84，當時中共外圍組織中國濟難會的統計顯示，在四一二事變後的九個月裡，有5,600餘人被捕，2,000餘人被處死刑和任意殺害，後一數字包括850餘名中共幹部。

內，工人團體的總數增加到274個，而會員也增加到30餘萬人。在這三個月內，工人運動和反帝國主義運動緊密地結合在一起，發生的罷工事件中，屬於政治性質的，遠比經濟性質爲多。從1926年10月到次年4月，武漢地區總共發生了300多次罷工，平均每天約1.5次[27]。工會的武裝糾察隊，像省港大罷工時期一樣，使用暴力手段，執行罷工紀律。他們不顧交通斷絕，任意檢查火車輪船，更不顧法律程序，隨意逮捕、審問和關押市民。工人因爲很容易達到罷工目的，缺乏自我克制，隨即忘記罷工所提條件必須合情合理，薪水要求一加再加，但工時則要求一減再減。工會規定的慶祝假日陡然增加數倍。最多的時候，共有國定假日24天，其中國民黨的紀念日11天，工會的紀念日6天，中共的紀念日7天。最後這七天包括列寧忌日、馬克思生日、巴黎公社紀念日。工人動輒在街頭示威，平均每天工作不到四小時。

4月中旬以後，寧漢政府對峙，南京政府封鎖長江。在這種情形下，私營工商業業主，尤其是外籍資本家不僅無利可圖，反而虧累不堪，於是不得不宣告歇業，甚而要求當局准許撤資。然而，工會不准店東攜款他去，並以廠主和店東「故意」歇業爲口實，立即進行接管，並逮捕廠主和店東本人。這些激烈措施，使原本百業蕭條的經濟加速惡化，錢莊接連倒閉，而政府稅收遽減，財政迅速陷入絕境。面對此一情勢，政府終於接納商人的請求，禁止工會或糾察隊介入僱主和工人之間的談判，而另外成立黨政商工協調會，協調勞資兩方面的糾紛。

對工人運動的過火現象，中共本身也面臨一個兩難選擇。中共雖然透過支部和黨團控制工會，尤其是工人糾察隊。但是龐大的工人群眾並沒有加入國民黨，因此中共不能經由數量上的壓倒性多數，取得國民黨高層控制，進而影響其工人政策。工人群眾獨立在外，沒有強

27　王永璽，《中國工會史》，頁166-67。

大的武裝支持。中共透過黨員控制了一些軍隊，但人數極其有限。武漢工人的武裝，實力要比上海工人糾察隊差多了，擁有槍支的工人不到400人[28]。對付工人中的反對派，或許綽綽有餘，但對付國民黨的正規軍隊，卻無異以卵擊石。1927年5月，工會迫於政府和輿論的壓力，已將其中300人「逐出城市」[29]。儘管其後中共高倡武裝工農，但因爲缺乏武器來源，工人糾察隊始終無法成長[30]。因此6月28日湘軍何鍵派兵占領湖北總工會時，中共自動以解散爲名，將工人糾察隊秘密從漢口遣往武昌，投入國民黨軍躲藏。在調動過程中，中共當局爲了避人耳目，特別規定不准穿著制服，也不准攜帶武器。不料臨事張皇，工人糾察隊竟作鳥獸散[31]。雖然中共如此退讓，國民黨左派不久仍然選擇了國共分裂的道路。一旦左派國民黨選擇了分裂的不歸之路，中共在湖北的工人運動就很難不步工人糾察隊的後塵，面臨全面崩潰的命運了。

情勢雖然如此險峻，中共的領導階層受到清共和分共的雙重打擊，憤怒異常，也看不到退路，恰好共產國際來電要求暴動，於是由瞿秋白主持八七緊急會議，在匆忙之中通過在各地進行暴動的決議。11月，南昌暴動和秋收暴動已先後失敗，可是中共中央卻毫無醒悟，仍然認爲暴動可爲。當時，中國革命問題乃史達林和托洛斯基權力鬥爭的重要議題之一。史達林爲了證明其政策一貫正確，必須顯示成果，遂堅稱革命的高潮仍在成長。對此論斷，駐中國的共產國際代表

---

28 中共中央黨史研究室第一研究部譯，《聯共(布)、共產國際與中國國民革命運動，1926-1927》，下，頁341。

29 中共中央黨史研究室第一研究部譯，《聯共(布)、共產國際與中國國民革命運動，1926-1927》，下，頁281。

30 中共中央黨史研究室第一研究部譯，《聯共(布)、共產國際與中國國民革命運動，1926-1927》，下，頁360。

31 中共中央文獻研究室，《劉少奇年譜》1：91；蔣永敬，《鮑羅廷與武漢政權》，頁396。

廣州暴動。1927年12月，中共在廣州發起暴動。親共工人在暴動中，為報復過去半年來所受到的國民黨鎮壓，曾經大肆燒殺。國民黨以暴易暴，在平息暴動後，也進行血腥殺戮。圖右為堆集在板車上的死難工農。圖左是領導廣州暴動的張太雷。他在暴動開始後不久便中彈身亡。

羅明納茲和主持中共中央的瞿秋白不但不敢懷疑，反而堅信不移，更認爲當時中國已有直接革命的形勢，於是下令在全國發起總暴動，選擇的重點是長沙和廣州兩大城市。長沙暴動尚未準備成熟，已爲地方當局破獲，因此不爲人悉。廣州暴動則震動了國際視聽。中共滲透控制的國軍部隊，利用地方軍閥內鬨，匯合中共動員的工農武裝，攻占廣州，並宣布成立政府，但是不到兩天，地方軍隊就回到廣州「靖亂」，中共的「起義」因爲寡不敵眾，便只有退卻之一途了。在共產國際這次「退兵的一戰」中，廣州的工人擔當了重要的角色。他們爲了報復4月清黨時的慘重犧牲，血債血還，大肆捕殺當年鎮壓他們的人士，甚而縱火焚燒房屋。據云，當時有萬餘民房被燒，至少15,000人被害[32]。廣州暴動失敗後，國民政府廣州當局以暴易暴，更大肆逮捕暴民嫌犯，許多工人不經審判，即斬首示眾，至少有5,000多工人被害。廣東的工人運動從此一蹶不振。

32　中央檔案館，《中共中央文件選集》，下，頁75，110；中國國民黨中央組織部調查科，《中國共產黨之透視》，頁110。

廣州暴動中，工人犧牲雖然慘烈，但並不表示他們的革命性堅強。國民黨分共後，中共黨員的人數從五萬劇跌爲一萬，工人脫黨的人數遠比知識分子爲多，許多工人都抱怨，跟著共產黨走卻走進了黃浦江餵魚，願意留在黨內繼續奮鬥的工人黨員，百不見一二。顯然，中共在北伐期間爲工人運動的蓬勃發展衝昏了頭，忘記這個運動是在平民教育和民族主義的保護傘下發展的，更忘記劇烈發展的背後國民黨所起的庇護作用。工人運動一旦失去這些庇護，伺機反擊的地主豪紳和資本家便立即行動。中共自己的檢討則是，工人運動札根不深，所謂工人運動領袖都不是真正的工人，主要都是知識分子。中共的權力核心，更是沒有真正的工人。從此以後，中共特別強調工人領導。八七會議上，工人蘇兆徵當選爲政治局三人常委，就象徵這個轉變。儘管工人黨員因爲文化程度低落，仍然無法真正掌握中共中央，但是這一轉變也清楚說明，1927年以前的中共並不是現代產業工人自發領導的革命，1927年以前蓬勃的工人運動實乃中共基於政治理念鼓動出來的。

※　　　　※　　　　※

中國的現代產業工人集中於少數大城市，雖然爲中共提供了一個工人運動的好環境，但大城市畢竟是政府鎮壓力量最強大的地區，尤其是政府視中共的工人運動爲毒蛇猛獸，除之唯恐不盡。在這樣極端惡劣的政治環境當中，中共仍得以發展出一個受其控制的工人運動，其根本原因是工人的生活太苦，迫切盼望改善。中共動員和組織工人的過程清楚顯示：第一、中共很快了解動員和組織工人的運動並不是一蹴可幾，它不但要面對政府的疑忌和鎮壓，也要面對其他工人組織者的競爭，所幸中國社會並不是沒有同情工人的輿論，當時社會受社會主義和無政府主義思想的影響，也有人投身於工人運動，任勞任怨。中共可以憑藉同情工人的社會輿論，取得活動的空間。不過，這一活動空間有限。中共的工人運動要有突破性的發展，一定得靠其他條件配合：首先是上層政治人物的同情和支持，吳佩孚就是一例。只是吳佩孚之流的上層政治人物，他們的支持往往有其限度，而且常常有政治利益作爲前提，一旦中共的工人運動超出其預定的範圍，他們便不惜以國家的機器前來鎮壓，而中共的工人運動幾乎無以爲抗，從而一敗塗地。其次是反帝國主義運動的爆發。一旦工人運動和反帝國主義運動結合，甚至以反帝國主義運動的面貌出現，中共的工人運動可立即取得平時所得不到的活動空間，而迅速壯大。

中共工人運動所以在國民黨統治地區得到發展，正因爲它具備了以上兩個條件。上層政治人物基於反帝國主義或其他非馬列主義的原因願意合作，而中共的工人運動轉變成反帝國主義運動後，其馬列主義的思想基礎也變得隱晦，不容易察覺。當時中共爲了取得國民黨的「合作」，曾把工人運動的目標分爲長期和短期。長期目標是無產階級專政，短期目標則是把工人組織起來，協助國民黨打倒軍閥和列強，以後再憑藉工人組織，確保國家並不會因爲資產階級的同時壯大而停止向社會主義方向發展。只是中共的工人運動終究是以馬克思主義的意識形態爲基礎，很難不對社會的既有秩序形成衝擊，所以除非中共面對反彈時已經壯大到足以應付的地步，否則很容易被政府鎮壓，而陷入再起乏力的境地。國民黨清共和分共以後，中共工人運動便不容易再找到合法和半合法的活動空間。廣州暴動給工人運動以三天自由活動的時間，但其迅速潰敗足以證明，中共若無龐大的國家權力作爲後盾，受其領導的工人運動已不太可能東山再起。不過，中共還要等很多年纔能領悟到這個冷酷的事實，而主動擱置以城市地區爲主的工人運動，把全部注意力轉移到北伐時期曾勢如狂飆的農民運動上，轉以土地革命蓄積實力，遂行「鄉村包圍城市」的大戰略，從而奪取國民黨政權。

第三節　狂風暴雨：農民運動

相對於工人問題而言，農民問題要古老得多了。中國是一個農業國家，百分之八十以上的人口從事農業生產。儘管1920年代的中國，在都會區已有繁榮的商業、手工業和一些近代輕工業，但農業依舊是整個國家的命脈。不但政府機構仰賴田賦，大部分的社會菁英也仍然依賴土地爲主要收入。不論帝國主義的入侵和「資本主義」制度的出現，是否導致農民生活水準每下愈況，農村中占絕大多數人口的貧苦農民多半面臨來自三方面的壓力：一是地主的沉重地租，一是高利貸主的不法利息，一是國家加諸農村的各種負擔。

對於地租、借貸和賦役制度，農民一向視之爲天經地義，並沒想到對這些制度作根本上的挑戰。農民雖然渴望切身生活的改善，但是多半逆來順受，不曉得在勤勞刻苦之外，還有什麼辦法來改變自己的命運。面對生活的煎熬，尤其是當地租、利息和賦役的負擔超過其所熟悉的傳統範圍時，他們偶爾也會訴諸暴力。暴力的主要形式是以政府爲對象的抗稅、抗糧、抗捐、仇兵，其次纔是以地主爲對象的抗租和抗息。在貧苦和邊遠地區，農民抗議的行動有吃大戶、毀衙署、開倉濟貧等比較常見的方式。至於大規模的農民戰爭或農民起義，即便領導人喊出了均田均富的口號，但究諸實際，還是政治野心家成其大事的憑藉。少數參加的貧苦農民因緣際會，也有得到權位富貴的。但絕大多數人在流血犧牲之後仍然回到社會底層，擔當勞力者的角色。社會的權力結構，一如往昔，絲毫未變。

中共受馬列主義影響，雖然同情農民處境，但最初認爲他們只是一大麻袋的馬鈴薯，個別馬鈴薯之間根本沒有相互團聚成一體的聯繫，並非足以擔當社會革命、促進歷史進化大任的階級。可是，中共要從事社會革命便必須奪取政權，而在中國這樣一個以農業爲主的國家，要奪取政權，就必須重視人多勢大的貧苦農民，甚而把他們看成比工人階級更重要的動員對象。中共中央看不到這一點，所以並不鼓勵農民運動。然而，就在缺乏支持的情形下，中共的農民運動卻率先在國民黨統治下的廣東勢如狂飆地展開，後來甚至在北伐軍路過的湖南省境，產生凌駕工人運動的氣勢。中共是用什麼辦法使性格保守、散漫、自私、猜疑的農民自動起來，參加中共領導的農民運動？農民的視野狹窄，中共用什麼辦法讓他們自願參加革命？農民運動像工人運動，其興也悖焉，其亡也忽焉，主要原因何在？工人運動垮台後，在1949年以前始終不曾東山再起，農民運動卻風起雲湧，最後甚至席捲整個中國大陸，把中共推向權力的寶座。其根本道理是什麼？

一、被遺忘的貧苦農民

中國雖然早有貧苦農民，但貧苦農民之成爲問題，受到知識分子的關心，在1920和1930年代最爲明顯。中共認爲晚清以來，土地有集中的趨勢，到了1920年代，只占農村人口10%的地主擁有70%至80%的土地，而占有農村人口90%的貧下中農卻只擁有土地的20%至30%。這90%的無地和地小的農民，無法靠自有的土地維生，於是向地主和富農承租土地或出賣勞力。如果承租土地，則成爲佃農，如果出賣勞力，則成爲長工或短工，也就是所謂僱農。由於地主和富農的需索極重，貧苦農民本來便難以維生，婚喪喜慶又勢所不免，而天災人禍更接踵而來，他們必須向有錢的地主、富農或商人告貸，卻經常跌入高利貸的陷阱中而無法翻身。貧苦農民除了要付地租和利息以外，還要應付政府的各項需索和攤派。

中共的理論家認爲，自從鴉片戰爭以來，農民的生活每下愈況。然而，是否因爲帝國主義的入侵和農業商品化的關係，使農村陷入危機，則很難證明。不過很清楚的是：農業問題和人口問題息息相關。乾隆時期人口從一億多增加到四億多，當時的讀書人都認爲這是太平盛世的證明，只有洪亮吉居安思危，注意到人丁旺盛背後的問題。他認爲人口激增，田地勢必不足，會帶來嚴重的農村動亂。雖然他的《意言》後來爲他贏得了「中國馬爾薩斯」(China's Malthus)的令名，可是在很長的時間裡，他只是一個無人理會的先知先覺者。到洪秀全起事，江南慘遭兵燹之後，陶煦寫出《租覈》一書，爲貧苦農民請命，顯示當時傳統讀書人中，也有先知先覺者看到農民負擔沉重的問題。汪士鐸寫《乙丙日記》，更注意到太平天國之「亂」背後農村貧窮、失業和人口快速成長現象，甚至私下主張週期性的捕殺無業流民，以減少變亂！無論洪亮吉、陶煦，還是汪士鐸的言論，在晚清知識分子關心改良和革命的思想環境中，都沒有受到應有的重視。孫中山出身貧苦家庭，從生活經驗中，看到農民的困苦，主張開啓民智和平均地權，但他本人在民國成立以後，迅速變爲政治邊緣人物。他關於農民問題的一些主張，當然更不會受到當時知識分子的重視了。

中國農村的問題非常複雜，在地權之外，其實另有農業技術、人口過多、地力耗盡等種種問題。地權問題縱使嚴重，也沒有中共宣傳所說那樣嚴峻。各種統計資料顯示，地主富農所擁有的土地只有50%至60%，貧下中農也擁有40%到50%的土地[1]。耕地地權一方面因爲農產品商業化，而有集中在地主和富農手中的趨勢，另一方面卻由於分家制度的運作，也有逆向發展的壓力，所以土地問題從清中葉以來是否不斷惡化，迄今爲止，仍有爭論。儘管如此，有兩點必須注意：第一、家族、寺廟、學校和祠堂也擁有大批田地，在宗族制度發達的江西，公堂擁有20%的田產，而這些田產通常是由地主士紳經營的[2]。第

1　章有義，〈本世紀二三〇年代我國地權分配的再估計〉，《中國社會經濟史研究》，第2期，1988，頁3-10。

2　江西省檔案館、中共江西省委黨校黨史教研室，《中央革命根據地史料選編》，1：445，459。這裡的百分比是根據公略(中共縣名，包括吉安、吉水各一部分)和贛縣兩地方的統計資料推算出來的，中共承認這些資料並不正確，但認為距離眞相不會太遠。

二、貧下中農中有相當大的一部分無地或地小，必須透過租佃制度取得維持生活的土地。

地主有租佃地主和經營地主兩種。中國的地主絕大多數都是前一種，其本人並不介入農民的生產過程。他們把土地交給農民種植，自己只管收租。至於租的種類，可以按所收物品分，也可以按收取方式分。按所收物品分，租有穀租、錢租的名目；按收取方式分，有分租和定租的區別。有時租可以隨年成而定，有時無論年成如何，租均不變。中共為證明其有關地主「剝削」論點的正確，特意強調地主不勞而穫，尤其強調租額沉重，已遠遠超過農民每年收穫量的一半以上。關於地主是否不勞而穫，答案似乎很明顯。至於地租是否過高，即便承認中共誇大了問題，但也不能否認，比較通行的50%租額對實際生活在傳統農村的佃農已是相當沉重的負擔。地主中還有不少敗類，千方百計增加「剝削」，「大斗進、小斗出」司空見慣，其他敲骨吸髓的方法雖然光怪陸離，也非奇聞罕見。地主不把佃農當人看本極平常，動輒打罵更不時發生。荒年時對農民的困苦無動於衷，不但不減免租賦，反而囤積居奇。這種地主敗類便是中共所謂惡霸分子，即便人數沒有中共所說那麼多，卻是農村社會中常見的角色。

經營地主雖不直接參加生產，卻也參與有關生產的種種決定。他們在雇用勞動力方面，和中共所謂富農的差別不大。經營地主和富農的差別只在下不下田而已。19世紀到20世紀初，中國農村是否有一個經營地主和富農階層興起的時代，是值得爭論的問題[3]。但在土地革命的相關資料裡，我們看不出經營地主和富農階層擴大的趨勢，至少他們在總人口中所占的比例並不太高。他們的生產活動主要靠長期和短期雇傭工人的參與，其中長期雇傭工人(即所謂長工)，人數在全部農民中所占比率不高，不超過10%。一般而言，長工都是農村中最貧苦的

3　金觀濤、劉青峰，《開放中的變遷》，頁398-402。

小人物。生產所得幾乎全歸雇主所有，除了在法律上沒有人身的依附關係外，社會地位和家奴家僕沒有太大差別。由於收入極有限，結婚生子的可能性不大。這在一個講究祖宗崇拜的社會裡，是很悲慘的命運，因此他們也成為農村中最讓人瞧不起的一群。至於短工，主要來自佃農、自耕農和半自耕農的家庭，社會地位要比長工高多了。

佃農、自耕農和半自耕農的地理分布不一。一般的印象是，南方的租佃制度比較發達，水田多的地帶尤其如此，純粹佃農所占的比率較高，北方則自耕農較多。不過，自耕農中不少人因為土地不夠，仍必須承租土地，或是擔任短期的傭工。所有這些農民，在地租之外，或許還要承受高利貸和政府賦稅的重擔。儘管政府明令禁止高利貸，但是叫人喘不過氣的高利貸卻是農村社會必定不可少的因素。春荒借糧一石，秋收還糧二石，絕非偶然的傳聞。從事高利盤剝者雖然主要是地主和商人，但也有一般農民。只是農村一般借貸的利息沒有中共所說那麼高，反而親戚朋友和街坊鄰里之間的借貸，經常是不需要利息的，如果要利息，也非常之低。

至於政府的賦稅，佃農沒有土地，理論上勿須納課，但各式各樣的攤派卻不一定能避免。自耕農則在攤派之外，還必須繳納田賦。這兩個問題是否因為帝國主義侵略和農產品商業化而愈益嚴重，尚待進一步研究。有兩點則是不爭的事實：第一、至少從晚清實行新政以來，政府為了「現代化」，開辦各種新式事業，開始擴大農村資源的汲取，同時為了增加對農村資源的汲取，以及確保農村秩序的穩定，也不得不擴大縣以下的組織，以便從事各種建設，像辦理新式學堂，新編警察，或成立農村自衛武力，甚至開辦地方自治，如此一來農民必須承受許多以前所沒有的財政負擔。其次，則是民國成立以來的軍閥亂政，軍閥橫徵暴斂，農村中的攤派迅速增加，苛捐雜稅，名目繁多，拉伕拉兵，荼毒鄉里。儘管中央政府一直抱怨徵收不到稅，但是一般農民所承受的各種負擔卻是明顯增加，以致農民的不滿和反抗聲浪越來越大。其中主要理由有二：一是各級官員和胥吏的中飽貪汙，一是多元化和惡質化的地方領袖，假借各種名義向農民攤派。在各種各樣的負擔下，貧苦農民終歲勤勞，依舊難以求得最低的溫飽。荒歉之年，更淪為乞丐或餓殍，輾轉於溝壑之間。不過，如果美國學者黃宗智的研究可為參考，則我們也不必誇張這一時期的農民負擔。如果帝制中國的農民負擔約為其總產量的2～4%，到了軍閥時期加倍，則也只有4～8%，而他提供的數據顯示，華北有些農村只增加到3～5%[4]。

五四時期，各種思想雜陳。有三股思想促使知識分子再次注意到農村：無政府主義者嚮往理想化的田園生活；民粹主義者認為農民美德是建構新社會的基本元素；而民主主義者則認為群眾或是民間文化有活力，中國文化已經老大，需要農民代表的小傳統來給它新生命。胡適提倡白話文學，可以說是最後一種思想的反映。他對真正的民間文學並沒有興趣，但有的知識分子，為了搜集民謠和研究民間戲劇，卻開始親自到農村去。當時，李大釗被認為是最早注意到中國農村的高級知識分子，其實，他對中國農村的了解仍然停留在傳統士大夫的田園詩和近代知識分子的開民智的言論中，所以他一方面把農村想像成擊壤歌中「日出而作，日入而息，耕田而食，鑿井而飲，帝力(政府—李大釗註)何有於我哉」的景象。另一方面，他也沒有真正像俄國民粹主義者那樣，把農民看成宗教美德的體現，並視其為知識分子贖罪的對象和未來理想社會的支柱。反而他認為農民是被解放的對象，如果農民不覺醒，則中國的民主政治將無前途。當時出版的農民雜誌，例如《醒農》和《光明》，都是想從教育方面來徹底改造農民。對農民而言，自由、平等、博愛這些字眼並無任何意義[5]。也沒有幾個青年人真正響應李大釗的號召，到落後的農村中去工作。

---

4 Philip Huang, *The Peasant Family and Rural Development in the Yangzi Delta, 1350-1988*, pp. 169-70.

5 譬如李大釗，〈青年與農村〉；晉青，〈農村改造與教育〉。

儘管中共後來是以鄉村包圍城市的革命策略而著稱，但在北伐之前，中共中央可以說根本不注意農村。所謂農民運動都是在中共中央指示之外發展的。最早注意到農民的，也不是被中共認為天縱英明的毛澤東，而是廣東海豐的富家才俊彭湃。嚴格說來，彭湃也不是第一個人，早在1921年9月，亦即1922年7月彭湃在海陸豐成立農會之前的十個月，中共黨員沈定一便在他老家浙江蕭山及其附近成立了中國的第一個農民協會。沈定一和彭湃都有濃厚的無政府主義思想，與其說他們是為了革命而搞農民運動，不如說他們動了悲憫心腸，想搞平民運動，開啟民智，以便解放貧苦農民。

沈定一的農民協會壽命很短，前後不到三個月，就因為面對嚴重荒歉威脅的會員要求三折繳租，激起了當地士紳的群起反對，從而遭到全面取締和強制解散。蕭山士紳中的反沈派，尤其是城居地主，說服縣長和駐軍領袖，派兵鎮壓。沈定一所以能夠在家鄉建立農民協會，和他的身分地位大有關係。他雖然是共產黨員，但在縣裡卻以人稱三老爺的地方大紳而聞名，乃是至少有四位夫人的一方之霸[6]，前清時當過縣地方官，民國成立以後做過浙江省議會議長。在五四社會主義思潮的影響下，他居然又做了中共的發起人，後來不顧陳獨秀反對，回家鄉組織農民。他當時主要的幫手是杭州一師學潮的主要參與人，如劉大白和宣中華等。意識形態上，這些追隨者雖然鼓吹階級鬥爭，卻也宣傳無政府主義和孫中山的三民主義，並沒有清楚的農民革命理念。沈定一本人思想也很混雜。他有一張照片，是裝扮成托爾斯泰而留影的。他雖然受到托爾斯泰民粹主義的影響，卻鼓吹階級鬥爭，也沒有托爾斯泰的宗教感。他主張廢除私有財產制，鼓勵農民起來鬥爭，可是害怕擔負不孝的罪名，不敢要求主持家務的老母減租，更不敢要她分地給佃農。在個人行為上，他難脫士紳文人的作風，喜

6 關於沈有四位夫人，見沈海波，〈參與上海共產主義小組創建活動的佚名女性〉，《黨史研究資料》，1996年1月第1期，頁30。

沈定一。集前清縣官、議會喉舌、革命志士、新聞主編、地主豪紳和前衛思潮的播種者等各種角色於一身。參加中共的組建後不久，便不顧中共中央的反對，回老家浙江蕭山從事農民教育工作，並鼓勵佃農組織農會。在蕭山農民運動遭受鎮壓以後，他仍致力於農民生活的改善，惟不久之後便脫離中共，返回國民黨陣營，成為西山會議派的大老。1928年被人暗殺於蕭山，死因迄今未明。圖中站立在孫中山背後者即為沈定一，他在廣州參加會議後和國民黨同志合影。

歡寫文章和喝酒，生活則跡近奢華。顯然，他只是有感於農民的生活困苦和文化低落，企圖利用自己的社會地位，引導農民團結，起來爭取權益，改善生活。他萬萬沒有想到，農民組織起來之後，竟然會立即遭到無情鎮壓，更殃及帶頭的農民被捕繫獄。無情的鎮壓，雖然並未改變他關懷農民命運的素志，但他開始懷疑階級鬥爭的主張。到1925年初，他更走上與中共勢不兩立的不歸路[7]。

7　Keith Schoppa, *Blood Road: The Mystery of Shen Dingyi in Revolutionary China*, 可以說是關於沈定一最詳盡的傳記。唯該書並未參考以下重要史料：史明，〈沈定一事略〉，《蕭山文史資料選輯》(浙江)1988年第1輯，頁53-61；1989年第3輯，頁57；以及蔡和森，「中國共產黨史的發展(節錄)」，《「二大」和「三大」：中國共產黨第二、三次代表大會資料選編》，頁488。

農民運動大王彭湃和他的「革命伴侶」許玉慶。彭湃是廣東海豐大地主和大商人的兒子。民初在陳炯明的資助下赴日留學。因為參加抗議運動，曾遭受日本警察毆打。1921年回國後，雖然參加中共，卻根據自己參加日本農民運動的體驗，在廣東老家從事農民運動。1929年被國民黨逮捕處死，成為中共烈士。他是一個具有浪漫情懷的農民運動領袖，像沈定一一樣，有一個學生出身的「革命伴侶」，並且不顧當時的道德標準，堅持髮妻和「革命伴侶」同住。

彭湃則出身地方豪門，父親不但是海豐最富有的商人，也是擁地最大的地主。海豐地少人稠，他家的土地，卻一望無垠，而靠他家吃飯的農民竟然也有1,500餘口之多。他在軍閥陳炯明的關照和提攜下，前往日本東京留學。在早稻田大學念書時，他為了抗議日本侵略，曾經上街示威，因而遭受日本警察的毆打。後來受到日本左派同學的影響，由民族主義和基督教信仰轉向社會主義[8]。他對日本農民運動異常

8　李春濤，〈海豐農民運動及其指導者彭湃〉，《黨史研究資料》，第2集，頁452-53。

關心，甚至親身參與工作。他在早稻田大學畢業後，回到海豐，被陳炯明任命為教育局長，遂藉此名義，領導學生做農民運動。最初，農民以為他是紈褲子弟鬧著好玩而已，根本不理不睬。後來看到他脫去洋服，又減去自家佃農的地租，才聽信他的鼓動，著手成立農民協會。其後不久，海豐遭受颱風侵襲，年成不收，彭湃抓住機會，鼓動農民要求減租。地主深感威脅，隨即成立了自己的組織，全力展開反擊。在此爭執之中，陳炯明最初置身事外，後來終於選擇地主一邊，彭湃不得已，只好在1923年出亡廣州，投奔此時已和陳炯明勢成水火的孫中山，進而為國共第一次合作效力。國民黨改組之後，成立農民部，廖仲愷出任部長，而彭湃擔任秘書，實際處理部務。由於廖仲愷的信賴和支持，彭湃隨即在國民黨地區大刀闊斧地推展農民運動。

農會舊址。1922年9月，彭湃成立廣東海豐縣赤山約農會，以林家祖祠為會址。當時從事農民運動，需要辦公場所，就倣效傳統辦法，沒收全部或部分寺廟和祠堂。沈定一支持的蕭山縣衙前農會就設定在東嶽廟，東嶽廟廟祝因此對他懷恨極深。不知彭湃是否碰到同樣的問題。

孫中山的農民政策是改良型的。他主張推廣教育，提高農民的知識，再由農民自動自發地起來組織自己，成立農民協會之類的組織，政府則同時以高地價稅來迫使地主放棄土地，達到耕者有其田的目標。在孫中山耕者有其田政策的構想中，暴力並無地位，他也不強調所謂階級鬥爭。中共的想法則恰好相反，講求的是鼓動貧苦農民打倒地主士紳。孫中山和其他國民黨決策人士有理論，但無行動；中共則理論和行動兼具，其黨員有實際從事農民運動的經驗。儘管孫中山及其主要助手不理解中共是如何進行農民運動的，但他們很快地便了解農民運動對國民革命的助益。他們發現農民運動有瓦解軍閥權力基礎的作用，可以促進孫中山對廣東軍權和財權的統一。支持彭湃在東江地區繼續農民運動，更有助於削弱陳炯明的實力，因為陳炯明權力正是建立在東江地區一批新興地主的支持上。

彭湃為了大力推展農民運動，透過廖仲愷成立農民運動講習所，專門招收中學畢業或相等資格的青年學生，施以一至三個月的訓練，任命為特派員，或派回原籍，或送到其他地方去建立農民協會的組織。農民運動講習所前五屆共訓練學生454人。在這些學生的協助下，廣東一省到了1925年有32縣出現農會，共擁有會員50萬人。農民運動得以迅速發展，農民運動講習所的幹部訓練固然是極大因素，但有兩點事實值得注意：第一、農民運動是隨著國民黨的軍事勝利而開展的，海豐的農民協會便是在國民黨軍東征後恢復的，黨軍不但支援武器，也以各種合法權力打擊地主士紳。其次，當時農民協會的主張並不激烈，只要求減租。彭湃有農民運動的豐富經驗，了解農民的保守性格，所以主張不要談破除迷信，尤其不要奢談提高農家婦女的地位。一定要等到農會發達和鞏固以後，再逐步提高各項改造要求。

彭湃的農民運動，衝擊地主士紳階級的利益，當然引發他們的強力反對。清末民初以來，由於廢除科舉和民主觀念的輸入，地主士紳階級出現多元化和惡質化的新現象。所謂多元化是指：地方士紳不再嚴格限於擁有科舉功名的人和家族，一個人縱使未經科舉拔擢，也可單純憑藉土地、資本、祠堂、武力(團局、寨堡)、公產(財產保管處、教育公產、慈善機關)、宗教(包括秘密宗教)和個人關係等，變成地方士紳的一員。而所謂惡質化則從三方面來說：第一、地方士紳多樣化以後，因為派系成為地方菁英累積權力的重要憑藉，所以地方派系之爭有迅速昇高的跡象。地方士紳忙於內鬥，相對的便忽略了貧苦農民的生計。第二、地方士紳多樣化的結果，意識形態的控制也減弱了。地方士紳既不受政府控制，也不受儒家道德公益心之左右。他們憑藉各種社會力量，比較能為所欲為。第三、地方士紳中比較有能力者，因為參與或關心縣級以上的上層政治，離鄉城居的情形轉多。這似乎也影響到地方基層政治。農民運動幹部所以能和在地的地方士紳分庭抗禮，乃因國民政府挾其武裝力量，從上介入。在地的地方士紳最初迫於廣州中央的權威，不敢公然反對農民運動，可是一旦廣州中央的

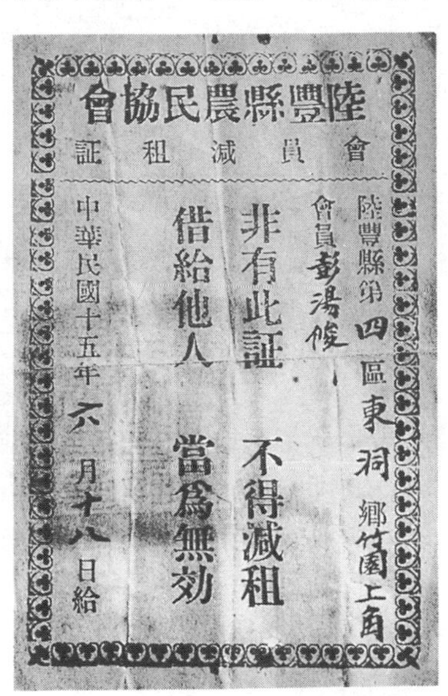

陸豐縣農民協會
會員減租証
陸豐縣第四區東洞鄉竹園上角
會員彭湯俊
非有此証　不得減租
借給他人　當爲無効
中華民國十五年六月十八日給

廣東的農民運動。農民組織起來以後，隨後展開減租鬥爭。圖右為陸豐縣農民協會的會員減租證，農會藉此團結會員。圖左為廣寧縣江合腳村農協領導農民實行四六減租時用的量斗。

態度有了明確的轉變，便立即肆行反撲，全力打擊。如果中共忘記此一保護傘的作用，未雨綢繆，則農民的勢力很容易土崩瓦解。

二、尋找革命策略

彭湃之外，劉漢軒和謝懷德在湖南的岳北，周其鑒和阮嘯仙在廣東的廣寧、曲江與仁化，也都開始組織農民。類似的例子也出現在河南、湖北、和江西。但是總體而言，似乎只有毛澤東了解到農民運動的奪權意義。中共中央雖然提到工農聯盟的概念，但是受到俄國十月革命的影響，總認為農民為輔，工人為主，先有無產階級奪權，纔能進而推展農民革命。所以儘管口號上再三強調農民運動，實際所給予的注意，則遠遠不如工人運動，甚至可以說，完全不注意。

這種情形一直持續到1924年國民黨改組以後。國民黨改組時，蘇聯顧問鮑羅廷曾建議實行土地革命。孫中山不同意，所以黨綱只揭示「扶助農工」的字樣，而成立農民部則只是要落實此項政策。當時，中共中央總書記陳獨秀對農民運動並不理解，認為農民散漫異常，文化又十分低落，教育和宣傳都難產生效果，因此始終未曾在中共內部成立類似農民部的組織，以主其事。他的全副精力可以說都用在工人運動上。共產國際組織工農聯盟的構想，實質上並沒有對陳獨秀的行動產生明顯的影響，更遑論其欲中共組織農軍的建議了。陳獨秀只是在國共合作的框架下，讓一些對農民運動有興趣的黨員為國民黨服務。恰好正宗的國民黨黨員對實際農民工作並無興趣，因此彭湃可以實際主持國民黨的農民部。

毛澤東從事農民運動，也是在這個背景下開始的。他最早相信國共合作，是兩黨合作的積極分子。因此國民黨改組後不久，便以國民黨中央執行候補委員的身分到上海協助胡漢民重整黨務。1924年底因為既不容於右邊的國民黨元老，又不容於左邊的共產黨健將，於是以養病為名回到老家湘潭。他十五歲前是父親的兼職「小長工」，曾經在田裡幫過忙。辛亥革命當士兵時，有一點收入，寧可僱人挑水，也不願自己勞動。他不事勞動一、二十年了，此時回到故鄉，閒來無事，竟然注意到身邊的農民瑣事，認爲他們也是可以組織和動員的對象。就在李立三和劉少奇諸人積極投身於外省的工人運動之際，他也在遙遠的湖南鄉間開始組織農民協會。他以辦理農民夜校的方式，組織了二十餘處的鄉農民協會，並發動阻禁平糶(阻止地主輸出米糧，迫其平價賣給貧苦農民)。事情稍有進展，軍閥趙恆惕便注意到他的活動，要搜捕他，毛澤東因而在1925年10月南下廣州。未幾，毛代汪精衛主持國民黨宣傳部。即在此時，毛澤東發表了兩篇分析中國農村社會結構的文章，開始從理論上探討農民運動的重要性了。

在一篇叫做〈中國社會各階級的分析〉的論文中，毛澤東違反馬列主義的理論，把城市和鄉村並列，認爲不論城市和鄉村都有大資產階級、中產階級、小資產階級、半無產階級和無產階級。在這一個帶有馬列主義影子的常識性分析中，原被認爲是封建制度化身的大地主成爲大資產階級，小地主成爲中產階級，自耕農成爲小資產階級，半自耕農和「貧農」成爲半無產階級，而僱工成爲無產階級[9]。他從馬列主義的觀點來討論革命的進程，簡單地認爲中國的革命是無產階級、半無產階級和小資產階級聯合革大資產階級的命，既是一種無產階級革命，也是一種小資產階級的革命。中產階級則隨著兩方面勢力的消長而動搖，大資產階級的力量大時，跟隨大資產階級，否則，便跟隨無產階級、半無產階級和小資產階級。根據這個理論，工人階級固然不可忽視，農民階級尤其重要。因爲農村的無產階級——僱工，加上農村的半無產階級——半自耕農和佃農，其總數爲1億9,000萬。再加上小資產階級的自耕農，全部總數增爲2億9,000萬至3億1,000萬之間，約占中國總人口的三分之二以上。相比之下，現代產業工人纔只有200多萬

---

9 毛澤東這種分法，基本上來自陳獨秀的一篇文章；見陳獨秀，〈中國農民問題〉(1923，7，1)，《陳獨秀文章選編》，中，頁312-18。

人。孰重孰輕，不言可喻。毛澤東在這篇文章中，雖然沒有公開指出農民運動比工人運動重要，但是他實際上已這麼說了[10]。

另一方面，他對革命雖然沒有理論上的定義，但很清楚的指出，所謂革命便是革大小軍閥的命。這些大小軍閥，為大多數人民所痛恨，他們的實力當然是以所擁有的軍隊大小來計算，但是軍隊仍然是靠老百姓養的。如果搜括不到錢財，又怎能維持戰力呢？士兵一定不戰而潰。毛澤東從這個角度來分析問題，發現軍閥雖然依賴城市買辦階級(城市有錢人)，但實際得自城市的收入只是全部的十分之三、四。其餘十分之六、七，還是靠有錢地主，而有錢地主之所以有錢，正因為他們能夠「剝削」農民所致。如果農民集體抗糧、抗稅，則大小軍閥控制的政府自然垮台。從這個角度來看，城市工人固然重要，但是農民更不能忽略。其實農民不但不能忽略，而且他們的重要性，比起城市工人，有過之而無不及。毛澤東這種強調農民運動的說法，雖然和他是國民黨農民運動委員會的一員有關，但是畢竟不是正統的馬列主義理論。儘管合乎中國現狀，卻難免有誤解馬列主義的嫌疑。

毛澤東雖然相信革命是一個階級推翻另一個階級，但是他當時並無生產力和生產關係相矛盾的觀念。不過，單憑常識和觀察，他便了解所謂推翻的實質定義，便是財富和權力的再分配。在這一個推翻的革命過程中，越窮受益越大，所以越要革命；越富受害越重，所以越要反革命。毛澤東把農村的大地主等同為大資產階級，因為他們是被推翻和打倒的對象，當然是「極端反革命」。在毛澤東眼中小地主是農村中產階級，他們遲早也是財富重新分配的對象，所以態度是「半反革命」，不願意立即表露，只是心存觀望而已。當農民運動發展到

10　竹內實，《毛澤東集》，1：161-74。據Stuart Schram, *Mao's Road to Power*, vol. 2, Introduction xli，毛澤東首次發表〈中國社會各階級的分析〉，既不是《毛澤東選集》所說的1926年3月1日，也不是《毛澤東集》所說的1926年2月1日，而是1925年12月1日；它發表在國民革命軍第二軍出版的《革命半月刊》上。

一定階段，害怕遭受群眾鎮壓，一定會向「反動」方向右轉。

毛澤東比附為小資產階級的自耕農，人數在1億至1.2億之間。毛澤東認為，其中富裕者，約占十分之一。他們像小地主一樣，也害怕農民運動的打擊，所以在農民運動站穩腳跟前，一定也是「半反革命」，但隨著農民運動陣營的壯大，不願成為孤立的對象，多半會隨聲附和。至於自給自足的自耕農，人數最多，約占十分之五，看到世道改變，生計變得比以前艱難了，有點想參加農民運動，卻又不願貿然參加，他們只是認為農民運動陣營不夠強大，只要農民運動呈現了實力，他們會轉變得比富裕自耕農更快。至於貧苦自耕農，人數占十分之四，農民運動帶給他們好處，所以態度從一開始便傾向於歡迎。

不過真正會成為農民運動主力的，還是毛澤東認為人數最多的農村「半無產階級」。對毛澤東而言，農村半無產階級指的是半自耕農、全佃農和貧農，人數在1億7,000萬人左右。他們生活窮困，所以是農民運動的主要力量。生活比他們差的是農村無產階級，理論上當然更應該是革命的主要靠山了。其中約有2,000萬雇農，毛澤東便認為其革命性極強。至於人數也在2,000萬上下的農村流氓，就令他猶豫了。他把農村流氓歸類於土匪、士兵、乞丐、盜賊和娼妓之間，是「游民無產階級」的一部分，認為他們若非破產農民，便一定是失業工人，游走於城鄉之間，依靠講究互助的秘密組織，譬如青紅幫、哥老會和大刀會，餬口維生。毛澤東承認，他們基本上是作姦犯科的一類，但特別強調，如果「引導得法」，他們好勇鬥狠，也「可以變為一種革命力量」[11]。毛澤東把農村居民分為五類人，所使用的標準顯然不是生產關係，而是貧富差距；他所謂農村革命便是以半自耕農和僱農為主，聯合農村游民無產階級，中立和分化自耕農和小地主，全力打倒大地主，打倒大地主以後，再來解決小地主。

11　竹內實，《毛澤東集》，1：158-59、171-72。

毛澤東的革命策略逐漸形成了，但是農民運動在中共領袖的考慮中，始終不如工人運動重要。1926年9月，毛澤東以國民黨農民運動的負責人身分指出，國民革命的目的既然是打倒軍閥和列強，便應該先求打倒「土豪劣紳和貪官汙吏」，「土豪劣紳和貪官汙吏」若不打倒，軍閥和列強便不可能打倒。打倒「土豪劣紳和貪官汙吏」就是農民運動，所以農民運動乃是「國民革命」的基本問題。毛澤東認為必須有此種深刻體認，纔能免於捨本逐末之譏。他甚而公開宣稱，買辦階級只有大城市有，即使依靠工人運動全部加以打倒，軍閥和列強也會因為在農村中仍受「土豪劣紳和貪官汙吏」的支持而屹立不搖。關於農民運動，毛澤東還特別指出其性格，在於立即推翻地主的政治地位，他說工人在工人運動中還只是追求到集會結社的完全自由，但是農民在農民運動中不應以此為滿足，非立即推翻地主的政治地位不可[12]。

三、矯枉必須過正

1926年3月中山艦事變發生後，毛澤東被迫放棄國民黨代理宣傳部長的職務，但隨後到農民部的農民運動講習所擔任所長，負責第六屆的辦理事宜，卻讓他有真正置身於農民運動的機會。當時，他月薪180元，是做北京圖書館員時的22.5倍，生活安定，可以把全副精力放在講習所的辦理上。為了配合日後北伐，毛澤東增加廣東以外各省學生的名額(約320餘人)，尤其是從兩湖和河南招收青年學生，施以農民運動的訓練。5月3日，第六屆農民運動講習所開學了。

就在這一個月，國民革命軍誓師北伐，為了維持後方安定，留守廣州的李濟琛對農民運動採取壓制的政策，因此廣東農民運動進入了停滯局面。然而，北伐軍所經過的兩湖地區，尤其湘江兩岸，農民運動卻突如狂飆而起，頓時之間，飛沙走石，聲勢逼人[13]。農民協會的

12 竹內實，《毛澤東集》，1：175-79。

13 李維漢，《回憶與研究》，頁85-86。

地理分布，便顯露出這種情勢。北伐剛展開時，全國只有36個縣有農民協會，共有會員981,442人，主要集中在革命根據地的廣東和廣西兩省，以及國民軍(有蘇聯顧問)曾經統治的河南和河北。只有這四省有省級的農民組織。一年之後，1927年7月，全國有農民協會的縣分增加爲201個，會員也增加將近十倍，達到了9,153,093人。農民協會成長最快的地方不再是前述各省，而是北伐軍攻城略地的湖南和江西。這兩省不但出現了省級農民協會，湖南更是後來居上，成爲農民協會會員最多、農民運動最爲蓬勃的一省。

湖南省有75縣，3000萬人口，其農民協會發展的情況如下：

1926/4	28 縣	38,000(或42,600)〔秘密性質〕
1926/5		60,000 [14]
1926/9		300,000-400,000
1926/11	50 縣	1,367,727 [15]
1927/2		2,000,000 [16]
1927/4		5,180,000 [17]
1927/5		6,000,000 [18]
1927/6	41 縣	4,517,140

14　李維漢，《回憶與研究》，頁69，95；中國革命博物館、湖南省博物館，《湖南農民運動資料選編》，頁4，121-22；中央檔案館，《中共中央文件選集》，2：522。

15　中國革命博物館、湖南省博物館，《湖南農民運動資料選編》，頁144-48。

16　關於湖南農民協會的分布，毛澤東自己有兩種不同的說法。見竹內實編，《毛澤東集》，1：187-90；221-25。這裡採用的是，中共湖南省黨委黨史資料徵集研究委員會，《湖南黨史大事年表》，頁39。據此資料，28個縣有正式縣農民協會，20個縣有縣農民協會籌備處，兩個縣則只有縣以下的農會組織。在50個縣中，有45個縣的農民協會是由共產黨員領導的。

17　中共湖南省黨委黨史資料徵集研究委員會，《湖南黨史大事年表》，頁47。

18　同上。

湖南的農民運動，雖然曾遭趙恆惕鎮壓，但是湖南畢竟有所謂省憲，准許人民有結社自由，故各縣都有農會的組織，只是這些農會都在地主士紳控制之下，並不是農民運動的產物。然而，正因為湖南省有此省憲傳統，所以秘密的國民黨和共產黨員——其中包括不少小學教員在內——能夠在湖南取得一些合法和半合法的活動空間。1926年3月唐生智代理湖南省長，需要湖南讀書人的支持，以對抗北洋軍閥的吳佩孚，尤其不在意組織農民的活動。中共開展其農民運動以後，針對湖南的這種特殊情況，強調官廳立案，把關心集中在民食和公益問題，同時積極爭取「正紳」、小地主與知識分子的同情，因而不久便能以長沙近郊為中心，在28個縣成立農民組織，並開始走出地下。

1926年6月北伐軍在唐生智部的接應下，進入湖南，沿湘江北上，行軍所至，各縣的國民黨黨部和農民協會紛紛從地下冒了出來。當時縣的國民黨黨部若不是掌握在跨黨黨員手中，便一定擁有相當數量的跨黨黨員[19]。農民協會的會員在他們的領導下，以打倒軍閥為第一優先，集中全力配合北伐軍作戰，尚未積極提出明確的經濟主張。他們擔任歡迎、供給、嚮導、運輸和擾亂敵人後方的任務，偶爾也參加一些作戰，因此和軍隊相處融洽，並贏得湖南軍事強人唐生智的激賞，表示願意給予支持。由於北伐軍中，除蔣中正第一軍外，都有中共跨黨分子擔任政工幹部[20]。而攻打湖南的北伐軍正是第一軍以外的北伐軍，他們樂見這些發展，競相配合。農民協會會員陡然增加了七、八倍之多。

1926年9月北伐軍從湖南進入湖北，一個月後攻陷武昌省城，軍事情勢終於完全明朗化。國民黨通過減租減息的政綱，更兼毛澤東第六屆農民講習所畢業的湖南學生紛紛回老家開始工作，所以湖南農民運

19 李維漢，《回憶與研究》，頁270-71。

20 中共湖南省黨委黨史資料徵集研究委員會，《湖南黨史大事年表》，頁36；竹內實編，《毛澤東集》，1：190-92。

動迅速出現了第一個高潮。各地農民協會開始提出經濟要求，主要內容為減租、減息、平糶，阻禁、減捐、減押(減少押金)。這些要求，雖然表面上溫和，但是畢竟衝擊到地方士紳的既得利益，當然會引起反對。自從十九世紀中葉以來，湖南民間的團練組織即甚發達。更由於民國肇造以來，湖南省政府鼓勵民間自衛，以應付戰禍頻仍、土匪蜂起、地方失序的情勢，所以湖南的團練制度比全國其他各省都發達，各地都有士紳控制的團防局。受到農民協會的直接和間接的挑戰，湖南地方士紳既有團防武裝可資憑藉，自然全力設法反擊，或是搗毀農民協會機關，或是誣告、逮捕，甚或毆殺農民運動的負責人。

地主士紳的反擊不久便後繼乏力，主要原因是北伐軍的高級將領支持農民運動。當時湖南是軍事強人唐生智的地盤。唐生智雖然新近投效了北伐軍，但政治野心極大，不時想取蔣中正而代之。1926年9月，他為了爭取中共的幫助和蘇聯的軍援，透過其湖南代理人與中共組織有所接觸，同意廢止和改造湖南的團防制度。兩個月後，唐生智更秘密和中共代表成立政治協定，一方面同意接受中共的政治領導，讓中共黨員控制其軍隊中的政治部，另一方面也答應在選派各縣縣長時，完全尊重中共湖南省委的意見[21]。這個秘密協定的含義是，湖南地方駐軍保證不干涉農民運動，而唐生智任命的地方官員保證會提供農民運動一些經費。

農民協會在唐生智的支持下，發展一日千里，到1926年底，共有13個縣建立了農民自衛武裝。先是，農民協會沒有武器，縱使已擁有自衛武裝，武器也非常原始，無非梭鏢長矛之類。所以所謂參加北伐軍作戰，其實只是搖旗吶喊、在旁助勢，以便乘勝取得軍閥敗兵手中的武器罷了。這支農民武裝從一開始出現，便屢遭地主士紳控制的團防破壞和摧殘。到北伐軍底定湖南全省，尤其是唐生智許諾支持以

21　彭澤湘，〈自述〉《黨史研究資料》，第5集，頁209。

後，農民協會取得了政治優勢，纔敢公開宣傳團防是「土豪劣紳」壓迫農民的工具，並不斷發動農民群眾包圍團防局，強制接收、改組或予以解散[22]。面對這種局勢，國民黨財政廳長劉岳峙組織「左社」反對唐生智。劉岳峙此人在中共眼中「為人正派而廉潔」，顯然不是沒有原則的政客，但畢竟缺乏軍事和政治奧援，因而很快被戴上搞小組織的罪名，「假國民黨左派之名，行右(派)之實」，迅速被開除國民黨籍[23]。沒有劉岳峙威望和政治關係的地方士紳，便只好逆來順受，伺機而動。比較懂得權謀的地主或士紳，則暗中破壞，或把所控制的舊農會戴上農民協會的招牌，或另外重新組織一個「假」農民協會，魚目混珠，「打著紅旗反紅旗」。

1927年1月，國民政府遷都武漢後，對群眾運動的支持愈來愈熱烈。毛澤東這時擔任中共中央農民運動委員會書記，甫由廣州經三湘抵達武漢。他對老家湖南的農民運動格外關心。在他的強力推動下，湖南省政府和省黨部通過懲治「土豪劣紳」的法令，農民協會從此以後，把注意力從軍閥移到地主士紳身上[24]。農民協會根據所頒法令，懲治所謂「不法」地主士紳，然而被動員起來的農民不容易控制，出現各種過火行為。例如毆打、控告、遊鄉、罰款、驅逐。甚而出現「有土皆豪，無紳不劣」的說法，凡是有地五十畝以上者皆被認為是土豪，而凡是穿長袍馬褂者皆被認為是劣紳，兩者均遭要索「捐款」[25]。若稍有

---

22 中共黨史人物研究會，《中共黨史人物傳》，34：165。

23 分別轉引自中央檔案館，《中共中央文件選集》，2：368、577，以及簡秋慧，《北伐時期湖南農民運動》，頁103-10。

24 1926年12月，湖南省第一次農民代表大會召開時，已針對各縣的「土豪劣紳」問題，提出討論，並提出對策。隨後湖南省政府和省黨部在次年1月4日成立全省特別法庭。這個特別法庭如何運作，詳情不明。

25 中國革命博物館、湖南省博物館，《湖南農民運動資料選編》，頁339。1927年3月25日，中共湖南省委農民部長兼湖南農民協會委員長易禮容在《湖南民報》公開讚美「『有土皆豪，無紳不劣』這首對聯，何等精當！」

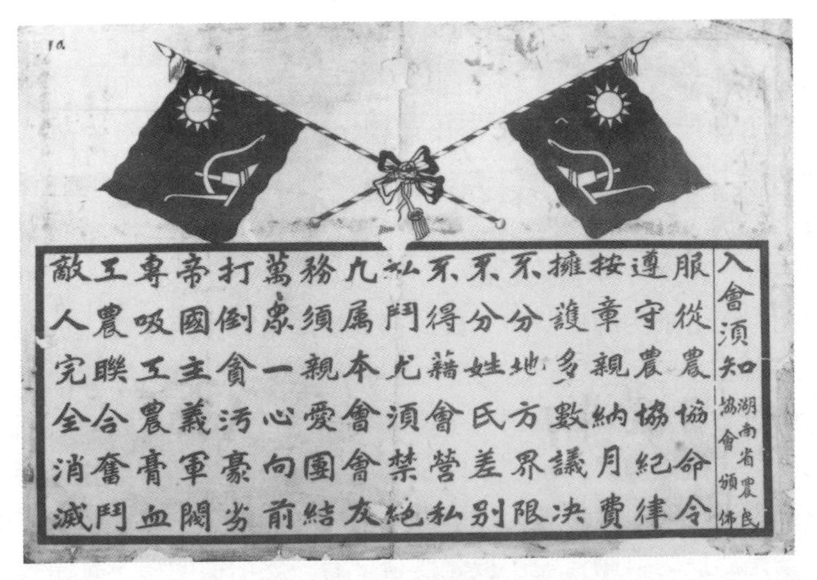

入會須知
湖南省農民協會頒佈

服從農協命令
遵守農協紀律
按章親納月費
擁護多數議決
不分地方界限
不分姓氏差別
不得藉會營私
私鬥尤須禁絶
凡屬本會會友
務須親愛團結
萬衆一心向前
打倒貪污豪劣
帝國主義軍閥
專吸工農青血
工農聯合奮鬥
敵人完全消滅

北伐時期湖南的農民運動。湖南農民協會頒布的〈入會須知〉和油印的《農民畫報》。當時的農民運動是以國民黨的名義進行的，所以〈入會須知〉上方的旗幟是青天白日加上一張犁頭。

不從，便罰以殺豬出穀。有些農民協會發動會員到地主家中大肆破壞，甚而剪下鬍鬚，抹上黑灰，逼地主戴破帽子遊街[26]。農民協會的行爲越來越左，對鄉紳大地主罰以巨款，並收回氏族公田。不久更開始捕殺鄉紳大地主，湖北甚至出現挖掘祖墳、破壞風水的情事[27]。「一切權力歸農會」成爲口號，農村行政組織成爲多餘，地主士紳不敢公然反抗，私下則進一步組織區董聯合會，甚至成立秘密的保產會和護產會。最多者仍是滲入農民協會，以圖掌握實際權力。

在打倒土豪劣紳口號中，農民協會變成農村中最有勢力的組織，大小事都是由它實際處理。鬥爭之外，它最熱心的工作便是平糶阻禁，保證各地方的貧苦農民有平價糧可以吃。有的農民協會進而嘗試移風易俗，例如剪髮放足、禁賭禁煙、禁止釀酒熬糖、禁止坐轎、禁演花鼓戲，還砸毀佛像和祖宗牌位。這種種行爲，到底出自幹部的鼓動，還是農民的自動自發，很難斷言。有一點卻很明確，凡是農民協會支持的行動，殊少人敢反對，因爲被開除會籍以後，不僅不能享受農會會員的權益，還要受到種種政治和經濟歧視[28]。

湖南農民運動過左的消息傳抵武漢後，武漢政府憂心忡忡，要求農民協會自我節制。毛澤東於是親自於1926年年底回湖南調查，調查了一個多月的農民運動之後，他在同年3月撰成〈湖南農民運動考察報告〉，公開爲湖南的農民運動辯護和呼籲。毛澤東說，這些所謂過火現象，爲階級鬥爭中所必不可免。革命乃一個階級推翻另一個階級，若非東風壓到西風，便係西風壓到東風。農民在歷史上長期遭受各種

---

26 程學敬，〈回憶湖南華容縣黨的創立和早期活動〉，《黨史研究資料》，第4集，頁204。

27 簡秋慧，《北伐時期湖南農民運動研究》，頁93-97；蔣永敬，《鮑羅廷與武漢政權》，264-66。湖北的情形，見中共河南省委黨史資料徵集編纂委員會，《鄂豫皖根據地首府新縣革命史》，頁28-32。

28 程學敬，〈回憶湖南華容縣黨的創立和早期活動〉，《黨史研究資料》，第4集，頁205。

迫害，矯枉便必須過正，不過正則不能矯枉，所以對農民打擊土豪劣紳的一些過分手段，必須予以同情和包容。毛澤東承認，農民運動中有大批痞子參加，但是他更強調，如果因此而全盤否定農民運動，甚而不發動農民，實無異於因噎廢食。他心裡明白，痞子帶有強烈的投機和破壞性格，然而同時相信，他們正因為如此，纔成為農民運動初期不可或缺的最佳幫手。在農民運動開始階段，一般農民害怕出頭，遑論積極參加，除非痞子打頭陣鬧事，普通農民豈敢出頭和地主士紳相抗爭？所以縱容痞子對地主士紳胡作妄為，乃屬不得不爾[29]。總之，唯有得到痞子行為的鼓舞，貧苦農民纔敢起來和地主士紳勢不兩立，也唯有貧苦農民敢於起來鬥爭地主士紳，農村既有的權力結構始有徹底改造之可能。有了這種徹底改變，共產黨纔有條件進一步從事社會改造，也纔有條件回過頭來改造和清理痞子。1927年年初尚非改造和清理痞子的時機，痞子為農民運動打開局面的階段性任務仍未完成，不可潑以冷水。毛澤東於是稱讚痞子是「革命先鋒」，不僅不諱言農民運動就是「痞子運動」，反而大聲宣稱：這種情形「是好得很，不是糟得很」。

毛澤東的意見得到相當回應。3月中旬，中共湖南區委公開宣稱：目前農民運動雖然只是減租減息以及打倒土豪劣紳的專政，但是滿足貧農的要求，實現「耕地農有」已經是重要內容了。毛澤東隨後發現，湖南所謂土豪劣紳的土地不夠分配，農民在「平均地權」的口號下進行「平均佃權」，連富裕佃農的土地也成了被平均的對象[30]。就在這個月的月底，省農民協會更配合毛澤東有關痞子的論調，提出「失業的農民」是革命中「最勇敢的先鋒隊」的說法，主張他們有權

29　杜修經，〈大革命時期的點滴回憶〉，《黨史研究資料》，第5集，頁229。

30　沈慶林，〈一九二七年國民黨中央土地委員會會議情況〉，《黨史研究資料》，第4集，頁174-75。

利出任農民協會的幹部，更有權利對「土豪劣紳」迎頭痛擊[31]。為了有效迎頭痛擊，省農民協會特別強調農民有武裝自衛之權。4月中旬開始，各地農民協會就加緊改造舊團防的工作，若不能以和平方式接管武裝，就以武力奪取其武器。不久之前，湖南省政府纔匆匆把該年元月成立各縣特別法庭的決議落實，紛紛在各縣成立特別法庭。這些特別法庭為盡量滿足基層農民協會對「法律正義」的渴望，開始援引新法，大肆逮捕和處決所謂「土豪劣紳」。但是省、縣農民協會仍舊不滿意，而故意縱容農民逾越法令，以致過左行為越來越多，而且愈演

羅易和譚平山。羅易(前排左4)是印度籍的共產國際代表，主張升高工農革命。譚平山(前排左3)是國民黨黨內地位最高的跨黨黨員，曾任國民黨中央組織部長，當時任武漢政府的農政部部長。1927年4月兩人從廣州到武漢，路經湖南長沙，受到中共所控制的國民黨湖南省黨部歡迎。湖南的農民運動在兩人順路考察之後，更加如火如荼地展開。

31 中共湖南省黨委黨史資料徵集研究委員會，《湖南黨史大事年表》，頁44。

愈烈。在接連的一個月中，或逼迫縣長處決所謂「土豪劣紳」，或以暴易暴，私刑毆打，再把他們公審處死等凌駕法律的事故層出不窮。4、5月間，湘潭、醴陵、長沙、瀏陽等縣的農民，甚至起來分地主的田[32]。地主士紳害怕殃及，像負隅猛獸，膽子越來越大，也競相率領自己的農民群眾，千方百計，阻擾和打擊中共領導的農民運動。

對所謂過左現象，毛澤東除了承認痞子的先鋒作用以外，更強調農民報復的歷史根源。他反覆強調，正是因爲農民受罪受了千百年了，所以他們纔會有各種無視法律的暴力動作。毛澤東故意隱瞞知識分子黨員和幹部煽風點火的作用。當時領導農民運動幹部主要是知識分子黨員，來自富貴人家者頗多。這些人爲了證明自己「革命」的決心，鼓動階級鬥爭時似乎特別狂熱。教會學校出身的留法勤工儉學學生何長工便是例子。他出身地方豪族，父親爲武秀才，在家族的支持下，出任縣團防局局長。在農民運動中，卻利用團防局局長的地位，殺了300餘士紳，因此在地方上有「大暴徒」之惡名。除世家子弟外，湖南農會中有不少失學、失業青年、小學教員、私塾先生和行醫郎中參加[33]。1927年6月的統計數字顯示，農會有9,992位小學教員，占全體會員人數的0.7%。這些人生活在饑餓邊緣，被社會踩在腳底，境遇之惡劣，有時連富裕農民也都瞧他們不起。他們對現有的社會秩序，本來就懷有強烈不滿，所以在農民運動中，肯定也曾對過左現象起過推波助瀾的作用。

當時年僅19歲的柳直荀，主持湖南全省的農民運動，有湖南農民運動大王之稱。他的祖父是舉人，父親是留日學生，系出名門，自己

32　郭德宏，《中國近現代農民土地問題研究》，頁310；中共湖南省黨委黨史資料徵集研究委員會，《湖南黨史大事年表》，頁46；李維漢，《回憶與研究》，頁96-97，99-103，106。

33　程學敬，〈回憶湖南華容縣黨的創立和早期活動〉，《黨史研究資料》，第4集，頁198。

甫從教會辦的湖南雅禮大學教育系畢業。在他的領導之下，大概只有200多人受過農民運動的訓練，其中182人具有共產黨黨籍[34]。如果包括農民運動講習所以外機構的受訓者，則全省業經訓練的農民運動幹部，當在700至1,000人之間。要他們完全掌控爲數達200餘萬農民的行爲，本來便非易事，何況所受訓練的時間太短，缺乏足夠的相關技巧。其實他們在農民起來打倒土豪劣紳以後，也不知道如何指導農民確實掌握農村權力。舊團防整批整批接收，對一般地主士紳和富農也不心存警惕，任由這些所謂「階級異己分子」繼續掌控這些名義上已經改造過的團防。他們更沒有注意到，所謂農民協會經常只是舊農會換了一張新招牌，實質全未改變。柳直荀當時和毛澤東一樣，只看到土豪劣紳被打得落花流水，卻不知道農民運動的基礎其實並不穩固，過分高估了農民協會和農民武裝在數量上的發展。

無論如何，農民協會的要求逐漸衝擊到政府的稅收層面。農民協會所提出的經濟要求，導致地主錢糧進賬的遽減，間接便影響到政府的財政收入。尤其是禁止糧食輸出，關繫到湖南的米糧貿易，對糧商的打擊異常嚴重，糧商無法繳納稅金，武漢中央政府和湖南省政府入不敷出，迅速發生財政危機。當時農民協會也已了解到問題的複雜和嚴重性，所以要求農民不得阻礙貿易，同時爲了避免地主士紳整個階級的恐懼，下令展開洗會運動，清除農民運動中的不良分子，尤其是地痞流氓，並嚴禁農民隨意罰款捕人[35]。

面對所謂過左問題，中共中央接受共產國際的主張，基本上是承認農民運動已經走過頭了，必須予以抑制。所以總書記陳獨秀扣壓毛澤東撰寫的〈湖南農民運動考察報告〉，不准在中共中央的刊物上發表。在土地政策方面，由於武漢政權並不同意在所謂「反動軍閥和土豪劣紳」的政治沒收範圍以外進行土地沒收，所以農民運動始終無法

34 李維漢，《回憶與研究》，頁95。

35 同上，頁97-98，102。

進入「經濟沒收」的層次。因為尊重武漢政權的意見，中共也不得不針對過左和過火現象，有所行動。是以在4月底由湖南國民黨黨部提出三點對策：第一、基層農會不得私自處理和處決所謂「土豪劣紳」；第二、懲治土豪劣紳時，不得株連其家屬；第三、對地主士紳的罰款，必須服從縣以上層級農會的決定[36]。

當上層表現節制和退縮之時，農民運動的過左和過火現象，卻繼續衝擊地方，尤其衝擊著農村的權力結構。上海四一二清黨以後，農民運動大王柳直荀在長沙召開群眾公審大會，處決湖南大名士葉德輝。消息傳出，對社會輿論產生極大的震撼[37]。更嚴重的還是軍隊內部的反彈。湖南早有「無湘不成軍」的說法，許多湖南人投身軍旅，攢到錢後便回老家購置田產。毛澤東的父親，就是這樣起家的。他只是當兵，所以能購置的田地有限。當軍官的收入便要大多了，他們本來出身地主富農家庭，廣置產業以後，自己更變成地主富農經濟的一部分。當時湘軍唐生智部是武漢政權的支柱，所部軍官也同樣和農村中的地主富農有千絲萬縷的關係。當他們知道農民協會的所作所為時，自然深表不滿。5月21日晚，團長許克祥在湘軍將領何鍵的密謀下，率所部千餘人，在長沙包圍中共控制的國民黨黨部、省工會和省農協等機關，一舉解除工人糾察隊和農民自衛隊的武裝，並逮捕中共黨員和有關人員，死者約30餘人[38]。被政府羈押的「土豪劣紳」獲得自由以後，肆行報復，對被捕的中共和有關人員，施以各種各樣的酷刑，凌遲處死和集體強暴，也不斷發生。僅長沙及其近郊，就有萬餘人死難，中共損失幹部500餘人[39]。當時中共在長沙城外聚集了一萬左

36　〈省黨部第五十五次執委會〉，《湖南民報》，1927/4/30。轉引自簡秋慧，《北伐時期湖南農民運動研究》，頁118。

37　《中共黨史人物傳》，24：168。

38　中共湖南省黨委黨史資料徵集研究委員會，《湖南黨史大事年表》，頁49。

39　同上，頁51。

右的農軍，準備反攻，但是全係烏合之眾，又缺乏有效指揮，以致正式行動之前，便已遭擊潰。柳直荀便語帶諷刺地說：湘潭的暴動那算是暴動？只是騷動而已！湘潭的農民自衛軍是全省農軍中的主力，已然如此，其餘各地的農民自衛軍更不足道了[40]。

當馬日事變的消息傳抵武漢時，武漢的國民政府無兵可用，而且前線的軍心有變，更有感於農民運動的困擾，尤其是農民阻止糧食運輸，已造成武漢缺糧、政府無稅餉的窘境，故再三強調抑制過火行為。中共中央明白，所謂農軍只有大刀梭鏢，根本不堪一擊，所以只好同意和平解決，不過仍然希望透過軍閥唐生智，在農村實行鄉村自治條例，另以鄉村自治的方式繼續奪取政權[41]。此時毛澤東一反其在〈湖南農民運動考察報告〉的立場，也承認農民運動中確實發生了「殺人放火」的過火現象，不過強調這些都是滲透農民協會的哥老會員所為，哥老會員既「不知道國民黨是什麼，也不知道共產黨是什麼」，就只知道惹事生非。毛澤東同時承認農民協會的行為確實侵害了軍人家屬的權益，但強調馬日事變是軍隊先動手殺人的，農民協會只是被動的受害者，所以要求立即予以救濟。一言以蔽之，毛澤東此時畢竟也同意了國民黨中央和中共中央的意見，認為農民協會必須抑制其過左、過火現象[42]。

湖南因為中共讓步而免於戰禍，但農民運動受到和平解決政策的影響，也從此一蹶不振，無力東山再起。馬日事變後，毛澤東遄返湖南老家實地考察農民運動。他雖然號召逃亡外地的農民運動幹部回家，力圖掌握農民武裝，但迅速發現農民的武裝早已無法公開存在，

40 夏立平，〈試談馬變時的湖南省委〉，《黨史研究資料》，第4集，頁235，240-45；李維漢，《回憶與研究》，頁152-53。

41 李維漢，《回憶與研究》，頁117。

42 據中國國民黨中央執行委員會政治委員會第二十八次會議速記錄(1927，6，13)。引見夏立平等，〈有關「馬日事變」後農軍進攻長沙問題的部分材料〉，《黨史研究資料》，第1集，頁348-49。

若非假借民團名義潛伏，便只有「上山」為寇一條道路了。毛澤東於是要求改變抑制農民運動的政策，但中共中央置之不理，仍然寄望於武漢政權的繼續合作。不料，武漢政權終於決定分共，中共中央這纔想到改弦易轍，接受毛澤東的主張，同意在各地區展開武裝鬥爭。8月7日，瞿秋白召開中共中央緊急會議，主動配合史達林政策的轉變，下令以原有農民運動為基礎，全面進行暴動。當時，秋收在即，比較容易動員農民反抗地主士紳，各地競相響應。然而大部分地方的暴動都是曇花一現，很快便被鎮壓弭平了。計畫暴動地區的農民運動並不如想像那麼強大。廣東海陸豐的農民在彭湃領導下，雖然成立了蘇維埃政府，但是沒有幾個月便在國民政府廣東軍的進剿下土崩瓦解了。中共湖北省委對中共中央的指令有所猶疑，在仔細研究各縣情況以後，發現農民運動的實力原本有限，因而迅速取消了整個秋收暴動計畫。中共湖南省委雖然沒有取消整個計畫，但也根據其所了解的農民運動實力，大幅縮減暴動的規模。毛澤東實際負責湖南農民的暴動，是前委(前方委員會)書記。他抵達指定的暴動地點後立即發現，僅靠農民武裝根本無法成事，於是在農民武裝之外，千方百計網羅國軍叛兵、礦工武裝，好不容易才湊攏五千烏合之眾，勉強成軍，其中有一個團還是土匪。然而，暴動的第一槍尚未打響，毛澤東便被民團捕捉，差一點連命也送掉了。僥倖脫逃之後，雖然如期舉行了暴動，但各路人馬無法配合，而土匪部隊中途叛變，幾乎潰不成軍。毛澤東厲害的是當機立斷，一發現事不可為，便率殘部約1,500人，南下湘贛邊的崇山峻嶺，另謀出路[43]。

43　官方的說法是，1927年9月19日毛澤東在瀏陽文家市決定退往羅霄山時，尚有餘部1,500人，到同年9月29日毛澤東在永新三灣改編所部時只剩下1,000人左右。減員的主要原因是逃亡。其實三灣改編時，毛澤東允許手下選擇去留，結果只剩下700人繼續南下。見中共中央文獻研究室，《毛澤東年譜》，1：219-222；王健英，《中國工農紅軍發展史簡編》，頁17。

※　　　　　　　　※　　　　　　　　※

農民問題是一個古老而複雜的問題，雖然中共在推動農民運動的過程中過分誇大了農民的悲慘境遇，也把所有責任放在所謂封建地主身上，視其為帝國主義的幫兇，剝削貧苦農民，但從十八世紀以來，中國農村進入嚴重的經濟危機卻是不爭的事實，農民生活受到不肖地主、高利貸者或官吏的欺壓也不容輕易否認。只是中共最初受俄國革命經驗的影響，看不出農民可以擔當所謂革命的大任，所以列寧儘管有工農聯盟的說法，中共中央卻始終不以農民運動為其政策的重點。中共黨內最早提倡農民運動的是沈定一和彭湃兩人，他們都是中共權力核心以外的人物，由於個人機緣而投身於農民運動。後來國共合作以後，中共仍然把工作重點放在動員和組織工人方面，無論彭湃或毛澤東，都是以國民黨員的身分投入農民運動的。甚至毛澤東關於農民運動比工人運動重要的見解，也都是在國民黨的雜誌以國民黨官員的身分發表的。難怪後來湖南農民運動有如疾風暴雨襲來，中共中央始終抱持謹慎的態度，並拒絕給予有力的支持。況且當時農民運動已發展到難以控制的地步，不僅嚴重威脅到農村現有的秩序，也嚴重威脅到國民黨軍隊和政府的運作。

最初國民黨支持農民運動，有其非馬列主義意識形態的背景，也因為他們從農民運動中看到有利於其鞏固政權的一面，例如協助國民政府東征，擊敗商團，打破殘餘軍閥的割據等。中共幸運的是，純粹國民黨黨員對實際農民運動毫無興趣，所以中共在農民運動中可以說根本沒有面臨任何對手。不過，中共主導的農民運動畢竟是在國民黨的保護傘下發展的，是由國民黨上層扮演關鍵性的角色。當農民運動逾越結社和互助的範疇，邁向減租減息時，地主士紳勢必設法反擊，國民政府最初也以派遣軍隊協助農民協會為應付，只是蔣中正決定北伐的軍事行動後，為了鞏固後方，不願意看到農村社會陷於兩極分化、勢不兩立的地步，從而頒發戒嚴令，嚴格限制廣東的農民運動，這雖然有助於地主士紳的反擊，但戒嚴令也起了拘束地主士紳的作用，所以廣東的農民運動便進入東佃雙方相持的停滯局面。

國民黨對後方的農民運動採取限制措施，對前方則態度迥異。為了削弱敵人的社會基礎，在軍事活動地區仍舊容忍、甚至鼓勵農民運動。在湖南因為地方實力軍人的支持，農民運動勢如脫韁之馬，在北伐軍經過的兩湖地區迅速發展，氣勢之盛，大有凌駕工人運動的味道。只是中共的農民運動是以階級鬥爭理念為基礎的，在最初的階段，雖然以接受社會既有結構為前提而要求改善農民生活，可是很快便走上以否定社會結構為前提來改善農民生活的道路。在湖南因為農民運動缺乏幹部，任由地痞流氓帶頭衝鋒，農民運動雖然大有發展，然而農村社會出現的兩極分化尤其嚴重，不僅引起現有社會結構的激烈反彈，也導致其「合作對象」國民黨政權對「合作」一事的重新考慮。如果上層政治人物繼續支持農民運動，則農民運動猶有可為，不幸，上層政治人物開始別有考量，而中共也尚未蓄積足夠的力量對付上層政治人物的改弦更張。所以中共中央不得不一讓再讓，要求抑制農民運動，可是農民運動有其本身的動力，仍繼續朝以暴易暴的方向發展。最後中共的農民運動終於在國民黨中央和地主士紳聯手鎮壓之下化為灰燼。兩湖秋收運動只證明中共誇張了農民運動的實力，實際則是外強中乾，不堪考驗。此後中共從事農民運動，必須另起爐灶，尤其必須針對兩個問題提出解決之道：第一、如何保障農民運動向兩極對立發展而不招致中央政府的反撲，也就是說如何成立自己的政權和軍隊；第二、如何在農村中推遲兩極對立的形成，並在此過程中增加自己的支持者，同時減少勢不兩立的敵人。中共日後走上土地革命的道路以後，必須針對這個問題不斷摸索解決之道。

第三章

到農村去：「割據」自主

1927年夏以後，中共的最高權力表面上是由工人出身的領袖所掌握，實際上發號司令的都是知識分子。從瞿秋白(1927 / 8～1928 / 6)、周恩來(1928 / 7～1930 / 6)到李立三(1930 / 6～1930 / 9)，從周恩來、瞿秋白兩人(1930 / 9～1931 / 1)到王明(陳紹禹，1931 / 1～1931 / 9)，又到博古(秦邦憲，1931/9～1935/1)，均無一人例外[1]。李立三和周恩來雖然不是留俄學生，卻都到過俄國，對俄國的「革命」經驗有直接的觀察和了解。瞿秋白和王明則可以說是俄國訓練出來的職業革命家。瞿秋白承認自己帶有濃厚的文人心態，但也承認他的思維方式已經徹底馬列主義化了。王明則「俄化」的程度比他還要徹底，不過用的名字仍然是中國的，博古則乾脆以俄國名字的中譯簡寫來立身揚名了。這些人受到俄國十月革命的影響，多少都迷信蘇聯的革命經驗，認為中國共產革命的中心也應該在城市，而不是在落後的鄉村。他們掌握中共的最高權力結構後，始終沒有想到把中共中央從上海遷移到廣大的農村地帶，甚至連遷移的可能性也都沒想過。即使遲至1933年初，中共中央由於形勢所逼而終於遷入了江西蘇區，主其事者仍然認為中共革命不能仰賴農村，城市工人遠比鄉下農民重要。

中共在1927年夏國民黨的血腥鎮壓後，強調「槍桿子出政權」，開始逐漸打出自己的旗幟，並在全國各地廣大農村地帶進行一連串或大或小的農民暴動；南昌、兩湖秋收和廣州暴動僅為其中規模最大的三次。以這些暴動為基礎，中共終於在遠離國民黨政治中心的窮鄉僻壤建立起自己的武力，並發展出好幾個所謂革命根據地來。在這些根據地裡，中共建立起他們自己的政權，由於採取工農兵代表的蘇維埃(Soviet)模式，所以中共的根據地又稱為蘇維埃政府區，簡稱為蘇區或

1　工人出身的中共領袖是蘇兆徵和向忠發。蘇兆徵於1927年8月出任臨時中央政治局常委，當時他已病入膏肓，不可能分享瞿秋白的最高權力；向忠發於1928年7月出任中央政治局常務委員兼中央主席，他雖然相當能幹，但並不能主導全局。他於1931年6月被捕後叛變。

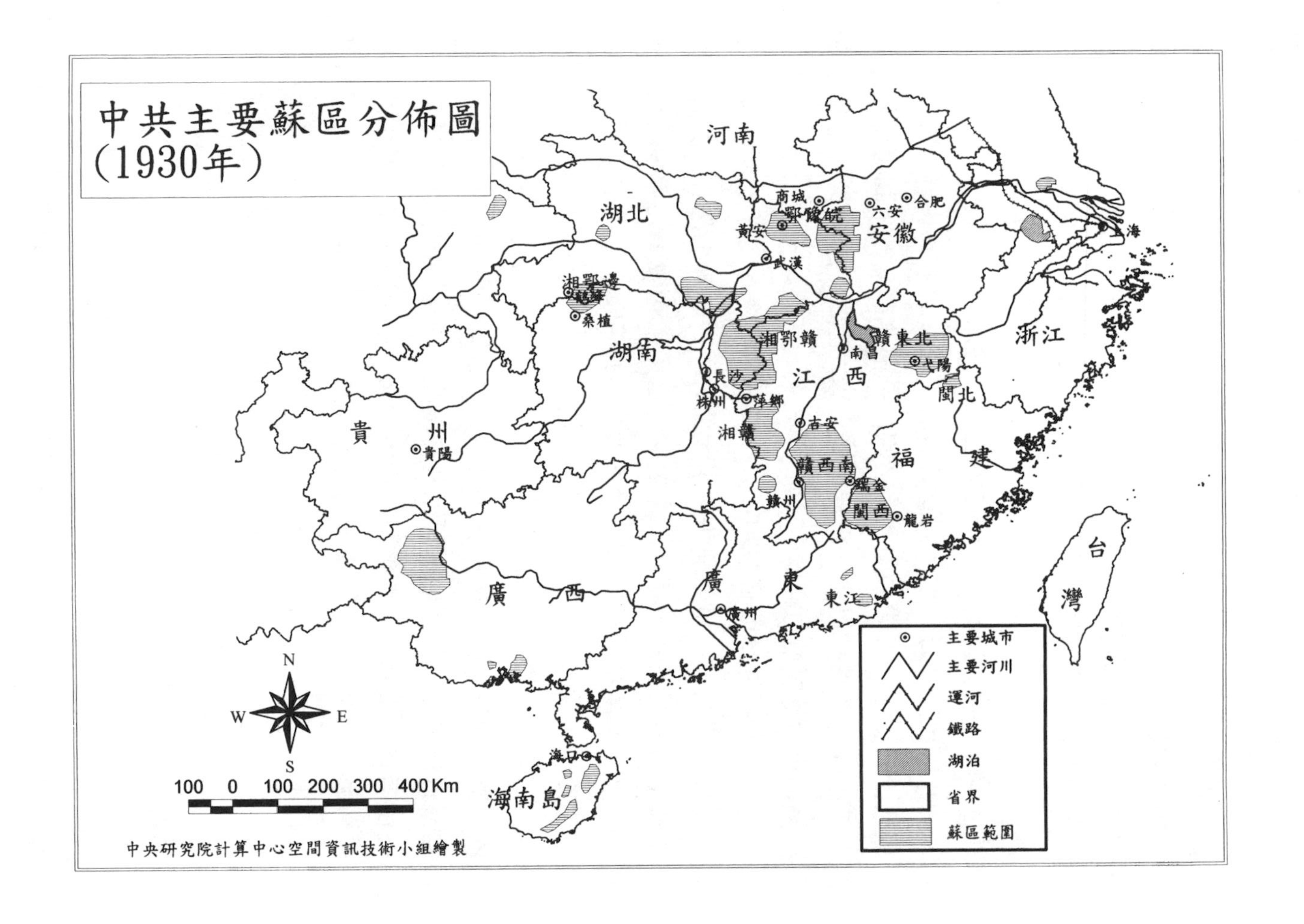
中共主要蘇區分佈圖
(1930年)
河南
湖北
安徽
浙江
江西
湖南
貴州
廣西
廣東
福建
台灣
海南島
商城
六安
合肥
黃安
武漢
南昌
長沙
株州
萍鄉
吉安
贛州
瑞金
龍岩
弋陽
桑植
貴陽
廣州
海口
湘鄂邊
湘鄂贛
贛東北
閩北
湘贛
贛西南
閩西
東江
主要城市
主要河川
運河
鐵路
湖泊
省界
蘇區範圍
N
S
E
W
100
0
100
200
300
400 Km
中央研究院計算中心空間資訊技術小組繪製

紅區；相對於蘇區或紅區，國民政府統治區則被稱為敵區或白區。

中共相信「槍桿子出政權」，但正如毛澤東所說：「我們說槍桿子第一，是在革命的政治前提下」[2]，這並不是單純的迷信武裝，而是在一個政治前提之下迷信武裝。因此中共的割據，雖然和軍閥割據有類似之處，但兩者之間卻又有霄壤之別。毛澤東所謂的政治前提便是共產革命，而為了確保這一政治前提，毛澤東尤其強調「黨指揮槍」。正由於中共是一個自認為負有歷史使命的革命政黨，所以在這一個政治前提之下形成的中共武裝割據，絕非尋常的軍閥可以相提並論。中共在其割據地區內，根據馬列主義的階級鬥爭理念，逐步建立起一個嶄新的基層權力結構。

隨著中共根據地的形成和壯大，中國共產革命的重心應該逐漸從城市轉移到農村，可是如前所述，大部分中共領袖仍然認為農民不是「革命」的真材實料，搞「革命」還是必須依賴城市的無產階級。他們根本無法想像單憑農民運動就可以達到共產革命的目標，所以不論農村根據地的發展如何順利，都不願把中共中央遷移到根據地去，而不論城市革命實際上如何困難重重，他們也都拒絕轉移工作重點，反而依舊堅持農村根據地的發展，必須迎合想像中的城市革命高潮，決不能喧賓奪主，越俎代庖。正因為有這種牢不可破的城市偏見，中共中央在李立三領導下，纔會錯估政治形勢，以為全國城市總罷工的時機已經成熟，從而不顧根據地的實力尚不足以對抗國民政府大軍的事實，輕率地下令各農村根據地的紅軍向各大城市進攻。結果不僅損兵折將，反而過早暴露了農村根據地的實力，使國民政府停止對殘餘軍閥的征討，而把注意力轉移到中共的農村根據地上面，傾全國之力加以圍剿。

2　耿仲琳、田逢祿、齊得平，〈毛澤東在抗大講話記錄稿介紹〉，《黨史研究資料》，第11集，頁364。

蘇兆徵和向忠發。兩位真正工人出身的中共最高領袖。蘇兆徵是孫中山的同鄉，船上雜役出身，曾經領導1922年的香港海員罷工，1925年春加入中共後，再次領導歷時十六個月的省港大罷工。1927年，他受益於共產國際提拔工人黨員的指示，進入中共領導核心，但不到一年就積勞成疾，並於1929年2月與世長辭。

向忠發是毛澤東成為中共最高領袖前，唯一工人出身的中共「總書記」。他是漢陽兵工廠學徒出身，北伐時期領導武漢地區的工人運動，聲譽鵲起。1928年7月當選中共中央政治局常務委員兼主席。1931年6月被國民黨逮捕後下跪求降，但仍然被立即槍決。

照顧中共烈士以及職業革命家子女的幼稚園。1930年3月，中共中央通過其外圍組織中國革命共濟會，由基督教牧師董健吾(中共秘密黨員)，在上海開辦大同幼稚園，專門收容中共烈士及領導人的子女。圖為幼稚園部分保育人員和幼兒合影。一排左起：5為蔡和森之女蔡轉，6為彭湃之子彭阿森，7為惲代英之子惲希仲。二排左起：1為毛澤東長子毛岸英；右起：1為毛澤東次子毛岸青，2為毛澤東三子毛岸龍。三排左起：2為李立三之女李力。

中共農村根據地的發展，不但對國民政府形成嚴重的威脅，也使中共中央有鞭長莫及的感覺。首先，根據地的領導雖然是共產黨員，但是他們直接指揮當地的政府和軍隊，有獨立的經費來源，甚至進而為中共中央提供貲財，當然不免會造成尾大不掉的傾向。更何況各根據地的領導，面對國軍圍剿產生的實際問題，對中共革命可能有其獨特的看法，並不一定處處符合上級期望，因此，中共中央的疑忌加深，為防止太阿倒持，也格外強調對地方根據地的控制。在加強對地方的控制過程中，他們雖然有集權中央的列寧主義傳統可恃，但並不一定處處得心應手；加上其他各種因素的攙入，各根據地都出現了血腥和暴力的肅反。對於血腥和暴力的肅反，各根據地的領袖都有不可推卸的責任，但也不可否認，中共中央負有最大的責任。只是憑藉這難以原宥的紅色恐怖，成功地控制了各根據地。上海的中共中央雖然逐漸紓解了內憂，卻無以抵抗國民黨和租界當局的搜捕和鎮壓，其總部終於被迫遷往江西的農村根據地，城市偏見卻未因此而徹底捐棄。正因為始終有城市偏見，中共中央設計的反國軍圍剿策略，並不能避開自己的弱點，發揮自己的長處，以致中共各路紅軍不得不相繼拋棄多年辛苦經營的各農村根據地，淪為類似流寇的軍隊，長時期東流西竄，居無定所。

隨著農村根據地的建立，中共內部出現了新的領袖人物。他們主要是土生土長的知識分子，並沒有在蘇聯學習的經驗。可能因為這個緣故，他們能夠擺脫蘇聯革命經驗的枷鎖，而根據實際的需要，為其農村根據地制定適當的因應策略。然而中共中央對他們的信賴遠不如對莫斯科指示的尊敬。這使得他們在黨內成為受壓制的一群，難以充分發揮才能。直到1935年初的遵義緊急會議，他們纔因為中共江西蘇區的慘敗，而團聚在毛澤東的四周，也纔有機會真正取得主導中共中央的地位。在這一次擴大的政治局緊急會議中，他們就當時中共中央在軍事路線方面的疏失，作了最嚴厲的批判，並乘此機會由毛澤東代表他們進入了中共中央，分享從外國回來的知識分子所壟斷的黨最高決策權。一個新的時代從此開始，毛澤東逐漸在黨內建立其唯我獨尊的地位。當然在此過程中，毛澤東締造中央蘇區的成就會被刻意強調和渲染，以至於中共其他領袖的角色受到隱晦或貶抑。其實毛澤東即使再怎麼天縱英明，他的成就也包含了其他中共領袖的貢獻。再說毛澤東在這一時期的革命經驗，也不一定完全正確，其政敵的主張更不一定完全錯誤，複雜的歷史仍必須還其原貌。

第一節　「某種再版的農民戰爭」

1927年國民黨清黨以後，許多中共黨員被捕被殺，也有不少黨員登報脫離黨組織，還有不少黨員從此隱遁市井山林。在南昌、兩湖秋收和廣州三大暴動之後，中共所控制的軍隊僅剩下二、三千人，黨員人數從60,000遽減為10,000，組織也瀕臨瓦解。五卅運動以來好幾年的辛勤耕耘，可以說完全化為烏有，兩年來的工農運動像是全部白做了。可是1930年夏，彭德懷率領湘鄂贛邊區的紅色武裝進攻湖南長沙，不但成立了正規軍軍團建制的番號，而且首度為中共占領了一個省城。雖然湖南省軍隊立即反攻，後來還乘勝進入江西省境，把紅軍逼往贛水之東的山區，但是從此中共成為全國輿論的注目所在，國民政府也引以為腹心大患，念茲在茲。中共為什麼能在短短三年之內捲土重來，而且具有攻占湖南省城的實力？為什麼原被國民政府視為疥癬之疾的中共，能夠發展成為如此嚴重的軍事威脅？為什麼國民政府不敢對紅色割據再掉以輕心，而認為必須集中全國之力來進攻呢？

儘管中共在廣大農村有驚人的發展，但是中共中央仍然認定共產革命的中心在大城市，所以一直潛伏在上海租界。即使1930年中共中央遭受嚴重的破壞和挫敗後，這種城市偏見也依舊繼續主導其決策。直到1933年初，中共中央纔至少在形式上放棄城市革命路線。這中間的演變過程如何？中共的農村革命是另一種形式的農民戰爭，就其最初的活動來看，與傳統農民戰爭有很多相似之處，譬如燒殺和打土豪，農民的報復主義從其破壞性中表現無遺。不過，中共從農村暴動伊始，就強調土地革命，重點是在農村中形成兩極對立，以便取得大多數貧苦農民的擁護，其中刻意經營的成分決非傳統農民戰爭的平分土地口號可比。如果中共的土地革命是一種農民戰爭，則這是「某種再版的農民戰爭」，馬列主義的外來成分徹底改變了它的傳統模式。

一、由城市到鄉村

武漢政府清共以後，中共中央在瞿秋白主持之下，先後在南昌和廣州兩大城市發動兩次軍事暴動。儘管先後失敗，但是中共中央仍然維持其城市革命路線，把總部設在上海租界，傾全力於組織城市工人。殊不知，國民政府的統治力量，在城市中最為穩固，其情治單位也很容易得到租界巡捕的合作，因此工人運動始終無法有突破性的發展。比較起來，倒是中共中央所忽略的農村暴動策略得到明顯的成果；從1927年夏到1931年秋，短短三、四年之間，中共在廣大的農村地帶建立「國中之國」，控制了大約1,000萬的人口，不僅建立了全國性的蘇維埃政府，也組織了將近10萬人的正規農民武力，實力迥非一般軍閥可比[1]。中共自稱其割據為「工農武裝割據」，割據前面加上工農武裝，主要即是強調他們的割據有階級的內涵，也就是說以工農大眾為其階級基礎，與一般軍閥的割據不同。其實正因為如此，國民政府所受到的威脅更大，一旦蔣介石醒悟其擁有的國家資源有限，而無法同時兼顧一般軍閥和中共割據的挑戰時，他便寧願和軍閥妥協，也要傾其手中的全國之力來解決中共這個心腹之患。

1927年9月，廣東農民運動大王彭湃從江西隨軍南下。同年10月底11月初，海陸豐農民再次響應瞿秋白中央的號召，在南昌暴動殘部的配合下舉事。彭湃在行動展開後，從香港趕回海陸豐，領導農民成立了中共的第一個蘇維埃政府。廣東省當局則在敉平廣州暴動後，迅速派大兵進剿，海陸豐蘇維埃無法抵擋，支持到次年3月，終於灰飛煙滅。在海陸豐農民發起第一次暴動時，毛澤東也奉命回到湖南東北組織秋收暴動。暴動的目的之一，本來是呼應南昌兵變。可是毛澤東來不及付諸行動，南昌暴動軍便已南下潮、汕了。毛澤東實際組織暴動人馬

1　中華人民共和國財政部、中國農民負擔史編輯委員會，《中國農民負擔史》，3：3。一說紅軍只有7萬餘人。

時，也立即明白湖南的農民武裝不足為恃，因而除安源礦工武力以外，又收編了幾支軍閥叛軍和綠林土匪。這些臨時湊集的烏合之眾，缺乏訓練和整合，故不堪湖南省軍和民團的聯合反擊，很快土崩瓦解。

毛澤東和彭湃不同的是，他有「上山落草」的觀念。在暴動敗象初見之際，當機立斷，率領1,500的殘餘人馬南下逃竄，到湘贛邊界上的井岡山及其附近的崇山峻嶺中活動，打土豪、分田地，建立縣級農民政權。後來，朱德率湘南暴動殘部來投，勢力大增，繼續擴大其軍隊和地盤。毛澤東活動於湘贛兩省邊界，故可利用兩省的矛盾，分別擊敗進剿的軍隊。然而外在因素畢竟非其所能隨意控制，一旦兩省決心密切合作，共軍便要寡不敵眾了。1929年1月，井岡山遭受湘贛兩省軍隊的會剿，毛澤東終於被迫率部隊主力向江西敵後轉移。最初的想法只是圍魏救趙，但是在流竄當中，發現贛南和閩西的形勢極其有利於根據地的建立，於是決定易地發展。後來，中共雖然在國軍撤退以後恢復了井岡山根據地，但是毛澤東的主要活動舞台已由贛水之西轉移到贛水之東了。

贛南和閩西的國民黨地方武裝，遠不如湖南發達。國共分裂後，中共黨員從城市潛返農村的故鄉活動，曾分別在農民暴動的基礎上，建立起幾個黨組織或根據地，甚至成立了一些脫離生產的武裝。其中最重要的人物是贛西南的李文林，以及閩西的張鼎丞和鄧子恢，他們都是青年知識分子。毛澤東率部前來後，有他們這些熟悉地方情形的黨員協助，自然容易生根落腳，因此很快地便在他們奠立的基礎上分別建立了贛南和閩西兩塊根據地。後來這兩塊根據地不斷擴大，終於聯為一體，成為中共締建的蘇維埃共和國政府的所在地，中共稱之為中央革命根據地，簡稱中央蘇區。

在毛澤東被迫上井岡山前後，中共從城市或戰場潛返農村的黨員，也積極響應瞿秋白中央的暴動號召。從1927年秋到翌年年關，他們總共舉行了一百多次農村暴動。地區遍及湖南、湖北、廣東(包括海南)、江西、福建、江蘇、四川、河南和河北等省。這些潛返農村的中共黨員以抗糧、抗捐、度過年關，或是更激烈地以殺盡土豪劣紳爲號召，動員農民武裝自己，奪取農村政權。這些暴動有的只持續了幾天，有的幾個月，僅有少數幾處能像毛澤東的贛南根據地一樣，成立持久的政權，並在中央軍、各省軍隊和地方團防武力的不斷進剿中繼續成長。國民政府認爲是腹心之患的除了贛南和閩西之外，還有鄂豫皖、湘鄂西、湘鄂贛和閩浙贛等幾處大根據地。

鄂豫皖蘇區，地跨三省邊界的大別山脈，實際上是由鄂東北、豫南、皖西北三塊根據地合併而成。在其發展過程中，由城市返回故鄉從事共產革命的青年知識分子，扮演了很重要的角色。他們雖然少有彭湃那麼富裕的家庭背景，泰半也是地主和富農家庭出身，和所謂地方菁英有千絲萬縷的關係。湘鄂西蘇區也在兩省邊陲，本來是兩塊根據地。一塊在湘鄂兩省西部的崇山峻嶺，一塊在武漢西南港汊縱橫的湖泊地區。這裡和鄂豫皖不同的是，出了賀龍這個傳奇人物。賀龍由綠林和袍哥(哥老會)起家，家族中雖多落草爲寇者，但也不乏秀才之類人物，彷彿是遙遠山區的世家子弟。他招兵買馬，成爲一方之霸後，接受政府招安，正平步青雲之際，卻毅然率部參加南昌暴動和潮、汕之役，兵敗之後於1928年初潛返故鄉，力圖捲土重來，終於形成割據局面。賀龍的東山再起，像毛澤東一樣，得力於先前農村暴動殘存的中共地方武力。湘鄂贛、閩浙贛也都位於數省犬牙交錯的窮鄉僻壤。湘鄂贛是湘軍彭德懷部叛變於平江以後，在中共地下組織的配合下，迅速發展而成。閩浙贛則是青年學生方志敏在老家從事農民運動，搞農民暴動，逐步擴大勢力而締建的。

以上根據地，有大有小，主要分布在長江中游的兩岸地區，除湘鄂西的洪湖根據地位在武漢西南的沼澤地帶外，其餘都地處跨越省際的山區，有險峻山勢，有千年老林，而且多半坐落於兩個省或三個省的邊界上，本爲政府鞭長莫及之地。當時地方政府的本位主義非常嚴

井岡山。1927年10月，毛澤東在發動秋收暴動失敗，率殘部千餘人南下湘贛邊境羅霄山的中段，後來以井岡山為中心，向四周發展，形成湘贛革命根據地。井岡山的主峰海拔約2,000公尺，地勢險峻，森林茂密，歷史上是一個土匪武裝和散兵游勇的窩居之處。圖為井岡山上有名的黃洋界天險。

赤都瑞金。位於江西南部的贛水上游地區，隔山與福建長汀相望，是從江西進入廣東東北韓江流域的必經之地。從清初以來經濟便逐漸衰落，民國以後更是每下愈況。1931年秋，中共成立中華蘇維埃共和國，政府就設在瑞金縣的葉坪。

重，面對任何反體制或非體制的武力，若不是以鄰為壑，便是以為在別人的轄區，事不關己，不肯竭力配合清剿。中共便是利用這種本位主義，迅速坐大，而後成為不可輕侮的力量。

農村根據地形成以後，中共的黨員結構自然產生劇烈變化。中共很快地由工人黨變成農民黨。1927年5月，中共有53.8%的黨員是工人，從數量來說，已從一個知識分子占多數的黨蛻變為名副其實的工人黨。當時，知識分子黨員占19.1%，他們多半集中在城市。至於農民黨員，所占比率雖然比過去大為增加，但仍只有18.7%，僅當工人黨員人數的三分之一而已，比知識分子黨員的數目還小。經過清黨和農民暴動以後，黨員的數量由60,000陡減為10,000，到1928年6月，黨員的數量不但恢復，而且遠遠超過原有數字，總數增達13萬人之多。此時工人黨員所占的成數劇降到10.9%，知識分子的比率也進一步下滑到7.2%。比較起來，農民黨員人數急遽增加，占76.6%[2]。顯然，廣大農村地帶已變成中國共產革命的重心了。

中共之所以能夠在農村壯大，當時國內政情的動盪是關鍵原因。1927年國民黨清黨以後，武漢政府和南京政府合併，隨後將所有的精力都集中在對付張作霖、馮玉祥、閻錫山、李宗仁等殘餘軍閥的活動上，基本視中共為無足掛齒的疥癬之疾，完全把農村的中共活動當成各省的家務事來處理。1930年5月中原大戰爆發，南京政府和反南京政府雙方都動員將近50萬的軍隊，進行了太平天國之亂以後中國最大的一次內戰。在長達半年期間，雙方為了爭取勝利，卯盡全力，彼此死傷均高達10萬以上。鷸蚌相爭激烈，乃是漁翁得利之時。只是位於上海租界的中共中央，高估了城市地區的革命情勢，並沒有充分把握此一機會，把工作重點轉移到廣大農村。弔詭的是，在李立三掌握中共中央之前，這種城市偏見也產生了意想不到的好處。正因為中共中央

2　曹潤芳、潘賢英，《中國共產黨機關發展史》，頁106。所餘5.3%的黨員為士兵黨員。

對廣大農村的相對漠視，各根據地領袖在決策方面享有相當大的自主空間，可以因時因地制宜，充分發揮他們各自的想像力和活動力，而不斷擴大中共占領區。

國民政府忙於內戰，中共李立三中央認為全國總暴動的時機來臨了。1930年春他在上海召開第一次全國蘇維埃代表大會，隨後又下令所有根據地猛烈擴大紅軍，然後傾其全力進攻附近的大城市。他認為在紅軍進攻當中，各大城市的工人無產階級一定會立即發動總罷工，裡應外合。依他的想法，長江中游的城市經過北伐群眾運動的洗禮，不像沿海城市，容易受帝國主義國家的軍事威脅，可以首先在一省或數省取得軍事勝利，並進而建立全國性的蘇維埃中央政府，然後問鼎南京鍾山，統一中國。他又認為中國革命的總爆發一定會引起世界革命的總爆發，因為半殖民地的中國既然是帝國主義國家經濟的最重要支柱，所以一旦中國革命成功，世界革命也勢必隨之勝利。當時美國的股票市場崩潰，歐美經濟出現了前所未見的蕭條和恐慌，李立三遂誤以為世界革命的時機已經成熟了。

在李立三嚴令之下，全國各地的共產黨組織，不論城市和鄉村都動員起來了。各根據地集中農民武裝，向附近的大城市展開進攻，城市裡的黨組織、共青團組織和工會組織則悉數合併，全力動員工人，準備發難。毛澤東的軍隊有2萬餘人，實力最強大。他奉令從閩西和贛南進攻南昌，分析敵我力量後，卻認為南昌城防堅固，紅軍的進攻無異以卵擊石，於是改變初衷，僅在附近火車站虛張聲勢，隨即藉口配合湘鄂贛彭德懷的進攻，又率軍西向，直指湖南省城長沙。

湘鄂贛的彭德懷部，實力雖僅7,000餘人，表現卻比毛澤東突出多了。彭德懷奉到進攻武漢的命令之時，正逢湘軍前來清剿，他非特擊敗來敵，而且乘勝直撲省城長沙，一舉將其攻陷。這是一個意想不到的勝利。李立三聞訊，雀躍萬分，陶醉在勝利當中，頭腦昏了。在攻下長沙前夕，共產國際和一些下屬曾批評李立三的作法，要他立即取消進攻大城市的命令。彭德懷的勝利，卻使他理直氣壯，振振有辭。他立即指出，這次勝利恰好證明了他對中國共產革命的預見。他只是沒注意到，紅軍占領長沙的過程中，工人無產階級並未起任何作用，彭德懷所以獲勝完全是因為湖南省主席何鍵的軍隊在湘南參加內戰所致，等到何鍵從前線調回主力，全力反擊，彭德懷便立即不支而退了。紅軍占領長沙，前後總共不到十天。其後，彭德懷的軍隊和西來的毛澤東軍隊會合，企圖重新攻占長沙。何鍵不再沒有準備，紅軍打了兩個禮拜，搜索枯腸，也絞盡腦汁，都無法攻破守軍的堅強工事，最後異想天開，竟然模倣古代田單的火牛攻勢，在水牛尾巴點火衝鋒。不料火牛無法前進，倒頭過來急奔猛撞，以致損失慘重。最後，毛澤東和彭德懷不得不下令退兵東走。本來彭德懷仍然想轉攻南昌，毛澤東則已了解局勢並不如李立三想的那麼樂觀，尤其是湘軍在長沙淪陷的刺激下，已集中全力展開反擊，於是堅持向贛南回師，先擊退來犯的湘軍及他部國軍，再談進攻城市。彭德懷在經過辯論之後，為了避免紅軍分裂，也決定追隨毛澤東退軍贛南山區。

當時李立三攻打大城市的命令是全國性的。遠在湘鄂西的兩支紅軍約有萬餘人，奉令悉數集中，在鄧中夏的指揮下，進攻長江尾閭的沙市，可是久攻不克，後來移師九省通衢的武漢，更是沿途屢遭挫折，最後想到配合毛澤東和彭德懷對長沙的進攻，南渡長江，纔終於攻占了幾座縣城。雖然根據地後方因為軍隊傾巢而出，防務空虛，已經引來敵軍，並不斷傳來失守的消息，但鄧中夏堅持繼續南下，直到長沙戰役失敗的消息傳來，纔下令大軍北撤。然而為時已晚，湖南省軍會合了湖北省軍，在湖北松滋全力截擊，以致鄧中夏大敗，喪失了至少四分之一的兵力。鄂豫皖的紅軍得到進攻武漢的命令後，軍事領導人許繼慎，審時度勢，避強擊虛，僅下令進攻平漢鐵路南段的車站。縱然是比較小的目標，但仍然因為實力不足而師老無功，最後不得已退兵回到根據地內，依照原來構想，重行攻打鄂豫邊境諸縣城。

在此期間，皖西北根據地因為防務不實，為安徽省軍大舉侵入，淪為殺戮戰場。其他地區的紅軍實力遠不如贛南、湘鄂贛、湘鄂西和鄂豫皖等地，所以攻打城市，尤無異於飛蛾撲火。左右江的紅軍奉令攻打桂林和柳州，遠離根據地，遭受廣西、廣東和湖南軍隊的連番打擊後，撤往贛南。閩浙贛的紅軍奉命渡過鄱陽湖，向九江進攻，也是損失慘重，所幸根據地未失，以後仍能恢復舊觀。至於川東、浙南、蘇北、粵東、瓊崖的紅軍游擊隊，若不是從此一蹶不振，便是繼起乏力。更嚴重的是，許多城市的中共各種組織，本已脆弱不堪，在李立三暴動路線的指揮之下，硬湊在一起，勉強進行暴動，反而因此暴露行藏，為國民政府當局製造了許多一網打盡的最佳機會。中共三年來好不容易在城市恢復的工人組織，經此打擊，又再次瓦解了。

李立三進攻大城市的政策，徹底失敗。共產國際原不認同李立三武裝總暴動的策略，在事態的發展過程中，又認為李立三以中國列寧自居，狂妄至極，而且沙文主義傾向嚴重，竟然相信中國革命是世界革命的中心，甚至要求蘇聯出兵配合，忘記世界革命是應該由莫斯科主導的。等到武裝總暴動到處碰壁的消息傳到，共產國際立即派遣當時逗留莫斯科的周恩來和瞿秋白回國，要他們取李立三而代之，盡快停止總暴動和進攻大城市，並恢復城市共產黨、青年團和各種群眾組織分家的作法[3]。

周恩來和瞿秋白最初低估了共產國際對李立三的憤怒，反而認為李立三之所以如此，共產國際模糊且矛盾的指令也難辭其咎。加之，他們部分認同李立三的作法，所以並未嚴懲李立三，只要求李立三退出權力核心，並進行自我批評。周、瞿兩人也沒有因為城市總暴動策

3 中共中央文獻研究室，《周恩來年譜(1898-1949)》，頁184-87。周恩來和瞿秋白兩人分別於8月19日8月26日返抵上海，9月6日決定召開六屆三中全會。在此之前，周恩來雖然糾正李立三路線，但主要工作是縮短戰線，亦即取消南京和武漢暴動，其他方面則是延續李立三路線。

李立三的城市革命路線。1930年6月李立三利用中原大戰的機會，下令各農村根據地集中可能動員的最大兵力，向國民政府各大城市展開進攻。當時遠在閩西的毛澤東接獲命令之後，立即以中國革命軍事委員會名義通電表示響應。7月，湘鄂贛的彭德懷更乘湖南後方空虛，率領紅三軍團攻占省城長沙。圖為共軍攻占長沙後群眾集會的情形。不久之後，李立三就因為國民黨軍收復長沙，而遭受罷黜批鬥。

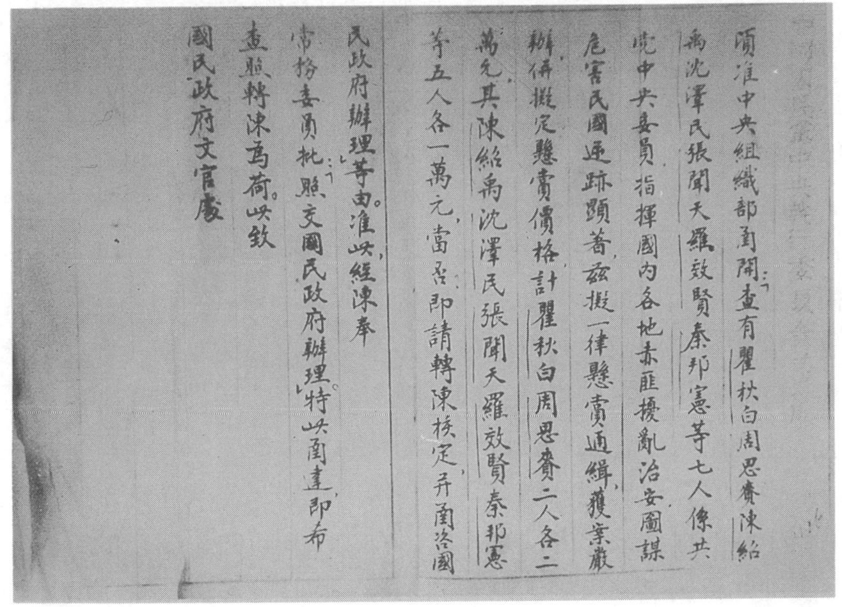

頃准中央組織部函開：「查有瞿秋白周恩賚陳紹禹沈澤民張聞天羅效賢秦邦憲等七人係共党中央委員，指揮國內各地赤匪擾亂治安，圖謀危害民國，逆跡顯著，茲擬一律懸賞通緝，獲案嚴辦，併擬定懸賞價格，計瞿秋白周恩賚二人各二萬元，其陳紹禹沈澤民張聞天羅效賢秦邦憲等五人各一萬元，當否，即請轉陳核定并函送國民政府辦理」等由，准此，經陳奉常務委員批：「照交國民政府辦理」。特此函達，即希查照轉陳為荷。此致
國民政府文官處

國民政府的通緝令。國民黨中央執行委員致函國民政府文官處，要求懸賞通緝中共中央委員瞿秋白、周恩賚(當作來)、陳紹禹、沈澤民、張聞天、羅效(當作登)賢、秦邦憲等七人。其中瞿秋白和周恩來二人給價二萬元，其餘五人給價一萬元。此函可能作於1931年初，其內容顯示國民黨情治單位對中共內部權力關係的了解相當有問題。

略的失敗，便把共產主義運動的重心移往農村根據地。他們只是更加強調中共中央對各根據地實力人物的控制罷了。李立三時代，中共中央為了攻占大城市，已注意到這一工作的重要性了，周、瞿兩人則進而指示在贛南成立蘇區中央局，以便加強對各根據地的控制和領導。他們正要執行此一政策，共產國際代表米夫卻來華改組了中共中央。米夫認為周恩來和瞿秋白固然曾受蘇聯訓練，卻不如自已訓練的學生可靠，於是迫使周恩來和瞿秋白認錯，而另由中山大學畢業的王明為中共掌舵。王明遂在同學博古、張聞天和王稼祥諸人的協助下，取得中共中央的實際控制權。米夫這些學生，在蘇聯留學時，曾有二十八個半布爾雪維克之稱，他們在中共高層政治鬥爭中，因為堅決執行共產國際指示，被稱為國際派。國際派中央在周恩來的協助下，以斷絕經濟支援為手段，收拾了當時堅決反對國際派新中央的中共工會運動領袖羅章龍等人，然而黨內鬥爭的勝利卻無法阻止國民政府對城市中共群眾組織的徹底破壞。情勢繼續惡化，國際派中央卻仍堅持陳獨秀以來的城市革命路線，認為中共的革命前途在大城市，拒絕把設在上海租界的中共中央遷到窮鄉僻壤的根據地裡。

國際派中央，對各農村根據地的重要性，也有深刻了解。他們像周恩來和瞿秋白一樣，派親信前往中共中央(包括贛南和閩西)、鄂豫皖和湘鄂西三大根據地，並力圖徹底掌握之。1931年底，他們更在贛南成立中華蘇維埃政府，準備統一領導全部蘇區的政權。儘管有這些轉變，國際派中央在分析現實問題時，總離不開馬列主義理論的「本本」；不像農村中起家的幹部，雖然帶有濃厚的土氣，了解馬列主義的理論不多，甚至忘記共產革命的主導力量是工人無產階級，卻能跳出馬列主義的框框來思考問題。國際派中央總以為，農村的中共力量再怎麼壯大，倘無城市工人階級的領導，也注定非失敗不可的命運。由於有這些先入之見，國際派領袖王明始終都沒有為中共中央搬家的打算。1931年9月瀋陽事變發生後，他甚至前往莫斯科長期居留，而把中共中央的領導權交給博古和張聞天等人。可是上海等大城市活動的環境愈來愈惡劣，在國民政府當局與外國租界的合作鎮壓下，共產黨的組織本已無立足之地，加以過分強調黨性純潔，不知道如何耐心地長期潛伏，中共中央終於在1933年初，被迫遷入相對比較安全的贛南中央蘇區。從此，中共中央才死心塌地的放棄城市工人運動，長期把注意力集中於農村工作。這時中共的三大根據地，除中央根據地以外，都已相繼淪陷，而中央根據地雖然贏得了幾次軍事勝利，後來證明都缺乏決定性的影響。不久之後，國民政府又發動比前幾次更大規模的圍剿，中共無法應付這麼嚴重的軍事挑戰，於是只好離開辛苦締建多年的中央根據地了。

二、燒殺政策和赤白對立

北伐之前，農村的秩序已經夠亂了。由於土匪紛起，而兵匪又不分，地方士紳只好回到傳統，組織團練。雖然所用的名字有挨戶團和靖衛隊的差別，但基本都是地方守望相助的民間武裝。清末民初，國家不再壟斷地方的非正式權力，原來內部比較團結的傳統士紳被各自坐擁山頭的新地方菁英所取代。這些新地方菁英不必經過科舉考試，透過擁有土地、經營商業等其他途徑，便可以成為地方領袖。他們更可以透過對祠堂、武力、公產、宗教和其他各種關係，坐大成為地方勢力。有些地方菁英，經過北伐前後農民運動的再三衝擊後，認為傳統的團防不足以應付亂局，必須透過紅槍會的符籙迷信和青紅幫的互助傳統，來建立和掌握農民武裝，所以原本只在華北農村和上海等大都會才高度發展的民間互助組織，也大量傳入華中、華南的鄉村。同時，地方官吏和地方士紳之間，不像在傳統時代有共同的語言，過去相互奧援的親密情形，迅速消失。反而，「槍桿子出政權」，地方士紳只要擁有比縣老爺更強大的武力，則連縣老爺也必須俯首稱臣，否則政令難出官衙一步。另一方面，地方菁英也不像在傳統時代，彼此之間有清楚的尊卑秩序，誰也不怕誰，誰也不聽誰。簡而言之，中共在進入農村之後會立即發現，農村其實是無數地方勢力的武裝割據局面，大大小小的山頭之間，彼此爭權攘利，矛盾極深，甚而不時以武力相爭奪。

至於北伐時期農村的階級關係，是否已經嚴重到非爆炸不可的地步，這個問題很難答覆。重要的事實是，當時發生了有如狂飆的農民運動，沒有人可以否認農村中已充滿各種矛盾(包括階級矛盾)，而這些矛盾也必須立即予以調節和紓緩。國民政府當時所注意的是想問鼎中原的一些軍閥殘餘，而政治必須以軍事為後盾，國民政府的統治很少伸入縣區以下的農村基層。儘管此時國民黨已經清黨了，很多偏遠地區的「國共合作」卻不受影響，一仍舊況。很多的地方黨部，包括北京在內，依然受所謂國民黨左派的控制，繼續高唱打倒土豪劣紳的口號，並大力推行工農運動。中共黨員在這種形勢下，極易潛伏於農村。選擇回到農村的中共黨員，大多數來自農村富豪之家，可以在農村教書，可以結交三山五嶽的好漢，甚至可以透過親朋好友的援引，成為地方團防和會門(紅門、神兵、和紅槍會之類的組織)的領袖。還有一些黨員是北伐軍的軍官，他們更容易在家鄉組織農民武裝，發起暴動。

1927年8月以來在全中國發生的一百多處農民暴動，基本上採取以下兩種模式。一般說來，凡是沒有相當農民運動經驗的地方，中共黨員強調個別的經濟問題，以之激發農民抗議，如果成功，才把要求逐步升高。但是在具有相當農民運動經驗的地方，殺盡土豪劣紳則是最常見的口號。瞿秋白的黨中央也公然鼓勵燒殺政策，頗有報復國民黨清共和分共，宣洩黨員血債血還的心情[4]。1927年年底，鄂東北共黨在黃安暴動後，鼓勵農民殺地主士紳，還要比賽誰殺得多，燒得多。黃

4　李維漢，《回憶與研究》，頁205-6、219；王煥慶，〈對土地革命時期燒殺問題的初探〉，《黨史研究資料》，1988年第8期，頁11-12。

安七里坪和武漢附近一樣，即曾出現農民火燒集市的場面[5]。次年舊曆年關，朱德率軍參加湘南暴動，當時湘南特委根據上級指示，高呼「殺殺殺，殺盡土豪劣紳」，甚而發揚傳統農民暴亂中裹脅良民的思想，提出「使小資產階級(農民)變爲無產階級，強迫他們革命」的主張。在湘粵省軍進剿時，他們更主張堅壁清野，實行焦土政策，把沿湘粵通衢以及郴州縣城的房子全都燒了。農民沒想到，暴動竟然採取這種方式，於是群起反對，甚至毆殺中共領導，集體叛離。不幸，湖南省委並沒有因此而醒悟，仍然批評地方幹部燒殺不夠，暴動農民於是大開殺戒，連許多城鎮都付之一炬，成爲可憐焦土。湘南暴動失敗後，朱德率部撤往井岡山，毛澤東南下迎接。由於湖南省委和湘南特委的代表，堅持「以紅色恐怖對抗白色恐怖」，不得已沿途也瘋狂燒殺了大約一個月[6]。

儘管燒殺政策有瞿秋白中央的暴動路線爲根據，但是燒殺現象有一大部分只是報復主義心理的自然顯現。更確切的說，中共中央的政策、知識分子黨員的鼓動，以及農民自發性報復心理三者互動，在農民運動中形成了一種冤冤相報的惡性循環。如果我們可以接受毛澤東的看法，認爲北伐時期農民運動的過火現象，只是農民飽受地主和士紳階級幾千年壓迫和剝削的自然反應，那麼1927年5月的湖南馬日事變，也可以說是地主和士紳階級對農民首次的惡毒報復，既不問證據，也不問主從，只要曾經跟共產黨走過，或只要有參加農民運動的嫌疑，均殺無赦。當然更不問農民是否真是痞子流氓，也不問農民是否情有可原，甚或「造反有理」，便不分青紅皂白，一律予以血腥鎮

5　中央檔案館，《中共中央文件選集》，4：151；5：365。

6　竹內實，《毛澤東集》，2：60；當代中國人物傳記叢書編輯部，《陳毅傳》，頁60-62；余伯流、夏道漢，《井岡山革命根據地研究》，頁166；中共中央文獻研究室、中央檔案館、《黨的文獻》編輯部，《中共黨史重大事件述實》，頁2-3。

壓，甚而殃及老弱婦孺與無辜。農民聽到暴動的號召，正要血債血還，所以即便瞿秋白未予鼓勵，即便知識分子的幹部未予煽動，農民也可能會沒收地主士紳的所有財產，不但把田契和債券全都一把火燒了，甚至食肉寢皮，把他們全家都趕出家門。當然，一旦中共遭到武力清剿，居於劣勢，地主和士紳回到老家，那又是另一場血腥場面，也是加倍奉還，只是對象換回一般農民罷了。

從這種循環報復過程中，我們可以看到傳統社會的各種酷刑，也可以看到傳統農民戰爭的陰影。在湖南平江，農民前後暴動了三次，燒殺地主及其住屋之餘，連「豬牛雞鴨衣服棉絮」也洗劫一空，甚至農村集鎮中的市場商店也燒得一乾二淨，乃至於油鹽等日常必須用品，均欲購無所[7]。廣東海陸豐農民暴動，燒殺之慘，連兩湖地區也要大嘆莫如。農民運動大王彭湃厲聲疾呼：暴動後把反動派和土豪劣紳殺得乾乾淨淨，讓反動派的鮮血染紅海港，也染紅每一個人的衣褲。他甚至像明末張獻忠一樣，發布「七殺令」，並明確指示，每一個參加蘇維埃大會的代表都要負責殺20名敵人[8]。大會結束後，海陸豐果然有一萬數千人被殺，甚至還出現吃人現象。暴動的農民為了發洩心頭之恨，搶食地主士紳的遺體，有時則強逼地主士紳吃自己或家屬的四肢或心肝。有錢人即便倖存下來，也必定被掃地出門，靠乞討殘羹剩飯度日[9]。

另一方面，士紳地主報復起來，絕對不比一般農民文明。1931年皖西的士紳地主跟隨進剿的軍隊回來，然後在地方成立各種各樣的清共組織，凡是有「共匪」嫌疑的男人，酷刑之後，挖眼割鼻，切斷四

7 余伯流、夏道漢，《井岡山革命根據地研究》，頁101；王焕慶，〈對土地革命時期燒殺問題的初探〉，《黨史研究資料》，1988年第8期，頁13。

8 郭德宏，《中國近現代農民土地問題研究》，頁463。

9 Lucien Bianco, "Peasant Movements", in John Fairbank, *The Cambridge History of China*, Vol. 13, Part 2, pp. 311-12. 關於1927年底廣州暴動中的燒殺情形，參閱中國國民黨中央組織部調查科，《中國共產黨之透視》，頁106-07。

肢，再開胸摳肺，挖取心肝。為了加重死者的痛苦，採取凌遲手法，死後還暴屍不葬。至於女性，則百般侮辱以後，再賣到遠方妓院。這猶算幸運，有的被輪姦之後處死，然後對屍體施以各種侮辱。如果報復就此打住，那是地方的幸運。地主士紳的武裝還會宰殺耕牛，沒收種籽，以致僥倖活下來的農民，第二年還要成為餓殍，或化為髑髏，數十里不見人煙[10]。江西地區的報復好像還沒有殘酷到這種地步，但是燒殺的情況同樣嚴重。例如，1930年吉安的地主武裝就在正規軍的協助之下，以燒殺和搶掠辦法，向共產黨地區蠶食，逼迫地方老百姓組織守望隊，老百姓稍有不合心意，便「殺其全家，或燒其全村，或縱橫幾里的燒殺」[11]。地主士紳報復之殘酷，有時連軍紀並不怎麼高明的湖南省軍，也會認為過分，不僅公開加以指斥和批評，甚至違反上級命令，擅自集體返回原來駐地。赤色恐怖和白色恐怖彼此循環，互為因果，農村化為人間地獄。

農民進行燒殺之後，知道士紳睚眥必報，所以從此死心塌地跟著造反。另一方面，地主士紳燒殺，燒了農民的房子，殺了農民的家人，農民也是此仇必報；農民無地可耕，無處可去，反倒少了掛念。加以中國農民平時講究忠孝，本來不願意在政治鬥爭中選擇立場，可是一旦做出了選擇，經常是九死而不迴，鞠躬盡瘁。所以，從中共立場看來，燒殺政策也不是完全負面的。問題是：燒殺難以設限，一旦成為政策，更是難以節制。農民燒殺時，經常良莠不分，尤其是在陌生人所在地，玉石俱焚，不僅連正派為人的地主、富農和商家一體受害，甚至連普通農民和小販這類貧苦百姓也都在劫難逃。

不論動員貧苦農民，是否一開始便以燒殺政策為號召，暴動發生

10　《鄂豫皖革命根據地》編委會，《鄂豫皖革命根據地》，1：229；3：355、365-69。

11　江西省檔案館、中共江西省委黨校黨史教研室，《中央革命根據地史料選編》，上，頁224。

後馬上要面臨給養問題。不僅暴動武裝要吃要喝，新成立的政權和其他組織也都需要糧餉。士兵不可能老是忍饑挨餓，始終秋毫無犯。軍隊需要繼續成長，而政權需要不斷擴大，當然不可能像過去在城市時一樣，依賴共產國際的盧布支援，而必須自己設法開拓人力和物力的資源。中共迫於財政困窘，既會命令商會攤派，也會脅迫富家捐款，甚而搶劫銀行和擄人勒贖[12]。但他們最重要的財政來源仍然是打土豪。

所謂打土豪，若無階級鬥爭的觀點以及發動群眾的考慮，便會和一般社會的土匪搶劫綁票沒有兩樣。中共認為革命對象是地主、富農和商人，但是為了減少敵人，一般把打土豪的對象嚴格限制在豪紳、大地主和大商人身上。基本上是「政治沒收」，而不是「經濟沒收」。換句話說，或選擇以「反革命」的罪名加以沒收，或選擇以其他較輕罪名「罰款」，並不是就整個階級進行普遍沒收和罰款。對富農和中小商人，通常不叫打土豪，偶爾也要求「捐款」，至於是否真正捐款，當然是另一碼事。

其次，打土豪是中共軍隊的三大任務之一，其重要性不下於打仗和做群眾工作。為了執行這一項任務，軍隊或有專人負責，或設有專門機構。先詳細調查地方富戶，決定工作對象，然後交由軍隊其他部門執行。打土豪的紀律極嚴，所得不得據為私有，涓滴必須歸公。為爭取貧苦農民的支持，打土豪尤其講究調查研究，除非確定為地方農民所深惡痛絕者，決不隨便採取行動。除初期一段時間外，打土豪一般不燒房子，以免引起民怨。

第三、打土豪盡量動員附近的貧苦農民參加，並由他們採取主動，否則在展開行動以後，也一定動員當地農民沒收被打土豪的田契和債券，並把大部分所得財物分發給貧苦農民，以便廣結人心。毛澤東特別強調地方農民的參與，以及從他們中間發掘所謂積極分子，培

12 周純全搶劫銀行故事，見星火燎原編輯部，《解放軍將領傳》，9：113-14。

養成基層幹部，再求徹底改造農村的基層權力結構[13]。

打土豪雖然對中共財政有很大的幫助，但除了容易被對手利用來作為反宣傳外，還有三個潛在危險[14]。最常見的危險是對象無限擴大，殃及小地主、富農甚至富裕中農等中間階級。打土豪通常只能一個地方打一次，不能打完一次再打，可是財政的壓力極大，不得已再打，便只好找看來還有一點財產的人了。其次，則是弄不清楚誰是真正的土豪，尤其軍事勝利之後，打土豪很容易淪為亂打。遲至1932年，毛澤東便曾發現，打下福建漳州後，紅軍看到「戴禮帽的、穿西服的、穿大褂的、戴眼鏡、拿文明棍、穿皮鞋的」，都當土豪打，害得毛澤東必須賠禮道歉，先請客吃飯，再逐一釋放回家。理由是，這些人只是歸國華僑或有海外關係而已，把他們當土豪打，會嚴重影響紅軍的聲譽。

除此之外，地緣性質強的軍隊，也不願在本鄉本土打土豪，所以每一次打土豪，都千方百計把矛頭轉移到異鄉異地去。軍閥時代的淮南農民，每屆冬春之際，便集體往淮北打劫。這些軍隊的幹部也是一樣，把打土豪變成前往陌生地方行搶。由於在陌生地方沒有親情羈絆，所以實際行動時，便有玉石俱焚、貧富不分的傾向。正因為這個緣故，地方士紳號召保衛鄉里時，住處附近的貧苦農民害怕被打土豪波及，會熱烈響應，也會全力參加反擊。反擊的結果經常是更嚴重的燒殺。當時燒殺最嚴重的地區，通常不是中共占領區(赤區)，也不是國民政府統治穩固的地區(白區)，而是所謂赤白交界之處。在這種陰陽地界，當彼此燒殺的情形惡化到極點，便形成寬長的無人地帶。在湘鄂西的邊境外，有三十里寬的地區內不見人煙[15]。這種無人地帶隨著國共勢力的消長而移動延伸，連帶附近地區的經濟也陷入長期蕭條

13 《赤匪反動文件彙編》，4：1305-1326。

14 財政科學研究所，《革命根據地的財政經濟》，頁5。

15 姜平，《鄧中夏的一生》，頁221。

的困境，到了這一地步，赤白區之間的農民更不可能相信中共是為窮人的。白區的農民看到赤白區的慘狀，也勢必全力自保，而對中共的宣傳無動於衷。1931年前後，中共鄂豫皖地區注意到赤白區問題嚴重限制了他們的地盤擴展，因此特別禁止在這種地區進行亂燒亂殺，再三指示，在赤白交界之處打土豪，尤其是要自我克制，千萬不能不分階級亂打。

此外，打土豪還有三個內在限制：第一、打土豪使軍隊分心，不能集中全部精力作戰，並妨礙軍隊的正規化。第二、打土豪的財政收入缺乏穩定性，很難從事經濟計畫。第三、無土豪可打之時，若再強調打土豪的話，一定會殃及一般農民和商人。因為上述緣故，中共1931年成立全國蘇維埃政府時，曾經明令取消打土豪的作法，要完全代之以正規性的財稅制度。可是建立正規性的財稅制度談何容易，尤其是要徵收到足夠的糧稅，使戰場不虞匱乏。中共當時透過土地革命形成的群眾基礎，雖然能夠直接從群眾身上取得戰爭所需要的資源，但是尚不足以應付他們對抗國軍圍剿時對資源的需求，所以直到1937年國共再度合作前，始終持續打土豪的作法，而打土豪也始終是中共財政的重要支柱。

三、土地革命的階級基礎

對中共而言，只要是採取燒殺政策，不論是在自己地盤之內，還是在地盤之外，稍微長期一點看來，都是弊大於利。大多數貧苦農民在飽受燒殺政策的肆虐後，會認為所謂革命只是以人民為芻狗。由於破壞性極大，而未見其建設性，除了激起社會菁英舉國一致的聲討和進攻外，並不能真正掌握窮苦大眾的民心向背，中共遲早會步洪秀全的後塵，而不免於敗亡。所以如何扭轉恐怖主義的形象，遂成為中共迫切的關懷。在此背景中，土地革命就愈益重要，因為它不但有理論基礎，同時也提供了改造農村基層的門路。土地革命的理論是建築在地主「剝削」貧苦農民的前提之上，這個前提能否成立，當然有爭論的餘地，但是農村中已有足夠的悲慘來證明它的正當性了。中共實際從事土地革命時，遲早更會發現，追求政治理想和追求勝利是兩碼事。他們的政治理想是廢除私有財產制度，但是從武裝鬥爭的觀點來看，當務之急並不是理想的立即實現，而是貧苦農民的竭誠擁護。廢除私有財產制所帶來的衝擊太大，勢必弄巧成拙，所以土地革命只能從農民是小私有者這一點著眼，透過滿足貧苦農民對土地和財富的渴望，取得他們的竭誠擁護，根本原則是帶給貧苦農民實際好處和替他們製造一個不共戴天的敵人。除了要顧及政治鬥爭的現實需要以外，中共還要面臨如何運用馬列主義階級分析的問題。中國農村的階級關係異常複雜，階級分析所使用的範疇——地主、富農、中農、貧農、雇農等等，並非中國農村所原有，運用到中國農村上，很容易出現隨意亂套的問題。然而土地革命帶有政治鬥爭性質，政治鬥爭要求增加朋友和減少敵人，所以要經過相當複雜的摸索過程，中共纔能找到土地革命的基本訣竅。

1927年武漢政權分共以後，中共號召土地革命，最初的構想是建立農村大中地主以外的統一戰線，以貧農、佃農、雇農為核心，聯合其他農民、甚至農村小地主，從抗糧抗捐、減租減息做起，再逐步發展到沒收大中地主、「反革命分子」以及祠堂和廟宇的土地。其實早在兩湖農民運動情勢高漲時期，已有人主張沒收大中地主土地，這只是重申前議。策略上，中共中央還強調兩點：土地革命一定要取得農村小學老師的積極參與，對紅槍會和哥老會等會黨成員則必須有爭取合作和加以改造的決心[16]。關於如何具體定義大中地主，中共內部一直有激烈爭論。毛澤東在武漢的八七會議上主張，凡是田產在50畝地以上的地主，沒收其土地，50畝地遂成為大中地主的定義。在這次會

16　本書選編組，《第二次國內革命戰爭時期土地革命文獻選編》，頁2-6。

議上，毛澤東對小地主和自耕農等所謂「中間階級」的土地應該採取何種立場，尚未拿定主意。毛澤東很清楚，沒收中間階級的土地，會對整個社會產生極大的震盪，從而危及中共中央和國民黨左派合作的政策，可是他也很清楚，若不沒收中間階級的土地，許多地方就不可能動員貧苦農民，因為這些地方根本就沒有所謂大中地主存在[17]。毛澤東到了湖南以後，訪問當地農民，纔知道何所抉擇。此時中共中央已決定不再和國民黨左派合作，而公開號召成立蘇維埃政府了，所以他可以一無顧忌地主張「沒收一切土地，包括小地主和富農在內，歸之公用」。至於實際執行方面，他主張由農民協會，以區為單位，根據人口和勞動力兩項原則分地，地主的家屬只要無反動嫌疑，便准許分田[18]。這個政策，尚未付諸實行，兩湖秋收暴動即告失敗。暴動過程中，反倒是打土豪和燒殺兩項行動比較重要。上井岡山以後，毛澤東忙著和當地綠林打交道。為解決部隊給養問題，更不斷分兵在井岡山附近打土豪、分浮財，發動群眾鬥爭所謂惡霸、建立農民協會、成立蘇維埃政權、組織農民赤衛隊，並發展黨的農村組織。到1928年3月，他纔有餘力開始實驗土地革命。

毛澤東像當時其他地區的農民運動領袖一樣，認為蘇維埃政權已經成立，應該根據土地公有(實際就是國有)的原則，沒收一切土地，不僅要沒收大中地主的土地，也要沒收全體農民的一切土地。沒收土地以後，立即燒毀田契，再由農民按照人口多寡，不分男女老幼，一律均分使用。農民得到的是土地使用權，並非土地所有權。農民所分配到的土地不准典當、租借和交易。毛澤東最先嘗試以村為單位分配土地，後來又嘗試以鄉為單位。由於兩種方法各有利弊，所以正式下令分地時，或村或鄉，容許農民協會因地制宜，如認為必要，更可以把分配單位擴大到區。土地不是打亂後重分，原耕種者享有優先分配

17 本書選編組，《第二次國內革命戰爭時期土地革命文獻選編》，頁7。
18 竹內實編，《毛澤東集》，2：11-12。

權，政府在其分得的土地上插上分田牌，便算完成手續，准許農民耕作或作其它之用[19]。

毛澤東透過地方黨部和農民協會實行土地革命，大中小地主和富農的權益受到衝擊，當然全力反對，他們利用各自的領導能力、社會地位和家族關係，極力推遲土地革命，就算不得不實行分地，也多半會隱瞞土地；貧苦農民則害怕報復，所以分地最初很難貫徹。這段時期的土地革命，就土地國有的理想而言，十分激進，但是就對待小地主的態度來看，卻不極端。因爲毛澤東多少總給這些小地主一些土地，可以維持最低生活。在中共擁有局部軍事優勢的時候，這種留後路的辦法是一種優待，可以減輕小地主的反抗。可是政府軍前來圍剿，一旦中共的局部軍事優勢喪失，則沒收全部土地的後遺症便會冒了出來。不僅大中地主立即投靠進剿軍隊，就是小地主，甚至富農或比較富裕的農民，也都會帶頭燒殺報復。這種現象，中共的文獻稱爲「反水」。另一方面，貧苦農民雖然得到土地，卻沒有土地所有權，既不願冒生命危險耕種，也不願冒生命危險爲中共打拼。尤有進者，土地因爲人口因素的變動，必須一分、二分，甚至三分，使用權不固定，農民不願作長期投資改良土地。土地革命的原來目的在於解放生產力，結果卻出現了明顯的生產量下降！

1928年6、7月之間，中共在莫斯科召集第六次全國代表大會，檢討瞿秋白的「盲動主義」，認爲沒收一切土地的政策打擊面太大，主張只沒收地主所有的土地，按農戶的勞動力重新分配，並特別強調不故意加緊反對富農的鬥爭。毛澤東接到瞿秋白中央的指示之後，卻仍

19　當時中共中央的政策是土地為蘇維埃所有，由鄉政府按土地肥瘠和人口多少分配給農民使用，要求盡量「打破耕者有其原來耕地」的觀念；凡是16歲以上的勞動者均能參加分地，老弱殘廢、鰥寡孤獨由蘇維埃政府照顧。不過毛澤東不可能在這個時候看到這一個政策指示。見中央檔案館，《中共中央文件選集》，4：152-53。

繼續執行沒收一切土地的政策，只是開始調整一些作法，下令爾後在新占領區實行土地革命時，避免一開始便沒收自耕農土地的陳套，而一定要等待貧苦農民形成力量以後，再予以沒收。土地沒收後，分配給農民個別耕作，若遇有特殊情況，可以實行共同耕種。倘使政府能力許可，也可以成立集體農場。儘管毛澤東認為按人口多寡平分土地較佳，卻奉行瞿秋白中央的指示，下令能勞動者應比不能勞動者多得一倍土地[20]。1928年12月，毛澤東頒布「井岡山土地法」，把以上辦法形諸條文，只是還沒有機會全面推廣，就因為軍事形勢逆轉而率軍進入鄰省江西活動了[21]。

袁文才和王佐。袁、王是井岡山的綠林頭子，打著劫富濟貧的旗幟，專門捉土豪「吊羊」(綁票)。毛澤東靠他們兩位地頭蛇的幫忙，纔能在井岡山形成根據地。袁、王兩人捲入當地的土客之爭頗深。1930年3月，土籍把持的中共地方黨部，乘毛澤東遠離井岡山，藉口中共中央指示，下令以開會為名將兩人誘殺。當時，彭德懷奉令率軍執行。

20　關於井岡山上的土地革命情況，參見竹內實編，《毛澤東集》，2：46-50。

21　毛澤東，《毛澤東農村調查文集》，頁35-37。

1929年1月毛澤東率軍進入贛南，隨即又深入閩西。此時他完全按照瞿秋白中央的指示，宣布只沒收地主的一切土地。但對地主，尤其是中間階級可能反水的問題左思右想以後，特別宣布，地主及其家屬只要有勞動意願，都可以參加分地，只是其中非勞動力的人口，僅能分得一般農民所得的三分之一土地。毛澤東爲了避免小地主破產之後，成爲負隅頑抗的猛獸，更特別宣布，小地主的糧食不沒收，小地主可以把所擁有的糧食以半價糶出。同年7月，毛澤東又針對富農出租的土地，發出特別指示：除非大多數貧苦農民自動提出要求，否則不得沒收，以免富農以爲少數人作梗，敢於走上反抗之路。毛澤東顯然不願樹敵太多，所以他再三強調，萬萬不能過分打擊富農，一定要讓富農參加新政權，但是他也從不相信，富農可以變成「革命」的盟友，所以不忘警惕貧苦農民，千萬不可以讓富農在農村基層權力結構中取得領導地位。

毛澤東擔心中間階級反彈，但他決不會讓他的擔心妨礙貧苦農民的動員。閩西的大中地主不多，有地的都是小地主或富農。當地家族制度特別發達，族田和公地所占比率極大，控制這些族田和公地的也都是一些小地主和富農。他們有權有勢，如果中共把這些人當成所謂中間階級，則勢必無法滿足貧苦農民對土地的渴望。爲了打破他們對土地資源的壟斷，閩西共黨曾以尊重群眾的意見爲名，繼續沒收一切土地的政策[22]。1930年6月，毛澤東連民意的藉口也免掉了，公開指出，土地革命的兩大口號乃是「沒收一切土地」和「取消一切債務」。他的想法是，先動員貧苦農民造成分地的事實，再以留後路的方法來減少中間階級、甚至大中地主的反水傾向。此外，爲了減少農村的動盪，毛澤東盡量不更換原耕者，僅按抽多補少的原則重新分配土地。而爲了穩定半自耕農的心理，清楚指示幹部不要隨意更動他們

22　本書選編組，《第二次國內革命戰爭時期土地革命文獻選編》，頁146-47，202。

所擁有或使用的土地，也不可以讓原耕者在分田過程中吃任何虧，甚至不可以燒他們的地契。後來毛澤東發現，單方面強調「抽多補少」的口號，富農把瘦田拿出來，卻把肥田留給自己耕種，於是又提出「抽肥補瘦」的口號，以為補救[23]。

毛澤東對中間階級滲入中共基層組織，以各種各樣的手法反抗土地革命，似乎有越來越深的體會。當時中共中央政策正好從「不故意加緊反對富農的鬥爭」轉變為「故意加緊反對富農的鬥爭」，所以毛澤東更有理由在1930年6月強調一種反富農的政策，不過他所強調的不是視富農為寇讎，一個個予以殺害，而是要徹底的把富農從新的農村基層權力結構清除出去，不讓他們有破壞土地革命的任何機會。這時，毛澤東也終於注意到農業增產和農民動員是兩回事了。農業增產要求中共按照生產力分配土地，可是這樣的作法有三個問題：第一、一般說來，富農之所以為富農，就是因為他們家裡擁有較多的生產力，因而按照生產力分配土地，尤其生產力的計算包括生產工具時，必定對貧苦農民不利，而很難得到他們的擁護。第二、「孤、寡、老、幼、小腳婦女以及一切不能耕田的人」，都沒有生產力，若按照生產力多寡分地，則他們所能分到的土地一定不夠吃。如任由這些弱勢人口忍饑挨餓，則勢必招致農村輿論的批評[24]。第三、生產力的計算很複雜，答案殊難一致；若根據生產力分田，則土地革命需時甚長。然而紅軍處在緊急的戰爭狀況中，不可能慢工出細活地搞革命，必須在盡可能短暫的時間內造成土地革命的事實。基於以上考慮，毛澤東從1930年2月初開始，在贛南否決按勞動力分配的方法，堅持沒收一切土

23　早在1929年就已有地方實際執行「抽肥補瘦」了，但「抽肥補瘦」作為分地原則和口號，則是1930年鄧子恢在閩西提出來的。見本書選編組，《第二次國內革命戰爭時期土地革命文獻選編》，頁173，176，277；蔣伯英，《鄧子恢傳》，頁97-101。

24　毛澤東，《毛澤東農村調查文集》，頁277。

地之後，僅按人口多寡立即分配。

多年實行土地革命的經驗，使毛澤東更能體會農民的小私有者性格。土地重新分配以後，不歸農民所有，農民看不到好處，便不願意為蘇維埃政府的土地政策而戰。尤其糟糕的是，土地國有化以後，農民連起碼的使用權都無法固定。政府因為生老病死導致的人口變動，必須經常分地。農民不僅無意對土地作長期投資打算，反而採取怠耕和荒田的方法，以為消極抗議。這種情形，毛澤東在井岡山已有經驗，但有了更深刻的體驗後，終於在1930年12月宣布：凡經分配的田地就算永遠分定，屬個人所有，允許出租出賣[25]。如此一來，土地的利用更有效率，缺乏勞動力的人家，也可以把分配來的土地租佃出去，以免荒廢浪費。

毛澤東對土地革命的看法，並不是中共內部的共識。他受到來自兩方面的干擾：一方面是理想主義性格濃厚、想立即實現社會主義理想的人，另一方面是過分尊敬莫斯科指示而不顧國情的人。前一種人專從改變生產關係來看問題，堅持立即廢除土地私有制度，把土地收歸蘇維埃政府所有(國有)。後一種人則是搬弄俄國當時政策，高舉反富農的旗幟，製造不必要的敵人。1930年以後，李立三實際上控制了中共中央。當時，史達林為了成立集體農場，不惜大肆殺戮富農，李立三受到這種反富農政策的影響，也極力鼓吹反富農路線。他雖然授權地方因地制宜，視地方情形決定只沒收地主一切土地，還是下令把沒收擴及全部土地，但是受到史達林農業集體化政策的影響，禁止雇農分地，更下令把雇農集中起來辦理集體農場，並拒絕承認貧苦農民對分得土地擁有所有權。另一方面，李立三認為土地既是國有，就應充分利用，所以分配土地時，勞動力和人口兩項考慮，應該等量齊觀。儘管他的勞動力計算並不包括生產工具在內，但是這種作法比起

25　金德群，〈中央革命根據地在1929-1931年間土地革命的實況〉，《歷史教學》，1982：1：8-24。

單純就人口多少來分配的辦法，仍然複雜得多，事實上也對家裡擁有比較多勞動力的富農有利。李立三要打擊富農，但他對農村理解不夠深刻，所以提出來的這個主張，竟然令人感覺他是形左實右，暗中偏袒富農。

根據李立三的土地政策，反對毛澤東的地方幹部振振有辭。他們和毛澤東本來有矛盾，土地政策方面的爭執更無異火上加油，終於引發所謂富田事變的爆炸。在這次事變中，毛澤東藉口肅清反革命，把出身土著的地方領導幹部幾乎屠殺殆盡。事變爆發後不久，李立三中央垮台。繼任的周恩來和瞿秋白，雖然不再強調集體農場的興辦，卻同樣受史達林政策的影響，強調反富農路線，因而也主張分地時採取生產力和人口雙重標準。1931年2月，瞿、周兩人派項英到中央蘇區出任蘇區中央局書記，毛澤東不得不接受新中央的指示。所幸，新中央的指示留有解釋空間，毛澤東可以強調勞動力的計算和生產工具無關，也可以進而規定，所謂勞動人口指14至50歲的男女，其他非勞動人口每人只能分得勞動人口所得的三分之一。毛澤東還強調，軍情倘使緊急，土地仍可按照人口數字均分[26]。在此必須特別指出，土地革命不僅限於土地的重新分配，還包括沒收地主的其他財產、廢除貧苦農民的債務，以及取消舊政府的攤派和其他課徵。

國際派在1931年初取得中共中央的控制，所發關於土地革命的指示在同年4月抵達中央蘇區。其政策基本上是延續過去，但在歧視地主和富農方面，則更加嚴厲。他們不准地主及其家屬分地，同時堅持分地時僅予富農壞地[27]。毛澤東在抗拒了幾個月後，終於屈服，於是已經分配給地主的土地全部收回，而分配給富農的土地也全部改為壞田。這一政策在中共根據地的擴展期間，並不曾有明顯的不良後果，根據地的發展反而因為一般貧苦農民得以分配的資源增加，再加上他

26 本書選編組，《第二次國內革命戰爭時期土地革命文獻選編》，頁371-81。
27 同上，頁382-88。

們在提拔和登用人材方面享受優待，而更加順利。只是國民政府不容許中共根據地繼續發展，終於動用全國資源來阻止和消滅其割據勢力。一旦中共在軍事上處於相對的劣勢，仇視地主和富農、不留一點退路的政策所種下的積怨，便成為爆炸性的矛盾。地主和富農會立即尋找機會，投效國民政府當局，為消滅中共而貢獻心力；害怕重蹈地主和富農覆轍的富裕中農，也可能「反水」，帶領國民政府軍隊前來進剿。

土地革命實行後，中共開始根據累進原則徵收土地稅。最高的稅率可能達到所收全部糧食的15-20%，但這是富農的負擔，至於中下貧農，則稅率遞減，有時甚至全部豁免。對必須負擔稅賦的農民而言，儘管這樣的稅率可能要比傳統田賦為高，但比傳統50%左右的佃租卻少多了，所以他們即使抱怨連連，也不可能訴諸行動。其次，毛澤東知道各地區土地分配的情形不同，華中的佃農和半自耕農占人口的多數，故可以提倡沒收均分，但是華北的自耕農較多，就不能採取同樣的政策了[28]。再其次，毛澤東非常了解所謂痞子在土地革命中所起的帶頭和煽動作用，同時也非常了解，政權的基礎不能放在地痞流氓身上，因此在大多數農民起來響應土地革命以後，如果地痞流氓不改變自己，便發動一般農民以清算鬥爭的辦法來清洗他們。

※　※　※

國民黨清共和分共以後，中共被迫轉入農村。最初中共並無建立根據地的觀念，只知道利用親友關係和土匪幫會，公開暴動，暴動之後，則以開糧倉、減租減息、禁止抬高穀價來吸引農民，同時用打土豪、分浮財、劫富濟貧的方式來動員農民。在這一點上，中共武裝和傳統農民武裝沒有不同。只是，中共了解階級調查的重要，很快便停

28　本書選編組，《第二次國內革命戰爭時期土地革命文獻選編》，頁374。

止無分別的燒殺，強調紀律，把打土豪限於土豪劣紳，對富農採取柔軟政策，可能會軟硬兼施，逼他們自動「捐」款，卻不容許各級幹部把他們當成土豪來打；對商人的派款，也限於大中商人，豁免小商人一切負擔。

中共一開始並不知道如何進行土地革命。理論上，土地革命看來非常容易，只要沒收土地再重新分配就可以了。實際的問題卻非常複雜，首先是農村的地權分配並不集中，真正的大地主不多，所以沒收土地時，不能把眼光集中在大地主身上，一定要擴大沒收對象，可是要擴大到什麼程度很難決定。擴大少了，無以滿足貧苦農民對土地的渴望，擴大多了，卻又要擔心激起的反對力量太大，可能無力對付。其次，除了「減少敵人、增加朋友」的政治考慮以外，土地革命還有理論與實際的衝突。理論和實際不一定矛盾，但是土地革命卻無法避免這個問題。根據共產主義的理論，廢除私有財產制，改變生產關係，不僅有利於生產力的解放，也能夠獲得農民的擁護。實際的情形則是小私有者的農民，習慣於小私有者的想法，除非真正得到土地，他們既無意增加生產，尤無意於為中共效命。毛澤東等務實派有這種了解，所以主張先滿足農民對土地的渴望，取得農民的竭誠擁護，等到奪取國民政府的天下以後，再談如何土地公有。第三、在戰爭環境中實行土地革命，必須減少敵人，增加朋友。基於減少敵人的原則，毛澤東等強調為地主和富農留後路，不要逼人太甚，也強調不侵犯中間階級的利益。基於增加朋友的原則，他們要求分田的方法簡單明瞭，盡快滿足農民對土地的渴望，以便他們為了保衛新近取得的經濟利益，與中共結成命運共同體，一方面防止地方原有社會秩序的反撲和恢復，一方面繼續擴大現有的農村根據地，準備有朝一日取國民政府而代之。

中共以軍隊推動土地革命，經由土地革命動員占農村絕大多數的貧苦農民，使他們起來鬥爭地主士紳，並形成與傳統統治階級勢不兩立的局面。勢不兩立之後，大多數農民更願意聽從中共的領導，在地方上參加中共的農民協會、赤衛隊、蘇維埃和黨支部，從而取代農村原有的基層權力結構。同時更憑藉新的基層權力結構，提升大多數農民供給人力和物力資源的意願，以便不斷擴大中共的軍隊和上層權力結構——蘇維埃政府和中共黨務機構，這就是中共所謂擴大根據地的策略。必須注意的是，儘管廣大農村出現了中共所謂的根據地，中共中央的眼光最初仍放在城市工人階級身上，加上對革命奪權的艱難性和長期性缺乏深刻的體認，所以李立三會在農村根據地尚未累積到一定實力之前，動員各根據地的武裝力量來配合城市總罷工。結果城市總罷工沒有實現不說，各根據地的武裝反而被國民政府逐一擊敗。間接繼承李立三的國際派中央，並未從這一個慘痛經驗吸取教訓，而依舊堅持城市革命的路線，就算是不得已而搬進農村根據地之後，也仍然戴著城市的有色眼鏡來建設農村根據地，從而為後來中共反圍剿的失敗種下遠因。

第二節　根據地的建立和崩潰

中共建立根據地以後，有所謂紅區和白區，紅區又稱為蘇區，乃蘇維埃政府區的簡寫，白區則指國民政府控制區。在白區中共除了不公開的黨組織以外，還有一些秘密的工會組織，但在紅區，黨組織以外，尚設法成立各級政權、軍隊和各種群眾組織。中共各根據地草創時，其領導人經常是軍隊的最高指揮，一手掌握黨政軍大權。另一方面，中共中央遠在上海租界，他們服膺的是列寧主義的組織原則，面對的卻是鞭長莫及的各根據地，如何貫徹其統一領導和指揮，是一個大問題。列寧主義的組織原則，簡單說來，有二個內容：第一、黨組織是少數菁英的組織，負有歷史使命；第二、黨組織奉行「民主集中制」，強調「民主討論，行動統一」，黨組織在作出決定之前，進行民主討論，一旦黨組織作出決定，則黨員必須奉行無疑。黨的運作強調少數服從多數，下級服從上級，局部服從全體。由於奉行列寧主義的組織原則，中共的黨組織予人「集中」壓倒「民主」的印象，談不上民主，卻上下一體、意志集中。江西時期的中共歷史可以讓我們了解列寧主義的貫徹殊非易事，也可以讓我們了解中共如何貫徹其列寧主義原則，尤其是如何實行其所謂民主集中制。

中共從建黨以來，就仗恃列寧主義的紀律，形成緊密的戰鬥組織，對抗各種反對勢力。建立根據地以後，面對的敵人尤其強大，最先是地方團練，後來是地方軍隊，再後來則是國家軍隊。儘管中共的軍隊在武器方面一直相對落後，可是面對地方團防和地方軍隊的連番清剿，不但應付起來遊刃有餘，反而越來越擴大其軍事「割據」的地盤。即使在南京國民政府展開其圍剿以後，中共根據地向上發展的趨勢也沒遭到有效遏止。中共對抗各種軍事鎮壓，除軍隊良好的群眾紀律以外，經由土地革命建立的農村基層結構當然是致勝關鍵。但我們仍然要問：為什麼中共在獲得連串勝利以後，最後仍然不敵國民政府的圍剿，除了無法控制的國民政府因素以外，中共自己是否有值得檢討的地方？這裡必須特別強調，內戰是爭取民心的戰爭，也是資源動員的戰爭。中共透過土地革命爭取貧苦農民的擁護，雖然有助於戰爭人力和物力的動員，但人力和物力的動員畢竟有其極限，若超過這個極限，而軍隊又屢遭重創，則中共即便有土地革命這個致勝工具，也無從充分發揮爭取民心的作用。

一、列寧主義的組織原則：黨指揮槍

一般說來，中共領導農民暴動以後，黨員或團員一方面建立黨、團組織，一方面在各鄉恢復或是組織農民協會，打土豪、分田地，實行土地革命。農民協會是群眾性的公開組織，有階級性質，地主和士紳絕不允許參加；黨、團組織則是秘密性質，僅貧苦農民中的少數積極分子可以參加。農民暴動中，武裝非常重要，若不是由外來的軍隊協助農民活動，就是由農民協會成立自己的武裝，再將之擴大為脫離地方基層的軍隊。暴動中或暴動後同樣重要的措施是成立各級政權。軍隊以地方政權組織的名義實行土地革命，再從貧苦農民之中發掘積極分子，吸收他們進入黨支部，並憑藉著他們的支持，進一步再成立貧農團等群眾組織。

中共所建立的紅色政權，在層級方面和國民政府略同，最初只有縣、區、鄉、村各級政權，後來再擴及到省和中央。組織採取委員會制，縣以下或直接選舉或間接選舉，由工農兵各按其所占人口比例選出，地主、資本家或富裕農民不得參與其事。紅色政權最初叫做工農兵政府，後來易名為蘇維埃政府。蘇維埃乃俄語 Soviet 之(粵方言)音譯，意思便是工農兵代表組成的會議，以及其所選出的政府工作人員。農民當然不了解這點。有人聽過中共工人領袖蘇兆徵的名字，而「蘇維埃」擁有權力，便以為它是蘇兆徵的哥哥。江西南部的客家人很多，「埃」的客語發音與「偓」(音矮，是「我們」的意思)相同，因此不少人以為蘇維埃就是「偓」(我們)政府。這些誤解背後可能有愛戴中共政權的含義，但這種現象本身便反映農民根本不懂蘇維埃這個俄國外來語。至於「偓」政府和傳統政府有何區別，能說出一番道理的農民恐怕屈指可數，更何況要他們知道如何親自參與了。大多數農民仍然像在傳統社會裡一樣，認為政府首長就是坐衙門的，有權有勢，是有閒、有錢、肚裡有墨水人的差事，因此如果真有選舉，選舉出來的蘇維埃幹部，最初也多半是小地主和富農。

中共除了擁有以全根據地為活動範圍的中央直屬軍隊以外，也在各級政府組織附屬的紅色武裝，以為保護。照理各縣級政府均應成立脫離生產的赤衛隊，只是因為這種脫離生產的農民武裝相當昂貴，所以經常無法成立；縱使勉強成立，也因為經費無著，旋即瓦解。區、鄉以下的財力尤其有限，中共只成立不脫離生產的農民武裝。這些農民武裝，通稱為赤衛隊，或稱為暴動隊。它們缺乏現代槍砲，所使用的無非是梭鏢刀矛一類傳統武器，因此又有梭鏢隊之稱。這些紅色武裝，名義上隸屬各級蘇維埃政府之下，其實像各級蘇維埃政府一樣，除聽命上級以外，還受同級黨部的指揮。黨部基本上和政權體系平行，是中共各級權力結構的神經中樞。

中共建立上述權力結構以後，通常都會面臨兩大難題：一是根據地畢竟是以軍隊為主的武裝割據，如果這支軍隊奉行的是列寧主義的組織原則，亦即是政治領導凌駕軍事領導，則中共如何貫徹其列寧主義的建軍理念？一是中共中央遠離各根據地，想法和看法可能不同，當時幾乎沒有現代通信和交通設備，上情下達難，下情上達尤其不易，根據地又有自己的財政和軍隊基礎，那麼中共中央憑藉什麼手法來貫徹其意志和政策？

根據地不屬於地方指揮的軍隊，叫做工農紅軍，其組織形式模仿北伐軍，在各級軍事領導之外，尚有政治領導，而政治領導的背後則

蘇維埃地區內的幾個景象。圖上是海南島瓊崖革命根據地的中共女戰士。圖中是江西蘇區的少共(共產主義青年團)中央排球隊員。左3張愛萍是少共中央局秘書長，曾被懷疑為托派反革命分子，中共建國後，長期擔任副總參謀長。左7楊尚昆被認為是王明國際派的一分子，當時的職務可能是中央革命軍事委員會總政治部副主任，1980年代任中共軍委副主席。圖下是中央蘇區兒童團第一次總檢閱，主席台上坐者左2是鄧穎超。

是黨務系統。工農紅軍的最初來源混雜。以毛澤東的紅四軍為例，原先可以說是缺乏群眾基礎，完全靠綠林土匪和戰爭俘虜補充，毛澤東對此深以為憂，只是，沒有經過土地革命動員，農民不願參加軍隊。唯有完成土地革命，中共纔有可能取得貧苦農民的擁護，而真正在農村內部建立預備軍，也纔有可能動員大批農民參加離鄉背井的中央紅軍。直到大批農民湧入軍隊以後，中共才可以真正談到軍隊的改造；此時，中共為維持軍隊的純潔，尤其強調階級分析，一方面提拔工農分子擔任領導幹部，掌握軍隊，另一方面則清除拒絕改造的原有軍隊成員，消除所有可能不服從的分子。

黨指揮槍是中共建軍的最重要原則。中共雖然和國民黨一樣，講究「槍桿子出政權」，但是方法大有區別。國民黨的軍隊黨部由上級軍事指揮官控制，黨最高領導人只能在此軍事指揮官的容忍範圍內活動。黨員經常是上級軍事指揮官率領官兵集體加入的，入黨以後，黨員並無所謂組織生活，除了參加某些典禮和儀式以外，黨員也不覺得自己有什麼地方與眾不同。北伐前後，國軍內部有政治部之設，惟政治主管的聲望始終難和軍事主管比擬，通常淪為可有可無的擺飾，僅能在同級軍事主管默許的範圍內活動。中共的作法則迴然有異。首先，黨是秘密的，更是菁英主義的，只有少數「優秀」分子才有資格變成黨員。最初的黨員主要是軍官，到秋收暴動軍上井岡山前夕，毛澤東在江西永新的三灣村縮編軍隊，堅持把支部建立在連隊上，士兵黨員的人數纔有明顯的增加。這些士兵黨員可以透過公開的組織，例如士兵委員會，管理士兵生活，並代表士兵利益發言。士兵委員會最主要的關懷是軍隊伙食和官長體罰兩大問題，士兵黨員透過對這兩大問題的干預，取得一般士兵的信賴和擁護，以便進一步發揮他們的作用。各連隊支部書記不僅要負責其成員的思想教育，也要負責照顧他們日常生活的各個層面。至於連以上單位，則設有黨部。黨部負責人通常就是黨代表，其權力包括政治和軍事兩方面。原則上他應該尊敬軍事首長的專業知識，但因為政治和軍事並非可以截然二分的不同領域，政治實際上經常管到軍事方面。法令也正式規定，政治主管和軍事主管若有不同意見，政治主管擁有最後決定權。井岡山時期，軍是部隊最高層級，或設軍委(軍委員會)書記，或設前委(前敵委員會)書記。兩者的主要差別在於前者管理軍隊內部，而後者兼有戰地黨務權。毛澤東即曾先後擔任軍黨代表、軍委書記和前委書記等職務。

江西時期的中共黨證和入黨誓言。中共是菁英主義黨，黨員必須宣誓遵守黨綱，並按時繳納黨費。中共黨證和國民黨黨證最大的不同是有「社會出身」一欄，每一個黨員註明階級成分。入黨誓言沒有一定樣式，圖為江西永新縣四區北田農民賀頁朵寫的入黨誓言。雖然其中有一些錯字，但充分表達出中共對黨員的期望和要求。

1929年毛澤東擔任紅四軍前委書記時，遇事乾綱獨斷，引起同僚不滿。當時指揮軍事的將領，包括朱德、陳毅和留蘇回來的劉安恭(均為川籍)，都認為他對純粹軍事事務的干涉太多，有「書記獨裁」傾向，而且喜歡教訓別人，動輒以沒有調查就沒有發言權，堵人嘴巴。另一方面則是有人埋怨前委把一切權力集中在自己手裡，遇事先作決定，再交由黨員和下級黨部討論，使民主徒具形式，聊備一格。士兵尤其憤恨不平，他們雖然有士兵委員會的組織，理論上可以參與軍隊的一些管理，但士兵委員會只有建議權，所以實際上淪為協助上級執行政策的工具。這幾股不滿匯聚在一起，終於導致毛澤東在前委書記選舉中的失敗。當時，他正恰瘧疾發作，於是藉口養病和聯絡地方黨部，率領親信遠去，伺機東山再起。毛養病期間，朱德代理前委書記，指揮軍隊不當。首先是在不明敵情之下分兵閩中，部隊大敗而返，其次則是奉命攻打東江流域，軍隊死傷三分之一。這兩次軍事失敗後，朱德的威信頓減。在此關鍵時刻，周恩來代表李立三中央，也針對紅四軍的內部爭執做出結論。他對朱、毛之間的對立採取各打五十大板的作法；雖然批評毛澤東「黨管一切」的作法，卻明白地支持毛澤東「集中」重於「民主」的基本立場，尤其強調上級和上級機關的威信不容動搖。毛澤東遂在原前委書記朱德和代理書記陳毅的聯合敦請下，回到軍隊，重新出任前委書記，並乘機召集紅四軍第九次黨代表大會，也就是有名的古田(福建上杭)會議，重申黨指揮槍、一切權力歸前委機關的原則。毛澤東在這一次會議中，嚴厲批評他所謂黨內的各種不正確傾向，例如單純的軍事觀點和極端民主化等等，隨後並決定廢止黨代表制度，另設政委(政治委員)，並由各級軍政人員聯合組織的黨部，通過「黨團」來指揮平行的軍事和政治機關[1]。

軍隊內部有關於「黨指揮槍」和「民主集中制」原則的爭論，軍隊外部也有地方黨是否服從軍隊黨指揮的問題。秋收暴動後，毛澤東固然有指揮軍隊的全權，但他的軍隊在地方上活動，仍必須置身於黨的地方組織系統之中，聽命於地方黨的上級——例如湘南特委、湖南省

1 中央檔案館，《中共中央文件選集》，5：473-90；周恩來，《周恩來選集》，上，頁29-43。又參閱當代中國人物叢書編輯部，《陳毅傳》，頁98-118。這裡可注意者三事：一者朱、毛水火不容，且彼此攻訐；二者朱、陳、劉均為川籍，有歷史淵源，擁毛者則主要為鄂籍的林彪；三者在兩派爭執中，陳毅雖然偏朱，但請求中共中央仲裁時，基本同意周恩來和李立三的意見，也同意毛澤東權力集中於前委的主張。

委和長江局等機構[2]。毛澤東和這些上級機構的代表相左，經常與之爭論，最後也都必須遵命而行。所幸，事情的發展多半對他有利。譬如，毛澤東反對到湘南發展，先後礙於湖南省委的代表和湘東特委書記的堅持，都不得不勉強執行，結果兩次均以慘敗告終。毛澤東終於因為有先見之明，而贏得全軍對集中全力發展井岡山根據地政策的擁護，內部就算再有不同意見，也因為得不到任何呼應，而不敢公開表達，何況是批其逆鱗了。

然而，毛澤東並非事事順遂，不久他便面臨地方黨部的嚴重挑戰。井岡山根據地一帶有歷史悠久的土客(本地和客家)之爭，也有甫見冒頭的地方主義思想，兩者糾纏不清。地方黨部多半由土籍人物控制，而毛澤東在井岡山上的戰友，則多為客籍或半客籍的「綠林」。地方黨部認為毛左袒客家人，所以有時對他陽奉陰違，甚而「鬧獨立」。當政策執行涉及實際利益時，雙方人馬因為積怨太深，更可能對毛澤東這位上級的意見置若罔聞。客籍的紅軍領袖王佐和袁文才出身「綠林」，毛認為可以改造留用，土籍出身的地方黨委卻對其咬牙切齒，必欲去之而後快。這些地方黨委後來終於抓住毛離開井岡山的機會，藉口奉更上級黨部的指示，命令軍長彭德懷率部誘殺王、袁兩人。毛澤東聞訊後，木已成舟，只能徒喚奈何，卻從此記恨於心。

比起這個事件來，毛澤東總前委和贛西南地方黨部的衝突更大，也更加嚴重和血腥。毛澤東的軍隊在贛西南地方活動，是外來的武力，當然需要當地中共組織的充分配合。贛西南中共的領導人李文林最初與毛澤東合作無間，後來一山難容二虎，加上權力的爭執，兩人關係迅速惡化。毛澤東根據前委有權指揮戰地黨務的指示，把當地的

2　隨著軍隊的擴大和前委的設置，軍隊所能管轄的地方黨委，也由縣委而逐漸昇高到特委和省委。例如1928年11月前，紅四軍受邊界特委指揮，可是從這一個月以後，邊界特委受紅四軍前委指揮。見中央檔案館，《中共中央文件選集》，5：772。

中共武裝改編為正式紅軍，直接受其指揮。他同時也利用贛西南黨部的內部矛盾，剝奪李文林的軍事大權，並進而支持同為湘人的連襟劉士奇擔任贛西南特委書記，取李文林而代之。毛澤東和李文林兩人又在土地政策和人事問題上有種種歧見，於是彼此勢同水火。礙於黨內下級服從上級的原則，李文林一時之間還不敢公然對毛澤東的決策挑戰，然而熟悉情況的人已覺得山雨欲來風滿樓了。

1930年李立三路線當權，李文林翻身的機會來了。當時他奉派前往上海中央開會，了解李立三的新政策，並利用傳達李立三中央旨意的機會，奪得指揮贛西南、甚至江西全省黨組織的權力。他對李立三攻打大城市的主張，尤其奉行不遺餘力。毛澤東當時心中有所保留，但不敢公然反抗，於是陽奉陰違[3]。後來國軍對紅軍展開大規模圍剿，毛澤東纔明目張膽地違反李立三進攻城市的指示，主張誘敵深入，放棄李文林經營多年的(江西吉安)東固根據地。李文林當然誓死反對，兩人爭執最激烈之時，上級單位長江局派來代表，傳達最新的李立三指示。這位上級代表理應支持李文林，不料卻為老鄉兼舊識的毛澤東所說服，從而發言支持毛的主張。上級代表改變了意見，李文林不為所動，堅持己見，一心認為李立三中央的最高指示必須貫徹。雙方相持之間，毛澤東有鑑於李文林有地方黨部和地方群眾支持，故在取得長江局代表的首肯以後，秘密派兵逮捕李文林。由於逮捕過程中，毛澤東並無李立三中央的指示可以援引，遂採權宜之計，以反革命的罪名羅織李文林。這個事件，後來因為毛澤東在追查AB團反黨組織的過程中用人不當，監督不週，同時也因他個人疑心過重，株連過廣，終於激起中共黨史上第一次內部的兵變。紅二十軍團政委劉敵起兵，率部約400人，釋放被捕的AB團嫌犯，指名打倒毛澤東，與紅軍主力形成

3　毛澤東的作法也不全是陽奉陰違，因為有時他也全心全意支持，只是他的態度與時俱變，前後不一致，而且有一些反覆罷了。參閱田園，〈再論毛澤東同志對立三路線的認識和抵制〉，《黨史研究》，1981年第1期，頁65-71。

對峙的局面。所幸紅軍內部有反毛傾向的重要將領，認為國民黨這個大敵當前，必須以大局為重，拒絕參與。結果雖然又有四、五千人被戴上AB團的莫須有罪名，且至少有2000多人遇害，但事情並未擴大到不可收拾的地步[4]。毛澤東在此兵變之後，反而因為打破了國軍的第一次圍剿，聲望急遽昇高，成為贛南閩西無人可以抗衡的最高領袖。成功的人是難以責備的，毛澤東的肅反責任便迅速被人遺忘了[5]。

鄂豫皖邊區的情形不同。紅軍的前委書記曹大駿像毛澤東一樣，來自外地，卻沒有毛澤東的聲望，在黨內曾被譏評為「曹大砲」，說他有勇無謀。在李立三路線當權期間，他雖然覺得軍隊將領有尾大不掉的傾向，但是僅僅假借李立三之命，召開黨部會議，把有問題的將領排除在決策核心以外，而不敢採取整肅逮捕的行動。在湘鄂西邊區，大權在握的是身兼特委書記、前委書記、軍團政委的鄧中夏。他出身北大，是中共早期工運的領袖。雖然也來自外地，但黨內聲望迥非曹大駿可比。執行李立三中央的指示時，地方領袖周逸群、賀龍、段德昌等人，雖然敢於表示異議，但在他做出最後決定以後，卻無人敢公然挑戰其權威。鄧中夏像毛澤東一樣，曾經把不少黨內異議人士視為敵人，予以整肅殺害，甚而撤除了「地頭蛇」段德昌的軍隊職務，所幸並無兵變發生。

外來前委書記和本地實力派之間的衝突清楚顯示，中共雖然奉行

4　到底有多少人死於富田肅反，至今仍有爭論。毛澤東僅承認，打AB團取消派，有4,400遭受牽連，其中有一半左右被殺。但是紅一方軍總政治部主任楊岳彬投降國民政府後說，七天之內共殺了4,300人。成聖昌根據實地調查資料則說，紅軍四萬，經過兩個月的肅反後，有5,200餘人喪生，另外曾山在地方上肅反，也殺了7,000餘人。詳見陳永發，〈中共早期肅反的檢討：AB團案〉，《近代史研究集刊》，1988年總第17期，頁217-18。

5　關於打AB團詳情，參閱陳永發，〈中共早期肅反的檢討：AB團案〉，《近代史研究集刊》，1988年總第17期；Chen Yung-fa, "The Fution Incident and the Anti-Bolshevik League", *Republican Newsletter*, Vol. xix, Issue 2, April,1994.

列寧主義，各根據地的最高領袖仍然面臨下級挑戰。其實，中共中央也面臨對各根據地實力派人物的控制問題。尤其是李立三當權以後，因為要實現占領大城市的構想，他必須動員根據地所能動員的全部力量，不容下級在態度上有所保留，更不容下級對上級的決定有所質疑。李立三控制根據地的經驗直接影響到後繼的周恩來和瞿秋白，他們雖然批判李立三路線，卻奉行李立三未竟的中央集權政策，並進而計畫成立蘇區中央局，以之全權管理全國各根據地，並在蘇區中央局之下，按照農村根據地發展的實況，分設七個特委——贛西南、湘鄂贛、閩粵贛、贛東北、湘鄂邊，鄂豫皖、左右江。戰略構想則是以贛西南和湘鄂贛為中心，向四週發展，以便奄有湘、鄂、贛、閩四省。為落實此一構想，周恩來和瞿秋白派鄧發到閩粵贛，丘伴林到贛東北，軍人曾中生到鄂豫皖。他們也繼續信賴鄧中夏主持湘鄂邊黨務，並派鄧小平到左右江全權處理當地問題。共產國際此時也體認到農村蘇區的重要，因此再三指示中共中央把白區重要幹部調往蘇區[6]。

周恩來原計畫親自前往贛南根據地主持蘇區中央局，只是一時難以擺脫上海中央的要務，故派工人出身的項英代替他履任。項英單槍匹馬抵達江西蘇區，依賴毛澤東和朱德等地方實力派人物來執行命令。不過，他畢竟有個人的定見，並不是凡事聽從毛、朱等人，在富田事變問題的處理上，他便採取了不同的態度，雖然不願公開指責毛澤東不對，卻迅速下令停止追究反毛地方派的罪責。為控制根據地的軍隊，項英在蘇區中央局下成立中央革命軍事委員會，自任主席。雖然任命毛澤東為革命軍事委員會副主席和總政治部主任，卻宣布取消總前委制度，一方面變毛澤東為其直屬下級，另一方面則剝奪毛澤東指揮戰地黨務的權力。

蘇區中央局的計畫只實行了一半，中共中央就發生了大變動。國

6　中央文獻研究室，《周恩來年譜(1898-1949)》，頁205-6。

際派的王明，在共產國際的支持之下，奪取了周恩來和瞿秋白的大權。儘管如此，王明仍然繼續加強控制各蘇區的政策，甚至委託被他取而代之的周恩來落實這項政策。只是國際派中央派往各根據地的「欽差大臣」人選已不再是周恩來所能控制的了。1931年3、4月之間，王明中央派王稼祥、任弼時和顧作霖經閩西到贛南中央根據地，派張國燾、陳昌浩、沈澤民到鄂豫皖邊區，並派夏曦和關向應到湘鄂西邊區。

這些「欽差大臣」，雖然資歷不同，卻有一個共同特點，那就是全到過蘇聯。其中張國燾是中共元老，1928年赴莫斯科，1930年底才返國；任弼時是第一代留俄學生出身的職業革命家；關向應是做過工人的知識分子，1924年到蘇聯留學一年，是李立三時代中共軍事的最高領導人，對李立三路線的失敗負有重大責任，此行是戴罪立功；顧作霖比關向應晚一年到蘇聯，恐怕只停留了一年。其餘數位——王稼祥、陳昌浩、沈澤民和夏曦——均是與王明有密切關係的所謂二十八個半布爾雪維克之一，是所謂國際派人物。他們抵達各根據地以後，若非直接參加蘇區中央局工作，便是另外成立中央分局，均擁有處理各根據地黨政軍事務的最高權力。他們中間有幾位對三十年代俄國的大整肅曾有親身體驗，相當了解史達林領導的特務機關的內情，所以到達蘇區之後都強調政治保衛局的建立，甚至親自主持政治保衛工作，同時特別強調黨內鬥爭和審查幹部；而爲了確立黨的控制，更不惜大肆殺戮潛在的反對派，所以各蘇區都出現了大規模的整肅，許多幹部都在莫須有的反革命罪名下被處死。

王稼祥的三人代表團到達贛南以後，當然對三中全會派來的項英有不同意見，他們遂以項英指揮軍事無方，處理富田事變錯誤，已經喪失領導威信爲名，支持毛澤東代理蘇區中央局書記。隨後，任弼時出任中央局組織部長，王稼祥接替毛澤東出任紅軍總政治部主任，並代理政治保衛局局長，在他們的直接領導下，各軍隊和地方單位成立肅反委員會，重新調查原已停止株連的富田事變，展開更大規模的整肅[7]。張國燾因為軍事將領不服從指揮，疑神疑鬼，便以抓改組派和AB團為名，在軍隊展開大規模整肅，幾乎殺盡了鄂豫皖根據地地方出身的實力派將領。夏曦到洪湖後，則和當地游擊武裝的領袖發生爭執。地方黨部派尉士均到上海中央告狀，不料尉士均尚未啟程，便遇到了中共中央代表關向應，並被關向應說服，兩人一起支持夏曦，夏曦遂根據他在莫斯科的經驗，組織三人肅反委員會，審查全體黨員。審查期間，所有黨員均停止活動，同時開始在地方上大抓「反革命」分子，展開屠殺[8]。賀龍後來回憶說，夏曦殺了幾個月，共殺掉了一萬多人[9]。三十多年後，直到文化大革命時代，地方上還到處發現埋人的土坑。洪湖的縣區幹部差不多被殺光了，紅軍也被殺掉了一萬人左右。單單是紅三軍便殺了幾個月，殺了十幾個連長，因為死人太多，來不及個別埋葬，都是丟在亂葬坑中草草了事。有幾個女幹部僥倖活下來，那是因為敵人來了，來不及殺戮所致。

國際派為何特別重視對各根據地的控制？部分原因和他們獲得權力的經過有關。六大四中全會是一次非常會議，由共產國際代表米夫下令召開。這次會議所提出的中央委員名單，遭到中共工會運動領袖何孟雄和羅章龍的挑戰。由於共產國際的威信，米夫又得到周恩來和瞿秋白的支持，終於勉強過關，但黨新中央的地位仍然不夠穩固。後來何孟雄被國民黨捕殺，國際派因禍得福，少了一個後顧之憂，但是

7 戴惠珍，《青年王稼祥》，頁145、150、231-32。王稼祥當時25歲，很可能也在毛澤東的軍隊中代理政治保衛處長。

8 參閱陳永發，〈政治控制和群眾動員〉，《大陸雜誌》，第86卷第1-3期。

9 賀龍，〈回憶紅二方面軍〉，《近代史研究》，1981年第1期，頁18-28。1944年11月，中共第三號領袖、曾參與中央蘇區和湘贛邊區領導的任弼時，在對預備回到老蘇區的八路軍南下支隊講話時，公開承認中共在蘇區「殺了很多人。老百姓對我們有恐懼心理」。他要求記取歷史教訓，不要亂打人亂殺人。見于龍喜、聽雨，《康生與「趙健民冤案」》，頁10-11。

羅章龍被開除黨籍後的分裂活動，依舊構成很大的威脅。所幸，羅章龍得不到共產國際的半點同情，缺乏經費活動，周恩來又抓住職業革命家無以維生的致命弱點，全力說服其主要幹部，終於消弭禍害於無形。然而，一波未平，一波繼起。1931年4月，中共政治局委員、地位僅遜於周恩來的特工領袖顧順章，在漢口被捕。顧順章是曾受蘇聯格別烏訓練的工人黨員，對中共最高當局的地下活動異常熟悉。中共中央雖然因為潛伏國民政府的特工人員及時通風報信，僥倖逃過一劫；但此次事件對中共當局造成極大的震撼。後來國民黨由於顧順章的條陳，發展出一套鼓勵中共黨員自首自新的辦法。國民黨用這套新辦法，加上上海租界當局的密切配合，使中共中央在上海全無立足餘地。同年6月，中共總書記向忠發又被國民黨逮捕。這位漢陽兵工廠學徒出身的中共最高領袖貪生怕死，竟然下跪求饒。面對這些接二連三的憂患，中共當局自然難免風聲鶴唳，高度警惕。

然而，面對國民政府的鎮壓，在大城市硬撐的中共中央，不但沒有想到有計畫的向蘇區撤退，反而不斷要求黨員採取進攻政策，一旦黨員稍有懈怠或反對，便立即展開所謂兩條戰線的思想鬥爭，批評他們是右傾動搖，或機會主義，甚而撤職查辦。劉少奇當時是主管工人運動的中央職工部部長，便被迫自我批判[10]。這種嚴以律人的態度，除斲傷士氣之外，對於大局並不起絲毫的改善作用，最後中共中央不得不於1933年初遷離上海這個中國工人階級的最大中心，而前往內地農村的江西蘇區。

二、面對日益擴大的國民政府圍剿

毛澤東講究槍桿子出政權，但這句話是以發動群眾為前提來說的。這一點，他和蔣中正不同。所以，他上井岡山以後，規定紅軍三

10　程中原，《張聞天傳》，頁136-38。

大任務是打仗、打土豪和做群眾工作。其中，打仗不是為打仗而打，而是為了動員群眾而打，為了爭取動員群眾的時間而打。打土豪雖然是為了解決軍隊的給養問題，但也和發動群眾有關，所以一來劃分敵人和朋友，不打擊一般農民，二來把打來的物資和貧苦群眾分享，使他們樂於跟隨中共。因為強調動員群眾，毛澤東治軍特別強調軍紀，具體的表現便是三大紀律和六項注意。三大紀律的內容是「行動聽指揮」、「不拿工人農民一點東西」和「打土豪要歸公」。中共以「不拿工人農民一點東西」與其他兩項並列，可見他們對良好軍民關係的重視。至於六項注意，亦即「上門板」、「捆鋪草」、「說話和氣」、「買賣公平」、「借東西要還」和「損壞東西要賠」，也無一不涉及軍隊和百姓之間的關係。因為唯有軍隊秋毫無犯，才能得到老百姓的支持和協助。如前所述，中共在強調良好軍紀以外，更以土地革命來建立他們與農民之間如魚得水的關係。

各農村根據地的中共軍隊，無論是人數和裝備，最初均不能和地方性的省軍相比，更遑論要和全國性的國軍相提並論了。所以他們遇到政府軍進剿，便著重化整為零，躲藏在民間，使政府軍無從找起。可老是這樣做，軍隊會散掉，所以更好的辦法是用盤旋式的打圈子戰略。這是毛澤東上井岡山之後的一大發現，他發現當地土匪的裝備太差，而且根本不懂戰術和戰技，但是有能力滿山遍野地躲跟跑，叫進剿軍隊疲於奔命，最後不得不無功而返。所以他後來訓練紅軍，特別重視兩條腿走路，不但要學會跑路，更要學會爬山，尤其強調對地方的了解以及與地方群眾的關係，免得孤立無援而被敵人追及或困住。毛澤東和井岡山土匪不同的是，他並不以來剿軍隊的退走為滿足，還要乘來敵精疲力盡，加以反擊。然而他絕不打沒把握的仗，打起仗來，一定集中全部實力，以殲滅敵人為目標。為加速使敵人疲勞，並使他們像瞎子和聾子一樣，得不到一點情報，也得不到一點糧食，毛澤東強調空室清野，也就是在進剿軍抵達之前，組織群眾逃亡，同時把糧食藏好，逼使敵人依賴後方補給。簡單地說，毛澤東的對策是「敵進我退，敵駐我擾，敵疲我打，敵退我進」；割據一定的區域，以之為後盾，待打退來敵之後，再乘勝向外擴大根據地。如此反覆不斷，中共根據地便以波浪形式向四圍擴張，終於成為國民政府眼中的腹心大患。

國民政府的省軍擁有優勢兵力，在地方反共武裝的良好配合之下，仍然能把善於遊擊的紅色武裝層層包圍，並加以驅走。彭德懷之在湘鄂贛無法立足，朱德之在湘南陷於重圍，都是例子。他們先後投往井岡山，可是在1928年和1929年之交，毛澤東的井岡山根據地陷入同樣的窘境。當時為了轉移優勢國軍的注意，並解決糧食困難，他親自率領紅軍主力東竄贛省，僅留彭德懷部固守。不料，「圍魏」並不

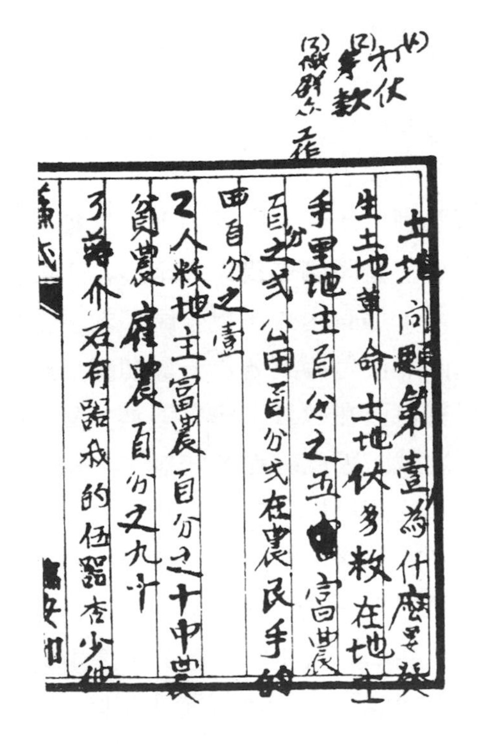

紅軍的政治教育。紅軍有三大任務：一是打仗，二是打土豪籌款，三是做群眾工作。這個紅軍戰士顯然沒有受過多少教育，但是他的筆記本不僅清楚記下了紅軍與其他軍隊不同的第二和第三大任務，也記下了如何向群眾宣傳為什麼要土地革命。

能「救趙」，井岡山在湖南省軍的攻打之下，仍然失守，幸運的是毛澤東在向贛南行軍途中，拼死一擊，打敗了乘勝追擊的江西省軍。隨後毛澤東發現贛南和閩西的經濟長期衰敗，地方武裝並沒有湖南那麼發達，而當地又有以前共黨暴動遺留下來的武裝在活動，兩下裡應外合，終於又在井岡山以外開闢了新的根據地。初期的閩浙贛、鄂豫皖和湘鄂西等根據地，遭到敵軍的注意都不如井岡山那麼嚴重，所以發展比較順利。其實，在毛澤東和彭德懷的軍隊對湖南長沙形成嚴重的軍事威脅之前，其他根據地都還在起步的發展階段。

1930年中原大戰以後，國軍一方面放棄對殘餘軍閥採取武力征服的策略，另一方面則開始大規模剿共。首先，注意力便集中在威脅湖南、江西兩省最大的中共贛南根據地，1931年以後，國軍注意到其他根據地，對之也分別展開圍剿行動。由於國軍的圍剿，在軍事層面以外，還有經濟層面的問題，以下將分軍事戰場和經濟戰場兩方面來說明中共的因應之道。

1 軍事戰場

國民政府是軍事圍剿加上經濟圍剿，所使用的兵力則越來越大，而且所實行的經濟封鎖也越來越嚴密。當時國軍尙未完全整合，內部有嫡系和非嫡系之分，彼此爭功諉過，遇有困難，更坐視不救。指揮這種半現代化軍隊，所面臨的最大困難便是協調各軍。最初國民政府並沒有正視此一內部矛盾，反而以爲自己在數量上擁有優勢，又有機關槍和火砲的配備，加上空軍不時助戰，因此有點旁若無人，總是不免嚴重輕敵。共軍則充分了解到國軍的落後性，並針對此一弱點，向根據地中心撤退，實行誘敵深入蘇區的戰略，使原來有驕兵傾向的國軍更加相信共軍害怕他們，因而大膽採取分進合擊的策略，詎料每次合擊之前，都出現孤軍深入的現象，共軍則抓住此一機會，集中優勢兵力，全力擊殲冒進的國軍，以致國軍其餘各部不得不停止進剿。

紅軍採取「誘敵深入」的戰略，若無老百姓的堅決支持，則難以為功。1931年初國軍對中央蘇區展開第一次圍剿時，蘇區邊緣的群眾，便因為害怕成為國軍燒殺的對象而誓死反對。當時毛澤東以為這是敵人AB團組織滲透成功的表現，因此大打AB團，還殺戮了許多無辜。毛澤東從這一次經驗中也發現，光是說服老百姓接受中共誘敵深入的策略，仍嫌不足，紅軍尚須取得百姓的積極擁護，方能奏功。所以在紅軍實行向心(中心)退卻之時，除一定要說服百姓實行空室清野外，更一定要積極組織地方武裝進行游擊反抗，使國軍進入蘇區以後，無法就地取糧，得不到任何給養、情報和其他幫助。同時撤退的紅軍，在群眾的配合下，一面化整為零，到處游走，一面伺機而動；一旦國軍出現孤軍深入的情形，便立即集中所有兵力，形成局部優勢，以求全殲當面敵人。中央蘇區的紅軍就是這樣，在群眾的密切配合之下，先後擊敗了國軍第一次、第二次和第三次圍剿。

第三次圍剿的結束也和當時國際形勢發展有關，因為1931年9月發生了瀋陽事件。緊接著這一次日軍的大規模挑釁之後，國民政府再次發生內鬨，蔣中正被迫下野，不但次年的淞滬抗日乏人主持，更予中共以可乘之機。在此內憂外患期間，中共祭出抗日的大旗，實際則是乘國軍他調，以全力清除紅區或附近地方的反共武裝。共軍缺乏攻堅火力，地方武裝只要憑圩寨固守，便對其無可奈何。但是中共集中兵力，全力以赴，仍然在中央蘇區取得了極大發展。尤其在1931年年底，江西寧都發生兵變，參加國軍圍剿的原西北軍17,000人叛變投共。受此鼓勵，中央蘇區的紅軍遂在中共上海中央的堅持之下，於1932年初攻打贛南商業中心的贛州城，不意慘遭敗北。其後中央蘇區紅軍分東西兩路向白區進攻，東路軍乘國軍之不備，連陷福建龍岩、漳州，進而威脅廈門。西路軍則在國軍的打擊下，毫無進展。就在紅軍兵分兩路之際，廣東省軍越界北來。面對新的威脅，中共東西兩路軍兼程南下，艱辛備嘗，終於在血戰之後，將其逐回，總算穩定了大局。在此勝利之前，鄂豫皖邊區連獲幾次軍事大勝利，聲勢大為提高，而湘鄂西的共軍則在鄂西北橫衝直撞，如入無人之境。面對中共的大擴展，國民政府益加相信中共是其腹心大患，於是不惜冒犯抗日清議，對日本委曲求全，以便集中全力對付迅速壯大中的紅軍。

1932年夏秋之間，國軍展開第四次圍剿。這一次圍剿以湘鄂西和鄂豫皖兩地為重點，贛南的中央蘇區乃次要目標，所採取的戰法也與以前大不相同。圍剿的口號是三分軍事，七分政治。所謂七分政治，主要是在地方反共武裝的協助下，清查各收復區戶口，以十家聯保，建立保甲制度，並在地方基層建立保衛隊武力，藉以實行鄉村戒嚴，盤查往來陌生行人。同時，國軍也改變進攻戰略，強調修築公路和堡壘，並步步為營，注意協調。憑藉這些新辦法，國軍雖然大體收復了鄂豫皖和湘鄂西蘇區，卻在中央蘇區慘遭敗北。其中關鍵並不是中央蘇區的共軍繼續其「誘敵深入」的戰略。當時採取的乃是「禦敵於國門之外」的新戰略，主動出擊，連陷樂安、宜黃等城，隨後更進攻國軍重兵把守的南城，不過一旦發覺情勢不妙，便主動改攻堅戰為運動戰，誘引國軍遠離既設陣地，造成國軍貪功冒進的形勢。1932年初，中央蘇區的共軍乘國軍首尾不能相應，設伏側擊其腰部，結果大敗國軍於黃陂，迫使國軍不得不取消第四次圍剿，而暫時鳴金休兵。

中共沒想到國軍遭受慘重打擊之後，還能夠立即進行第五次圍剿。同年夏天，國軍在解決鄂豫皖和湘鄂西兩處共軍以後，採取大本營參謀柳維垣的建議，改良碉堡設計，以持久戰和碉堡戰相結合，要求各部隊齊頭並進，穩紮穩打，三里五里一進，十里八里一推，真正步步為營，同時修築公路和碉堡，把蘇區切割成一小塊一小塊。當時中共形容其軍隊和農民的關係，有如魚水相得；國軍這一個辦法則是把廣大的海洋變成互不相接的水塘，然後離間百姓，抽水捕魚。1933年底，第十九路軍在福建發動閩變，宣布福建獨立，國軍不得不暫停進攻。所幸中共並未聯合十九路軍展開反攻，國民政府因而能夠專心弭亂。由於國軍用兵迅速，結果閩變僅打斷了幾個月的圍剿，其後國軍又捲土重來，再次向江西蘇區進攻。

此時德國的軍事專家李德，已抵達蘇區三個月了。李德的真名是Otto Braun，他名義上只是共產國際派來的軍事顧問，但是因為當時中共中央的最高負責人博古絲毫不懂軍事，倚之為心腹，所以他實際變成紅軍的最高指揮官。李德是正統軍人出身，只懂得正規軍隊的作戰方法，對各種游擊戰術並不熟悉。他在「禦敵於國門之外」的戰略指導之下，採取以硬對硬的方法，就是國軍已經深入紅區，他仍然不改其故技，要求全面防禦，於是分兵把守，處處抵抗。

李德針對國軍的步步為營，提出了短促出擊的戰法。也就是說，當敵人推進、搶修碉堡之時，共軍也搶修碉堡，以牙還牙，正面相抗。一旦國軍離開修好的碉堡，向前推進，則趕在他們尚未找到新的立足點之前，立即展開反擊，以求全殲來敵。這種戰法的前提是：國軍必須立足未穩，只是國軍立足未穩的時間極為短促，共軍必須準確地把握時機，否則國軍有飛機大砲助陣，很容易便站穩陣腳，而一旦國軍立穩了陣地，共軍再繼續正面進攻，則徒增傷亡而已。尤有甚者，共軍碉堡缺乏水泥建材，並不牢固，很容易在國軍飛機轟炸和火炮轟擊之下，全部被毀。即便僥倖未毀，共軍也會在國軍衝鋒之下，被迫退出，反而只能眼睜睜地看著自己辛苦築成的碉堡，變成國軍下一波進攻的橋頭堡。

在李德的指揮之下，紅軍雖然極為勇敢，但是傷亡極其慘重。李德的指揮非常強勢，凡是沒有嚴格執行命令的幹部，不是遭到嚴厲批評，便是遭受撤職查辦。凡是敢主張躲避兵鋒，採取游擊戰術者，也會替他們冠上「失敗主義」和「逃跑主義」的罪名，予以嚴厲批鬥，甚而予以撤職查辦。可是無論李德的軍令如何嚴厲，紅軍仍然無法阻擋優勢國軍的進攻。1934年4月，紅軍採用短促出擊的策略死守蘇區北大門廣昌。十七天下來，國軍死傷24,000餘人，紅軍也死傷至少5,000

李德和他面對的國軍碉堡。1933年9月，蔣中正採取分進合擊、步步為營的戰術，一面修公路，一面築碉堡，企圖將蘇區分割成一小塊一小塊，然後「抽水捕魚」。李德是正式德國軍人，正式軍校出身，不懂得游擊戰，下令共軍以短促出擊戰術，與國軍正面相抗，以致犧牲慘重，最後寡不敵眾，而不得不從江西蘇區全面突圍。

人。國軍死傷24,000人，仍然具備數量和裝備上的優勢，而攻勢照舊，可是紅軍損失了5,000人以後，就已經損失參戰部隊的五分之一，很難立即補充。面對紅軍的慘重傷亡，紅軍將領彭德懷頂撞李德說：「崽(兒子)賣爺(父親)田心不痛」，紅軍的命運卻也因此注定了。在國軍的壓力之下，中共中央的選擇只剩下突圍一途。1934年6月，共產國際終於批准了紅軍進行戰略轉移的請求。經四個月的仔細籌劃和準備以後，中央蘇區的紅軍便在是年10月，開始全面向西南突圍。

2 經濟戰場

國民政府對中共的攻擊，不限於軍事，也涉及經濟層面。由於中共根據地多半在經濟落後的邊遠地區，缺乏食鹽、西藥和鋼鐵，國民政府很快就了解到，經濟封鎖是對付中共的重要策略。只要不准商人出口上述貨物，同時又禁止中共占領區輸出餘糧和土產，便能夠在中共的統治區內造成嚴重的經濟危機。在鄂豫皖邊區，國民政府除了消極的封鎖之外，還積極破壞和爭奪中共的資源，譬如燒穀、毀秧和搶糧，不一而足[11]。

國民政府的經濟封鎖，是隨著中共的壯大而越來越嚴厲。到1933年國軍展開第四次圍剿時，國軍修築的公路和碉堡把紅區分割成無數小塊，封鎖的縱深達80到90公里。國軍在封鎖線邊緣，實行食鹽專賣和計口售鹽，並把群眾的糧食集中到碉堡裡。各交通要隘，則設置貨物檢查所。凡捉到走私者，即處以極刑。根據地無法輸出餘糧和土產，財政收入銳減。最嚴重的還是缺乏食鹽、布匹、藥品和鋼鐵，以及無法補充武器彈藥。食鹽供應的缺乏更引起夜盲症和腳氣病，軍隊的戰鬥力急遽下降。

正因爲中共需要商品，所以對商人的政策不得不變。中共最初暴動時，經常把商人當成土豪打，結果因爲沒有商業反而害了自己，所以吸取教訓，很快地便把商人分成大中小三等，對小商人網開一面。毛澤東強調恢復圩場，遂川草林圩(場)就是在他的命令下恢復的。三日一市恢復後，有2萬人前往趕圩，連白區商人也來，運來昂貴的食鹽、布匹、藥材，換走根據地便宜的土產。其後，中共接受這些教訓，特別強調廢除苛捐雜稅，保護商人的政策，尤其是強調恢復圩場。不過，因爲軍事需求孔亟，仍不時逼迫大中商人捐款，所以效果

11　唐滔默，《中國革命根據地財政史》，頁37。

始終不彰。中共解決經濟封鎖帶來的各種問題，主要仍靠自己工商業體系的建立。

三、懲罰主義和過度動員

在國民政府的全力偵緝下，中共中央仍然在上海不時進行罷工和集會的活動，由於不斷暴露行藏，終於無法繼續在上海租界立足，而被迫遷往中央蘇區。首先，周恩來於1931年12月前往中央蘇區，接掌蘇區中央局書記的職務。在他到達前一個月，蘇區中央局成立中華蘇維埃共和國。乘此機會，蘇區中央局的任弼時、王稼祥和項英在黨代表大會中，聯手批評毛澤東在土地問題上，「缺乏明確的階級路線」，對地主和富農讓步，既是右傾主義，也是富農路線；在指揮軍隊方面沒有充分擺脫游擊主義的傳統，沒有現代戰爭的觀念，是狹隘的經驗論者；在肅反問題上，則因為群眾工作不夠「充分」，以致群眾沒有發動，而反革命組織仍然到處都是。他們以這些理由，把毛澤東排擠出權力核心，要他專門負責政府工作，而將軍隊交由朱德、王稼祥和彭德懷指揮。周恩來抵達蘇區後，代表四中全會國際派中央，又批判肅反工作中出現了肅反中心論，為肅反而肅反，方法簡單化，而對象擴大化，以致殃及了許多無辜。儘管周恩來未點名批判毛澤東或蘇區中央局的其他領導，但為了平息過去肅反所引起的民怨，還是在各縣舉行公審，殺了一批實際主持肅反工作的高級幹部，說他們是敵人特務，潛入中共陣營，製造赤色恐怖。

周恩來進入蘇區以後，在軍事問題上，遵循國際派的進攻路線，目標從蘇區內部的地主圩寨轉到比較像樣的城市，於是攻打贛南最大的贛州城，不料卻吃了大虧，以後纔比較尊重毛澤東的意見，並恢復毛澤東部分的軍隊指揮權。1932年10月，蘇區中央局召開寧都會議。這本來就是批判毛澤東的會議，毛澤東卻獨持異議，堅持己見，反對國際派積極進攻的戰略方針，因此引起眾怒。周恩來雖然意存妥協，其他與會的大多數人士，卻仍然把毛澤東「誘敵深入」的戰略主張，批評得體無完膚，認為這是對中共中央「怠工」，乃右傾機會主義的表現，並據以剝奪毛澤東剩餘的軍事指揮權。除了國際派中央定調和毛澤東拒絕自我檢討以外，毛澤東平時不容異見，好聽「諛詞」，也已引起其他與會人士的不滿，因此乘機發洩，落井下石[12]。這次會議是一次高層秘密會議，外人難知其詳。會後，朱德、周恩來和王稼祥奉行國際派臨時中央的進攻路線，「禦敵於國門之外」，儘管鄂豫皖和湘鄂西兩大根據地相繼失陷，中央蘇區卻贏得了第四次反圍剿。因此1933年初博古率領中共中央遷入中央蘇區後，更加相信積極進攻路線的正確。博古不懂軍事，在軍事指揮方面，最初完全依賴朱德、周恩來和王稼祥三人。

博古是共產國際不次擢拔出來的中共領袖，1933年初纔二十六、七歲。他出任艱鉅之時，連中共的中央委員的身分都不具備，對莫斯科的指示自是奉行不遺餘力。共產國際並未授權李德指揮中共紅軍，但博古事實上是把他當做紅軍總司令看待，由其全權指揮大軍。當時博古認為蘇區已經成為國家，所以軍事方針應該是禦敵於國門之外，不容一尺一寸土地變色。為了遵行此一戰略，他號召全國紅軍擴大到百萬之眾。可是有實際反圍剿經驗的一些領導幹部，尤其是毛澤東，並不同意。他們認為，照博古的想法演繹，蘇區在面對國民政府大軍的進剿時，必須以大規模的正規戰和陣地戰相對應。可是喪失了鄂豫皖和湘鄂西兩根據地以後，單以人口只有二、三百萬的中央蘇區負擔此一重責大任，實在無此能力，中央蘇區在面對強大的敵人壓力之下，最好還是延續過去毛澤東「誘敵深入」的戰略戰術，以游擊戰和運動戰克敵制勝。面對這種反對聲浪的挑戰，博古採取的辦法不是理性的說服辯論，而是兩條戰線的思想鬥爭，也就是說，通過有組織的

12　郭華倫，《中共史論》，2：345-50；章學新，《任弼時傳》，頁244-46；黃克誠，《黃克誠自述》，頁100-01。

批評，動員群眾，一方面逼迫「異見分子」檢討反省，另一方面則教育一般群眾。由於毛澤東當時已成為土地革命的象徵領袖，博古不能直接發起批判毛澤東的運動，便以福建代理書記羅明為毛澤東的代理人，發起反羅明路線鬥爭。

羅明在代理福建省委書記任內，碰上第四次反圍剿，在反圍剿期間，因為紅軍採取進攻路線，必須大事擴張，所以把閩西的地方軍隊都強制編併到主力紅軍裡去，並調到江西前線去作戰，以致閩西備感空虛，而無法抵擋進剿的國軍。當時毛澤東正在閩西養病，羅明並不了解寧都會議的情況，只知道毛澤東仍是中華蘇維埃政府主席，遂接受其建議，停止硬碰硬的抵抗，並作長期打算，把閩西的(上)杭、永(定)、(龍)岩一帶變為游擊區，一方面精簡各級機構，增加機動能力，另一方面則要求上級停止對地方資源的徵派，以便地方集中人力和物力，配合其他地區的作戰，進行游擊抵抗。可是上級認為這是對時局過分悲觀，一定要積極正面抵抗。結果閩西出現拉鋸戰的形勢，地方紅軍雖能造成進剿國軍的重大傷亡，卻要付出異常沉重的代價；雖能暫時阻止地方變色，卻終究不免要棄守杭永岩。當地農民看不出這種抵抗的意義，所以不久連保衛自己鄉里的地方游擊隊也都不願參加了。羅明認為敵情如此嚴重，局勢如此黯淡，縱使能把蘇區最好的領袖集中在一起，再加上史達林和列寧親自前來，也都不可能鼓舞起地方的抗敵情緒。

羅明的主張合理，但表達時所用的語調卻富於挑戰意味。博古中央不敢公開批判毛澤東，於是以羅明為替罪羔羊，發動對羅明的黨內鬥爭。先重申紅軍戰略是「以積極進攻，牽制和擾亂敵人」，接著立即下令撤除羅明所有的職務，並命令他到瑞金來接受檢查和進行反省。博古甚至親自為鬥爭大會動員，指控羅明犯了「取消(革命)主義」和右傾機會主義錯誤，退卻逃跑，拒絕接受組織領導，批判對羅明「罪行」揭發和鬥爭不力者為「腐朽的自由主義」，隨後又在蘇區各機關召開批判大會，展開所謂反羅明路線鬥爭。第四次反圍剿戰役勝利結束後，博古中央又在中共「江西省」，以反羅明路線爲名，鬥爭了鄧小平、毛澤覃(毛澤東親弟)、謝維峻和古柏四個高級幹部。鄧小平和毛澤覃是中心縣委書記，謝維峻是軍分區司令，古柏是毛澤東的省政府部長。鄧、毛對於所轄地區反圍剿的意見和羅明相似，對所謂國際派控制的中央不滿，並私下來往書信，交換意見。彼此談話中更出現意氣成分。他們說，馬列主義並不一定來自洋房子先生，山溝中也有馬列主義。言下之意是，他們洋書雖然讀得不多，卻有可能比博古更懂馬列主義。博古則認爲，他贏得了第四次圍剿，便證明所主張的進攻路線是正確的，也證明自己的馬列主義畢竟高明，所以反羅明路線的鬥爭就更有繼續而且加強的必要了。

最初反羅明路線鬥爭的波及面不大，只是典型的殺一儆百，地方上有張鼎丞和鄧子恢，軍隊裡有蕭勁光和譚震林，中央則有何叔衡；他們都因爲平常和毛澤東有密切來往，又沒有順利完成上級所交代的任務，所以被視爲羅明路線的代表而遭受批鬥。隨著第五次圍剿的失利，所謂反羅明路線鬥爭迅速擴大化。只要違反上級意志，又打了敗仗，或是動員農村資源，不能滿足上級需要，便有可能被戴上「羅明路線」的帽子而遭受撤職鬥爭。據說最後在中共「福建省」幾乎「沒有一區和一個連以上的幹部」沒被鬥爭過，而在中共「江西省」也沒有一個中心縣委和縣委書記沒被戴過「羅明路線」的帽子[13]。可是當時中共中央，除了「福建」和「江西」兩地外，已經管不到什麼其他地區了。

值得注意的是，反羅明路線被界定爲黨內鬥爭，黨員和幹部雖然遭到無情打擊和殘酷批評，然而他們並未被隨便加上「反革命」的罪名予以處決。以羅明路線的「罪魁禍首」羅明而言，的確有些不明內

13　馬齊彬、黃少群、劉文軍，《中央革命根據地史》，頁400，407-08。

幕的一般黨員和普通群眾，在聽到各項對他的指控後，義憤填膺，把他當成「反革命」分子對待，不願意接近他，甚至連當局指定的服務員也不願意爲他燒飯作菜。可是群眾大會到達「高喊槍斃羅明」的高潮時，並沒有像過去一樣，發生任由群眾處理的情形，更沒有假借群眾意見而予以槍決[14]。羅明後來還參加所謂長征，在貴州打游擊時被俘，由一位同鄉兼同宗的國軍將領保釋，直到共軍占領廣東後，他纔重返中共陣營[15]。古柏、鄧小平、毛澤覃和謝維峻四人也都曾遭到無情批鬥，三番四次被迫寫聲明書，他們卻表現得異常倔強，完全拒絕認錯，而且一再聲明保留意見，結果也只是下放到基層鍛鍊，而無一人遭受殺害[16]。在中共突圍後，四人之中有兩個人被留下來打游擊，兩個人參加長征，只有鄧小平一個人活過1940年代，但當時受懲罰和鬥爭的其餘幹部，像譚震林、鄧子恢、張鼎丞、蕭勁光等人，都活了下來。他們這些倖存者，在時移勢變之後，變成毛澤東反國際派的先鋒，替毛澤東見證國際派肅反路線的殘酷無情。

博古之所以升高反羅明路線鬥爭，其中一個重大理由是選擇了「禦敵於國門之外」，尤其是選擇了李德的反圍剿戰略。蘇區從形成以後，財政短絀的壓力始終沒有停過一天，不過，選擇正面對抗的正規戰略以後，這種壓力變得益加沉重。這種正規作戰所需要的人力和給養不僅遠比游擊戰和帶游擊戰性質的運動戰爲巨，可能遭受的損失也要比毛澤東的反圍剿戰略爲大。爲取得戰爭所需要的資源，中共不但採取特殊動員方式來擴紅(擴大紅軍)、徵伕、借穀、發行公債或發動慰勞，也加強對階級敵人財產的沒收。1933年初發起的查田運動就是一個例子。中共以土地革命動員貧苦農民，爲確定貧苦農民和地主

14 羅明，〈關於「羅明路線」的回顧〉，《中共黨史資料》，2：238。

15 郭華倫，《中共史論》2：381。

16 馬齊彬、黃少群、劉文軍，《中央革命根據地史》，頁398-99，405-06；中共黨史人物研究會，《中共黨史人物傳》，12：266-69，286-88。

富農已經勢不兩立，就一直追查是否有地主富農，冒用貧苦農民的名義逃避土地革命。雖然國際派中央在發起查田運動時，有借機打擊毛澤東的用意，但是毛澤東知道就抵抗國民黨的圍剿而言，這已不是單純的個人恩怨問題，而是蘇區生死存亡之所繫。所以毛澤東對查田運動，奉命唯謹，予以貫徹，甚而親自試點，以便取得經驗，並據以推廣[17]。由於能逃避土地革命的地主富農為數究竟不多，要從他們身上找到足夠鼓勵貧苦農民重新起來鬥爭的資源畢竟不易，尤其是此時還有「增加國家收入」的考慮在內，毛澤東採取的辦法是從寬定義地主和富農，以便增加兩類人在總人口中的比例，而一旦達到動員貧苦農民的目的後，才再藉口過左糾偏，為那些被誤打成地主富農的貧苦農民平反，並向其逐一賠罪[18]。

查田運動的動員效應隨時間過去而逐漸遞減，可是按照李德的戰略，中共為了抵擋第五次圍剿，所需要的戰爭資源更加龐大。這時連地主豪紳的家庭，除老弱婦孺之外，都全部被編入勞役隊，送到戰場去做苦工了。對農民也不得不加強人力、物力和財力的動員。上級根據戰爭需要，決定擴(大)紅(軍)、借糧、勞役及發行公債的額度，再分攤責任到基層，由基層幹部完成任務。由於「課徵」任務經常超出貧苦農民的能力範圍，所以基層幹部不得不軟硬兼施，好話說盡之後，仍不能達成目的，便繼之以欺騙，甚至不惜使用暴力。農民除了面對幹部無窮無盡的需索，又要忍受幹部千奇百怪的動員方式。如果前方傳來的是勝利的消息，這猶可忍耐，可是第五次圍剿開始以後，戰局迅速惡化。從1934年初開始，戰敗消息接踵而來，農民便很難繼

17　朱開銓，〈回憶查田運動〉，《黨史研究》，1981年第1期，頁42-44。

18　參閱陳永發，〈內戰、毛澤東和土地革命〉，《大陸雜誌》92：1：11-14。可能因為軍事局勢逆轉，毛澤東的過左糾偏引起所謂翻案風，連查田運動以前已經定案的地主富農都紛紛要求改變階級標籤。不論這些地主富農的要求是否合情合理，國際派中央都據此以批評毛澤東，說他所下的指示故意包庇地主富農，然後撤除他蘇維埃政府人民委員會主席的職務。

續忍耐下去了。這時負責借糧、擴紅和推銷公債的基層幹部，便無法達成上級要求。上級了解這種情形，有時派高級幹部組織突擊隊，到農村基層去完成任務。可是負擔不能減輕，這些高級幹部本領再好，也很難不步上基層幹部的舊路，以欺騙和命令完成任務。迫於軍情緊急，上級不能也不敢體恤下情，只知道重申嚴令，甚而升高黨內兩條路線的鬥爭。可是鬥爭不能解決問題，於是繼之以開除黨籍和撤消職務。當時擔任蘇維埃政府閣員的高級官員，像陳潭秋和鄧子恢，便因為完成不了任務，相繼遭受撤職和批判的處分[19]。這種不體恤下情的「懲罰主義」，發展到戰爭最困難的時候，甚至變成隨便戴反革命分子的帽子，輕易處死。迫於上級的「懲罰主義」，各級幹部千方百計動員農村人力、物力和財力，龐大的需索很快便超過農村所能忍受的限度，這就出現所謂「過度動員」的現象了。在這種情況下，貧苦農民不僅喪失所有從土地革命得來的利益，而且賠上原來已有的一些資產。革命竟然革到自己頭上，當然也就越來越不願為中共誓死效命了。這種現象，在軍隊中表現得尤其明顯，士兵逃亡成為流行病，而中共也不能對症下藥，只能飲鴆止渴，繼續求助於「無情批判」和「殘酷打擊」[20]。

過度動員可以用擴大紅軍為例來說明。第四次反圍剿時，中共已增加了招兵名額，可是到第五次圍剿時，所要求的人力更大，必須在短短一年之內，擴紅15萬人。從1933年8月到1934年7月，只擴了11萬人左右。當時中央蘇區的人口最多不可能超過200萬人，以當時的社會經濟條件而言，能動員2%已經很好了，也就是說頂多只能動員4萬人。勉強動員11萬人，一定會造成農村只能見得到老弱婦孺的慘狀。當時被認為是模範鄉的長岡和才溪兩地，經過不斷擴紅後，16～45歲的青

19 蔣伯英，《鄧子恢傳》，頁144-53。

20 曹伯一，《江西蘇維埃及其崩潰》，頁299-307。

壯年中，約有80%的人被擴走[21]。在其他地區，幹部根本無法達到擴紅目標。於是採取強迫方法，結果士兵一有機會，便設法逃亡[22]。動員變成竭澤而漁，農村勞動力嚴重短絀。中共因而不得不更加強調婦女解放，以便婦女擔任主要的農村勞動。

在第五次反圍剿中，因為完成不了動員任務而被撤職和批鬥的幹部很多。到戰爭末期，肅反也越來越成問題，原先已被控制住的逼供信(用刑逼供、輕信供詞)現象，又大量出現，於是有一大批地方幹部因為反革命罪名被輕易處死[23]。不過，懲罰主義雖然能動員農村資源，卻不能避免農民離心離德；過分動員又回過頭來加重國際派中央的懲罰主義傾向，以致許多黨員幹部，都是在心有塊壘的情形下，繼續抵擋國軍。農民和幹部心中的這種離心離德傾向，越來越強，從而削弱中共第五次反圍剿的總體能力。無論共軍如何英勇抵抗，都因為無法得到他們的全力配合，而難以挽救中央蘇區免於覆滅的命運，最後終於不得不選擇突圍，以求保持再生的力量。

※　　　　※　　　　※

中共的根據地雖然是一種武裝割據，但是從一開始，它們表現的便與軍閥割據不一樣。中共的軍隊，與北伐時期的國軍基本上相同，都是所謂主義兵。不同的是，國軍因為軍隊的迅速擴大，很快便喪失了主義兵的理想性質。而中共始終堅持，把黨部建立在連隊上，也始終堅持黨指揮槍的原則，所以軍隊的主義兵性格越來越強。其次，中共的紅軍透過打土豪、分田地取得群眾基礎，在群眾的支持之下，根據地不斷擴大，迅速成為國民政府的腹心之患。從1930年底開始，國

21　陳永發，〈內戰、毛澤東和土地革命〉，《大陸雜誌》，92：1：15；曹伯一，《江西蘇維埃及其崩潰》，頁288-290。

22　《赤匪反動文件彙編》，頁1949-1954。

23　彭德懷，《彭德懷自述》，頁178-79。

民政府也在安內攘外政策下，把中共看成頭號敵人，集中一切力量，對中共根據地展開軍事圍剿和經濟封鎖。雖然中共應付有方，但國民政府軍屢敗屢戰，終於因為所擁有的戰爭資源遠遠超過中共，而且知道如何彌補自己這一方面的弱點，而逼得中共軍隊不得不向外突圍，遠離根據地。稍早中共乘國民黨忙於內戰，迅速擴展勢力。當國民黨集中全力來對付中共時，中共所蓄積的實力仍不足以應付，中共卻不承認這一冷酷事實，反而選擇了正規戰戰法和正面進攻路線，結果因為對農村資源的需求太大，一方面不得不在農村進行過分動員，而使得許多農民離心離德。另一方面則因為動員的任務根本難以達成，有意無意之間遂把兩條路線的思想鬥爭變成驅使幹部的工具，使得幹部在備受懲罰和打擊以後，心中充滿怨懟。至於讓兩條路線淪落為任意肅反，當然也會影響反圍剿的士氣，尤其當時國民政府動員了五、六十萬的大軍，以排山倒海之勢壓來，中共終於不得不設法突圍，離開蘇區，而國際派中央也因為這一次重大的軍事挫敗，而終於讓毛澤東取得了中共最高領袖的地位。

第四章

民族戰爭中東山再起

從中共的立場說，所謂「二萬五千里長征」是一個偉大的勝利。因為國民政府傾全國之力進剿中共的各農村根據地，卻仍未能徹底消滅中共這個「心腹之患」。但是從當時的客觀情勢來看，無論如何，中共是遭受了嚴重的軍事挫敗，正面臨生死存亡之秋。早在1933年初，中共中央迫於國民政府和租界當局的聯合鎮壓，已無法立足於上海這個中國最大的國際都會，不得不千里迢迢地遷往窮鄉僻壤的江西南部；到1934年底，不到兩年，中共中央在國民政府大軍的圍剿之下，又無法在江西南部立足，而再度被迫播遷。這一次播遷歷時長達一年之久，而且是在匆忙之中走了約「二萬五千里」的路程，途中目的地屢易，沒有人確切知道最後會在那裡駐足。中共中央暫時寄身的中共中央紅軍，在國民政府軍的不斷追擊和圍堵之下，迅速減員，儘管沿途屢有增補，但一年之後抵達陝北的時候，原來號稱10萬的龐大武裝，竟然變成只有5,000人不到的乞丐部隊。陝北是中國歷史上有名的貧窮地區，毛澤東到達後，發現這裡連養活二、三萬軍隊都極其困難。中共紅軍尚無機會停下來休補，國民政府的圍剿大軍便已迅速趕至，準備聚而殲之。中共中央面對大軍壓境，開始考慮渡過黃河，再次進行「長征」了。

軍事形勢對中共如此不利，然而到1936年底，國民政府竟然停止了追擊和圍剿。國民政府從1930年以來所奉行的國策為安內攘外，先解除中共這個「腹心大患」，再正面應付日本軍國主義者的挑釁。在這個政策正要開花結果之際，蔣中正忽然改弦更張，擺出將與其宿敵握手言歡的姿態。其中原因何在？誠然，放棄「安內攘外」政策固然是蔣中正的主觀決定，但中共從1936年底以前所作的一連串統戰宣傳工作，應該起了促成此事的重要作用。

抗日戰爭爆發後，中共雖然奉國民政府的「正朔」，但實際上是國民政府的獨立伙伴。中共的軍隊名義上雖然已經是國軍的一部分，士兵全部改戴鑲有青天白日徽章的軍帽，可是蔣中正根本無法置喙其人事任命，更遑論在抗日戰場上支配他們了。中共的陝北政府名義上確實是國民政府的一部分，然而國民政府任命的陝北邊區政府主席根本無法到職，中共在陝北的政府照舊我行我素。

總之，中共實際上依舊維持其所謂工農軍事割據，也仍然維持其原有的「國中之國」局面。中共當時頂多只有3萬軍隊和4萬黨員，擁有的地盤也只有陝北黃土高原的一部分，尚不足以構成國民政府的腹心之患。經過八年艱苦抗戰，中共的革命根據地廣布於華北農村，在華中對上海和南京形成戰略包圍，而中共的大軍在蘇聯的庇護之下更有能力和國民黨爭奪東北。在短短八年之內，中共竟然壯大成為一個擁有1億人口、90萬正規軍和121萬黨員的大黨，足以和國民黨分庭抗禮，甚而逐鹿天下。

抗戰初期，國民政府自顧不暇，中共則不僅毋須擔心國民政府的圍剿，反而因為共赴國難，而取得了在日本敵後發展農村根據地的活動空間。在日軍進攻地區，原有的政治秩序陷於崩潰，到處一片混亂，共軍在抗日的口號下重建地方政權，並動員農民加入共軍保家衛國。對中共的這種作法，國民政府當然不可能歡迎，但是日軍這個大敵當頭，國民政府分身乏術，不得不接受中共建立農村根據地的既成事實。可是，一旦日軍要以戰養戰，把進攻的重點放在攻擊線後方的廣大農村地區，則國民政府便有了喘息的餘地。此時國民政府一定會針對中共在日本敵後的快速發展，堅持共軍不得在其軍令和政令之外擅自行動，尤其是不得另外立異。

這是抗戰期間國共摩擦和衝突的根本原因。了解這一點後，應該不難同意，討論國共兩黨摩擦和衝突過程中誰是誰非、誰要負多大責任，徒然耗費時間，還不如集中精力回答另一個可以導出結論的問題：為何共產黨在這一連串摩擦過程中越變越強，而國民黨越變越弱？共產黨和國民黨同屬抗日陣營，同樣在敵後地區面對日本以戰養戰、擴大占領區的戰略，為什麼國民黨老是應付無方，喪權失土，而共產黨卻似乎總是從容自如，根據地一塊又一塊地擴展？為什麼抗戰開始，中共在陝北以外，可以說沒有一兵一卒，更可以說沒有一塊根據地，但到抗戰結束國民政府從內陸遷回沿海時，中共卻能聲稱擁有百萬大軍，平漢鐵路以東至海、長江以北至長城，除上海、南京、北平、青島等大中城市及主要交通線以外，都是他們活動的農村根據地，而其勢力正在向長江以南和長城以北發展？

在抗戰時期，共產黨面對日軍的侵略，短程政治目標和國民黨一樣，也是建立「一個政黨、一個主義和一個領袖」的黨國體制。國民黨的一個政黨是中國國民黨，一個主義是三民主義，一個領袖是蔣中正；中共的一個政黨則是中國共產黨，一個主義則是新民主主義，而一個領袖則是毛澤東。為什麼兩黨的短程目標如此相似，中共卻不像國民黨一樣，也蒙上「一黨專政」和「個人獨裁」的惡名呢？這中間的關鍵之一，便是中共所楬櫫的新民主主義。

何謂新民主主義？在中共的宣傳之中，新民主主義就是他們重新以馬列主義觀點解釋過的三民主義，三民主義經過這樣的解釋以後，也就是馬列主義化以後，具有兩種全新的特色：第一、這個新民主主義和階級鬥爭的理念不相衝突；第二、三民主義成為中國向社會主義和共產主義社會過渡的一個工具。

根據新民主主義，中共不再鼓吹蘇維埃工農兵代表制，改而主張民主共和國的制度。中共所洋洋自得的具體證據便是所謂三三制，其實這是第一次國共合作時期經驗的重複。共產黨知道在合議制機構中只要擁有三分之一的席次，再加上左、中、右的分化政策，便能左右其議程和決議，所以在各根據地設立行政、立法和司法合一的政權機構，由直接或間接民選的議會選舉政府官員，然後限制自己所占席次於三分之一的範圍之內，從而擴大非黨人士的政治參與——主要是同情中共主張的所謂左派和中派非黨人士。

姑不論三三制是否曾嚴格執行，尤其是農村基層是否曾名副其實地執行過，有了三三制的存在，中共便容易隱晦其黨國體制乃是「一個政黨」的基本特質。這一個革命政黨纔真正擁有國民黨所沒有的至高無上權力，所謂政權機構實際只是其所控制和運用的政治工具而已。至於一個領袖，毛澤東合縱連橫，在黨內鬥爭中終於擊敗王明和張國燾等主要對手，而在1943年初開始正式在黨內取得思想、政治、政策、軍事和組織五方面重大事務的最後決定權。這個黨內授權，是蔣中正所想企及、卻一直無法實現的夢想。毛澤東除了制度上規定的權力，也在中共黨內享有越來越高的聲望，不僅被認為是組織的最高領導，也被認為是馬列主義中國化的最高理論權威。正因為這一個領袖在黨內有如此高的聲望，所以外界對這位領袖所作「專制獨裁」的指責，始終無法匯為激動人心的主流輿論。

如果同意中共是追求「一個政黨」、「一個主義」和「一個領袖」目標的黨國體制，則必須要問：為什麼共產黨和國民黨追逐的目標相同，共產黨卻總是表現出國民黨所沒有的活動力和內聚力呢？如果想要滿意地回答這一個問題，則必須針對中共黨一元化領導和對毛澤東個人崇拜這兩個現象有所討論。因此我們接下來的問題是：毛澤東如何成為中共內部無人得以挑戰的最高領袖？中共和國民黨同樣是列寧主義的革命政黨，為什麼國民黨黨內有派、派外有黨，而中共表現出來的纔是真正的上下一體，派系和小組織之類的「宗派主義」難以存在，更不用說發揮作用了？國民黨的組織一盤散沙，為什麼中共在關鍵的三〇年代後期，卻表現出驚人的團結一致？為什麼國民黨內對三民主義的詮釋眾說紛紜，而中共對馬列主義的解釋卻只有毛澤東思想一家，有如此堅強的思想領導，以致其上下口徑之統一，令人咋舌不已？討論這些問題時，不能不注意中共在抗戰時期發展出來的整風審幹運動，整風審幹是整頓幹部不正之風和審查幹部的簡稱。這一個運動凸顯共產黨和國民黨之間的最大不同。因此理解整風審幹的具體內容和過程，將是本章討論的一大重點。

夾金山和松潘草地。紅軍在國軍的進擊下，從長江中下游向西北的黃土高原移動，中共說是「二萬五千里長征」，國民黨說是「二萬五千里長竄」。雖然共軍從大約30萬減少到大約3萬，但是保存了大批幹部，以備他日捲土重來。在所謂長征途中，中共翻越了好幾座雪山，四川西康邊界的夾金山(上)是其中一座。所經過的川西北松潘高原(下)則是少數民族地區，沼澤密布，人煙罕見。

第一節　廢墟中再起爐灶

從單純的軍事觀點來看，中共1927年以後在農村建立根據地的企圖是徹底失敗了。1932年開始，各路紅軍見迫於國軍的優勢進剿，相繼突圍離開其辛苦建立的根據地。用共產黨的話說，他們的軍隊是魚，有群眾支持的根據地則猶如大海，魚游大海，乃能無往而不利，失去根據地，便像魚離開了大海一樣，無論如何都是嚴重的失敗。中共不僅喪失在農村的絕大部分根據地，在其認爲是無產階級工人集中的城市，也因爲國民黨的有效鎮壓，而幾無立錐之地。儘管馬列主義的語言似乎已征服了沿海城市的許多知識分子，成爲學術時髦，中共在國民政府統治的城市內，奮鬥多年所建立的組織差不多完全崩潰。中共自己說，白區(國民黨地區)的黨垮了百分之百，而蘇區(共產黨區)的黨也垮了百分之九十。黨員由極盛時期的30萬銳減爲4萬，而軍隊則由30萬銳減爲3萬[1]。由此看來，中共已被徹底擊潰，國民黨剩下的工作只是追擊突圍的中共殘餘，並在占領區做些善後工作而已。

中共從江西蘇區突圍的軍隊，番號叫紅一方面軍，原有86,000人，在渡過湘江之後，僅餘3萬。從湘西突圍的軍隊，名爲紅二方面軍，他們在黔東立下足根，並開始向湘西反擊。越過平漢路而西向的鄂豫皖軍隊乃紅四方面軍，稍早已在川北站穩腳跟，開始建立根據地。這三部分殘餘的共軍分散在各地，彼此難以呼應。中央紅軍在國民政府優勢兵力的追擊下，全無喘息餘地，一直到川西北邊陲、人跡罕至的松潘高原，和紅四方面軍會合，才稍微鬆口氣。不幸，雙方旋即發生嚴重爭執，卒告分裂。最後中央紅軍雖然安全抵達陝北，但人數不過五

1　這是中共官方所給的數字。見王健英，《中國工農紅軍發展史簡編》，頁88-89。據毛澤東自己回憶，當時殘存的共軍只有2.5萬人。見毛澤東，《建國以來毛澤東文稿》，13：167，169。

千。衣衫之破爛、神情之憔悴，就是早已習慣於貧窮的陝北農民都大感驚訝：這那像「中央」軍隊，簡直就是「叫化子隊伍」[2]！紅二方面軍和紅四方面軍的一部分主力，在一年之後也輾轉來到了陝北，三部合計不到三萬人。中共可以說是遭受了嚴重挫敗，但在另一個意義上，中共仍然可以說是取得了勝利。因為中共保持了「有生力量」——這是毛澤東用的字眼，指有生命力、可以繼續不斷成長的力量——並沒有讓其軍隊完全崩潰。這股「有生力量」雖然不大，但是只要外在的形勢改變，仍然可以再造燎原之勢。

一、被迫另尋出路

1934年4月，江西蘇區的紅軍被迫在廣昌和國軍進行決戰。由於寡不敵眾，遭致大敗。中共中央(秦邦憲、周恩來和李德)隨即決定全面突圍。為配合此一戰略轉移，中共從中央蘇區分別派尋淮洲率軍東襲閩北，任弼時西竄湘西，同時也命吳煥先從鄂豫皖進軍豫西。這三支軍隊都打著抗日的旗號，實際上則是幾場煙幕。其中東進的一支於深入國民政府的腹心要地後，被徹底擊潰。西向的二支則比較幸運，後來相繼抵達陝北。但不論東向或西向，都沒有起該起的軍事牽制作用，紅軍主力在突圍時仍遭到國軍致命性的打擊。紅軍主力共有八萬多戰鬥部隊，強渡湘江上游時，遭遇湘桂軍聯手截擊，僅二、三萬人順利渡過。這一結局，還算是幸運的，因為在突圍之前，中共和廣東軍閥陳濟棠訂有密約，陳濟棠的軍隊都是向上空射擊，實際則是以鄰

2 李一氓，《模糊的熒屏》，頁213。叫化子的部隊，無論軍紀如何良好，總沒有辦法完全抵擋食物的誘惑。1945年初，毛澤東檢討過去，認為過去中共「犯過兩次錯誤，一是長征時亂拿人民東西(不拿不得活)，二是種某物(不種度不過難關)。」所謂「某物」，指的是「鴉片」，而所謂「人民」，主要是少數民族的藏民。見謝覺哉，《謝覺哉日記》，下，頁734。中共有關長征的記載，只是根據毛澤東的讚美，把長征史詩化，完全忽略了毛澤東自己對長征的檢討。

為壑，任由紅軍借道，奔向湘桂鄰省。因此中共中央紅軍直到湘桂邊境，纔遭致認真阻擊。

中共紅一方面軍之所以大敗，可從主、客觀兩方面來說明。客觀方面是國軍太強，以致共軍不能有持久的戰略方向。突圍之初，原想到湘西去和賀龍所部會合，但是由於國軍擺了一個口袋陣地，正等待紅軍不請自來，以便甕中捉鱉，紅軍了解狀況之後，也就改弦易轍，決定先西竄川黔邊，再徐籌良謀。後來又想由貴州北渡長江，以便會合張國燾的紅四方面軍，另立根據地。不料，川軍全力堵擊，不得進展，於是只好回師黔北，再圖立足於雲貴川邊，以待四川局勢的變化。孰料國軍窮追不捨，遂被迫全軍渡過金沙江，並再次改變想法，計畫在川西建立新根據地。為達到此一目的，中共中央下令紅四方面軍放棄川陝根據地，西渡嘉陵江，向川西北進軍。1935年6月，紅一方面軍和紅四方面軍在成都西北松潘高原上的懋功會師。未幾，兩個方面軍的領導便在紅軍去向問題上發生嚴重歧見，紅一方面軍主張北上，紅四方面軍主張南下，雙方爭執甚烈，後來甚至公開分裂，形成遵義會議中央和張國燾中央對峙的局面。遵義會議中央率紅一方面軍主力繼續北上，抵達岷江上游時，無意之間獲悉陝北有劉志丹游擊隊活動，於是改變決定，前往會合。總而言之，經過將近五至六次的改變心意，紅一方面軍也已走了兩萬五千里路，中共才知道要到那裡去生根落腳，所謂北上抗日只是虛張旗幟而已。

除了敵人太強這個客觀因素之外，中共本身也有值得檢討的地方。紅一方面軍在突圍之前，保持高度機密，連高級幹部都不了解突圍的性質和目標，以致兵敗之後，人心惶惶，而議論尤其紛紛。另一方面，大部隊突圍，雖然籌劃精細，卻未盡量精簡，而是採取大搬家的方式。全部86,000兵員當中，實際只有70,000人稍多是戰鬥部隊，另外還有9,000機關人員和5,000民伕隨行。軍隊除了打仗之外，還要負責保衛各級機關，以致行動無法迅速。尤其是因為要到湘西北，不願拋棄醫院、電台、兵工廠和印刷廠的昂貴設備，結果X光機、大型電台、車床和印刷機都要民伕搬運，軍隊的行動更加緩慢。除了軍隊攜帶不少笨重器物以外，中共在突圍之前，爲了籌集糧食和充實兵員，更是不惜千方百計地「動員」早已羅掘俱窮的蘇區。而經此一而再、再而三的不斷動員，蘇區農村更是瀕臨斷炊，農村也出現了青壯年被「裹脅一空」的情況。正因爲許多農民參加所謂「長征」，不是出諸心甘情願，所以軍隊一旦遭遇嚴重挫敗，立刻出現大規模逃亡現象。紅一方面軍渡過湘江以後剩下3萬，損失的兵員中有一小部分戰死沙場，其他絕大部分則是開小差逃走了[3]。

1935年1月中旬紅軍占領遵義縣城後，中共中央召開政治局擴大會議。在此會議上，國際派中自認爲受到博古排擠的一些成員(即張聞天和王稼祥)與實際指揮作戰的前線將領，對中共中央的軍事指揮都表示不滿，而予以嚴厲批評。同時，劉少奇更在戴了多年「右傾機會主義」的帽子以後，慷慨陳辭，痛斥國際派中央的政治路線。毛澤東知道大敵當前，尙非全面攻擊國際派的時機，故未響應劉少奇的發言。他把注意力完全集中在紅一方面軍的突圍以及失敗上，所以很容易取得多數與會人士的支持，以至於主持大局的博古不得不承認錯誤，而協同博古指揮軍事的周恩來，更不得不面對軍事失敗的明顯事實，展開自我批評。在他們兩人認錯之後，中共中央的軍事指揮權便由博古及其軍事顧問李德轉移到周恩來(實際負責)和朱德兩人手中，毛澤東

3　伍修權，《我的歷程，1908-1949》，頁75-79；蘇揚編，《中國出了個毛澤東——中外名人的評說》，頁165-66；王健英，《中國工農紅軍發展史簡編(1927-1937)》，頁336-37。參加長征的紅軍共有五個軍團，其中紅八軍團是猛烈擴大紅軍之後成立的，人數約萬人，其中包括瑞金成立的工人師，又稱中央警衛師。紅八軍團在紅軍突圍時擔任側翼，雖然中共中央派劉少奇擔任駐軍團代表，但他也無法阻止士兵沿途逃亡。整個軍團尚未渡過湘江，便只剩下幾十個人了。關於紅八軍團渡過湘江的人數，王健英有不同說法，說是一千餘人。無論如何，軍團長周子昆為此遭受軍法審判，一直到遵義會議之後纔由毛澤東下令除綁釋放。

則乘此機會返回政治局的權力核心。其後沒有幾天，政治局領導核心重新分工，張聞天接替博古，出任總書記(當時無此名目，此僅就實際工作性質而言)，毛澤東則襄贊周恩來指揮軍事。三月初在第二次攻克遵義後，毛澤東更出任前敵司令部政委，協助司令朱德實際指揮戰役。不旋踵，毛澤東便因為感覺尚難以服眾，而軍情緊急萬分，建議成立三人軍事指揮小組，在周恩來之外，邀請力主軍事民主化的王稼祥參加，集體負責軍事決策[4]。

窮山惡水之間的延安。陝北黃土高原是中國最貧困的地區之一。明末「流寇」李自成和張獻忠從這裡崛起。清代爆發「回亂」，左宗棠認為陝北是軍事絕地，被包圍在這裡的回民，因為糧源短缺，將不戰而自潰。中共紅軍則以這裡為基地，不僅恢復其1930年代初期的舊觀，而且在抗戰結束時，成為可與國民政府分庭抗禮的力量。抗戰時期，有許多愛國學生視延安為抗日聖地，不遠千里而往。

4　中共中央黨史資料徵集委員會、中央檔案館，《遵義會議文獻》，頁42，134-35；程中原，《張聞天傳》，頁217-19。

這一次改變中共中央軍事路線的遵義會議，是政治局擴大會議，十二位政治局委員之中只有六人參加，五位政治局候補委員中倒有四人參加，儘管勉強超過了半數，卻不無人數稍少的遺憾，因此後來招致質疑。鄧小平追隨毛澤東，當時以中央秘書長的身分參加會議，但他只是工作人員，並非正式出席或列席人員。1935年6月，紅一方面軍和紅四方面軍在懋功會師，遵義會議中央的合法性立即遭受挑戰。當時無論就人數、軍容，還是戰鬥能力來說，張國燾所率領的軍隊，都遠比中央紅軍好多了。

張國燾以軍事優勢為後盾，公開質疑遵義會議中央的合法性，要求改組重選。當時雙方也在紅軍的戰略方向問題上發生爭執。遵義會議中央主張繼續北上，建立川陝甘根據地，而張國燾則力主南下川康邊，伺機進窺富裕的成都平原。在張國燾的壓力下，總書記洛甫一度向遵義會議改組的中共中央提議，由張國燾接任其職，但是毛澤東堅持名器不能相讓，只同意增加紅四方面軍的政治局委員和中央委員人數，並提名張國燾出任紅軍總政委[5]。張國燾在獲得這些讓步後，以為掌握了全部紅軍的指揮大權，從此萬事放心，因此停止對遵義會議中央合法性的質疑，並同意其所有部隊一起北上的主張。這一妥協是他日後黨內鬥爭失敗的遠因，因為從此以後他至少在名義上已經承認遵義會議中央的合法性了。

無論如何，雙方經此妥協，決定紅軍兵分兩路北上。張國燾親自指揮左路軍，其左右手陳昌浩和徐向前指揮右路軍，而中共中央則隨右路軍前進。1935年8月下旬，陳昌浩和徐向前的右路軍在越過松潘高原後，擊破在高原北端之包座扼守的國軍胡宗南部一團和增援部隊一師，準備乘勝進入甘肅南部。不料此時左路軍張國燾藉口河川漲水，更改原有計畫，要求全部紅軍掉頭南下，並電令右路軍回師。隨右路

5 彭德懷，《彭德懷自述》，頁204。

軍活動的中共中央，在獲知張國燾的電令後，下令原紅一方面軍主力約5,000人脫離右路軍建制，逕自北上[6]。紅一方面軍和紅四方面軍於是分裂成兩支軍隊，各奔南北。同年10月，張國燾更在川康邊境另立中共中央。張國燾始料未及的是，他的部隊竟引來了國民政府中央軍和川軍的主力。當他率部南下窺伺成都平原時，便被兩軍阻擋於名山百丈關一帶，血戰七天七夜後，10餘萬大軍只剩4萬餘人，被迫退入經濟條件極差的藏族活動區。其後雖有紅二方面軍約14,000餘人自黔東來會，但是張國燾在政治上卻無法說服紅二方面軍接受其號令。

1935年年底，共產國際的代表林育英(化名張浩，為林彪堂兄)抵達陝北，他以兩個中央都取消名義、暫歸中共駐共產國際代表團領導為條件，要求張國燾立即率部北上會合[7]。張國燾內有紅二方面軍領袖的壓力，外有國際代表的調停，終於接受川康邊無以立足的冷酷現實，而於1936年7月率部北越雪山，前往隴東，企圖西向進入新疆。然而進入甘肅南部後不久，他便發現遵義會議中央已為共產國際所承認，加以軍情萬分緊急，於是接受現實，不再堅持取消遵義會議中央，而自動接受其號令了[8]。

陝北地瘠民貧，紅一方面軍在抵達以後，會合當地共軍數千人，在(鄜縣)直羅鎮殲滅了東北軍一個師，雖然暫時紓解了燃眉之急，但追擊的國軍始終尾隨糾纏。當時最好的辦法是打通到蘇聯的通路，取

6　王年一，〈再談張國燾要「武力解決」中央密電問題〉，《黨史研究資料》，第4集，頁494-95；楊奎松，《西安事變新探》，頁14。除戰鬥人員以外，另有幹部及傷兵人員約千餘。

7　范青，《陳昌浩傳》，頁227-28。作者引自張國燾的《在中央縱隊在活動分子會上的報告》。張國燾的說法，基本上已為中共檔案文件所證實，見毛澤東，《毛澤東軍事文集》，1：536、549-50。毛澤東的用語是，「對國燾關係承認暫時採取協商方式」。他在其後致張國燾的電文中，把林育英署名放在張聞天和自己前面。關於這個問題，也可參閱康克清，《康克清回憶錄》，頁192；周文祺、褚良如編，《特殊而複雜的課題》，頁284。

8　楊奎松，《西安事變新探》，頁217。

得紅軍的武器援助，站穩腳跟，再圖東山再起。只是遠水不濟近火，軍隊的吃穿問題迫在眉睫，因此1936年春從陝北東渡黃河，攻打閻錫山的山西獨立王國。等到從三晉「打土豪」回來後，中共終於有餘力打通和蘇聯的聯絡，於是計畫在同年夏、秋之間攻打寧夏，企圖經過戈壁，取得蘇聯屯放在外蒙古的大批武器。毛澤東於是一面加強對東北軍和西北軍的統戰，以求減輕軍事壓力，一面要求隴南的張國燾率紅四方面軍迅速西渡黃河，配合進攻。張國燾同意西渡黃河本來有其個人打算，而爲了爭取渡河時間，他甚至未曾適時通知右翼的紅二方面軍，以致紅二方面軍爲進展神速的國軍所追及，孤軍作戰，遭受慘重的打擊，僅餘不到一萬人繼續北上。紅四方面軍雖然有二方面軍代爲抵擋國軍攻勢，但仍有萬餘人無法渡河，不得不在南岸繼續北上，逕與其他兩部紅軍會合。已經渡過黃河的紅四方面軍兩萬餘人，因爲毛澤東臨時打消寧夏銀川戰役的計畫，進退失據，滯留於甘肅的永登和古浪之間。由於該地資源極其貧乏，而陝北確實無法再負擔更多的軍隊，因此決定遵奉中共中央的指示，於1936年11月4日組織西路軍，計畫全力打通河西走廊，以便從新疆取得蘇聯所許諾的大批軍援[9]。

西安事變前不到一個月，也就是11月中旬，國軍再次嘗試合圍中共主力。各路人馬中以胡宗南部隊的進展最爲神速，已孤軍進至寧夏陝西之間的山城堡。當時，中共在陝北只保有七個不完整的縣，形勢岌岌可危，加之軍隊缺乏彈藥，因此內部有再次東渡黃河「長征」之議[10]。所幸，國軍內部相互猜疑，僅胡宗南部孤軍深入，而中共三個方面軍已經會合，同心協力，終於暫時阨阻住國軍攻勢。但是侷處在貧瘠的陝北，新增兩萬軍隊所帶來的糧食壓力仍然極大，內部也依舊

9　徐向前，《歷史的回顧》，頁494，514，518-20；叢進，〈有關「西路軍」的幾個問題〉，《黨史研究資料》，1983年，第4集，頁500-06。

10　中共於11月8日提出《作戰新計畫》，即為此建議落實的初步表現。見徐向前，《歷史的回顧》，頁517-19。

議論紛紛，就是連毛澤東這種泰山崩於前仍不改顏的領袖，也控制不住內心的煩憂，他不斷在給下屬的電報上寫道：「共產主義萬歲」和「中國共產黨萬歲」，好像憑幾句空洞的口號，心裡可以得到暫時的安慰[11]。及至西安事變爆發，國軍內部嚴重分裂，中共纔在一片漆黑中看到曙光，立即在張學良的協助下，大肆擴展其陝北根據地。

西安事變的發生，雖然帶來中共政治上的轉機，但也導致中共西路軍的全軍覆滅。西安事變爆發後，毛澤東根據陝北當面敵情的需要，下達命令。有時需要西路軍就近牽制國軍，因此要求西路軍站穩腳跟，建立根據地，甚而要求東返；有時又認為局勢樂觀，要求西路軍繼續西進，打通國際路線。毛澤東徘徊在這兩項選擇之中，而西路軍政委陳昌浩也因為在毛澤東和張國燾之爭中判斷錯誤，失去自信心，唯悉奉命唯謹，遂致戰機屢失，終於全軍在高台附近的滾滾黃沙中覆亡。西路軍被中共中央犧牲掉以後，毛澤東卻發現這是立即昇高黨內對張國燾鬥爭的機會。他不但完全否認他在張國燾北來之前所做的任何政治承諾，而且要張國燾承擔西路軍覆滅的全部責任。原紅四方面軍一些重要將領對此極為憤懣，計畫集體反抗。只緣事機不密，不久即為中共中央所偵知。毛澤東在獲知事態的嚴重以後，全力安撫，事情終於消弭於無形[12]。經此打擊，張國燾在黨內喪失一切發言

11　李一氓，《模糊的熒屏》，頁241。

12　星火燎原編輯部，《解放軍將領傳》，7：188-93；郭華倫，《中共史論》，3：176-82；汪東興，《汪東興回憶——毛澤東與林彪反革命集團的鬥爭》，頁158。當時盛傳是暴動主謀的許世友，後來曾接受訪問，他基本上證實了郭華倫的說法。只是他說，他們的計畫並不是暴動，而是集體出走到四川。當時同意參加的有五個軍級幹部，六個師級幹部，二十多個團級幹部，兩個營級幹部。張國燾、前政治保衛局局長周純全，以及後來背離中共的前紅九軍軍長何畏，都沒有與聞其事。出走失敗後，許世友被開除黨籍八個月，送到抗日大學學習。毛澤東為了安撫許世友的情緒，帶了一條陝北罕見的哈達門洋煙，親自登門談話。毛澤東承認對四方面軍的鬥爭過分，從此以後，許世友死心塌地的跟著毛澤東走。

地位，政治上被投閒置散。後來，他便脫離中共陣營，投靠國民政府，成為中共口誅筆伐的叛徒。

在中共黨內取代張國燾地位的是王明。王明是國際派的靈魂人物，當時在莫斯科擔任中共駐共產國際代表。他在1937年底，搭機前赴延安，毛澤東到機場親迎，說是「喜從天降」。王明回國之前，共產國際要他尊重中共現有的權力結構，同時要他注意加強對國民黨的統一戰線。王明尊重中共中央既有的權力結構，毛澤東當然歡迎。在對國民黨的統一戰線問題上，毛雖有不同想法，但更竭力遷就，甚至按照王明的請求，讓他去武漢親自從事統戰工作。因此兩人之間的衝突，並不如毛澤東後來所宣稱的那樣，高潮迭起。

二、藉攘外以便喘息

江西時期，儘管中共具有民族主義的性格，但因為在制定革命策略時以莫斯科為上京，奉命唯謹，故讓人認為缺乏獨立自主性。雖然共產國際的指令抵達中國以後，中共中央也曾予以抵制或扭曲，而中共在發展的過程中更曾不斷摸索新的經驗，但整體來說，中共的政策是籠罩在蘇聯指示的陰影之下，並無明顯的獨立性格。所以1929年張學良在東北掀起中東鐵路事件時，中共中央曾為了維護「擁護蘇聯」的反民族主義口號，而開除前任書記陳獨秀的黨籍，甚至還不惜中國人打中國人，組織黨員實際參與對張學良的戰爭。中共後來在國軍五次進剿過程中，曾經一再呼籲國民政府武裝部隊停戰，共同抗日，但是當機會到來的時候，例如閩變，卻礙於意識形態，並無實際行動以相配合，反而在黨內痛詆十九路軍為反動武裝。另一方面，中共和國民政府勢同水火，儘管痛詆國民政府為漢奸賣國政府，並要求推翻它，實際上則利用日本的侵略和挑釁，乘國民政府無暇他顧，擴大自己的占領區。由於這些緣故，國民黨得以繼續對日本忍讓和妥協，藉以爭取安內所需要的時間。其實，只要日軍的挑釁不嚴重，而蔣中正的圍剿政策順利，中共很難用行動來證明其真有抗日誠意。反過來看，中共任何抗日號召都會被人認為是窮途末路中苟延活命的伎倆，而難以取信於人。至於對知識分子以外的絕大多數人來說，無論是抗日還是反共，咸非當務之急，最重要的是改善自己的切身生活，因此中共的抗日主張更難從他們那裡得到反響。既然對國民政府領袖而言，採取安內攘外政策，本來的目的就是爭取時間，趕在抗日最後時刻尚未到臨之前，先徹底解決中共這個腹心之患。為何圍剿似乎已經奏效，而蔣中正竟然宣布中止，以致為山九仞，功虧一簣呢？

在所謂「二萬五千里長征」過程中，隨軍活動的中共中央一方面忙於逃命，另一方面又不能免於嚴重內鬥。雖然他們也想到用民族主義的號召來減輕國軍追剿的壓力，卻始終無法提出全面改弦更張的政策，作為配合。遠在莫斯科的王明便不同了。他在蘇共中央的指導下，於1935年8月1日發表有名的八一宣言，公開宣稱，中共願在「抗日救國」的前提下，與任何政府合組國防政府，並與任何軍隊合組抗日聯軍。在王明眼中，蔣中正、閻錫山和張學良仍然是賣國賊，但其他任何人物、任何黨派、任何階級，都是可以爭取合作的對象。這一個主張清楚顯示，他認為國內各階級會因為反日情緒的高漲，而相繼改變其對中共的敵視態度，中共可以在抗日救國的前提下與其建立友好的關係。王明的指示，雖然經由海參崴、上海和天津等沿海港口，傳抵中國，但一直到1935年底才由林育英(張浩)經內、外蒙古長途跋涉，帶到陝北高原。當時紅一方面軍剛在陝北地區站穩腳跟，正有充分時間檢討過去的策略。中共中央政治局於是召開瓦窯堡會議，一方面宣布接受八一宣言為中共中央正式文件[13]。另一方面則全面改變江西時期的政治策略，在承認「資產階級」和「小資產階級」也可能受抗日輿論影響而改變對中共態度的藉口下，大幅度改變共黨對民族資

13　中共中央黨史資料徵集委員會編，《第二次國共合作的形成》，頁55-60。

本家、中小地主、富農、國軍軍官、知識分子的政策，認為他們也都是所謂「人民」的一部分，只要贊成抗日，便享有政治上的選舉權和被選舉權。中共因此特別提出「優待」富農、民族資本家和知識分子的政策[14]。關於發展黨務，中共中央尤其嚴厲批評了過去的政策，認為以往過分強調階級出身，是「關門主義」，今後吸收知識分子黨員，應當只問其政治傾向，而不問其階級出身。凡是願意抗日愛國者，便可引進黨組織內，以後再設法灌輸馬列思想[15]。

根據新的政策，中共一方面分別派劉少奇到平津、馮雪峰到京滬地區活動，希望利用沿海地區高漲的反日情緒，恢復中共在白區的地下組織，並隨而製造「立即抗日」的輿論壓力。另一方面則成立東北軍工作委員會，利用地方軍和中央軍的矛盾，以及地方軍的抗日情緒，改善中共和東北軍的關係。面對其他國民黨軍閥，中共雖然沒有專設組織，但也盡量展開「交朋友」的工作[16]。在這些作法產生明顯效果之前，中共最迫切的問題仍然是軍隊的給養。陝北地區地瘠民貧，本來已有土著和外來軍隊7,000餘人，毛澤東又帶來5,000餘人。五、六十萬的農村人口實在無以養活這12,000人的軍隊[17]。1936年春，紅軍便在東進抗日的口號下，渡過黃河急流，入侵三晉，所到之處以土地革命為號召，許多貧無立錐之地的農民聞風響應。閻錫山沒想到辛苦經營的山西政權和軍隊不堪一擊，無奈之餘，只好像其他省分的軍閥一樣，請中央軍派兵協助。中央軍也的確戰力強大，很快地便將共軍逼回黃河西岸。不過，在退回黃河之前，中共已藉由沒收地主財

14 竹內實編，《毛澤東集》，5：28-30。瓦窯堡會議十天前，中共已改變其對富農政策。富農雖無選舉權和參軍權，但准許他們分地，並保障他們在出租和高利貸以外的財權。同書，5：13-14。

15 中共中央黨史資料徵集委員會編，《第二次國共合作的形成》，頁67-84。

16 中共中央文獻研究室編，《周恩來年譜(1848-1949)》，頁297。

17 彭德懷，《彭德懷自述》，頁206-07。彭說紅一方面軍有兵力七千餘，土著六千不到。

產，籌款法幣55萬元，並募集新兵七、八千人回到陝北。此役使中共渡過經濟難關，擔保中共在短期間之內無斷糧之虞[18]。

在此同時，中共中央一直致力於與地方實力軍人合作。他們對東北軍和西北軍的工作相繼開花結果。1935年底，中共和楊虎城的西北軍秘密達成互不侵犯以及互通有無的口頭協定[19]。比較起來，中共對東北軍工作的成績要重大多了。1936年3月，中共首先和東北軍的王以哲軍長秘密訂立互不侵犯協定，據以打破國軍的經濟封鎖。同年4月，周恩來又親自到膚施(延安)天主堂和東北軍總司令張學良會晤，進一步簽訂比較全面的互不侵犯和經濟通商協定[20]。張學良的親中共態度仍在迅速形成之中。4月與膚施會談時，他猶自相信蔣中正的抗日決心，建議中共參加以蔣中正為首的「法西斯主義」聯合抗日陣線。到5月的時候，則為了準備和蔣中正在抗日問題上攤牌，已暗中接受中共成立西北大聯合的計畫，準備在蘇聯的軍事協助之下，聯合共軍、東北軍、西北軍以及其他反蔣地方武力，成立抗日聯軍和國防政府，甚至主動要求加入中共[21]。6、7月兩廣事變發生，桂系軍人和廣東軍人聯合反蔣，中共一度為此興奮不已，認為成立反蔣抗日聯合陣線有望，不料，蔣中正憑藉子彈和銀彈攻勢，迅速解決事變，中共得不到絲毫好處，張學良經此教訓反而對聯共問題變得異常謹慎[22]。

中共原先對成立反蔣抗日聯合陣線有相當的信心，可是並無法說

18　呂黎平說擴軍8,000人，俘虜4,000人，槍支4,000餘和現款30餘萬元。見呂黎平，《紅軍總部的崢嶸歲月》，頁187。

19　楊奎松，《西安事變新探》，頁123。

20　中共中央黨史資料徵集委員會編，《第二次國共合作的形成》，頁92；西北五區編纂領導小組、中央檔案館，《陝甘寧邊區抗日主根據地》，頁103-07。9月上旬，中共也和楊虎城達成類似協定。見西北五區編纂領導小組、中央檔案館，《陝甘寧邊區抗日主根據地》，頁126-28。

21　楊奎松，《西安事變新探》，頁60-69，86-90；童小鵬，《風雨四十年》，1：22-25。

22　楊奎松，《西安事變新探》，頁109-12。

服共產國際接受其主張，反而引起共產國際的駁斥，明文指示中共立即採取聯蔣抗日的方針。共產國際當時最擔心的是日軍在東北和內蒙的擴張行動，因此在其8月15日對延安的指示中反覆強調，張學良是不可靠的軍閥，其餘的地方軍閥也不可靠，必須立即停止把反蔣和抗日等量齊觀，並立即設法建立包括蔣中正在內的抗日統一戰線[23]。為了降低蔣中正對中共的敵意，共產國際要求中共在政策上做出更大幅度的「讓步」。蘇聯的指示是「聯蔣抗日」，但是對中共而言，「聯蔣抗日」帶有太多一廂情願的成分，故在實際執行時，修改為「逼蔣抗日」。即便如此，已經陷入陝北絕地的紅軍又何來籌碼逼蔣抗日呢？早在1935年底和1936年初，蔣中正認為紅軍窮途末路，已經透過國內外管道和中共展開接觸，冀望兵不血刃，予以收編，一舉解決中共問題。中共的目標則是維持內部的獨立自主性，以便在和平環境中繼續與國民黨競爭。由於雙方的條件差距過大，故談判無具體進展。如今中共的軍事劣勢未變，中共又如何「逼蔣抗日」呢？

毛澤東的辦法是三管齊下：一方面對國民黨的上層展開統戰攻勢，由毛澤東以個人或組織名義寫信給國民黨政要及政界聞人，鼓吹「抗日」和「民主」；二方面加強和國民黨殘餘軍閥的聯絡，無論閻錫山、楊虎城或宋哲元，都派密使前往「交朋友」，暗中籌組「反蔣」的大結合；三方面則派葉劍英等高級幹部以中共正式代表的身分前赴西安，傾全力鞏固張學良對西北大聯合的支持，並立即加強對東北軍下層的宣傳工作，藉以鞏固中共和張學良的上層友好關係。

不過，中共當時的想法是，無論成立西北大聯合也罷，或是逼使蔣中正停止內戰也罷，最重要的還是取得大量的蘇聯援助，所以中共中央在9月決定合三個方面軍之力，奪取寧夏銀川，打通外蒙到陝北的通道。不料，國民政府的追剿部隊進展異常迅速，已抵達銀川東境，

23 周文祺、褚良如編，《特殊而複雜的課題》，頁295-96。

並開始向陝北展開進攻。11月，國軍胡宗南部已兼程趕到陝甘寧交界之處，只是得不到東北軍的呼應，孤軍深入，又暗中遭到東北軍出賣，以致先後被共軍擊敗於山城堡和萌城堡兩地。中共幸而得以扼阻國軍的攻勢，否則，兵敗之餘，勢必重蹈前清回亂之覆轍，而全軍困死於資源異常貧瘠的陝北。中共此時雖然還據有九個縣城，但完整的縣不到七個，而且山多溝深，人口只有40餘萬[24]。當時中共已經考慮到自陝北突圍他去，但是軍事勝利暫時改變了形勢，雖然國軍圍剿的形勢又在迅速形成之中，但中共總算得到了一些喘息的餘地。

無論是山城堡之役，還是銀川計畫的執行，中共都曾得到張學良的全力協助。除了渡過黃河的部分紅四方面軍之外，中共紅軍三大主力的會合，就是由於張學良的暗中協助而達成的。中共被迫放棄銀川計畫後，下令渡過黃河的紅四方面軍成立西路軍，力謀在甘肅取得立足之點。張學良當時雖然沒有放棄說服蔣中正停止內戰的希望，但是已經答應中共，萬一蔣中正仍然嚴辭峻拒，則願意成立並領導東北軍、西北軍和中共軍三者合組的西北軍事大聯盟，進而在共產國際的軍事援助下，直接對日本宣戰。張學良從1936年夏以來，不斷提供中共援助，除彈藥、情報和棉衣以外，並從10月開始，提供了不必償還的「借款」67萬元法幣。中共1937年整整十二個月的總歲入約56萬，其中包括國民黨的「外援」約46萬；1938年的總歲入約91萬，其中包括國民黨外援約47萬[25]。比較起來，張學良的全部援助，比中共1937年自籌的歲入多57萬元，比1938年自籌的歲入多23萬元。

24　中共中央文獻研究室編，《周恩來年譜(1898-1949)》，頁320。

25　薛冶生，《葉劍英光輝的一生》，頁119-20，123，132；楊奎松，《西安事變新探》，頁235-36；陝甘寧邊區財政經濟史編寫組、陝西檔案館，《抗日戰爭時期陝甘寧邊區財政經濟史料摘編》，6：427。楊奎松的數字是70萬法幣。除此之外，1936年秋中共還從共產國際得到一筆數目不詳的巨款。中共為了順利取得這筆援巨款，派毛澤民和錢之光等五人前往上海提取。見中共黨史人物研究會，《中共黨史人物傳》，9：60。

一二九學生運動。1935年12月9日，冀察政務委員會成立，北平各大中學學生認為這是日本升高挑釁，企圖造成華北分治的既成事實，於是走上街頭抗議。冀察政務委員會的宋哲元命令警察以水龍頭噴水，驅散示威學生。

黃敬和宋黎。他們分別是北京大學和東北大學的學生。圖為一二九學生運動中黃敬在北京的電車上演講，宋黎在他左下方托著他。黃敬原名俞啓威，出身紹興官宦世家(俞大維和傅斯年太太俞大綵的姪兒)，兩年前曾被國民黨逮捕，家屬營救獲釋後，重返學校，繼續從事中共地下活動。他是江青的第一任愛人，1958年在廣州跳樓自殺。宋黎是張學良寵信的東北流亡學生，西安事變前夕，張學良力保他不是中共黨員，並為此和南京政府當局發生嚴重爭執。

上海救國會運動。1936年5月，不滿蔣中正攘外必先安內政策的各界人士，在「社會賢達」沈鈞儒、史良、王造時、沙千里等人的領導下，成立全國各界救國聯合會。中共則在一旁推波助瀾，試圖升高全國民眾的抗日情緒。圖為沈、史、王、沙率領的示威隊伍。

犧牲救國同盟會。1936年10月，閻錫山為了對抗國民黨中央，特別邀請一批登報假自首出獄的中共黨員回老家山西工作，由他們成立組織，專門從事抗日救亡工作。這批黨員以薄一波為首，在中共北方局書記的督導下，不僅為中共培養了大批工作幹部，也掌握了山西省許多地方的行政和軍事大權，使山西成為抗戰時期中共在華北發展的大本營。圖為犧盟工作人員在太原晉祠聚會時合影。

中共在山城堡之役展現了防衛陝北蘇區的能力，但是他們在國民黨地區有關抗日輿論的宣傳戰，卻仍然沒有產生預期的效果。這一場宣傳戰主要有兩個戰場：一個是以平津為中心的一二九學生運動，一個是以京滬為中心的救國會運動。一二九學生運動爆發於1935年12月9日，原來是日本侵略所激發出來的愛國運動，以大、中學生為主體，抗議日本軍閥暗中指使宋哲元成立冀察政務委員會，企圖把華北從中國分割出來。運動發生後的第二年年初，劉少奇以中共中央駐北方局代表的身分從陝北前來平津，恢復當地瀕臨崩潰的中共地下黨，不但吸收了大批愛國學生參加中共及其外圍組織，並且奪取了一二九愛國運動的領導權。只是在軍閥政府的萬般阻擾下，學生運動難以進一步發展，對遠在南京的國民政府也起不了軟化其立場的明顯作用。

上海救國會則最初是呼應一二九愛國運動成立的，參加者主要是國民黨內的異議分子和所謂「社會賢達」[26]。在鼓吹抗日救亡的前提下，中共地下黨員暗中加入，不過並未藉此機會攘奪領導權。後來，國民政府利用綏遠抗日的情勢，全力包辦全國各地的救國運動，同時下令逮捕救國會七領袖，並查封其出版物，不讓他們主導的救國會運動繼續擴展。國民政府此舉表面上是勝利，實際卻像北方軍閥鎮壓一二九運動一樣，引起更多抗日知識分子的惡感，反而有利於中共地下組織的發展。但是這一南一北愛國運動所形成的輿論壓力，並未強大到足使蔣中正改變安內攘外的決心。所以當中共派潘漢年為代表，直接和陳立夫談判時，發現蔣中正在蘇區和軍隊兩問題上，並無任何軟化表示，仍舊要求中共放棄其對紅軍和蘇維埃政府的實質控制。

26　1936年底上海文化界為響應一二九學生運動，成立上海職業界救國會。其後擴大為上海各界救國聯合會。同年5月31日，又擴大為全國各界救國聯合會. 其領袖為宋慶齡、馬相伯、沈鈞儒、章乃器、鄒韜奮、李公樸、王造時、史良、沙千里等人。參見中共黨史人物研究會，《中共黨史人物傳》，40：318-20。

三、開創新局勢：西安事變

國共之間的談判陷入了僵局，不料，西安事變卻在此關鍵時刻，於1936年12月12日爆發。中共雖然不是西安事變的策畫者，但是經由此一事變，「逼蔣抗日」的政策目標終於達成了。中共事前並未預聞西安事變的籌謀，但是西安事變的發生仍然和中共的宣傳攻勢有關。而在事變發生後，中共依憑冷靜的理性處理局勢，成為事變的真正受益者。首先必須強調的是，西安事變發生之前，中共有所謂「西北大聯合」的主張，亦即由共軍、東北軍和西北軍，合組西北國防政府和西北抗日聯軍，推舉張學良擔任總司令，取得蘇聯的援助，對日進行抵抗。這個意見也獲得楊虎城首肯。張學良顯然認為，倘使蔣中正拒絕其進諫，他可以另外形成一個抗日局面。

其次，張學良下決心兵諫，對東北籍知識分子起了很大的鼓動作用。例如一二九學生運動有不少東北流亡學生參加，他們在運動遭到鎮壓以後，接受張學良的照顧，集體前往西安，使西安成為中共外圍團體民族先鋒隊的活動中心。中共地下黨員宋黎以東北大學學生代表到西安工作，便是張學良邀請的。宋黎在1936年8月被國民黨陝西省黨部逮捕，張學良不知道他有中共黨員身分，硬以為國民黨此舉是針對自己所採取的挑釁行動，因而派兵到國民黨黨部搜救宋黎，造成黨部和東北軍的公開對立。12月9日為一二九學生運動一週年的紀念日，西安學生決議要到臨潼向蔣中正請願。張學良處在蔣中正指示鎮壓和學生要求抗日的中間，心情惡劣，不到三天後，便發動了兵諫。上海救國會運動對張學良的作用較不明顯，但他有聯共抗日的念頭，曾受在上海從事抗日救亡運動的李杜(中共秘密黨員)和杜重遠啟發，也是證據十分充足的[27]。

27　關於李杜秘密加入中共，參閱楊奎松，《西安事變新探》，頁162，註87。

東北軍的質變更是促使張學良發動兵諫的重要因素。中共在1936年初成立東北軍工作委員會。這個委員會的當務之急是處理1935年9月至11月勞山、榆林橋和直羅鎮等三次戰役的俘虜。在這三次戰役中，東北軍有數千人被俘，其中有120餘名軍官，位階最高的是上校團長高福源。中共東北軍委員會設有白軍軍官訓練班，對這些被俘軍官施以思想訓練，然後將其大部分釋回。這些東北軍軍官思鄉心切，受中共寬大處理，回到自己軍隊還有旅費可得，對紅軍自然都是好話多於壞話。高福源在了解中共的抗日主張後，受到中共的上賓待遇，由彭德懷親自說服，感動之餘，竟然請求加入中共，並自動請纓，回東北軍做統戰工作。他說服老長官王以哲軍長在1936年初和紅軍簽定秘密的互不侵犯協定，並透過王以哲的引介，面謁張學良，痛陳中共的抗日主張，要求張學良和中共合作。王以哲後來成為張學良與紅軍接觸的重要媒介[28]。在張學良和中共正式建立關係以後，中共更透過其公開代表和秘密黨員，以協助改造東北軍為名，影響張學良身邊親信以及中下級軍官和士兵，鼓舞他們的抗日思鄉情緒，間接助長東北軍內部反對國共內戰的輿論。

西安事變的發生，完全出乎中共意料之外。毛澤東在得到消息的剎那之間，還是被復仇的情緒衝昏了頭，主張把蔣中正交由所謂人民法庭審判[29]。但是興奮過去以後，立即醒悟蔣中正並不在自己的掌握

28 中共東北軍黨史組，《中共東北軍黨史已故人物傳》，頁51-53。

29 張培森，《張聞天與二十世紀的中國》，頁147-48；周文祺、褚良如編，《特殊而複雜的課題》，頁306；王健英，《中國共產黨組織史資料匯編——領導機構沿革和成員名錄》，頁360；張國燾，《我的回憶》頁237-1240。張培森根據檔案說，西安事變發生後之次日，亦即12月13日，中共召開政治局常委(張聞天、毛澤東、周恩來、秦邦憲、張國燾)會議，毛澤東等多數派主張「除蔣」，在西安成立「一個實質的政府」，並以西安為中心來領導全國，控制南京。這些主張，除證明張國燾的回憶大體正確以外，也證明，中共建立西北國防政府、以迫使蔣中正停止內戰的政策，其實只是二手策略。理想的情況是「逼蔣抗日」，萬一沒有機會，也可以在

西安事變。1936年12月，張學良和楊虎城在西安扣留國民黨軍事委員會委員長蔣中正。中共在事變爆發後基於本身利益的考慮，放棄公審蔣中正的主張，使西安事變得以和平解決，並成為西安事變的最大受益者。圖為西安事變後共軍開入原由東北軍占據的延安古城。

之中，他是張學良的囚犯，如何處置蔣中正，中共並無決定性的發言權。毛澤東也迅速發現，對於張學良的兵諫，南京政府的反應是不為所動，調兵遣將，國內輿論則競相抨擊，目為不智之舉，而居於關鍵地位的蘇聯更是嚴厲指斥西安事變，痛罵張學良為親日漢奸，並立即來電指示，要求和平解決西安事變[30]。中共雖然因為電碼錯亂而一時

西安單獨形成一個抗日局面。

30　楊奎松，《西安事變新探》，頁298-306；西安事變史領導小組，《西安事變簡史》，頁79；中共中央黨史資料徵集委員會編，《第二次國共合作的形成》，頁156-69；程中原，《張聞天傳》頁345-46。楊說，共產國際的指示是12月16日到達的，但因為電碼錯亂，而無法譯出，直到20日中共纔收到莫斯科重發的電文。問題是在16日周恩來抵達西安以前，中共已透過各種管道知道史達林反對西安事變的立場了。

無法翻譯來電，卻能隨機應變，不再堅持「罷免蔣氏，交付國人裁判」，甚至不再堅持召開全國性和平會議公開討論蔣中正的出處問題，而只要求周恩來利用其第三者的身分，促使蔣中正接受張學良兵諫所提出的諸項條件，亦即停止剿共，全國共同抗日，然後由張學良釋放蔣氏[31]。中共始料未及的是，張學良在蔣中正做出口頭承諾並保證停止內戰以後，居然親自護送蔣中正返回南京，而未堅持蔣氏在任何書面保證上親筆簽名同意。張學良所以如此，除了希望儘快恢復蔣的政治威信之外，可能也和中共的態度有關。張學良萬萬沒有想到，蘇聯在事變之後，竟然一口咬定他是日本帝國主義的走狗，尤其萬萬沒有想到，他寄望替他化解蘇聯敵意的中共，竟然亦步亦趨，除了沒有罵他是漢奸走狗以外，也絕口不提成立西北大聯合、推他為盟主、共同反蔣這一個構想。

在此次事變中，蔣介石不得不承諾其放棄武裝圍剿陝北共黨的決定，中共因而獲得更大的喘息餘地。和平解決事變的目的已經達成，下一個問題是雙方如何攜手合作？中共當時提出四項保證，但要求國民政府滿足其五項條件。中共保證放棄暴力革命，接受國民政府名義，內部徹底實行民主普選，以及停止沒收地主土地的政策。但其前提為國民政府停止內戰、保障自由、召集抗日會議、準備抗日工作，以及改善人民生活。究其實際，中共清楚了解，蔣中正並無意放棄收編中共政權和軍隊的原有目的，而中共本身更無意在爭取合法和半合法的活動空間後，放棄其政權和軍隊的獨立自主性。因此蔣中正在與中共談判時，一再堅持共軍在被整編成為幾個師後，不設上級司令部，共軍的參謀長和政治部主任由國民政府派任。中共了解惟有全面對日抗戰爆發以後，才有可能迫使蔣中正放棄己見，進行妥協。因此

---

31 丁雍年，〈關於我黨和平解決西安事變方針問題〉，《黨史研究資料》，第4集，頁521-527。據童小鵬，《風雨四十年》，1：67，周恩來也承認，最壞的可能是蔣中正拒絕談判，果眞如此，便只好把蔣中正交付公審了。

七七盧溝橋事變發生後的第二天，儘管蔣中正和宋哲元都還在力圖把事變由大化小，再由小化無，或至少不要全面化，中共卻已通電全國，主張立即抗日，儼然以抗日急先鋒自任了。

直至八一三淞滬戰爭爆發前夕，蔣中正認為對日和平已經絕望，決定集中全國精銳，在上海拼命一搏。中共這時知道全面抗戰終於成為事實了，於是要求政府加速改編共軍的談判，並於8月22至25日，在延安南邊的洛川召開政治局會議，討論抗戰中的具體戰略問題。在此次會議中，中共堅持其保留行動自由的談判方針，拒絕國民政府指派任何人員，但也決定在戰爭初期盡量配合國軍作戰。中共同時重組最高軍事指揮部門，任命毛澤東為中央軍委書記，朱德和周恩來為副，並加速改組陝甘寧共軍為國民革命軍第八路軍(後改名為第十八集團軍)，準備在換上鑲有國軍軍徽的帽子後，立刻開赴華北前線，利用已經完成改編的事實來迫使蔣中正讓步。

蔣中正迫於形勢，終於答應改編的紅軍可以設立上級司令部，而不再堅持擁有參謀長和政治部主任的人事任命權，只要求派四名聯絡參謀前往延安。9月22日。國民政府終於發表了「國共合作宣言」。這一份宣言便是所謂「共赴國難宣言」，由中共草擬，並於7月15日遞交給國民政府，其基本內容就是四項保證和五項條件的簡單化：同意奉國民政府的正朔，但不容許國民政府干涉中共的內部事宜；同意停止武裝叛亂，但不排除壯大自己以及和國民政府競爭的可能性；同意停止土地革命，但不放棄階級鬥爭的信仰。當然對此宣言的解釋，國共兩方是南轅北轍。正因為原文容許完全不同的解釋，所以國民政府遲遲不願公布。直至抗日戰爭已全無轉圜餘地，國民政府別無選擇，纔只好加上自己的解釋，匆匆忙忙對外發表。

在文字曖昧的「共赴國難宣言」公布前，第八路軍28,000人已經東渡黃河，在北方局書記劉少奇和副司令彭德懷的指揮下，分赴晉東北和東南，配合中央軍和山西省軍作戰。共軍進入華北戰場後，發現劉少奇已為他們準備了一個比較好的活動環境。劉少奇以中共中央駐北方代表的身分抵達平津時，中共在華北的地下黨基本上已經癱瘓。這時在他的領導下，首先批評原來主事者的「關門主義」作風，不曉得盡量利用合法的行動爭取活動空間，也不曉得在抗日這個前提上「交朋友」，擴大統一戰線。隨後又建議中共中央打破陳例，命令坐牢的黨員以登報悔過的方式，從地方軍頭宋哲元手中取得釋放，為嚴重缺乏幹部的地下黨解決部分問題。同時，他極力突顯中共的抗日立場，爭取愛國學生的好感，奪取一二九學生運動的主導權，並主動打開中共組織的緊密大門，以中華民族先鋒隊的組織形式取代共青團。只要青年抗日，不論其對共產主義有無理解，全部允許加入。在他的經營之下，華北有大批青年學生加入中共及其外圍組織，不少人更不辭勞苦，長途跋涉到陝北。留在華北的黨員團員，則四散華北各地，恢復河南、河北、山東、山西等省的中共組織。這些黨員和團員，知識水準高，文化修養好，在抗戰正式爆發後，進入或返回農村，響應八路軍開闢游擊根據地的號召，成為中共開闢華北根據地最重要的一批人力資源。

有些中共地下黨員，還和地方實力人士形成統一戰線。最重要的一環是中共在山西省發展出來的合作局面。中共中央批准被捕黨員以假自首的方式取得釋放以後，劉少奇的華北局便積極展開工作。當時山西王閻錫山在境內嚴格取締中共的地下活動，但卻又在關閉一扇大門後，因為要利用中共牽制南京，而為中共的活動開啟另一扇大門。1936年初，閻錫山面對渡黃河東進的紅軍，不得不邀請南京中央派兵入晉助戰，然而害怕南京中央乘機在山西鵲巢鳩占，不旋踵又「以毒攻毒」，主動延攬一批以山西籍為主的共黨分子，重組山西的官辦群眾團體——犧盟(犧牲救國同盟)，想據以動員和訓練山西民眾[32]。中共

32　「犧盟會和決死隊」編寫組，《犧盟會和決死隊》第二版，頁24-30。

戴青天白日帽徽的中共軍事將領。抗戰爆發後，中共將其軍隊編組為國民革命軍第八路軍和新編第四軍，開赴前線抗日。這兩支軍隊在八年中由5萬擴大到至少50萬人，並為中共在日軍占領區建立了比在江西時大上好幾倍的根據地。圖為八路軍總司令朱德(上排左起)、副司令彭德懷、115師師長林彪、120師師長賀龍(中排左起)、129師師長劉伯承、新四軍軍長葉挺、副軍長項英(左下)。

中央把握此一千載良機，指示地下黨員薄一波等人接受邀請。閻錫山以爲鄉誼和知遇之恩可羈絆住這些受其重用的中共黨員，不料事與願違。這些中共黨員講「山西話」，戴「閻錫山的帽子」，儘管外表上對閻錫山忠心耿耿，實際上卻總是在抗日的旗幟之下，專做中共的事情，以備有朝一日「孫悟空大鬧天宮」[33]。他們不僅不放棄馬列主義的信仰，反而利用職權，控制犧盟所有的幹部訓練活動，並乘機大量發掘黨員的候補人選。

由於閻錫山的鼎力支持，犧盟的組織深入山西各縣發展，到抗戰爆發爲止，會員已達60萬之眾，中共的勢力也隨其進入前此被閻錫山視爲禁臠的山西農村。在日軍侵入晉北以後，犧盟的中共領袖更說服了閻錫山，開始成立以山西青年抗日決死隊和工人武裝自衛隊爲主的新軍，在山西舊軍之外另樹一幟。山西舊軍面對日軍進攻，雖然在某些地方表現壯烈，但大體說來，可以說是各路皆敗。其向後方奔逃，不僅爲新軍的加速成長提供空間，也因爲導致地方官員的競相棄職離土，而迫使閻錫山任命犧盟幹部爲地方專員或縣長。到1938年初，山西7個專員公署中的5個和105個縣署裡的70個落入中共的掌握之中[34]。這些山西地方首長不是本人已加入中共黨，就是同情中共人士，他們以執行職務爲名，堂而皇之地爲中共進入山西的軍隊提供各種各樣的幫助，其中最重要的工作是籌款籌糧和動員民伕，提出來的理由是協助抗日守土，結果則是使中共的實力迅速壯大[35]。

在八路軍進入華北戰場時，中共利用抗戰形勢，迫使國民政府同意，把大江南北的共軍殘餘約6,000人集合起來，另外成立新編第四軍，前往國民政府指定的江南戰場作戰。1938年初，新四軍在東南分

33 薄一波，《七十年奮鬥與思考》(上卷)，頁213，266-67。

34 薄一波，《七十年奮鬥與思考》(上卷)，頁254；Chen Yung-fa, *Making Revolution: The Communist Movement in Eastern and Central China*, p. 537.

35 《犧盟會和決死隊》編寫組，《犧盟會和決死隊》第二版，頁62-65，82-83。

局書記和新四軍副軍長項英(葉挺是無實權的軍長)指揮下，在皖南組織成軍，並逐步進入蘇南和皖東敵後作戰。這些軍隊和八路軍一樣，在國民政府地區設有後方留守處，公開和半公開地宣傳中共主張。這時，甫從莫斯科回到延安的國際派領袖王明，也出任設立在國民政府戰時首都武漢的長江局書記。王明視對國民政府的統戰工作為第一優先，親自率領政治局委員周恩來和博古前往主持，並就近直接指揮東南分局。在王明的領導之下，中共在長江地區不斷發展，在不到一年之後，除擁有一支實力達到萬人以上的軍隊外，還建立了一個擁有67,780名黨員的地下黨組織[36]。

※　　※　　※

無論從那一個角度來看，中共在1935年都算是走入窮途末路了。紅軍之所以離開各根據地，並不是主動的戰略轉移，而是不得已的被動選擇。而中共之所以能夠在歷史上將之謳歌為「長征」，是因為中共保持了毛澤東所謂「有生的力量」；而有生的力量之所以有生，是因為中共善於利用正在轉變中的國內外形勢，迫使國民政府放棄安內攘外的政策，全力準備對日作戰。為了達到此一目的，中共鼓吹上層統一戰線。這一個統一戰線的策略逐步深化，對蔣中正的策略便由反蔣到誘蔣，由逼蔣到擁蔣，其間經過不少變化；內容有來自共產國際的指示，也有來自中共中央的檢討，最後因為西安事變的爆發而終於得到初步成功，盧溝橋事變和八一三淞滬戰爭爆發後，國共二次合作便成為短期內不可能再逆轉的歷史潮流了。

雖然西安事變、盧溝橋事變或是八一三淞滬戰爭的發生，都不是中共可以決定的，但中共卻通過其抗日統一戰線的鼓吹，製造了逼人的形勢，使歷史往停止內戰、準備抗戰的方向發展。在這個發展過程

36　中共中央文獻研究室編，《周恩來傳》，頁420。

中，無論張學良、日本軍部或是蔣中正，多少都隨著中共的笛聲起舞，而在他們不得不、甚或忘情起舞的過程當中，中共不僅取得了日後迅速發展的空間，更逐漸取得了「民族主義」發言人的地位。中共仍有漫長的路要走，但是已經在完全的被動中，爭取到一些主動了。

第二節　爭取抗日戰爭的領導權

抗日戰爭是民族矛盾的總爆發，中日兩國在戰場上兵戎相見，其實在對外戰爭之中，還有國內「戰爭」。這便是國民黨和共產黨之間的戰爭，也即是中共所謂爭取抗日領導權的戰爭。其所採取的方式有「和平」的，也有暴力的；無論和平還是暴力，國內「戰爭」卻從來沒有停止過。只是在中華民族面臨生死存亡的關頭，輿論不願意看到兄弟鬩牆的事實。正由於此，共產黨和國民黨雙方都極力爭取輿論的同情，都要輿論相信他們是堅決抗日的、真正抗日的，要輿論相信他們不是國共統一戰線的破壞者。

在這一場宣傳戰中，中共基本上是勝利者。但中共之所以勝利，並不能完全歸功於宣傳，因為在抗日方面如果絲毫沒有表現，光是宣傳，只會引起質疑和反感，反而於事有害。至於失敗者的國民政府，雖也真正抗日，但對某些知識分子而言，其成效卻越來越令人質疑，以致他們寧願相信中共是抗戰時期民族主義的代言人。這些知識分子因為抗日民族主義情緒的籠罩，根本不注意中共所謂馬列主義的信仰是怎麼一回事。他們只知道，中共比國民政府有活力、有辦法，如果中共是相信馬列主義的，則這種馬列主義也必定是有效的，因此也可以相信。這些抗日知識分子隨而迅速把階級鬥爭的理念吸納到他們的民族主義信仰中，不料卻在此過程中，反而轉化成馬列主義化的民族主義信徒。

抗戰可以分成四個時期：第一個時期是從1937年 7 月到1938年年底為止，日軍的戰略目標是速戰速決，三個月內亡華。日軍對國民政府地區展開正面進攻，國軍以血肉之軀，保衛長江中下游地區。國軍自顧不暇，共軍此時也開赴前線，以游擊戰與日軍展開鬥爭。國共關係尚屬融洽，兩者之間並無嚴重衝突。

第二時期是從1939年初到1941年初，日軍開始了解到，中日戰爭已經長期化，所以把注意力集中在日軍敵後的廣大農村地帶。國軍因為正面的壓力減小，也開始注意到敵後地區的經營。比起日軍和國軍，共軍則是搶先一步，早在1937年底便以建立和擴大根據地為當務之急了。雖然中共不可避免地要面臨日軍壓力，也不可避免地要面臨國軍的競爭和限制。但大體說來，中共因為已經初步站穩腳跟，尤其懂得如何從事游擊戰，懂得如何避實擊虛，所以無論日軍的掃蕩規模如何龐大，動作如何頻繁，他們總能保全有生的力量，而在日軍軍事行動後繼乏力而撤退之後，回到原地繼續發展。國軍反而因為不懂得以發動群眾為基礎的游擊戰，不斷遭受日軍致命性的打擊。另一方面，面對國軍的競爭和限制，共軍也不斷和國軍摩擦和衝突，因為內部團結一致，而各部隊又密切配合，所以他們越與國軍摩擦和衝突，就越加發展。國軍敵後部隊則日漸削弱，卒致敵後國共兩黨的均勢逐漸偏向中共。

第三時期是從1941年初到1944年初，在這個時期，日軍的注意力仍然在敵後地區，但是認為共軍纔是日軍占領政策的最大威脅，於是針對共軍展開攻擊。中共的根據地面臨前所未有的挑戰，嚴重收縮。可是，敵後國軍也沒占到任何便宜，因為日軍捕捉不到共軍的主力，無法徹底解決共軍威脅，而為了掩飾失敗和增加戰績，反而猛攻國軍。國軍無法兼顧共軍越來越大的壓力，於是有大批非中央嫡系的將領向日偽軍投降。

第四時期，從1944年春到1945年夏為止，日軍為再度全面進攻國民政府區，減少它在敵後地區的防衛，中共因而獲得喘息的餘地，並從國軍的嚴重崩潰中獲得了擴張占領區的機會。其後，國軍雖然在西南地區進行反攻，但不久日本便宣布無條件投降，共軍也再次乘機收復失土，擴大其根據地。

抗日戰爭中，以單純的軍事力量言，日軍最強，國軍次之，共軍又次之。面對日軍，國軍居於弱勢，而面對國軍，共軍又居於弱勢。所以無論國軍和共軍，面對強敵，都必須知己知彼，針對強敵所採行的軍事戰略，製定對策，以便在被動中爭取主動，化弱勢為強勢。在抗戰的各個時期中，中共是如何因應戰局而不斷擴展的？

一、統一戰線中獨立作戰

國共兩黨宣布「共赴國難宣言」後，中共的軍隊戴上青天白日的帽徽，以國民革命軍第八路軍的名義開赴山西北部前線。1938年年初，中共又改編在大江南北殘餘的游擊隊，成立新四軍，開往江南戰場。當時中共的軍隊總數不過四萬稍多，和正式國民政府軍隊比起來，根本不能相提並論。中共此時還依賴國民政府提撥糧款，支持他們的軍隊和在陝北的地方政府，當然對國民政府的感情必須尊重。不過，國民政府雖然如此慷慨，也不是完全大公無私。他們一方面以財政援助來確保名義上的抗日領導權，另一方面則是不讓中共在前線地區建立獨立政權，自行徵稅，以便從財政上挾制中共軍隊。這對自認為負有歷史使命的中共而言，當然難以接受。他們希望從國民政府得到最大的財政利益，但決不願意因此而喪失獨立活動的自由。

中共的這種想法，國民政府並非全無所悉。但在日軍的不斷挑釁下，不得不接受中共起草的「共赴國難宣言」，也不得不容忍共軍某些超出「範圍」的活動。日軍在戰爭爆發後，竭盡一切能力，企圖摧毀國軍的鬥志，在華中從杭州灣登陸，一路追奔逐北，攻占首都南京，在華北則分兵兩路，一路沿津浦路南下，另一路則沿平綏路，迂迴晉北，再順同蒲路南下。他們所採取的戰略是速戰速決，盡快占領國民政府的大城市和交通要道，並盡快捕捉國民政府的軍隊主力，逼迫國軍投降。在國軍全力對付日軍的進攻時，共軍高唱抗日，當然也想有所表現。就是在這種考慮之下，平型關戰役在1937年 9 月發生了。當時國軍集結在平型關準備死守該地，共軍奉命參加右翼防守。

實際上，則藉口戰略配合、戰役自主，而在平型關附近一個狹長的山谷，集中兩個團約4,000兵員，在預先選擇的隘口，伏擊日軍輜重和補給部隊約700人。被伏擊的日軍部隊基本上是非戰鬥部隊，戰鬥兵頂多纔一百零數人，共軍打了也纔十幾個小時，竟然要傷亡400人才能加以全殲[1]。然而，這一次規模不大的戰役，透過宣傳，卻迅速變成打敗日軍板垣師團的重大勝利。其實日軍板垣師團在平型關正面的主戰場，擊敗死守該地的國軍，越過長城，逼進太原的北門忻口。國軍在平型關正面英勇作戰的情形，有可歌可泣之處，但畢竟是一場嚴重挫敗，沒有人宣傳，所以鮮有人注意。

中共之參加平型關戰役，雖然未起扭轉大局的作用。但是對中共日後的發展，卻極其重要。一來當時國軍到處失利，平型關戰役發生以後，國軍雖在山西忻口再度浴血抗戰，死事之慘烈，驚天地而動鬼神，卻依舊未能阻擋日軍主力繼續南下[2]。在此情況下，國人盼望勝利的心理更加迫切，而中共竟然取得擊敗板垣師團的「輝煌勝利」，當然振奮人心。受中共宣傳影響，許多知識分子認為中共制敵有方。因此，前往陝北的愛國青年絡繹於途。二來平型關戰役並非游擊戰，而是帶有游擊性質的運動戰，中共在戰役過程中必須集中八倍以上的優勢兵力，始能勉強擊敗日軍，而在勝利之後，又無法從日軍手中俘獲足夠的戰利品，以為補償。這種勝利，在中共看來，代價過於昂貴。從此中共得到結論，共軍最好還是避開日軍兵鋒，任由日軍追奔逐北，乘其注意力完全集中在中央軍和晉軍之時，建立自己的農村根據地[3]。由於日軍進攻經常導致國民政府地方官員的競相逃亡，日軍又無

---

1 楊奎松，〈有關平型關戰鬥的幾個問題〉，《黨史研究資料》，1995年9月，第9期，頁1-10。

2 山西省政協文史資料研究委員會，《閻錫山統治山西史實》，頁228-34。

3 王振合，〈獨立自主的山地游擊戰方針的製定及其在華北的貫徹〉，《黨史研究資料》，第4集，頁631-33。

餘力成立自己的政權填補當地政治和軍事真空，中共正好可以乘虛而入，加以利用。

平型關戰役以後，中共已經派小股部隊到晉察冀邊區活動，並利用山西省政府、動員委員會和其他合法名義，在該地區重建政權。太原淪陷後，中共北方局書記劉少奇在毛澤東指揮之下，又派八路軍其他部隊到晉冀魯豫和晉綏兩邊區活動。當時，日軍的後方，除了主要城市和交通要道以外，廣大的農村地帶遍地狼煙，一片混亂。有的地方尚有國軍部隊駐守和活動，在更多的地方則只有所謂自發性的地方武裝。這些地方武裝雖然名義上都是抗日，實際上卻動機複雜，其中有散兵游勇，有地方民團，也有會道門組織(紅槍會、天門道以及類似組織)等，有聯莊會武裝，有保家衛國的地方士紳，也有綠林、鹽梟、土豪和土匪。他們的頭子自封司令，據地稱「王」，收捐攤款。在這種分崩離析的環境下，中共則在國共合作的大架構中，努力和地方上的各種勢力，尤其國民政府的官員，成立各種小型統一戰線，擴大活動的空間，並乘機收編這些地方武裝，擴大自己的實力。

山西是中共發展的重心。早在抗戰爆發之前，中共已利用軍閥閻錫山對南京中央的猜忌，成立了犧(牲救國同)盟，戰爭爆發後更透過犧盟成立決死隊，也就是所謂山西新軍。當時，閻錫山仍然非常反共，他雖然和中共的上層保持來往，卻決不允許中共的黨組織在轄境內公開活動，只是他沒想到，幫助他組建犧盟和決死隊的中共黨員，黨性極強，竟然反過來把他的組織和軍隊轉變成為中共的資產。1937年9月山西省城太原淪陷前夕，犧盟已有盟員60餘萬人，分會遍布山西各縣。此時，犧盟也開始組建決死隊新軍。不久新軍擴大到7萬餘眾，無論兵員人數還是武器裝備，駸駸然皆有凌駕山西舊軍之勢[4]。八路軍進入山西以後，中共又說服閻錫山成立戰地總動員委員會，取得在山

4　《犧盟會與決死隊》編寫組，《犧盟會與決死隊》第二版，頁315。

西各縣徵集新兵、組織人民自衛隊、反漢奸、反貪汙，實行減租減息和合理負擔、成立農民協會、進行選舉、改造政權的各種合法權利。在閻錫山勢力能夠達到的地區，八路軍盡量爭取其同意；在閻錫山鞭長莫及的地區——尤其是日本敵後，則逕以八路軍和中共的名義活動。因爲有犧盟的密切配合，八路軍迅速成爲山西境內最大的一股軍事力量，隨著八路軍的活動，中共黨組織也迅速伸入農村基層。

當時，中共黨內對擴大實力，並無歧見，但對於是否用中共的名義成立政府則有不同看法。溫和派如王明和周恩來等人認爲不必改變政權的形式，僅透過政權的民主化，也就是經由基層選舉加以改造就行了。但是毛澤東和劉少奇等激進派則主張造成既成事實，再逼迫國民政府承認。1938年初，中共在山西、察哈爾和河北三省邊界之處活動的八路軍，逕自成立了晉察冀邊區政府，然後通電省主席閻錫山和國民政府軍事委員會委員長蔣中正，要求給予承認[5]。蔣、閻兩人明知鞭長莫及，又迫於事實，也只好勉強批准。不過，毛、劉等激進派也不是暴虎馮河。他們了解公開奪取政權對國民政府的刺激，所以儘管在山西東南和山西西北等地都已迅速取得優勢地位，甚而實際已是主宰，卻不敢採取晉察冀政府先斬後奏的模式，把當地已有的政府正式改造成中共自己的邊區政府，先造成既成事實，再立即請求蔣中正和閻錫山予以追認。

河北和山東兩省平原，是中共發展的第二個重點。1938年初，經中共改造過的東北軍一個團，回到以前打游擊的冀中活動，編併地方游雜部隊，打擊非共和反共武裝，建立所謂抗日根據地。同年4月，乘日軍打通津浦路，和國軍在徐州一帶激戰，派兵從晉東南進入冀南，配合當地中共地下黨組織的武力，站穩腳跟，力圖開展一個獨立的局面。另一方面，則從晉西南和陝北派人派兵進入山東西北，整編當地

5　中共中央文獻研究室，《周恩來年譜(1898-1949)》，頁390，393，402。

中共黨員成立的抗日武裝。無論冀中、冀南或魯西北，中共都成功地建立了層次較低的統一戰線，在當地國民政府官員或是地方領袖的容忍之下，積極發展實力。

在抗戰初期，華中地方並非中共計畫中的重點地區。故遲至1938年初，中共的新四軍纔抵達指定地點，其江南部隊集中在南京附近的皖南，而其江北部隊則集中在安徽巢湖附近。這裡是戰前國民政府的核心地帶，國軍仍然擁有絕對優勢，因此新四軍只能在指定地區，主要是長江下游三角州的西半部活動。國民政府提供新四軍糧餉，但嚴禁新四軍組訓農民和指派地方官員，新四軍也比較配合國民政府的指示，不敢公然挑戰國民政府的權威。另一方面，中共在1937年底組織長江局，指揮國民政府地區和新四軍活動地區的黨務，負責人王明和周恩來也把工作重點放在國共關係的和諧上。他們不贊成過分刺激蔣中正，國民政府其實也無暇他顧。因此直到1938年年底武漢淪陷以前，兩黨關係基本可以說是良好。中共因而能在國民政府的大後方地區，廣設辦事處，公開活動，而新四軍在一定範圍內也迅速擴充。

二、在日本敵後建立根據地(1939－1941)

武漢戰役終止後，抗戰逐漸進入敵我相持的階段，日本知道已陷入中國的泥淖之中，戰爭將長期化。日軍爲保全實力以備北上抗蘇，必須把注意力從國軍前線轉移到日軍尚未占領的廣大農村後方，因此扶植傀儡政權，加強對中國資源的開發和剝削，乃成爲其當務之急。易言之，日本明白他們必須以戰養戰。面對這種形勢的轉變，國軍必須加強敵後鬥爭，尤其看到中共在日本敵後的快速成長，國民政府膽戰心驚，認爲在拖垮日軍之前，決不能坐視中共在日軍敵後壯大，必須弭「患」於未然，所以更是大力加強對中共活動的種種防杜措施。

中共在武漢戰役中召開六屆六中全會(1938/9/29～11/6)，也洞悉了戰爭未來的發展趨勢，要求把握機會盡快發展根據地，甚至爲了發展根據地，不惜觸犯國民政府的命令，造成既成現實，然後迫使國民政府承認。在這種情況之下，國共摩擦勢必加劇。問題是：中共如何估量摩擦對國民政府的刺激，以及蔣中正是否會因此而停止抗戰。

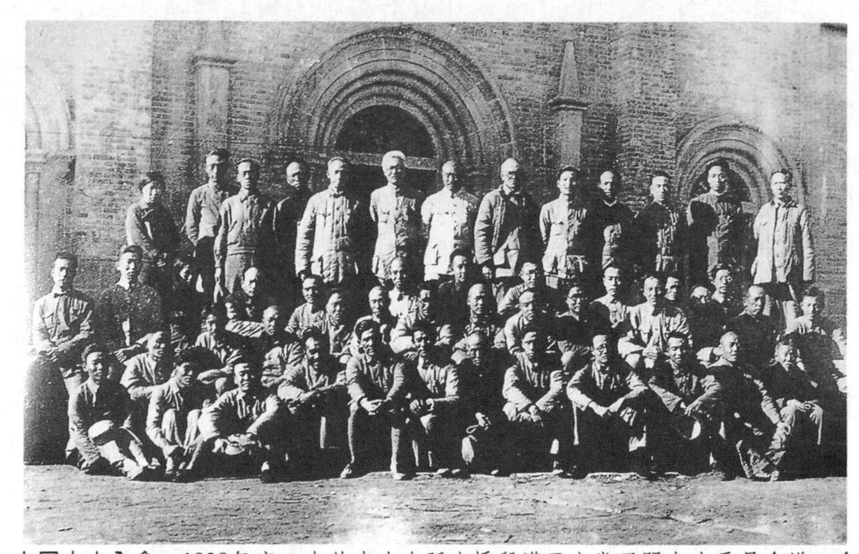

六屆六中全會。1938年底，中共中央在延安橋兒溝天主堂召開中央委員會議。會上甫從莫斯科返國的王稼祥(第3排右5)傳達史達林的指示，要求中共以毛澤東(第4排右1)為首解決統一領導問題。毛澤東從此以後，實至名歸，成為中共內部無人可以抗衡的最高領袖。

國民政府限制中共活動最有效率的作法是關閉中共在大後方的辦事處，除陝西西安和廣西桂林兩處之外，其餘要求一律撤消。中共當然以抗日的理由嚴加拒絕，結果國民政府訴諸暴力，因而釀成所謂平江和竹溝慘案。雖然這些舉動影響了中外抗日輿論，但國民政府畢竟還是達成了願望。國民政府在陝北執行同樣的政策時，因為面對的是中共的後方根據地，事情便沒有那麼容易了。從1938年底開始，到次年12月，隴東和關中地區都發生摩擦，雙方似乎勢均力敵。然而到了1940年 1 月，情形明顯改觀，中共在獲取敵後摩擦勝利之後，全力反撲。關中有五個縣城原來在國民政府治下，國民政府雖不能控制城外四鄉，卻正式派有縣長。中共動員民意，以軍隊為後盾，驅逐這幾個縣長。並於同年2月，以同樣模式驅走國民政府的綏德專員何紹南。

國民政府在日軍敵後的處境更為艱難。當時國民政府所注意的重點在冀魯兩省。由於冀南的地方政府已明顯左傾，實際上早已在中共掌握之中，所以蔣中正命令河北省主席鹿鍾麟和河北警備司令張蔭梧，重新加以控制[6]。另一方面也命令山東省主席沈鴻烈嚴格限制該省的共黨活動。中共面對這個局勢，也悉力以赴。一般說來，國軍在這兩個省區的軍隊主要是軍閥殘餘部隊，各部隊自成山頭，彼此猜忌甚深，而共軍雖然散處各地，但同心協力，渾然一體，更針對國民政府的弱點，採取分而治之、各個擊破的策略。在河北是中立石友三，打擊鹿鍾麟，先擊破從外地返回冀中老家的張蔭梧所部，不讓鹿鍾麟有立腳之處，再把鹿鍾麟從冀南逼往冀西，繼而爭取太行山區國軍其他部隊的中立，集中晉察冀和晉冀魯豫兩根據地的軍隊，擊破該地區支持鹿鍾麟最力的朱懷冰部。朱部一敗，鹿鍾麟和張蔭梧就完全退出了河北。中共於是會合冀中和冀南的部隊，把石友三趕出冀南。在山東，中共的作法是中立東北軍于學忠部，以便全力打擊省主席沈鴻烈，尤其是支持沈最力的秦啟榮和石友三兩人。秦、石相繼敗亡之後，沈在山東毫無後盾，不得不逃回重慶。在此鬥爭中旁觀的東北軍于學忠部，遭受中共滲透，後來部分叛變，部分被迫撤離山東。山東地區國共之間的均勢於是徹底改變。

共軍除了團結以外，最大優點是能自食其力，並不依賴後方支持。當時國軍在中共和日軍的雙重壓力之下，防區縮小。雖然他們有中央政府提供薪餉，但是在糧食和其他日常需要方面，仍然依賴就地攤派。因為國軍所能控制的人口和資源減少，開支卻未緊縮，老百姓

6　呂正操，《呂正操回憶錄》，頁168。國民黨冀南行署主任楊秀峰，北平師範大學教授，他表面上是國民黨員，實際則是中共秘密黨員，到1943年才公開其中共黨員的身分。

的負擔自然呈反比例增加。攤派之時，富戶轉嫁貧戶的現象，猶如往昔，極為平常。因此農民對中共合理負擔的口號越加歡迎。另一方面，國軍各部隊因為農民抗拒，不僅不容易攤到款，甚至連糧食也無從購買，於是不得不把士兵分散到各農村就食。這樣一來，軍隊便無法避免和農民直接接觸，易招民怨，甚而激起民變。另一方面，軍隊分散各地，共軍更容易將之各個擊破。

國共摩擦加劇時，地方實力派軍人也開始重估他們和中共之間的小型統一戰線，而紛紛對中共採取敵對立場。其中，最重要的是山西軍閥閻錫山。閻錫山決定加強他對山西新軍和犧盟的掌控，沒想到中共在新軍和犧盟中的控制已不是他所能輕易動搖，新軍和犧盟反而以閻錫山的壓制為名，公開和中共合流，以致閻錫山所部舊軍(相對於新軍而言)受損嚴重，而閻錫山也正式失去了對晉西北和東南的控制權。中共則公開成立晉綏和晉冀魯豫兩根據地。此後，閻錫山在日軍的壓力之下，雖然仍保有晉西南一隅，但山西省政府被迫遷至黃河以西的韓城一帶，只能苟延殘喘，伺機捲土重來。

分散在皖南、皖北和蘇南的新四軍，們最初認為日軍在占領廣州和武漢後，一定會沿隴海路西進，繼續攻取洛陽、西安和蘭州，進而全面占領河西走廊，以切斷中國和蘇聯的陸上聯絡。根據此一戰略估計，中共認為河南將成為日軍敵後，故成立中原局，以劉少奇為書記，集中全力經營河南的根據地。不料，日軍並未在河南進行戰略性的攻擊。中共枯等年餘，到1939年冬，纔把戰略目標改為津浦路以東至海的廣大地區。此時，國民政府發動冬季戰役失敗，已徹底揚棄中國單獨反攻的想法，而將餘力放在掌握和鞏固敵後地區，故中共所面臨的困難增大。然而中共應變戰局的能力極強，1940年5 月上旬，下令新四軍一路越過津浦路東進，一路渡過長江北上，另調一支強有力的八路軍兼程南下，對國民政府的江蘇軍隊形成戰略大包圍。國民政府在江蘇敵後的軍隊，原由地方保安部隊和游雜武裝改編而成，素質原本不高，內部又矛盾重重，結果三方軍隊尚未合圍，惟一的主力軍便已在黃橋全被殲滅。國軍雖然在隨後的曹甸之役暫時挫折共軍兵鋒，但是侷促一隅，已讓中共在蘇北站穩了腳跟。在共軍三路進攻蘇北之際，蔣中正為紓解江蘇國軍的壓力，並把共軍全部驅趕到黃河以北，曾下令十幾萬軍隊沿隴海路兩側東進，只是將士不用命，先是受阻於日軍攻勢，繼又遭共軍追襲，故無法及時趕赴蘇北前線支援。

就在國軍從河南東進的過程中，蔣中正失之東隅，卻想收之桑榆，他藉口皖南的新四軍不遵命令北移，在1941年初，施以報復性的攻擊。這次軍事勝利，僅殲滅了十分之一不到的新四軍，根本不足以彌補黃橋的大敗，傷不到新四軍的筋骨不說，反而造成大敵當前、兄弟鬩牆的印象，引起中外輿論的交相指責。中共則乘此機會，一方面突顯其抗日民族主義的主張，另一方面則更加肆無忌憚地擴張地盤。

國共摩擦加劇，日軍當然不放過漁翁得利的機會，同時加強其對敵後的掃蕩。一般說來，在對付優勢日軍攻擊方面，共軍有江西時期避實擊虛的經驗，而國軍則仍然襲用江西時期以強擊弱的故技，結果卻有霄壤之別；多半是共軍能夠保持有生的力量，等待敵人撤退，便立即捲土重來，進而繼續擴大，而國軍則在崩潰以後，一蹶不振，無法東山再起。共軍面對日軍的掃蕩或清鄉，有農村基層政權的配合，消息靈通，情報準確，往往能及時脫離包圍圈，或以營連為單位，分散到各角落隱藏，甚至可以「地方化」成為基層武裝，以求得生存；國軍則一旦分散到營或連，即便原來是軍紀優良的部隊，也因為給養問題，而不得不以搶掠維生，終於淪落為老百姓眼中的散兵游勇或綠林土匪。蔣中正不了解問題的關鍵所在，以為游擊戰純粹是軍事戰術問題，還在中共的協助下，於1939年舉辦南嶽訓練班。可是地方政權的性質未改，農民無以動員，結果仍然是一敗塗地。國軍在日軍掃蕩前夕，因為缺乏機動性，加上情報系統不靈敏，而未及撤退；即便僥倖而能及時撤退，也因為沒有像中共一樣的地方民兵擾敵和疲敵，而使日軍在占領一個地方後得以落地生根；即便是日軍迫於後勤不繼而自動撤退，也因為沒有群眾通風報信，而往往由情報靈通的共軍捷足先登，搶先報導收復失土之功。倘使國軍已遇敵崩潰，則共軍更有理由填補該地軍事真空了。總之，面對日軍的進攻，共軍仍能繼續擴展，而國軍若非一觸即潰，便是不知所措，最後只有走上投降之一途。縱使投降的國軍將領是「曲線救國」，一般老百姓既無法探知其隱情，更無法證實其傳聞，於是國軍將領降日便只能證明中共所說國民黨無心抗日的宣傳了。

中共參加國軍南嶽幹訓班人員。1939年國民政府為了在日本敵後開展游擊戰，在湖南衡陽成立南嶽幹訓班。中共為表示共赴國難的誠意，派葉劍英(左起第2人)、李濤(第4人)等人以游擊戰術教授國軍軍官。但是這些國軍軍官回到原來軍隊以後，發現原來軍隊無法配合，根本是英雄無用武之地。

中共的游擊戰也並非無往而不利。游擊戰是劣勢軍隊的作戰方法。日軍一方面擴編偽政權和偽武裝，另一方面則大修鐵路、公路和碉堡，形成一個一個所謂「囚籠」，把中共的根據地切割得越來越小。共軍打游擊戰所需要的迴旋空間緊縮後，日軍掃蕩成功的機率越來越大。為了打破日軍封鎖，八路軍遂發動所謂百團大戰。這不是傳統意義的大戰，而是一場公路和鐵路的破(壞攻)擊戰，參與的不僅有正規軍隊，還有許多農民大眾；他們的武器也不限於槍彈炸葯，還包括一般農具和扁擔。最初設想的規模不大，只有二十幾個團參加，主要目標是正太、平綏和同蒲鐵路。不料，戰爭初期充分發揮了奇襲的效果，日軍措手不及，所受到的損害頗大。彭德懷陶醉在勝利當中，任由八路軍和民兵自動參戰，因此到戰爭後期，參戰的正規和非正規軍竟然擴大到有百團左右兵力。只是日軍在慌亂一陣後，立即恢復鎮靜，並終於了解，敵後的反共武裝並不是嚴重威脅，真正的心腹之患乃是中共。從此以後，便把注意力集中在中共身上，使得八路軍受到嚴重的打擊，以致毛澤東評價百團大戰時，儘管表面上極力讚揚其抗日成效，實際卻認為得不償失，多此一舉，把戰役擴大到百團的規模，尤其不智。

百團大戰雖然暴露了中共的實力，但是到1940年年底，中共已蓄積了充分力量，足以應付日軍的猛烈進攻了。此時，八路軍已從 4 萬餘人擴大到50萬，黨員從4萬增擴大到80萬，民兵人數也從零擴大到200萬之眾，中共所控制的人口將近 1 億。1941年初，日軍終於發動了中共未能預見到的強大攻勢。從此以後，中共的根據地便進入了收縮階段。

日軍在對付敵後中共的作戰時，根據其軍事能力，將敵後地區分為治安區、準治安區和非治安區三種。治安區中，日本有充分的兵力，基本上無論是國軍或共軍都無集體活動的空間。在此地區，日本占領軍採取清鄉的辦法，部隊長期駐紮，推廣保甲和警察制度，全力扶植傀儡政府。在準治安區，日軍則採取所謂蠶食戰術，或以懷柔手腕，或以恐怖鎮壓，把準治安區一點一點變為治安區。在非治安區，

百團大戰。1940年8月，中共為打破日軍的鐵壁合圍政策，發動百團大戰，主要目標是公路和鐵路的破壞。圖下為老百姓破壞鐵路，圖左為共軍攻占河北淶源東團堡後，在城堡上歡呼勝利。不過，百團大戰暴露了共軍的實力，日軍從1941年起把注意力集中在根據地的掃蕩上，為中共華北根據地帶來三年極為艱苦的日子。

華北日軍的碉堡和封鎖溝。日軍效法國軍在江西剿共的經驗，大量修築道路，並興建碉堡，更加上鐵絲網，形成廣大的無人地帶，把中共抗日根據地分割成互相不來往的小塊，逐一擊破，以便擴大自己的占領區。

也就是國軍和共軍的統治區中，則加強掃蕩，同時師法國民政府的五次圍剿戰略，延伸公路，廣建碉堡，另外更建築封鎖溝和封鎖牆，切割敵占區。掃蕩的軍隊分進合擊，梳篦清剿。從1941年到1944年初的三年期間，日軍竭盡全力掃蕩中共占領區，雖然在官方命令中找不到「三光」這兩個字，但所謂「三光」的燒光、殺光、搶光，確實可以充分說明當時的慘況。任何有協助共軍嫌疑的聚落都會受到毫不留情的報復，而為了區隔治安區和非治安區，日軍更不惜製造無人地帶。

中共的對策是反其道而行，在日軍所謂非治安區中，針對日軍的掃蕩，展開反掃蕩；在日軍所謂準治安區，針對日軍的蠶食，出其不意，予以打擊；而在日軍所謂治安區，針對日軍在地方推行的保甲制度攻勢，派便衣武(裝)工(作)隊打擊之。實際則強調長期隱蔽，積蓄力量，軍事的攻勢只是象徵。如果有軍事攻勢，也是游擊戰或暗殺形式，而且主要對象集中在偽軍和偽政權人員，尤其是下層人士。對日軍則盡量不加冒犯，甚至為了軟化日軍的攻勢，可以用保證給養之類的建議取得和平，並乘「局部和平」進行反戰宣傳。針對日軍對農民的報復，實行所謂「白皮紅心」政策，准許農民和幹部在一定的條件下，對日軍屈服，甚至納稅納糧，但是必須暗中保持中共的政權形式，並竭盡所能破壞日軍的統治。同時，中共視情形減免白皮紅心地區的稅賦。在統治鞏固的中心地區內，則在反掃蕩之外，實行精兵簡政政策，一方面把精簡下來的幹部送到陝北受訓，另一方面要求軍隊和機關參加生產，自力更生。

儘管中共有其因應之道，但還是難敵日軍凌厲的攻勢。敵後根據地到處出現戰火、饑荒，以及廣大的無人地區。中共所受日軍壓力之大，從下面幾則數字可以得到反映：晉察冀和晉綏兩根據地縮小三分之一，晉冀魯豫縮小了二分之一，處在平原地帶的冀南和冀中兩塊地區更由安定的根據地變為敵我爭奪的游擊地區。所謂游擊地區，就是說中共在這裡基本上不能公開活動，軍隊的主力已經全部撤走，僅有地方軍隊和一些組織暗藏在老百姓之中生息。就人口數字而言，根據地原有的 1 億人口減少到5,000萬。根據地的經濟無法維持大規模正規軍的存在，正規軍除進行生產以外，也不得不縮減兵力。單單1941年，正規軍便減少了將近10萬。

不過，日軍雖然給予中共極大的打擊，卻無力徹底殲滅中共的有生力量。中共則是「苦撐待變」，等待日軍因為戰場的擴大，無力繼續進攻，更希望日軍為了應付其他戰場的需要，不得不減緩對敵後戰場的進攻。只是，中共的「苦撐待變」比國民黨帶有積極的意義。中共在這一段等待期間，除全力確保有生的力量，強調蓄積力量以外，同時並加強內部訓練和控制，以備所謂「對日反攻」時期的來臨。

日軍的主要敵人雖然是共軍，但是捕捉不到中共軍隊的主力，經常徒勞無功，挫折之餘，反而又把積極進攻的矛頭對準敵後的國軍。就在新四軍事變後，日軍於1941年初擊潰從河南沿隴海鐵道兩側東進的國軍，替蘇北共軍紓解了部分壓力。隨後又在同年 5 月發動太行山戰役，迫使大量國軍投敵。其他地區的國軍，尤其是留在敵後的雜牌部隊，更迫於日軍的軍事壓力，紛紛變節成爲傀儡部隊。中共針對這些國軍將領的投敵降敵，大肆宣傳，打擊國軍抗日的聲譽。

國軍無力反擊日軍，只好把注意力全部轉移到共軍身上，不僅徹底切斷對中共的軍經援助，並對中共中央所在的陝甘寧邊區實行嚴厲封鎖。中共爲了打破國軍和日軍的雙重封鎖，不得不自力更生，展開大生產運動，發展陝甘寧邊區的經濟。當時中共唯一可以引爲臂助的蘇聯，遭到德軍的全面攻擊，正在生死存亡之秋，1943年甚至爲了取得美英等國的好感和協助，自動解散共產國際。國內外局勢都對中共不利，中共像是在大風巨浪中咬緊牙關，等候晴空到來。

苦撐到1944年春，中共終於得到了翻身機會。當時日軍爲了打通東京到越南的陸上通道，開始籌畫對國軍發動戰略性進攻。因爲兵力不敷配備，不得不收縮占領區內的防禦陣地，或將其移交給僞軍戍守。這便給共軍帶來了收復失地的機會了。另一方面，國軍在日軍的閃電進攻之下，全線崩潰，無論華北華南均失地千里，重慶政府處在風雨飄搖之中，自顧不暇，中共正可以向國軍撤守地區大肆擴展。由於中共認爲美軍即將在華中、華南登陸，所以採取「向北防禦、向南進攻」的戰略，從這一年年底開始從陝北和華中調軍南下，分別越過隴海路和長江，向湖北、湖南、廣東和浙江發展[7]。在這一個中共大事擴展的時期，僅到1944年底爲止，中共便宣稱收復了16座縣城，8萬平方公里的土地和1,200萬的人口。到日軍宣布無條件投降時，國軍主力遠在西南，共軍更可以乘機進行擴展，於是又總共收復了擁有1,870萬人口、31萬平方公里的土地，包括280座中型或小型的城市，其中以張家口、邯鄲、煙台和威海衛等交通重鎮或港埠最爲重要。到國軍有能力回應時，中共又得到一次大發展的機會，從而宣稱自己是一個擁有120萬黨員、91萬正規軍、220萬民兵、9,500萬人口和95萬平方公里土

7　中央檔案館，《中共中央文件選集》，15：6，32-36，47-50。

地的大黨。三分天下有其一，中共在華北地區具有絕對的軍事優勢，在華中和華南地區，雖然擴展有限，軍事仍處於劣勢，但在津浦路以東的江北地區卻擁有局部優勢。江北的新四軍，加上江南活躍的游擊部隊，兩者對國民政府的上海、南京地區形成戰略包圍。中共逐鹿天下的本錢就這樣奠定了。

三、建設和鞏固根據地之道

抗戰期間，中共以山西爲中心，在華北逐步建立了晉察冀、晉綏、晉冀魯豫和山東四塊根據地。這四塊根據地主要分布於跨省的山陵地帶，但也兼及一些平原地區，譬如冀中和冀南。在華中，它先後建立了蘇中、鹽阜、淮北、淮南、鄂豫、皖中、蘇南，浙東等九塊根據地，勢力不如華北鞏固。比較起來，中共在華南的發展最弱，只有東江和瓊崖兩塊小根據地。全部根據地的人口，加上陝北根據地，共約1億。中共是如何從侷處陝北一隅，發展成擁有華北大部分和華中局部的「國中之國」？以下試從三個角度來回答這個問題：第一、國民黨指責中共不抗日，其真相如何？第二、如果建立所謂敵後抗日根據地是中共成功的關鍵，其大體過程如何？第三、美國學者馬克‧薛爾頓(Mark Selden)有所謂延安道路(the Yanan Way)的理論，它能解釋抗戰時期中共的成功到什麼程度？

1 「一分抗日、二分應付、七分擴大」？

國民政府向來自居民族主義的正統，指責中共乘其全力對付日軍進攻之時，在日軍未能占據的廣大敵後農村地區活動，僅以一分的力量抵抗日軍侵略，而以七分的力量擴大自己的實力，並以二分的力量應付反對中共「破壞」抗戰的政府當局。國民政府這種指責，預先假定應付、擴大和抗日三事可以截然畫分，而相互之間是此長彼消、此消彼長的關係。也就是說，中共爲了擴大實力，故意犧牲抗日，而爲

中共抗日根據地分佈圖（1943年）

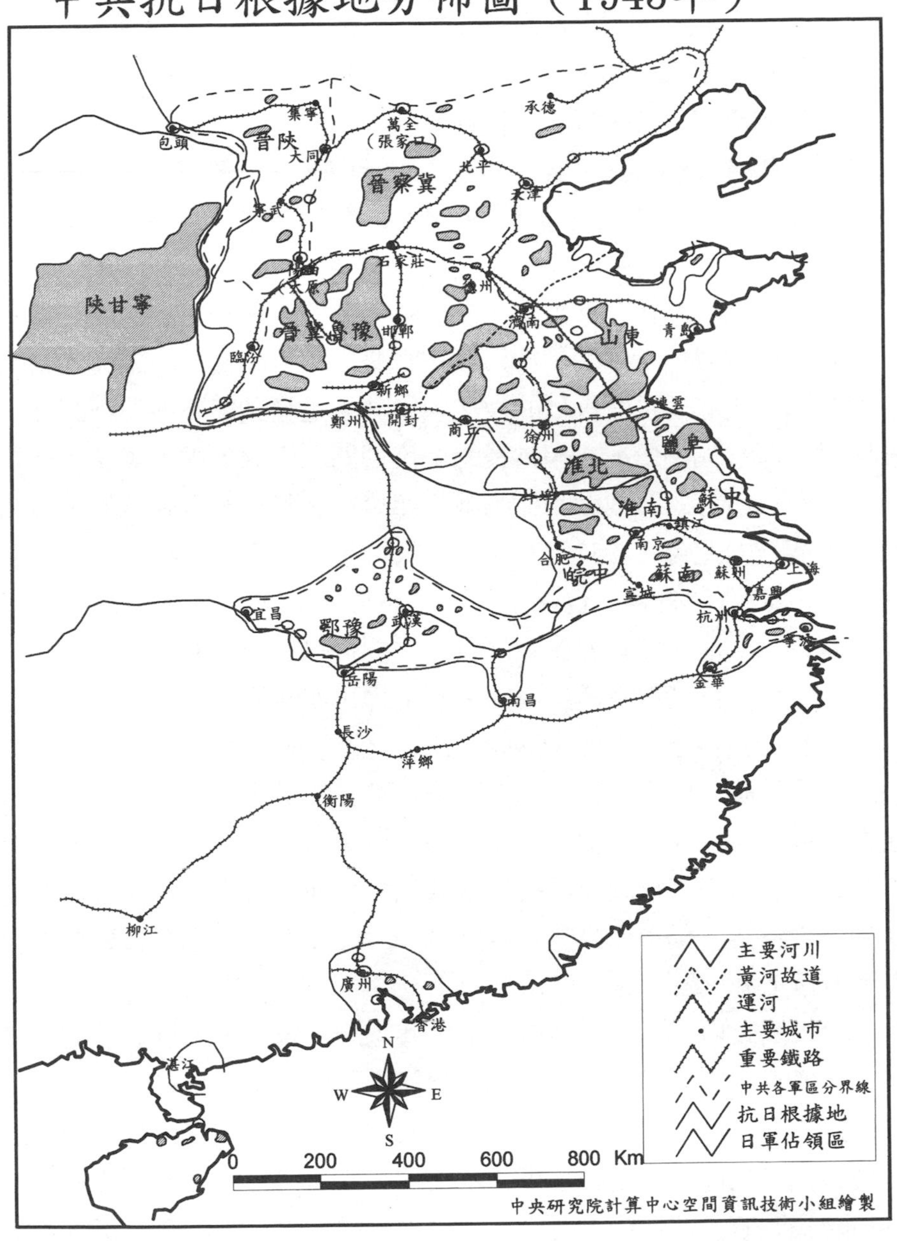

了應付國民政府的反對和鎮壓，也故意減少抗日活動。對於中共，這一假定根本就是荒謬絕倫，他們並不諱言自己確實是在擴大實力，不過堅持擴大實力是為了抗日，以備有朝一日對日軍反攻，而由於國民政府不給中共「抗日自由」，尤其不容許中共擴張勢力，所以中共必須應付。對中共而言，國民政府截然三分的三件事情，其實就是抗日一件事情而已。

面對優勢日軍的進攻，中共從抗戰一開始，便認定國民政府軍應負主要戰場的責任，中共頂多只能在戰略中予以配合。不過為了證明中共有抗日決心，也有抗日的辦法，中共還是發動了平型關戰鬥。事後檢討，卻益加堅信，在相當長的一段期間，中共不僅不應該考慮打國民政府軍所打的陣地戰和運動戰，連帶有游擊性質運動戰的平型關戰鬥都要全力避免。1937年 9 月太原戰役後，毛澤東更特別強調「獨立自主的山地作戰」。也就是說，共軍除絕對必要的小規模戰鬥以外，應盡量分散，並針對廣大農村人民的抗日自衛需要，從事動員和組織的工作，同時也在活動區內掌握槍桿子和奪取印把子，建立自己的政權和擴張自己的軍隊，形成「國中之國」。中共一方面以貧苦農民的竭誠擁護，鞏固自己的地方政權、軍區和黨組織，另一方面則以地方政權、軍區和黨組織全力動員和組織貧苦農民。由下而上，由上而下，雙管齊下，形成所謂抗日根據地，以便蓄積實力，等待實力發展到一定程度，則不僅公開奪取抗日戰爭的領導權，也要領導全中國人民對日軍進行戰略反攻。

對國民政府而言，中共發表了「共赴國難宣言」，承認了國民政府的領導權，就表示他們應該一切聽從國民政府指揮，只能在國民政府指定的區域活動。中共擴展軍隊，成立政府，建立抗日根據地，尤其是到指定戰區以外活動，都是超出國民政府授權範圍的不法舉動。最初國民政府不暇他顧，而國共關係也尚稱融洽，因此蔣中正承認了既成事實的中共晉察冀邊區政府，但隨後態度便轉趨強硬了，尤其是從1939年初以後，抗戰逐漸進入了相持階段，國民政府有喘息餘地，當然就更不容許中共打破其對政權和軍事的壟斷，而另外成立政權和軍區了。中共擴大八路軍和新四軍尤其觸及國民政府的最大禁忌，中共在擴大八路軍和新四軍後，要求國民政府承認兩軍擴大以後的編制，並依照新承認的編制增撥經費，國民政府當然嚴辭拒絕，反而指責中共違反中央命令，擅自擴充實力。

面對國民政府的指責，中共把國民政府是否有權對中共下命令的問題，變成哪一類命令中共纔會無條件服從的問題。凡是符合中共認為有效抗日前提的國民政府命令，中共便會無條件服從，否則礙難遵行。中共進而辯稱，只要能有效地抗日，中共便不應該拘泥於國民政府的命令，必須通權達變。在他們看來，擴大八路軍和新四軍就是為了更有效地抗日，只是國民政府歧視八路軍和新四軍，從來便故意對其糧餉加以限制，而今又拒絕承認其擴大的部分，並另外提撥糧餉，所以中共只能自己想辦法解決困難。當時唯有成立地方政權，中共纔有可能系統化地大量徵用民間物力、財力和人力，所以中共除了成立自己能控制的地方政府之外，又有什麼其他良策？這是根據人民有抗日自由成立的地方政府，抗日的國民政府為何不讓它們成立？況且中共已經信守承諾，並未在國民政府的大後方從事武裝叛亂，甚至也沒有大規模發展地下組織，從事顛覆活動，只是在國民政府軍事崩潰或鞭長莫及的日本敵後地區建立抗日根據地，為什麼國民政府還要千方百計地阻擾和破壞，乃至於派大軍鎮壓呢？難道敵後地區人民面對敵人的肆虐和地方的失序，不能有抗日自衛的要求？難道敵後地區人民爭取抗日自由，中共也不該予以滿足？難道中共只能坐視日軍侵占中國的領土？

中共振振有辭，聽來十分有理。但他們同時也非常了解，千萬不能就此公開和國民政府決裂，尤其是不能把國民政府「逼」到重新考慮對日戰和的根本問題上來。在國共合作的大架構中，中共已在自己的勢力範圍外取得合法和半合法的活動空間，所以一面乘機在日本敵後締造所謂抗日根據地，另一面藉由對國民政府的批評，突顯自己的抗日主張，尤其是批評國民政府片面抗戰，不肯動員貧苦農民。到戰爭逐漸進入敵我相持階段，也就是1939年以後，中共明知國民政府單獨與日軍議和的危險已經不大，但針對日本對國民政府的和平攻勢，仍不斷指責國軍不積極抗日，有投降民族敵人的危險，並以汪精衛的投敵證明這並非杞人之憂。

其實中共這種作法是一石二鳥之計，除「抹黑」對手以外，也可藉此指責來證明其締建抗日根據地的必要性：萬一國民政府真的對日單獨議和，建立抗日根據地不正好是未雨綢繆？儘管中共指責國民政府有「投降」危險，卻在不妨礙自己坐大的前提下，採取各種措施來紓緩國民政府的敵意，例如派周恩來參加國民政府的工作等等。從中共的觀點看，對國民政府「鬥爭」和「聯合」交相為用，鬥爭時只要站在「理」上便可以萬分尖銳，然而萬不能因此而造成國共合作的完全破裂，尤其萬不能因此而促成國民政府單獨對日議和。所以「鬥爭」時不忘「聯合」，不過聯合也有限度，萬萬不能因此便忘記了對國民政府的批評，尤其萬萬不能忘記了繼續發展自己的實力。總之，中共認為，為了抗日，必須有一套應付國民政府的辦法，而這一套應付辦法，從和平統戰到流血衝突，千變萬化，不一而足。

抗日戰爭爆發以來，中共的八路軍和新四軍可以在國民政府指定的戰區從事軍事活動，而中共也可以在抗日合作的口號下，在遭受日軍威脅的地區中成立中小型的統一戰線，取得當地國民政府官員的認可，組織抗日游擊隊和成立抗日政權。中共黨員有時還以國民政府官員的面貌出現。無論中共是以什麼模式取得合法和半合法的活動空間，中共在其活動地區一定都會以發動農民為其急務。中共的理由很簡單：抗日不能完全依靠地主士紳，而必須同時仰賴貧苦農民；若欲仰賴貧苦農民，便必須改善他們的生活；若要改善農民生活，則必須實行溫和的改革。至於何謂溫和的改革，中共並未獨出心裁，只強調把國民政府楬櫫的某些政策付諸實現而已。當然，如何把這些紙面主張付諸實現，中共卻避而不談。不過在他們兌現承諾後，貧苦農民的確大量湧入農會，中共也以他們為基礎，迅速改變地方的權力結構。地方士紳，甚至國民政府的官員，最初不一定了解這些主張的政治含義，但最後必定會發現所處的權力脈絡已經完全改變了，面對有組織的農民群眾，若非不得不屈從於中共越來越多的政治要求，便是指責中共罔顧信義，要和中共畫清界線，而前者的案例尤多。

1939年以後，國民政府鑒於「和平」交涉已經無法阻止中共擴大其實力，於是開始訴諸軍事鎮壓。中共則以保衛抗日自由為名，以牙還牙，其實是採取更有系統的反擊。國軍不僅不能有效對抗注意力已轉向敵後戰場的日軍，而且不能克服本身的內部矛盾，所以面對羽翼已豐的中共勢力，總成為對方分而治之、各個擊破策略的好對象。國軍對中共越是訴諸武力，所受的軍事挫折就越大，也越是動搖自己在敵後戰場的統治。諷刺的是，日軍經常以清除赤匪為口號，在敵後戰場發動掃蕩和清鄉，實際結果卻是擊潰在敵後看守地盤的國軍部隊，不僅不能減輕中共對日本占領區的威脅，反而為中共提供了獨霸敵後抗日戰場的契機。

由於敵後戰場國共勢力的消長，日軍的注意力越來越指向中共根據地。儘管中共力求避免與日軍正面相抗，但日軍的殘酷掃蕩和清鄉不可能完全避免。日軍對敵後地區清鄉所取得的效果比掃蕩要好，但是所需要動員的軍力、人力和物力大多了，尤其是要動員大批文職人員，從事類似戰地政務的工作，並建立區鄉政權和警察武力，所需經費極大，並不是任何地區都可以輕易進行的。但是掃蕩受限於軍力，只能持續一段時間，超過此一時間，日軍便難以為繼，中共則不僅捲土重來，還可以展開一些反擊。雖然在反擊的活動中，中共的主要目標是偽軍和偽政府人員，可是誰能說這不是抗日？中共在整個過程中，更以抗日自衛的口號動員當地所有百姓，加深他們敵愾同仇的心理，不惟自動提供軍隊所需的人力和物力，也實際參與各項擾敵、疲敵和反擊敵人的軍事活動。中共這種抗日游擊戰規模不大，死事卻不能說不慘烈，尤其是積小勝可為大勝，農民又有參與的可能，國民政府硬說中共不抗日，怎能服人？面對日軍的進攻，國軍浴血抵抗，經常驚天地、泣鬼神，但總是抵擋不了日軍的攻勢，反而是軍隊狼奔豕突，導致敵後政治秩序完全崩潰，人民生活也陷於於水深火熱之中。留在敵後戰場的國軍，因為不懂游擊戰，也不懂如何動員農民，所以每次掃蕩都遭致重大損失，甚至在敵後不能立足。這種抗日，貧苦農民無法參與，可是必須提供國軍人力和物力的需索。在這種情形下，國軍越是傾全力和中共爭奪地盤，越是予敵後地區人民以「勇於內戰、怯於外戰」的印象，更何況其結果經常是打不過中共，甚或在打了敗仗之後投降日偽！國民政府批評中共不抗日的言論，對遠離敵後戰場的大後方老百姓，或許有一些說服力，但對身處敵後戰場的一般老百姓，卻成了顛倒黑白，公然說謊。

針對國民政府「游而不擊」的指責，中共強調根據地的存在，使日軍無法以戰養戰，客觀上起了分散日軍注意力的效果。然則為了更強有力的證明自己不是「游而不擊」，中共仍在1940年夏秋發動百團大戰。只是百團大戰過早暴露了中共實力，招致日軍的全力清剿，造成1941年到1944年中共的艱困局面。中共處此形勢，益發了解自己實力的不足，所以特別強調避實擊虛，甚至避免和分散到各小據點的日軍直接作戰，而為了避免日軍採取清剿措施，更以各種友好動作來鬆懈日軍的敵意。中共把軍事矛頭完全指向素質低落、訓練不精的偽軍和其他親日分子。就中共和國民政府的關係而言，在這一段時期，中共儘管在1941年初的新四軍事變中受到不小的損失，但是越來越相信國民政府不可能與日軍議和，所以他們擴展實力的作法愈加明目張膽，到處成立根據地政權。

敵後地區人民面臨日軍的鎮壓，亟需政府的有效幫助。中共提供有效的對付方法，因此不僅貧苦的農民對其輸誠，連非共的抗日知識分子和中共視爲「潛在階級敵人」的富農、地主和士紳都可能寧願接受中共動員農民的計畫，而不願依附國民政府在敵後的軍隊。這些農村社會的菁英，雖然在意識形態上仍然受到中共的猜疑，但至少在表面上被視爲「開明士紳」和「愛國分子」，中共在他們不積極反對動員貧苦農民的前提下，也全力爭取。有的時候，中共對他們的照顧和尊敬，比國民政府猶有過之而無不及，尤其在貧苦農民接受中共動員以後，中共更經常強調對其「人權、物權、財權和政權」的照顧，藉以紓解他們的不滿。儘管這些讓步並不會改變實際的政治權力結構，卻讓他們願意容忍中共的統治。

中共在擴展實力過程中，不得不抗日，更不得不應付國民政府。所以儘管國民政府指責中共不抗日，但中共在敵後地區，甚至在敵後地區之外，逐漸取得民族主義代理人的地位。雖然到抗日結束，中共並沒有真正的實現對日總反攻的諾言，但他們在國軍潰退、遺棄百姓之後，至少從日軍手中收回了不少失土。1945年初，國軍雖然展開局部反攻，但是輿論依舊難以忘懷1944年遍及華北、華南的國軍大挫敗。國軍的局部反攻主要在西南地區，對中共活動的華北和華南地區影響不大。在大多數人看來，國軍也沒什麼反攻行動，抗日勝利便從天上落下來了。共軍反而因爲1944年前後的種種活動，被認爲對日反攻有具體表現。國共兩黨彼此力爭抗日民族主義的正統，這是一個開放的形勢，除非國民黨在抗日問題上有足以說服人的充分證據，否則一味地質疑共產黨「二分應付」國民黨，很難引起共鳴。

2 建立基層結構

中共稱其統治區爲抗日根據地。從行政組織上來看，每個省、專員區、縣、區、鄉或村，都是一個整體，但是從其上級單位來看，每個單位也都是整體的局部而已。中共的作法是，在行政結構中，或由上而下，或由下而上，逐步展開動員農民的工作。由上而下，是先建立上層的統一戰線，或建立初步軍事控制，然後來動員下層農民，以便鞏固上層的統一戰線，並進而在統一戰線中取得主導權。由下而上，則是在農村基層直接動員農民，多半秘密進行，頂多半公開，等待實力累積足夠以後，再安排或奪取比較上層的控制。無論採取那一種模式，中共最重視的是社會基層，也就是縣以下的單位，要在這個層次建立一個全新的政治結構。這個政治結構是由四個不同指揮系統的延伸所組成，亦即政權、軍事、群眾團體和黨部。以政權為例，縣以下要設置鄉長、村長和各級人民代表；軍事系統設置地方武力和民兵；群眾團體則設置農民抗敵會、工人抗敵會、青年抗敵會和婦女抗敵會等等。這些不同系統的組織後面是農村支部和區分部，各級黨部的負責人可以根據一元化黨領導的政策，指揮同級的政權機構、軍事武裝以及群眾組織。

中共的基層結構是國民黨所沒有的。一般說來，國民黨的統治只到達區這個階層，再往下雖然有村長和保甲長之類的設置，算是政權的延伸，但是人單勢孤，缺乏社會威望，理論上是無所不管，實際上卻因為人手不足，除徵兵徵糧以外，幾乎什麼事情都不管。他們並不是正式官僚結構中的一員，沒有薪水，收入來自實際「征收」和上繳「征收」之間的差額，故貪汙中飽的情形，勢所難免。他們的素質一般也不高，擺架子的情形很普遍，因此很容易成為中共「反貪汙」和「反官僚」的打擊對象。最嚴重的問題是，鄉以下的官吏背後，既沒有群眾武裝，也沒有群眾團體為後盾。農村基層若有群眾武裝或群眾團體，則這些組織多半受農村士紳以及其他地方自然領袖掌握。這些軍事和社會領袖，多半是既得利益者。他們要不是地主，也至少是富農或富裕中農。鄉長以下官吏對他們優禮有加，所以徵糧徵兵、派伕派工之時，也不敢公平執法，通常要與他們合作，而把重擔加在無權無勢的貧苦農民身上。雖然有一些鄉長、保甲長、地主、士紳加入國民黨，或擁有良好的黨政關係，但基本上可說，國民政府的農村並沒有黨組織存在，而上述地方領袖也多半不依賴國民黨「出人頭地」。既然其稱霸一方與國民黨組織無關，又何必事事聽從國府指揮呢？況且國民黨內部派系紛繁，彼此鬥爭激烈，又如何判斷誰代表國民政府發號施令呢！

中共很了解，國民黨這種基層結構，經常是成事不足，敗事有餘。中共的政策是在農村建立一個全新的基層結構。這是他們從1927年國共分裂以後的政治目標，在1930年代已有相當成就，但是要到抗戰時期，才十分成功。他們依賴新的基層結構，從農村動員人力、物力和財力，不但「苦撐待變」，而且蓄積力量，以致抗戰結束時，能夠和國民黨一爭短長。中共這個基層結構的主要特色，一是人多，二是經濟效益高，三是社會基礎實在，人民主動參與。這個新基礎結構是如何建立起來的呢？中共在抗戰時期雖然停止土地革命，另外提倡溫和的改革，但其追逐目標仍是農村的兩極分化。他們把農村社會預先劃分成兩個利益相衝突的團體，是國民黨政權的基層幹部──鄉長、村長或保甲長以及支持他們的地主和富農階級，另一則是貧苦農民和不反對中共政策的少數地主和富農。中共在動員貧苦農民的過程中，逐漸向他們灌輸基本的階級鬥爭理念，同時把他們中間的積極分子引進中共的基層組織，以替代農村原有官員。中共決不容許地主和士紳加入農民協會和中共黨部，但是開放政權和民兵組織，盡量容納那些不反對中共政策的富農、士紳和資本家。這些富農、士紳和資本家便是中共眼中的「開明士紳」，雖然他們是新農村基層結構的一部分，但是作為附屬分子，他們卻有系統地受到歧視和懷疑。中共在一個地方建立起這樣的新權力結構，便可說他們在這個地方建立了基本群眾的優勢。

這樣一個新權力結構的建立，並非一朝一夕可竟其全功，其過程艱巨，而且建立之後，必須不斷全力維護。首先，中共必須通過所謂溫和的改革，動員其所謂基本群眾的貧苦農民，同時達到農村社會兩極分化的目標。這些所謂溫和的改革主要是：「打漢奸」、「減租減息」和「合理負擔」。對中共而言，「漢奸」並不是單純的民族矛盾問題，同時也顯示了農村階級社會的本質。日軍占領一個地方以後，絕大多數的農村社會成員不可能離鄉背井，尤其是長期在外逃難，即使就是農村中有頭有面、有產有勢的地主士紳也不例外。日軍占領一個地方，需要人力、物力和其他服務，所以一定要找一些負責人，這些負責人可能心甘情願，也可能心不甘情不願，可能狐假虎威、漁肉鄉里，也可能愛護鄉梓、捨身地獄。其中不少人是舊政府的保長、甲長、村長或是地主士紳，所以中共打漢奸，一方面可以突出其民族主義的熱誠，另一方面則可以削弱富農和地主的政治和經濟力量。面對貧苦農民的時候，中共強調「漢奸」的階級根源，而視貧苦農民的「漢奸」為情有可原。面對國民政府地方官員或地主士紳的時候，則突出抗日愛國情操。無論如何，中共打漢奸，是透過農民組織，針對個別地主士紳或保甲長進行鬥爭，由農民指控，由農民鬥爭，目的則是造成貧苦農民和這些所謂漢奸的徹底決裂。由於國民政府和地主士紳從不以階級觀點看「漢奸」問題，反而相信這只是個人的道德淪喪，所以面對中共的反漢奸鬥爭，反應經常是個別的，在農民以「漢奸」罪名鬥爭某一位特定士紳地主時，甚至會站在農民協會一邊。不過，由於中共強調「漢奸」是階級傾向的表現，農民協會也可能以漢奸罪名對情節輕微、甚至毫無情節的地主士紳展開鬥爭。

減租減息影響地主、士紳和富農的利益是直接的。國民黨有減租減息的法令，原來的目的是改善貧苦農民的生活，但是因為農村既得利益者的反對，淪為紙上談兵，口惠而實不至。中共站在階級鬥爭的立場上，要求確實執行，而且把減租減息看成分化農村社會的工具。毛澤東透過一分為二的哲學觀點，便曾這樣說過：「減租減息是爭取了地、富的左翼(案：即開明士紳)，中立了地(主)、富(農)之一部，打擊了地、富的右翼。減租減息之妙在此」[8]。其實前述打漢奸便有同樣奇妙的效果。質言之，對國民政府言，毫無階級鬥爭含義的減租減息政策，經過毛澤東用階級的「有色」眼鏡一看，不僅成為打擊農村統治階級的工具，也成了分化農村統治階級的憑藉。中共便透過減租減息過程中的財富轉移，把貧苦農民鼓動起來，要他們成立農民抗敵協會，執行法令，鬥爭違反法令的地、富階級，和地、富階級形成勢不兩立的局面，並進而改革和控制農村基層原有的權力結構。在這個鬥爭過程中，中共藉著地、富左翼的支持和中間分子的痲痺，把地、富的右翼踩在腳底之下，使他們動彈不得。

合理(的賦稅)負擔也是中共基層政策的重要部分。華北基本上是一個自耕農為主的社會，減租減息政策對貧苦農民的吸引力不大，真正激動一般農民情緒的還是政府的稅賦問題[9]。雖然「有錢出錢、有力出力」是國民政府的抗日口號，但是從未落實到農村基層過，中共不僅繼承這個口號，而且有所行動，它對長久以來抱怨稅賦負擔不公平的農民來說特別具吸引力。貧苦農民總是感覺，有錢地主不但沒有「有錢出錢」，反而把稅賦都轉嫁到他們身上。如今中共通過農民抗敵協會，在抗日口號下，把主要負擔都放在富農和地主身上，並進而乘機減輕、甚至完全豁免所謂基本群眾的負擔，貧苦農民為什麼不歡迎？以抗戰初期的晉察冀邊區為例，該邊區平均只有百分之三十到四十的人口納稅；易言之，僅有地主、富農和極少數的富裕農民納稅[10]。地主和富農即使心懷不滿，一來因為「合理負擔」的口號難以反駁，二來因

8　當代中國人物傳記叢書編輯部，《陳毅傳》，頁407。

9　早在1928年7月中共已注意到此一現象了，所以強調在華南從事農民運動應以反地主階級為主，而在華北從事農民運動則應以反對苛捐雜稅和拉伕為主。見中央檔案館，《中共中央文件選集》，4：355。

10　劉昶，〈華北村莊與國家，1900-1949〉，《二十一世紀雙月刊》，1994年第12期，頁58。

晉西北
減租交租條例

——中華民國三十一年九月二十日頒佈——

第一章　總則

第一條：為調[illegible]減租交租、保障地主與農民地權，調整租佃關係，發展農業生產起見，特制定本條例。

第二條：所有租种、夥种、[illegible]之公地私地，不論其為死租、活租、[illegible]租、錢租者，均須依照本條例實行減租交租。

第二章　減租

第三條：山地依戰前原租額先以七成五折算（因戰後多量的改耕前之七成）再減百分之二十五，水地平地只減百分之二十五。

戰前原租額如為活租者，以其數交租額為原租額。

第四條：[illegible]租額地[illegible]依照第三條減租後，其租額尚不足或為於田賦時，須於原租額內除去田賦再行減租。

第五條：[illegible]地之[illegible]出人所得照戰前原分配法減少百分之二十五；如[illegible]出人投資（畜力肥料種子水利等）時，其

—— 1

晉西北
減息交息條例

——中華民國三十一年九月二十日頒佈——

第一條：[illegible]減息交息，流通借貸，活躍金融以利民生起見，特制定本條例。

第二條：商業上之欠款，不屬於本條例之範圍。

第三條：民國二十年以前之債務，因十九年晉鈔破產債務關係混亂，事隔多年亦[illegible]清理，不能確定者，本判一律停付。

第四條：民國二十一年以後本條例頒佈以前之債務，不論錢債糧債，均依照下列各款清理之：

已付利息不滿原本一倍者，原本照还，欠息以年利分半計算；

已付利息超過原本一倍以上不滿一倍半者，停息还本；

已付利息超過原本一倍半以上不滿二倍者，停息还本一半。

已付利息在原本二倍以上者，本利停付。

第五條：舊債須於本條例頒佈後一年內依據前條所列各款清理並歸還之，確係無力償还者得先償还一部，餘款以年

—— 7

減租減息。減租減息基本上是國民政府的法令，中共從階級鬥爭的角度分析，利用其中資源重新分配的含義，把農村分化成絕大多數的貧苦農民和絕對少數的富裕地主兩個對立陣營，在灌輸貧苦農民階級意識後，進一步動員他們奪取農村各種權力，把所有富裕地主都看管起來。這種抗戰時期的改革，外表温和，其實卻是一種無聲的階級革命。圖為晉西北減租減息條例(上)，以及農民如何向地主進行說理鬥爭(下，古元的版畫)。

為這畢竟不是土地革命，所以多半逆來順受。當時，中共對地主富農雖然不說階級鬥爭，但以階級鬥爭的觀點，詮釋國民政府合理負擔的口號和政策，並以之向貧下中農宣傳，要他們組織農民協會，與違反合理負擔政策的地主和富農鬥爭，藉以達到使農村社會向兩極分化的目的。中共便在此兩極分化的過程中，吸收貧下中農裡面的積極分子，成立黨支部，並鼓動他們透過民主選舉和其他合法手段，掌握農村政權和農村武裝，代替士紳地主為農村中的新統治階層。對農村既得利益者而言，雖然經濟的衝擊尚小，但政治的打擊極大極重。

動員農民是一個艱難而反覆的過程。儘管有外來的中共幹部支持，農民害怕地主士紳報復，多半不敢有所行動。因此，像湖南的農民運動一樣，中共經常須仰賴地痞流氓打頭陣，由無產游民帶動貧苦農民起來鬥爭地主士紳。等到貧苦農民起來參加鬥爭以後，再提拔他們取代地痞流氓[11]。貧苦農民在起來鬥爭後，害怕地主士紳報復，尤其害怕日軍、國軍變天，因此中共可以利用這種恐慌心理，透過民主形式和政治參與，讓他們中間的積極分子，以壓倒性多數的選票，取得基層政權的控制。同時中共也可以透過各種合法和不合法的手法，進一步動員貧苦農民去鞏固他們對農村武力的控制，建立基層的軍事優勢。中共和國民黨不同的另外一點是，黨的組織深入農村基層，每一個村最好都擁有黨員，凡無黨員的村叫空白村，必須從地圖上消除。農村的黨組織，基本上是秘密的，僅有少數農民可以參加，參加的人理應是中共動員過程中浮現的所謂積極分子。他們不一定完全理解中共的黨組織，初加入時的理由也千奇百怪，可能是因為有利可圖，可能是因為一時糊塗，絕大部分仍是因為中共幫助他們翻身而感

11　〈劉少奇的一次談話〉，《革命回憶錄》，1985年，17：168-69。劉少奇解釋他起草的《山西農會章程》說，所以不能在章程中加上「防止流氓混入農會」一句話，是因為在他看來，「流氓」是「一種勇敢分子」，為農民運動所必需。

激涕零，有一種報恩心理。他們加入之後，黨組織除了強化其原有的效忠觀念以外，更灌輸階級觀念和策略教育，使其變成中共掌握農村政權和軍隊的中堅骨幹。

抗日根據地的群眾武裝。中共在各抗日根據地從事全面動員，不僅將青壯男子編成民兵隊伍，也將婦女和兒童組織起來。民兵缺乏現代裝備，長纓槍是主要武器。平時致力於地方秩序的維持，戰時則配合正規武裝活動。兒童團站崗放哨、傳遞情報，是中共檢查行人路條最好的幫手，他們忠誠無二，鐵面無私。

中共動員貧苦農民的手法，極為靈巧。建立根據地，在不同的地區實行不同的政策。當時中共活動主要在日軍後方，尤其是在日軍進攻打敗國軍的地方。中共根據軍事優勢把自己活動的地方分為敵占區、中央區(核心區)和邊緣區。中共在核心區擁有局部的軍事優勢，縱使當地老百姓和日軍的矛盾不大，中共也可以強調內部矛盾，利用比較激烈的階級鬥爭，動員農民。在邊緣區，日軍雖然已有鞭長莫及之感，但中共也不能取得局部的軍事優勢，因此只能在這種地區從事極小規模的游擊活動。這種地區地方人民和日軍的矛盾可能極大，要不然則是土匪綠林極多，農民有保家衛國的需要，中共可以通過「打漢奸」、「反貪汙」和成立武裝自衛組織等口號來動員一般民眾。在這種地區，中共基本上不強調階級鬥爭的問題，動員的對象也盡量包括富農和地主士紳在內。至於敵占區，則敵軍擁有絕對優勢，中共要求耐心潛伏，暗中發展組織。

中共在國共合作的口號下，也與地方上出現的自發性武力建立各種層級的統一戰線。這些自發性武力的領袖，眼光多半是局部的，面對日本軍隊、偽政權，甚或國民政府的威脅，很願意接受中共的統戰和協助。他們認為中共只是另外一個國家層級的權力團體，卻不知道接受中共的統戰和協助，雖然可以用來對抗其他「外來力量」，卻必須接受中共打漢奸、減租減息和合理負擔、民主選舉等動員政策。中共又以抗日為理由，說服他們和地主士紳，支持其各項動員農民的政策，而藉由這個過程建立他們自己的群眾基礎。貧苦農民有中共這種下層統戰的掩護，比較不怕觸動原有的權力結構，因而敢於落實足以改善他們物資生活的中共改革政策。只是中共動員貧苦農民的作法，在產生效果以後，勢必令統一戰線的對象，尤其是富農和地主士紳，重新考慮自己和中共的合作。不過基本群眾的優勢已經建立，也就是說，貧苦農民已經成為農村的新生力量，實際掌握農村政權和武裝，所以統一戰線的對象多半逆來順受，更何況在這個時候，中共也會有

中共的民兵抗日。日軍不時在偽軍的配合之下，進攻中共統治區，河北中部民兵的應付之道是一方面大肆挖掘地道，另一方面則到處擺設或埋藏地雷，雖然不能完全阻擋優勢敵軍的進攻，但是堅持了抗日旗幟。圖為民兵就地取材製造的鐵雷、石雷、磁雷和瓶子雷。民兵到處擺設或埋藏，令敵軍防不勝防。

一些退讓，以實際行動來保障富農和地主的參與。三三制和繳租繳息等政策即是明顯的例子。這時候中共會反過來說服貧苦農民網開一面，否則鷸蚌相爭，得利者是日軍。所謂三三制，是中共在政權機構中僅占三分之一的席次和職位，而將其餘的一半保留給非黨的左派分子，另一半保留給政治中立分子。這個政策實際上並未嚴格執行，尤其是在農村基層。但中共在區、縣以上的政治機構，則是大張旗鼓地做到相當的程度。所以儘管所謂開明士紳仍只能擔當一些不關緊要的職務，卻予外人以中共「民主開放」的印象。對失去群眾基礎的地主富農而言，他們覺得政治上還是有出路的，因此十之八九不會選擇負隅頑抗。

總而言之，中共對付異己階級的辦法在經濟上是逐漸削弱，而非徹底打倒；政治上則是徹底打倒，而非逐漸削弱。經過中共反覆動員以後，富農和地主士紳不僅喪失了政治上主導地位，也逐漸喪失了經濟上的優勢。財富的再分配雖不如土地革命激烈，然而就其結果而言，其所產生的平均效應並不遜於土地革命。由於這一切是在溫和改革的名目下發生，又發生於一次對外戰爭之中，並不惹人注意，所以這一次革命可以稱爲「無聲的革命」。

3 「延安的道路」

1941年開年以後，中共在日本敵後的根據地遭到日軍一波緊接一波的掃蕩和清鄉，中共控制的區域急遽縮小，納稅人口也隨之銳減，財政自然產生困難。中共在陝北的根據地，雖然並未遭受日軍的直接進攻，卻也發生異常嚴重的財政危機。陝北邊區從抗戰以來，財政主要依賴國民黨所撥發的軍餉和經費；即便1939年國共開始交惡，陝北邊區在這一年的財政收入中，仍有86%的部分來自國民黨「外援」。翌年10月，國民政府中止撥款，這十個月來自國民政府的收入仍然占這一整年財政收入的74.7%。然而，國民政府在中止撥款前後，加強經濟封鎖，切斷陝北邊區所有對外貿易。中共的財政收入因而銳減，但所供養的黨政軍脫(離生)產人員卻越來越多。1939年已有49,000人，次年不僅從前方調回大量軍隊對付國軍的「摩擦」，也從前方調回大批多餘的幹部受訓。到1941年，邊區所必須養活的脫產人員達到73,000人之多。為養活這些人，中共不得不悉索敝賦，農民的負擔比1937年一下子增加了十幾倍。在中共統治地區，本來便流行「國民黨稅多，共產黨會多」的抱怨，現在會多稅也多。農民為了逃避重賦，開始向外逃亡，大膽的農民甚至詛咒毛澤東天打雷劈[12]。

中共為了解決財政困難，採取了一連串的政策，例如實行精兵簡政，嚴格限制脫離生產幹部的人數，提倡軍隊學校機關單位的生產和節約，指派大批軍隊屯墾等等。精兵簡政政策的效果不大。到了1944年春，為因應地盤擴展的需要，反而必須反其道而行。軍隊在抗戰間進入了擴展階段，也無法繼續農耕，尤其是農業活動的經濟效益不大。倒是中共所一直強調的生產節約，減少了不少財政開支。中共對黨員和幹部，強調其思想改造和思想審查，要他們學習整頓不良文風、學風和黨風的文件，然後據以批評和自我批評，並接受嚴格的思想審查。在經過徹底思想改造以後，再把他們派到農村去進一步動員農民。進一步動員農民的政策主要有二：一是減租減息以及類似的經濟政策，透過財富的重新分配，調動貧苦農民的積極性。一是以傳統的經驗為基礎，把農民「組織起來」進行互助和大生產運動。兩者都強調群眾動員和農民的參與。為了配合此舉，毛澤東還在農民中發掘和培養生產模範，模倣漢代「孝悌力田」的方式勸農。另一方面則鼓勵發家致富，允許富農利用互助，進一步改善經濟生活。

上述政策，幫助中共度過了經濟難關。美國學者馬克薛爾頓統稱為「延安的道路」，它強調中共對群眾的認同，強調貧苦農民的自力

12 李維漢，《回憶與研究》，頁540-41。

大生產運動。1941年，中共面臨日軍和國軍的雙重經濟封鎖，財政陷入絕境。中共為了度過難關，鼓吹自力更生，一方面命令軍隊從事生產，另一方面則動員農民努力增產。圖上為延安文藝工作者為群眾演出《兄弟開荒》劇。圖下為大生產運動中的南泥灣，軍隊在陝北開墾水田。中共黨史片面化和理想化大生產運動，從中看不到大生產運動對延安生態環境的嚴重破壞，也看不到當時中共種售「革命鴉片」的事實。

更生。必須注意的卻是，貧苦農民的動員並非不受客觀經濟條件的限制。所以在中共發明「延安的道路」的時候，也開始發展公營商業，甚至從事大規模的鴉片貿易，以所得彌補財政支出[13]。從1944年開始，延安的機關單位和軍隊學校面對農業利潤不如商業的現實，也不顧毛澤東的命令，紛紛把大生產運動的重心從農業移轉到商業，產生了各個部門的離心傾向。所幸整風審幹加強了一元化黨領導的機制，中共在度過經濟難關以後，仍有能力加強政治控制，迫使各機關單位和軍隊學校逐漸退出商業。

※ ※ ※

抗戰爆發後，國民黨傾全力對付日本侵略，根本無法顧及中共問題。及至抗戰進入相持階段，國民政府所遭遇的日本軍事壓力雖然大為減輕，但是國民政府所能動員的資源明顯減少。抗戰爆發前，國民政府的統治建立在軍事和財經方面的優勢之上。抗戰爆發後，國民政府喪失大部分的精銳部隊，軍事上已不再握有足以挾制各省力量的優勢。反而因為財政上喪失長江中下游地區，而不得不與各省爭奪田賦資源。儘管到抗戰結束為止，國民政府在各省中央化方面取得若干進展，但是各省的離心力量始終強勁難制，要充分動員大後方的資源應付日軍已是困難重重，何況是要同時應付中共這個內在敵人了。

中共在抗日戰爭所建立的國共合作架構中，和國民黨爭奪敵後戰場。中共由於成功地建立基層政治結構，能夠在日軍的殘酷掃蕩和清鄉下保持實力，而在日軍注意力轉移到其他地區，尤其是國民黨地區

---

13 中共稱所販售的鴉片為「革命鴉片」，此為延安過來人所告知。參見陳永發，〈紅太陽下的罌粟花〉，《新史學》1990年第1卷第4期，頁41-117。關於抗戰期間晉綏邊區的鴉片貿易，當時任第120師後勤部副部長兼供給部長的范子瑜曾有簡短清楚的回憶。參見范子瑜，〈憶八路軍第120師的後勤工作〉，《黨史研究資料》，1990年第10期，頁10。

時，可以不斷擴展。國民黨沒有中共這種基層結構，戰爭採取正面相抗的辦法，雖然犧牲慘重，仍免不了喪地失土，尤其使民眾喪失信心。當國共兩黨摩擦時，國軍受制於對日抗戰的基本形勢，並不能像江西時期那樣，大規模剿共，因而採取圍堵政策。只是在國民黨大後方圍堵中共容易，在日軍大後方圍堵中共就困難多了。何況國軍內部的派系眾多，彼此猜忌，所以經常屈居下風。中共也很了解他們在敵後戰場所擁有的活動優勢，以致把主要精力都放在這裡，以民族矛盾掩蓋他們的階級政策。

抗日戰爭雖然動員了農民，但中共若沒有階級政策，則其純粹抗日的動員也很難發揮效果。中共在抗日戰爭中從事階級鬥爭，建立全新的農村基層結構，再藉以更大規模地動員人力物力和財力。他們雖然無法阻止日軍侵略，但可以阻止日軍擴大和鞏固其占領區，也可以阻止日軍達到以戰養戰的目的。由於締造全新的農村基層結構，中共更可以在廣大的敵後地區建立所謂的根據地，並在國共摩擦中占盡上風，繼續擴大其地盤。日軍投降之前，中共終於蓄積了相當可觀的實力，雖然因為抗戰的提前結束，他們並未能真正對日本占領區作戰略反攻，可是國民政府對日軍的反攻限於西南一隅，也沒有令人印象深刻的明顯表現。中共反而因為接近日本的占領區，把握住日軍投降的機會，大肆擴張，以致實力又增，更加有本錢和國民政府爭奪天下了。

第三節　唯我獨尊局面的形成

抗戰期間國民黨予人的感覺是派系複雜、山頭林立，而中共予人的感覺是精誠團結、渾然一體。其實中共內部不是沒有矛盾，就在1935年10月，張聞天和毛澤東率領紅一方面軍約5千人抵達陝北的時候，張聞天和毛澤東便即面對陝北地方共黨中的內鬨。這一內鬨基本上是一派土共利用外來幹部清除另一派土共。亦即以朱理治和郭洪濤為首的「陝北派」土共，聯合鄂豫皖來的紅二十五軍，以肅反形式，逮捕「陝甘派」土共領袖劉志丹和高崗等數百名軍政幹部，並處死了其中數十人。張聞天和毛澤東雖然恢復了劉志丹和高崗等倖存被捕人士的自由，但並未追究陝北派土著的「肅反錯誤」，反而仍然加以重用，由其負責地方黨務。張、毛所以息事寧人的原因之一是當時黨內外均面臨挑戰，黨內有張國燾虎視眈眈，黨外有國民黨的圍剿，他們了解這一內鬨的複雜性，害怕追究起來徒然造成內部的分裂。毛澤東尤其了解「陝北派」土共和國際派中央的關係，所以儘管他在中共中央有崇高的地位，也可能同情陝甘派的遭遇，但是為了和國際派和衷共濟，並不願據「理」代為力爭。

毛澤東在抗日時期，從面對張國燾的挑戰到政治上的唯我獨尊，還有很長的一條路要走。他用「兩條戰線」的鬥爭鬥倒鬥臭張國燾以後，其領袖地位隨即面臨王明的挑戰。王明的代理人背後有史達林和共產國際撐腰，從1931年初以後就一直對他進行「批鬥」。毛澤東是用什麼辦法徹底擊敗王明這個強勁政敵的？1938年底，毛澤東終於在史達林和共產國際的指示下，成為中共中央無人可以分庭抗禮的領袖，為什麼他獲得勝利以後，還要打落水狗？為什麼遲到1941年 9 月還要逼迫王明承認十年前實際主持中共中央時便已犯了嚴重的「左傾」政治錯誤，應為江西時期的失敗負總責任呢？1931年 1 月以後，王明的代理人為了控制各根據地的實力派人物，曾經屢次不點名(不指名道姓)批判毛澤東，更曾經透過兩條戰線的思想鬥爭批鬥所謂毛派人物，如今主客易勢，毛澤東成為中共中央的最高領導，他是用什麼方法來建立中共中央的思想、軍事、政治、政策和組織等五大領導的？在這個過程中，毛澤東不但成為中共黨史上第一個在重大事務中擁有最後決定權的中央領導人，毛澤東思想也被寫入中共黨綱，成為馬克思列寧主義中國化的具體表現。

一、中共中央的集體領導

1935年 8 月，張聞天和毛澤東領導的遵義會議中央決定和張國燾分手，率紅一方面軍單獨北上甘陝。幸運的是，當時國民政府軍無法同時兼顧南北，而把追剿部隊集中在此刻南下而實力比較強大的紅四方面軍上，否則，毛澤東的紅一方面軍不可能那麼順利抵達陝北。張國燾的紅四方面軍南下之後，窺伺富饒的成都平原，引起四川軍閥的大團結。四川軍閥主動配合國軍以逸待勞，卯盡全力迎擊。在幾場血戰失敗後，紅四方面軍不得不退往窮山惡水的藏族地區，不料這種地區連起碼的糧食補給都無法維持，天寒地凍，又要忍饑挨餓。不久，奉令前來會合的紅二方面軍終於甩脫了國軍的追剿，但是兩軍的會合僅使補給問題益加嚴重。張國燾始料所未及的是，紅二方面軍並不同情他的處境，反而強調兄弟不可鬩牆，主張全軍北上。張國燾此時已窮途末路，遂在1936年夏率兩個方面軍越過雪山，進入甘肅南部。

紅四方面軍和紅二方面北上以後，張國燾利用共產國際和中共中央的指示，企圖以紅四方面軍主力西渡黃河，先打通河西走廊，取得共產國際的軍事援助，以便來日和毛澤東一較短長。不料，紅四方面軍的主力西渡黃河以後，軍隊的指揮權便完全落入張聞天和毛澤東之手，而他們兩人對渡過黃河的紅四方面軍明白以電報指示，陝北貧瘠，已無餘糧，不得前來。渡過黃河的紅四面軍主力別無選擇，只好執行張國燾原先堅持的西進策略。但由於西安事變發生，中共中央西進的戰略目標起了變動。有時為了牽制陝甘國軍，要求東返或就地建立根據地；有時並無牽制敵人的需要，就依然強調西進、打通河西走廊的原始命令。這支西進紅四方面軍約2萬餘人，徘徊在兩個目標之間，屢失戰機，終於在1937年 3 月中旬，全軍敗亡於河西走廊的高台，僅2千餘人生還陝北。關於紅四方面軍主力敗亡的責任，據現有資料，張聞天和毛澤東所負的責任最大，但當時卻是最高的機密，所以兩人可以利用此河西慘敗的機會，召開政治局擴大會議，把慘敗的責任完全推到張國燾一個人身上，進而順利展開鬥倒鬥臭張國燾的政治運動。

張國燾這個威脅甫去，國際派王明的挑戰接踵而來。1937年底，王明以中共駐共產國際代表的身分搭機從莫斯科返國。在兩年前的遵義會議上，毛澤東所以願意尊奉同為王明國際派的張聞天為總書記，是因為博古中央後面有共產國際為後盾。要打倒博古中央則必須爭取黨內絕大多數政治局委員的支持，尤其是國際派成員的同情[1]。張聞天不是政治野心家，對毛澤東處處尊重，所以毛澤東和他的合作關係良好。王明這個新返國的對手就不同了，他一回國便挾著史達林的尚方寶劍，任意揮舞，甚至要求改組中共中央，廢除總書記的職務，改由中共中央書記處(又稱中央政治局常委會)實行集體領導。書記處原由張聞天、毛澤東、周恩來、秦邦憲和張國燾五人組成，經此改組，張聞天雖然仍舊保留總書記的名義，實際上卻已經不再負總責了；周恩來、秦邦憲和張國燾三人的書記位置，則另由王明以及同機返國的陳雲和康生遞補[2]。當時，中共中央之下，只有北方局和東南分局。北方

1 其實當時中共並無總書記職位，張聞天只是以兼中央書記處書記(又稱中央政治局常委會)的政治局委員身分，負中央書記處的「總責」。參見程中原，《張聞天傳》，頁426。書記處又稱中央政治局常委會，見馬齊彬等，《黨的建設七十年記事》，頁97。

2 郭華倫，《中共史論》，3：249-50，257-58。案：郭華倫即郭潛，曾任中共中央東南分局秘書長和南方工作委員會組織部部長，於1942年投降國民

局書記為劉少奇，負責指揮華北黨務和八路軍；東南分局書記為項英，負責指揮華中華南黨務和新四軍。劉少奇在華北領導執行毛澤東發展根據地的策略，王明雖然不滿其作法，卻改變不了既成事實[3]。王明只能根據史達林的指示，強調維持國民政府的對日戰志，是共產國際交代的最重要任務，從而要求成立長江局(對外稱中共中央代表團)，置東南分局於其管轄之下，並由他出任長江局書記，親自率領秦邦憲和周恩來兩人前往國民政府的戰時首都武漢工作。

王明是第二代留俄學生，1931年秋出任中共駐共產國際代表以來，長期滯留莫斯科。由於他在中共黨內的權力基礎來自史達林，所以分析中國政情時，不可避免會帶有蘇共的偏見。當時，史達林根本瞧不起中共的武裝，認為只有國民政府才能領導抗戰。他的戰略基本考慮是竭力避免歐亞兩面作戰，故希望日軍跌入中國的泥淖中，無力北上進攻蘇聯。為達到此一目的，他改善與國民政府的外交關係，同意簽訂「中蘇互不侵犯條約」，也迫使中共採取擁蔣抗日的方針。抗戰爆發後，史達林更在中國孤立無援之際，慷慨解囊。不僅通過貸款，提供大量軍援，並派遣軍事顧問前來，甚至派遣空軍以志願隊名義，協助中國保衛領空。史達林的目的在維持國軍戰志。不論王明是否看到史達林政策背後的蘇聯國家利益，他顯然同意史達林對中國局勢的評估，認為抗日非國民政府無以擔當重任。因此1937年12月中共中央召集政治局會議時，特別楬櫫「一切通過統一戰線、一切服從抗

政府。同時投降國府的還有南方工作委員會宣傳部部長涂振農。涂振農在1937年底前後是中共中央秘書長。郭華倫的說法有一部分就是他提供的。郭說的細節雖然必須修正，但是基本輪廓已為中國大陸最近出版的史料所證實。參見王健英，《中國共產黨組織史資料匯編：領導機構沿革和成員名錄》，頁317，426；趙生暉，《中國共產黨組織史綱要》，頁138；劉英，《我和張聞天命運與共的歷程》，頁114。

3　劉少奇在華北建立根據地的經驗，見劉少奇，〈華北戰區工作的經驗〉，《劉少奇問題資料專輯》，頁1-9。

日」的主張，批評毛澤東發展敵後根據地的戰略。為此他後來被毛澤東加上「右傾投降主義者」的罪名。其實，他雖然「右傾」，但從未「右傾」到忘記強調中共的獨立自主性，更未忘記中共實力的發展。他只是害怕觸怒國民政府，造成國共分裂，而有點畏首畏尾而已。

王明對毛澤東的挑戰。1937年底王明搭機從莫斯科回到延安，毛澤東親自到機場歡迎，說是「喜從天降」。隨後，中共中央便召開政治局會議，王明在會上要求加強對國民黨的統一戰線，全力抵抗日軍進攻。圖為與會者合影。左起，坐者依次為項英、何凱豐、王明、陳雲、劉少奇，王明居中；立者依次為康生、彭德懷、張聞天、張國燾、林伯渠、秦邦憲、周恩來和毛澤東。從相片中的坐次可以約略看出中共內部當時的權力關係。

面對王明的挑戰，毛澤東隱忍不發，反正王明不久之後便離開延安，他憑藉自己在書記處的影響力，很容易我行我素，繼續在華北實行發展根據地的戰略。王明因為執行史達林的指示，把抗日的前途放在國民政府身上，於是率領周恩來和博古首途前往武漢，以共產國際領導人的身分，為國民政府的抗日打氣，同時暗中領導長江局，利用合法和半合法的活動空間，為中共發展長江中下游的組織和軍隊。王明為了避免過分刺激蔣中正，有時不得不犧牲中共自身的一些發展，甚至在晉察冀共軍正式成立邊區政府，造成既成事實以後，他還致電前方表示不同意[4]。1938年6月，國民政府在徐州兵敗，武漢成為日軍戰略進攻的下一個目標，王明非常擔心武漢淪陷對抗日士氣的影響，因此會同周恩來等人，提出「保衛中國的馬德里」的口號。不料，四個月後，形勢丕變，國軍在日軍攻占廣州之後，全盤修改戰略，力圖以空間換取時間，隨即自動從武漢撤退。而日軍在攻占武漢之後，也迅速了解，占領武漢並不能屈服蔣中正的戰志，戰爭有長期化的可能。日本為了保持戰力，於是停止戰略性進攻，中日戰爭遂迅速進入了相持階段。

在武漢戰役進行時，史達林認為中共中央不應再有權力鬥爭，於是明白表示，他支持毛澤東出任中共最高領袖。他派當時正任中共駐共產國際代表的王稼祥回國傳達旨意，要求中共在國難當頭之際團結在毛澤東的周圍[5]。王稼祥和張聞天一樣，本來是王明領導的國際派核心成員，遵義會議中支持毛澤東鬥倒秦邦憲以後，一直和毛澤東合作。王稼祥在莫斯科任職年餘，並未改變他對毛澤東的基本看法，尤其是在明白史達林的旨意後，更是心甘情願地站在毛澤東一邊。張聞天本來便對王明不滿，在獲知史達林的意見以後，更是心悅誠服地支持毛澤東。毛澤東於是順理成章成為中共中央的最高領袖。此時王明縱然再有「稱孤道寡」之意，但迫於形勢，也難於堅持了。

毛澤東知道他對王明攤牌的時機到了，立即在延安召開擴大的六

4　聶榮臻，〈在中國共產黨第七次全國代表大會上的發言〉，《中共黨史資料》，38：4。

5　除此之外，王稼祥還帶回共產國際提供中共的經費30萬美金。見徐則浩，〈王稼祥對六屆六中全會的貢獻〉，《文獻和研究》，1986年匯編本，頁437-43。

屆六中全會[6]。這是中共從1935年以後第一次召開類似性質的會議。其目的就是確定毛澤東在中共黨內的最高地位，同時乘機討論抗戰進入敵我相持階段後的中共政策。

時局的發展顯示，國民政府並未因爲武漢的淪陷而喪失抗戰決心。國民政府無論如何都會繼續抗戰，而在抗戰的前提下，蔣中正根本不可能和中共公開決裂，讓內戰重新爆發。不過，抗戰爆發以來，無暇他顧的蔣中正因爲中日抗戰進入相持時期，有了喘息餘地，便設法限制中共的發展。中共的黨員很容易發現，任何尊重國民政府的作法，雖然會贏得一些善意的回應，卻不可能爲中共爭取無限制的活動空間。相較之下，毛澤東獨立自主山地作戰的策略，卻爲中共擴大了地盤、軍隊和政權。到抗日戰爭發展到相持階段後，國民政府力圖加強它對中共的控制，中共既不可能自動放棄擴展的成果，則兩黨的衝突和摩擦乃勢所難免。在此情形下，毛澤東發展根據地的策略，雖然是國民政府敵意加強的直接原因，卻是後來中共與國民黨競爭獲勝的根本保障。日益惡化的國共衝突成爲事實之後，很少人會注意到王明的政策曾推遲了國共關係的明顯惡化，而只曉得它減緩了共軍實力的蓄積。毛澤東很容易利用形勢改變後的歷史發展，來證明王明一切經過統一戰線的策略是不智之舉，而毛澤東發展根據地的主張則是洞燭機先。

1938年底的六屆六中全會，不獨解決了中共領袖的問題，更重申黨一元化領導的原則：黨中央必須徹底掌握軍隊、政權和群眾團體負

6 六屆六中全會的會期長達40天，在中共黨史中並無先例。毛澤東在武漢戰役最危險的關頭召開此會，一方面發表〈論新階段〉的政治報告，同意王明關於國共統一戰線的見解，另一方面則讓戰爭情勢逼使王明、博古、周恩來和項英等重要人物在會議期間趕回工作崗位。在這些「政敵」離開會場後，武漢也已淪陷，毛澤東才嚴厲指責王明有關國共統一戰線的主張。參見郭華倫，《中共史論》，3：343-363，401；高華，《紅太陽是怎樣升起的——延安整風運動的來龍去脈》，頁173-178。

王明和周恩來在武漢。王明返國以後，擔任中共長江局書記，立即率領周恩來前往武漢為國民政府抗日打氣，並提出把武漢變成中國馬德里的主張，要求國民政府傾全力保衛武漢。1938年5月，國民政府空軍在來華助戰的蘇聯飛行員協助下首度遠征日本本土，散發宣傳品。圖為國民政府空軍飛行員返航後，王明和周恩來以中共中央委員會名義贈旗致敬。

責幹部的任命權；而針對王明對毛澤東的挑戰，特別規定在黨內，任何人不得發表上級未加批准的文件，也不得透露黨內鬥爭的任何詳情。總之，個人必須服從組織，少數必須服從多數，下級必須服從上級。據此原則，毛澤東只要掌握了政治局常委的多數，便可決定一切[7]。同時，他也可以堂而皇之地削弱王明的權力基礎。當時中共中央仍只有

7　郭華倫，《中共史論》，3：383-85。

北方局和長江兩個地方局，北方局原來掌握在毛澤東的戰友劉少奇手中。劉少奇被國際派逼迫辭職以後，繼任的是國際派的楊尚昆。其實，在此之前楊尚昆曾擔任劉少奇的秘書，是一個國際派和反國際派雙方都能信賴的人物，他的新職並不表示國際派已經占上風[8]。此次中共中央重組之後，楊尚昆越來越傾向毛、劉一派，他的國際派背景迅即為人所淡忘。毛澤東憂慮的只有長江局而已，因此藉口國民政府遷都重慶，加以撤銷，另外設置南方局和中原局兩個地方局。南方局名義上是長江局的改組，其負責人卻不再是王明，而是由周恩來接任書記職務，專門管理大後方的中共地下黨。中原局則交由劉少奇負責，主要任務是在河南敵後地區拓展根據地。原長江局下屬的東南分局，依舊由同情王明的項英掌管，權力範圍則縮小為新四軍和長江以南的敵後地區，原歸其管理的江淮地區改由中原局統轄。

毛澤東儘管取得政治局領袖的地位，但顯然並不以此為滿足，他還要向六大四中全會以來的政治路線挑戰。但是他知道時機尚未成熟，尤其六大四中全會以來的政治路線，表面上是國際派所制定，實際卻是他們秉持史達林和共產國際的旨意所提出，並沒有多少國際派自己的見解。毛澤東仍然需要史達林和共產國際的支持，也還需要國際派人士、尤其是張聞天和王稼祥的合作，所以他暫時隱忍不發，先求鞏固自己的陣地再說。為了創造有利於自己的形勢，毛澤東抓住政治局委員認為黨員思想訓練不足的共識，發起理論學習運動。同樣重要的是，他採取新任政治局委員兼書記處書記任弼時的建議，引進蘇聯的幹部待遇制度，一方面以經濟上的種種「特權」收攬幹部的人心，另一方面也透過「特權」的分配，掌握幹部的動向。1939年7月，他任命王明為中國女子大學校長。王明辦學異常專注，顯示他了解，原來所堅持的強化國共統一戰線主張已不合時宜，必須甘於投閒置

8 師哲，《在歷史巨人的身邊》，頁55-6，322。1930年夏到1931年秋，劉少奇任中共全國總工會駐赤色職工國際代表，楊尚昆當時是他的秘書兼翻譯。

散。差堪告慰的是，他在體制上和毛澤東一樣，仍然是中央書記處書記，雖然排名的次序差一點，但中共中央討論重要決定時，理論上仍享有和毛澤東一樣大的發言權。

二、爭取最後決定權

毛澤東取得黨內最後決定權的經過，可以分成兩個階段。第一個階段是準備階段，從1939年初開始，到1941年 9 月為止，毛澤東主要是伺機而動，以便完成遵義會議所未完成的工作，也就是打倒國際派中央的政治路線。博古從1931年10月到1935年 1 月，是國際派中央的實際負責人，毛澤東在遵義會議上已經鬥倒他的軍事路線，此時要進一步打倒王明，尤其是王明負責期間的政治路線，毛澤東必須正確估計史達林和共產國際的反應，不能弄巧成拙。第二階段是鬥爭階段，從1941年 9 月開始，到1943年 4 月為止。1941年 9 月，毛澤東認為國內外時機終於成熟，於是藉口檢討中共黨史，正式發難，儘管不能迫使王明認錯，卻成功地否定了博古中央的政治路線。隨後毛澤東繼續檢討中共黨史，尤其是1928年六大以來的歷史，以便擴大戰果，達到徹底否定王明主政時期中共中央政治路線的目的。毛澤東一面在黨一元化領導的政策下，強調黨指揮槍，黨指揮政，以及黨指揮群眾組織；一面也針對黨內種種不良風氣，發動整風運動，要求思想改造，建立意識形態層面上的共識。

在等待時機期間，毛澤東不忘厚積實力。1938年底六中全會時，他已能透過劉少奇掌握華北全局。對不能控制的華中地區，他寄望於新成立的中原局。中原局書記劉少奇錯估戰局，喪失了1939年這一年的光陰，但隨即吸取教訓，建議毛澤東把戰略發展目標從河南轉移到隴海路以南、津浦路以西、長江以北的日本敵後地區。毛澤東同意之後，新四軍在豫南確山的部隊便開始東進，而大批八路軍和新四軍也以蘇北鹽城為目標，分別從北、南兩路前進。兵馬開始移動後，劉少奇一時英雄無用武之地，只好返回延安。不過，他在逗留延安的半年時間，並未虛度歲月，親自撰寫了〈共產黨員的修養〉這一篇長文，為後來中共歷次黨內思想改造運動提供了一個重要性僅次於毛著的小書。他等到1940年春共軍對蘇北國軍的戰略合圍已初步形成之後，纔從延安到安徽津浦路東，親自指揮新四軍江北部隊東進，準備與陳毅率領渡江北上的新四軍，以及黃克誠率領越黃河南下的八路軍會合，全力爭奪廣大的蘇北敵後地區。1940年10月，劉少奇初步完成任務，中共在蘇北成為舉足輕重的武力，與日軍和國民黨軍三足鼎立。

劉少奇雖然達成蘇北會師的任務，但是在華中還有項英控制的東南分局和新四軍皖南部隊。項英是中共內部少數出身工人的領導人物。他對毛澤東到蘇北發展的策略雖然支持，卻不熱心，總以為日軍即將發動浙贛攻勢，可以乘機在皖南大肆發展。他更輕估國民政府在蘇北與共軍衝突失敗後的反共決心，以為在皖南仍可以繼續維持和國民黨的表面和諧。所以儘管蔣中正「下令」新四軍於1940年底北渡長江，他卻以北渡長江為談判籌碼，向國民政府索取移防費用以及彈葯補助。而為了達到談判目的，他遷延時日，到 1 月 4 日，也就是超過國民政府限期四天，纔開始撤退。項英錯過了國民黨所定的期限不說，也不走國民黨所事先同意的路線，不料如此一來，反而使國軍截擊時有更多的理由。不幸新四軍又不能衝破國軍具有絕對優勢兵力的防堵，終於陷於重重包圍之中。在部隊突圍過程中，中共中央指責項英陣前逃亡，命令劉少奇親信饒漱石接管東南分局。項英後來雖然突圍成功，卻拒絕前往蘇北，一直躲藏在皖南，希圖捲土重來，卻於1941年3月為其貼身警衛所射殺。項英兵敗身亡，劉少奇遂順理成章地成為中共在華中的最高領導人。在這個時候，王明縱使要和毛澤東分庭抗禮，也人單勢孤了。從新四軍事變中，毛澤東找到批判項英的充分藉口。他以項英的失敗為借鏡，要求幹部和黨員加強黨性，統一全體黨員的意志、行動和紀律。毛澤東特別要求他們，政治上反對「自由行動」，組織上反對「自成系統」，而思想意識上則反對「小資產階級個人主義」。簡單點說，他要加強黨上級的權威，堅決肅清黨內陽奉陰違的惡習。

在控制華中敵後根據地之前，毛澤東也積極爭取在革命理論方面的發言權。他爲了提高自己在黨內理論和意識形態兩方面的地位，雖然已經在1941年以前寫過〈矛盾論〉和〈實踐論〉之類的哲學文章，也曾經針對中共革命的歷史寫過幾篇總結性質的作品，但是史達林畢竟是最先進社會主義國家的領導，而共產國際也畢竟是中共革命合法性的最終來源，故仍不敢公開針對史達林和共產國際提出批評。況且毛澤東當時仍然堅信「以俄爲師」，而他之能取得中共的領導地位，也與史達林和共產國際的幫助有關。

關於毛澤東如何「以俄爲師」，如何吸取俄國經驗的這段期間，他得到中共駐莫斯科代表任弼時的協助。任弼時和劉少奇一樣，是莫斯科訓練的第一代中國留蘇學生，曾經在黨內帶頭批判陳獨秀爲「大家長」。中共六大以後任弼時擔任政治局委員，一直是中共中央的核心人物，王明當權以後，他甚至權傾一時，後來雖然遭受排擠，卻仍舊擔任紅二方面軍的最高職務。1938年任弼時出使蘇聯以前，是八路軍總政治部主任。1940年初，他返抵延安，隨即以政治局委員身分，兼任書記處書記和中共中央秘書長。他這次從莫斯科回來，不僅帶回史達林對毛澤東的祝福，也帶回許多史達林主義的觀念。最重要的是，他認爲政治局有五大領導的職責，政治局必須領導思想、軍事、政治、政策和組織。毛澤東心有戚戚焉，立即接納這一個建議。其實任弼時的建議，並不新鮮，中共中央早已這樣做了。但是如此清楚的定爲條文，卻是中共歷史上前所未有的大事。政治局五大領導的說法，後來因爲毛澤東在政治局裡取得了最後決定權，而成爲毛澤東個人的五大領導。就權力集中而言，它比治統和道統合一的傳統說法，實有過之而無不及。

任弼時還從莫斯科帶回供思想學習的書籍。其中最重要的便是史達林領導編寫的《蘇聯共產黨(布)歷史簡明教程》(即《聯共黨史簡明教程》)。在任弼時的精心指導之下,這部洋洋巨著被翻譯成中文。這一部蘇共歷史有兩個重要特色:第一、它把蘇共黨史寫成馬克思主義俄國化的過程,列寧主義乃馬克思主義的創造性發展,而史達林主義更是列寧主義的進一步深化。第二、它認爲蘇共黨史是兩條路線鬥爭的歷史,列寧和史達林代表正確的路線,他們兩人是在對錯誤路線不斷鬥爭的過程中取得偉大成就的。毛澤東閱讀《聯共黨史簡明教程》的中譯本後,立即抓到這本書有關權力鬥爭的精髓,一讀再讀,讀了至少十遍。不但親自推薦,還透過黨機構要求黨員和幹部必須精讀[9]。他自己也在這本書的啓發下,撰寫一連串後來題名爲〈駁第三次「左」傾路線〉的文章,把國際派執政以來的所有問題都升高到路線鬥爭這個層次來討論。這些文章雖然到現在爲止都還沒有公開,但是通過劉少奇、任弼時和胡喬木三人的傳達和轉述,非僅要求每一個黨員嚴格地進行批評和自我批評,並成爲中共後來總結歷史的基調[10]。

毛澤東所以如此重視《聯共(布)黨史簡明教程》,是因爲在向蘇聯學習的共識之下,可以利用這本書所提供的模式,重新檢討中共黨史,藉以突出馬列主義中國化的必要和必然性,並批評黨內硬搬馬列教條的風氣,進而把中共黨史寫成毛澤東所代表的正確路線和其他錯誤路線鬥爭的過程[11]。爲方便此一工作的進行,他在高級幹部研讀

9 關於《蘇聯共產黨(布)歷史簡明教程》的重要,參閱婁勝華,〈《聯共(布)黨史簡明教程》在中國的影響〉,《黨史研究資料》,1997年第1期,頁24-29。其實,《聯共(布)黨史簡明教程》不僅集不實謊言之大成,而且枯燥乏味之至,實在不是什麼值得推介的好書。

10 毛澤東,《建國以來毛澤東文稿》,11:212-32;胡喬木,《胡喬木回憶毛澤東》,頁47-53;中共中央文獻研究室,《任弼時傳》,頁476-77,755。

11 龔育之、鄭惠、石仲泉,〈弦急琴摧志亦酬——喬木同志的最後歲月和《回

劉少奇和任弼時。他們是毛澤東形成唯我獨尊局面的兩大功臣。兩人都在湖南初中畢業後到蘇聯勤工儉學，是蘇聯訓練出來的中共第一代職業革命家。1943年中共權力核心的書記處成員減為三人，他們兩位政治局委員擔任書記，協助中央委員會、政治局和書記處主席推行黨一元化領導，落實中共中央政治局思想、軍事、政治、政策、組織等五大領導。

《聯共（布）黨史簡明教程》的同時，還指示編輯《六大以來》、《六大以前》和《兩條路線》這三部限制流通的資料書。表面上說，這是有系統地收錄中共中央文件，僅供研究參考之用，實際上則是要黨員據以批判中共黨史發展過程中的錯誤路線，尤其是六大四中全會以來的國際派政治路線，並藉以突顯毛澤東本人主張的一貫正確性[12]。

在掀起理論學習運動之前，毛澤東也了解到改善幹部切身生活的重要。延安幹部基本上都是吃大鍋飯和穿粗布衣服的。經過三年的和平環境，到1940年爲止，大家仍然過同樣的生活，雖然沒有什麼人公開抱怨，但是不滿的情緒已經溢於言表。針對此一問題，任弼時從莫

憶毛澤東》的寫作〉，《中共黨史研究》，1994年第5期，頁56-66，62-3。

12　胡喬木，《胡喬木回憶毛澤東》，頁175-88。

斯科帶回蘇聯的制度，並開始改善對高級幹部的生活照顧。他在出任中共中央秘書長後，立即重組和擴大中央辦公廳，總攬指派秘書、總務和警衛的權力，並實行大小灶制度和保健分等級的制度。結果在強調等級方面，中共雖然不如蘇聯嚴峻，卻也在延安形成「衣分三色，食分五等」的差別待遇。這些差別待遇是否「特權」，見仁見智，比起過去的一律平等，卻有引起你爭我奪的爆炸力量。爲了決定誰吃小灶、中灶和大灶，任弼時還必須親自參加討論。高級幹部雖然參加討論，但很快了解，誰吃那一種灶，中央辦公廳主任握有「最後決定權」。其實，身邊的機要和服務人員(秘書、警衛，後來還有保姆、廚子、司機)是誰？生病以後，住那家醫院，看那位醫生，吃那種葯？能不能開刀？中央辦公廳主任也無不擁有主要決定權。這種制度，一方面強調等級差別，因而加強幹部對昇遷黜陟的關切，另一方面則在一般情形下，因爲高級幹部免不了嚮往優遇，而無意之間增加了黨組織對他們的控制力。高級幹部得到特權，但特權也同時成爲中共中央控制他們的槓桿[13]。

毛澤東從蘇聯的革命經驗中學習到路線鬥爭的方法，而蘇聯捲入歐戰、自顧不暇，也使毛澤東有實習路線鬥爭的機會。1941年4月，蘇聯爲避免歐亞兩面作戰，甘冒中國民族主義的大不韙，簽訂「日蘇互不侵犯條約」。同年6月，希特勒卻悍然撕毀「德蘇互不侵犯條約」，發動對蘇戰爭，一時勢如破竹，蘇聯失地千里。三個月後，德軍進攻莫斯科正急，蘇聯無力東顧，毛澤東認爲他在黨內展開攻擊的千載良機到了，於是召集政治局擴大會議，要求出席人員根據研讀《聯共（布）黨史簡明教程》的心得，徹底檢討國際派中央的政治路線。政治局常委陳雲、康生、張聞天、王稼祥、任弼時，以及列席的李維漢都按照毛澤東所訂的基調進行自我檢討。劉少奇沒有出席這次

13 中共黨史人物研究會，《中共黨史人物傳》，8：48-9。

會議，卻因爲毛澤東的支持，徹底平反，不但取消國際派加在他頭上的右傾罪名，也成爲國際派當權以來白區(國民黨占領區)工作的模範。在這次會議中，毛澤東、任弼時和王稼祥都「力勸」王明俯首認錯，可是無論他們如何「苦口婆心」，王明就是不肯認錯。王明不肯認錯，而且有些其他出席委員認爲毛澤東有「上綱」「上線」、誇大錯誤的嫌疑，所以毛澤東最後並不能如其預想那樣，達到徹底否定四中全會以來政治路線的目的，擴大的政治局會議最後只好把四中全會以來的國際派中央歷史，分爲兩段處理。王明在九一八事變前後離開中國，由博古實際主持中共中央。由於博古已經認錯，所以會議下結論說：九一八事變以後的中共中央政治路線是錯誤的，但這以前，則暫時置而不論。不過，會議仍然清楚指出，當時政治路線的錯誤主要是左傾，犯了嚴重的「主觀主義」和「宗派主義」病，從而暗示毛澤東未來進行黨內思想鬥爭的走向[14]。

在初步討論中共黨史之後，毛澤東一方面成立「清算過去歷史五人委員會」(毛澤東、任弼時、王稼祥、康生、彭真)，另一方面則由陳雲成立一個特別委員會，重新審查四中全會召開以來被處罰和鬥爭的幹部，爲他們徹底平反[15]。這兩個委員會成立之後，毛澤東指派王稼祥實際領導高級幹部學習中共黨史，尤其是1928年召開六大以後的黨史。每一個高級幹部除《聯共(布)黨史簡明教程》之外，必須研讀列寧的《左傾幼稚病》，並據以檢討六大以來的中共黨史。由於大多數中共幹部在國際派主持中共中央時，或多或少都有不滿，甚至受到上級黨組織的懲罰，因此毛澤東很容易激起他們對六大以來黨史的批評。熱烈的檢討，加上第五次反圍剿失敗的血的事實，終於迫使原任中共總書記的張聞天也承認過去的政治路線是錯誤的，而這一切錯誤是他不了解中國的特殊國情所致，因此「自願」於1942年初離開延

14　胡喬木，《胡喬木回憶毛澤東》，頁193-99。

15　中共中央文獻研究室，《任弼時傳》，頁476。

安，到陝北的窮鄉僻壤去調查研究，重新了解中國農村。

隨後，毛澤東更大力推行黨一元化領導的政策。這時所謂黨一元化領導的政策有兩個重要層面。第一是各級政府機關、軍隊單位和群眾團體，包括財經和銀行部門，都不能對同級黨組織「鬧獨立」，同級黨組織應領導一切。第二、所有下級黨組織必須服從上級黨領導。爲了落實這一個政策，毛澤東早在1941年 5 月便首先針對西北地區的黨政軍組織不統一的現象，特別把邊區中央局昇格爲西北地區最高機關，由之統轄西北工作委員會和八路軍留守兵團。毛澤東從過去的經驗中了解，在落實這一決定的過程中，必定會遭受既得利益者的反對，尤其必須注意外來幹部和本地幹部的衝突，所以他特別提拔陝北土共領袖高崗。高崗雖然不擅長共黨理論，但他在陝北農村中的威望卻是極高。提拔高崗，雖然宣示了中共中央對陝北土著的重視，其實際過程卻不是完全順利無礙。首先，西北工作委員會原本直屬中共中央，其中成員不少是和高崗積不相能的人士，他們如何能夠和高崗融洽相處？其次，八路軍留守軍團司令也因爲職權衝突，而與高崗關係惡劣，所以高崗雖然權力增加了，實際領導工作時，仍然感覺不能上下一體，內部經常發生「陽奉陰違」，甚至有公開頂撞的事情[16]。正因爲如此，毛澤東要透過整風整黨樹立高崗在西北地區的崇高地位，並乘機樹立黨一元化領導政策的典範。1942年10月西北地區縣以上和軍隊團以上的幹部266人，參加爲時八十八天的西北局整風會議。這一次會議固然通盤檢討了西北局工作，但也根據《聯共(布)黨史簡明教程》的模式，徹底清算西北地區中共的歷史。此次會議中，高崗不但把「反對派」打爲錯誤政治路線的表現，也把自已塑造成正確政治路線的代表。同時動員其追隨者，只要他認爲是構成對其權威的挑戰，都說成是對黨組織鬧獨立，是「小資產階級自由主義」的反黨行爲，

---

16 李維漢，《回憶與研究》，頁452；中共黨史人物研究會，《中共黨史人物傳》，8：49。

違背一元化黨領導的原則。為了樹立高崗的權威，毛澤東不但容忍高崗徹底清算舊日的政敵朱理治和郭洪濤，甚至批評朱理治主持邊區銀行業務的一些必要作法，指責他們不聽黨的指揮。毛澤東更容忍高崗以同樣罪名批評他的心腹蕭勁光，不允許蕭勁光據理力爭[17]。同時，毛澤東還支持高崗為老長官劉志丹修建陵墓，搞個人崇拜。毛澤東想通過西北局這次高幹會議，同時達到多重目標，其中最重要的一項便是為中共中央的權力關係，描繪出一元化黨領導的圖像。

西北局高幹會議召開之前八個月，也就是1942年 2 月，毛澤東已經在中共中央黨校的開學典禮上，號召全黨展開整風。所謂整風是整頓三風的縮寫，其意義是，「反對主觀主義以整頓學風，反對宗派主義以整頓黨風，反對黨八股以整頓文風」。從當時黨內幹部的情況來說，這種整風的確有其必要，所以當時的黨校校長鄧發熱烈響應，不過實際執行時，卻把重點置於蘇聯傳來的馬列主義理論，而對中國革命的實踐殊少留意，對毛澤東所撰寫的連串理論文章和革命總結，更是視若無睹。毛澤東於是親自接任黨校校長，而另以劉少奇的大將彭真主持實際工作。同年 5 月，他又成立了毛澤東、劉少奇和康生三人組成的總學習委員會，領導各軍隊機關單位展開學習工作[18]。毛澤東親自擔任總學習委員會的主任委員，實際工作則由特務頭子康生以副主任委員身分負責。其下分為中共中央直屬機關、中央軍委直屬機關、邊區機關和中央黨校四個系統，正副負責人分別為康生和李富春、陳雲和王稼祥、任弼時和高崗、毛澤東和彭真。

毛澤東透過康生，選拔在各機關學校軍隊負責整風的幹部。這些都是政治上可以特別信賴的人，再由他們督促各基層單位首長親自主持整風。各機關學校軍隊的首長於是將所屬成員全部納入學習小組，

17　師哲，《歷史巨人的身邊》，頁166-67；蕭勁光，《蕭勁光回憶錄》，頁316-21。

18　徐林祥、朱玉，《傳奇將軍李克農》，頁134。

以數月時間，集體學習中共中央指定的廿二個文件。這些文件主要分為兩類，一類是官方文件，一類是個人著作和講話。在個人著作和講話之中，毛澤東的作品占六篇，康生兩篇，劉少奇和陳雲各一篇。以內容言，當然毛澤東的最重要，其次則推劉少奇。外國作者中，列寧和史達林最重要，史達林的著作最多。外國作者的作品固然重要，卻明顯居於次要地位。檢視文件的內容，最重要的目的是為黨員和幹部建立一個理想標準：凡是黨員和幹部，便應該以黨的利益為自己的利益，毫無私心地服從上級黨機關，決不能搞小組織，尤不能破壞上級的威信；既不能搞「個人主義」（只知有個人，不知有群體），也不能有「自由主義」（不能認識歷史的必然性）；要有堅強的組織觀念，在組織的領導下主動積極；既要精研馬列主義理論，也要詳細調查社會真相；既要反對教條主義，也要反對經驗主義；既要有群眾觀點，也要能嚴格奉行上級指示。當然個人的行為方面也要為人模範，不可浪費，更不可貪汙，一定要吃苦在前，享樂在後。上述這些行為標準巨細靡遺，是每個黨員據以進行批評和自我批評的指南。中國知識分子內心深處本有成聖成賢、止於至善的思想積澱，中共的知識分子黨員更有愛國主義的救亡焦慮，毛澤東無意中將這兩股力量發揮到極致，使之轉化為鞏固黨員對中國共產革命認同和奉獻的積極因素。

整風開始後，參加的黨員和幹部仔細研究和熱烈討論上述文件，其目的便是把這一套行為標準找出來，再據以檢討自己、批評同志和檢討單位。理論上批評和自我批評的原則是「懲前毖後，治病救人」，大家都應該本著「團結同志」的精神，「弄清是非」，不僅要觸及自己的靈魂深處，不怕暴露個人的醜陋，也要督促同志坦白反省，幫助他們作同樣深入的自我批評。所以這整個過程應該是「和風細雨」，而不是狂風暴雨。實際上，整風的理想並不容易達成，原因有二：第一、整風和傳統的泛道德主義結合，又要應付日後審查幹部的需要，以致坦白檢舉，不厭其詳，批評和自我批評的內容無限擴展，幾乎包

整風改造。整風運動中，每一個黨員和幹部都要熟讀中共中央指定的文件，並根據學習到的理想黨員標準，檢討和反省自己人生每一個階段的言行。在所屬單位，除公開自我批評以外，還要接受同志的幫忙和批評，徹底改造自己。用中共的話說，就是「脫褲子，割尾巴」。在這一個過程中，每一個黨員和幹部都要寫自傳，寫反省檢討。圖為整風過程中，中共高幹王若飛(左上)、陳賡(中)和朱瑞(下左)的自傳，以及中共山東分局膠東區黨委編的《思想反省選集》(下右)。

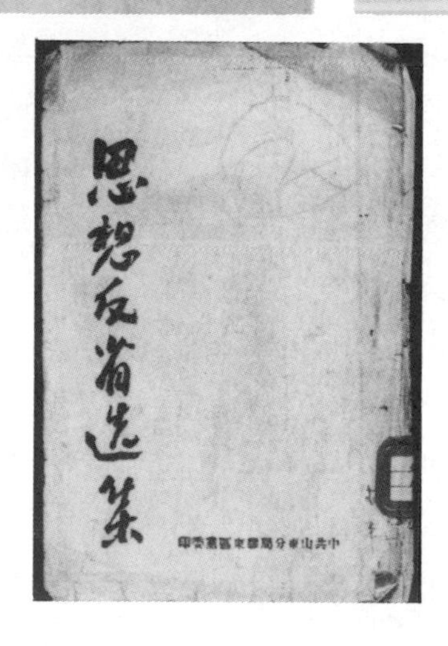

國民革命軍第八路軍總指揮部用箋

王若飛自傳

[illegible]

陳賡自傳 P.1.

我生長於湘之湘鄉，現年四十一歲。[illegible]

學校秘書處要我寫自傳，說是對外用，李秘書催去案。不慣於寫作的我，祇好勉強執筆。將把大革命和內戰時期寫得很簡單，抗戰時期比較着重的寫了一寫。這樣是否適當？敘於詞句文法則有許多不適之處，請看一看大加修改，不然則請人另寫。如何請決。

陳賡

五、二十九日。

我的歷史思想自傳

[illegible]

思想反省選集

中共山東分局膠東區黨委印

括生活的每一個層面和細節。所以每一個黨員和幹部必須寫自傳和整風筆記，交代自己的出身背景、階級成分、教育經過、社會關係、入黨過程和一切工作經驗。每一個過程都要有證人，如果被俘被捕，或是參加過其他政治團體，更要交代詳細。還要交代自己看過什麼書，認識什麼政治人物，在關鍵時候是如何想。在學習小組的會議上，除和上級溝通之外，還必須在大庭廣眾之間檢討、反省和自我批評，凡是有對不起黨的事，凡是不合乎「黨性」要求的行為，都必須公開坦白。另一方面，每個黨員和幹部不能有「自由主義」，也就是說，不但自己的事要對黨知無不言，其他人凡是有可以懷疑或是不對的地方，也都要「大義滅親」，對黨揭發，公開批評，否則便是黨性不強。

儘管整風是在權力脈絡中實行，單位首長擁有極大的權力，可是單位首長並不一定都了解整風的重要性，一般成員更是對批評和自我批評有點心理抗拒，沒有幾個人願意當著大家的面深入揭發自己的錯誤，尤其不願意響應黨的指示，批評自己的同僚和同志。為了鼓吹批評和自我批評，毛澤東透過私人秘書胡喬木指示其下屬編《輕騎隊》牆報，高崗的西北局也出版牆報《西北風》，對黨組織提出各式各樣的批評。官方有意鼓勵批評和自我批評，不料卻在延安掀起了一陣針對黨高級幹部的批評之風。由於毛澤東認為王實味是這一陣批評風潮的始作俑者，帶有典型意義，於是親自布置和號召對他的批評，最後終於把王實味打為反黨集團頭子，開除黨籍，沒有交付法律審判，便予以長期拘禁。內戰爆發後，毛澤東撤離延安，地方黨政大員嫌王實味累贅，乾脆予以殺害。

王實味為北京大學文學院畢業生，自視甚高，在延安中央研究院(其前身為馬列研究院)從事馬列主義著作的翻譯，平常也寫雜文批評時政。受到整風動員的鼓勵，他透過大字報的主編，大肆批評中央宣傳部的負責人。當時中央宣傳部指示中央研究院成立整風檢查委員會，主持整風，中央宣傳部指示所有領導人都是當然委員，王實味則堅持全部開放民選。中央宣傳部指示大字報作者必須署名，編輯委員會有責任糾正所謂「錯誤言論」，王實味卻堅持可以匿名，且不得增刪作品原文。更嚴重的是，王實味的這些看法竟然獲得大多數同僚的支持，而且他在其主編的《矢與的》牆報中，繼續批評中央宣傳部的負責人，說他們猶有陳獨秀時期「黨內家長制的餘風」，並質問大家：在面臨黨的「大人物」時，是否「軟骨頭」？是否有話不敢說？此外還畫了一張諷刺卡通，把這個中央宣傳部的領導人畫成一個長有大尾巴的大人物，這條大尾巴有四、五個小丑捧著、呵護著。中央研究院這些大字報引起延安各界注意，甚至有人拿到延安鬧市去張貼，在安靜的延安山城，掀起了一股批評上級黨的颶風[19]。

受到王實味牆報的影響，批判性格強烈的知識分子黨員，針對延安社會的「反民主」和「不平等」作風提出各種批評。作家丁玲把延安的《解放日報》副刊辦成揭發延安陰暗面的雜誌，她自己發表〈三八婦女有感〉，以魯迅雜文的形式，批評延安社會的男女不平等，不但讓王實味的雜文〈政治家、藝術家〉和〈野百合花〉見諸天日，也鼓勵其他文藝作家起而效法。一時之間，讓人感覺，不但是氣候上的春天來了，言論批評的春天也到了。王實味的批判最是犀利尖銳，他批判高級幹部不關心小黨員和小百姓，忘記戰爭，終日歌舞昇平，所謂「歌囀玉堂春，舞迴金蓮步」是也。當時，延安社會最叫知識分子不滿的是大小灶制度改革所帶來的不平等待遇，而這些不平等待遇在男女問題上起了極大的作用。延安男女的比率是十六比一，找不到配偶是嚴重問題，中共規定只有團級以上幹部纔准結婚，享有種種特權的老幹部很容易便找到了婚姻對象，所引起的不滿也最為激烈。

毛澤東認為這股批評風所代表的思想是絕對平均主義和極端民主化觀念，而所用的方法是「冷嘲熱諷、暗箭傷人」，它針對黨、針對

19　李維漢，《回憶與研究》，頁480-84。

黨各級領導人，而不是針對自己和同事，尤其不是針對工作業務。這股批評風並不是他所提倡的整風，而完全是錯誤思想的表現。毛澤東在觀看王實味的大字報後，認為終於找到殺雞儆猴的好對象。先請人寫信給王實味，指責他的作法是對黨有害，不僅充滿了對黨領導者的敵意，也挑起了一般同志對黨鳴鼓而攻之的情緒。毛澤東要求王實味立即悔改，進行自我批評。王實味當然拒不奉命。毛澤東在表現得「仁至義盡」以後，便透過中央宣傳部不點名地批判王實味，然後在中央研究院召開群眾大會加以鬥爭。

這場鬥爭不比江西時期反羅明路線中的鬥爭好過。參加鬥爭揭發和落井下石的黨員中，不僅包括享受特權待遇和位高權重的高級幹部，也有政治上認同中共政策的各類積極分子，還有觀察風向、伺機立功的政治投機者。他們以各種方式迫使沉默的黨員和王實味畫清界線，對王實味更是聲色俱厲、無休無止的抨擊。這次批判，有幾點值得注意：第一是動機與效果的統一論。有了這種理論，中共中央可以將王實味對黨的批判和其他人對黨的批判分開，強調王實味行為的不良後果。王實味如此傷害黨的領導，如此損害黨領導人的威信，其不良後果又如此昭彰顯著，怎可說他的動機良善而只是政治立場沒有站穩而已？其他人批評所起的壞效果不大，所以立場和動機的問題也不大，可以原諒，至於王實味，則一定要鬥倒鬥臭。第二、為了鬥倒鬥臭王實味便不擇手段，不管指控是否屬實，也不管指控是否「無限上綱」，單憑其人際關係，便將他打成「反動托派」組織的一員，也單憑他曾有同情托派的言論，便說他仍然從事托派活動。任何與他有關的人，只要拒絕畫清界線，便打為反黨集團。在毛澤東秘書陳伯達帶頭之下，群眾展開熱烈批鬥，王實味自請退黨也不獲許。中共堅持將他戴上莫須有的罪名，先開除黨籍，撤消職務，再移送保衛機構，坐牢反省。在鬥爭王實味的同時，毛澤東也召開文藝作家的座談會，表明中共的基本文藝政策是政治領導文藝，文藝必須為政治服務。

經過對王實味的批鬥以後，整風被毛澤東拉回所預設的軌道。然而，「言者無罪」的神話被打破了，黨員和幹部所剩下的宣洩之道就只有所謂「小廣播」，也就是所謂「小道消息」了。「小廣播」是一個小小漏洞，但是連這樣一個小小漏洞，康生也不放過。他規定黨員在反省檢討和揭發檢舉之餘，必須定時填繳「小廣播調查表」。凡是講了不該講的話要填，凡是聽到不利於黨的言論要填，凡是批評上級和黨的牢騷也都要填。各級單位首長在拿到這些資料時，必須根據既有的人事資料，一一展開審查。這項工作本來便異常繁雜，牽涉的黨員和幹部人數又眾多，當然不可能周全。重要的是，經過初步整風以後，中共中央主要想了解，黨員對黨是否絕對忠實，是否披肝瀝膽，不但把別人的問題揭發出來，而且進入了自己的靈魂深處，向黨坦白自己最醜最惡的各種隱密情節。中共中央的目的是以整風來協助審查，同時也是以審查來驗收整風的成果。

由於王實味事件的示範，實際主持整風的機關學校和軍隊單位首長，不敢怠慢上級交代的任務。單位是幹部的「衣食父母」，而其主管在整風過程中所擁有的權力是絕對的，他可以決定每一個人的坦白反省是否真誠，是否對黨忠實到毫無掩瞞的地步，是否犯有「自由主義」的錯誤，從而決定每一個人的升遷黜陟，他甚而可以凌駕於法律之上，決定一個人是否依法定罪及接受法律的懲治。除此之外，整風期間的單位主管還有其他各種資源可用。他可以出牆報，引導輿論，並針對某一個人批判，也可以把整風搜集而來的人事資料交由黨的上級使用，作進一步審查；他可以宣布單位戒嚴，不准成員和外界來往，也可以動員積極分子用各種各樣的方式，「勸告」別人坦白反省，交代細節；可以翻箱倒篋，沒收私人日記，檢查垃圾中的廢紙條，甚至可以藉口防止自殺，下令二十四小時跟蹤監視。權力如此之大，上級所關切的又只是整風表現，各軍隊學校機關單位首長濫用權力，以至於製造冤錯假案的問題便難以避免了。

三、毛澤東思想定於一尊

1942年秋，正值鬥爭王實味的高潮，毛澤東要求在高級幹部中推行同樣的整風，但是把重點放在清算中共歷史方面。要求把一年前對九一八以來黨史的檢討，推廣到包括全部黨史，當然最重要的還是王明實際主持中共中央的這段時間。然而，這一次檢討並非學術的探討，而是在權力鬥爭的脈絡中展開活動。1943年 3 月，劉少奇從華中返抵陝北，毛澤東認為新四軍的控制問題已經完全解決，時機業已成熟。遂在劉少奇和任弼時兩個中共第一代職業革命家的合力支持下，召開政治局擴大會議。這次政治局擴大會議共有十三人參加。其中九人是政治局委員或候補委員，計有毛澤東、劉少奇、任弼時、朱德、康生、張聞天、秦邦憲、鄧發、凱豐。缺席的有王明、周恩來(南方局書記)、彭德懷(北方局代理書記)和因病休養的陳雲和王稼祥。列席的則有北方局書記楊尚昆、西北局書記高崗、中央黨校副校長彭真，以及軍委會參謀長葉劍英等四人。除了毛、彭、高三人之外，其他十人全部都有留俄學習的豐富經驗，而其中四人原為國際派中央的支柱，然而在黨內鬥爭中逐一向毛澤東輸誠。

這次政治局擴大會議，重申黨一元化領導的重要性，並透過康生轉述劉少奇的意見，再次確定了政治局為中共的最高權力機構，舉凡思想、政治、軍事、政策和組織方面的重大問題，都由政治局決定。書記處的成員減為三人(毛澤東、劉少奇和任弼時)，由他們根據政治局所決定的大政方針，處理黨的日常事務。毛澤東是政治局和書記處的主席，有最後決定權。在中央委員會下，分設軍事、宣傳和組織三委員會。毛澤東和劉少奇分任軍事委員會的正、副主席，宣傳和組織兩個委員會的書記則由兩人分工，毛掌宣傳，劉掌組織。在地區的分工方面，劉少奇掌管華中敵後根據地，楊尚昆掌管華北敵後根據地，任弼時管理陝甘寧晉綏五省根據地，陳雲則掌管國民政府大後方的黨組織[20]。周恩來雖然和楊尚昆一樣是地方局的書記，卻不在新領導班子之中，顯然，毛澤東私下對他是懷有意見的。

這一次中共權力核心的重組過程，王稼祥和陳雲雖然未參加，但兩人仍舊躋身於核心權力圈之中[21]。王稼祥擔任毛澤東在宣傳委員會中的副手，而陳雲則成爲中共白區黨的最高領導人。會議前六個月，楊尚昆到延安述職，其華北局書記代理一職，改由彭德懷兼任。會議後六個月，彭德懷去職，華北局書記改由鄧小平代理[22]。爲什麼有以上人事安排？中共中央所說的「精兵簡政」當然不是真正理由。透過這些人事變化，毛澤東清楚地表示，劉少奇和任弼時是他最重要的副手，王明、周恩來、彭德懷諸人則犯了某種嚴重政治錯誤，已被排除在最高領導圈之外。這無異是告訴後來參加黨史學習的高級幹部，這幾個人犯了錯誤，任何黨員都可以用幫助他們認識自己的問題爲藉口，逼迫他們深切反省。

此次權力改組之後，中共中央立即發布第二個四三(1943年)決定，認爲黨內的內奸分子爲數驚人，要求加以徹底肅清。其實，那有什麼嚴重的內奸問題？這主要還是爲了累積更多的人事資料，以便審查幹部，推動整風學習而已。延安各機關單位，隨即在康生的精心策畫之下，展開群眾性的坦白運動。康生一方面派樣板到各機關單位做坦白示範，坦白他們的內心如何掙扎，如何拒絕認錯，又如何由抗拒面對錯誤，而終於敢於在大庭廣眾之下，「脫褲子，割尾巴」，割各

20　胡喬木，《胡喬木回憶毛澤東》，頁271-75。張飛虹說，書記處減為三人是劉少奇的提議。見張飛虹，〈中共第一代領導集體在抗戰時期形成過程中的劉少奇〉，《中共黨史研究》，1995年第4期，頁68。

21　值得注意的是，陳雲和王稼祥兩人因為接受中共中央的勸告，在棗園養病，實際並未預聞大政。棗園分兩部分，一部分是毛澤東辦公所在，為中共政治活動的中心，另一部分則罕見來客，靜寂異常。參見陳永發，《延安的陰影》，頁78。

22　曹潤芳、潘賢英，《中國共產黨機關發展史》，頁171-72，205-07。

種不正思想的尾巴[23]。另一方面他號召各機關首長親自動員各黨員坦白，並就旁人錯誤和不法行為進行控訴和勸說。第二個四三決定雖未明說，但其大意是很明白的：鬥爭王實味的經驗值得推廣，各單位都必須找「王實味」，作為「典型」，尤其必須找特務奸細，施以無情鬥爭，以便順利進行整風審幹。隨後，毛澤東成立中央反內奸鬥爭委員會，委員有劉少奇、康生、彭真和高崗四人，由劉少奇以主任委員身分，領導全部反奸審幹工作[24]。

5月，共產國際宣布解散，消息傳至延安，人心惶惶。為安定人心，毛澤東決定進一步整風和審幹。7月1日，他下達防奸工作九條方針，同時也強調「防左」，防止「逼供信」。隨即藉口國民政府有進攻邊區的跡象，發動三萬人在延安進行群眾示威。當群眾情緒被煽動到最高點後，毛澤東又在延安召開搶救失足者大會，要所有樣板人物到大會上介紹坦白經驗，也要一些嫌疑分子坦白認錯。此後，各單位仍然是大搞「逼供信」。原因無他，在黨一元化領導的體制下，毛澤東號召群眾審幹，雖然激起群眾的積極性，但也同時激起群眾的盲目性。毛對政治運動中的兩面性早已有充分的了解，故主張在審幹運動中「一個不殺，大部不抓」，以便為事後轉圜留下餘地。

在此限制之下，毛澤東和劉少奇任由康生發動反特運動。康生仍然搞樣版，到各機關單位去介紹經驗，同時也利用整風中所得到的人事資料，提供各單位作審幹之用，要求掀起坦白高潮。為增加坦白壓力，他加強各單位首長的權力，准許他們實行戒嚴，甚至二十四小時監視。另一方面他也對各單位首長施加壓力，要求他們找出一定人數的特務。結果，坦白運動走入歧路，坦白的原因非常複雜：有真誠悔過，也有親情壓力，有希意承旨，也有酷刑難熬，還有莫名其妙想做

23 王汎森注意到整風運動中所採用方法的一些傳統根源，參見王汎森，〈近代中國私人領域的政治化〉，《當代》，1988年第125期，頁110-27。

24 胡喬木，《胡喬木回憶毛澤東》，頁276。

坦白英雄。勸說的方式尤其是千奇百怪，有個人勸、集體勸、小會勸、大會勸、硬勸、軟勸、苦勸、哀求勸、苦著勸、笑著勸、帶著感情勸、甜言蜜語勸，簡直讓人弄不清楚「勸說」兩字的原始字義了。勸告有時就是指控和批鬥，甚至是精神酷刑，無休無止，受不了而精神崩潰，甚而自殺的都不少見。自殺的有前四川省委書記鄒鳳平和統戰部副部長柯慶施的夫人[25]。精神崩潰的有江青的第一任情人、北方局平原分局書記黃敬和山西新軍縱隊司令韓鈞。中共元老薄一波回憶說，他母親住處附近每晚「鬼哭狼嚎」，原來就是因為六、七座窯洞，關著上百被搶救的嫌犯，其中不少人精神失常[26]。

搶救運動發動的最初半個月內，劉少奇領導的反內奸鬥爭委員會總共找到了1,400多名所謂「特(務)嫌(疑)分子」[27]。一個單位有一半以上的人被打為特務是經常有的事。這些所謂「特嫌分子」，除少數人分送公安和反省機關「思想改造」之外，大部分留在原機關「坦白反省」，接受批判。由於實際主持運動的是康生，而在各單位主持實際工作是各單位首長，施予坦白壓力的則是自己同僚，所以在運動中，很少黨員和幹部會把身受的迫害和中共中央的政策聯在一起考慮。毛澤東高高在上，屢次強調「反對逼供信」，也屢次重申「一個不殺，大部不抓」的原則，但決不直接過問坦白運動的細節，尤其是不作具體的干涉，猶如置身事外。

毛澤東所關心的似乎是鞏固自己的思想領導。1943年 5 月共產國際解散之後，中共不再是共產國際的支部，理論上不再有共產國際指揮各國共黨的情事發生。另一方面，蔣中正當時纔發表《中國之命運》，並試圖掀起個人崇拜，在黨內提倡「一個領袖、一個主義和一

25　關於柯慶施被搶救的經過，參見曹瑛，〈在延安參加整風運動和七大〉，《中共黨史資料》，58：10-11。

26　薄一波，《七十年回憶與思考》，上，頁362。

27　胡喬木，《胡喬木回憶毛澤東》，頁278。

個政黨」的主張。毛澤東極力抨擊蔣中正的這種作法，同時卻利用莫斯科不暇東顧的事實，也在中共黨內掀起同樣的個人崇拜，並實現同樣的「一個領袖、一個主義和一個政黨」的目標。只是毛澤東作法巧妙，所用的飾辭不同，他表面上僅大談黨一元化的領導而已。首先他透過國際派大將王稼祥提出毛澤東思想這一概念，隨後又透過劉少奇的文章和會議報告，把自己說成是中共的「史達林」，乃中國革命智慧的泉源，不但把馬克思主義和中國的具體狀況結合，而且始終代表中國共產黨的正確路線，不斷和錯誤的政治路線鬥爭[28]。王、劉兩人登高一呼，中共內部也立即出現一股類似國民黨「一個領袖、一個主義和一個政黨」的輿論。

9月，毛澤東召開政治局會議。這又是一次整風會議，他在會議中明白指示，要以一個月的時間來研究和檢討1928年六大以後的中共黨史，並據以展開批評和自我批評。參加的成員必須學習指定文件，寫整風筆記，也必須「治病救人」。儘管他沒有具體規定此次整風的細節，但是基調早已決定，參加會議的政治局委員和列席人員心裡都明白，於是千方百計，勸王明承認路線錯誤，寫檢討悔過書。王明受不了「群眾」壓力，終於屈服認錯，毛澤東遂打鐵趁熱，又在10月10日召開以政治局委員為主要組成人員的中共中央學習小組會議，繼續批評和自我批評。毛澤東也沒有明白表示，誰是整風對象，但是已經批倒了王明路線的主角，大家心裡也就明白下一個目標，應該是過去曾經支持過王明的其他中共領導人，尤其是「黨性堅強」、「忠心服侍國際派」中央和共產國際的周恩來。

山雨欲來風滿樓，中共中央在毛澤東的示意之下，從10月下旬到

28 關於王稼祥的角色，參閱徐則浩，〈王稼祥對毛澤東思想的認識及其貢獻〉，《黨史研究》，1984年第1期，頁46，而關於劉少奇的角色，參閱張飛虹，〈中共第一代領導集體在抗戰時期形成過程中的劉少奇〉，《中共黨史研究》，1995年第4期，頁68。

12月上旬，不斷對周恩來進行批鬥。在將近40天當中，據說周恩來「受到不公正的和過火的」指責以及批評，甚至有人指責他是「叛徒」，而周恩來在「群眾」的壓力之下，也終於說了「一些過分譴責自己的話」[29]。當然，後來中共中央通過例行的審幹程序，否決了周恩是「叛徒」的嚴重罪名，但是周恩來畢竟還是承認了一些錯誤。周恩來後來如何回顧這一件傷心往事，不得而知。值得注意的是，周恩來曾爲中共最高領袖，是中共特務工作的創始人。他清楚知道，對中共而言，沒有錯誤而承認錯誤，就像過去肅反，不是叛徒卻承認自己是叛徒一樣，不僅會造成黨的誤會，也難以避免黨性不堅的指責，必須嚴加懲治。諷刺的是，在他受到批鬥以後，他還接受中共中央的委託，到王明住處，去勸王明徹底承認錯誤。

透過類似的整風會議，敵後根據地也發生了批判新四軍軍長陳毅和八路軍副總司令彭德懷等人的整風熱潮。陳毅在整風會議上遭受政委饒漱石的指控，大帽子是反毛反黨，但因爲毛澤東不表示意見，陳毅只好要求專程前往延安，參加中共中央整風。毛澤東和劉少奇順水推舟，批准了他的申請。1944年初，陳毅經過三個半月的長途旅行，終於抵達延安，但毛澤東不准他在整風場合中自我辯護，而任由他繼續蒙受「同志」厚誣，僅在一段時間之後，纔通知陳毅說，已經通過劉少奇的例行性審查，了解他並無任何政治立場上的問題，只是人際關係不佳，仍必須自我檢討，並要他回到新四軍任所，繼續和饒漱石共事。饒漱石當然並未因爲誣蔑陳毅而遭受任何處分。陳毅的經驗也是彭德懷的經驗。彭德懷在歷史上有反對毛澤東的記錄，更曾同情過國際派王明的主張。他平素治下綦嚴，不講顏面，很容易得罪下級和

29　中央文獻研究室，《周恩來年譜(1898-1949)》，頁564-69，570-71；中共中央黨史研究室，《中共黨史大事年表》，頁165。毛澤東說，他曾在絕密的〈駁第三次「左傾」路線〉中點名批判周恩來。見毛澤東，《建國以來毛澤東文稿》，11：50。

同僚，不幸他在華北又和劉少奇的人馬相齟齬，難怪被召回延安參加中共中央整風，而在毛澤東透露對他的不滿以後，會有那麼多的人要對他提意見。雖然彭德懷像陳毅一樣，拒絕承認反毛反黨的罪狀，卻在四十幾天不休不止的批鬥之後，終於屈服，像周恩來一樣，也做了一些違心的檢討[30]。

另一方面，毛澤東知道，審幹清出成千上萬的「奸細」和「特務」，已在延安造成「特務如麻」的印象，弄得人心惶惶。他因而在1943年底針對問題，以中共中央領導人的身分，不指名地親自向所有可能被冤枉的幹部和黨員道歉。同時毛澤東更透過康生，在名義上由他本人擔任校長的中央黨校試點，對所發掘出來的「奸細」和「特務」進行甄別。果然不出所料，發現這些所謂奸細和特務當中，證據確鑿而鐵案如山的頂多不過1%，其餘百分之九十九都弄錯了。這百分之九十九弄錯的案子中，「有節操問題」者占總數的10%，「有半條心問題」者占20%，而「有思想意識問題」者占30%；最多的還是「參加過國民黨組織者」，其比率高達40%。康生雖然承認審幹出了問題，但就其所使用的分類範疇來看，他並不認為審幹弄出來的案子完全是錯誤的。因為即使這些「奸細」和「特務」是被冤枉的，也都是事出有因，僅止罪名誇大，不符實際而已。因此康生為他們寫鑑定結論時，拒絕使用「平反」兩字，他只肯用「甄別」兩字來表達認錯之意。通過這一次甄別試點，中共中央承認國民黨的組織鬆散無比，加入國民黨組織並不一定具有特別意義，因為在大多數情況下，加入國民黨組織是集體行動，個人並無選擇，所以決定不再對曾經參加過國民黨組織的黨員死命糾纏，非要他們認罪不可了。中央黨校的甄別，隨後成為其他機關單位甄別的樣板，其他機關單位的甄別結果，當然就與之大致相同了[31]。

30　師哲，《在歷史巨人的身邊》，頁269-70。

31　胡喬木，《胡喬木回憶毛澤東》，頁279-81。

毛澤東最關懷的還是高層幹部。在周恩來、陳毅、彭德懷等人做了違心的檢討後，毛澤東立即召集出席七大的黨代表，在中央黨校集體研究過去黨之政治路線的是非和總結黨的歷史。這些代表在劉少奇和任弼時的直接領導下，研究中共中央的歷史文件，然後依照《聯共黨史》的作法，把中共黨史詮釋成兩條路線的鬥爭，也就是毛澤東所代表的正確路線與其他錯誤路線不斷鬥爭的歷史。為幫助坐實這種兩條路線的歷史觀，毛澤東更召開各種黨史座談會，其實是讓江西時期倖存的高級幹部一吐心中積怨，算國際派中央的歷史總帳。在算帳的過程中，由於高舉著毛澤東思想，結果任何冒犯毛澤東的往事都會被挖掘出來，成為批判的理由。不過，毛澤東所重視的是他在黨史中的地位。當中共中央決定把毛澤東思想看成中國革命的最高指導原則後，他擺出寬宏大量的姿態，不但為陳毅的主要罪狀平反，也讓彭德懷重握兵符，更把周恩來收編到七大的五大領袖之中。毛澤東還將國際派的主要成員，如王明和秦邦憲等人，納入他的新權力結構裡面，表示他有容納百川的雅量，為了「革命」的未來，不僅不再繼續窮追猛打，反而用人唯才。

※　　　　※　　　　※

國民黨雖然提倡一個政黨，一個主義，一個領袖，但是實際的情形是黨外有黨，黨內有派，三民主義以外有各種思想，而三民主義之內有各種詮釋。有人諷刺蔣中正「專制無量、獨裁無膽」，雖然不太確實，但也正好說明了國民黨一個政黨、一個主義和一個領袖的有名無實。中共批評蔣中正提倡一個政黨、一個主義和一個領袖，弔詭的卻是，在中共統治區內，名義上雖然有其他政黨存在，而事實上卻只有一個政黨，那便是共產黨主導一切。中共雖然擁護三民主義，但那只是以馬列主義觀點解釋過的三民主義——一種勢必向社會主義過渡的三民主義，而這一切都是所謂毛澤東思想的具體表現。中共反對專制獨裁，但是唯獨毛澤東一人擁有關於重大事務的最後決定權，代表政治局實行思想、軍事、政治、政策和組織等五大領導。毛澤東是黨內路線鬥爭的唯一正確代表，他的思想是馬克思、列寧主義中國化的產物。對中共治下的知識分子而言，毛澤東是政治領袖，可以說代表治統，同時又是思想領袖，又可以說是繼承了馬克思、恩格斯、列寧和史達林以來的道統，治統和道統合一，簡直可以說是實現了傳統中國知識分子追求的聖君理念，而這種追求治統和道統合一的歷史心態，正是毛澤東個人崇拜能夠在延安興盛的主要原因。

毛澤東思想所以能夠定於一尊，和1942年開始的整風運動息息相關。這次整風以上層中層領導機構內的黨員和幹部為主，其中最主要的部分是知識分子。這一次整風是新的創造，毛澤東透過對中共黨史的檢討和重寫，動員了前一階段幹部對中共中央的不滿，把他自己塑造為唯一的正確領導，並要求所有的黨員和幹部根據毛澤東思想，公開地自我反省，檢討錯誤。另一方面毛澤東也透過審查幹部，使政治上有嫌疑的黨員和幹部，無所逃於天地之間，對自己做出嚴苛無比的解剖。這種整風方法避免了中共早期肅反的血腥，但能有效的建立黨員和幹部的共識和忠誠。其成功的前提則是一元化黨領導的體制，讓黨員發現黨組織掌握個人的政治和經濟前途。由於整風可以加強黨員的共識和忠誠，使得中共能成功地面對日軍的殘酷軍事鎮壓，而內戰再次爆發後，更能以劣勢軍隊取得最後的軍事勝利。

第五章

包圍和孤立城市

大部分歷史學者都認為，1946年國共內戰重開，國民黨已經因為政治腐敗、財經困難和領導無能而注定失敗了。中共後來也是這樣宣傳的，但是毛澤東當時很清楚：國民政府雖然疲憊已極，財經方面尤其百孔千瘡，可畢竟是百姓心目中的所謂「正統」政府，不僅擁有政治上的「合法性」，而且擁有比中共強大數倍的軍隊和先進的武器，決不可隨便藐視。中共的軍隊固然今非昔比，人數接近百萬，已經超過第一次內戰時期的四倍有餘，然而裝備落後，既無重型大砲，也無天上飛機，許多士兵連起碼的步槍也沒有一支，無論火力和機動力均遠非國軍對手。毛澤東曾說：戰略上要藐視敵人，戰術上要重視敵人。這個時候的毛澤東，顯然連戰略方面也不敢輕視國民政府。他知道無論是政治抑或軍事方面，都必須全力以赴，不能輕易犯錯。他對中共革命的勝利雖然有強烈的信心，可是也不敢打包票說，共軍只要短短三、四年，便可以輕易贏取勝利。

內戰爆發時，中共雖然在蘇聯的協助之下，在東北占領了現代化大城市哈爾濱，但基本上仍是一個以農村為主要占領區的武裝組織，所以中共的大戰略仍然是毛澤東的「以鄉村包圍城市」。毛澤東從第一次國共內戰中了解到，鄉村和城市的經濟實力有很大差別，但是他也非常明白，除非改變國共兩黨的軍事平衡，中共不可能占領更大更多的重要城市。他只能面對現實，盡量利用農村已有的條件，累積實力。而在汲取農村資源方面，中共的確擁有國民黨所沒有的利器。國民黨的動員，無論在城市還是鄉村，都極度依賴國家機器的強制力量。中共在廣大的農村地帶卻可以透過土地革命和階級鬥爭，爭取到大多數貧苦農民的擁護，所以不但有國民政府所沒有的農村動員效率，甚至可以倚恃農村的人力、物力和財力，反過來彌補中共無法占領城市的劣勢。總之，了解國共內戰的進行，不能不針對毛澤東在抗戰結束後如何從事農村動員這一問題進行討論。大體說來，毛澤東是先延續中共抗戰時期「無聲革命」的作法，然後以因應內戰局勢為名，重新恢復江西時期的激烈土地革命。他以地主和富農有形和無形資產的轉移為槓桿，在農村掀起激烈的階級鬥爭，一方面強化貧苦農民和地主富農之間的勢不兩立，讓貧苦農民因為害怕舊秩序的復辟，更願意提供人力和糧食，竭誠擁護中共所建立的政治新秩序；另一方面則藉貧苦農民之力，沒收地主富農的財富，使之無力支援或協助國軍的清剿，也同時減輕貧苦農民資源的財政負擔，加強貧苦農民對中共的向心力。

但是掀起農村階級鬥爭，一定會帶來三個難題。首先、農村根據地經過抗戰期間的「無聲革命」以後，地主和富農經濟式微，中共在農村中不容易找到多餘的土地來滿足貧苦農民對土地的渴望。為了解決這一個問題，中共擴大對地主和富農兩階級的定義，並不惜犧牲抗戰期間出現的開明士紳和大生產運動中崛起的農村富農，以便增加可以重新分配的資源。但是這種作法固然有利於貧苦農民的動員，卻勢必貽人以「過河拆橋」之譏，甚至引起地主富農的負隅頑鬥。中共如何在蒙受其利的同時，減少其勢所難免的禍害呢？第二、各根據地的發展顯示，中共即便擴大對地主和富農的打擊，也不一定能動員貧苦農民，因為在很多地方貧苦農民和農村基層幹部的矛盾更加嚴重。不少農村基層幹部本來就有傳統農村保甲漁肉鄉民的積習，而為了完成上級交代的各種緊急動員任務，更不免有欺壓貧苦農民的嫌疑，從而在農村中造成離心離德的情況。中共為了扭轉此一形勢，發現激化這方面的矛盾，不獨有助於貧苦農民的動員，而且有助於基層幹部的改造。可是激化這方面的矛盾，又勢必嚴重影響農村基層幹部的士氣，從而動搖甚至毀滅中共的農村基層權力結構。中共究竟是採取什麼辦法，同時兼顧動員農民和改造幹部的雙重目標呢？第三、激烈的土地革命可能像在1930年代一樣，引起國民黨地區菁英分子的群起反對，可是在這一次內戰期間並未導致此一不良影響，這是什麼緣故？1930年代國民政府可以在其統治地區掀起反土地革命的輿論，但在1940年代國府卻無此能力，所發布的言論反而讓不少菁英分子嗤之以鼻。為何如此？這些現象當然和國民官員的貪汙腐敗有關，但是中共的主觀努力也應該注意。中共當時並未聽任大局變化，隨波逐流，他們是在本身的能力範圍之內，盡人事再聽天命。他們把土地革命的衝擊限制於統治區，尤其是鞏固的統治區，一旦土地革命達到動員貧苦農民的目的，便立即停止土地革命，不讓國民政府地區的輿論有明顯的理由，把注意力從對國民政府的各種抗議運動，轉移到對中共統治真相的挖掘和議論方面去。

隨著內戰的逐步展開，中共占領的城市越來越多，也越來越大。中共基本上是一個農民政權，缺乏統治城市的經驗，可是占領城市以後，卻沒有像1945年秋的國民政府一樣，造成城市人民的離心離德，反而取得城市人民對他們的歡迎，並在他們的合作下迅速鞏固了政權。這是什麼道理？1945年秋，國民政府官員從四川返回南京時，雖然過去有統治城市地區的豐富經驗，卻手忙腳亂，犯了許多嚴重錯誤，而且出現所謂「五子登科」的弊端，接收人員以各種不法手段取得金子、銀子、房子、車子和(衣服)料子，造成淪陷區人民的痛恨，以致從日軍手中接收的城市和交通線，不但不能成為其反共戰爭的資產，反而迅速變成嚴重的累贅。中共到底憑藉什麼避免重蹈國民黨的覆轍？中共又是用什麼方法建立並鞏固新占領城市人民對它的向心力的？

中共接管城市政策的成功，一半是他們避免了國民政府所犯錯誤，另外一半還是依賴國民政府統治區人民的同情和支持。1930年代，國府曾經憑藉城市地區的支持，成功地運用「城市包圍鄉村」的策略，迫使中共進行所謂二萬五千里的長征。中共在失敗當中，很了解城市的重要性，所以三〇年代以來，中共一直在國民黨地區從事地下活動，以便鄉村包圍城市時可以「裡應外合」。在國民黨統治地區從事地下活動，中共強調長期潛伏，以及盡量以合法方式活動。及至四〇年代，由於抗戰和內戰的雙重打擊，國府面對的內部矛盾越來越嚴重，而中共地下組織所能激化和利用的矛盾也就越來越多。中共抓住機會，尤其是在以學生和知識分子為主的抗議運動中推波助瀾，使其愈演愈烈，並乘機壯大自己。到內戰的局勢轉變到有利於中共的時候，中共鑒於時機成熟，更公開喊出「第二戰線」的口號，欲藉國民黨統治地區第二戰線的開闢，在國民黨內部造成更嚴重的眾叛親離局面。由於土地革命的成功，中共在其統治區內，基本上沒有國民黨前來開闢第二戰線的後顧之憂。中共在鄉村和城市都能動員無數人力，戰場孰勝孰敗，不卜可知。中共透過第二戰場的開闢，縮短了內戰的時間，最後終於以四年不到的時間，席捲了整個中國大陸。

第一節　冷戰中的熱戰

1946年開始的國共內戰，並不是單純的內戰。這時無論共產黨或國民黨，在考慮今後何去何從時，都無法不考慮美國和蘇聯兩強的意向。第二次大戰已徹底改變了世界局勢，美國成為資本主義國家無可懷疑的新霸主，而社會主義的「祖國」蘇聯則隨著德國的潰敗，擴張其勢力於東歐。整個世界的政治格局為之丕變，兩強爭霸的冷戰格局已然形成。此時國民政府主席蔣中正不僅繼續擁有意識形態相近的美國支持，更經由「中蘇友好同盟條約」的簽訂，取得蘇聯外交上的正式承認。在這種情形之下，中共對美國是否應該按照意識形態的標準，而一味仇視？對蘇聯又是否應該有一些期望？

毛澤東的判斷是：儘管美蘇冷戰格局已成，但中國大陸處在兩強爭霸的「中間地帶」，雖然重要，卻還不是「兵家」不計一切代價的必爭之地。基於疑忌世界共產革命的傳統，美國當然會盡心盡力扶植親美的國民政府，可是一旦發現其代價是全面介入中國內戰時，美國也一定會受限於傳統的重歐輕亞政策而懸崖勒馬，尋求其他出路。既然美國對國府的支持有限，不可能為之犧牲大量美國人民的福祉而放手一戰，中共當然就有爭取同情和分化美國的可能。另一方面，蘇聯既然在對華政策上不放心中共的民族主義性格，又害怕與擁有原子彈的美國進行熱戰，中共當然也不能依賴蘇聯爭奪天下，而必須自力更生。可是對史達林而言，中共的勝利畢竟是世界共產革命勝利的一部分，所以他也一定會給予中共某種程度的支持，只是中共在大力爭取之前，必須知所節制，不可要求蘇聯提供它不可能提供的援助。

毛澤東根據以上這些判斷，把中共的對外關係縮小到兩個基本問題：如何減少美國可能給國民黨的援助，同時卻擴大蘇聯所可能給予的支持。他在處理這兩個問題方面，皆有傑出的表現，正因為他知道如何分化和中立美國，也知道如何取信於蘇聯當局，使之擴大援助，所以能夠很快便取得了內戰勝利。

抗戰結束後，無論美國還是蘇聯，都不願為了中國大陸而捲入一場新的世界大戰。至於中國國內輿論，也同樣迫切盼望和平時代的來臨。不過，毛澤東很清楚，「戰」難，「和」也不易，所以抗戰一結束，他固然順應國內外輿情，積極與國民政府進行和平談判，準備和國民黨在一定的政治架構內進行和平競爭，同時卻也不忘為內戰的再次爆發進行準備，以免臨事慌張，不知所措。因此中共實際行動表現出來的是既有團結也有鬥爭：一方面是由毛澤東親自到重慶訪問，進行和平談判，另一方面則是由中共軍隊爭奪「勝利果實」，擴大占領地區。在此爭奪勝利果實的戰爭中，國民黨在華中、華南擁有絕對優勢，但是中共也因為近水樓台，而在華北和東北搶得先機。所以國共兩黨的和平談判終於徹底破裂，而國民政府決定大舉用兵時，中共已擁有較前更充分的實力來應付。內戰爆發以後，中共最初居於劣勢，但是沒有多久國民政府的進攻便有如強弩之末，難以為繼。中共是以什麼樣的軍事策略來扭轉原來不利的形勢？又在轉危為安以後，依靠什麼方法在短短不到兩年的時間之內，占領整個中國大陸？

一、中間地帶的革命

1943年以前，中共自認為是第三國際的支部，而在國內也還沒有成為舉足輕重的政治勢力。中共雖然曾經設有類似外交部長的職位，卻始終並無真正的國際外交可言。這一年5月，第三國際解散，而美國已經成為國民政府最重要的外交支柱。中共要和國民黨爭奪抗戰的領導權，絕不可能置美國政府於不聞不問。當時美國認為國軍消極抗日，對國民政府不滿，相對地，他們就對在日軍敵後發展的中共存有好感。尤其是美國希望空軍飛機能自華北起飛直接轟炸日本本土，戰略上有所求於據有華北廣大農村地帶的中共。

從國際觀點來看，中共很清楚地知道，美國當時已經是國際政治中最重要的國家。當時美國主宰東西兩大戰場；婉拒蘇聯在西歐立即開闢第二戰場的請求，而另在北非展開大規模反攻，同時也在太平洋戰場易守爲攻。反觀蘇聯，因爲德國的進攻，連莫斯科和列寧格勒都岌岌可危，自顧不暇，史達林爲了討好美英盟國，甚至在1943年5月自動解散第三國際。在此形勢之下，中共更不能不加強對美國的外交攻勢，以爭取美國政府的好感了。

1 爭取「美帝」的友誼

國民政府遷都重慶以後，周恩來負責中共的對美外交。當時他是中共南方局書記，長期滯留重慶，主要負責對國民政府的統戰工作。他從一群對國民政府不滿的美國外交官和新聞記者那裡得知：美軍將領史迪威和蔣中正之間存有嚴重矛盾，史迪威要國民政府不惜一切代價立即重開緬甸戰場，蔣中正卻只肯在英美出兵配合的條件下支援。爲了迫使蔣氏讓步，史迪威以援助中共爲施壓籌碼。周恩來雖然無力主導史、蔣之間的角力過程，但卻透過各種管道提高史迪威對中共的評價。1944年4月以後，國民政府軍隊在日軍一號作戰(日軍作戰代號，指河南和湘桂黔兩戰役)的強力打擊下，瀕臨崩潰，中共的政治實力引起美國更大的注意。中共抓住時機，在同年7月批准美國軍部和國務院合組的美軍觀察組到延安長期駐留。這個觀察組在延安停留到1945年4月爲止，爲美國提供許多關於中共政情的資料。中共了解這個觀察組的重要，也力爭其好感，以便影響其他美國官員和美國輿論，進而爭取美國政府的承認，甚而分享國民政府所得到的美援利益。

中共在美國政府召還史迪威後，繼續以赫爾利、馬歇爾和司徒雷登爲對手展開對美外交。無論是赫爾利、馬歇爾或司徒雷登，都推行同樣的美國外交政策。美國一方面要求國共兩黨和平共處，因此在雙方爭執之中，力圖保持中立姿態。另一方面，則因爲美蘇冷戰的形勢已成，對中共難以放心，所以又大力支持國民政府。美國前陸軍部長赫爾利是這項政策的第一個執行人，他在1944年9月以美國總統羅斯福的私人代表身分前來重慶，隨即出任美國駐華大使。他因為對中國的政情不甚了然，在抵達重慶履任前，曾親訪莫斯科，探詢蘇聯對中共的看法。史達林告訴他中共是「人工奶油」的冒牌共產黨，根本是中國民族主義者，他竟然也信之無疑，認為中共在意識形態上既然不是蘇聯的同志，則毛澤東和蔣中正之間的衝突便很容易調解。所以他一抵達重慶，不先弄清楚蔣中正的意向，便貿然前往延安訪問。尤有甚者，他還擅自答應中共，國民政府和軍隊指揮機構將進行改組，甚而同意讓中共分享美援物資。當時中共沒有想到資本主義國家的代表赫爾利會答應他們的條件，尤其答應得異常慷慨和爽快，自是欣喜異常。不料，赫爾利回到重慶之後，又聽從蔣中正的意見，宣布美國只承認國民政府，美援必須以國民政府為對象。鑒於赫爾利出爾反爾，輕易反覆，中共領袖當然憤慨異常，並不斷抗議。但是在抗議聲中始終保持冷靜，仍然極力保持其和延安美軍觀察組的良好關係，徐圖改變惡劣形勢。

抗戰結束時，赫爾利雖然千方百計要求國民政府民主化，並容納中共參與戰後政權，但為了防止蘇聯勢力的擴張，仍極力協助國軍接收日本占領區，尤其是收回蘇聯軍隊所占領的東北。同時也傾全力協助蔣中正重整武裝，所以赫爾利在其使華任內，根據租借法案提供約8億7,000萬美元的援助，另外在日本投降後的短短五個月中，提供價值相當於6億美元的軍火，並以海空軍運輸四、五十萬的軍隊回到淪陷區內。令人意想不到的是，中共也因為和美國在延安的觀察小組關係良好，獲得美國的非正式協助。他們在美國軍方協助國民黨運送軍隊的同時，經由兩架美國軍機的特別協助，把敵後根據地因為參加中共七大而滯留延安的二十餘名軍政領袖，如林彪、陳毅、陳賡、劉伯承、鄧小平、羅瑞卿、陳錫聯和陳再道，及時送至華北或東北前線。

鄧小平回憶說，如果沒有美軍觀察組的幫忙，爭奪對日抗戰勝利的果實不可能像後來那麼順利[1]。

即在中共軍隊全力爭奪勝利果實之際，史達林已很清楚的告訴毛澤東，國際輿論絕對不支持國共內戰。毛澤東也很清楚，中共的實力雖已遠遠超過江西時期，卻仍非國民政府的敵手。中共既不能占有大城市，政權也缺乏合法性和正統性，軍隊更缺乏彈藥和武器，沒有任何重裝備，所以決定掌握國內外輿論的脈膊，提出「和平、民主、團結」的號召，並決定應蔣中正之邀親自前往重慶談判，不過「假戲真做」，他同時也希望和平真正到來，以便在和平的環境中與國民黨一較長短[2]。8月27日，毛澤東在赫爾利大使的陪同下飛往重慶。然而就在他和國民黨談判的期間，美國海軍陸戰隊藉口維持秩序，已派兵登陸華北，暫時接管平津以及其他一些重要城市，並協助國軍向華北和東北進軍。毛澤東雖然對美國的行動有所批評，但爲了爭取美國方面的同情，對外始終強調和平誠意，並保持願意讓步的姿態。其實他所謂讓步只是陣勢的調整，中共此時也根據其所了解的蘇聯政策，決定「向北發展、向南防禦」的大戰略，傾全力防禦華北和爭奪東北，所以故作大方，也宣布撤退黃河以南共軍，尤其已經陷入國軍戰略包圍的長江以南小股部隊，更率先撤退[3]。直到國民政府迫於輿論，不得不

1 中共中央文獻研究室，《毛澤東年譜》，3：13；蕭勁光，《蕭勁光回憶錄》頁325-26；鄧小平，《鄧小平文選》，3：337；薄一波，《七十年奮鬥與思考》，上，頁385-386；童小鵬，《風雨四十年》，1：353。

2 中共中央文獻研究室，《毛澤東年譜》，3：13，18。毛澤東最初是拒絕蔣中正的邀請的，所以當他接到史達林的電報，要他對國民政府讓步之時，立即反應是怒不可遏。蔣中正也以為毛澤東會拒絕他的邀請，因而把邀請當作外交攻勢，再三邀請，沒想到毛澤東在接到史達林電報後，居然會順水推舟，接受他的要求，所以當毛澤東到達重慶時，國民政府因為準備不週，而顯得有點張慌失措。見楊奎松，《中共與莫斯科的關係》，頁524-25；林聰，〈李克農傳記〉，《中共黨史資料》，57：196-98。

3 中央檔案館，《中共中央文件選集》，15：278-87。

蘇聯野營教導旅的華籍軍官。攝於1943年，相片中的華籍軍官以旅長周保中(前排左4)和副旅長李兆麟(前排左2)為首，他們在1945年隨蘇聯紅軍打回東北，利用蘇聯紅軍職務的方便，暗中協助中共在東北站穩腳跟，以便國軍前來接收時可以有效抗拒。

左右手不協調。當美國軍部為了防堵共產主義的擴張，派軍艦協助遠在大後方的國軍接收日本淪陷區時，美軍飛機卻協助中共把滯留在延安的中共敵後根據地軍政領袖送回前線。搭機的中共要員有林彪、陳毅、鄧小平和劉伯承等人，而送行者有彭真、康生、張聞天、葉劍英、羅瑞卿等人。圖為送行人員和部分搭機人員合影。配有降落傘的站立者當中，右6為林彪。

同意公布中共起草的〈雙十會談紀要〉以後，毛澤東又進而表示妥協，放棄其原有的聯合政府主張，同意召開各黨各派參加的政治協商會議，以便繼續討論雙方尚未達成共識的實質問題。

1945年10月，毛澤東在簽訂國共〈雙十會談紀要〉後，返回延安，有關執行細節的談判卻迅速陷入膠著，雙方武裝衝突反而繼續不斷，有方興未艾之勢。此期間毛澤東注意到，美國雖然極力調停，卻以維持秩序為名，派遣了10萬海軍陸戰隊進駐華北重要城市，並仍舊繼續軍援國民政府，除裝備約二十師國軍外，更以超低價格出售大批戰略物資給蔣中正。毛於是杯葛和抨擊赫爾利，終於迫使赫爾利無功返美，而在1945年底另由聲望極高的陸軍元帥馬歇爾來華，完成其所未竟的調停使命。中共為了表示對馬歇爾調停的尊重，雖然不同意國民政府把東北排除在立即就地停火協議之外的主張，但仍在次年元月簽訂了雙方停戰協議，並參加由國、共、美三方面組成的委員會，監督停火協定的執行。儘管立即就地停火並不包括東北，中共也承認國軍有權從蘇軍手中接收東北，然而他們堅持國軍必須承認中共早已進入東北的事實，限制兵力，並給予中共在政治和軍事上一定的地位。國民政府對此斷然拒絕，並一口咬定中共既然承認其有接收東北之權，便應該聽任國軍繼續在美軍的協助下增兵東北。蔣中正為盡快收回東北，還透過美方對蘇聯施展壓力，以致蘇軍決定在1946年 3 月從東北全面撤退。當時馬歇爾正返國述職，國共兩軍遂在東北開打，彼此搶占蘇軍撤退後的城市。國軍從蘇軍手中接管了瀋陽，隨而打通中長路，派大軍猛攻四平街，在血戰四平街一個多月後，又占領長春。從此以後，國民政府內部的強硬派益加振振有辭，蔣中正也決定對中共採取全面強硬的態度了。

1946年 6 月，馬歇爾為挽救陷入困境的調停使命，下令全面禁運軍火十個月，終於迫使國軍在東北停戰。中共因而在東北獲得喘息的時間。當時蔣中正受到美國政府繼續在中國駐兵和成立軍事顧問團的

美國調停國共內戰。1945年12月，美國總統杜魯門派前五星元帥馬歇爾來華調停。國共雙方礙於他的國際聲望，同意簽訂停戰協定。圖為國民黨代表張群在馬歇爾和中共代表周恩來的注視下簽訂協定。這一個協定因為不包括東北，結果關內內戰停止，關外的軍事對抗卻急遽升高，終於導致國共內戰的全面爆發。

鼓勵，心存幻想，以致低估了美國絕不介入中國內戰的決心。他為爭取美國的友誼，甚至同意簽訂中美商約，片面照顧美國在華的商業利益。中共則抓住美國外交政策中的內在矛盾，加以嚴厲抨擊。同年底，正好北平發生美軍強姦北大先修班女生沈崇的事件，學生群起示威抗議。中共遂把握時機，積極聲援，要求美軍撤出中國。此舉雖然無法改變蔣中正武力統一中國的決心，但中共卻乘機公開表示，他們對馬歇爾調停的公正性心存懷疑。1947年初，馬歇爾承認調停失敗，在指責國共兩黨均無妥協誠意之後，黯然離職。毛澤東從而更加確定美國並無在中國大陸作戰的準備，決心以武力對抗國民政府。代馬歇爾主持美國對華外交的是前燕京大學校長司徒雷登。他對蔣中正非常不滿，曾在1947年 5 月，師法馬歇爾，把實行已半年的軍火半禁政策，恢復爲全面禁運。但他和馬歇爾一樣，並無法壓迫蔣中正停戰。反而因爲美國軍方繼續廉售彈藥和飛機，以及其他部門提供糧食救濟貸款，使毛澤東愈加相信，在美蘇兩元對立的世界局勢中，不能兩面討好，必須採取一邊倒向蘇聯的外交政策。從此之後，儘管司徒雷登屢次對中共示好，中共均嗤之以鼻，不理不睬。

2 鞏固史達林的信賴

中共和蘇共的關係原本是共產國際內部的問題。抗戰期間，中共有代表常駐共產國際，同時共產國際亦有代表常駐延安[4]。由於德蘇戰爭爆發後「新疆王」盛世才反共反蘇，中共和蘇共之間難於維持陸上和空中交通，纔開始完全依靠電波聯絡。自1941年始，史達林爲紓解其德日兩面作戰的壓力，屢次要求中共在日本敵後戰場展開積極攻勢。當時，美國對國民政府也有同樣要求。不料，中共的反應和國民政府如出一轍，都強調武器落後，給養短絀，而婉轉拒絕[5]。不同於國民政府的是，中共沒有要求蘇聯提供武器援助，然而毛澤東還是乘蘇共自顧不暇，整肅了對莫斯科奉命唯謹、「言必稱希臘」的國際派王明，同時也公開倡言自己的思想是馬克思主義中國化的具體表現，並將其思想抬高到無以復加的地位。史達林對毛澤東的猜忌，便是在這

4 伍修權，《我的歷程，1908-1949》，頁159。

5 師哲，《在歷史巨人的身邊》，頁213-5；周文琪、褚良如，《特殊而複雜的課題》，頁387，393-94。

種背景上形成的，而他的態度是決定蘇聯對華政策的最重要因素。

史達林對中共的態度是兩面的，一面基於共產主義的共同信仰，認為有支持中共發展的義務，一面認為蘇聯的國家利益優先，不能因為支持中共而受到損失。蘇聯在1942年盛世才反蘇內附以後，就和國民政府關係鬧僵。因此，兩年後新疆發生伊寧事變，他們支持維吾爾和哈薩克族人成立東土耳其斯坦共和國，並縱容回族軍隊屠殺漢人。而蘇聯在1945年 8 月出兵東北之前，更基於自身的國家利益，要求美國同意其恢復帝俄時代在中國東北的權益，和美國簽訂「雅爾達密約」，瓜分世界。蘇聯承認美國在西歐的霸權地位，美國則同意幫助蘇聯在中國問題方面達到三個目標：亦即外蒙古獨立、蘇聯控制中東鐵路、從中國取得出太平洋的暖水港口。在獲得美國的秘密承諾之後，蘇聯遂迫使國民政府接受密約，簽訂「中蘇友好同盟條約」。史達林之所以如此，是認為蔣中正在美國的全力支持下，將保持其軍事優勢，中共勢難抗衡。因此，1945年 8 月他特別致電毛澤東，主張毛澤東到重慶去和平談判。

1945年 8 月6日，美國投下第一顆原子彈後。三日後，蘇軍兵分兩路，湧入東北。早已虛有其表的日本關東軍，毫無抵抗能力，迅速瓦解。蘇軍進入東北之前，並未知會中共。中共卻掌握時機，在蘇軍展開攻擊後，立即搶攻熱河和察哈爾兩省的重要交通要道，並企圖由此進入遼西。毛澤東的指令是，在蘇軍當局允許的範圍內，建立根據地。當共軍在張家口和蘇軍會師時，蘇軍將領基於共產主義的共同信仰，曾提供中共軍隊大量虜獲的武器[6]。9 月中旬，東北蘇軍清楚地表示，將採取兩面政策，一方面履行其對國民政府的條約義務，把東北

6　伍修權，《我的歷程，1908-1949》，頁168。關於蘇軍在哈爾濱及其附近協助中共收編偽滿國軍隊，阻撓國民政府接收，提供日常用品和武器彈藥，以及協助中共建立農村根據地，見鍾子雲，〈從延安到哈爾濱〉，《中共黨史資料》，1996年2月，56：53-59。

鐵路及其沿線大城市移交國民政府，另一方面則在「不干涉中國內政」的藉口下協助中共發展。中共在充分了解蘇聯的立場以後，和東北蘇軍達成協議，中共軍隊將進入東北，但不以八路軍名義活動。蘇軍則轉交所虜獲的日式裝備，並把錦州以南至山海關的沿海地區，包括營口和葫蘆島，都移交給中共控制。錦西走廊以外的東北農村地區，本爲蘇軍兵力所鞭長莫及，蘇軍允許中共在此地區展開基層政權的建設[7]。值得特別注意是，在抗戰期間潛入俄境的東北抗日聯軍殘餘約300餘人，在此時隨蘇軍返回東北。他們擔任地方的聯絡，協助蘇軍接管軍械、警局和民政。同時暗中全力配合中共，協助中共收編地方武力，組建了一支約 4 萬人的軍隊，也協助中共接管了一些中小城市。中共在瀋陽和哈爾濱等大城市中，雖不能公開活動，卻能暗中實際控制。由蘇聯以自由港名義占領的大連，甚至因爲允許中共地下黨員擔任重要文職，而成爲共軍兵員和補給的轉運站，後來更成爲東北和華東兩地共軍軍火，尤其是砲彈的主要供應基地[8]。

在蘇軍的協助下，中共阻撓國軍進入東北。國軍本來預定在1945年10月，登陸葫蘆島和營口。計畫受阻之後，改在關內的河北秦皇島登陸，再沿北寧鐵路北上。國軍雖然遭到共軍全力阻擊，仍在11月中旬占領了山海關，並乘勝繼續北進。蘇聯因爲不願美軍介入東北戰事，加以國府不斷抗議，在評估東北戰局後認爲中共勝算不大，遂將政策重點改爲維持國府的友誼，同時展開經濟合作談判，以便從國府手中搾取更多的特殊利益。爲取信於國府，蘇軍藉口訂有正式條約，拒絕再提供武器給中共，也不再准許中共幹部暗中接管城市，反而強

7 徐焰，〈抗日戰爭勝利前夕至勝利後我黨戰略方針的轉變〉，《黨史研究資料》，7：241-42；牛軍，《內戰前夕——美國調處國共矛盾始末》，頁182-83。

8 《東北抗日聯軍鬥爭史》，頁489-90；蕭勁光，《蕭勁光回憶錄》頁339-40；何長工，《何長工回憶錄》頁409-10，433；夏振鐸，〈蘇聯紅軍進駐旅大十年〉，《中共黨史資料》，1992年，43：132-34。

迫中共軍隊退出已經實際占領的所有城市[9]。不過，在鞭長莫及的東北農村，蘇軍仍容許中共繼續發展。除允許蘇軍占領下的北朝鮮爲中共提供戰略物資和成爲安全走廊外，也允許中共和西伯利亞進行貿易，以糧食和其他農產品換取軍事工業所必需的戰略物資[10]。

中共進入東北後，很了解蘇聯政策的局限，因此對蘇聯的要求並不多，反而可以說是刻意委曲求全。共軍很清楚，蘇軍進入東北以後，爲了鼓勵士氣，曾縱容士兵姦淫擄掠，受害者並不限於日本軍人家屬，更殃及中國一般民眾[11]。爲了盡快恢復俄國經濟，蘇聯還從東北掠奪了價值約9億美金(如果重新裝置則需要20億)的工業設備。這些暴行遠超越美軍在華的行動。不過，中共縱使對蘇聯有百般不滿，卻斷然不容占領區內出現任何冒犯蘇方的言論。當時在哈爾濱爲中共辦報的蕭軍，便因爲公開批評蘇聯惡行，而遭受嚴厲批鬥[12]。中共可以利用國民政府占領區對美軍的不滿，掀起反美運動，卻決不允許自己的統治區內出現類似的反蘇潮流。

史達林和國府的經濟談判，並未談出任何具體成果，但是到1946年3月，蘇軍藉口實踐承諾，突然從東北全面撤退，以致國軍措手不及，幾座擁有重工業設備的城市爲共軍奪得。共軍接防之後，在南滿沿線一帶卻不能有效防守，四平街大敗以後，更不得不放棄大部分南滿，而退守松花江北，與國軍隔江相望。蘇聯視北滿爲其禁臠，雖繼續維持其與國民政府的關係，卻不願看到親美的敵對勢力進入，因此

9　伍修權，《我的歷程，1908-1949》，頁169-70。

10　中共黨史人物研究會，《中共黨史人物傳》，48：235-7。

11　鍾兆雲，《百戰將星劉亞樓》，頁67-69，72-73；星火燎原編輯部，《解放軍將領傳》，3：161；夏振鐸，〈蘇聯紅軍進駐旅大十年〉，《中共黨史資料》，1992年，43：139。據夏文，蘇軍軍紀在1946年下半年有明顯好轉的跡象。

12　參閱Roderick MacFarquhar, and John Fairbank, *The Cambridge History of China*, vol. 14, pp. 231-34。蕭軍也批評激烈的土地改革。中共不僅切斷他辦報的經濟支持，而且對他組織文字圍剿，並把他送到撫順煤礦做苦役。

暗中全力支持中共固守松花江防線。另一方面，蘇聯害怕美軍的進一步介入，也沒有積極支持中共對國軍的反攻。直到1948年中共為配合關內戰爭在東北展開全面決戰的前夕，蘇聯纔同意把自70萬日本關東軍收繳而來的武器，全部給予中共[13]。另一方面，蘇聯外交上仍繼續承認國民政府，甚至到國民政府南遷廣州之時，還讓蘇聯的大使館隨同遷往。中共為了從蘇聯當局得到幫助，也始終隱忍不發，對蘇聯的不友好行為，沒有一句公開批評，反而為了爭取更多的援助，處處表示諒解，更不惜宣布外交上的一邊倒政策。

二、放棄華南、鞏固華北、搶占東北

日軍投降時，國軍共有440萬人之眾，但其中美式裝備的主力精銳，全部在西南地區作戰。相形之下，中共雖只有100萬左右的正規軍，絕大部分卻都在日軍占領的城市和交通線附近。所以抗戰一結束，共軍很容易乘日偽軍軍心不穩，展開反攻。國民政府通過麥克阿瑟將軍，下令日偽軍不得向中共投降，並責成日偽軍收回失守城池。同時，在美海空軍的協助下，國軍開始接收華中、華北的日偽軍投降。在國軍主力未到之前，地方雜牌軍隊早已和中共爭奪「勝利果實」了。中共由於近水樓台，在華北和華中都搶占了不少中小城市，到9月中旬，東北除外，已控制了12,550萬人口，正規軍也擴大到127萬，並且有充裕時間破壞鐵路公路，防止國軍前來爭奪。就在這個月10日，中共在晉東南的上黨地方擊殲了前來爭奪勝利果實的山西閻錫山大軍。這次勝利中俘獲的裝備，使中共在晉冀魯豫的軍隊脫離原始

13 何長工，《何長工回憶錄》，頁427-28；Andrei Ledovsky, "Mikoyan's Secret Mission to China in January and February 1949", *Far Eastern Affairs*, 1995, 2: 79。毛澤東在1949年2月5日告訴蘇聯特使米高揚說，林彪率部進入北平時，所部蘇製武器全部上繳，代以所俘美式裝備，以便證明共軍裝備取之於敵。見安列多夫斯基，〈米高揚與毛澤東的秘密談判(1949年1-2月)(下)〉，《黨的文獻》1996年第3期，頁78。

狀態，而在隨後的河北邯鄲戰役中取得更大的勝利。當時，國共和談紀要墨瀋未乾，國軍孫連仲部已從河南北上，試圖打通平漢鐵路，晉冀魯豫的共軍在邯鄲予以阻擊，並爭取到國軍雜牌部隊約萬人叛變，造成國軍進攻部隊的覆滅。

東北當時是中國最現代化的地區。對日抗戰即將結束，蘇聯紅軍大舉入侵東北，中共在獲知消息以後，立即從晉察冀派兵配合。這些軍隊和蘇軍在張家口會師，從蘇軍手中取得大量日軍遺留的武器。但是對於東北本部，中共採取極端慎重的態度，僅派了一支1,500人的部隊(人民自治軍)前往了解實況。人民自治軍，乘日軍兵潰，一方面搜集日軍遺留武器，一方面收編地方武裝，轉瞬之間擴充成一支數達3萬人的部隊。到同年9月，中共終於弄清楚了東北的情況，於是痛下決心，全力爭奪東北，另外從江蘇和山東派遣了10萬軍隊和2萬幹部前往。這些軍隊和幹部經由海路和陸路，以各種運輸方式，甚至徒手徒步，趕往指定地區，並立即配合已在東北的共軍，繼續大量收編地方武裝。因此當正牌國軍經由美海空軍的協助，從西南趕往平津、青島和東北大門的錦州一帶時，中共早已在東北擁有22萬人的軍隊[14]。當時，蘇聯紅軍所能控制的是大城市和交通要道，廣大鄉村陷於混亂。雖然在這一年年底，中共中央已經屢次指示，要在廣大農村建立根據地指示，可是並未徹底實施。而且毛澤東也懷有可以占領長春和哈爾濱的想法，所以東北地區的中共領袖也沒有劍及履及，立即把工作重點轉移到廣大農村中去，仍然準備在蘇軍全面撤離東北之後，和國軍爭奪四平街以北的東北各大城市[15]。

14　據東北剿共軍事最高指揮官杜聿明回憶，蔣中正在大軍佔領錦州之時，原本無意繼續北上，後來惑於馬歇爾建議，纔改變決心，陸續增兵東北，以便奪取東北。見杜聿明，〈遼瀋戰役概述〉，《文史資料選輯》，20：27-28。

15　中央檔案館，《中共中央文件選集》，15：447-52，457，460，465-66，504-05；16：132-33，138-41，149-50，166-67；徐焰，〈抗日戰爭勝利前夕至勝利後我黨戰略方針的轉變〉，《黨史研究資料》，7：246-48。

共軍的武器來源。抗戰時期，中共的軍隊裝備原始。1945年9月，閻錫山在投降的日偽軍協助之下，力圖收復山西東南部。他的軍隊在上黨地方大敗，為共軍提供大量的免費武器。圖為共軍展覽的上黨戰役俘獲的武器，譏諷國民政府軍為提供共軍裝備的運輸大隊。

1946年3月，蘇軍突然宣布從東北撤退，國軍雖然接管了瀋陽，但中共也趁國軍兵力未到，占領了四平街及其以北的重要城市。4月，國軍決定不顧東北停戰協議，沿中長路北上，一路勢如破竹，直至長春大門四平街，惡戰了31天，共軍傷亡極為慘重，是內戰以來少見的敗仗，以致中共棄守長春後，還打算撤退哈爾濱。1945年的年底，毛澤東曾指示東北共軍「讓開大路、占領兩廂」，向鐵路兩側的廣大農村地帶撤退，為什麼他這時候不加堅持，反而硬要和國軍爭奪四平街呢？他的主要考慮是占領一些大城市，增加與國民政府和談的籌碼，因此不惜一切代價死守四平街[16]。然而國軍的戰力畢竟不容輕忽，經

16　中央檔案館，《中共中央文件選集》，16：頁100-03。

此大敗以後，中共也不得不死心塌地，退到鐵路兩側的廣大農村地帶，全心全力動員農民。另一方面，國軍則在勝利之後，認為北滿已經有三分之二的縣城在親國民政府的地方武裝控制之下，東北共軍容易解決，因此益加驕矜，殊不知這些地方武裝的實力並不可靠，而軍隊愈向北進，補給線也越拉越長，增兵到五十幾萬之後，後援與補給更是難以為繼。加上國際外交的考慮，國民政府終於在1946年6月，宣布暫時停戰。

但是國軍勝利在即的幻想，不易破滅。蔣中正以為3至5個月內，便可以解決中共問題，所以儘管在關外停戰，卻在關內開始展開攻勢。此時國軍力圖打通隴海、津浦、平漢、平綏、北寧、南滿諸鐵路。由於財政困難，國民政府力求速戰速決，千方百計地捕捉中共的主力，以便聚殲。中共的對策，則是曠日持久，消耗國軍的戰力，而不計較一城一地的得失。所以1946年7月開始，中共在國軍開始進攻的頭四個月中，避實擊虛，到處撤退。處在強大國軍包圍圈內的鄂豫邊的共軍，首先四向突圍。至於接近首都南京的蘇北共軍，雖然不斷阻擊勝利，卻也不斷北撤。平綏路重鎮張家口為晉察冀根據地的首府，血戰十數日後棄守。中共連續喪失105座城市，但國軍在損失了30萬軍隊以後，收回的卻是無助於經濟改善的斷壁殘垣。為了防守，更必須移用前線的部隊，以致捉襟見肘，前線經常無兵可用。深入共區的國軍無法以戰養戰，就地取得給養，必須仰賴後方支援，迫使本來已為惡性通貨膨脹所苦的國民政府濫發鈔票，以致通貨膨脹日形惡化。接下來的四個月，也就是1946年11月到次年2月之間，國軍共損失了40萬左右的兵員，收回87座城市，但在此期間內中共便不再只是單方面的拋疆棄土了。失之東隅，收之桑榆，中共也占領了87座城市。

1947年春，國軍終於發現兵力太分散了，於是把全面進攻改變為重點進攻。此時黃河北流，回歸故道，國軍認為這是一道自然天塹，可以把共軍阻擋在黃河以北。因此對晉冀魯豫的進攻稍緩，而把進攻重點分置於東西兩翼，一是蘇北和魯南，另一是中共政治重心的陝北。中共當時在陝北只有2.5萬軍隊，面對胡宗南 8 萬軍隊的進攻，以小搏大，主動放棄延安，把一座空城讓給國軍。中共本身非但毫髮無損，反而空室清野，使國軍難以取得給養，而必須忍耐饑寒，尚且無法取得情報，敵情完全不明，彷彿處身暗室之中。共軍則游刃於國軍間隙，尋找戰機，一俟疲苶已極的國軍分散，立即集中優勢兵力以擊破之。如此屢戰屢勝，迫使胡宗南的部隊南撤。在蘇北和魯南，共軍的表現同樣出人意表。面對45萬國軍，只有 4 萬人的中共蘇北軍隊且戰且撤，到魯南和中共山東軍隊會合。國軍以為勝利在望，不料，共軍卻在北退的過程中，壯大成為35萬人的勁旅，並乘國軍主力分兵冒進，在魯南沂蒙山區一舉殲滅孤軍深入的國軍王牌部隊張靈甫師。隨後，共軍又乘勝反攻，雖然攻堅不成，但是氣候已成，國軍已喪失進攻時的銳氣了。

在次要戰場的晉冀魯豫地區，國軍最初宣傳承認土地改革的既成事實，所有中共在農村的幹部，只要自首，均既往不咎，所以進展順利。但是共軍避實擊虛，雖然損失大量土地和人口，卻仍能繼續抵抗。隨後中共大力發動土地革命，千方百計，重分地主和富農的土地，而地主士紳組成的還鄉團回到老家以後，無法克制原始報復的衝動，竟然無視於政府的自首政策，肆意報復，更堅持收回原有土地，並乘機加重農民負擔。當時，晉冀魯豫到處都有旱潦天災發生，農民生活本來就困苦異常，受到還鄉團的錐心迫害之後，中共「保田保家」的號召正好擊中他們的心坎，所以執行起空室清野的疲敵政策來，尤其熱烈。他們響應中共的號召加入共軍，同時也參加地方武裝，進行游擊戰，以致國軍在深入中共根據地後，仍不得不仰賴遙遠的後方提供糧食彈藥。不過，中共所付出的代價也非常大，他們的根據地嚴重縮小，人口大量減少，而儘管中共鼓勵生產，農村經濟卻益加殘破凋敝。

東北的情形則對中共更為有利。國軍攻占長春以後，發現補給線

收回延安空城。1947年3月，國民政府軍對陝北展開進攻，共軍在國軍優勢兵力的壓迫下，空室清野，放棄延安。國民政府對外宣稱勝利，其實僅得空城一座。隨後反而因為分兵冒進，屢遭共軍重創。圖為同年8月，蔣中正飛往延安，為遭受軍事挫敗的國民政府軍打氣。

太長了。正好美國特使馬歇爾施加壓力，於是決定停火。中共東北軍遂以松花江為界，保有北滿，一方面實行土改，發動大批農民起來鬥爭地主，另一方面有系統地剷除地方反共武裝或土匪，安定後方。國軍在半年左右的休養生息後，北守南攻，圖以精銳主力10萬餘人進擊南滿東部長白山區的中共武裝。該地區的中共武裝只有4萬人不到，在強敵壓境下已有棄守之議，卻迫於上級嚴令而堅持固守，終於度過危險，同時也牽制住國軍，使國軍不敢北上。在此次長白山保衛戰役，中共曾經得到北韓的一些幫助，這是後來中共介入韓戰的一個考慮。

在國軍重點進攻階段，中共雖然損失大批土地和人口，但因為農村踴躍輸將，提供了人力和物力，軍隊仍繼續擴張，從100多萬擴大到200萬。相形之下，國軍損失了100多萬，卻無法得到充分補充，總兵力降為370萬。雙方的軍事均勢，在向共軍有利的方向轉變。

三、鄉村包圍城市

1947年5月，國軍因為軍力的分散，防禦已到處出現漏洞。此時共軍的實力雖然繼續壯大，卻仍不足以和國軍正面相抗。當時，除北滿以外，中共各根據地因為戰爭和天災的破壞，已殘破到了極點。根據地的民力動員也已到了羅掘俱窮的地步。中共因而不得不冒險，在變敵人後方為前方的方針下，把戰爭的重擔轉移到敵占區去。這是一個極其大膽的戰略構想，因為在沒有後方為依托的情形下，部隊容易被包圍而殲滅。最初，中共中央的想法是把晉冀魯豫太岳地區的軍隊調往陝北支援，後來更改命令，全部於8月中旬渡過黃河，南下到豫陝地區重建根據地。其實，根據地並未建立，部隊所到之處，以打土豪方式走馬點火，但是軍隊的部分補充和給養的維持仍然要靠核心區。根據地為了要取得農民的全力支援，把土地革命推到極點。另一方面晉冀魯豫的主力在劉伯承和鄧小平領導下，約13萬人，於8月下旬越過黃泛區，進入大別山。約在同時，中共把魯南的共軍調往豫皖蘇邊，和晉冀魯豫主力相呼應。這三支軍隊，呈品字形，在黃河長江之間互為犄角，除攻城略地外，最重要的工作便是破壞隴海、平漢和津浦幾條交通大動脈，切斷國軍東西南北的聯絡了[17]。

毛澤東在陝北逼迫胡宗南部撤離以後，雖然回到延安，但是戰事基本上呈膠著狀態，繼續和國軍在陝中和榆林一帶對峙。黃河以北的共軍攻占鐵路重鎮石家莊，切斷山西閻錫山和平津的聯絡，而山東共軍則在切斷濟南到青島鐵路交通以後，攻占濟南省城，割斷平津和徐州之間的交通。東北共軍五次南下松花江，雖受阻於四平街，無法順著中長鐵路南下，但是長春已成孤城一座，國軍侷處在四平街到瀋

17 中共中央文獻研究室，《毛澤東年譜》，2：248。

陽、瀋陽到錦州的鐵路沿線，在這窄長的兩道走廊上，作困獸之鬥。因為在松花江以南的占領區已經鞏固，毛澤東反而指示不要破壞鐵路，開始考慮重建鐵路運輸了[18]。在華北和東北，中共的鄉村包圍著國民政府的城市，而且已開始展開進攻了。

中共自1946年7月到1948年6月，總共自農村動員了將近160萬農民。這個數目雖然不到中共占領區人口的2%，但是已超過中共官方認為傳統農村所能容忍的限度1.5%了。有些根據地農民參軍脫產的比率更高達3%[19]。晉冀魯豫地區，自1946年7月到1947年12月，急遽縮小，人口也隨而遽減，卻仍為共軍提供了34萬農民，人力的動員恐怕已到了極限。由於共軍高度依賴農村，所以在1947年底前後發動新式整軍。所謂新式整軍，就是訴苦運動，發動士兵回憶貧窮出身，並控訴傳統社會的代表地主士紳，再由政治工作人員展開三查三整，三查為查階級、查工作和查鬥志，三整則為整頓組織、整頓思想和整頓作風，為隨後的大規模軍事反攻奠定基礎。

在這個時候，某些根據地的兵源已出現枯竭的跡象，因此從1946年7月到1948年6月之間，中共從國軍中吸收了大約80萬的俘虜，藉以補充和擴大軍隊。1948年7月開始，共軍對國軍的進攻，有增無減，兵員的需求尤其緊急，農村根本無力繼續提供。中共於是更加大膽的起用俘虜[20]。甚至即俘即用，俘虜的軍官遣返國民黨區，一般士兵則立即用來補充各軍。華東野戰軍在這方面的表現最為突出，淮海戰役開始時該軍共有兵員36.9萬人，經過兩個多月的血戰後，雖然傷亡了10.5萬人，兵員反而增加到55.1萬人[21]。

18 中共中央文獻研究室，《毛澤東年譜》，2：264。

19 徐向前，〈奪取全國勝利的偉大進軍〉，《中共黨史資料》，38：29；中共中央文獻研究室，《任弼時傳》，頁642。

20 中共中央文獻研究室，《毛澤東年譜》，3：323。

21 鍾期光，《鍾期光回憶錄》，頁283-85、361。

1948年秋，中共經過春夏兩季的連續進攻，在華北尤其是連戰皆捷，把淮河以北的國軍，孤立在三個不相銜接的戰場。國軍在東北的衛立煌集團有48萬人，株守瀋陽、長春和錦州三座城池，靠中長路聯絡。在華北的傅作義集團，有60萬人，保有平津一帶，並以平綏路為臍帶，聯絡綏遠後方。在華東的劉峙、杜聿明集團，有60萬人，以徐州為中心，固守江淮之間，為京滬門戶。中共對平漢路以西地帶，仍無力經營，而國軍以秦嶺為界，在華中的白崇禧集團，有75萬人，在西北的胡宗南集團，有35萬人，分別屏障華中、華南、西南和大西北地區。

1948年秋，中共認為鄉村包圍城市的形勢已經成熟，遂決心和國軍在東北、華北和華中展開戰略決戰。林彪原徘徊在攻打長春還是攻打錦州兩個選擇之間，1948年秋，終於下定決心，把東北野戰軍的主要兵力調到山海關外附近，對株守錦州的國軍范漢傑部展開攻擊，殊死戰後，加以全殲，完全切斷了關內外國軍的連結。隨後，一邊繼續包圍長春孤城，製造饑饉，以迫使國軍守軍投降，一邊迅速移師北上，緊接長春勝利之後，擊破瀋陽來援的國軍廖耀湘集團。廖耀湘集團一破，瀋陽的衛立煌集團更無戰志，束手投降。總計在52天內，林彪的東北野戰軍共消滅國軍47萬人。

遼瀋戰役展開後的第四天，粟裕的華東野戰軍也對山東濟南展開全面攻擊。這是一場艱苦的攻堅戰役。中共分化國軍守軍，終於攻陷滿布碉堡的濟南，切斷津浦路的南北交通。此時，林彪東北野戰軍甫獲勝利，尚未喘息，立即奉命兼程入關，支援華北的共軍發動攻勢。配合華北的軍事進展，鄧小平和劉伯承的中原野戰軍在攻占河南重要城市後，會同陳毅和粟裕的華東野戰軍，共同發動淮海戰役。

首先，粟裕指揮的華東野戰軍，迫使國軍黃百韜部從連雲港撤退，當黃百韜的部隊抵達隴海路的碾莊時，粟裕切斷其退路，再阻止徐州來援，將死守待援的國軍黃百韜兵團全部殲滅。其次，由鄧小平和劉伯承指揮的中原野戰軍，藉由農民挖掘的寬大坑濠，阻擊從武漢北上救援的國軍黃維兵團，然後以逸待勞，在淝、渦兩河之間的雙堆集將之聚殲。最後，華東和中原兩野戰軍會合，在豫東南永城附近的陳官庄，包圍國軍精銳的杜聿明集團。這時北國冰封，已是1949年初，國軍彈盡糧絕，全被消滅。總計，中共在這65天的淮海戰役中，又擊殲了國軍55.5萬人。

林彪的東北野戰軍兼程入關時，中共的華北野戰軍正乘國軍不備，包圍張家口，迫使傅作義派兵增援，把華北國軍分散在張家口、北平和天津三個戰場上，首尾不能呼應，然後在東北野戰軍的全力支援下，先在張家口一帶擊殲左段傅作義部主力，繼而攻陷固守天津的右段國軍主力，切斷退路，把中間的傅作義集團孤立在北平，使其不得不在保護古都文物的藉口下，訂定城下之盟，接受中共的所謂「和平解放」方案。這便是歷時64天的平津戰役，國軍共損失了52萬人。此次戰役之後，中共終於領有淮水以北中國，僅餘太原孤城一座，猶待攻占。徐向前指揮的西北野戰軍圍攻太原已有一段時間，得到平津甫勝的華北野戰軍增援，重新在1949年 4 月展開攻勢，終於將這座碉堡密布、工事堅固的古城攻陷。

指揮淮海戰役作戰的粟裕說，中共所以能夠贏得勝利，有兩大理由。第一是農民的小推車，第二就是大連(名義上歸蘇聯統治)的砲彈。其實，中共所說的遼瀋、淮海、平津三大戰役，全是傳統和現代戰爭的結合。傳統的部分是給養方法。在此三大戰役中，中共動員了大量民伕。遼瀋戰役動員民伕160萬人，平津戰役154萬人，淮海戰役更高達225萬人。這只是粗估，據實際主持淮海戰役的中共將領回憶，單單為了淮海戰役，中共便從蘇魯豫皖冀五省，徵發了隨軍民工約22萬，二線轉運民工131萬，後方臨時民工約391萬。這500多萬民工只有擔架23萬副，大小車80萬輛，其中沒有運輸工具者，便肩挑人背。在兩個多月內，共轉運傷員11萬人，送達前線糧食5.7億斤，彈藥物資330

萬噸[22]。其實，這些民伕的戰爭勤務工作，還包括挖戰壕，架電線，搶修交通，清理戰場，以及搬運繳獲物資。農村除了提供數百萬民伕以外，還提供無以計數的民兵。民兵的武器極端落後，但是人數龐大，士氣高昂，不但配合前方共軍作戰，也發揮了騷擾國軍後方、破壞國軍交通的重大作用。而中共之所以能夠從廣大的農村動員人山人海的民伕，使用最原始落後的運輸工具，卻能保證前方軍人糧食和彈藥不虞缺乏，這就不能不歸功於土地革命的配合了。

這三大戰爭在後勤運輸方面，幾乎完全仰賴傳統工具。相形之下下，所使用的主要武器則已相當現代化了。鄧小平回憶說，1945年8月

戰爭與社會條件密切結合。中共在戰爭中大量動員民伕。內戰後期，每一場大戰役都要動員至少150萬的民伕，不僅保證前線士兵有起碼的溫飽，也及時提供前線足夠的彈藥，其主要憑藉就是農民的兩肩和小推車。

22　劉瑞龍，〈解放戰爭中參加華東、中原戰場支前後勤工作〉，《中共黨史資料》，29：34，37-38。

中共的現代化火砲。中共戲稱其武裝為小米加步槍，其實若沒有現代化火砲，中共也不可能贏得內戰。在內戰後期，國軍70%的傷亡是現代化火砲造成的。共軍的現代化火砲來源複雜，有取諸內戰戰場的，有搜自日軍遺留的，但是一個不可輕估的來源是蘇聯援助。蘇聯不僅把俘自日本關東軍的重武器交給中共，也把得自租借法案的美製重砲送給中共。

的晉冀魯豫的共軍裝備很差，彈藥很少，可以說是一個「游擊隊的集合」，還是上黨和邯鄲戰役勝利之後，從俘虜國軍手中取得大批新式裝備，汰舊換新，纔脫離游擊戰爭的原始狀態[23]。不過，晉冀魯豫野戰軍從國軍取得的重裝備，在1947年8月渡過黃河時已喪失殆盡，後來擁有的重裝備似乎不多，主要是取之於戰場上的虜獲。中原野戰軍在武器裝備方面，以所處地區的富裕程度來看，應該比陝北、晉綏和晉察冀的中共軍隊要好，但不如華東和東北的中共軍隊。1947年初，中共把華東部隊所擁有的重火器集中在一起，成立特種兵縱隊，不過如前指出，淮海戰役中特種兵縱隊的砲彈是靠大連運輸來的。中共在東北的部隊現代化的程度更大。中共在此地集中了大部分的砲兵人才，砲兵的最初基礎是日軍戰敗散失各地的重砲，後來也從戰敗國軍取得

23　鄧小平，《鄧小平文選》，3：336-37。

一些補充，但最重要的來源應該是蘇聯俘自東北和北朝鮮日軍的軍火庫、以及蘇軍自製或取自租借法案的重型裝備。為有效運用砲兵，東北共軍在砲兵縱隊之上還特別成立了砲兵司令部[24]。

由於裝備原始，共軍在內戰初期所以能克敵制勝，主要是靠運動戰，他們用各式各樣方法牽動國軍，乘國軍出現冒進或分散現象，立即集中三、四倍以上的優勢兵力圍殲之。然而1948年以後，共軍面對的挑戰，不再只是運動中的分散敵軍，而是擁有堅固工事的堡壘城市，砲彈和炸藥成為不可或缺的戰爭利器。東北現代化工業的重要性遂愈益明顯，因為它是關內共軍砲彈和炸藥的主要來源[25]。同樣重要的是軍隊擁有現代火砲，而且學會了有效運用。在內戰剛爆發時，中共不僅沒有幾門火砲，而且不懂得砲兵戰術，只會以單砲抵近直瞄射擊。直至1946年10月，東北共軍成立砲兵司令部後，才逐漸學會集中火力和步砲協同的戰術，把砲兵火力集中在一起，連續向前推進射擊。到遼瀋戰役前夕，東北共軍擁有的重裝備可能已超過國軍，而且有能力支援步兵攻占由國軍「十幾個多兵種合成防守的大城市」。此時，70%以上的國軍傷亡，就是中共火砲造成的[26]。由於有效的使用火砲，東北共軍在遼瀋戰役中得以迅速攻陷國軍誇稱固若金湯的錦州。後來中共贏得在華北戰場具有決定性意義的新保安和太原兩役，仗恃的就是東北野戰軍的砲兵支援。

現代砲兵要能夠充分發揮戰力，便必須具備良好的測量和地圖技術，尤其需要良好的參謀作業制度配合。一般說來，游擊戰爭中成長的共軍，知識程度太低，無以應付挑戰。林彪成立東北民主聯軍砲兵司令部後，在軍隊以外又從哈爾濱等東北大城市，甄選了一大批中學生，施以短期密集式的訓練，再以之專門擔任司令部的參謀職務，為

---

24 星火燎原編輯部，《解放軍將領傳》，1：168。

25 中共中央文獻研究室，《毛澤東年譜》，頁260。

26 徐焰，《第一次較量》，頁209。

東北野戰軍建立比較現代化的參謀制度[27]。此外，到內戰後期，共軍在運輸方面也有令人印象深刻的發展。由於東北鐵道兵團的建立，遼瀋戰役前後，中共雖然兵力不足，卻無捉襟見肘之苦，所依賴的就是新學會的鐵道運輸，軍隊可以在極短的時間之內，在幾千幾百里的空間中迅速轉移[28]。

共軍憑藉傳統和現代的結合，贏得三大戰役，而三大戰役之後，除圍攻太原孤城以外，整個華北和東北可說已無戰事。這時共軍不但在質量上超過國軍，在數量上也具有絕對優勢。原來中共計畫以五年時間擊敗國軍，此後則信心十足，以為勿需一年，便能克竟全功了。相形之下，國民政府內部先是和戰不定，後是幻想和平。中共廟算已定，在1949年4月下旬攻占太原後，以華北野戰軍支援西北野戰軍，易守為攻，據有陝南，然後頓兵不進。就在圍攻太原之際，亦即1949年4月上旬，中共已下令華東和中原兩野戰軍，在蘇皖兩省分三路渡江，不逾月即攻占南京、上海。隨後華東野戰軍分兵進擊閩浙。不久，東北野戰軍亦從平津沿平漢路南下，並渡江入湘。由於湘省國軍不戰而降，東北野戰軍遂以主力追擊從湖南撤退的桂系軍隊，並另以一部分軍力與進入江西的一支中原野戰軍會合，南下經略廣州。南下廣東的軍隊隨之沿中越邊界迂迴，堵塞國軍南逃之路。中原野戰軍主力則從江南調往鄂西，再從鄂西向川康滇黔四省進攻。有此戰略配合，西北野戰軍遂在1949年7月兵分兩路，再度展開攻勢，一路西向，擊潰回教軍隊以後，進入新疆，接受國軍投降。另一路南下，越秦嶺，攻川西，在成都平原徹底擊潰國軍胡宗南部主力。1950年5月，東北野戰軍渡海攻占海南島。次年5月，中共與西藏達成和平協議，中原野戰軍的一支軍隊進入拉薩。除台灣以外，中共基本上是重新統一了中國。

27　星火燎原編輯部，《解放軍將領傳》，8：165-72。

28　呂正操，《呂正操回憶錄》，頁542-47。

※　　　　　　　　※　　　　　　　　※

八年抗戰結束時，中共雖然政治上已能和國民黨平分秋色，但軍事上卻尚非國民黨的對手。當時的國內、國際輿論都盼望和平，中共也順應時代的潮流，喊出「和平、安定、團結」的口號，甚至希望「假戲真做」。但是中共很清楚，談判桌上的進展，必須以政治和軍事實力為後盾，因此北攻南守，和國民政府爭奪抗戰果實，一面力求鞏固華北和華東已有的陣地，一面傾全力搶奪東北這塊工業發達、資源豐厚的地區。

中共很了解，當時東西方的冷戰已經開始，美國以蘇聯為頭號假想敵，因此對中共處處猜忌。同時也知道，美國輿論對國民政府，尤其是蔣中正個人異常不滿，並不會為了防止蘇聯勢力擴張，改變「重歐輕亞」的政策，也不會派兵到中國幫國民政府作戰。所以中共千方百計地爭取美國同情，雖然無法完全斷絕美國對國民政府的援助，卻多少達成了孤立國民政府的目的。另一方面，中共了解蘇聯對中共也不是推心置腹，有其國家利益的考量，尤其害怕美國的核子戰爭威脅。中共接受這些政治現實，並不以馬列主義的友誼責備蘇聯，反而處處體諒蘇聯，結果實質上仍從蘇聯得到不少幫助。這些幫助雖不能和美國對國民政府的援助相提並論，但是對中共在東北的立足，卻起了舉足輕重的作用。如果沒有東北這塊根據地，則國共內戰鹿死誰手，也還難說。

中共是政治的現實主義者，以軍事實力為後盾遂行外交和談判工作，另一方面，也利用外交與談判的進展，繼續擴展軍事實力。同時中共有廣大的農村根據地，民氣可用，而戰爭所需之民力、物力亦源源不絕。因此在國民政府決定兵戎相見時，中共有足夠實力進行長期作戰。他們知道國民政府財經困難，若無美國大量援助，光是戰費的開支，就會把國民政府拖垮。因此，國民政府一旦選擇戰爭，戰略勢必是速戰速決，中共只要能曠日持久，終必贏得最後勝利。內戰戰火復燃初期，中共在國民政府的戰略進攻下，處處敗退，「以空間換取時間」，卻絕不放棄主動抵抗和阻擊，消耗國軍的有生力量。結果，一年不到，國軍就感覺兵力不敷使用，被迫放棄全面進攻，而改採重點攻擊的策略。縱便國軍修正戰略，中共以不變應萬變，仍然在陝北和山東堅持長期作戰，並且繼續耗損國軍的有生力量。1947年夏，中共更出乎意料，大膽進行無後方作戰，把戰爭帶到國民政府地區。一年不到，終於在軍隊數量上取得可以和國軍正面爭衡的力量，於是開始三大戰役，一舉消滅了150萬左右的國軍，徹底扭轉了雙方之間原有的軍事均勢。隨後，共軍遂以破竹之勢，所向披靡，再以一年不到的時間，占領西藏以外的整個中國大陸。

第二節　裡應外合的城鄉革命

戰爭的勝負，固然決定於戰場，但多少也反映了背後的社會環境和經濟狀況。國共內戰的勝負，尤不能只看雙方在戰場的表現。中共的勝利是建立在貧苦農民的支持上，在內戰期間他們以什麼方式來爭取和動員貧苦農民呢？內戰所需的人力物力資源，極為龐大，而農村的資源並非取之不盡，用之不竭，中共如何進行動員，而不重犯江西時期過分動員的毛病呢？中共固然依靠農民奪取政權，難道城市並不扮演任何角色嗎？事實上，從抗戰結束以來，中共占領不少中小城市，在東北更得到蘇軍的協助，掌握了一些大城市的控制權。後來他們雖然被迫退出大部分城市，卻始終掌握其中一小部分，甚至包括哈爾濱這個國際都會，使其擔負支援戰爭的積極角色。國民政府從日軍手中接收了絕大多數的大中小城市，不僅不能像第一次內戰時期那樣發揮支援戰爭的作用，反而任由它們變成國家的負擔。為什麼兩黨之間有如此明顯的差別呢？事實上，中共從來沒有輕估城市對其革命的重要性。退一步說，縱使中共迷信鄉村包圍城市的口號，不認為城市能起任何積極支援戰爭的作用，他們也很清楚，如果國民黨不在其統治地區內離心離德，鄉村包圍城市的目標並不容易達到。中共始終認為要取得戰爭的最後勝利，他們必須仰賴城市第五縱隊的配合，裡應外合，方克有成。戰場勝利固然可以幫助中共做農村和城市工作，但是農村和城市工作的成功，更是中共克敵制勝的重要因素。

一、武裝鬥爭中的農民動員

抗戰勝利後，中共在新收復的農村地區打漢奸、打特務、打惡霸，在原已占領的地區則反覆檢查減租減息以及增資(加薪)政策的執行，企圖通過清算鬥爭，來發動農民。中共的動員農民策略基本上是承襲抗戰時期的，但比以前稍微激烈，他們特別注意情緒的煽動，以「訴苦復仇」的方式激起一般農民的敵愾同仇，然後聯繫階級矛盾，以求進一步動員[1]。在某些地區，例如東北，因為當地的土地分配問題並不嚴重，中共認為與其強調階級性的對抗，不如分配從日偽政府沒收得來的大量土地，一來可以爭取農民好感，二來也可以避免激怒地主，三來更可以減少外界指責中共是過激派。

無論是所謂「漢奸」、「特務」，還是「惡霸」，都不是階級的罪名，但都不難找出他們和所謂統治階級的關係。中共在以打漢奸、打特務和打惡霸的口號掀起貧苦農民憤怒後，一定打鐵趁熱，進而把清算鬥爭轉移到贖地、清債和減租減息等政策方面[2]。這裡必須特別一提的是打漢奸的問題。這是一舉數得的策略。因為在日本占領區中，地主士紳是最可能和日本人打交道的階層，在民族大義的帽子下加以打擊，可以減少煽動階級鬥爭的輿論批評。同時，因為國民政府在對偽方工作方面比中共成功，當時蔣介石正依賴日偽人員維持收復區的社會秩序，中共的打漢奸號召，一方面可以暴露國民政府對漢奸嫌疑分子的妥協，另一方面逼迫國民黨懲治漢奸，因而使其自壞牆腳。

1946年夏，國民政府輕估中共的實力，決定採取軍事方式徹底解決問題。在此之前，中共針對惡化的政治情勢，暗中發布《關於土地問題的指示》(即所謂五四指示)，重申其實行「耕者有其田」政策的決心。對中共根據地的幹部而言，這一新指示並不是表示政策轉變，只是要求他們以孫中山的「耕者有其田」為藉口，加強農村的階級鬥爭罷了。當時根據地農村經過抗戰時期的所謂「溫和」的改革，已從地主和富農手中和平轉移了大量土地，進行了所謂「無聲的革命」[3]。

1　中央檔案館，《中共中央文件選集》15：470-71。

2　同上，16：121-22。

3　Edward Friedman, Paul Pickowicz, and Mark Selden, *Chinese Village, Socialist State*, p. 44.

但是根據地農村中仍有貧苦農民渴求土地，猶如大旱之望雲霓。五四指示的作用，就是突出孫中山「耕者有其田」的主張，要農村幹部通

中共軍隊的群眾紀律。政工幹部在軍隊行軍途中宣傳，提醒士兵，不可踩傷麥苗。為了不擾民，中共一般要求士兵露宿老百姓的房門外。在上海為爭取民心，更特別規定士兵在街頭過夜，不得隨意闖入民房。

過反漢奸、反惡霸和減租減息等貌似溫和的改革主張，更徹底地轉移地主或富農手中的土地。中共明白，若按字面從嚴解釋各項改革主張，能夠轉移的土地依舊有限，所以特別強調要千方百計找「沒收」土地的藉口，用中共自己的話說，就是「找題目做文章」，把地主的土地和財產搞出來，也把富農出租的土地搞出來[4]。雖然五四指示仍然強調對一般「中小地主」和「開明士紳」網開一面，不得觸動富農在農業部門以外的其他財產，但是一旦楬櫫「耕者有其田」的目標，就難以避免對他們有所衝擊，甚至於造成嚴重的傷害。所以五四指示一下達，幾乎所有根據地都發生了過火、過左現象，從而嚴重侵犯「中小地主」、開明士紳和新舊富農，甚至損害富裕中農的經濟利益。

受到五四指示的鼓舞，陝甘寧以外各根據地都立即如火如荼地展開土地改革。東北地區尤其驚心動魄。當時剛經過四平街的慘敗，中共東北黨政負責人痛定思痛，認為當務之急在於建立農村根據地，於是非軍事占領城市和交通要道響應中共中央的號召，派了12,000名幹部下鄉土改，甚至連領導一省工作的省委書記都出動了。這些幹部組成工作組，到選擇的村莊訪貧問苦，再根據貧苦農民的意見，鬥爭「不法」與「漢奸」地主。煽動起絕大多數貧苦農民以後，立即設法藉由貧苦農民中浮現的積極分子，把鬥爭經驗傳達到鄰鄉鄰里。短短幾個星期間，東北各地農村到處出現激情的鬥爭大會。至於全國視聽所在的陝甘寧，則表現出另一種極端，在這裡「無聲革命」已進行多年，土地分配早就趨於平均，更鮮有漢奸問題存在，不容易找到清算鬥爭的藉口。中共於是在掀起一場帶有強迫性的地主和富農獻地運動以

4　中央檔案館，《解放戰爭時期土地改革文件選編，1945-1949年》，頁49-55。主管晉冀魯豫五四指示執行的薄一波說，「出題目做文章」就是「把地主土地財產全部搞出來」，「實行重新分配」。晉冀魯豫的作法是：一、「中間不動兩頭動(中農除外的打亂平分)」，二、「包括中農在內的全部皆動(打亂平分)」。

後，宣布試驗發行公債，向地主購地，再廉價或無償交由貧雇農承購。然而試驗還沒有得到結論，胡宗南的大軍已對延安展開攻勢，這正好為中共中央在陝北恢復激烈土改提供了一個口實[5]。其實，試驗公債購地，本來就是故作姿態，目的在於向國民黨地區的所謂民主人士表示，中共信守抗戰爆發時的共赴國難宣言，為實現三民主義而奮鬥，他們也希望和平土地改革，只是內戰不容許他們如此選擇而已。

中共的華北、華中根據地，不像陝北，1946年初夏便遭到國軍的全面進攻。因為內戰再度爆發，中共不僅需要更多的人力和物力資源，也需要加強貧苦農民的向心力，所以在山東、晉綏、晉察冀和晉冀魯豫等根據地，都極力推行所謂五四指示，動員貧苦農民一面分地，一面保家衛土。1947年初，這些根據地又展開複查土地運動，檢查各根據地執行五四指示的成果。所以到處又是過左、過火現象，侵害富農、開明士紳和中小地主的權益。儘管如此，毛澤東認為動員貧苦農民是內戰勝利的關鍵，而貧苦農民的動員程度猶嫌不足，於是親自下令實驗徹底平分土地，也就是無償沒收地主的土地和財產，以及富農的土地，再按照人口，「抽多補少」、「抽肥補瘦」，重新分配給貧苦農民。為此毛澤東特派親信康生和陳伯達兩人，到晉綏視察當地對土地改革的實驗。康、陳兩人抵達之後，立即批評晉綏土改「右」傾。認為按照當時的階級劃分方法，根本不可能發現幾個地主和富農，難怪貧苦農民分配不到什麼土地，表現不如想像熱烈。晉綏負責幹部在聆聽批評以後，不得不自我檢討，並據以改變前此的穩健態度，土地改革的暴風驟雨於是襲來。在此之前，中共中央總是強調地主和富農的人口加起來，不會超過全部人口的10%，華北自耕農經濟發達，地主和富農的人口更少。然而康生和陳伯達一批評之後，地主

5　中央檔案館，《中共中央文件選集》，16：410；陝甘邊區財政經濟史編寫組、陝西省財政廳財政科學研究所、陝西檔案館，《解放戰爭時期陝甘寧邊區財政經史資料選輯》，上，頁60-108。

和富農的人口霎時暴增為30%～40%。農村幹部更率領貧苦農民「挖底財，分浮財」，實行「掃地出門」，把地主和富農搾得一乾二淨。在新的土地政策鼓勵之下，晉綏農村到處都是清算鬥爭，不但清算前此網開一面的殘餘地主和開明士紳，也殃及前此劃為富農和中農的普通殷實農民。不但挖地主富農的底財，分地主富農的浮財，甚至違反中共政策，連他們的工商產業和收入也一併沒收，尤有甚者，則侵及普通工商業者和一般農民。

在推行土地革命過程中，康生認為農村基層幹部已經蛻化成為貧苦農民的仇恨對象，變成徹底實行土地革命的嚴重障礙。於是喊出「貧農坐天下」，「要怎麼辦就怎麼辦」的口號，由他們監督農村原有幹部工作，並由他們查階級、查思想、查作風，也就是查幹部的祖宗三代，查他們的一言一行，如果發現有問題，便加以殘酷鬥爭。這是中共開門整黨政策的開始。根據同樣原則，中共在華北根據地規定農村黨支部由地下走出來，解除各個成員的武裝，再邀請一般群眾審查其階級背景，更要求群眾批評其工作作風。其實，經過「無聲」的土地革命以後，貧苦農民所痛恨的不再是「死老虎」的地主士紳，而是「活老虎」的基層農村幹部。這些基層幹部當中有可能是所謂「地主和富農殘餘」，或和地主富農有千絲萬縷的關係。但是如同劉少奇所說的那樣，他們負責從農村動員勞力和財力，搾乾了地主和富農的財富，卻未必能完全放過一般貧苦農民。其中更有不少人腐化墮落，成為享受特權的「貪官汙吏」。貧苦農民對其特別痛恨，一旦給予清算幹部的權力，自然會像鬥爭「漢奸」、「惡霸」一樣殘酷無情[6]。由

6　中央檔案館，《解放戰爭時期土地改革文件選編，1945-1949年》，頁61-68、71-79。劉少奇說，他實驗了三十個村，除了一個村以外，結果都和康生發現的一樣，貧苦農民痛恨農村五大領袖的「支書、村長、武委會主任、治安員和農會主任」，不准他們參加由貧下中農改組過的農會。又參閱唐群、李兵，〈中國共產黨七屆三中全會介紹〉，《黨史研究資料》，第2集，頁677-78。

於鄧子恢在華中也發現類似的情形，認爲基層幹部的腐化，正是農村貫徹土地改革的嚴重障礙，毛澤東遂決定開門整黨，爲土地革命鋪路，同時也以土地革命來驗收開門整黨的成果[7]。

晉綏早在1947年3、4月之間，已經發生了亂打亂殺和掃地出門的偏差。當時劉少奇認爲，「運動當中出點偏差是難免的，有的不能看作偏差，用不著著急，馬上要開全國土地會議了，問題都會搞清楚，會得到解決的」[8]。然而，全國土地會議從同年7月開到9月，偏差始終沒有得到糾正。反而因爲土地革命和開門整黨的合流，晉綏出現了一股比過去更加嚴重的左風。爲了鼓動農民起來鬥爭，晉綏分局的「主要領導同志」組織所謂群眾起來鬥爭中共所謂開明士紳。晉綏副議長劉少白和議員牛友蘭，就是兩個最重要的被鬥例子。劉少白乃中共秘密黨員，女兒女婿都是中共黨員，有一個女婿是後來中共組織部部長安子文；牛友蘭全部財產都捐給中共，兒子牛蔭冠是晉綏行署副主任。當時有兩個「二流子」煽動群眾，把牛友蘭的鼻子用繩子穿過，要牛蔭冠牽著陪鬥。有兩名土改工作團團員試圖制止，但肩負鬥爭總責的晉綏分局領導人卻大不以爲然，反而指斥這兩位工作團團員「立場動搖」，鎮壓貧農，保護地主，並要求他們當場檢討，向鬧事的「二流子」賠禮道歉[9]。華北中共甚至容許農民沒收地主在鄉村的工商企業[10]。1947年歲末，中共領導李維漢，路過晉綏，便發現不少圩場的商店全部關門，還看到農村幹部把地主「仰放」(原文)在地上推

---

7 關於鄧子恢的華中經驗，見陳明顯、王一帆、李國素，〈解放戰爭時期的整黨運動〉，《黨史研究資料》，第5集，頁588-89。

8 康克清，《康克清回憶錄》，頁322。

9 龔子榮，〈1947年晉綏的土改整黨〉，《中共黨史資料》，1996年6月，58：26。參閱陳永發，〈內戰、毛澤東和土地革命——錯誤判斷還是政治謀略？〉，《大陸雜誌》，1996年第92卷第3期，頁14-16，26-27。

10 薄一波，《薄一波文選》，頁70。

磨，逼他們供出埋藏財物的地點[11]。康生所親自指導的晉綏首府臨縣土改，後來被認為是過左傾向嚴重的典型，從1947年初到1948年3月為止，該縣清算鬥爭共死了780餘人。其中地主富農190餘人，幹部和富裕中農580餘人，死因多半是活埋和剖腹[12]。中共建國以後的首任共青團書記馮文彬，當時正從陝北前往晉察冀，路過晉綏，沿途所過，觸目皆是吊在樹上的屍體，傷心慘目，不忍卒睹。晉察冀動員貧農進行土地複查，幹部的口號是「村村點火，戶戶冒煙」，所以到處都是被打死的人，單是平山縣，三天之內就打死100多人，其他各縣也是血腥四溢[13]。河北七、八個縣中被波及的人口多達幾十萬人，農村走上肉體上消滅地主階級的道路。後來的中共總書記趙紫陽當時正擔任老家河南滑縣的地委書記，他也親眼目睹了抄家、掃地出門和活活打死人的鬥爭場面。他在「查階級」的壓力下，眼睜睜看到父親死在這一場暴風驟雨中，而不敢稍微顯露一下親情[14]。

劉少奇是一個有革命使命感的組織專家，目睹土改中的流血情況，可能毫不動容，但看到農村支部黨員的大批被鬥，卻不免擔心起來。他希望在執行毛澤東動員農民的策略和避免農村黨組織的陷於混亂之間，找到一個平衡點，於是以平山縣為據點，展開實驗，致力於尋找一套新的動員策略。但是毛澤東天威難測，他只能先求趕上形勢，再補苴彌縫。

1947年 7到9月間，劉少奇在河北平山召開的中共全國土地會議上，總結並交換各根據地土地改革的經驗。最初還只是討論如何貫徹既有政策，不料會議開了四十幾天，毛澤東忽來電指示全面改弦更

11 李維漢，《回憶與研究》，頁600。

12 薛冶生，《葉劍英光輝的一生》，頁225-28。

13 據林蘊暉，〈高崗發難與中共七屆四中全會的召開〉，《中共黨史資料》，57：143，「村村點火，户户冒煙」是劉少奇喊出來的口號。

14 趙蔚，《趙紫陽傳》，頁42-45。

張，於是根據毛澤東的旨意，製定《中國土地法大綱》，把過去「分期付款」式的土地改革，改為立即均分所有土地的土地革命，公開下令沒收地主所有土地和富農多餘的土地。劉少奇根據過去經驗所設計的具體辦法是這樣的：先在每一個村莊，以貧僱農為主，召集村民大會，然後由每戶農民自報階級成分，經全體與會人員討論，再作出最後決定。查好階級之後，緊接著就查每家人口、土地產量和實際需要。所用方法也是自報公議，加上實際丈量。尤其注意農村中藏匿的大量黑地，一有發現，立即全部沒收，再加上從地主富農家中沒收得來的土地，全部分配給缺地戶和貧困戶。分配原則仍然是江西時期的「抽多補少」和「抽肥補瘦」。富裕中農和中農以不動為原則，但是允許獻地。易言之，如果大多數貧僱農堅持，也可以強迫他們獻出土地。至於在以前土地改革中侵占過多土地的幹部，則坦白從寬，否則，除吐出土地以外，還要遭受農民殘酷無情的鬥爭。

劉少奇根據康生介紹的晉綏經驗，在土地法大綱中規定，幹部在著手均分土地之前，開門整黨，故一面派工作組下鄉，指導農民行使權利，一面成立貧農團，授以監督、選舉、罷免、徵稅、預算和抽丁諸權。不過，土地法明文限制，貧農團不許直接接管政權，只能間接過問政治。根據這一全新法令，劉少奇可以把延安整風審幹的經驗運用到土地改革上，要求「開門整黨」，搞人人過關。具體方法則是正式公開農村黨支部，召集黨部會議，先由黨員輪流自我檢討和坦白，再由其他黨員和旁聽的村民群眾提出意見。貧農團可以成立人民法庭，接受控訴、進行審訊和總結案情。一旦發現地、富、壞幹部，即可停止其黨籍，但不可以擅加處置，必須全部送往區縣訓練班受訓，接受教育改造。總之，避免憤怒的農民直接鬥爭幹部，以免發生殺害幹部的事情。然而這些防範措施，保護基層幹部尚有效果，對保護地主和富農的「四權」──人權、財權、地權和物權，卻一點效用也沒有。土改政策的重點是分地，以便激化農村的階級戰爭，並從地主和富農手中取得大量經濟資源，因此左傾風依舊不斷。1947年底，晉綏地區左傾風之嚴重，造成大批地、富、中農的逃亡。幹部因為開門整黨，也備受打擊，甚至遭群眾處決。據1948年調查，晉綏邊區總共有357名幹部和黨員死亡，其中包括縣級幹部7人，區級幹部33人，死的最多的是村級幹部和黨員，共317人[15]。

東北的土地革命也越來越左。砍大樹，挖浮財，貧苦農民不願鬥爭自己同村的富農地主，便聯合起來，到外村去「掃蕩」，去鬥爭陌生的地主和富農[16]。晉綏各地在「貧僱當家」思想的衝擊下，農村更是怪象十足。新四軍軍長陳毅從華中前來陝北參加工作會議，路過此地，發現許多縣級政府和黨部在開門整黨中癱瘓，他還發現農民開會，貧僱農坐上席，非貧僱農坐「混賬王八席」。到了陝北以後，他向毛澤東報告了這些親眼目睹的怪現象[17]。只是陳毅似乎不知道，他所看見的左傾風和唯階級成分論，乃是所有根據地的一般狀況，並非少數地區幹部在執行政策時發生偏差所致。

針對這些過左、過火現象，中共中央當然也曾發下一些指示，要求幹部制止。但是這些反左的指示相當抽象，相形之下，中共更強調反右，所以實際上是幹部對「貧農當家作主」所掀起的亂打亂殺現象熟視無睹。甚至當問題波及到前方打仗的軍隊時，中共也要各級將領硬著頭皮頂著，傾聽意見，而不以行政命令直接介入，強行制止。中共中央的想法是，土地革命第一優先，動員農民的目的未達，不可帶頭反左。1947年底，晉冀魯豫太岳軍區的軍隊奉命渡過黃河南下，向國民政府控制的豫西地區進攻。當時，中共軍隊規定，團以上的幹部

15　龔子榮，〈1947年晉綏的土改整黨〉，《中共黨史資料》，1996年6月，58：27。

16　程中原，《張聞天傳》，頁536-40；中共哈爾濱市委黨市研究室，《解放戰爭中的哈爾濱》，頁84-85。

17　戴其萼、彭一坤，《陳賡大將在解放戰爭中》，頁192。陳毅當時奉命前往參加楊家溝12月會議，他12月初從冀西出發，抵達陝北時，會議已經結束。

才准結婚，所以奉到命令以後，許多團以上幹部的家屬留在太岳軍區留守處。依照中共法令，留守處在土地革命期間，也必須清查留守人員的階級成分，結果發現這些家屬絕大多數是「洋學生」，出身貧僱農家庭的極少。地方黨委根據「貧農當家作主」的邏輯，下令將他們掃地出門。前方軍官在獲知此消息後，群情激動，不禁議論紛紛，要求立即制止[18]。在此同時，貧僱農當家口號也經由延安廣播傳到前方，軍隊政委謝富治甚至縱容貧僱農出身的士兵搜查司令員陳賡的私人用品，理由是陳賡出身大地主家庭。陳賡異常憤怒，卻不敢貿然反對，於是電請中共中央立即澄清，同時也趁機為麾下軍官的家屬請命。中共中央感到糾偏的壓力，為了動員貧苦農民，卻仍故意推宕答覆，以致陳賡接到回電時，本人已經擔驚受辱了好幾天，而他手下軍官的家屬，則已受了一個多月的饑寒日子[19]。

1948年2月，毛澤東才明確指示，唯階級成分論是不對的[20]。不僅如此，他還透過重新定義，減少富農的人數。原來靠雇佣關係收入占15%的就算是富農，現在把標準提高到25%。主持土改的幹部遵奉他的意旨，同時規定，已經破產的老富農雖仍然算是富農，但是已經勞動五年的地主和停止僱佣工人三年的富農不算。甚至中共實行溫和改革以後才發家致富的新富農，也不能當富農對待。葉劍英在傳達中共中央的新決定時，清楚指出，孤寡殘廢、老師、醫生以及工人，雖然有土地出租或請人代耕，均不能算做富農。他特別強調對前方軍人階級的劃分，必須謹慎，以免為淵驅魚[21]。

毛澤東為何選在2月前後糾偏？這可能和春耕有關。春耕時節，不

---

18 戴其萼、彭一坤，《陳賡大將在解放戰爭中》，頁166-67。

19 同上，頁158-165；軍事科學院《葉劍英傳》編寫組，《葉劍英傳略》，頁172-73。

20 陳明顯、王一凡、李國素，〈解放戰爭時期的整黨運動〉，《黨史研究資料》，5：591。

21 薛冶生，《葉劍英光輝的一生》，頁227。

容旁騖，如果貧農繼續鬥爭，會影響次年收成。何況在此之前，動員貧苦農民的目的已經大體達成。在中共中央下達普遍糾偏的命令以後，「貧農當家作主」當然成了錯誤的口號。中共中央重新解釋地主和富農的定義，強調不能用「查三代」、「查歷史」和「查表現」的方法來決定階級成分。決定階級成分，只能根據生產資料的占有關係。無論如何，農村年關過了，中共也度過內戰中最艱苦的歲月，勝利開始在望。中共中央的主要考慮，不再是動員農村物力和人力，而是農村秩序的穩定，因爲不斷的激烈土地革命，已經在樸實的農民心中造成了恐懼和倦怠感，不僅不利於農村經濟的迅速恢復，反而可能導致國民黨地區民眾的負隅頑抗。因此中共不但宣布在國民黨地區暫時不推行土地革命，更在所謂解放區全面糾正過左、過火現象，要求貧苦農民，團結已被土地革命踩在腳下的地主和富農，共同爲增加生產而努力[22]。

隨著土地革命中左傾現象的糾正，毛澤東也重估國民黨地區農民對土地革命的嚮往。他終於承認，在新占領的國民黨地區，大多數農民缺乏土地革命的自覺，中共軍隊「打土豪」、「分浮財」，煽起「星星之火」，卻無法形成燎原火勢。在這種地區，如果平分土地比較熱鬧，那只是少數地痞流氓的投機表現，不獨製造敵人，也使善良的貧苦農民離心離德。爲了爭取輿論同情，毛澤東在1948年初，指示在新占領區把鬥爭目標局限於「豪紳」、「惡霸」、「大地主」和「特務分子」身上；沒收土地時，也要分兩段進行，先地主後富農，不要一開始便地主、富農全部都鬥[23]。同年5月下旬，毛澤東更接受鄧小平的建議，下令停止新占領區的土地革命，既不准分地，也不准分浮財，把政策完全退回到抗戰時期，只以減租減息和合理負擔來動員農民。對工商業尤其不得加以破壞，盡量維持其生產秩序。

22　薄一波，《七十年奮鬥與思考》，上，頁466-67。
23　中共中央文獻研究室，《毛澤東年譜》，3：265，270。

二、中共回到城市

抗戰結束前後，中共已開始注意到城市工作了。尤其是日本投降之後，中共原本盼望在蘇軍的全力配合下，攻占華北和華中的各大城市[24]。但是礙於蘇軍不肯配合，只好取消計畫。不過，中共還是在蘇軍的秘密幫助下，暫時取得了東北一些大城市的控制權，並乘日軍軍心不穩，在華北和華中攻占了不少中小城市。最初，中共因爲缺乏經驗，進入中小城市後，難免不知所措，但是隨著經驗的累積，情況迅速改善。

1945年中共收復蘇北中小城市時，他們面對經濟蕭條和社會混亂，當務之急是恢復市面和建立控制。恢復市面，尤其重要，否則經濟殘破，如何奢談進一步工作。隨著經濟情勢取得改善以後，中共立即進行「打漢奸」和「減息增資」(減少利息、增加工資)，動員和組織城市工人和貧苦市民。「打漢奸」的對象是民怨甚深的日僞政府工作人員，隨後實行的「減息增資」在手法上也盡量溫和，以不影響市面交易爲主要原則，在減息增資政策展現初步成果以後，便立即強調勞資兩利的原則，避免發生不斷增資的過左、過火現象。政治方面，中共盡量減少逮捕，也盡量辦理訓練班，鼓勵敵僞政權人員參加。訓練班的課程除思想教育以外，特別強調批評和自我批評，以「坦白從寬，抗拒從嚴」的口號，鼓勵參加學員自我暴露和彼此檢舉，尤其鼓勵戴罪立功。對新占領城市，已有保甲制度的地方，則遵循舊制，僅作個別保甲長的更換。其重點是在保甲制度之外，加強訊息和流動人口的管理，以根據地的「路條」制度，結合日本人留下來的戶口制度。所謂「路條」制度，就是一種簡易的護照制度，民眾離家稍遠，都要官方簽發路條，否則到處遭受攔截，根本寸步難行。此外，中共

24 楊奎松，《中共與莫斯科的關係》，頁520-23。

也在茶館、旅館以及飯店等公共場所建立「線民」制度，安排固定人選監視過往客人，並開始有計畫、有系統地在中小城市建立郵件檢查工作[25]。

1945年秋中共進入東北以後，在蘇軍的協助下，曾經短時間占領瀋陽和長春等大中城市，後來在蘇軍和國軍的雙重壓力之下，相繼退出。但從1946年4月武裝搶占蘇軍撤出的哈爾濱以後，即始終控制這個北滿最大城市。中共缺乏管理大城市的經驗，在哈爾濱的主要作法是建立上層行政體制，再在基層進行各種動員。最初以反奸除霸，打擊有漢奸和惡霸嫌疑的地方人物，動員城市貧民。但是迅即發現城市貧民在發洩情緒、取得好處以後，既不熱心從事組織工作，也不願意當兵，所以中共把動員矛頭指向有職業根基的工人和店員。只是爲了避免過分打擊私營工商業主，僅以反奸清算和利潤分紅爲題目做文章，成立工會，以便爭取工人和店員的擁護[26]。在完成初步的群眾動員工作以後，纔在次年的5月發動「反敵僞殘餘」、「反漢奸、惡霸、特務」鬥爭，有系統地清除潛在的反對領袖，並用以進一步動員城市的貧民[27]。此時中共的動員便是多方面的了，除階級鬥爭以外，還針對城市各種嚴重的犯罪問題，建立打更自衛之類的組織，並像其他地區的城市一樣，清查戶口，嚴格執行保甲制度，同時實行路條制度，控制人口流動。從當時對遼北鼠疫的有效控制來看，中共這一整套城市管理制度相當有效。這一次鼠疫是抗戰期間日軍細菌戰實驗的後遺

25 關於抗戰勝利中共的城市工作，參見陳元良，〈解放睢寧城的工作經驗〉，《拂曉》，1945年第19期；張維城，〈宿遷市一個月來的群眾運動〉，《拂曉》，1945年第19期；宿遷市委，〈宿遷市七個月的群眾工作總結〉，《拂曉》，1946年第28期；陳元良，〈城市工作幾個具體問題〉，《拂曉》，1946年第30期。

26 黑龍江省檔案館，《城市工作》，頁20-21；中共哈爾濱市委黨史研究室，《解放戰爭中的哈爾濱》，頁159，162-163。

27 黑龍江省檔案館，《城市工作》，頁42-45。

症，1947年遼北病死3萬餘人，但擁有百萬人口的哈爾濱，卻未發生大量死亡的現象[28]。由於統治區內部建立了各種管理制度，中共的野戰軍可以全心全力從事野戰，他們不需要像國民政府一樣，必須浪費很大的兵力於後方治安。

內戰剛開始的時候，中共對城市經濟基本上是採取自我克制的政策，一方面嚴禁激動的農民侵犯地主在城裡的工商企業，尤其不准農民到城裡去捉地主算賬，另一方面則嚴禁工廠工人罷工，一切以恢復經濟繁榮爲優先。但是到1947年傾全力推行土地革命時，就不能再顧及這些政策了。反而爲了配合土地革命的推行，一時之間對土地革命波及城市的情形，視若無睹。土地革命之波及城市主要有兩方面：一方面是因爲城市工商業，尤其中小城市的工商業，和農村地主經濟有密切的關係，中共煽動貧苦農民打擊地主士紳，便不可避免地要波及他們在城市的產業。另一方面則是爲了配合土地革命，城市也像軍隊一樣進行三查三整，透過下層民眾的訴苦運動來查階級、查立場和查思想，以便「清理組織，純潔隊伍」。冀東遷安共有十幾家大紙坊和三百多家小紙坊戶，紙坊工人受到土地革命的影響，掀起揪鬥紙坊主人的熱潮，幾乎接管了所有的紙坊，有時連紙坊主人的私人家產也全部沒收。東北北票工會則像晉綏的土地革命一樣，竟然喊出了「搬了大石頭搬小石頭，一個也不漏」的口號，把大小工職員都當作「中農以上成分」鬥爭，鬥爭以後沒收財產。當時工會強調階級鬥爭，不斷增資，更是司空見慣。工商業主不得不歇業，城市遂難免蕭條之苦，而工人和店員在短暫的滿足之後，反而發現自己必須忍耐更久的失業之痛[29]。

面對這種種過左過火的現象，中共中央雖然不時重申反對，特別

---

28 Steven Levine, Anvil of Victory: The Communist Revolution in Manchuria, 1945-1948, pp. 148-50.

29 王永璽，《中國工會史》，頁294-95。

是反對沒收商人及攤販的資產，但是在土地革命的高潮期間，基本上是不會有基層幹部願意聽的[30]。1947年 8月，中共開始向國民政府的大後方進軍，毛澤東為了爭取國民黨地區輿論的同情，指示各部隊不要「打土豪」籌款，最好透過國民政府的地方官員徵稅和攤派。當然徵稅和攤派的重擔一定會落在有錢商人的身上，但是這種作法使國民政府區的城市工商業者多少都比較安心一點。隨著戰略進攻的展開，爭取國民政府區輿論的同情和支持，更成為當務之急。因此毛澤東在同年年底陝北楊家溝會議上強調統一戰線，開始說農村的極左暴力必須制止，到了次年初春，政策重點完全從土地革命轉移到統一戰線上。為了徹底孤立蔣中正和他的忠實追隨者，中共中央號召成立最廣泛的統一戰線，爭取一切可以爭取的力量。這時統一戰線在農村的對象，不僅包括抗戰時期曾經支持中共的富裕農民和地主士紳，更包括國民政府地區的知識分子、政治人士、中小商人和私營工商業主。中共中央特別強調保護他們的權益。在工商業方面，尤其強調「公私兩利」和「勞資兩利」的政策[31]。

1948年冬春之間，中共對國民黨地區進行反攻奏效，開始占領和接收更多的城市。無論在東北、晉察冀或是晉冀魯豫，最初似乎都是一片混亂。不過中共的反應快，迅速檢討，也迅速避免重蹈覆轍。中共占領石家莊時，曾出現了搶購、搶劫物資的問題，甚至也有冒出地下黨員胡亂接收的情形，在群眾動員中更出現幹部隨意捕人、打人和殺人的事件[32]。有此前車之鑒，毛澤東在同年 4 月共軍攻占洛陽前夕，嚴厲批評在城市和鄉鎮破壞工商業的作法。他特別強調，共軍在攻占城池以後，逮捕人犯務需謹慎，不得牽連過廣。沒收所謂官僚資

30　中共中央文獻研究室，《毛澤東年譜》，3：264-65；劉少奇，《劉少奇選集》，1：379。

31　中共中央文獻研究室，《毛澤東年譜》，3：261-62。

32　中央檔案館，《中共中央文件選集》，17：54-59，69-70。

本也要有所限制，不能凡是國民黨黨員的產業便一律沒收，不要輕易提出增加工資、減少工時的口號，更不要讓農民隨便到城裡捉拿地主報仇。總之，任何公私財產，不容破壞，更不容私自侵呑。幹部和黨員尤其是不得大吃大喝，揮霍公家資產[33]。

隨後，中共中央決定對城市一律採取軍事接管的方式，同時也以接收濟南和瀋陽兩大城市的經驗爲基礎，確立接收北平、天津和上海等大城市的程序[34]。中共的作法是成立專門接收的班子，負責各大城市的接收工作。每一個大城市只要社會秩序大體恢復，接收班子便立即繳出管理權，轉移到另一個大城市工作。接收大城市的工作首重社會秩序的恢復，在收繳國民黨警察武裝之後，命令他們徒手維持社會秩序，同時立即恢復電力供應和城市交通，恢復城市的正常運作。中共了解剛接管的城市，一定人心惶惶，所以特別強調通過報紙等媒體，大力宣傳中共政令。

值得注意的是，中共不但吸收國民政府接收工作失敗的教訓，同時也吸收國民政府接收工作成功的經驗。例如他們在接收工作時，盡量取得工會和基層民眾的參與和協助，也同時襲用熊式輝接收東北大型企業的模式，「各按系統，原封不動，自上而下，先接後分」[35]。總之，中共的接收政策，和國民政府比較起來，第一是非常強調恢復生產和社會穩定，儘管中共念茲在茲的是動員基層群眾，卻決不容許群眾動員的工作過分衝擊這兩項政策目標。其次，則承認自己根本沒有能力接管所有的工商部門，所以畫地自限，一方面是在一定期間盡量維持所接管部門的原有人事，另一方面則是盡量協助私人資本恢復生產，俾便繁榮經濟，恢復人民的正常生活。

1949年開年以後，中共的軍事進展尤其順利，接管的城市越來越

33　中共中央文獻研究室，《毛澤東年譜》，3：299-300。

34　關於軍事管理，見中央檔案館，《中共中央文件選集》，17：209，212-13。

35　陳雲，《陳雲文選》，1：269-74。

多。為了恢復和發展城市生產，中共在這年3月宣布黨的工作重點正式轉移到城市。東北因為產業發達，轉變最早，所累積的經驗經常可為其他地區所模倣。早在1948年6月中共檢討東北接收城市工作時，便認為還沒有抓住重點。為了發展城市生產，首先必須使私營工商業的業主能夠安心工作，所以針對工商業者在土地革命期間的種種積怨，進行化解，除了口頭道歉之外，還展開各式各樣的退賠。所謂退賠，當然不能要工人吐出已經分配的東西，而是就已沒收但尚未分配的財產而言。由於尚未分配的沒收財產所剩無幾，所以中共特別指示各級主管透過財經措施，如貸款和減稅，以為補償。如果原有的工商業業主已經外逃，中共也不沒收，而是以代管名義繼續經營。總之，迅速恢復生產是首要任務，為此中共使用一切辦法來安撫過去備受打擊的工商業主[36]。對國民黨企業的職員，則是接管以後原封不動地維持原有待遇。但是對國民政府行政、軍事、警察、司法機關的職員，卻有不同的政策，除少數所謂反動分子以外，一律集中訓練，也一律打散使用，原則上既不准返回舊單位工作，也不准維持舊有薪資不變[37]。

三、第二條戰線

中共雖然強調鄉村包圍城市，但是他們從來不認為戰爭只限於前線。對他們而言，敵占區始終都是重要的戰場。這是一場全面性的戰爭。只是中共在敵占區一開始便很難在國民政府嚴格的監視和不斷的鎮壓下，組織龐大的「第五縱隊」，發揮裡應外合的功效。這一次內戰期間，國民政府在其統治區仍然擁有強大的鎮壓力量，但因為內部腐化而無法有效的維持秩序，以致各種抗議活動盛行，而所謂學潮更成為國民政府揮之不去的夢魘。毛澤東在1947年初就提出開闢所謂第二條戰線的說法，強調兩軍對壘的第一戰場之外，在國民政府後方還

36　薄一波，《薄一波文選》，頁73-74；黑龍江省檔案館，《城市工作》，頁3-9。
37　中央檔案館，《中共中央文件選集》，18：190-93。

有一個爭取民心向背的戰場，必須全力以赴。若不能取得這一個戰場的勝利，中共也不可能順利贏得第一戰場的軍事勝利。

如果把內戰看成鄉村包圍城市，則中共遂行此一戰略，最重要的內容是切斷城市和鄉村的聯絡。這是封鎖和反封鎖的問題，對雙方都有不利之處。但是中共認為根據地是以小農經濟為主，有強烈的自然經濟傾向，對封鎖和反封鎖比以工商業經濟為主的城市有更大的忍受力，而國民政府在抗戰結束後面臨的是百業蕭條的局面，比較承受不起封鎖和反封鎖的負面效應。1945年，上海的2,411工廠中，由於國民政府的「劫收」，僅有852家恢復生產。中共的封鎖和破壞使工廠得不到生產所需要的原料和糧食，同時又促使原料和糧食的市場價格不斷高漲，使原本已處於停滯狀態的工商業更不容易復甦。城市工商業既然持續蕭條，國民政府便收不到稅金。國民政府收不到稅金，財政自然而然會越來越窘迫。另一方面，國民政府把所有的精力都花費在軍事戰場之上，根本無暇顧及工商業，反而為了爭取美國好感，開放國內市場，讓美貨充斥市面，打擊正當的工商業。一旦正當的工商業人士難以從事本業，囤積居奇和投機倒把的行業便一枝獨秀。這些私營工商業主若非同流合汙，也只有滿腹怨氣，而某些業主在憤懣之餘，便把希望寄託在與國民政府一爭長短的中共身上了。

蔣中正既然無法從大城市裡獲取積極的財政支持，又要以軍事手段解決中共問題，當然只好寄望於美國的友誼。但美國仍然有重歐輕亞的政策考慮，對國民政府的統治能力又不具信心，所以非但拒絕提供大量軍經援助，反而為了壓迫國民政府和中共進行談判，對國民政府實行軍火禁運。1946年6月國共談判徹底破裂後，美國政府因為戰略和輿論的關係，雖不能對中國內戰保持絕對中立，可是也不願任由蔣中正予取予求，所以當時蔣中正要求15億美元的援助，只答應提供3億。就當時龐大的赤字而言，這根本是杯水車薪，無濟於事，而且答應的時候，已經是國軍節節失利的1948年。國民政府在戰場上節節失利，財政惡化加速，通貨膨脹越來越嚴重，物價有如脫韁的野馬，根本無法控制。

早在1945年，國民政府的收入已經只及支出的三分之一，惟有依賴紙幣發行來彌補赤字。當國共內戰一觸即發之際，蔣中正高估了國軍實力，以為戰爭可能在短短幾個月內結束，而美國為了對抗蘇聯「擴張」，也一定會慷慨解囊，及時提供軍經協助，幫助國民政府度過財政難關。沒想到戰爭曠日持久，軍費的支出非但居高不下，反而加速度增加，連帶財政赤字也出現幾何級數式的成長。美國特使馬歇爾了解美國「重歐輕亞」政策對經援中國的限制，很早就看到問題的癥結，雖然沒有戳破蔣中正對美國的幻想，卻一再警告蔣中正，萬一戰爭長期化以後，國民政府的經濟和財政勢必全面崩潰。

不幸的是，蔣中正執迷不悟。內戰不能在短短幾個月內順利結束，而美國的經濟援助也始終是天邊的彩虹，以致國民政府不得不繼續靠印鈔票度日，而且鈔票越印越沒有節制。法幣加速度貶值，物價更是加速度上漲。1946年物價漲了15倍，1947年漲30倍。以上海為例，假定1948年1月上海的物價指數為一，則第十二個月漲88倍，第十三個月漲643倍，而第十四個月漲370,000倍。在這個物價狂飆的時代，薪水階級的處境最為可憐。例如士兵的薪水拿到手裡，鈔票的價值還不到政府發薪時的12～13%。抗戰期間，大部分知識分子被納入政府體制之中，變成「受薪階級」。內戰期間，雖然政府針對大學教授所得有所調整，但其所得仍然只是戰前的6～12%水準，而且每下愈況，根本難以維生。當時許多大學生也靠政府津貼渡日，在鈔票劇烈貶值的時代，根本無法維持起碼的伙食。雖然他們的生活比起士兵要好得多，但是跟過去相比卻是越來越糟。由於知識分子知道如何表達自己的意見，加上過去學生運動的傳統，於是成為反政府的先鋒，學潮更是頻頻不斷。

在這個正當工商業蕭條的時代，工潮自然層出不已。抗戰前夕的

1936年，國家的經濟情況良好，一年之中全國只發生了278次罷工。可是到了1946年，單單上海一個城市就發生了1,716次罷工。國民政府害怕工人運動蔚為風潮，於是下令禁止罷工，但是為了照顧工人生活，也不得不下令工資隨物價指數機動調整。此舉雖然得到工人的歡迎，卻招致私營工商業業主的集體反對。然而通貨膨脹情況繼續惡化，到1947年2月，國民政府為改善經濟情況，不得不宣布凍結工人薪資。實行不到一個月，經濟情形不但未見改善，反而越來越糟，政府於是下令實行實物薪資政策，改由中央銀行配給食物和燃料。國府雖然因此增加了財政支出，但至少對工人生活提供了一些保障，所以直到整個大陸淪陷，工人並未成為國民政府的嚴重困擾。

中共在這種客觀背景下，執行鄉村包圍城市的策略，雖然強調「裡應外合」，實際則把重點放在擴展自己的潛力和削弱國軍的戰志上。在國民政府統治區建立組織，當然不容易，中共對這一點非常理解，因此強調這種工作的艱難性和長期性，要求黨員和幹部盡量利用合法身分活動，避免過早暴露實力，同時也要求他們透過各項反美和反國民政府的運動，尤其是學潮，來加深國民政府區內的矛盾，分化國民政府的統治菁英，進而瓦解國民政府的戰力和戰志。中共的最低理想是爭取城市民心，使國民政府無法像在三十年代一樣，利用城市的資源，來壓制農村支持的變革力量，最高理想則當然是城市人民以實際行動來響應他們的進攻。

這一次內戰時期，中共主持對國民政府地區工作的是周恩來。他在抗戰結束初期，配合中共中央政策，極力為中共塑造「愛好和平」、「反對戰爭」的政治形象。為了達成這一個目標，中共中央指示周恩來用盡一切力量，支援和利用國民政府地區的反內戰運動，達到打擊國民政府威信的作用。中共在國民政府區的地下黨員人數雖然不多，地下組織也不甚龐大，並不能為所欲為，然而不願內戰爆發卻是當時社會有聲音階層的普遍願望，所以形勢並不是全無可為。1945

年秋毛澤東簽訂「雙十協定」後未幾，雲南昆明便發生了大中學生和教授召開的反內戰集會，由於國民政府當局處理不當，釀成校園被搗毀、學生被打殺的慘案。一波未平，另一波又起，四川重慶又接著發生異議分子被毆的滄白堂和校場口等事件，這些抗議活動的領導人主要是國民政府地區的所謂民主人士，中共雖不能主導其動向，卻總是在旁吶喊助威。1946年6月，東北停戰期滿，內戰有全面爆發之象，上海學生、教授、工商企業人士組織和平請願團到南京請願。請願代表中有同情中共的知識分子，上海的中共地下黨雖然無法完全操控此次活動，卻成立秘密指揮部，發動將近5萬名的群眾為請願團送行，以便鼓

反內戰運動。聞一多是西南聯大教授，是中國當時最有名的現代詩人之一。因為同情雲南昆明1945年一二一〇慘案死難的學生，親自前往出殯典禮致祭。不料，半年之後，他居然因為熱心反內戰運動，被國民政府的特務暗殺，把反內戰運動推向另一個高潮。

舞士氣[38]。國民政府又再一次處理不當，無法控制軍警行動，竟然讓南京發生了毆打請願代表的事故，造成所謂「下關慘案」，從而為中共的宣傳增加更多的材料。

面對反內戰運動，政府當局的處理方法，始終不曾改善，中共的地下組織因而能夠火中取栗，爭取更大的活動空間，甚至使事情越鬧越大，變成全國性的抗議活動。上海和平請願事件結束後不到一個月，雲南昆明又爆發了流血慘案，隨後更引發了全國各大中學校園的抗議活動。當時昆明的大學生召開反內戰大會，參加者以西南聯大學生和教授為主，中共地下黨員只是其中的一小撮人，並不能控制整個活動的發展方向。沒想到在大會中，竟然發生國民黨嫡系將領專擅妄為、刺殺聯大教授聞一多和政客李公樸的事件，消息一傳出，震驚全國，各大城市的學生紛紛走上街頭抗議[39]。只是，當時國民政府仍然擁有軍事優勢，而在其控制力較強的華北和華東，學生十之八九認為國民政府代表正統，對挑戰政府威信的活動興趣不大，所以這一波學生示威所形成的威脅並不嚴重。中共地下黨也了解自己的限制，姿態擺得極低，盡量以政府容許的面貌出現，而且針對學生的需要舉行活動，如以接濟貧苦學生和教師為名發動募捐，爭取一般同情，以便深入札根。又如當時國民政府認為淪陷區學生所受教育為「偽化教育」，要求學生接受政治教育以後，經過考試取得學籍和畢業資格，中共地下組織即針對此點發動「反甄審」抗議活動，匯聚並加深淪陷區學生對國民政府的不滿。

---

38 張執一，〈在敵人心臟裡〉，《革命史資料》，5：15；劉曉，〈關於1946年6月23日上海人民和平請願運動的一些回顧〉，《中共黨史資料》，26：239-43。張說群眾達10萬人，劉說僅5萬人。

39 暗殺聞一多和李公樸，是雲南警備總司令霍揆彰所下的命令。見唐縱，《唐縱失落在大陸的日記》，頁585-89; 沈醉，〈我所認識的唐縱〉，同書附錄，頁685-86。

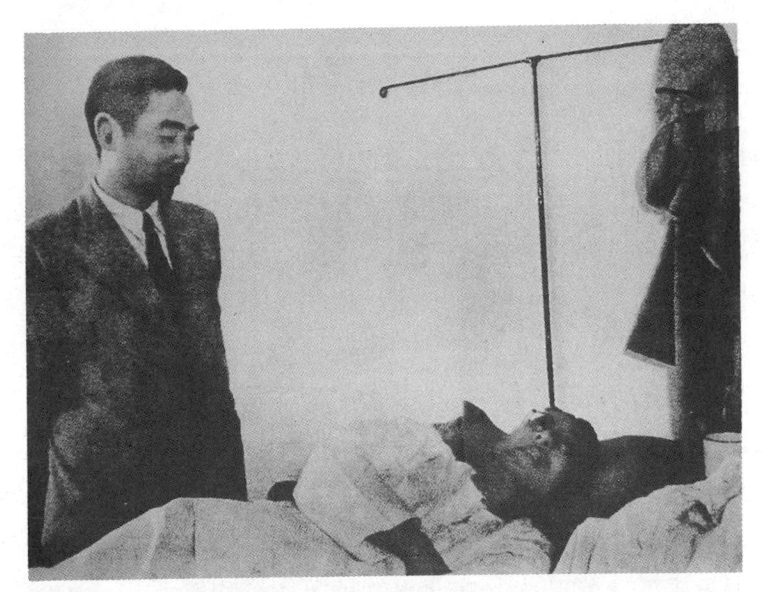

下關慘案。下關慘案中，請願群眾遭到憲警毆打，最有名的受害人是民主人士、前中共教育部長馬敘倫。當時在南京談判的周恩來親自到醫院探訪，向馬敘倫問候並致敬。

反美示威。美國士兵強姦北大先修班學生沈崇，由於受到治外法權的保護，不受中國法庭審判，引起北平大學生的憤怒。中共地下黨員從中推波助瀾，結果全國各大城市都出現引人注目的反美示威，連遠在台北的學生也走上街頭抗議。

1946年底，北平故都發生美軍士兵強姦北大先修班女生沈崇的孤立事件，中共地下黨員有意推波助瀾，從而在知識分子中引起強烈反應。國府「特務」不僅不懂如何化解，反而火上加油，闖入校園，公然搗毀學生辦公室文具，撕毀壁報和標語，更使得原本只是一天的罷課，擴大為12月30日有萬人參加的跨校遊行示威。這次出現在北平市中心東交民巷的示威遊行，為北平十年來的第一次，不僅引發全國數十座城市約50萬學生的響應，也在南中國的台北激起強烈回響，台灣大學的學生也集體走上街頭，要求美軍立即撤出中國，上海等地還出現「愛用國貨、拒用美貨運動」。這次全國性的反美示威，並不是中共中央所策畫的，當時中共在北平的地下組織也缺乏整合，但基於反美運動符合中共利益，中共地下黨員唯恐其不夠激烈，當然在運動中，中共黨團和外圍組織，也得到進一步發展[40]。只是，美國軍方隨即表示一定依法審判美軍嫌犯，加之國民政府對中共用兵尚處於順利階段，所以鎮壓容易生效。當時北平軍事當局以實行「國民身分證」制度為名，實行戶口總檢查，逮捕2,000名市民，甚中包括 3 名學生，終於把北平的反美運動平息下來[41]。其他地區的反美學生運動也在政府高壓之下難以為繼。

這次運動和1946年2、3月之間國民政府地區發生的一連串反蘇示威，是很明顯的對比。比起美軍在北平的暴行，蘇軍在東北的暴行要嚴重多了。國民政府工程師張莘夫在瀋陽附近被殺，並不是孤立事件。蘇軍進入東北以後，奸淫擄掠不斷，在蘇軍擔任校級軍官的一位中共紅軍師長目睹蘇兵搶劫，不但無法制止，反而被蘇兵槍殺滅口[42]。可是中共統治區內的反蘇言論遭到嚴厲鎮壓，更不必說讓

40　中共北京市委黨史研究室編，《抗議美軍駐華暴行運動資料匯編》，頁682-710。

41　同上，頁723-24。

42　星火燎原編輯部，《解放軍將領傳》，3：160-61。

見證蘇聯紅軍軍紀敗壞的盧冬生。蘇聯伏龍芝軍事學院畢業的紅軍師長。抗戰後期任職於蘇聯野營教導旅。1945年隨蘇軍進入東北，由於阻止紅軍士兵搶劫，遭紅軍士兵槍殺滅口。

反蘇學潮發生了。國民政府雖然能利用張莘夫被殺慘案掀起學生示威，但是蘇軍不久便從東北撤退，抗議活動失去目標，反蘇示威也就後繼乏力。除了增加蘇聯的反感之外，國民政府並未達到任何目的。

沈崇事件暫歸沉寂，對中共地下組織而言，乃是有組織的退卻。退一步，是為了進兩步。此後中共在策略上，仍然強調獨立、和平、民主，根據國民政府區的民意，制定宣傳策略和鼓動方針，要求停戰，恢復1947年1月東北停戰以前的局面，並要求廢止甫行頒布的憲法，重新召開政治協商會議。中共的指示是從全國性的政治變化著眼。單就學生運動而言，他們進一步要求地下黨針對學生的切身利益問題，盡量從事生活鬥爭。所謂生活鬥爭，包括的議題很廣泛，並無特定內容。不論是學校遷併、校長任命、校園活動的自由，還是教育經費的撥用和學生伙食津貼的提供，只要學生有一點不滿表示，地下黨便可以發動生活鬥爭，進行各種請願和抗議活動。然後伺機再把學生對這些切身問題的關懷，轉為對國民政府的不滿和抗議。為了擴大學生的訴求，中共地下黨指示，在提出各項要求時，務必合情合理。

而為了減少反對，他們還特別指示，千萬不要對從事鎮壓工作的青年軍和憲兵採取絕對的仇視態度，而必須針對雙方共同的教育背景，多作聯誼同歡活動。最重要的指示是，在對國民政府鎮壓時，盡量以合法和中立面目出現；地下組織不要求整合統一，只要求彼此在策略和方針上一致，相互呼應便行了。

1947年5月春，國民政府對中共根據地的進攻已成強弩之末，而學潮的洪流再起。各地學潮和中共地下黨最初並無明確的關係，但是學潮卻為中共地下黨積極活動提供大好空間。毛澤東因而號召在此基礎上開闢所謂「第二戰線」，要求中共地下黨放手支持任何反國民政府的活動，不論是「反饑餓」、「反內戰」還是「反借款」，只要有損國民黨戰志，就推波助瀾，予以鼓勵[43]。從此以後，內戰已明顯長期化，不可能如國民政府預言一樣，在短短三至六個月內結束。國軍儘管仍在攻城略地，但民間的信心明顯動搖，物價因而再次急遽攀昇。在中共南京地下黨的鼓動之下，南京的中央大學學生首先要求增加學生的副食費，並按米價調整，中央大學的教職員隨後也提出同樣的要求，呈請政府照物價指數調整薪資。在前方軍事正緊的時候，後方學生和教授的要求，當然無法得到滿意的改善。於是學生提倡吃光運動，按照官訂伙食標準先吃光副食費，再看政府如何處理。鬧到最嚴重的時候，各校學生聯合向政府請願，結果和奉令鎮壓的軍警大打出手，學生遭受輕重傷者極多，形成中共所謂五二〇慘案。學生在原來的「反饑餓」和「反內戰」口號下，遂又加上「反迫害」三個字，繼續激盪人心，擴大民眾離心離德的效應[44]。

中央大學學生在南京號召反饑餓、反內戰、反迫害。由於南京是全國視聽所在的首都，儘管政府全力鎮壓，仍然在全國各地形成普遍的反饑餓、反內戰、反迫害運動。當時北起瀋陽，南到廣州，全國共

43　中央檔案館，《中共中央文件選集》，16：454-56。

44　施惠群，《中國學生運動史》，頁122，說運動是中共所發起的。

第二戰線的勝利。在中共的大力爭取之下，大批國民政府政治協商會議成員前往中共占領區。1949年9月，中共在北平召開中國人民政治協商會議，選舉常務委員28人。圖為出席第二次會議的常務委員20人。其中包括不少知名的民主人士，如左起第3人章伯鈞、第4人黃炎培、第7人馬寅初、第10人張奚若、第11人沈鈞儒、第12人馬敘倫、第16人陳嘉庚。

有六十幾個大中城市的大中學生罷課遊行，請願示威，國民政府以戶口大檢查名義展開鎮壓，僅在上海和北平兩地便逮捕了2,100多人[45]。其中有多少人是真正中共地下黨員，殊堪懷疑。面對國民政府的強力取締，知識分子只會更加離心離德。到6月初政府當局在武漢大學進行搜捕時，又發生學生死傷事件，把學潮激往新的高峰。中共地下黨員如魚得水，不僅設法參加學潮，而且從旁鼓動並乘機在國民政府區爭取更大的同情。

在國民政府的強力鎮壓之下，這一波學潮也暫時消退。後來雖然還是發生了杭州大學和同濟大學學生自治會事件，為反飢餓、反內戰和反迫害的學生運動帶來一些新的動力，但國民政府表現出來的鎮壓

45　廖風德，《學潮與戰後中國政治》，頁354。

決心，也使得中共心生警惕。當時有些中共地下組織的成員熱血沸騰，要求組織城市暴動。針對此一發展，中共中央發出嚴厲的批評，認為時機尚未成熟，不可躁進，必須退卻，甚至要求放棄裡應外合的想法。中共並進而指出，面對國民政府的鎮壓，最適當的政策還是長期「蔭蔽」（潛伏），學生運動必須以合法面目出現，要求學校當局保護校產，保護學生不受政治迫害，同時並針對窮苦學生的需要，展開助學運動，鼓動學生到市街上為清寒同學勸募學費。這個助學運動一方面可以加強學生內部的團結，另一方面則可以透過巧妙的宣傳來凸顯國民政府的無能。由於勸募的過程中，學生難免會遭遇挫折，所以對國民政府的不滿自然暗中滋長，中共地下黨的獲益實在難以估量。

1948年4月，美國占領下的日本為了防止共產世界的擴展，宣布擴大其警察兵力，並成立海上保安廳。這終於給中共找到恢復全國性學潮的機會。中共指責這是美國有意「扶植日本侵略勢力」。5月4日五四運動廿九週年這一天，已被中共滲透的上海學聯會，便假借紀念五四為名，在交通大學校園展開演講活動。這一次運動不僅在學生界引起反響，也引起學術界和工商界的公開回應。在反美抗日運動的掩護之下，反饑餓、反內戰和反迫害的口號再次大量湧現。這時國民政府因為前線失利，決心以鐵腕維持社會秩序，在全國各大城市設立特種刑事法庭，專門審理共黨嫌疑分子，在這一年6月開始準備以特種刑事法庭逮捕「奸匪學生」。

當時各大城市中，都有成千上萬的流亡學生，北平約有流亡學生2～3萬人，南京2萬，武漢1萬。他們隨學校播遷，流亡在大城市裡，無親無故，成為國民政府的負擔。然而因為生活艱苦，也時常成為抗議運動的先鋒。北平的東北流亡學生便因為北平市參議會通過強制實行軍事訓練立法而群情激動，集體向北平市參議會抗議請願。雖然在事態發展過程中，中共地下黨主張見好便收，但示威學生憤激異常，仍不斷和維持秩序的軍警發生衝突，最後終於釀成所謂七五血案。由於學生死傷枕藉，連負責調查的國民政府官員都表示不滿，要求懲辦負責軍官[46]。

國民政府在北平的鎮壓，雖然恢復了社會秩序，但實際上卻無異於為淵驅魚。1948年8月，國民政府設置的特種刑事法庭開始運作，北平和南京的特種刑事法庭一口氣票傳了397名「共匪嫌疑分子」，其中北京大學的學生占大多數。北平的報紙更刊登了11所大學250名學生的名單，其罪名是「奸匪嫌疑」，要求立即投案[47]。可是在大逮捕展開之前，中共早已獲得消息，所以事先指示有暴露身分危險的學生撤退，真正遭受逮捕威脅的其實只是參加學潮的一般學生。他們東躲西藏，四處逃亡。基於傳統的師生關係，一些向來置身事外的教授都願意施以援手，何況這些學生中不乏平日表現傑出者，所以暗中幫忙掩飾行藏的教授越來越多。清華大學校長梅貽琦便幫助幾位學生逃脫了緝捕。有的教授更挺身而出，參加抗議活動。國民政府顯然是治絲愈棼，校園雖然維持了表面平靜，暗中卻是波濤洶湧，強力的鎮壓徒增學生貳心而已。

儘管中共透過學潮和其他抗議活動，使老百姓更加離心離德，國民政府的鎮壓能力著實不能輕估。國民政府為維持這樣的鎮壓能力，必須付出一定的代價，也就是說必須在後方留有比較多的軍隊維持秩序。只是，前方軍隊本來已經不敷使用，如此一來，兵力不足的問題更加嚴重。隨著前方戰事的不利，國民政府對中共所謂第二戰線尤其憂心忡忡。在國民黨的大逮捕中，城市的知識分子群相出走，雖然進入中共占領區的為數不多，但他們多少為中共解決了一些幹部缺乏的問題。中共在他們進入中共統治地區之後，施以密集的政治訓練，然後派往農村工作。至於未離開大城市的地下黨員，則在同情中共的青年學生協助之下，暗中調查國民政府資產和人員，為中共軍管這些大

46　廖風德，《學潮與戰後中國政治》，頁399-405。

47　廖風德，《學潮與戰後中國政治》，頁407。

城市做好各項準備工作。由於預料國民政府在逃亡前夕，將盡可能地撤退各項人員和物資，否則便是進行破壞，所以中共特別指示地下黨員，要注意這方面的防範。

中共在攻占南京和上海以後，受到各地知識青年的歡迎。當然中共的全面勝利是一個重要誘因，每個人都想趕搭最後一班勝利列車，但是中共學運的成功畢竟是基本因素。當時有成千上萬的青年學生，響應中共號召，遠離家門，參加南下服務團和西南服務團，他們後來成為中共在華南和西南進行土地革命的重要人力資源。參加學潮的學生後來也為中國大陸提供了黨政領袖。最有名的是九〇年代的中共總書記江澤民和曾任全國人民代表大會委員長的喬石。江澤民還是參加過反甄審運動的所謂「偽中央大學」學生！

內戰不僅見諸戰場勝負，也是雙方動員能力的競賽。中共通過激烈的土地革命動員貧苦農民。由於動員的核心內容是准許貧苦農民鬥爭地主和富農，而動員的基本原則是滿足貧苦農民對土地的渴望和宣洩對社會的不滿，所以在農村中不可避免地會出現過左和過火現象。針對土地革命的這一必然發展，中共總會在適當的時機提出糾左糾偏口號。但問題是中共在實行激烈的土地革命中發現：儘管地主和富農的人數因為定義放寬而增加，又儘管他們在歷經抗戰時期的無聲革命後所擁有的土地仍比一般貧苦農民為多，但整體說來，這兩階層已經遠不如抗戰爆發之初富裕。比起地主和富農，農村基層幹部反而更是農民痛恨不已的對象。儘管這些幹部多半出身貧苦，貪汙中飽的問題並不如過去保甲村長厲害，但他們一方面迫於上級急急如律令的龐大戰爭資源需求，另一方面也不能完全免除權力的種種誘惑，而招致貧苦農民的痛恨。中共為了發動貧苦農民，乃決定以這些幹部為對象開門整風。中共知道摧毀農村基層幹部對自己不利，所以極力避免由貧苦農民直接鬥爭農村基層幹部，而要他們同意黨組織通過整風改造的模式來解決問題。中共通過開門整風方式，一方面讓貧苦農民發洩他們對農村基層幹部的憤恨，另一方面則匯集貧苦農民的批評和監督，用以改善農村基層幹部的品質。

對於國民黨地區，中共則利用國民政府的施政不良，以及導致幣信破產的通貨膨脹問題，對各種反體制運動推波助瀾，尤其是針對知識分子的不滿，進行以日常生活品質惡化為理由的各種鬥爭。他們並針對國民政府地區人民的反內戰情緒，煽動學潮和其他抗議活動，以致國民政府雖然從日本手中接收許多城市和交通要道，但這些城市和交通要道非但不能成為國軍剿共軍事的後盾，反而變成國軍必須重兵防守的沉重負擔。中共所謂第二戰線的抗議活動，雖然沒有產生推倒國民政府的作用，但在知識分子中所造成的影響卻是非常明顯的。若沒有知識分子的離心離德，則國民政府不會那麼容易崩潰，中共更不可能摧枯拉朽般地順利占領整個中國大陸。

第二部

不斷革命

經過三十年的不懈奮鬥，毛澤東終於領導中國共產黨奪取了政權，建立新的國家。毛澤東加入中共的目的是以俄爲師，改造中國與世界。毛奪取政權以前，主要是學習列寧十月革命前後的經驗，奪取政權以後，以俄爲師，學習的當然主要是史達林社會主義建設蘇聯的經驗。不過中國的國情畢竟不同於蘇聯，中共在學習過程中，因地制宜，必須以「創造性轉化」爲目標，也就是毛澤東所強調的馬列主義中國化。1958年以後，中蘇交惡，毛澤東要爲中共摸索一條獨特的社會主義建設道路，先後發起了大躍進和文化大革命。毛澤東沒有想到，這一條道路走不通，兩次不斷革命的嘗試反而成爲後來結束毛澤東時代的催命符。

在毛澤東生前，中共建國以來的歷史可以分爲四個大階段，每一個大階段都由一件劃時代的大事開其端，所帶來的社會變動都可謂驚天動地。從其影響面來看，說是一場革命也不爲過。

第一階段革命(1949-1952)

根據馬列主義進化論的史觀，社會主義比資本主義優越，社會主義高級階段比初級階段優越，但是優越並不表示，每一個社會都可以不問條件是否成熟便躐等而進。毛澤東宣布中共建國時，就他的論斷，中國社會還是半封建半殖民地社會，雖然不是百分之百的封建主義社會，卻也不是已經得到充分發展的資本主義社會。所以當時中共徹底打倒代表封建主義的地主階級，實行土地革命，卻對代表資本主義的所謂小資產階級和民族資產階級網開一面，視爲統戰和團結的對象，給予某種程度的扶助。這樣，中共纔能全神貫注於擴大其政治和經濟力量：一方面擴大一元化黨國體制的廣度和深度，爲中國建立一個全新的政治架構；另一方面則遏止惡性通貨膨脹，恢復經濟繁榮，消化從國民政府及其官員手中沒收的所謂官僚資本。爲此，毛澤東特別指示下級「不要四面出擊」，爲了化阻力爲助力，反而要他們幫助私人企業賺錢，並讓舊社會留下來的政治活動分子有發揮其積極性的空間，可以爲政治安定和經濟繁榮而殫精竭慮。在這一個時期，中共「發達國家資本」，也盡可能扶助私人資本，讓集體經濟與私有經濟共存共榮。中共除了剷除所謂地主階級以外，基本上承認其它社會階級存在的合理性。這樣一個多階級社會，毛澤東稱之爲新民主主義的社會。

毛澤東心目中的新民主主義社會，從一開始便帶有強烈的不穩定性，因爲在建造這樣一個新社會時，他並無意讓這個新社會長期停留在目前的階段。他早已下定決心，要以史達林爲師，在中國進行工業化和集體化。只是學習蘇聯的經驗必須等條件成熟，所以他雖然承認私有經濟部門的合法性，甚至予以慷慨協助，卻同時致力改變新民主主義社會內部的權力關係。中共的作法是三管齊下：一來透過土地革命，把占中國人口絕大多數的貧苦農民動員組織起來，成爲新政權的階級基礎。二來沒收所謂官僚資本，擴大國營經濟和集體經濟的比重，以便壓縮私有經濟在整體經濟中所占的比率。三來透過新工會制度的建立和普及，樹立一個可以監督、甚或挾制資方的力量。縱使所謂新民主主義社會承認私有經濟部門的合法性，中共也不忘記按照自己的想法，予以「整頓」。中共把所謂資本家的事業以是否「有利國計民生」一分爲二，鼓勵有利國計民生者，打擊不利國計民生者。至於農村富農，則根據道德和政治標準，分爲「守法」和「不法」兩類，容忍守法者，鬥爭不法者。鬥爭不法者使用的罪名可能是「漢奸」、「特務」、「惡霸」或「反革命」，也有可能根本就是欲加之罪。簡言之，中共儘管在意識形態方面歧視私有經濟部門，卻只鬥爭私有經濟部門中一小撮所謂「壞分子」，而對其餘大多數成員採取團結爲主的政策，著眼點是他們尙有利用價值，可以幫助恢復國家整體經濟。

中共的新民主主義政權一開始便揚棄了歐美式的民主，沒有議會政治、三權分立、多黨政治等諸項特色，因此也就沒有歐美民主社會的穩定性。由於中共的黨組織高度中央集權，嚴密地掌握有關國家基本走向的大政方針，中共在其建立的新民主主義政府中可以大開方便之門，容許大量的非黨政治活動分子參與，但這些非黨政治活動分子的角色是奉命執行，而非參預重要決策。中共的黨組織不僅牢牢控制國家的大政方針，也透過獨有的人事任用和法律審批(決定是否送法院處理)權，牢牢控制黨部以外的各個國家部門。中共這個黨組織，根據馬列主義以平等爲民主基本前提的理論，透過有形和無形財富的再分配，動員貧苦工農大眾，進行「階級鬥爭」，讓他們在和所謂階級敵人(例如地主和資本家)的鬥爭過程中，形成階級意識，進而組織起來，認同自稱代表工農利益的中共，接受其領導，並共同奮鬥。中共還把動員起來的工農積極分子吸收入黨，要他們分別掌握基層政權和武裝，使其各自成爲中共黨國體制的一翼。中共就是憑藉這樣一個包括黨、政、軍、群四部分的基層權力結構，準備日後好好地進攻私有經濟部門。

正因爲中共對小資產和資產階級的政策是既團結又鬥爭，所以難免會有不能「允執厥中」的問題；過分強調團結可能會忘記鬥爭，而過分強調鬥爭又可能會忘記團結。毛澤東強調團結時，可以公開宣稱新民主主義社會會有十五到二十年的生命，可是他從不忘記鬥爭，所以決不容許喊出「保護私有財產制度」之類的口號。其實，當時中共第二號領袖劉少奇喊出「保護私有財產制度」和「鞏固新民主主義秩序」的口號，其目的本來只在使小資產和資產階級安心於所業，減輕「有錢怕鬥」心理。毛澤東則立即洞見這兩個口號所可能帶來的「禍害」，認爲它們勢必造成滿足新民主主義社會現狀、不力謀向社會主義社會轉型的嚴重後果，完全缺乏前瞻性，必須嚴厲批評[1]。1952年底，

1 馬齊彬等，《中國共產黨執政四十年》，頁64-65。

中國大陸的經濟大體恢復，官僚資本已大致消化，土地革命也大底完成，建立工農群眾基礎的工作更幾近告竣，加上韓戰進入和談階段，毛澤東認爲時機業已成熟，於是公開揭出新民主主義社會要逐步向社會主義社會過渡的看法。

第二階段革命(1953-1957)

毛澤東1951年已經開始籌備第一個五年計畫了，但直到1953年宣布向社會主義過渡的總路線後，纔正式全面引進史達林的計畫經濟模式。第一個五年計畫採取「兩條腿走路」的方式，一條腿是工業化，另一條腿是集體化。工業化指建立重工業和國防工業體系，繼續擴大國營經濟部門。這乃是當時黨內外的一致共識，所引起的質疑不大。集體化則是改造私有經濟，把農民和私營工商企業業主分別改造，使他們成爲中國社會主義經濟體系的有機部分。由於攸關幾億人口的個人財產和生活方式，其落實當然會引起或多或少抗拒。正因爲有此顧慮，加上集體化應該具備何種基本條件，見仁見智，所以黨內出現有關其速度應快應慢的爭論。

中共採取俄式計畫經濟，更必須正視兩個連帶問題。第一、俄式計畫經濟的成功，是以確保工業原料和城市糧食的供應爲先決條件。第二、俄式計畫經濟以發展重工業爲優先，但重工業在可預見的未來決不可能帶動農村經濟。正因爲這兩個連帶問題，中共在實施計畫經濟後不久，便不得不走上統購統銷政策的不歸路，由國家壟斷糧食、棉花、食用油等主要農作物的收購和銷售。只是統購統銷迫使中共的國營工商業直接和億萬農民打交道，帶來技術上難以克服的困難。爲了減少交易成本以及簡化交易過程，中共選擇把農村進一步組織起來的途徑，於是農業正式走上集體經濟的道路。儘管如此，毛澤東最初對快速的集體化政策也不是沒有猶疑。但他發現土地革命的經驗有用後，便立即改弦易轍，下令以超高速度進行農業集體化。因爲根據階級鬥爭發動群眾的模式，利用農村中貧富之間的矛盾，他不必像高度依賴命令和暴力的史達林一樣，可以輕易動員貧苦農民帶著他們的耕地、勞動力、牲畜和農具自動加入合作社。結果「實踐」證明他的判斷是正確的。中共不僅避免了史達林的極端，而且在比蘇聯短的兩年時間內，建立了類似蘇聯集體農莊的高級生產社體系。從此以後，幾億散漫的個體戶農民像工人一樣，「受僱」於國家，從事集體勞動。中共期望他們在大規模生產中能不斷無產階級化，學到工人的集體勞動紀律。毛澤東雖然沒有因此而明顯改變農民的物質生活，但從社會主義建設的角度來自我評價，他免不了也有點志得意滿。

由於農業集體化的過程出奇順利，毛澤東認爲他沒有必要再容忍不受計畫經濟嚴密監控的私有工商企業業主，而必須加速對他們的改造。結果這一場被劉少奇目爲經濟上「淮海戰役」的改造資本家運動，又以短短一年不到的時間和平取得勝利。一旦私有經濟部門消滅，中共便變成毛澤東心目中的先進國家。這裡所謂先進國家，並不是以生產力來衡量，而是根據馬克思的歷史進化論來決定的。資本主義國家一定比封建主義國家先進，而社會主義國家也一定比資本主義國家先進。只是毛澤東沒想到，馬克思所認爲先進的社會並沒有如其所預料那樣，帶來生產力的迅速提升，使經濟突飛猛進。

毛澤東認爲社會主義改造是曠古未有的功業，也認爲知識分子心有戚戚焉，尤其是已經喪失階級基礎，可以邀請他們幫助黨政幹部整風，所以號召百家爭鳴。不料，知識分子不僅不感激涕零，接受他個人對中共工業化和集體化成績的評價，反而有人要求中共承認錯誤，自動讓出部分政治權力。毛澤東於是硬說這些敢於批評的知識分子是資產階級右派分子，對無產階級猖狂進攻，進而指示全黨動員工農群眾，發起以這些知識分子爲不共戴天之仇的反右運動。其實問題哪有毛澤東想像的那麼嚴重？知識分子本來已是寄養在中共黨國體制內，還算派得上用場的裝飾品，又豈能對中共政權形成致命威脅？反右運動只是憑空製造了五十幾萬右派分子而已。這次運動徹底閹割了知識分子好論時政的傳統，在形成「萬馬齊瘖」局面的同時，也製造了無數對統治者三呼萬歲的場面。中共因為此次虛幻的勝利，威望益隆，同時也因為少了一個原來並不受其嚴格控制的輿論力量，而更可以像脫韁之馬般地為所欲為了。

第三階段革命(1958-1965)

1957年底毛澤東在反右運動的「勝利」聲中訪問莫斯科，他原來期望在蘇聯的慷慨援助下，繼續發展中國的經濟，不料莫斯科願意提供的援助不過是杯水車薪，毛澤東盛怒之餘，仍不忘超英趕美。可是中國的資源有限，有的只是農村無窮無盡的勞動力，毛澤東遂想到更大規模地組織這些勞動力，一方面自力更生，改變農村貧窮落後的面貌，另一方面則為工業發展提供更豐富、更強大的動力。毛澤東這一個構想後來以生產關係大躍進的面貌出現，他要把農村基層單位由高級合作社的小集體提高為人民公社的大集體。由於擬議的人民公社代表從生到死的福利政策，同時也讓貧窮村落分享富裕村落的財富，因而迅速在某些農村激起了熱烈反響。毛澤東以為他終於找到了一條實現共產主義的理想方法，不僅使農民進一步集體化，更接近「各盡所能、各取所需」的理想，也徹底解放了中國的生產力，使農業生產呈倍數增加。在毛澤東有形和無形的壓力之下，各級黨委，肖與不肖，均在趕上形勢中看到自己的前程，於是卯盡全力，彼此競賽，以迎合上級的期望；全國陷入烏托邦天堂即將來臨的美夢中，天天報喜，日日邀功。毛澤東在錯誤訊息的導引下，以為大躍進真帶來了經濟發展的大突破。不但整個國家在生產關係上進入更高級的社會主義階段，有更大的公有成分，也有更多的互助因素，而且生產力得到超能量的釋放，糧食很快就要找不到倉庫裝了，必須未雨綢繆，預作準備。

毛澤東沒想到，就在他額手稱慶的時候，一場人類歷史上少見的大饑荒已經逐漸形成了。大躍進帶來嚴重的所謂五風，亦即基層幹部的浮誇風、高指標風、命令風、瞎指揮風和特權風，而五風盛行更導致了農產品供應的緊張。毛澤東認爲這五風的盛行，並不能否定大躍進政策的正確，僅表示基層幹部出了問題，證明是舊思想和舊文化的幽魂仍在作祟，要求予以徹底整頓。出他意料之外的是，還是有像彭德懷這種領袖人物覺得問題並不是這樣簡單，而對大躍進的決策提出公開質疑和批判。毛澤東認爲這是借題發揮，他非僅不能「聞者知戒」，自我檢討，反而沿襲兩條路線鬥爭的思想模式，把對手升高到錯誤政治路線的層次來批判，甚至不顧身分，謾罵誣蔑，無所不用其極。毛這樣發動又一次鬥爭，而且擴大到全黨上下，要求針對所謂「右傾現象」展開同樣嚴厲的批判，不料此舉反而使得饑荒問題益發不可收拾，結果赤地千里，餓殍遍地，白白死了二千萬到四千萬老弱婦孺。最後毛澤東迫於餓殍遍野的冷酷現實，不僅退居二線，而且決定從大集體經濟退回到小集體經濟。雖然保持了大集體人民公社的體制，但是小集體的生產隊從此成爲基本核算單位。雖然政策上出現了大倒退，但毛澤東仍然堅信，大躍進是正確的政治路線，人民公社所代表的共產主義理想並非災難的根源，而依然能夠在人間逐步實現。

第四階段革命(1966-1978)

在1960年代初期中蘇分裂後，毛澤東爲大躍進政策辯護，指控蘇共喪失共產主義的理想，黨內出現了修正主義。在國內形勢稍爲好轉後，他想展開一場社會主義教育運動，好好教育以下兩類人。一類人是城鄉的基層幹部，另一類人則是從事思想文化和教育宣傳的知識分子。當時雖然已經沒有資本家和富農階級了，可是毛澤東仍然以階級鬥爭爲名，展開對基層幹部和文化宣傳幹部的思想改造，指責他們若非原來就是大、小資產階級的殘餘，就是後來受到資產階級的影響，所以有意無意之間走上蘇聯修正主義的道路，不僅反映資產階級思想，而且有復辟資本主義社會的企圖。不過，在隨後的社會主義教育運動的過程中，毛澤東顯然認爲對象弄錯了，真正需要徹底思想改造的並不是基層黨政幹部，也不是黨內負責思想改造的文教宣傳部門，而是在大躍進、大饑荒和隨後恢復經濟過程中負有實際領導責任的黨政上層人士。要如何改造這個已經有墮落嫌疑的黨政上層組織？毛澤東選擇發動群眾的老路子。工農群眾分散在全國各地各單位之中，缺乏寬闊視野，很難動員他們以面對面方式來鬥爭黨內有走修正主義嫌疑的幹部。原來可以動員的黨內外知識分子，經過反右運動以後，要非打成反動分子看管起來，便是已經變成黨組織的馴服工具。在別無其它選擇之下，毛澤東發現大中學生和黨政組織的矛盾可資利用，於是憑藉前者對他狂熱的個人崇拜，號召他們把鬥爭矛頭指向黨政上層幹部，逼黨政上層幹部自我改造。結果有幾百幾千萬大中學生響應，出現了歷史上從未見過的紅衛兵運動，毛澤東一方面據以展開對黨政上層人士的整風改造，另一方面則讓青年學生在參加鬥爭的過程中自我改造，以便徹底改變整個國家的文化面貌。

諷刺的是，理論和實際相差甚遠。文化大革命或許能夠鍛鍊一些黨政上層人士，但引人注意的卻是政治迫害和暴力破壞。更糟糕的是，文化大革命中出現的紅衛兵和造反派組織山頭林立，不但互爭正統，彼此勢不兩立，也嚴重破壞了生產秩序，最後毛澤東不得不下令軍隊恢復秩序。軍隊始終對毛澤東保持高度忠貞，只是靠槍桿子治國畢竟不是長治久安之道，而毛澤東本來就無意讓槍指揮黨，所以在解散紅衛兵和造反派組織以後，仍然致力於中共黨組織的重建。只是重建的黨組織內部不復有過去的共識和團結了。毛澤東指定林彪元帥爲其繼承人，林彪卻以「叛逃」事件離開歷史舞台。不論林彪「叛逃」是出於自動還是被脅持，毛澤東發現自己在高層政治中，雖然可以靠平衡遊戲維持社會主義體制的基本運作，卻難以重建中共早年的團結一致。毛澤東雖然想透過教育改革、「農業學大寨」和「工業學大慶」，落實文化大革命破舊立新的口號，使其所建立的社會主義的體制臻於完善，但是無論是教育、農業還是工業方面，他都發現問題重重，並無法創造可以真正持久的新生事物。毛最難過的恐怕是，他寄予厚望的紅衛兵組織連起碼的團結一致都做不到，而他頂欣賞的政治接班人又連起碼的治國本領也不具備，他只能勉強維持著一個既不能向前、更不能後退的社會主義起碼體制。

由於毛澤東時代是一個革命接著一個革命，不斷號召階級鬥爭，所以我們選擇了「不斷革命」這一個名詞來形容這個獨特的時代。這個不斷革命不僅不同於托洛斯基(Leon Trotsky)所說的不斷革命，也不同於毛澤東所說的不斷革命。托洛斯基認爲蘇聯經濟落後，農業人口占大多數，十月革命成功以後，蘇聯的「無產階級」爲了打擊私有財產制，不可能不面對原來支持十月革命農民階級的誓死反撲。在這種情況之下，蘇聯的「無產階級」要取得最終勝利，非仰仗先進資本主義國家內部無產階級革命的成功不可，所以蘇聯必須先全心全力致力於世界革命。因此，托洛斯基的不斷革命有兩層意思：第一、蘇聯革命從第一階段的進攻封建階級到第二階段的進攻農民階級之間，不可能有中途停頓的餘裕。第二、蘇聯必須不斷支持先進資本主義國家的內部革命。毛澤東的不斷革命，是文化大革命時期所說「無產階級專政下繼續革命」的簡寫。他認爲中國大陸在共產黨的統治之下，若不繼續向共產主義的理想邁進，便一定會向資本主義或修正主義的路線後退，因此必須不斷進行階級鬥爭。很明顯的，毛澤東和托洛斯基一樣，都有馬克思主義的歷史目的論含義。我們這裡使用不斷革命一詞，卻沒有這個意思，目的只是說明在毛澤東時代的中國，一場翻天覆地的革命緊接著另一場翻天覆地的革命，令人目不暇給。

在這樣一個不斷革命的時代裡，第一階段革命的階級鬥爭以地主士紳爲主要對象，他們基本上是在農村中靠地租維生的一群人。第二階段革命以私營工商企業業者和富農爲主要對象，他們基本上是僱用工人和店員的一群人。這兩個階段的兩群人都有比較清楚的具體指涉範圍，因此階級鬥爭的理論比較有說服力。到第三階段革命發生時，中國大陸既沒有所謂封建階級，也沒有所謂資產階級，只有殘存的富農、地主士紳和私營工商業業主，他們乃是所謂工農專政的對象。所以第三次革命強調的階級鬥爭，鬥爭對象基本上與真正的階級無關，而主要是思想上反對人民公社制度或持保留意見者。由於思想畢竟不是一個比較客觀的判斷標準，所以階級鬥爭容易出現混亂，鬥爭擴大化的問題幾乎難以收拾。所幸，這一階段革命的對象主要是自然界，以提高生產力為目標，而且又出現了亙古所未有的大饑荒，所以階級鬥爭所導致的胡亂罵人、打人、殺人情形並不十分明顯。到第四階段革命時，鬥爭的主要對象轉為黨政上層幹部，更沒有客觀的階級標準可言，所以各種流弊變得彰然在人耳目。到處可以見到奪權鬥爭，也到處可以見到莫須有的欲加之罪，暴力和血腥更是司空見慣了。

正統的馬列主義者強調歷史從一個階段過渡到另一個階段，必須有一定的物質條件，只有在物質條件成熟之後纔能逐漸過渡。根據這個想法，從毛澤東的新民主主義社會過渡到社會主義社會，最重要的條件是工業能夠回饋農業，提供充分的農業機械和農民日常用品。可是經過一段時間的觀察後，毛澤東認為在可預見的將來，中國的工業決不可能具備這個能力，農業集體化反而可以發揮農民自力更生的精神，打破農業生產的瓶頸，回過頭來促使工業化加速。問題是如何動員農民集體化，使農民自動自發來做？毛澤東重複土地革命時代的群眾路線，很順利地便達到了目標。儘管集體化後的組織，無論是高級農業合作社或是人民公社，內部都有嚴重的經營問題，但表面上卻讓人耳目一新，似乎越來越接近馬克思的理想。中共成立高級合作社後，困難的問題還不明顯，沒想到成立人民公社時，卻爆發出巨大的災難。第四階段的革命和過去三個階段革命不一樣，基本上並不是經濟下層結構的革命，而是以黨官僚組織為對象的革命。這是歷史上從未有過的革命，毛澤東憑著個人崇高無比的政治威望發動，但不能像土地革命一樣，把紅衛兵和造反派團鑄成可以控制裕如的力量，所以不得不以失敗告終。

在上述不斷革命的背後當然有權力之爭。毛澤東從來不把路線鬥爭和權力鬥爭分開來看待。對他而言，路線正確是權力鬥爭勝利的保證，而權力鬥爭的勝利是路線正確的證明，終極的目標則是迎頭趕上歐美。五四運動前後，毛澤東接受了無政府主義的理想，在革命方法論上則選擇以俄爲師，不過充分考慮中國的特殊國情，因時制宜，也因地制宜，終於奪取了中國大陸的政權。隨後他又在1950年代根據史達林的經驗改造中國，一面拼命工業化，一面致力於集體化。毛澤東向蘇聯學習的想法不僅是黨內共識，也可以說是受到絕大多數非黨知識分子的支持，若有人有保留意見，頂多也只是說社會條件不夠成熟。真正懷疑毛澤東向社會主義過渡總路線的人不多，從根本原則方面批判社會主義理想的人更少。孫中山曾說，共產主義的理想不錯，只是目前無法落實而已。當毛澤東證明，走階級鬥爭的群眾路線可以落實時，這些持保留意見者立即變成毛澤東口中的「葉公好龍」，喜歡紙上談兵，看到真龍，就全身戰慄。他們受不了毛澤東諷刺，只好自動趕上形勢，敢於反潮流的其實不多。毛澤東實行農業集體化的過程，不是比土地革命要和平多了嗎，有何理由繼續反對？

就社會主義體制建設問題而言，1957年以後毛澤東的表現並不像是昏瞶而喪失心志的老人。直到他死，他都相信這個體制的優越性，也仍然維持住這個體制的基本運作。但是文化大革命的失敗，證明中共的群眾路線有其嚴重的限制，不管毛澤東有多麼崇高的政治威望，終究黔驢技窮，無法把社會帶入更理想的先進階段，反而因爲第四階段革命動員的是比貧苦工農更難控制的青年學生，而突顯了階級鬥爭的暴戾和殘忍面。更令人深思的是，這個集體經濟體制始終沒有表現出理論上應該具有的優越性，反而迅速老態龍鍾，無力帶動整個國家大步向前，所以後來才有鄧小平的改弦易轍。毛澤東的共產主義實驗，是五四運動後期知識分子對社會主義極端崇拜的表現；毛澤東的獨特之處，是在實現社會主義理想的方法論方面，融馬、列、史達林主義和中國傳統政治的智慧於一爐而已。我們不能因爲最近十年來東歐共產國家的解體，便指責毛澤東改造中國的共產主義實驗荒謬絕倫，沒有任何民意基礎，尤其不能只注意五四新文化運動到文化大革命之間的斷裂性，而完全否認其中尙有某種關連性存在。

毛澤東的不斷革命雖然失敗了，但它深深影響著後來中國歷史的發展。鄧小平縱使放棄了毛澤東的方法，讓社會回到類似1950年代的新民主主義社會階段，他也始終無法擺脫毛澤東所建立的黨一元化領導體制。他避談社會主義和資本主義的鬥爭，也爲中國開了一條新路，但在意識形態上仍不得不遵奉毛澤東思想爲四大堅持之一。不過，我們在注意歷史的連續性同時，也很容易發現，鄧小平惟有經過大躍進和文化大革命兩次大失敗，也是兩次歷史大悲劇，才有可能在後來對毛澤東思想提出修正。如果這個修正在今天已成爲中國大陸知識分子之間的共識，那也不是因爲他們原先已有此一洞見，而是他們和鄧小平一樣，見證過兩次中國歷史的大悲劇。從這一個角度來看，毛澤東的失敗並不是他一個人的，而是整個中國共產黨的，更可能是一代中國知識分子的。至於貧苦工農，與其指責他們腦裡充滿平均主義的思想，毋寧說中共利用他們歡迎財富重新分配的心理，使他們成爲毛澤東革命下的馬前卒，衝鋒陷陣，讓毛澤東在大躍進發生之前，攻無不克，堅無不摧，在打倒了一個階級之後，又打倒另一個階級。只是用這種方法煽動起所謂群眾的熱情以後，不免也要承受其盲目性的嚴重後果，大躍進便是一個明證。至於文化大革命的群眾，他們不是一般工農，而是青年學生，他們的盲目性尤其駭人聽聞，只破不立，幾乎徹底摧毀了軍隊以外的中共黨國體制，卻未帶來任何能夠垂諸久遠的建設性貢獻。

第六章

封建王朝抑革命政權

中共會在內戰中贏得那麼快，可以說出乎大多數觀察者的意料。就是中共自己也沒有想到內戰會那麼順利。周恩來在1946年預言，要20年的時間纔能推倒國民政府。到1948年中共已經轉守為攻的時候，毛澤東也還說，大概需要3年時間才能取得全部勝利。可是不到一年，中共軍隊已於1949年新春以勝利者的姿態進入了北平。四個月後，東路共軍渡過長江天塹，不戰而下南京，隨後順利攻取了有大軍防守的上海。就在占領上海這個中國最大國際都會的同時，中路共軍順平漢路南下，迫使國軍棄守武漢，再沿粵漢路南下，於同年10月幾乎不費吹灰之力便席捲了廣州。這一年年底，西路共軍翻越秦嶺，攻占成都，隨即進入滇、康兩省，直抵西南國境。

在正式進入討論以前，必須注意中國政權更迭之際的一個慣常現象，這就是地方上的自發性武裝動員。因為中央政權的更迭，各地都可能出現青黃不接的現象，在新中央政權鞭長莫及之處，便出現各種各樣的地方武裝。這在江南和西南地區尤其普遍。據中共估計，這些地方武裝的人民總數在200萬左右。對中共而言，他們都是與國民政府勾結，必須立即削平的「反共」武裝。其實，這些亂世武裝不一定和國民政府有關，更不一定有固定的反共意識形態，大部分只是時局天翻地覆的產物，基本上是烏合之眾，不堪一擊。因此中共動用大軍清剿，幾乎所向無敵，尤其是因為他們懂得如何群眾動員，所以清剿出奇順利，光是1951年的12個月中，便剿滅了40餘萬這種地方武裝。雖然要遲至1954年底，中共纔宣布完全肅清所有民間自發性武裝，但我們可以說，經過頭一年的清剿，徹底掃平地方「軍事割據」一事，已在中共掌握之中。專就這一點來說，中共之「平天下」，比傳統朝代順利多了，更比國民政府有效多了。

早在1950年春，中共就可以說已經軍事征服了整個大陸。當時除台灣和西藏之外，可以說是重新統一中國了。翌年，中共又逆轉了清末以來的局面，派大軍和平進入西藏，重申中國在該地的主權。不管這一連串的軍事勝利是因為中共本領強大所致，還是國民政府腐敗無能所致，中國大陸到底出現了一個嶄新的政權。這個政權的軍隊所到之處，受到的歡迎幾乎蓋過對它的抗拒。

重新統一中國。1949年9、10月，中共人民解放軍在當地國民黨軍政領袖的配合下，進抵新疆邊界。圖上為新疆西陲喀什的各族人民歡迎前來的共軍。圖下為1951年10月人民解放軍根據《關於和平解放西藏辦法的協議》的規定，進駐拉薩。

1949年10月，中共改北平為北京，由毛澤東在天安門上宣布建國。當他說到「中國人民從此站立起來了」時，許多在天安門前的群眾都激動地熱淚盈眶。他們認為，國民黨所代表的專制獨裁、腐敗無能、一片散沙、不恤民命、羅掘俱窮、崇洋媚外、金權是尚都成為過去了，取而代之的共產黨有朝氣、有效率、愛護民眾、講究紀律；它是民主開放的，也是重視平等的，尤其充滿革命激情和理想。當時恐怕沒有任何人聯想到傳統的改朝換代，而認為天安門上揮手的毛澤東不過是一個「新皇帝」，而圍繞在其四周的中共其他領袖也不過是新朝廷的文武眾臣而已。當毛澤東選擇北平為中共中央所在時，有知識分子問道：中共是最革命的政黨，為何要挑選這個有千年左右歷史的帝都為首都？北京充滿「封建腐朽」氣味，中共自命反傳統先鋒，何以立意挑選它為新國家的中樞所在？四十多年前，袁世凱堅持以北京為首都，當時革命黨人曾經力加抵制，而革命黨人失敗之後，袁世凱果

中共的開國大典。1949年10月1日，毛澤東在天安門城樓上宣告中華人民共和國成立。當毛澤東說到：「中國人民從此站立起來了」，許多群眾都熱淚盈眶。

如所料，在北京大肆玩弄洪憲帝制。中共曾經以袁世凱影射國民黨的蔣中正，予以醜詆抨擊，難道這時他們也忘記了洪憲帝制的歷史嗎？尤其是恢復北平的舊名北京，把中共中央安置在紫禁城一帶，而周恩來更特別挑選滿清皇帝主持政事的「勤政殿」，作為毛澤東的辦公和居住之所，難道不怕人們聯想他是以新王朝的「新宰相」為「新皇帝」服務嗎[1]？

為什麼1949年冬，中國大陸的百姓不會以傳統的朝代來看待新成立的國家？為什麼當時關心政治的人士，多半相信毛澤東和蔣中正有霄壤之別，而共產黨已帶來一個嶄新的時代，中國人民也果真已經站了起來呢？在討論中共建國過程的歷史時，有一些學者專家最關心的問題是：共產黨是真民主還是假民主？其實真正值得關心的並不是這個問題，而是中共在建國過程中，如何把它的一元化黨領導體制從根據地推展到全國。正由於中共建國以後堅持一元化黨領導的體制，毛澤東才能夠繼續以其所擁有關於重大事務的最後決定權來統治一切。中華人民共和國體制的建立表面上像是帶來極大的政治轉變，實際上卻未改變過去中共由毛澤東掌舵、主導一切的格局。從抗戰晚期以來，中共雖然強調一元化黨領導的政策，藉以抑制各根據地的離心傾向，但是中共建國前夕，各地方因為戰爭的關係，仍然出現尾大不掉的跡象，甚至可以說已經出現了外重內輕、地方重而中央輕的局面。中共建國以後，如何扭轉這一歷史潮流而重行中央集權？中共在北京建立新政府時，面對知識分子參與政治的渴望，組建新的國家體制，它是如何滿足他們的渴望，卻不損及本身一元化黨領導的既定政策呢？毛澤東又如何以中共領袖的身分，來控制名義上是獨立自主的整個中央政府體系？

中共透過黨一元化領導的體制控制國家各種資源，然而中共非常

1　葉永烈，《陳伯達》，頁161。

明白，在政權更迭的過程中，尚有幾百萬、甚或幾千萬民眾因為生活無著而可能鋌而走險。中共用什麼辦法來安撫和爭取這些潛在亂民？它最明顯的作法是採取「包下來」的政策，照顧知識分子和前國民政府人員的物質生活；同時也建立一個比國民政府規模還要大的政府，給知識分子以活動的舞台，並多少容忍知識分子的批評，以便調動他們的積極性。這種種措施，在不了解中共「以黨領政」原則的黨外人士看來，是中共和國民黨「壟斷」政府職權作法之間產生天淵之別的主要理由，他們因而殫精竭慮地參與，也為重建長時期戰亂以後的政治和經濟秩序效犬馬之勞。職是之故，真正值得關心的第二個問題，乃是中共如何以國家資源籠絡有可能成為反對力量的社會人士，尤其是政客、知識分子和國民政府留下來的人員。

毛澤東非常了解勝利和權力帶來的腐蝕作用，早在1940年代的延安就有所謂「闖王戲」的熱潮，毛澤東也乘機警惕黨人不可以重蹈歷史上所謂農民英雄李自成和洪秀全的覆轍，革命奪權尚未成功，就墮落成貪殘暴虐、不知人間疾苦為何物的盜匪頭子。後來，民主人士黃炎培質問毛澤東說，中共是否有能力跳脫歷史上農民「起義」的老循環，毛澤東答覆說一定可以。中共在內戰勝利在望時，記得此一承諾，因此以「我們不做李自成」自誓。建國以後，更在全國進行道德總清理，全面打擊犯罪，關閉聲色犬馬的場所，並禁絕各種幫派組織。除了以國家資源照顧貧苦人民的生活以外，中共自我表率，嚴以律己，透過各種管道，清除內部的各種腐化行為，更針對幹部的不良傾向，在1952年發起三反運動。三反指的是反貪汙、反浪費、反官僚，儘管運動的實質效果很難評估，也曾製造了許多冤錯假案，但它所造成的弊絕風清的印象，卻令社會久久難以忘懷。

雖然中共從未諱言，它的歷史使命是以俄為師，推行「社會主義」模式的工業化和現代化，並把中國帶到共產主義的理想境界。但是中國經過三、四十年內戰和抗日戰爭，經濟殘破，百廢待興，在政治秩序尚未建立而經濟秩序尚未恢復之前，豈能一步登天？尤其是因為國民政府留下惡性通貨膨脹和所謂官僚資本兩大難題，如不解決，新政府根本寸步難前。中共根據所謂新民主主義，把注意力集中在這兩個問題的解決上面，不僅沒在城市激發起嚴重的階級鬥爭，反而強調勞資兩利，繼續發展「有利國計民生」的資本主義，甚至連終結所謂封建制度的土地革命也都暫時擱置，停止執行。從而在大多數關心政治的人士心目裡造成這麼一個印象：社會主義只是「天邊的彩虹」，供人憧憬，中共在未來相當長的一段時間內，頂多只會實行土地革命、重分土地，而不可能帶來更翻天覆地的社會變化。即使有土地革命，這些關心政治的人士也認為，這無非是實行國民黨的「耕者有其田」，讓所有貧苦農民取得一些土地，雖難免有暴力鬥爭的場面出現，但因為是幾千年地主士紳的「暴力」統治和剝削所激出來的，所以也不難理解。其實中共是借助工會運動和土地革命，為未來更激烈的社會轉變預奠基礎。雖然如此，但當時黨外恐怕沒有幾個人會想到，中共在可以預見的未來，會對私有財產制進行更嚴重的挑戰，以促成生產關係的革命性變化。正因為以上種種對中共的看法非常普遍，中共很容易便取得各界人士的通力合作，把凋零已極的中國經濟迅速恢復到國民政府時期的最高峰，甚至有更優異的表現。

在恢復中國經濟的過程中，中共沒料到會遇上韓戰的爆發。美國的大軍向東北的鴨綠江壓境而來。中共的軍隊經過內戰的洗禮雖然已經不是昔日「小米加步槍」的面貌，而有其現代化的一面，可是畢竟相當落後，難以躋身世界級的軍事強國之列。面對連史達林都心懷顧忌的軍事強權美國，中共以落後對抗先進，損失自然極為慘重，但畢竟把擁有最新武器原子彈的美國打到談判桌上了。中共是如何以弱擊強，而不讓美國占到絲毫便宜的？韓戰消耗了中共鉅大的國力，可是韓戰大體結束時，中共工農業主要產品的產量已超過歷史上的最高點。這又如何解釋？不是說，戰爭只是消耗資源、妨害經濟嗎？中共自知戰爭無法倖免以後，顯然也明白如何把弱點變為長處，充分利用「抗美援朝」的對外性質，在國內激起反帝國主義的敵愾同仇心理，並據以鞏固國內政治秩序，並加速國民經濟的復蘇。所以中共雖然傾全國之力打韓戰，卻能在建國以後的頭三年內，讓國民生產總值以平均每年8.9%(農業3.8%，工業18.7%)的速度成長。為了達成工業方面的成就，中共把國民投資率從國民政府時代的5%，提高為20%。農村人口在這三年以2.4%的速度成長，而平均壽命由36歲增加為57歲，貧苦農民的生活明顯獲得改善。中共是如何取得以上成就的？這也是本章所想回答的一個問題。

第一節 黨一元化領導體制的推向全國

中共可以說是在天與人歸中，建立人民共和國，大城市的情形尤其如此。當時有許多知識分子，是在反對蔣中正專制獨裁的旗幟之下擁抱中共的。他們以爲打倒了「反民主」的國民政府後，中國的未來將是中共所主張的「新民主」。他們更以爲中共邀請非黨人士參與政權，便是一個民主新時代的來臨，但他們並不十分清楚「新民主」究竟和心目中的歐美式「民主」有何異同。爲什麼當時人會有這麼大的誤解呢？根本原因可能是非黨人士並不了解中共「以黨領政」的政治制度，也不了解中共建國其實只是把中共黨一元化領導的體制從各根據地推向全國，再加上一個名義上由工農小資產階級和資產階級聯合成立的政府組織而已。這個政府組織比國民政府要龐大，容納不少非黨人士，但它並不是中共政治體制的核心，尤其不像非黨人士所熟悉的國民政府，官員可以不受黨組織的控制。正因爲有這種誤解，非黨人士認爲參與中共政府體制是分享政權，然而中共的理解則是非黨人士被其「包下來」了。所謂「包下來」就是養下來的意思，被「包下來」的人可以參與政權，但包人者和被人包者之間畢竟不是一種平等關係。

中共以鄉村包圍城市，基本上走的是傳統農民起義或叛亂的路子。以史爲鑑，中共在沒有重返城市之前，就一再警惕自己不可以重蹈李自成和洪秀全的覆轍，無論是大順皇朝還是太平天國，軍隊占領北京或南京以後，都迅速腐敗，君臣淪爲不知民間疾苦的特權階級，作威作福，殘民以逞。所以中共重返城市以後，更是以「不做李自成」自誓，因此深得民眾歡迎。中共是怎麼達到這個目的的？如何使非黨人士認爲中共一定能跳出傳統農民由替天行道的「起義」到自甘墮落的歷史老套？這裡特別強調反官僚、反浪費和反貪汙的三反運動，藉以說明中共是如何以群眾運動和整風改造來達到目標，並藉以說明這種運動方式的局限。

一、從權力分散到權力集中

內戰時期，中共以黨中央名義指揮全國軍隊和政權，建國以後，當然不能再繼續這種作法，必須成立正式的國家。然而中共成立正式的國家以後，核心權力依舊在黨中央，尤其是在毛澤東個人之手。這裡要問兩個問題：第一，毛澤東如何控制名義上掌管全國政務的政府系統？第二、毛澤東又如何掌控、宰制地方黨、政、軍、企(業)組織的大行政區領導？

1 毛澤東的「最後決定權」

經過延安的長期整風，中共的黨一元化領導政策，得到了進一步的強化。在抗戰及其後內戰時期，毛澤東並沒有自己的中央政府，他是以中共中央委員會、政治局和書記處三個單位的主席身分，透過黨的層級組織，牢牢控制分散在各根據地軍隊和政權組織的。名義上，中共的主席是政治局選出來的，政治局委員是中央委員會選的，中央委員會又是全國黨代表大會選的；實際上，則因爲中央委員會和全國黨代表大會不常召開，人數也實在太多，所以權力落在政治局手中。不過政治局只處理大政方針，真正處理日常政務的，則是由政治局任命其成員的書記處。政治局理論上是集體領導，但毛澤東因爲擁有最後決定權，所以實際上形成一個以他爲核心的政治體制。

在這個體制中，毛澤東可以乾綱獨斷，其他四位兼有政治局委員和書記處書記身分的中央委員，實際上是他處理國家大事的輔弼。當時這四個人是劉少奇、周恩來、朱德和任弼時。毛澤東親自掌軍，而透過劉少奇管黨，周恩來管政，朱德管監察，任弼時則是「黨的管家人」，爲毛的大總務。1950年6月，毛澤東以陳雲遞補因病情惡化而離開政壇的任弼時。陳雲繼承任弼時的名位，名義上是周恩來的副總理，主管全國財經事務，但實際上他是直接對毛負責的財經大總管。

1949年底，中共成立新政府時，一反歐美國家三權分立的原則，把立法、行政、司法三權合而為一。全國最高的立法機構是人民政治協商委員會，最高行政機構是人民政府委員會，其下分設政務院、最高人民法院及最高人民檢察總署。另外，「槍桿子出政權」，還有一個與人民政治協商委員會以及人民政府委員會平行的人民革命軍事委員會。表面上，毛澤東是以這三個委員會主席的身分領導全國，實際上卻是以中共中央政治局、書記處、和中央委員會主席的身分領導這三個委員會，並將立法、行政、軍事三權基本上合而為一。毛澤東向史達林學習建國經驗，並根據黨一元化領導的政治原則，透過黨的組織網絡，控制整個國家機器。

以1949年底情形而言，人民政府委員會內部有黨委會，凡中共黨員均直接受政治局領導，也就是向毛澤東個人負責。人民委員會所屬各政府機關單位均設有中共支部，該單位所有黨員均須過組織生活，接受中共的領導和監督。除了有黨員為其耳目之外，黨組織還掌握人事和法律兩項大權。凡是政府工作人員，無論有無黨籍，其逮捕和審判都要經過黨組織的批准，而其升遷黜陟亦由黨組織管理。此外，在政府機關工作的負責幹部組成兩個彼此獨立的黨組(由黨籍負責幹部組成)，一個設於政務院，一個設於最高人民法院和最高人民檢察總署，其書記直接受政治局指揮[1]。周恩來名義上是政務院總理，但在黨內卻只是政務院黨組幹事會的書記而已。(參見中共建國初期黨政系統圖)

1　陳雪薇，〈當代中國黨和國家領導制度的確立〉，《南京政治學院學報》，1988年第4期，見複印報刊資料，《中國現代史》，1988年第9期，頁135，137；呂澄等，《黨的建設七十年紀事》，頁252-53。陳雪薇說，黨組制度、黨管人事制度、黨內關於逮捕、審判的審批制度、國家計畫委員會制度都是以俄為師。

中共建國初期黨政系統簡圖

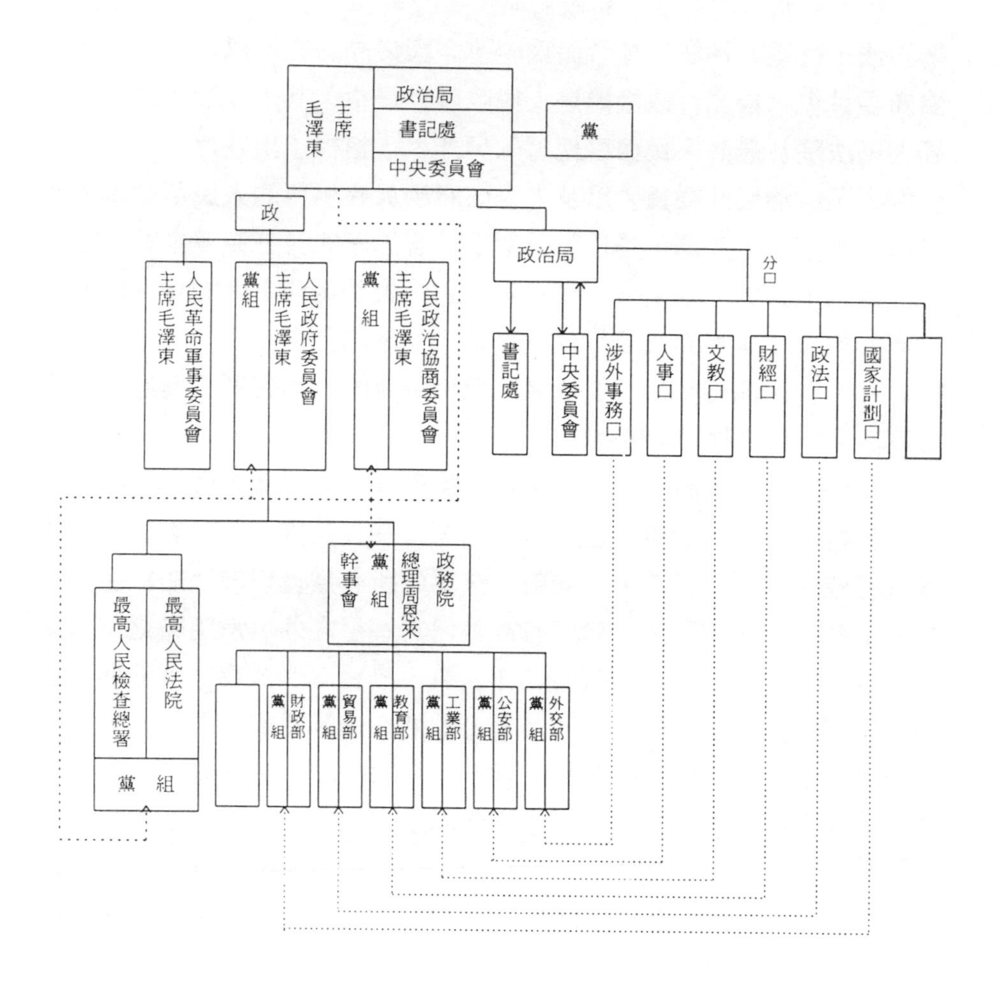

……> 代表公開的指揮層級

——> 代表秘密的指揮層級

在毛澤東的領導下，中共內部沒有人懷疑社會主義的優越性，也沒有人懷疑史達林是實行社會主義的先知。但黨內不但存有權力鬥爭，也存有思想的分歧和政見的差異。儘管如此，中共內部並無人挑戰毛澤東的領導能力和權威，更沒有人敢公然違背中共黨組織的紀律原則，懷疑毛澤東在思想和政策方面的「最後決定權」。

毛澤東通常像傳統的皇帝一樣，透過文件的批示，來表達他個人的意向。例如，1951年7月在合作化問題上，劉少奇不贊成當時山西省委書記賴若愚的意見，認爲在社會生產力沒有充分發展之前，必須容忍資本主義的生產關係，決不可以觸犯農民的私有財產。毛澤東通過批示，表示不同意劉少奇的想法。再例如，1952年9月，劉少奇戰友兼周恩來副手的財政部部長薄一波認爲，五反之後私營工商業蕭條，爲增加私營工商業的競爭力，主張國營工商業也要繳納所得稅，並承認國營工商業體系內的工會和管理部門之間仍有「矛盾」存在，從而頒布新稅制。但是次年年初山東省官員提出質疑，認爲國營經濟體系是社會主義的具體表現，沒有把它和私營工商業一體對待的道理，更沒有理由強調其內部工會和管理部門之間的矛盾。毛澤東表示同意，於是薄一波收回新稅制，並立即作自我檢討[2]。

總之，毛澤東不表示意見則罷，一旦表示意見，則居於反對地位的一方，必須立即放棄原有意見，並開始反躬自省。上述實例中的爭執只是執行官員間的衝突，毛澤東以最後仲裁者的身分來決定誰的看法正確，但他並未把所謂錯誤看法提高到路線層次來批評。而在爭執中失敗的一造，無論是劉少奇或是薄一波，雖然都曾得到一些黨內支持，但他們並不敢彼此串連，私下成立小組織，暗中和毛澤東相抗[3]。

2　毛澤東，《毛澤東選集》，5：81-82；薄一波，《若干重大決策與事件的回顧》，1：231-238。

3　參見 Frederick Teiwes, *Politics and Purges in China: Rectification and the Decline of Party Norms, 1950-1965*, xvii-xx.

毛澤東也像皇帝一樣，最關心「太阿倒持」的問題。一旦發現權力有下移的朕兆，也就是說，有向他所掌握的最後決定權挑戰的跡象，則無論是主持政務院的周恩來、主持黨務部門的劉少奇，或是代任弼時主持中共中央辦公廳的楊尚昆，都不免遭受批評。毛澤東批評他們違反黨一元化領導的原則。首先是政務院總理周恩來擔任政務院黨組書記，在1953年支持薄一波關於新稅制的見解，主張營業稅應該不分國營私營工商企業一體對待。周恩來以為這不過是重申延安時期中共的決策而已。但毛澤東認為周恩來作了重大決策，事先並未向他徵詢意見，乃是逾越了本分，因而提出譴責，並取消周恩來的人民政府黨組幹事會書記的地位，把周恩來由名義上的行政部門最高首長，變成實際上只能管政務院一小部分業務的部會領袖[4]。

毛澤東為了削弱周恩來的大權，他以加強中共中央政治局對政府組織的控制為藉口，實行黨委分口制。所謂黨委分口制，就是先把政務院和其他平行機構主管的國家事務分門別類，再由政治局直接派政治局委員或是中央委員掌管[5]。所以國家政權機關的各部門，表面上由周恩來指揮，實際上則是各部門內的黨組織直接向政治局指派人員負責。根據此一原則，中共中央政治局決定高崗負責國家計畫口，董必武和彭真負責政法口，陳雲、薄一波和鄧子恢負責財經口，習仲勛負責文教口，鄧小平負責人事口，周恩來只管涉外事務口[6]。這種分工等

4　又1951至1952年兩年之間，毛澤東兩度指責外交部副部長章漢夫未將外交部的重要復文送審，並要他「自我檢討」。毛澤東的指示是要周恩來先閱，再轉交章漢夫。奇怪的是，周恩來當時以政務院總理兼外交部長，看來毛澤東的指示是項莊舞劍志在沛公，目的本來就是警告周恩來，不可侵越毛澤東的外交事務決定權。見毛澤東，《建國以來毛澤東文稿》，3：552-53。

5　分口或為分兵把口之意。分兵把口的「口」原來指的是隘口，這裡則借用為某一類工作，例如國家計畫或財經工作。

6　中共中央文獻研究室，《建國以來重要文獻選編》，4：67-72。當然周恩來是主管政府工作的中央書記處書記，他也以這個身分參與中共中央決

於政權部門同時有八到九位宰相，都是同中書省平章事，直接向毛澤東控制的政治局負責。政務院各部門內的黨組織，有立即執行毛澤東交辦事項的義務，並須定期向各口黨委報告執行黨決議的情形。各口黨委則須保證所「轄」政務院各部門，在草擬一切重要方針、政策和計畫之前，都經過黨中央仔細討論。4月底，毛澤東又根據新的形勢，重新釐定分口制度下有關財經部分的分工。他擴大高崗的權力，由高崗兼管基礎工業；同時削減陳雲和薄一波的權力，把原來由他們掌管的郵電運輸劃歸鄧小平管理，勞動劃歸饒漱石管理。原來分掌財經部門的鄧子恢，專管農林水利，毛澤東把陳雲和薄一波的權力，縮小到限於財政和國營事業體系為止[7]。

1953年5月，中共第二號領袖劉少奇和中央辦公廳主任楊尚昆在中央會議作出決議之後，便逕自根據決議內容，向各級單位發文件和電報。他們雖然說是為毛澤東分勞，但是在毛澤東看來，他們是忘記了十年前他曾以政治局、書記處和中央委員會主席身分，取得中共中央最後決定權的事實。毛澤東因而書面指示劉、楊兩人，以後凡未經過他過目批准以及親自簽名的文件和電報一律無效。對毛澤東的此一作法，當時沒有任何人敢問此舉是否意謂：今後中共中央的任何決議，只要沒有毛澤東的親筆簽名，便不能作數？就在1953年5月，毛澤東把負責處理各界、各團體來信的書記處政治秘書室，改組為秘書小組，並任命其夫人江青為小組長。早在1939年中共中央政治局就曾正式決議，同意毛澤東娶江青為妻，但規定江青不得介入政治。雖然後來毛澤東取得了最後決定權，但並不意謂政治局關於他個人的決議，也可

策，但他畢竟是書記處的一個成員而已。參閱吳群敢，〈在西花廳周總理身邊工作〉，《中共黨史資料》，1967年9月，63：85-91。

7　中共中央文獻研究室，《建國以來重要文獻選編》，4：180-182；呂澄等，《黨的建設七十年紀事》，頁295；林蘊暉、范守信、張弓，《凱歌行進的時期》，頁319-35。

以隨意更改或廢止。然而，1950年代的中共中央政治局並未質疑毛澤東任命江青為秘書小組組長是否合法，既沒有人敢要求解釋最後決定權的內涵，也沒有人敢質問毛澤東：最後決定權是否包括重新認可政治局決議的權力？顯然，當時中共中央的其他領導人物已在整風中養成奉命唯謹的心態，根本沒想到他們在政治局中應該和毛平起平坐。而所謂最後決定權既不見於中共建國以後的黨章，也與中共集體領導的基本原則衝突，可是為什麼就沒有一個人提議明文予以廢止？既然沒有任何反對聲音，毛澤東於是繼續擁有中共中央根據抗戰時期特殊情形授予他的最後決定權[8]。

毛澤東的權威至高無上，在黨內無人可以挑戰。但是這不保證在他的下屬之間不會發生明爭暗鬥。他萬萬沒想到，自己私下對周恩來和劉少奇的批評，竟然會引起中共建國以來的第一次黨內分裂。當時兼任國家計畫委員會主任的東北王高崗，和兼任中央組織部長的華東最高軍政領袖饒漱石，在得悉毛澤東對劉、周兩人的不滿以後，認為這是他們分別取代劉少奇和周恩來的千載良機，於是展開活動，爭取支持。高崗在延安整風時期是中共黨政軍在西北地區的最高領袖，內戰期間轉任東北局書記。他在林彪率領東北野戰軍入關以後，負責後方運補工作，逐漸成為黨政軍權一把抓的東北王。中共建國以後，他出任人民政府副主席，實際上卻一直逗留在東北，並在韓戰期間，負責中共入韓志願軍的整補，與志願軍司令彭德懷合作無間。高崗所以能夠在內戰和韓戰期間在東北善盡職責，蘇聯的大力支持是不可或缺的先決條件。他也與莫斯科直接來往，維持著親密的特殊關係。他擁有這一層國際背景，又受到毛澤東的寵信，加上蘇聯某些領袖的鼓勵，於是有「問鼎中原」的雄心。1952年底，他到北京出任國家計畫委員會主任，在半年不到的時間內，便使該委員會變成事實上和政務

8 毛澤東，《毛澤東選集》，5：80；毛澤東，《建國以來毛澤東文稿》，4：229-30。

院平行的單位，而其個人在北京的聲望，也迅速升高到可以和劉少奇、周恩來不相上下的程度。他認為毛澤東的大力提拔，含有以他取代劉少奇的意思，因此開始聯絡各地區的軍政領袖，以便在政治上能夠更上層樓。

高崗的想法受到當時兼任組織部長的饒漱石支持。饒漱石是劉少奇一手提拔的政治人物。他是中共在華東的黨政軍領袖，內調北京以後，發現組織部已在劉少奇另一親信副部長安子文的控制之下，讓他無法指揮裕如。他曾在蘇聯特務機構任職，所以和高崗一樣，與蘇聯有極為密切的關係。他們兩人四處串連，並針對軍隊將領對以知識分子為主的白區工作幹部不滿，批評劉少奇鬧「宗派主義」，不配當國家領導人。他們兩人更針對安子文私擬政治局委名單一事，到處發表批評言論。當時連林彪和彭德懷兩元帥都幾乎被說動了。沒想到，陳雲和鄧小平不同意高、饒的看法，在關鍵時刻上報，毛澤東於是出面制止。1954年2月毛更委託當事人之一的劉少奇主持中央會議，嚴厲批評高崗結黨營私。高崗以為毛澤東出賣了自己，兩個月後自殺抗議，未能成功。四個月後，再次自殺，未再獲救，於是成了中共眼中「自絕於黨」的叛徒。饒漱石沒有任何抗議，可是從此消聲匿跡，後來鬱悒以終。高崗的國家計畫委員會主任委員由李富春繼任，饒漱石的組織部長則由鄧小平接任。李、鄧兩人是留法勤工儉學的同學，江西時期便是毛澤東最忠實的信徒。

毛澤東在高、饒事件中支持劉少奇和周恩來，但劉、周兩人政治上必須付出代價，不僅要再次承認毛澤東唯我獨尊的地位，還要在批判高、饒的會議上，自我批判，向毛澤東徹底交心[9]。該事件之後，毛澤東在中共中央增設中央秘書長一職，負責黨日常事務，由鄧小平出任。鄧小平隨即以中央秘書長兼組織部長的身分處理了高、饒案的具

9 毛澤東，《建國以來毛澤東文稿》，4：432-34。

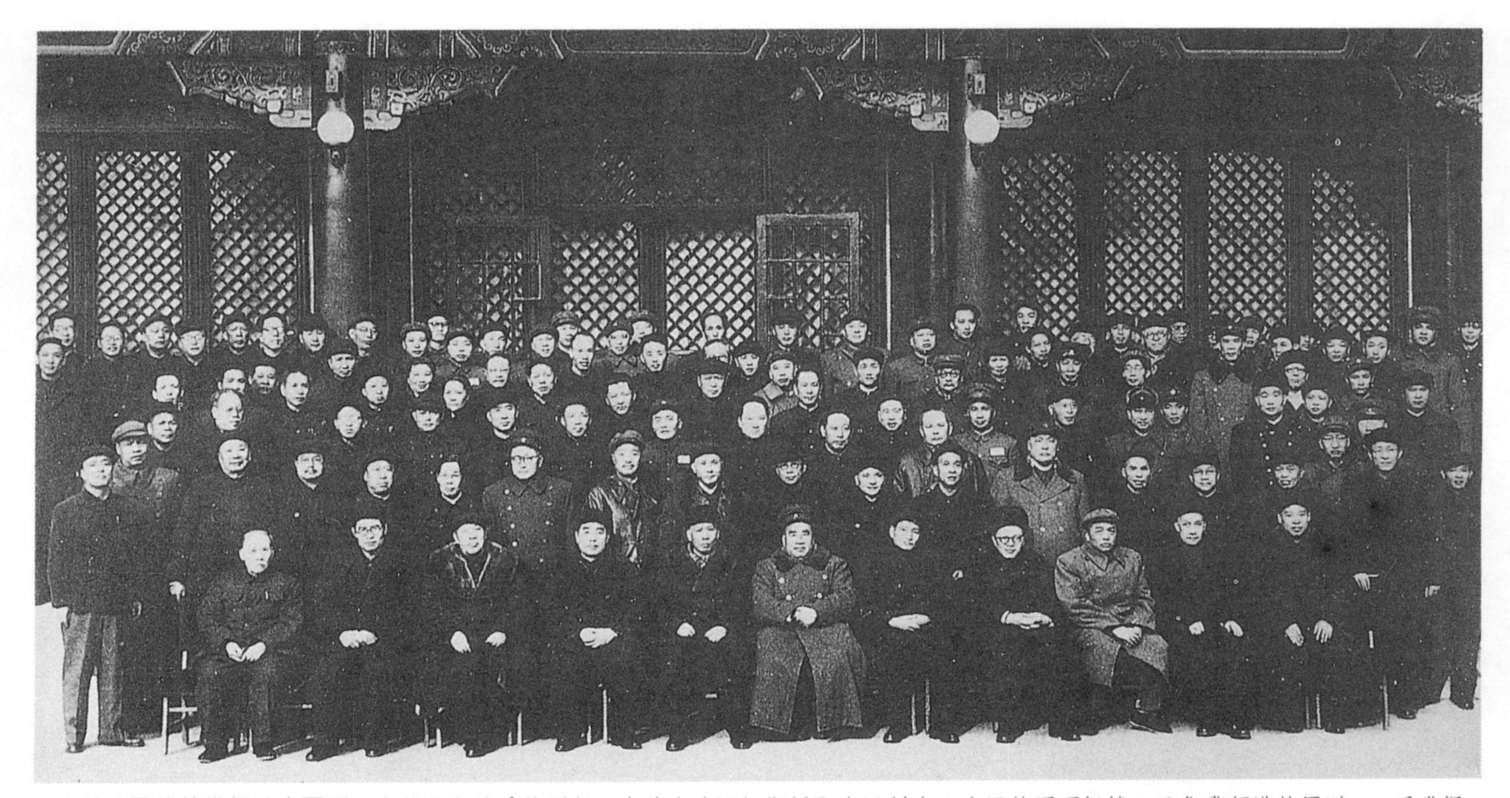

中共建國後的幾個地方軍頭。由於長期戰爭的關係，中共在建國初期採取大區制度，大區的軍頭根據一元化黨領導的原則，一手掌握黨、政、軍、財等權。圖為1954年2月中共七屆四中全會出席者的合影。左起：一排2為東北局高崗，9為西北局彭德懷。二排3有鬍鬚者為華東局饒漱石，7、8、9、11、13分別為西南局劉伯承、賀龍、中南局鄧子恢、西南局鄧小平、華東局陳毅。在這一次全會中，劉少奇和周恩來聯手揭發和批判高、饒兩人的所謂反黨活動。

體細節。他配合毛澤東的意思，不加株連，除當事人外，只懲罰七名追隨高崗的高級幹部。另外，在上海整肅饒漱石的下屬揚帆等人[10]。然而毛澤東爲了避免在政治上產生不良影響，還是封鎖了整個事件，一直到1955年3月廢止大軍區制度之後，才公開全案。顯然毛澤東需要時間來布置，尤其需要時間來安撫已有尾大不掉跡象的大軍區司令和政委。

1956年9月，毛澤東在處理高、饒事件告一段落之後，召開全國第八次黨代表大會。在此次代表大會上，他重組中共中央。他一方面在政治局中設立常務委員會，以政治局四位副主席和新設的總書記爲常務委員，由他直接領導，專門負責重大決策。另一方面，他以幹部年輕化爲理由，要求四位副主席和他一起退出書記處，再把書記處變成負責日常工作的一線單位。但他爲保持政治局常委會對書記處的控制，任命政治局常務委員鄧小平爲新設置的總書記，由他和政治局委員彭真兩人，領導其他不具有政治局委員身分的五名書記。鄧小平擠進了中共權力核心，成爲政壇上炙手可熱的重要人物。從此以後，中共七大的五大領導被六大領導——毛澤東、劉少奇、周恩來、朱德、陳雲、鄧小平——所取代。

2 從地方分權到中央集權

對毛澤東而言，高、饒事件表示地方勢力已壯大到尾大不掉的地步，必須再次厲行中央集權。八年抗戰和四年內戰期間，毛澤東一方面以政治局、書記處和中央委員會主席的身分，指揮地方中央局以及中央分局，另一方面則以中央軍事委員會主席身分，指揮各地方的野戰軍以及隸屬大局與分局的地方軍區[11]。建國以後，中共在華北、華

10 尹騏，《潘漢年的情報生涯》，頁234-43。據此，潘漢年雖然被指控為潘漢年、揚帆反黨集團之首，但潘之被捕和高、饒一案無直接關係。

11 針對地方鬧獨立的傾向，第二次國共內戰時期，毛澤東已經從建立報告制

東、中南、西北、西南、東北等六個大區設有中央局，代表中共中央，也就是毛澤東，直接指揮大區中的黨組織、軍區和地方政府。各野戰軍雖然和中央局平行，但在黨一元化領導政策的規定下，必須服從中央局的指揮。由於軍隊在內戰中具有舉足輕重的地位，同時也為了避免地方黨務系統和軍隊黨務系統的衝突，中共中央在任命大區中央局的書記時，傾向於選擇野戰軍的政委或司令員。反過來說，這些政委或司令員也因為擔任中央局書記、大軍區政委或司令，以及政府(包括人民政府、軍事管制委員會、軍政委員會或行政委員會政府)主席的職務，而掌握地方黨政軍大權。久而久之，北京的毛澤東對於各地區難免有鞭長莫及之感，而且認為地方有形成藩鎮的威脅。

共軍進入北京之後，中共以華北人民政府為基礎，建立中共中央政府。華北中央局喪失平行的政府部門，其餘西北、西南、華東、中南、東北等中央局則在大軍區以外，仍然保有平行的政府組織。這五個大區，除東北以外，都可以指揮一個野戰軍。華北的華北野戰軍和西北的第一野戰軍最弱，西南的第二野戰軍(簡稱二野)稍強，華東的第三野戰軍又稍強，中南的第四野戰軍最強。東北雖無自成一系的野戰軍，但是其為中國大陸最現代化的地區，又和蘇聯的關係密切，因此自成一個格局。中央政府雖然容忍大區權力的坐大，而且在大區層次也由領導人厲行一元化黨領導。但是新中央政府甫一成立，毛澤東便以準備實行蘇聯式的計畫經濟為名，把全國各地分散的財政收支、物資調度和現金管理三種權力集中到北京。中共在財經方面實行徹底中央集權，還有一個公開的理由，便是度過政權更迭之間的財經困難，其實削減地方大員的財經大權恐怕也是主要的考慮。

在掌握地方軍權的軍頭中，二野的劉伯承是一個職業軍人，他和

度等方面來確保中央集權原則的貫徹。參見呂澄等，《黨的建設七十年記事》，頁228、231、233-34、237；薄一波，《七十年奮鬥與思考》，上，頁470-76。

四野的林彪兩人，身體都不佳，而林彪在1952年以後專心養病，所遺職務另由他人代理。一野的彭德懷是人民解放軍的副總司令，雖然比擔任總司令的朱德名義要低，實際上卻是軍委會主席毛澤東的主要副手。軍事委員會不僅指揮總司令部，也直接指揮和總司令部平行的總參謀部、總政治部、總後勤部和總幹部部。這些平行的軍事部會負責人，均直接對毛澤東負責。代理總參謀長的是華北野戰軍司令聶榮臻，總政治部和總幹部部部長由羅榮桓兼任，總後勤部長是楊立三，三人都和毛澤東有深厚的歷史淵源。毛澤東在彭德懷、聶榮臻、羅榮桓和楊立三的協助之下，直接指揮各野戰軍、地方大軍區、海軍、空軍以及其他技術兵種。其實，從1950年10月至1953年7月，毛澤東派彭德懷到韓國戰場作戰。因此毛澤東所需要應付的只有高崗、饒漱石、鄧小平、陳毅、賀龍、鄧子恢和習仲勛等七位地方軍頭。

1952年8月，毛澤東調鄧小平到中央，出任國務院副總理，兼財政部長。其後又相繼調習仲勛任中共中央宣傳部部長(1952/9，1953/9政務院秘書長)，賀龍任國家體育委員會主任(1952/11)，高崗兼國家計畫委員會主任(1952/11～1954/5)，鄧子恢為中共中央農村工作部部長(1953/1)，饒漱石為中共中央組織部部長(1953/4)。唯一沒有進京供職的地方軍頭只有陳毅一人，他是饒漱石在華東局的死對頭。雖然在江西時代已經是毛澤東的追隨者，但在延安整風期間曾遭受嚴厲批判。這些內調的地方軍頭，都保留他們在中央局、大軍區和大區行政委員會的領導職務。但中共中央隨即宣布，各大區的行政機構是北京中央政府的派出機關，一律改名為行政委員會，不再以沒有更高層級的一級地方政府存在[12]。

高饒事件發生之後，毛澤東又逐漸廢止大區制度。首先他在1954年4月，廢止大區一級的黨政機關，由中共中央直接領導各省市。但在

12　鄧小平，《鄧小平文選》，1：340。

削藩同時，毛澤東也不忘懷柔。五個月後，他乘正式成立國務院的機會，把所有地方軍頭，不論有無黨政大權——林彪、陳毅、賀龍、彭德懷、鄧小平和鄧子恢——全部吸納到這個國家最高政權機構來，一律擔任周恩來的副總理。同時毛澤東也明白表示，他並無意追究對高崗遊說表示同情的林彪和彭德懷。隨後在建立中共中央對各省的直接控制時，強調反「分散主義」，要求建立從中央到省市縣的各級黨委分口制，中共中央設立工業、交通、財(政)貿易、文(化)教或政法等口。各下級黨委下也在內部設立相應的部門，實際領導地方政府工作。各級黨委的分口書記，除受同級黨委書記領導之外，也要聽從上級對口黨委的指揮，這就是所謂雙線領導[13]。

1955年4月，毛澤東又以林彪和鄧小平遞補高、饒所留下來的政治局委員的遺缺。同時一舉廢除大軍區制度。半年之後，中共中央實行軍隊授銜，由鄧小平負責評定所有將領的軍銜，讓絕大部分地方軍頭都享有元帥軍銜。1956年9月第八次全國代表大會召開後，毛澤東又擢昇陳毅、羅榮桓、劉伯承、賀龍，以及在鄂豫皖紅四方面軍系具有龍頭地位的李先念，為政治局委員。

二、「上層活動分子」的政治參與

中共在內戰勝利以後，黨組織擴展極速，但在面對他們自己楬櫫的歷史任務時，仍然感到力有未逮。1948年到1950年底，短短兩年不到，中共黨員的人數由280萬增加為580萬。其中有300餘萬在農村，160萬在軍隊，20萬在工廠、礦山、企業，70萬在國家企業。即使所剩下的30萬人可以全部用來接收國民政府，中共都感到捉襟見肘。何況，這些黨員中，黨齡在兩年以下的不在少數。整體而言，這580萬黨員的一半以上，若不是各項運動中剛冒出頭來的工廠和農村積極分

13　陳雪薇，〈當代中國黨和國家領導制度的確立〉，《南京政治學院學報》，1988年第4期，見複印報刊資料，《中國現代史》，1988年第9期，頁136。

子，便是甫從大學、中學畢業，甚至還在讀書的青年知識分子。他們多半只有擁護新政權的熱誠，對馬列主義卻連起碼的理解都不具備。可是中共占領整個大陸以後，需要接管一個擁有200萬公務人員的政權結構，接管列入舊政權官僚資本範疇的2,700個大型企業，並維持其正常運作。單從人力資源來說，徹底接管是不可能的。中共必須取得原有工作人員的充分協助，否則，新政府勢必無法有效運作。從消極方面說，如果把原國民政府人員一律開除，也會增加統治的困難。

毛澤東頗了解中共的實力有限，因此以「不要四面出擊」警惕黨員，要他們施政務必以「縮小打擊面」和「擴大朋友面」為原則。中共在原有的占領區已實行土地革命，但是在更大的新占領區中，則主張保存富農經濟，把鬥爭集中在地主階級，後來基於兩項考慮，更延遲土地改革政策的推行。考慮之一是避免在農村造成太大的衝擊，考慮之二是要城市工商企業業主放心，中共在城裡不會容許類似土地革命的清算鬥爭發生。中共當然鼓勵工人組織工會，但同時不忘強調勞資兩利，當然也力圖改善工人生活，同時不忘強調增加生產。對於受過起碼教育的知識分子，尤其是以天下為己任的政治活動分子，中共更是千方百計予以爭取。除了對失業青年知識分子提供工作機會以外，還積極爭取熱心政治活動人士參與中共政治。中共通過各種管道保證其所謂資產階級和小資產階級，均有參與政治的機會。

中共的保證不是單純的政治宣告，它所以能使人相信，正是因為他們採取了具體步驟。首先，中共決定以政治協商會議(政協)為基礎，建立全國性的政權。政協原是國民政府根據國共談判決議而成立的「半民意」組織，由各黨派與工商各界人士代表組成。後來由於國民政府片面宣布憲政，召開國民大會，這一個在反對蔣中正的政治活動分子心目中象徵民意和民主的組織，遂不復存在。1948年在內戰三大戰役爆發前夕，中共為號召反蔣，曾經重新召開政協會議，並得到一些舊政協代表的支持。中共武裝占領大陸後，決定在原有政協的基礎上，建立全國性政府。新政協維持其原有的「半民意」機構身分，其662名代表均由中共與各民主政黨協商產生，所任命的政協全國委員會委員共180人，除少數為中共黨員外，其餘絕大多數都是背棄國民政府的所謂民主人士，也就是毛澤東所說的黨外上層政治活動分子(其中不少根本是中共的秘密黨員)[14]。毛澤東接受政協全國委員會主席的位置，同時安排四位年高德劭的非黨人士，出任政協全國委員會副主席的職務。

中共的中央政府基本上是由政協這個「半民意」機構，加上行政和及軍事兩個系統組織而成，講究的是行政、立法和司法三權集中。主管軍事的是人民革命軍事委員會，毛澤東自任主席，四名副主席中有一個是非黨人士，而22名委員中有16名是中共黨員，但也有6名是前國民政府將領。行政決策最高機構是人民政府委員會，只管大政方針，由政協選舉56人組成。委員會主席為毛澤東，但委員中有26名非共產黨員，6位副主席中也有3名非黨人士。人民政府委員會下有三個執行機關，負責處理日常政務：一個是政務院，一個是最高人民法院，另一個是最高人民檢察署。主管起訴的最高人民檢查署長是中共黨員，但職司判決的最高人民法院院長卻是非黨人士。在全國視聽所在的政務院，中共盡量容納非黨的上層政治活動分子，所以在24位部長中有11名是非黨人士。

中共透過這樣的人事安排，極力打破國民黨一黨壟斷國家權力的印象，其實如同毛澤東私下所宣稱一樣，他們只是把上層政治活動分子「包了下來」，給予名器，替他們解決經濟上的困難，也滿足他們

14 關於政協的成員結構，沒有具體資料。但是關於政協籌備委員會的成員結構，有劉少奇留下來的寶貴資料。據云，籌備會共有134個席次，中共根據三三制選派成員，其中有中共黨員43人，左派人士(亦即進步人士)48人，中間人士43人。雖然所謂中間人士包括了「中間偏右者」16人，但所謂進步人士也隱藏了15名秘密黨員。劉少奇說，這樣的成員結構，可以保障中共對政協籌備會的絕對領導。見劉少奇，《建國以來劉少奇文稿》，1：4。

參與政治的雄心，除充分利用他們的聲望和才能之外，更換取他們對新政權的「知遇之恩」，以便鞏固政治和經濟秩序。中共為防止被「包」下來的知識分子不知道分際，竟然提出非分批評，還通過制定所謂共同綱領，嚴格限制這些知識分子的言論和行動。

中共不但以名器將上層政治活動分子「包」起來，也通過「幫助」所謂民主黨派來達到這個目的。1951年這一年，中國大陸所謂民主黨派的成員大概只有2萬人，經過兩年多的時間，中共幫助他們擴大到4萬人。所謂幫助，除了提供政治活動的空間外，更包括經濟方面的資助，甚至派遣秘密黨員加入[15]。令人訝異的是，各民主黨派竟然自動放棄獨立自主的地位，不但同意以中共所主導制定的共同綱領來代替自己原有的政綱，也同意在各自的黨派中，展開馬列主義和毛澤東思想的學習，甚至在自己的黨章中確立「承認工人階級為領導」的立黨原則[16]。同樣可怪的是，所謂民主黨派竟然接受中共的「協調」，同意在吸收黨員時，把對象限於特定範圍。如中國國民黨革命委員會限定為原國民黨員和與國民黨有歷史關係人士，而中國民主同盟則限定為文教界的知識分子。同時各民主黨派還畫地自限，答應只在大中城市和省會活動。好像加在自己身上的各種枷鎖還不夠，全部民主黨派甚至通過決議，由政治協商會議進行每年為期一個月的整風，並對內展開「清洗」，清洗所謂「反蘇、反共、反人民者」。當然，「反蘇」、「反共」、「反人民」這幾個名詞的解釋，由中共透過它「潛伏」於民主黨派中的秘密黨員與所謂左派分子來實際操縱[17]。

中共政權不但把上層活動分子「包」了下來，在受到一些教訓之

15　舉一個實例，中國國民黨革命委員會在上海市工務局成立民革支部，其籌備委員中便有三名共青團團員，三名中共黨員。見本書編輯組，《回憶潘漢年》，頁188。

16　中共中央文獻研究室，《建國以來重要文獻選編》，3：11-3。

17　同上；李維漢，《回憶與研究》，頁694-97。

後，也把投降和被俘的國民政府軍隊及政府工作人員「包」下來。傅作義率領北平的文武官員投降以後，中共爲節省開支，把他手下的一批軍人遣返綏遠老家。不料，後來中共「和平解決」綏遠時，反而面臨更加複雜的困難。另外浙江也發生類似的問題。經過幾次教訓之後，中共決定對國民黨人員，尤其是對任職於國民政府的人員，採取相同的「包下來」政策。雖然他們只要服從中共政令，便保證有飯吃，有時經過訓練，也會讓他們在原單位工作，但原則上還是「打亂解散」，尤其是在警察等敏感單位任職者，一定另行分派工作。對於國民政府留下來的所謂官僚資本企業的技術和管理人員，中共則更加寬厚，基本上是原職原薪，尊重其專業訓練。據中共統計，1949年底，根據此一政策，總共「包」下了將近100萬的國軍，以及150萬的國民政府工作人員，占靠全體吃公家飯人數的28%。中共要他們戴罪立功，並徐圖自我改造[18]。次年 3 月，中共對其國家幹部人數又做了一次統計，發現175萬人中有40萬留用幹部，比率仍高達22%[19]。如果包括軍隊，中共包下來的前國民政府人員更高達900萬人之多。

中共對國民政府人員的政策，基本上是按照他們原有待遇給予薪俸，使其免於凍餒，但是更千方百計要他們積極服務於新政權。這些人中的絕大多數，由於國民政府統治下的惡性通貨膨脹，生活早已陷入絕境，如今中共願意伸以援手，當然熱烈歡迎。甚至當中共強調財政負擔太大而要求「三個人的飯，五個人吃」時，他們也非常能共體時艱，毫無怨言。因爲環顧周遭，他們不難發現，中共確實有財政困難。尤其是中共自已的幹部，根據補給制，僅能解決最基本的生活需要，比他們更辛苦萬倍。中共在留用人員心懷抱怨時，只要搬出黨員幹部的艱苦榜樣，再要他們想想「老革命不如新革命，新革命不如不革命」的順口溜，便沒有人好意思公開抗議了。

---

18 周恩來，《周恩來選集》，下，頁3。
19 王朝彬，《三反實錄》，頁31-32。

被「包」下來的上層政治活動分子，感激涕零之餘，對中共自然是竭誠擁護。當時中共並不諱言他們的長程目標是實現社會主義和共產主義。只是在可預見的未來，因為向社會主義邁進的條件尚未成熟，因此中共不但容忍所謂資產階級和小資產階級的存在，更鼓勵私人工商企業的發展。為了強調此點，尤其是為了避免刺激私人工商企業家，中共在草擬有憲法性質的共同綱領時，完全不提在未來「實現社會主義」的主張，反而是不懂中共所謂社會主義為何物的民主人士，慷慨陳詞，要求把這一點寫入。中共大費口舌，好不容易才說服這些民主人士不堅持自己的想法[20]。中共在共同綱領中，宣布以「帝國主義」、「官僚資本主義」和「封建主義」為敵，說這是加在中國人民身上的「三座大山」，必須予以推倒。

所謂「帝國主義」，主要是指歐美資本的工商企業及其所享受的在華特權，所謂「官僚資本主義」，主要是指國府統制經濟下的國營事業及有關人員的私有資本，而所謂「封建主義」，主要是指地主階級的土地和資產。對這「三座大山」，一般非黨人士並無確切了解，但他們對中共據以說明這個抽象觀念的真實人物，卻多半懷有極深的惡感，因此歡迎中共提出的反「帝國主義」、反「封建主義」和反「官僚資本主義」聯合戰線。在極端抽象的層次，他們甚至把上述三個「反」，等同於國民黨三民主義的「民族主義」、「耕者有其田」和「節制私人資本」，指責國民黨空有這些良好的政策而不知實踐。中共在實際打倒這「三座大山」的過程中，為縮小打擊面，對上述三個名詞的解釋也迅速趨於嚴格，但是從來沒有認同過一般非黨人士的理解。

私營公商業業主和知識分子不僅認為，能夠參與推倒所謂「三座大山」是他們的榮幸，敵愾同仇之餘，更是積極參與。他們原本是一

20　千家駒，《從追求到幻滅》，頁169-71。

盤散沙，以知識分子組織規模最大的民主同盟來說，最盛時期也不過擁有七千多黨員，在中共的協助之下，黨員人數增加一倍。倘非中共開放政治，他們又如何可能有此發展？從此角度來看，他們怎能不歌頌中共的民主呢？殊不知從中共的角度來看，民主同盟只是被包下來的政治活動分子。過去他們如果面對國民政府的政治迫害，可以托庇於「帝國主義」的事業或區域(如戰前的租界)，或是托庇於地主的私有財產和所謂官僚資本，但現在他們唯有依賴中共之一途。在他們和中共的共同敵人──那三座大山──全部傾坍以後，他們更會迅速發現，對中共黨國體制的依賴已經不可須臾或離了。另一方面，中共黨國體制迅速壟斷了整個國家的社會生計、掌聲和道德的正當性。他們越養成對中共這個衣食父母的依賴性，也就越缺乏抵制中共不合理要求的本錢和勇氣。結果除了按照中共的要求，主動自我改造外，並無其他任何選擇。打倒所謂三座大山，只是幫助中共追逐其政治理想而已。實際上除打倒三座大山的問題以外，他們在政治上又有多少可以置喙的餘地？中共不僅以黨領政，而且厲行中央集權，在這樣一個體制之中，這些人惟有安於現狀，並只能按照中共規定的大方針提供技術性質的服務[21]。

在地方上，中共採取大行政區制度，全國劃分為東北、華東、中南、西南、西北五個大行政區和內蒙古中央直轄自治區。在大行政區下，則延用國民政府的地方行政區劃，設有省、縣市和區鄉，以不改動為原則。華北大行政區是由晉察冀和晉冀魯豫兩塊根據地合併而成，原來設有華北人民政府，其工作人員是後來中共成立全國性的中央政府時的骨幹，因此中共建國以後並不存在。其他大行政區則設立軍事管制委員會，實行軍事統治，負責幹部擁有黨、政、軍、企四方面的全權。其後中共在這些大行政區，視統治之鞏固與否，逐漸設立

21 關於中共使非黨人士感覺有職有權的實情，參見毛澤東，《建國以來毛澤東文稿》，2：507-8。

人民代表會議和人民政府，以取代軍管會的功能。這一個行政層次，雖然也容納非黨人士，但人數似乎不如中央層次多。中共的統戰工作主要在縣以上的層次，越到下層越不刻意安排非黨人士的職務。留用幹部也是以縣及其以上行政層級為主。

中共對留用幹部，並不是無條件完全包容，對積極反共的前政府官員，也逮捕懲處。一般說來，上寬下緊，逮捕面窄，而尤其注意逮捕理由的合情合理，所以社會輿論並不注意。中共在安定上層政治活動分子和前國民政府人員的基本生活後，也不是從此不聞不問。他們還展開各種調查。據平津兩地對141名教師的研究，其中積極支持中共的只占18%(所謂進步分子)，表示恐懼或心懷不滿的高達28%(所謂比較落後分子)，占54%的絕大多數人則對政治採取中立立場。中共對上層政治活動分子，比較不強調政治學習，對下層的前國民政府人員，則不然。他們採取兩項政策：一方面是在全國大區、省、地開辦學習會和訓練班，特別強調大中學教師的再訓練，另一面則是設立革命大學以及軍政大學，大量招收知識分子，給予短期的馬列主義訓練。從1949年到1950年，中共總共設立了57所革命大學，光在1949年便有20萬知識分子接受短期訓練。在學習會和訓練班中，中共號召批評和自我批評，藉以搜集各項人事資料。另外，中共從1951年春開始，組織知識分子參觀或參與土地革命、鎮壓反革命和抗美援朝等三大運動，要知識分子從實際體驗中對中共產生認同。在鎮壓反革命運動中，中共還利用前此學習運動中得來的人事資料，展開「清理中層」，以整風審幹方式，初步整頓所有留用的前國民政府公務人員[22]。在城市或農村的社會基層，中共雖然暫時保留國民政府的保甲或其它類似制度，但始終強調群眾動員，並已開始用反惡霸、反貪汙等民主改革，以及鎮壓反革命等其它名義，揀選認為有嚴重民怨的個別保甲人員，組織群眾

22　鄭惠等主編，《中國共產黨通志》，上，頁205；陳修良，《潘漢年非凡的一生》，頁69。

起來鬥爭。在進行人事改造的同時，也等待群眾動員到一定程度，以便宣布重新建立基層「人民」政權，全面廢除舊保甲制度[23]。

三、反貪汙、反浪費、反官僚

中共從鄉村回到城市，面臨兩大問題：首先是有許多幹部被勝利沖昏了頭腦，像過去的農民戰爭一樣，開始嚴重腐化，過分講究生活享受，吃喝玩樂，並「改組」婚姻，棄糟糠之妻於不顧。其次是有許多幹部變得非常驕傲，不惟不知道自己必須團結，更不知道要團結黨外人士，尤其是國民政府的留用人員。毛澤東熟讀歷史，很清楚這正是李自成和洪秀全進入大城市以後終歸失敗的主要原因。抗戰結束後國民黨接收城市的經驗，尤其加深了他對這一問題的看法。早在抗戰末期，他已一再指示下級閱讀郭沫若所寫的《甲申三百年祭》，以古為鑑，避免重蹈李自成的覆轍。內戰結束前夕，中共於1949年3月召開七屆二中全會，當時毛澤東的個人聲望快要到達一個歷史的新高峰，他親自提議：今後中共內部，一不作壽，二不送禮，三少敬酒，四少拍掌，五不以人名作地名，六不以中國同志和馬、恩、列、史平列，其宗旨正是在避免於內戰勝利聲中，忘記謙虛謹慎的行為準則，以致公私不分而迅速走向腐化。

城市在中共眼裡是資本主義的大本營，上海更是十里洋場、聲色犬馬的樂園。為了避免遭受不良風氣的汙染，也同時要給大城市市民良好的觀感，中共將領特別規定，軍隊一律露宿街頭，不准隨便進入民宅。當時幹部自嘲「老革命不如新革命，新革命不如不革命，不革命不如反革命」。中共針對這些不滿言論，加強思想教育，強調戰爭尚未結束，老革命必須做新革命的榜樣，而新革命更必須做不革命的榜樣，吃苦在前，享樂在後。當時最流行的話劇「霓虹燈下的哨

---

23 參閱劉宋斌，《中國共產黨對大城市的接管(1945-1952)》，頁114，119。

兵」，描寫小排長陳喜進入上海後，丟掉萬里長征時穿的布襪，並冷落從鄉下來的未婚妻。劇本的目的是提醒幹部切勿忘本，要記得艱苦的日子。中共在1949年11月成立中央及各級黨的紀律委員會，由共軍元老朱德領導，加強黨紀的維護。次年春，中共展開整風審幹。在這次整風審幹中，幹部一方面學習如何作一個共產黨員，另一方面則接受上級審查，由上級根據其表現，決定是否繼續維持其黨員身分。1951年整年之內，中共發現，5萬左右的黨員和幹部有違反國法和黨紀的行為[24]。這個數字，就中共全部的黨員和幹部數目來說，不是很大，卻已足夠證明中共防止內部腐化的決心了。

約在同時，中共為了與民更始，從事全國性的道德總清理，於是打擊流氓、幫派和盜匪等犯罪集團，以便徹底堵絕犯罪根源[25]。關閉妓院也是公安人員工作的重點。早在1949年底，北京便下令關閉妓院，要妓女公開控訴鴇母和保鏢，再沒收其財產，輔導妓女轉業或從良。當時最重要的配合措施是在社會基層，透過各種運動，成立各種群眾組織，再廢止城市中的保甲，另以群眾組織為基礎，組織街道委員會，清查戶口，並進而鎮壓煙毒、幫會和秘密宗教。1950年代初期，中共又配合鎮壓反革命運動的展開，藉群眾運動鼓勵檢舉，妻子檢舉丈夫，子女勸導父母，弟妹檢舉兄嫂，企圖徹底解決所有社會犯

24　張陰普，〈試述建國初期黨風建設的經驗〉，《黨史博采》，1991：10。見複印報刊資料，《中國現代史》，1990年12月，頁180。

25　中共占領大城市以後，便延續國民政府的電影檢查制度。當然所使用檢查標準改了，1949年中共在廣州就以「反動影片」的名義，禁了根據賽珍珠名著改編的《大地》，以「黃色影片」的名義，禁了《欲焰》和《出水芙蓉》，以「恐怖影片」的名義，禁了《攝青鬼》，並以「低級趣味影片」的名義，禁了《風流寡婦》和《璇宮艷史》。在廣州實際負責電影檢查業務的是清華大學畢業的作家黃秋耘，三、四十年後，雖然飽經政治迫害，但回憶查禁影片這件往事時，仍然以他當年把關態度的堅決為傲。黃秋耘，《風雨十年》，頁140-41。

與民更始之一。中共建國以後力圖消除城市犯罪。1949年11月，中共首先封閉北京所有妓院，把妓女集中到婦女生產教養院，為他們治病，並組織他們學習文化和生產技能。1951年11月，中共又在上海封閉所有妓院，並逮捕妓院老鴇和保鑣。圖上為為北京教養院的妓女在扭秧歌。圖左為被五花大綁的上海妓院老鴇和保鑣，正等待發落。

與民更始之二。中共把城市街頭巷尾的乞丐和無業游民集中起來，送往教養院學習文化和生活技能。圖右為武漢的情形。

罪和政治反對問題。當時中共把複雜的犯罪行為和國民黨「反革命」聯繫起來，以打擊罪犯為口號，逮捕凡是和國民政府有關或是可能在基層為國民政府活動的分子。

在號召消除舊社會犯罪根源的同時，中共中央在1951年底，根據東北局在增產節約運動中所揭發出來的貪汙、浪費和官僚主義行為，號召三反運動——反貪汙、反浪費、反官僚。這場運動，限於城市的一般黨政軍機關，與朝鮮前線無關，也與一般百姓沒有直接關係。但是這場運動並不表示犯罪的根源，是來自於現代城市本身。中共從1940年代以來一直在推行大生產運動，強調自給自足，軍隊和各機關單位也紛紛從事商業，甚至涉足於鴉片走私，而隨著軍事勝利的到來，幹部浪費和貪汙的問題也愈來愈嚴重。針對這些問題，中共不時地嚴予

三反運動。1951年12月中共發動反貪汙、反浪費、反官僚的三反運動。毛澤東殺雞儆猴，同意以貪汙罪名處死中共天津地委前後任書記劉青山和張子善。這兩個人的頂頭上司天津市委書記黃敬，不敢親自説項，請求主持三反工作的華北局第一書記薄一波代為關説，被薄一波峻拒。圖為1952年2月天津公審劉青山、張子善的群眾大會。

批判[26]。到1951年底，情形不但未見改善，反倒因爲繁榮市面的政策而有每下愈況之勢，間接也影響到中共中央當時的財經集權政策。在這種形勢之下，東北局的報告當然引起中共中央的特別注意，毛澤東因而號召在全國各大、中城市進行三反。名義上這場運動持續到次年6月爲止，但其實早在1952年2月，便因把打擊目標轉移到私人工商業業主身上，而已經是強弩之末了。1952年2月以前，中共一方面指示從上到下嚴格審查，另一方面則號召從下到上的坦白和檢舉。所採用的方法，基本上與延安時期的搶救運動一樣，由各級首長負責，號召群眾揭發，並針對嫌疑分子進行思想鬥爭。中共中央耳提面命，要各級單位首長把三反運動當成一場「資產階級和無產階級之間的大戰爭」看待，一定要一舉便徹底清除貪汙、浪費和官僚主義現象。

過去國民政府也有懲治貪汙的規定，但刑不上大夫，不敢打老虎，一向流於具文，必要時只打蒼蠅幾隻，因此整個官僚組織腐敗如故。毛澤東爲了凸顯新政權和國民政府的不同，在大打蒼蠅之餘，號召打老虎，尤其是打大老虎，甚至親自下令公審，並處決前後任天津地委書記劉青山以及張子善。劉青山是有二十多年黨齡的老幹部，參加過1932年的河北高(陽)蠡(縣)農民暴動，被捕之後誓死不招。張子善則在1934年被國民政府逮捕，曾參加獄中的絕食鬥爭。中共處死劉、張兩人的罪名是在天津搞獨立王國，挪用大批糧款，從事非法機關生產，並以所得之驚人利益供個人享受和揮霍，劉青山甚至染有吸食毒品的習慣。不論這些指控是否有真憑實據，天津地委和黨員代表討論他們兩人的案情時，絕大多數出席人員都極力主張處以極刑。毛澤東根據上報的資料，特別批示公審處決。劉、張兩人的頂頭上司天津市委書記黃敬知道後，力圖挽救，但不敢親自去見毛澤東，只敢央請上級轉達意見。毛澤東的反應是：正因爲兩人地位高，功勞大，所以非

26 Elise Devido, *The Making of the Communist Party-state in Shandong Province, 1927-1952*, pp. 230-31.

處以死刑不可[27]。毛澤東殺一儆百，所要的是三反運動中的「王實味」，其實並不在乎張、劉兩人的案件是否另有隱情。

三反運動在公審劉青山和張子善中如火如荼展開。天津以外，北京和上海等各大城市都有同樣的公審大會。這些犯人，除劉、張之外，多半是從事經貿、後勤、企業或技術性工作的中級幹部。他們的罪狀都是事先確定，公審只是正式對外公布，一方面抒發人民大眾對各種三反行為的不滿，另一方面則是殺雞儆猴，為來者戒。精神上，這種公審大會和1930年代蘇區的公審大會完全一樣。只是1950年代的公審有其比較「現代化」的一面，中共透過無線電台的現場廣播，能對更多的群眾表達其懲治貪汙、浪費、官僚行為之幹部的決心。三反運動進行半年以後，從中央到地方，從省縣到區鄉，全國總共有312萬幹部經過審查，其中有123萬人被指控貪汙，所占比率高達39%。中共根據「抗拒從嚴，坦白從寬」的原則處理，行政處分23萬人，刑事處分6.4萬人，槍斃51人。在被捕及被審的幹部中，有4,000人為黨員，主要是縣級幹部，地委級有576人，省級幹部則僅25人[28]。不論中共是否也有刑不上大夫的傾向，但是公審大會的殺氣騰騰已在群眾心目中烙

27　王朝彬，《三反實錄》，頁84-107；毛澤東，《建國以來毛澤東文稿》，2：528-9。三反期間，武漢某醫院文書紀凱夫檢舉支部書記盜用公款，被認為是陰謀陷害，被捕關押。毛澤東在獲悉案情後，認為武漢正副市長均有包庇之罪，為宣示三反決心，下令嚴辦。當時中南局書記鄧子恢認為，正副市長的錯誤是偏聽偏信，算不上違法犯罪，但毛澤東以開除黨籍逼迫他執行命令。「鄧子恢傳」編寫組，《鄧子恢傳違法》，頁438-39。

28　這是王朝彬的數據。中共中央組織部副部長安子文的統計結果不同。全國縣以上黨政機關(軍隊除外)參加三反的幹部有383.6萬人上，其中查出的貪汙分子和犯貪汙錯誤的人120.3萬人，占總數的31.4%。有問題的幹部中，19.6萬是共產黨員。在1952年底已經過組織部審理的108萬名犯錯或犯罪幹部中，僅21%受到行政處分，4%受刑事處分，後者包括1.7萬人接受機關監督改造，1.1萬人勞動改造，1萬人處有期徒刑，67人處無期徒刑，9人處死刑緩刑，42人處立即死刑。見中共中央文獻研究室，《建國以來重要文獻選編》，3：384-88。

下極深刻的印象：中共說到做到，它有清除各級幹部中的貪汙、浪費、官僚行為的決心。

在如火如荼的表面之下，三反運動其實有其內在的限制。首先是三反行為中，官僚氣習和浪費行為難以認定，所以儘管有人認為這兩方面的問題比貪汙更加嚴重，但各級單位首長在實際鬥爭時都集中精力於貪汙現象，而置其他兩個問題於不聞不問。只是貪汙的標準何在，其實也不容易判定。儘管如此，中共中央卻放棄司法程序，採取群眾運動的方式來處理，要求各級單位主管親自負責，發動群眾鬥爭，要彼此看齊，更要彼此競賽，上級甚至指定大老虎的數目，要求達到指標，否則予以撤職查辦[29]。另一方面中共則號召群眾檢舉，大義滅親，既不問檢舉是書面或是口頭，也不問是公開或是秘密，既不問是否親自具名，也不問是否只是提供線索，中共一律保證予以詳查，更給予精神或物資的獎勵[30]。在此情況下，三反運動中冤錯假案充斥，也不會令人訝異。

中共各級黨委，或激於強大的政治鼓勵，或迫於強大的政治壓力，都迅速展開三反運動了。他們像延安整風一樣，搞人人過關，要求每一個黨員和幹部，展開批評和自我批評，也就是說揭發他人不法行為和檢討自己究竟曾否犯過三反錯誤，並寫自我鑑定書[31]。運動像延安整風一樣，迅速進入高潮。群眾熱情檢舉，而幹部迫於上級壓力，「逼供信」現象立即湧現，並且急遽惡化。到1952年2月為止，中共各級黨委總共打了29萬隻「大老虎」。在被審查的人中，有1,320名寧願冒犯中共的政治大忌，自殺身亡。為什麼有這麼多人寧願一了百

29 中共中央文獻研究室，《建國以來重要文獻選編》，3：9-10、51-52、68-71。

30 同上，3：34。關於三反期間中南地區錯整幹部的情形，曾志有簡短扼要的回憶。見曾志，《一個革命的倖存者——曾志回憶實錄》，頁410-13。

31 參閱趙蔚，《趙紫陽傳》，70-73；中央改造委員會六組，《「三反」與匪幫的黨內鬥爭》，頁43-62。

了呢？就是因為在三反運動中「逼供信」所造成的肉體和精神壓力異常深重所致。當時中共中央規定，在高等學校和幹部學校，黨委書記有權責令校長和教師當眾自我檢討，甚至有權允許學生和工作人員質問和鬥爭師長[32]。西安西北師範學院主持三反的李洪林後來回憶，打虎有打虎隊，不僅任意扣押和鬥爭嫌犯，而且任意予以暴力毆打[33]。中共中央對這種行為並非一無所悉，但總是要等到運動已達初步目標以後，再出來平反補救。

在運動的高潮持續三個星期後，中共中央終於開始強調甄別，迫使運動迅速降溫了；同時也嚴格規定，各機關單位必須把案件交由法院審理，不得私自解決。北京的地方法院審理過所有的三反案件以後發現，有四分之一的案件因為情節不清，必須重新調查研究，另外有四分之一的案件，因為罪證不足，不能判刑[34]。華北參加三反的縣級以上幹部共有60餘萬人，連同戰士、警察、工人和其他工作人員，全部參加人員共達107萬人，各機關單位在高潮階段發現有31萬人貪汙，然而高潮一過，重新檢討證據，卻發現幾乎到處都是「擠高不實」和「根本弄錯」的情況，實際頂多只有25萬幹部真有貪汙的確鑿證據，其他6萬人是完全被冤枉了[35]。三反高潮階段，全國各地上報中共中央的29萬隻大老虎，經仔細核實甄別，剩下10.5萬人維持原有罪名，減少將近三分之二[36]。儘管冤屈者如此之多，可是中共中央在甄別過程中，卻對三反運動中造成冤枉的積極分子採取保護政策。雖然說情節嚴重者仍要適當懲治，但在一般情況下，則只要求這些積極分子賠罪道歉，而不施予任何處分，基本上是對高潮階段發生的逼供信現

32　中共中央文獻研究室，《建國以來重要文獻選編》，3：49。

33　李洪林，《命運——李洪林自傳》，頁68。

34　王善中，〈建國初期三反五反運動述評〉，《中共黨史研究》，1993年第1期，頁71。

35　王朝彬，《三反實錄》，頁217-18。

36　中共中央文獻研究室，《建國以來重要文獻選編》，3：385。

象置之不問[37]。中共中央對真有貪汙、浪費和官僚行為的幹部，也採取坦白從寬、抗拒從嚴的處理方式。只要黨委書記認為犯者坦白真誠，沒有抗拒，便不解送法院審理，所以四分之三有貪汙問題的幹部都免予處分。也就是說，除了黨紀的懲罰之外，不受國法處治，沒有坐牢的擔憂。

另一方面，三反運動雖然以全部幹部為目標，各級首長實際執行時，卻有照顧老幹部的傾向，以致批評火力經常集中在新幹部和留用幹部的身上。北京市發現650名貪汙分子，其中514人是留用幹部，僅136人是老幹部。蘇南發現集體貪汙案件85件，其中45件涉及留用幹部。是否留用幹部或新幹部的確比老幹部操守為差，而成為貪汙、浪費和官僚現象的主要根源？中共的答案當然是肯定的，但是下面杭效祖的例子卻叫人懷疑：前引統計數字是否過分凸顯了留用幹部的素質問題？是否中共黨組織已經出現嚴重官官相護、捨卒保車的官僚主義現象？杭效祖是「起義」來歸的前國民政府中央航空公司電訊總工程師。三反運動中被視為大老虎來打。據其回憶，他的單位認為罪證確鑿，鐵案如山，所幸案子到了周恩來手裡，周恩來不信，所以被鬥之後並未受到任何刑事處分。其實，周恩來不信也未改變杭效祖在其單位所受的政治賤民待遇[38]。像杭效祖這種留用幹部，似乎在三反中為老幹部承擔了貪汙、浪費和官僚氣習的絕大部分罪名，相對之下，中共原有老幹部的清廉自愛也就被凸顯出來。

儘管三反製造了不少冤錯假案，但是在建立良好形象和端正社會風氣方面，卻起了一些積極作用。處決張子善和劉青山諸人，不但殺雞儆猴，也為中共塑造了反貪汙、反浪費、反官僚的「包公」形象，連帶也紓緩了一般群眾對中共幹部可能的不滿。另一方面，各級黨委的權力凌駕於司法之上，不但可以決定那一位幹部有三反嫌疑，也可

37　中共中央文獻研究室，《建國以來重要文獻選編》，4：120-21。

38　王朝彬，《三反實錄》，頁122-23；桑曄、張辛欣，《北京人》頁54-65。

以根據「坦白從寬，抗拒從嚴」的原則，決定是否將其送法院處理。這使得一般幹部和群眾對中共黨組織更是敬畏有加。如果中共的目標是建全法制觀念，其實已經是越離越遠了。

※　　　　※　　　　※

中共建國以後的首要工作是建立新的政治秩序，與民更始。中共其實只是把抗戰時期的黨一元化領導體制，從農村搬到城市裡，仍然堅持其以黨領政、以黨領軍和以黨領群的政策。所以最值得注意的是毛澤東如何以中共中央(中央委員會、政治局和書記處)主席的身分行使其最後決定權。正因為中共厲行黨一元化的領導政策，以黨領政、以黨領軍、以黨領群，毛澤東能透過政軍群背後的黨團和黨務組織，控制一切，尤其是人事和司法權力。中共固然可以說他們是持續抗戰以來三三制的基本精神，把新成立的政府組織看成多元階級的組織，大量容納非黨的政治人士參與。但是政治的重要決策大權並未因此而旁落，因為政府官員根本不可能忽視中共的存在，完全獨立地行使其職位所被賦與的政治權力。

從以黨領政的觀點來看，難怪中共可以用「包了下來」這樣難聽的字眼，形容他們對黨外政治活動分子和前國民政府人員的政策。所謂包了下來，就是像養小老婆一樣養了起來，中共不但是把非黨的上層政治活動分子養了下來，而且待遇可能出奇地優渥，甚至慷慨賞予政府名器。難怪這些黨外政治活動分子感激涕零，甘心為中共鞠躬盡瘁。這些上層政治活動分子，無論個人還是集體，均缺乏獨立自主的精神，所以也難怪他們一開始便有意無意地自動戴上中共為他們準備的枷鎖，接受中共的政治領導，甚至也同意按照中共對中國未來的看法來改造自己。他們誤以為參與中共政府和參與國民政府一樣，有名器就有權力。由於中共建國之初，重建政治秩序和恢復經濟正是非黨的上層政治活動分子努力的目標，所以他們這些人也不無有職有權的感覺，然而一旦中共的政治目標從建立新民主主義社會改變到實行社會主義以後，他們就難有同樣的舒暢感覺了。

中共雖然注意非黨上層政治活動分子對政治參與的渴望，但是可能更關心如何維持黨組織的活力，避免黨組織腐敗墮落，以便自己能跳出中國歷史治亂興衰的循環。後面一項工作也正是中共政治宣傳重點項目之所在，此所以中共展開全國性的道德整頓，關閉妓院和打擊各種犯罪組織以後，又在黨內展開了反貪汙、反浪費和反官僚的三反運動。這一次運動也採取群眾運動的方式，雖然因此而有擴大化和暴力化的問題，但是中共都將之控制在一定的範圍內，並讓社會留下久久難以忘懷的深刻印象：亦即中共絕對不重蹈李自成的覆轍，不僅有決心，而且有信心，更有一套具體辦法。從其立即效果來看，三反運動雖不一定能保證弊絕風清，至少也扼止住黨內貪汙、浪費和官僚行為的惡化。然而從長期觀點來看，法制不彰和群眾運動非理智化的傾向，也注定要和毛澤東時代相終始了。

第二節 恢復城市經濟

中共回到城市後，便以擺脫市面蕭條為主要政治考慮。建立了全中國的政治體制以後，尤以經濟繁榮為第一優先。當時前國民政府統治地區的經濟，經過長期戰亂之後，百業蕭條，無論工業和農業，產值都遠遠不如戰前，大小商人皆有破產之虞。比起抗戰前夕，全國重工業減產約70%，輕工業減產約30%，農業減產約25%。最嚴重的問題還是物價飛騰，通貨惡性膨脹。內戰期間國民政府的物價，最先是十幾倍的漲，後來是成千上萬倍的漲，到中共軍隊進入上海地區，國民政府的鈔票已幾乎漲成廢紙。中共進入大城市以後，禁止國民政府貨幣的使用，全面推廣人民幣，但是人民幣信用未立，又受到財政赤字的影響，立刻出現嚴重的貶值現象，影響所至，便是物價飛漲。幾個月後，形勢遽變，物價停止嚴重波動，而人民幣的幣信也就建立起來。中共能在如此短暫期間，克服國民政府所束手無策的通貨膨脹問題，其中訣竅是什麼？

中共在國共內戰期間，以阻絕交通運輸，促使國民政府的經濟惡化為要略。如今統一全國之際，則反其道而行，以暢通城鄉物資交流為急務，並以大批物資投入市場，來平抑物價，減輕通貨膨脹的壓力。在改善經濟環境的同時，中共承認自己的力量有限，刻意集中精力於消化所接管的所謂官僚資本以及一些外資產業，以及開展工商產業中的工人運動，並建立全新的工會體系，以便確立新政權的所謂群眾基礎。中共不但頭腦清醒，知道能力有限，不得「四面出擊」，更知道經濟的恢復，端賴私營工商業業主的充分合作，所以在團結所謂民族資本家和所謂小資產階級的口號下，有選擇地發展統一戰線，不但承認這兩個階級有從事經濟活動的合法性，甚至不時給予慷慨協助。基於同樣的政治和經濟考量，中共雖然高呼打倒帝國主義和打倒官僚資本的口號，實際執行時卻盡量避免衝擊所謂民族資本家和所謂民主人士。在消化沒收得來的外資企業和官僚資本企業以後，中共才擴大國營經濟在總體經濟中所占的比率。他們不但在國營經濟部門動員和組織工人，而且在私營經濟部門以勞資兩利政策安撫資本家，同時也展開同樣的工人運動。

一、抑制通貨膨脹

國民政府可以說失敗於通貨膨脹。1948年 8 月，中共勝利前夕，上海的批發價格指數是1937年的600萬倍。同樣100元法幣，1937年可以買到兩頭黃牛，到1949年 5 月上海淪陷時，連一粒大米都買不到。國民政府的貨幣完全喪失信用，黃金、銀元和外幣成為主要的通貨，工商企業業主已無心從事生產，只有一些投機冒險的商人以囤積居奇和倒買倒賣來賺取暴利。中共地區也有通貨膨脹問題，不過，情形並不嚴重。在占領沿海大城市後，中共把人民幣帶入，同時更禁止國民政府的金元券和銀元券通行。中共於1949年 5 月攻占上海，隨後便因為人民幣的信用未立，物價開始飛漲。九個月後，上海的物價上漲約20倍，上海遂出現了通貨膨脹問題，雖然問題遠不如國民政府時期嚴重，但也威脅到人民的基本生計。

通貨膨脹是說鈔票不值錢了。對症下藥是減少財政赤字，從而減少沒有準備金發行的鈔票數量。另一方面則是打擊投機活動，增加物資供應，讓鈔票可以買到商品。在減少赤字方面，中共除發行可以折換商品的實物公債之外，厲行財經中央集權。當時公糧和稅收都控制在地方政府手中，中央政府實際收入不多，卻要負擔絕大部分的軍事費用、賑濟支出和建設資金，所以只有靠印刷鈔票來應付之一途。從1950年 2 月開始，中共要求把全國的財政經濟管理統一起來，並把財政收入的大部集中到中央。政務院於是像國民政府時代一樣，把關稅、鹽稅、貨物稅和工商稅劃歸中央，而且收回國民政府已經放棄給各省的農業稅(主要是田賦)徵收權，規定地方除5%到15%的公糧附加可以截留以外，所有公糧收入必須全部按時上繳中央處理。政務院財政部也要求各國營事業把一部分折舊金和利潤上繳，供中央使用。中共和國民政府的另一差別是，政務院成立全國性的貿易部，由之統一管理貿易和物資的調度，並在其下設立許多專業公司，如中國糧食公司、花紗布公司、皮毛公司等等，直接從事商業活動。中共同時更把現金調度權集中於人民銀行，由人民銀行負責統籌統支。

在打擊投機活動方面，中共更是不遺餘力。中共一進入大城市，便全面禁止銀元、金元券的流通。當時老百姓對人民幣沒有信心，都要黃金和白銀，黃金和白銀的人民幣黑市價格因而節節攀昇，也就是說，必須花費越來越多的人民幣，才能買到等量的黃金和白銀。北京私營銀行錢莊倒賣黃金和白銀，然後以超高利率將所得暴利貸出。中共認爲此種活動使物價上漲，必須全面予以取締。同時，成立北京興業投資股份有限公司和公私聯合放款銀團，吸收這些銀行和錢莊的資金，用以發展和扶植私營工商業[1]。上海也有拒用人民幣的現象，連帶導致黃金、白銀和外幣的價格不斷上漲，物價也依據這些「非法」的流通工具不斷調整；相對的，因爲老百姓拒用，人民幣不斷貶值。按照官方規定，銀元一元可以兌換人民幣100元，沒幾天便沒有人願意兌換了，因爲在黑市銀元一元可以兌換人民幣1,800元。儘管中共上海當局以黑市價格抛售10萬銀元，但杯水車薪，根本無法遏止銀元的漲勢，人民幣岌岌可危。於是占領上海才兩個星期，便派大批武裝警察和士兵查封證券大樓，當場逮捕250位從事黃金和白銀買賣的商人[2]。約在同時，中共也在其他大城市採取行動，他們在武漢派武裝人員查

1　中共北京市委黨史研究室中共北京市委統戰部，〈北京資本主義工商業社會主義改造綜述〉，《中共黨史資料》，34：145，148。

2　《當代中國人物傳記》叢書編輯部，《陳毅傳》，頁 458-59；高建國，《顧準全傳》，頁 277。高說，共逮捕 238 人。

封了兩家大錢莊，逮捕了從事白銀交易的嫌犯200餘人，在廣州則取締了地下錢莊和街頭銀元兌換店共400多家。這是用政治力量迫使白銀價格下跌，使得白銀買賣無利可圖。

中共在各大城市接收了國民政府的社會局(主管勞工事務)後，立即將之改組為工商管理局，要求所有私人工商企業登記。同時建立交易制度，規定一律以現金交易。凡交易員必須憑證入場，不得買空賣空和在場內轉賬。對投機糧商尤其是全力打擊。1949年，北京有16戶糧商，向政府套購小麥，然後囤積居奇，哄抬價格，以牟取暴利。北京市政府將其一一逮捕治罪，除處以徒刑外，更沒收其所囤積糧食，再平價分售給一般市民[3]。

這是用政治權力治標的方策。物價雖然被壓制下來，但是若無充分物資供應，下跌的物價又會立即回漲。1949年底的上海便是這種情形。物價下跌幾天之後，隨即反彈，而且漲勢甚兇，直如脫韁野馬，速度之快超過利率之上揚。商人於是囤積貨物，甚而舉債購貨，利息之高，令人咋舌，每借1元，月息2元。面對驚人漲風，中共傾全國之力對付。他們在處理這種問題時，情形較國民政府有利，既沒有鄉村包圍城市的問題，調撥物資容易，也沒有嚴重的「內線交易」和「政治干涉」問題，保持機密比較有效。政務院財政經濟委員會主任陳雲不動聲色，一方面任由物價攀昇，並乘機傾銷冷貨和呆貨，以便吸收投機商人手中的游資，另一方面則從東北、四川秘密調集大批糧食、棉紗和棉布，完成布置。等待物價攀昇到達一個高峰，中共倏地拋售手中掌握的全部物資，物價立刻開始下跌。最初商人不了解情況，等到發現物價跌幅太大而且回升無望之時，雖然認賠出售物資，也因為脫手不易，而要忍受更大的損失。靠高利貸搶購貨品的商人受傷尤其

---

3 中共北京市委黨史研究室中共北京市委統戰部，〈北京資本主義工商業社會主義改造綜述〉，《中共黨史資料》，34：145-46。

嚴重，不少人週轉不靈，財產化爲烏有[4]。有一些資金比較大的糧商，以爲這一年春節前後，因爲各地發生水災，上海和北京糧價會按照往例上升，不料政務院的貿易部又從東北、中南和西南調來四、五億斤以上的糧食來，在半個月時間內，每天拋售500萬斤，使得投機糧商叫苦不迭，不少甚至破產[5]。中共連番打擊投機商人，終於把導致國民政府垮台的通貨膨脹控制下來，物價開始穩定。

在打擊投機商人同時，中共對他們認爲有利於國計民生的私人工商業則予以支持。先消化國民政府的國營經濟和官僚資本，再考慮下一步進攻策略，以免戰線過長，這基本上雖然是畫地自限，但也是在一定期間內，利用私人工商業的人才和資金恢復和發展經濟，以便紓解嚴重的工人失業問題。至於那些私人工商業對國計民生有利，見仁見智，中共可以選擇對其有利的解釋。最先，中共從寬解釋，爲私人工商業留下比較寬廣的活動空間。隨著中共政權的穩定，解釋愈來愈嚴苛。中共除不讓土地革命波及城市以外，凡是認定爲有利國計民生的工商業，在了解狀況以後，透過國營事業和銀行，提供原料和市場，甚至給予價格方面的優待。上海市長陳毅就是根據此一政策，透過銀行、鐵路和貿易機構，協助上海永安紗廠將大批原棉和紡機從國外運到上海的；在該紗廠成品滯銷時，甚至以高於市價的價格收購[6]。另一方面，中共也很清楚，他們並無立即接管所有教育機構的能力，所以讓私立學校繼續存在，當時40%的高等教育便是由私人控制。基於同樣理由，中共也鼓勵私人從事賑濟事業。儘管上述政策在鼓勵私人擴大投資方面所起的功效有限，但是私營工業的產值還是擴大了許多。1949年私營工業的產值是68.3億元人民幣，到了1952年，則提高到105.3億元。商業方面，中共的幫助較少。批發業在明顯的萎縮之中，

4　陳雲，《陳雲文選》，2：51-52。

5　同上，2：59。

6　《當代中國人物傳記》叢書編輯部，《陳毅傳》，頁460。

零售業則略有增加。後者1950年銷售值是100.9億，兩年以後才增加為121.5億元[7]。

打擊投機商人，雖然能抑制通貨膨脹，但是抑制住通貨膨脹以後，經濟又出現始料所未及的問題。1950年初，市場因為中共控制住通貨膨脹，而開始下跌，囤積居奇不再帶來財富。許多私人工商業主反而發現，市場上實際並不存在的虛假購買力消失，使他們陷入嚴重的經營困難。當時，中共剛開始厲行財政方面的中央集權，對私營工商業採取嚴格的查稅補稅政策，同時又逼迫資本家認購巨額公債，一時之間，已經陷入困境的私營工商業人士感覺雪上加霜，簡直走投無路[8]。中共當局在了解這種情況之後，除繼續強調不侵犯有利國計民生的私人工商業以外，千方百計維持並擴大私人工商業的經營，一面紓減稅收和公債的壓力，一面加速城鄉物資的交流，並通過國營工商業體系的配合，以公私合營和加工訂貨等辦法，來協助私人工商業渡過難關。到韓戰爆發，中共需要大批戰爭物資，國營工商業體系根本無法完全提供，於是擴大加工訂貨政策的範圍，私人工商業也趁此良機，擴大營業的規模，大賺其錢。

儘管中共最初的政策考慮只是紓解私人工商業的困難和取得戰略物資，但早在1950年6月，主管經濟的陳雲已經發現，加工訂貨可以推廣計畫經濟，並可以加深私人工商業對中共的依賴程度，而成為私人工商業日後國營化的契機。只是當時陳雲的看法尚未成為中共高層的共識，直到1952年6月，毛澤東認為工人階級和民族資產階級之間的矛盾已經成為國內的主要矛盾後，陳雲的想法才正式成為政策。當時，城市中的官僚資本已經被消化，農村中的地主士紳也已經被消滅，毛澤東盱衡時勢，認為歷史該向社會主義過渡了。

7　管大同，《我國和平改造資本主義工商業的若干問題》，頁21-22。

8　《當代中國人物傳記》叢書編輯部，《陳毅傳》，頁476-80。

中共在內戰期間已發展出一個國營工商業體系，加上外國資本和官僚資本的被沒收，國家所能掌握的工商企業總值比國民政府時代要大得多了。國家除了直接經營工商企業之外，還透過全國性合作社體系的建立來掌握原料、商品和市場。以商業為例，1950年政務院成立後，兩年之中，中共即以過去掌握的國營商業體系為基礎，在貿易部之下，設立十五家專業總公司，分別經營糧食、花紗布、百貨、鹽業、土產、石油、煤炭、工業器材以及對外貿易等。總公司之下設大、省、分、支公司。透過支公司，這些國營公司另外在全國凡有10萬人口以上的城市廣設零售機構，1950年底共有8,000個，到1952年底增加到32,000個。中共同時在各城市從上到下建立消費合作社。1949年全大陸共有這種基層合作機構22,817個，到1952增加為35,096個，社員人數則從1,384萬增加為1,796萬人，占全國總人口的29.4%。這些基層合作機構，除自行購銷以外，主要是替國家工商企業代購代銷。單單合作社體系的職工，便在這三年之內由89,000人增加為100萬人[9]。

長期看來，擴展國營工商企業及其外圍的合作社組織，是中共政策的一個重要目標，也是抑制通貨膨脹的一個重要工具。中共龐大的經濟力便是進行此一工作的重要資產。從1949年到1952年，國營工業產值，從占全部工業產值的36.7%增加為61%，國家控制的批發業，從23.9%增加為63.7%，零售業由16.5%增加為42.2%[10]。以北京為例，中共在1949年 2 月成立華北貿易公司北平分公司之外，又設立糧食、煤炭、百貨、油鹽、花紗布貿易公司，積極掌握重要物資，以便平抑物價。在「發達國家資本」的同時，中共也極力切斷私人工業和商業之間的聯繫以及私人商業和小生產者之間的關係，然後透過提供市場、原料和銷路，分別予以控制。

9　商業部商業經濟研究所，《新中國商業史稿》，頁 7-8。

10　管大同，《我國和平改造資本主義工商業的若干問題》，頁 21-22。

二、沒收外資企業和官僚資本

中共從國府接收日本占領區的失敗經驗中，吸取了一些教訓。在公營銀行和工商業體系尚未壯大到一定程度之前，決不過分干涉私人工商業的經營，反而在壯大國營工商業的同時，利用私人工商業的繁榮，來恢復國家整體經濟。抗戰勝利前夕，國民政府在「發達國家資本」的口號下，發展統制經濟。抗戰勝利後，國民政府繼續同一政策，沒收日本政府及其傀儡的工商運輸事業，幾乎完全不容私人資本置喙其間。中共勝利後，也沒收國民政府的國營事業。不同的是，國民政府的官員在私有財產制度下，容易公私不分，有時更假公濟私、以權謀私，乃至化公為私，形成中共所謂官僚資本主義的現象。而中共不容許幹部擁有私人企業，可以說沒有類似的問題。二是中共認清自己的限制，認為沒收國民政府和所謂官僚資本控制的工商業王國已經很不容易了，不能在沒收敵產和偽產的名義下，再侵犯私人工商企業的利益，打擊他們從事生產和生意的士氣。這種自覺反映在政治口號上，就是建立新民主主義的政權，以工農聯盟為基礎，把小資產階級和民族資產階級團結起來，只鬥爭和沒收國民政府和所謂官僚資本，同時也盡量避免對私人工商企業業主產生衝擊。

帝國主義的資本，主要限於現代產業部門，到底它總共有多少？據1936年估計，外資企業財產在中國共值美金267,000萬元。這些外資控制中國的金融和國外貿易，也控制了鐵產量的95%，煤產量的70%，發電量的76%，棉布產量的58%。經過八年抗戰，這些外資中的日資企業財產繼續擴大和成長，但在1945年秋，除蘇聯紅軍在東北拆除和掠奪的部分外，其餘多半為國民政府以敵產名義所沒收，最後則全部落入了中共之手。至於其他國家擁有的外資企業，在抗戰勝利後，稍有恢復。其中美資非僅恢復，更乘日資退出而大肆發展，迅速凌駕戰前執外資牛耳的英資，成為外資中的新龍頭。到1949年中共占領整個大陸爲止，中共統計，全國共有外資企業1,000餘家，擁有職工達12萬人，他們遍布各行各業，經營煤礦、發電等重工業，煙草、紡紗等輕工業，銀行貿易等服務業，以及電信電氣等公用事業。

儘管中共以打倒帝國主義爲號召，也儘管在國共內戰中和美國有所衝突，並嚴厲批評國民政府簽訂中美商約，出賣國家權益，但是中共的實際行動主要是收回外人的海關管理權，不曾沒收外資企業。海關雖然對中國的財政貢獻很大，但從清末以來一直控制在英國人爲主的外國人手中，是帝國主義侵犯中國主權的重要象徵。中共在成立中央政府時，設置海關總署，接管原有海關，徹底予以整頓，留用絕大部分的華籍職員，但對外籍職員毫不留情地予以裁減。至於中共所謂帝國主義國家的外資企業方面，中共非僅沒有採取沒收行動，反而協助他們渡過戰爭難關。1949年內戰已告一階段，中共第二號領袖劉少奇便曾指示接收開灤煤礦的共軍代表說，儘管對英國籍的總經理要心存警惕，但基本態度應該是爭取合作，消除其疑慮，總目標則是迅速恢復生產，解決工人的生計問題[11]。當時，絕大部分正派企業，不論外資，還是中資，都因爲長期戰爭之故，處在破產邊緣。資本家的廠礦，即便有產品，也難以找到市場，其中被迫處在停工狀態者，比比皆是。開灤是華北最大的煤礦，有工作人員5萬，加上其家屬幾萬人，無一例外，都是過著隔日無糧的日子，瀕於飢餓邊緣。即便是共軍所派的接收代表，也是一天吃三頓高粱米稀飯。劉少奇命令華北貿易公司以麵粉、實物和現金購買煤炭，使煤礦恢復正常生產，並貸款資方，以便清理積欠工資[12]。開灤這個例子所反映出來的外資政策，在建國最初數年，基本並未改變，中共仍然扶助那些他們認爲有利於國計民生的外資企業，只是不再聽說有特別指派接收代表的事情了。

11　王林，〈劉少奇同志一九四九年在開灤〉，《革命回憶錄》，1980，2：4。

12　同上，2：4-5。

中共建國以後進而規定，所有外資企業，除非說服工人接受其停業的決定，否則都必須繼續經營。但隨著軍事勝利的到來，中共對外資企業的政策也從強調利用轉到強調改造，只是所使用的理由不是簡單的打倒帝國主義，而是區別對待，選擇認為特別有害的外資企業，批評其不遵守新政府的各種新法規，有時更故意從嚴解釋新法規，以之為藉口，處處予以刁難。當時中共規定，外資企業的原料全部由國家供應，不准在市場上自由採購。中共便經常根據這一個新規定，使外資企業得不到充分原料而陷入嚴重的虧損狀態。外資企業若因為經營困難，要求解雇工人或減少工資，中共則強調照顧弱勢群體，而一概予以批駁。另一方面，中共同樣強調「依法辦事」，凡是政府應該課徵的稅金，一文錢也不允許少納。結果幾乎每一家外資企業都賠累不堪。中共卻依舊不許關門歇業。

1950年6月韓戰爆發之後，美國凍結中共在美國存放的資金，並實行禁運。這時外資企業早已在破產邊緣，受此打擊，多數已經負債大於資產，於是紛紛請求中共接管。上海頤中菸草公司是英美兩國在華投資最大的公司，要求中共以象徵性的租金人民幣一元承租其全部生產設備，中共予以謝絕。頤中菸草公司受不了鉅額虧損，最後為求脫身，只好將全部資產免費贈送中共[13]。其他外資企業也都是處在賠累不堪的境地，有的像頤中菸草公司一樣，自動獻出產業，有的則由中共以低價收購，但直接由政府出面徵收的似乎不多。到1952年，外資企業由原來的1,192家減到563家，所屬職工由126,000減到23,000人，資

13 千家駒，《從追求到幻滅：一個中國經濟學家的自傳》，頁 188-89。另一個例子是上海的跑馬廳，中共雖不沒收，但禁止其營業，並徵高額地價稅。不到一年時間，英國業主便因為虧累太甚，而自動要求把跑馬廳無償送給中共當局。其實徵高額地價稅，逼外資以房產抵繳所欠，是上海財政當局的政策，除跑馬廳外，中共也用這一個辦法收回了跑狗廳、哈同花園、華懋飯店、法國總會、沙遜大樓等上海重要外資建築。見《當代中國人物傳記》叢書編輯部，《陳毅傳》，頁 462；高建國，《顧準全傳》，頁 280-81。

產則由12.1億減到4.5億元。另有資料顯示，韓戰爆發之後，中共管制、徵購、徵用，代管的外資企業約有1,000餘家。此一趨勢一直持續到1954年為止，中國大陸的外資企業，幾乎已經全部納入中共的國營工商業體系之內。

至於所謂官僚資本，原意是指舊政府官員所興辦和控制的企業，後來亦兼指舊政府所擁有的資本，以及其官員所擁有的私人資本，尤其是指所謂蔣(中正)、宋(子文)、孔(祥熙)、陳(果夫、立夫兄弟)「四大家族」所控制的資本。全部的官僚資本有多少，恐怕誰也無法提出一個讓所有人都信服的數字。據中共指控，國民政府的國家資本雄厚到足以壟斷全中國的金融、貿易、工業和運輸業。官營工業資本是國民政府控制區工業資本的40%，如果加上所謂四大家族控制的工業資本，所占比率更可高達66%。如果僅以所謂「四大家族」為估計對象，則全國工業和交通運輸業的固定資產有80%是他們的。此外，他們還控制鋼鐵產量的90%，煤產量的33%，發電量的67%，石油和有色金屬產量的100%，紗錠的38%，布機的60%，輪船噸位的44%，以及全部鐵路航空運輸。儘管中共在指控「四大家族」時極盡其誇大之能事，而事實也證明所謂蔣、陳兩家的官僚資本主要還是國家的，「四大家族」的共同問題是公私混淆。不過從中共對上述「四大家族」財產的估計，不難想見中共沒收了多少公私產業，也不難想見中共經由此一政策所能控制的全國工商運輸業有多麼龐大了。

抗戰時期，中共在華北和華中已發展出一個國營工商業體系。儘管進入東北以後，中共又從當地取得一些俄軍遺留下來的前日本政府和滿洲國產業，但是整個國營工商業體系所能控制的資本，可能還是有限。沒收了國民政府和所謂「四大家族」的產業後，情形就大為不同了。中共建國以來，其國營工商業體系分屬政務院所轄重工業、燃料工業、輕工業、鐵道、郵電、貿易等部會。中共當時雖然已擁有和培養了不少工商幹部，但仍須仰賴國民政府和所謂官僚資本企業的原有職工，才能維持整個工商企業體系的充分運作。中共吸收國民黨失敗的經驗，在內戰時期，指示各地實施軍事管理制度，但嚴禁攻城部隊沒收任何工商企業。如果企業主不在，也只能代為看守，原封不動地交給政府處理。軍管會繼續此一政策，以不打爛舊企業為原則，在保持原職、原薪、原制度的條件下，接收他們認為屬於國民黨所謂官僚資本範疇的企業。

中共了解單單接管所謂官僚資本已不容易，何況要恢復全國經濟！基於政治需要，中共也必須取得私人工商業業主的支持，因此在政策方面要充分照顧他們的利益。首先，中共便面臨沒收「官僚資本」可能影響私人工商業業主的視聽問題。原因是「官僚資本」和所謂「四大家族」一樣，都是中共所炮製的字眼，用以批評國民政府領袖，言下之意是他們「假公濟私」、「以權謀私」以及「化公為私」，所以中共號召沒收「官僚資本」和打倒「四大家族」，深得民心。尤其是那些飽受國民政府統制經濟之害的企業界人士，更是竭誠歡迎。只是在實際執行時，中共迅速發現「官僚資本」缺乏精確定義，其定義可寬可窄，一不謹慎，沒收「官僚資本」，就可以使原本對共產黨心懷疑忌的所謂資產階級，心生嚴重反感。他們必須小心說明，所謂「官僚資本」的官僚究竟包括那些人。國民政府建立以前的清末民初，已有官員利用權勢謀求經濟利益，但他們並不一定在國民政府中繼續擔任職位，是否應該包括在內？國民政府中的官員有大小之分，他們的家產也有繼承祖業、正當經營和舞弊得來的差別，是否應該一體對待？而所謂「四大家族」之外的高級國民政府官員，其資產是否應該一律沒收？那些因為在企業界的地位、在國民政府中掛名或擔任不重要職務者，是否也應該沒收其私人資產？

中共對以上問題曾經有過一番深思熟慮。正由於中共的著眼點是政治鬥爭和恢復經濟，所以他們主張打擊面越小越好，定義必須嚴格，所謂官僚資本必須符合以下三個條件：第一個條件是做過國民政府的官員，第二個條件是職務重要，第三個條件是要有嚴重的「強取豪奪」罪行。除非具備三項條件中的兩項，中共嚴禁任意沒收國民政府官員的資產。1949年，中共還特別指示幹部，凡是難以確定是否屬於「官僚資本」的企業和財產，都只能以監管、代管和凍結方式暫時處理，待調查清楚以後，再決定是否公開沒收[14]。這是爲處理官僚資本問題預留轉圜餘地，以免殃及被認爲是無辜的私人資本家，導致其他私人資本家引以爲戒，而不願積極經營自己的事業。

中共建國以後，沒收官僚資本的口號仍然響徹雲霄，但害怕執行時失去控制，不必要地得罪工商企業家，於是嚴格限制，只有政務院才有權決定是否沒收，連大行政區的軍管委員會都不得擅自作主。政務院考慮是否沒收時，尤其重視現實政治和經濟的需要，絕不拘泥於官僚資本的定義。他們考慮的重點是，當事人是否有政治影響力？從事生產的積極性如何？是否有利於爭取外逃資金？又是否有利於「解放」台灣？考慮最後，中共終於初步決定，「官僚資本」的官僚僅指所謂「四大家族」、五十幾名中共認爲「罪惡昭彰、作惡多端」的高級「戰犯」、地方戰犯和豪門，以及國民政府黨務以及特工人員。上述這些字眼仍然缺乏明確的定義，實際進行沒收時，則凡是向中共「投降者」，不論採取什麼方式，其資產都可以免於沒收。譬如程潛、傅作義和張鈁，他們都得以豁免。即便是逃亡海外的國民政府官員，只要他們的反共態度不甚明顯，且有返回大陸的可能，其留置大陸的私人資本也都排除在沒收名單之外；中共宣稱，只是代管，俟原主人返國後璧還[15]。至於小人物的「官僚資本」，則因爲沒有統戰價值，中共便任由中低層幹部以漢奸、惡霸、特務等罪名清算沒收了。

14 武力，〈「官僚資本」概念及沒收過程中的界定問題〉，《中共黨史研究》，1991年第2期，頁55-56。

15 同上，頁55-57。

三、勞資兩利口號下動員和組織工人

中共建國前後，全國約有1,000萬左右職工，其中主要為產業工人和手工業工人。產業工人有公營企業和私人企業兩種。中共最初進入大城市時，有些「左派」黨員和幹部，根據其農村經驗，想當然耳地煽動階級鬥爭，或派人到城裡抓資本家地主，或號召工人增資報仇，帶頭組織工會。中共軍隊進入北京時，北京雖有四分之一的工廠停工，但從農村調來的幹部仍然鼓其舌簧，煽動工人展開「自發性」的鬥爭，要求提高薪資，要求驅逐苛待職工的經理人員。他們所提的要求，有合理的，也有不合理的，但無論如何，這種作法對原已嚴重的工人失業問題只是雪上加霜。天津是華北最重要的工業城市，當地私人工商企業資本家在得知北京的情形之後，內心益為惶恐，紛紛歇業，準備外逃[16]。

劉少奇對北伐時期工人運動的過左、過火現象記憶猶新，因此在1949年4、5月之間特別前往天津，召集私人工商資本家發表談話，強調中共經濟的勞資兩利政策，公開反對工人分廠，反對工人不斷加薪。此後，中共雖仍然大力推展工人運動，並要求資本家成立有工人參加的工廠管理委員會，以便工人了解生產的過程和工廠現狀。但中共也強調，工會凡事必須從生產著眼，必須盡力恢復生產，以便擴大分配的大餅。工人可以增加收入，又不必擔心失業，資本家也可以增加所得而心裡高興。為了使勞資兩利的政策真正實現，中共也對經營困難的企業提供貸款，並通過加工訂貨，幫助私營企業解決原料來源和產品銷路問題。因此，資本家對中共發展工人運動的抗拒明顯減少。也就在劉少奇天津講話之後，北京按行業成立工會，由工會訂立勞資集體合同，並成立勞資仲裁委員會，解決勞資糾紛。

16 中國工運學院，《李立三賴若愚論工會》，頁132。

當時中共從國民政府手中，接收了數目眾多的公營企業，雖然原則上一切仍舊，不更改任何企業內部的工作分配和工資制度，但是派有幹部管理和監督。至於接收的工廠，則實行廠長負責制，也盡量約束黨的組織，要它們停止任意的干涉，尤其是技術性的問題，務必採取協助解決的立場，不容隨意置喙。不過，自認為工人階級政黨的中共，同時要求各廠立即成立工會，並從工人中發掘積極分子，吸收為黨員，大膽提拔為工會幹部。為了發展工人運動，中共迅速宣布廢止工人所痛恨的一些組織和制度，例如搜身和警衛制度，此外嚴禁私刑和打罵，並讓工人參加企業接管的過程。另一方面，中共也在私人或外資工商企業中努力組織「職工會」。這個職工會中的「職」字，並不是指職員，而是指職業；所謂職工會乃是職業工會之謂也[17]。吸收對象除一般工人，也包括高低級職員。開灤煤礦的華籍高級職員，薪資是普通工人的20多倍，劉少奇認為他們屬於薪水階級，是腦力勞動者，也應極力把他們吸收入工會。在這些私營企業中成立工會，為了避免勞資糾紛嚴重影響資本家的利益，中共幹部極力說服工人提高生產量，但是對各種中介性的「把頭」就毫不留情了。開灤煤礦有九個包工大柜。其東家主要是流氓和士紳，他們設有商號，一方面介紹工作，從中取費，一方面出租房產，甚而開設賭局和妓院，引誘工人耽溺。中共的幹部下令包工大柜全部關閉，以其財產改組為生產合作社，並對把頭展開鬥爭[18]。

中共在建國以後繼續此一政策，並起用二十幾年前在上海五卅運動中揚名的李立三，作為工人運動的實際負責人。李立三同時擔任勞動部長、全國總工會主席以及總工會內中共黨組書記，集工人運動中的黨、政、群權於一己之手。李立三堅持在他下面黨政群系統雖然必

17　中國工運學院，《李立三賴若愚論工會》，頁26。

18　王林，〈劉少奇同志一九四九年在開灤〉，《革命回憶錄》，1980，2：5-11。

須互助，卻也必須保持各自獨立。他規定同級首長，誰也不能向誰下達命令。他所以如此強調這個原則，是因為三個系統的功能不同，彼此越俎代庖，會使工人運動陷於落後。尤其是工人組織中的各級黨組織有企圖把持一切的傾向，包辦工會選舉，靠命令指揮，會導致工人喪失對工會組織的向心力。根據李立三的安排，各級黨組織只能透過工會中的黨團組織來領導工會，而且只能說服，不得命令。因為傳統社會中，政權本來就有壓倒民間團體的傾向，政群彼此獨立，工會可以擺脫對政權的依附，真正負起為工會大眾服務的職責。為了避免工會變成政權的尾巴，有害其服務會員的形象，中共因而特別規定，凡勞資糾紛發生時，工會只能站在工人的立場解釋，政權系統中的勞動局則負責調解、仲裁和判決[19]。

關於工人的實際問題，中共一方面針對失業的400萬工人，展開救濟，另一方面則按照產業類別，或是重組原有工會，或是從上到下建立新組織。新的工會容許職員參加，由工人和職員按工作單位編小組。工會的表面目的是為工人服務，因此有代表工人向資方談判之權，有工資評議權(無決定權，決定權歸廠長領導的管理委員會)，有爭取工人福利，監督資方實行勞動立法(例如和廠方合辦勞動保險)之權，還有教育訓練工人之權。工會名義上是工人的組織，幹部採民主選舉方式產生，經費則由工人繳納工資的1%。工人不交會費，不得享受工會福利。中共和歐美國家工會大體相似，但有兩點不同之處，務需注意：第一、歐美國家的工會經費完全來自工人，大多數工會都有龐大的基金，但中共工人的會費只是工會經費的極小部分，其他絕大部分則來自國家預算，因此國家能夠控制工會。第二、中共特別強調勞資兩利的原則。所謂勞資兩利並不是說勞資合作，而是說基於工人階級的集體利益，不應該對資方作超越其能力的要求，反而應該體諒

19　中國工運學院，《李立三賴若愚論工會》，頁16-18。

動員和組織工人。開灤煤礦是華北最大的煤礦，為外資所經營。中共派人軍管開灤煤礦以後，不但未改變原有的經營方式，而且努力解決工人的生活，並主動提供糧食、資金和市場，以便迅速恢復生產。但是為了動員和組織工人和職員，決定鬥爭身處工人和煤礦經營階層之間的所謂封建把頭。

國家的困難，從恢復生產和擴大生產著眼，讓資方也有利可圖。換句話說，工人應該繼續為改善生活而和「資方」鬥爭，但與其爭大餅的分配權，不如節約增產，節約成本，提高生產力，製造較大可供分配的大餅。根據這種說法，中共在公營企業內極力鼓吹節約和增產競賽，甚而透過工會在私營企業中展開同樣的競賽，以便提高生產率。中共強調，行政主管的主要責任是生產計畫和執行，而工會則是保證生產任務的圓滿達成。

儘管中共想用增加生產的方式消除勞資糾紛，但當時勞資糾紛仍然層出不窮，使政府疲於應付。李立三的解決辦法是，由政府(勞動局)調解和仲裁。政府調解不成，則成立仲裁委員會(包括黨和工會代表)仲裁。仲裁不成，則交由法庭判決。工會則只能代表工人，聽候行政調解和判決。另一方面，工會也決不放棄和停止鬥爭，只是把鬥爭限制在交涉、談判和協商的範圍之內，所提要求不容超過政府的法令規定，矛頭則最好對準各種把頭制度。所謂把頭制度，就是像開灤煤礦包工大柜一樣的古老制度，各地名目不一，上海叫「拿摩溫」，武漢叫「頭腦」，青島叫「把頭」。他們通常是資方和工人之間的橋樑，有參與生產者，有不參與生產者，主要工作乃是招募工人和保證工人的行為，資方則授以雇用工人的大權。這些工頭和工人之間的關係，有深有淺，有好有壞。但是在剋扣工資、索取回扣、工資提成等方面，鮮有差別。把頭打罵工人，視之如同奴隸，也不希罕。為了加強對工人的控制，許多把頭都加入幫會。天津的把頭制度便和青幫有密切的關係。把頭制度是1922年香港海員大罷工的直接導火線，香港海員要求立即廢除。但在中共建國之初，關於是否應一舉廢除把頭制度，各地方黨政當局的主張並不一致，上海便有反彈。有人認為拿摩溫主要是資本家的親戚朋友，打倒他們，將引起資本家的反感，茲事體大，故反對立即廢除。雖然中共中央最後還是決定廢除把頭制度，但為了避免衝擊太大，把政策限制於搬運業和煤炭業上。儘管如此，對把頭制度的攻擊令總算是下達了。經由對把頭制度的鬥爭，中共一方面可以動員工人，另一方面可以瓦解隱身於把頭制度之後的青紅幫組織，實為一舉而兩得[20]。

為了盡速恢復生產，李立三模倣史達林的經驗，在東北的國營工礦事業採用廠長負責制。他認為「工人當家」是當整個國家的家，而不是當一個工廠的家，工人當一個工廠的家是極端民主化，會把事情做壞[21]。同時他也堅持管理民主化的原則，指示各國營工廠組織管理

20 參見《中華人民共和國經濟檔案資料選編》（綜合編），頁 232-62。

21 中國工運學院，《李立三賴若愚論工會》，頁 25。在其他地區，因為缺乏幹部，廠長和技術幹部多半都是接收來的，所以實行黨委制或黨委集體領導之下的廠長負責制。從 1953 年春以後，這些地區也因為黨籍幹部比較充分，可以取代大部分留用幹部，加之顧慮黨委越俎代庖，過分干涉廠長的

委員會，由國家任命的廠長、選舉產生的工會主席，以及職工代表會議或工會團體特別選舉出來的委員所組成。工會中的黨支書記必須參加委員選舉，如果選舉不上，則上級必須考慮將其撤職。在這個制度之下，廠長的權力凌駕於黨委書記。黨委書記要發揮作用，必須先贏得選舉，再透過黨組織的運作，說服廠長接受其意見。廠長雖然必須尊重工人委員和黨委書記的意見，但擁有最後決定權，除非上級領導干預，否則可以一切作主[22]。

中共同時通過勞動立法來改善工人生活，特別注意安全和勞動保護制度。儘管實際成效，不無可疑之處，但在工人當家作主的口號下，中共有關工人的勞動立法，一般說來確實相當進步。工會在私營企業中可以盡情保護工人利益，但在國營企業裡就碰到難以解決的問題。國營企業是國家的，代表所謂公，理論上應全心全力爲建設工業化的中國而努力，如果工廠領導人的意見和工人利益相衝突時，應該怎樣解決？高崗等人認爲這樣的問題本來便不應該有。國營事業中的工廠領導和工會組織都是爲「國家」做事，都是追求無產階級的最大利益——建設現代化的新中國，怎麼會發生類似「勞資衝突」的現象呢？劉少奇、李立三等人則認爲不然。儘管國營企業中公私的利益基本一致，但在工人生活和勞動條件上，雙方仍然會有不同意見，因此工會才有存在的必要。只是必須根據「公私兼顧」的原則處理。劉少奇強調這種矛盾的非對抗性，解決之道端在說服對方[23]。

經過針對幹部展開的三反和針對私營企業業主展開的五反運動以後，毛澤東認爲工會運動已不需要強調其對黨的獨立自主性了。因此他在1952年底出面支持高崗的意見，並開始打擊李立三。首先，他下

職責，因而改採廠長負責制。見中共中央文獻研究室，《建國以來重要文獻選編》，4：199-200，523-24；5：254-59。

22　中國工運學院，《李立三賴若愚論工會》，頁 19-23。

23　唐純良，《李立三傳》，頁 156-58。

令改組全國總工會(全總)的黨組織，由他在新民學會時代的老戰友，也是高崗在經濟方面的主要助手李富春出任負責人。李立三仍然是全總黨組的成員，但是權力被削弱。在改組期間，毛澤東透過私人秘書陳伯達，指責李立三犯有嚴重的「工團主義、經濟主義、公式主義」錯誤，專門從分配出發看問題，而不同時也從生產出發看問題。從陳伯達的解釋來看，毛澤東所說的工團主義，意指工會對黨太強調其獨立自主性，經濟主義意指工會過分強調工人物質生活的改善，公式主義則是不能因時因地制宜，以致「脫離實際和脫離群眾」。這些口號式的批評，都失之籠統，明顯有誇大其辭的嫌疑，然而卻明白顯示，毛澤東在工會運動完成其階段性的任務以後，認爲工作重點應該從滿足工人需要和強調獨立自主性，轉移到鼓勵「面向生產」和強調「黨的領導」上[24]。李立三受到毛澤東的批評，不但喪失了他在工會事務中原有的一言九鼎地位，隨而也喪失了全國總工會主席的位置。然而，實行毛澤東的新政策，結果經常是廠礦工會淪爲廠礦黨委或行政領導的附屬品，其關心生產的指標遠勝於關心工人的切身利益，甚至在頻繁的生產競賽和節約運動中，因爲強調勞動強度和產品數量，遂造成「事故多、廢品多、質量低、成本高」以及弄虛作假的問題[25]。當然強調群眾動員可能也會帶來產量增加和技術革新等好處。但是得失之間，如何評量，也不容易有令人信服的答案。

1953年，中共中央決定進一步肅清李立三錯誤路線的影響。雖然次年2月，高崗遭受罷黜，李立三也參加了對高崗的口誅筆伐。但是高崗的意見畢竟是毛澤東原來的意見，李立三參加批判高崗，並不能改

24 中國工運學院，《李立三賴若愚論工會》，頁 240。當時支持李立三意見的有劉少奇和鄧子恢，鄧子恢因此被迫自我檢查，但劉少奇並未受到任何追究。見江柯林，〈試論建國後黨對工會工作方針的曲折認識過程〉，《黨史研究資料》，1992 年第 11 期，頁 20-21。

25 中國工運學院，《李立三賴若愚論工會》，頁 192，199-200。

變毛澤東對他的看法。1954年9月，李立三又喪失了勞動部長職位。工會獨立自主性的問題越來越不受重視。到1956年中共由於實行「公私合營」政策順利，私營工業全轉變成公私合營或純粹國營，兼之階級鬥爭的群眾路線無往而不利，於是中共全面放棄史達林式的廠長負責制，恢復早期一度廣泛採用之黨委領導下的廠長負責制，以突出黨的領導[26]。當年史達林採用廠長負責制時，曾大力培植無產階級出身的工廠管理和經營人才。毛澤東經過幾年觀察之後，顯然認爲這種作法在中國行不通，中國非僅必須長期倚賴資產階級或小資產階級家庭出身的技術和管理工作人員，也不可能大量培養工人階級出身的廠長，既然不能信任非工人階級出身的廠長，於是只好強調政治掛帥，由黨委承擔廠礦企業最高領導的責任了。在這種強調黨領導的制度之下，中共尤其不能容忍工會「對黨鬧獨立」。儘管中共一再強調，黨不可以脫離工人群眾，也給工人群眾相對優渥的照顧，但實際上則是在工會頭上建立了一個管理和領導機構，而不容許工會有它自己的主張和聲音。

※　　　　※　　　　※

中共在長期戰爭以後回到城市，面臨的是一個經濟殘破、金融崩潰的局面。中共雖然在廣大根據地有農民的全力支持，但是恢復城市的經濟秩序，並不是光靠農民擁護便可以辦到的。尤其是各根據地的農民疲憊已極，農村的資源已經動員到了極限，所以毛澤東特別強調「不要四面出擊」，爭取可以爭取的一切對象，使城市經濟迅速回復正常。在這個政策考慮之下，中共大力鼓勵私營工商業業主，給予各種實質上的幫助。劉少奇爲了讓資本家安心，還到天津召集會議，重

26　中共中央文獻研究室，《建國以來重要文獻選編》，4：199，208-209。華東局在1953年5月開始推行「黨委統一領導下的生產行政上的廠長負責」制。

申中共對他們的政策。中共的所有精力，集中在接收外國資本和所謂官僚資本上。所謂官僚資本，其實包括國民政府擁有的企業和一些高級官僚所擁有的產業。由於它們在全國經濟中所占的比例極高，中共接收之後，很容易地便控制了全國經濟的大部分。在打倒官僚主義資本的口號之下，中共順利地取得了全國工商業的主控地位。

為了爭取私人資本家的合作和同情，中共中央對官僚資本採取極嚴格的定義，使私人資本家安心工作。同時，中共傾全力對付國民政府留下來的通貨膨脹，提倡勞資兩利，減少生產秩序的破壞。是以中共雖然未從蘇聯得到多少援助，國民經濟卻奇蹟似的在三年之內恢復到抗戰前國民政府「黃金時代」的程度。然而，最重要的是中共並未放棄工人無產階級專政的信條，只是在恢復經濟的考慮下，採用比較溫和的政策，例如廢除工頭制度，把工人動員和組織起來，協助工人追求生活的改善。所謂勞資兩利決不是勞資合作，共存共榮，而是藉以減少資本家的疑忌和抗拒，以便動員和組織工人，建立中共政權的群眾基礎。在動員和組織工人的初期，中共為了讓工人感覺工會是他們自己的組織，特別強調工會的獨立自主性。但是當工會完成其階段性的目標以後，中共因為視工會為革命的工具，故格外強調黨組織對工會和技術人員的控制。

第三節　抗美援朝與政權的鞏固

韓戰基本上是美蘇冷戰的產物。美蘇冷戰的形勢在第二次世界大戰結束後不久即已出現。由於雙方自制，史達林和杜魯門都沒有直接派大兵捲入中國的內戰。但中國大陸的變色，在美國激起一場頗為情緒化的政策辯論，一些同情國民政府的議員、政客，嚴厲指責美國的國務院「失去中國」，而美國政府的行政部門則認為國務院已經克盡職守。儘管如此，美國政府在中國政策方面，仍然堅持等待中國內戰塵埃落定的政策，拒絕對此時已經退守台灣孤島的國民黨伸出援手。中共當時的想法是，美國既然無意捲入中國大陸的內戰，當然也不太可能出兵干涉共軍對台灣的進攻，只是在1949年的金門古寧頭戰役中，中共了解到制海權和制空權的重要；中共若沒有起碼的海軍和空軍，連金門都無法攻占，更何況台灣了。就在中共爭取蘇聯的援助，準備以武力進攻台灣之際，北韓竟然搶先於1950年6月對美軍占領下的南韓發動全面攻擊。美國以為這是史達林對美國有無決心抵抗「侵略」的試探，於是在美、韓軍一路潰退到朝鮮半島的南端後，全力增援反擊，終於反敗為勝，隨後則追奔逐北，甚而跨過南北韓的分界線——北緯三十八度線，直叩中國東北的門戶。當時，中共把自己看成蘇聯社會主義的同盟，直接的反應是：這是以美國為盟主的資本主義國家陣營，有意全面昇高其在亞洲的反共聖戰，必須禦敵於國門之外。因此，中共一方面加強內部的鞏固，以便全力對付外敵，另一方面則利用攘外戰爭，激發中國大陸人民的民族主義情緒，並藉以消除內部可能的反側。

一、一邊倒的外交政策

1949年7月，中共建國前夕，毛澤東宣布向蘇聯一邊倒的外交政策。當時，中共認為世界分為對立的兩個陣營，一邊是美國領導的資本主義國家，另一邊是蘇聯領導的社會主義國家。資本主義國家是帝國主義國家，專門侵略弱小國家，而社會主義國家扶弱濟傾，與資本主義國家勢不兩立。在這兩個水火不容的敵對陣營中，不可能存在首鼠兩端的中立國家，所有的國家，若「不是倒向帝國主義的一邊，就是倒向社會主義的一邊」[1]。

中共本來就是為實現共產主義理想而締建的，既然只能有一個選擇，當然選擇一邊倒向蘇聯。毛澤東儘管對蘇共有不滿和抱怨的地方，但是用他自己的話來說，中蘇共之間沒有「敵我矛盾」，只有「人民內部的矛盾」。或許更確切地說，他誠然有所不滿和抱怨，但從未懷疑過蘇共在世界共產主義運動中的領導地位。中共在革命奪權的歷史階段中，以俄為師，實際受益匪淺，而毛澤東本人也是在史達林的祝福下，才正式取得中國革命領袖地位的；而今中共革命奪權成功，百廢待興，正是學習史達林一國社會主義建設的時候，因為史達林的經驗畢竟是中共認為社會主義國家惟一建設成功的經驗[2]。何況中國大陸在各方面落後，中共正期望蘇聯提供大量的援助。即便此時蘇聯的建設經驗已出現了各種各樣的問題，但毛澤東毫無所悉，他從世界共產主義運動的角度看中國的未來，認為蘇聯的今天就是中國的明天，而蘇聯的昨天就是中國的今天，中共必須繼續以俄為師，虛心向蘇共學習。

在美蘇冷戰的二元世界格局中，倒向社會主義這一邊，當然便不可能同時倒向資本主義另一邊；倒向蘇聯，當然也不可能同時倒向美

1 毛澤東，《毛澤東選集》，4：1477-78。引自〈論人民民主專政〉這一篇文章。這一篇文章是1949年6月30日定稿的。

2 婁勝華，〈《聯共(布)黨史簡明教程》在中國的影響〉，《黨史研究資料》，1997年第1期，頁25-27。莊孔韶是一位人類學家，他也注意到《聯共(布)黨史簡間教程》對建國以後中共的鉅大影響，見莊孔韶，〈銀翅：《金翅》的本土研究續編〉，頁168。

國。很多美國學者認為，如果這個時候，美國積極主動地對中共表示善意，有可能阻止中共宣布一邊倒向蘇聯的政策。其實他們忘記1940年代正是意識形態開始突出的時代，美國政府無法擺脫反共的意識形態，在調停國共內戰中因而難以真正做到不偏不倚；毛澤東領導的共產黨當然也無法超越反帝國主義和反資本主義的意識形態，而視美國為毫無敵意的友邦。在內戰當中，美國政府始終或明或暗地支持著蔣中正的國民政府。縱使蔣中正失敗之後，他們仍然企圖在中國扶植反共親美勢力，尤其是以知識分子為主的所謂第三勢力。毛澤東面對這些鐵的事實，又怎能不認為美國是在玩弄兩手策略呢？

雖然如此，有些美國官員，像駐華大使司徒雷登，一廂情願地希望以承認中共新政權為籌碼，鼓勵毛澤東倣效南斯拉夫的狄托，對莫斯科採取「獨立自主」的外交路線。他們不了解，毛澤東除了對美國深懷疑忌外，他在1948年底也早已認定如果過分注意被美國承認的問題，那就剛好墮入美國的算計之中，因為美國可以藉承認中共政權為名，取得在中國大陸活動的機會，並繼續擴大中國大陸知識分子中已有的強大崇美、親美力量。職是之故，毛澤東主張「打掃乾淨房子再請客」，先好好地對美國實行一段時間的關門政策，等家裡整理乾淨，再來談如何對待美國的承認問題。所以在中共建國前夕的1948年11月，儘管美國駐瀋陽總領事瓦爾德(Augus Ward)選擇繼續開館，表示願意與中共維持某種外交關係，毛澤東卻絲毫不領情，俟其拒絕自動繳出所擁有的無線電台，立即下令派兵強制沒收，並封鎖整個美國領事館區域，禁止館內工作人員進出，企圖以刻意製造的種種不便，將美國領事館「擠走」。司徒雷登大使並沒有從這一次外交事件中了解中共的疑忌和立場，反而在試探與中共維持某種外交關係的過程中，一再勸告中共採行美國式的民主，無意中反映出美國國內存在的普遍反共心理，所以不論他主觀上如何渴望建立美國與中共的外交關係，實際上只是加深中共對美國的敵意而已。

向蘇聯一邊倒。1952年11月，中共在許多城市舉行「中蘇友好月」的活動。這是重慶市民歡迎前來參加「友好月」蘇聯代表團的盛況，完全看不出這座山城數年前曾經發生過反蘇示威。

司徒雷登不知道從1947年6月，毛澤東準備對國民黨地區進行全面進攻以後，毛曾屢次要求史達林允許他秘密訪問，以便親自向史達林請教中共如何處理其在獲取革命勝利過程中所面臨的各種難題。司徒雷登更不知道史達林在累次婉拒毛澤東秘密訪問的請求後，曾於1949年1月下旬，秘密派遣政治局委員米高揚(Anastas Mikoyan)，前往河北平山會晤毛澤東，聆聽毛澤東的意見。其實，毛澤東在宣布一邊倒向蘇聯的政策之前，早已在美蘇兩國間做了選擇，甚至對如何應付美國外交的攻勢，都一直徵詢史達林的意見。他對美國的某些善意表示，便有相當大的部分來自史達林的建議。毛澤東之所以沒有更早宣布一邊倒政策，是因為害怕美國老羞成怒，公開武裝干涉中國內戰。等到共軍渡江，攻占南京，確定美國不可能派大軍東來以後，他沒有顧忌，便化暗為明了。這時他要美國人「丟掉幻想」，不料美國國務院在1949年8月反而發表外交白皮書，批評中共的一邊倒政策，說它違反中國的民族主義潮流。美國此舉的目的，似乎是針對國內的批評而為己身辯護，但在中國除了激怒毛澤東以外，並不能改變中共成為蘇共親密盟友的既成事實[3]。

如上指出，早在第二次國共內戰期間，毛澤東已屢次向史達林表示他有意訪問蘇聯，史達林均以時機尚未成熟，勸其暫緩成行。1949年10月，中共宣布中華人民共和國成立。是年隆冬，適逢史達林七十大壽，毛澤東遂以賀壽為名，不避嚴寒，率領龐大代表團搭乘火車，取道西伯利亞鐵路，前往莫斯科訪問。毛澤東到達時，到車站迎迓的不是史達林本人，而是蘇聯部長會議副主席莫洛托夫[4]。儘管有遭輕視之感，毛澤東還是把史達林看成世界共產運動的領袖，向他抱怨過去一直受到前中共中央的排擠和打擊。史達林則在雙方見面之後，隱隱約約認錯，承認自己過去處理中共革命問題的不當[5]。由於毛澤東事前已經知道史達林有意維持1945年8月「中蘇友好同盟條約」的架構，所以在爭取一些有利於中共的修改原則以後，便建議史達林把談判和簽約細節交給各自的助手。毛澤東的目的雖然是避免親自簽訂「不平等條約」的惡名，沒想到史達林大不以為然，他希望毛澤東親自簽訂這

3　楊奎松，《中共與莫斯科的關係》，頁571-605。

4　蘇聯方面一再強調，史達林是從來不到車站迎接外賓的，但毛澤東知道1941年4月史達林曾在簽訂日蘇互不侵犯條約後，親自到火車站為日本外相松岡洋右送行。參見菲·丘耶夫，《莫洛托夫秘談錄——與莫洛托夫140次談話》，頁17-18。又毛澤東對抵達莫斯科這一時刻的來臨，有相當的期盼，所以他在座車中親自安排餐飲邀請蘇方主人享用，可是莫洛托夫立即以攸關國際禮儀，連一小杯烈酒也予以辭謝。有三位研究中蘇關係的學者認為，這一次會面不僅天氣奇冷，蘇聯的接待也寒意逼人。參見Serge Goncharov, John Lewis and Xue Litai, *Uncertain Partners: Stalin, Mao and the Korean War*, p. 85.

5　師哲，《在歷史巨人身邊:師哲回憶錄》(修訂版)，頁434-35.

一張攸關世界大局的外交文件。於是從12月16日這一天見面以後，史達林除了祝壽大典和三次短暫會晤以外，基本上把毛澤東冷落在莫斯科郊外的一棟別墅裡[6]。直到次年新正，礙於國際流言，纔同意毛澤東從北京召來周恩來談判簽約細節。經過一個多月的談判以後，中蘇兩國終於由中國政務院總理兼外交部長周恩來，和蘇聯外交部長維辛斯基(A. Vyshinskii)代表簽訂「中蘇友好同盟互助條約」。條約內容基本上和國民政府1945年8月簽訂的「中蘇友好同盟條約」沒有二致。除了條約全名中加上「互助」兩字以外，凡是國民政府不得不接受的屈辱條件，毛澤東儘管曾經暗中痛詆爲「喪權辱國」[7]，也不得不繼續接受。他不僅接受外蒙古獨立的事實，也必須承認蘇聯在東北和新疆享有特殊地位，不僅讓蘇聯繼續享有中長路、旅順、大連的管理權，也在新疆一地成立四家公司，分別經營石油以及有色和稀有金屬，名義上中蘇共管，實際則聽任蘇聯一手操縱[8]。

---

6 Serge Goncharov Serge, John Lewis and Xue Litai, *Uncertain Partners: Stalin, Mao and the Korean War*, p86-93；師哲，《在歷史巨人身邊:師哲回憶錄》(修訂版），頁436-39。毛澤東和史達林首次會談的記錄已經解密發表，有英譯本，也有中譯本。英譯本見“Stalin's Conversations with Chinese Leaders”, *Cold War International History Project Bulletin*, issues, 6-7, Winter 1995/1996, pp. 3-7. 中譯本見〈斯大林同中國領導人的會談〉，《黨史研究資料》，1997年第3期。楊奎松雖然承認，毛澤東和史達林對於是否要周恩來前來莫斯科簽約一事存有歧見，但強調史達林並未冷落毛澤東，而毛澤東也未因所謂被「冷落」而情緒低落，大發脾氣。見楊奎松，《毛澤東與莫斯科的恩恩怨怨》，頁290-96。

7 關於中共對1945年中蘇友好同盟條約的看法，見Serge Goncharov, John Lewis and Xue Litai, *Uncertain Partners: Stalin, Mao and the Korean War*, p. 6. 礙於政治現實，毛澤東對中蘇友好同盟條約只能公開表示「同意」，私下則殊不以為然。見毛澤東，《毛澤東集》，9：327-28，334。

8 中蘇友好互助同盟條約，除公開發表部分內容以外，尚有秘密協定。這些秘密協定迄今仍未正式公布，其內容主要包括蘇聯在東北和新疆的特殊地位，蘇聯公民在中國大陸的治外法權，以及蘇聯以中長鐵路運輸軍隊和軍火的完全自由等等。見 Serge Goncharov, John Lewis and Xue Litai, *Uncertain Partners: Stalin, Mao and the Korean War*, pp. 121-27

中蘇友好同盟互助條約的簽訂。1949年底毛澤東赴蘇訪問，經過一番挫折後，雖然正式得到史達林三億美元貸款的承諾，但仍不得不像早先的國民政府一樣，接受外蒙古獨立和蘇聯恢復帝俄時期在東北特權的既成事實。國民政府的中蘇友好同盟條約是由宋子文談判的，但他不願代表國民政府簽約，故臨時辭去外交部長職務，由新任外交部長王世杰完成簽約手續。毛澤東顯然和宋子文有相同的考慮，因此也不願親自簽訂他認為有損中國主權的中蘇友好同盟互助條約。在他的堅持下，史達林最後不得不同意中蘇兩國各由政務院總理兼外交部長周恩來和外交部長維辛斯基代表簽約。

不過，中共畢竟是共產主義的「小兄弟」國家，毛澤東從史達林處也獲得一些善意的表示。蘇聯同意在簽訂對日和約之後，立即從旅順撤軍，並在1952年底以前歸還中長路和大連。蘇聯在極端的經濟困難當中，也根據一年前的承諾，貸款給中共3億美元，分五年支付[9]。這一筆貸款雖然遠不如當時蘇聯給予波蘭的4.5億美元龐大，畢竟是對經濟殘破、而又遭受美英貿易限制的中共雪中送炭。尤其年利只有一厘，中共又可用以購買價格比美國低二至三成的先進工業設備。儘管對史達林的讓步不滿意，毛澤東畢竟不便也無力計較了。

9　關於蘇聯的承諾，見劉少奇，《建國以來劉少奇文稿》，1：17。

「中蘇友好互助同盟條約」簽訂後，毛澤東於1950年3月上旬返抵北京。他原希望在蘇聯的軍事援助之下，渡海占領台灣，一舉完成統一中國的大業。只是事與願違，兩個月前，美國已宣布朝鮮和台灣不在美國的軍事保護範圍之內，北韓的金日成利用此一外交失誤，終於在這一年4月說動史達林支持朝鮮半島的統一，於是不顧毛澤東攻打台灣的心願，搶先於同年6月發動韓戰。毛澤東勉強同意支持金日成統一南北韓的計畫，不料美國基於美蘇冷戰的觀點，竟然改變想法，隨即決定在韓國放手一搏，並宣布美國第七艦隊巡防台灣海峽。儘管美國要求的只是使台灣海峽中立化，但中共基於美蘇冷戰的戰略觀點，認爲這是美國準備重新介入國共內戰的警告訊號。此時金日成的閃電攻勢似乎已經得逞，在徹底擊潰南韓軍隊後，又把美國大軍逼到朝鮮半島的南端，只欠最後一擊就把美國大軍趕下海去了。不料屢攻釜山不克，美軍統帥麥克阿瑟反而派大軍在漢城附近的仁川登陸，攔腰切斷北韓軍的後路，不僅轉敗爲勝，並且不顧中共警告，越過南北韓疆界，一時勢如破竹，戰火有迅即逼近中國國門之虞。中共當時的選擇不是「和」就是「戰」。「和」固然可能使中國大陸置身事外，全力從事國內建設，卻難以防止美國人乘勝進軍中國大陸。至於「戰」，當然有戰敗的可能，令人憂心不已，然而一旦勝利，更有可能爲中國大陸求得長時間的和平。選擇「和」，不必進一步考慮戰略何所去從；選擇「戰」，則必須在「誘敵深入」和「禦敵於國門之外」兩種戰略中，作一取捨。誘敵深入的代價乃是山河破碎，人民顛沛流離，更有可能必須放棄東北或中國東部的其他沿海精華地帶，其勝算不如禦敵於國門之外。從地形看，韓國是平原不多的半島，容易打一場有限的戰爭[10]。毛

10 當時中共內部曾經就美國是否會使用核子武器進行爭論，毛澤東和多數中共領袖認為，美國不太可能使用核子武器，而且即便使用核子武器，也不一定能取得壓到性的軍事勝利。Goncharov Serge, Lewis John and Xue Litai, *Uncertain Partners: Stalin, Mao and the Korean War*, pp. 164-67.

澤東既然選擇了「戰」，又選擇了禦敵於國門之外，要直接捲入韓戰面對美國這樣的強敵，此時主觀上即便討厭史達林，也不得不全力加強中共與蘇聯的友好關係了。何況，他受美蘇對立的兩元世界觀影響，很難接受社會主義國家陣營沒有蘇聯這個老大哥掌舵的後果！

二、禦敵於國門之外

對中共而言，韓戰是中共軍隊第一次和美國在戰場上相見。以當時中共軍隊裝備之簡劣，要面對世界最強大的美國軍隊，甚至要將其打敗，是任何對世局稍有認識的人聽後都會嗤之以鼻的。美國的主事者尤其不相信中共有膽量捋虎鬚，敢正面與美軍為敵。中共就是利用美國這種輕敵心理，把美軍趕回北緯三十八度線以南。雖然無法把美軍趕到日本海裡，卻也不讓美軍再有機會回到北緯三十八度線以北，甚至迫使美國放棄統一全韓的政治目標，坐上平等的談判桌上。這次談判的過程曠日持久，中共以戰謀和，最後終於獲得成功。中國從1842年鴉片戰爭兵敗以後，從來沒有真正對外打勝過一次戰爭，八年抗戰也只是「慘勝」而已。中共卻能把世界最強大的軍隊打到必須講和，這實在令全世界刮目相看。尤其是許多亞非小國，都羨慕不已。中共在國內更成了民族主義成功的象徵，好像毛澤東1949年10月在天安門上所作的宣示一樣，「中國人民從此站起來了」。在意識形態已失去其往日光環的鄧小平時代，中共能引以為傲的歷史事件不多，而韓戰幾乎可以說是惟一還能讓大家感到光榮的劃時代大事。中共介入韓戰之後，韓戰可以根據中共的戰略分為以下兩期：

1 戰略進攻時期(1950/10-1951/6)

1950年6月，北韓大軍南下，韓戰爆發。中共雖然事先得到金日成的通知，但並未積極參與籌畫，更不知道金日成發動戰爭的時間表。毛澤東在戰爭爆發前，確曾把四野中的大批韓裔部隊送交北韓，但這只是因應金日成防禦南韓軍北上的措施，當時美國尚未宣布將韓國排除在其軍事保護範圍之外，所以並不表示毛澤東同意金日成大軍積極南侵。戰爭爆發之初，毛澤東的反應相當被動，他擔心戰爭會波及東北，因而下令正在河南擔任戰略預備隊的四野精銳——第十三兵團(三個軍)，加上在東北屯墾的一個軍，調往鴨綠江邊，成立邊防軍司令部。9月，麥克阿瑟登陸仁川成功，收復漢城，韓國戰事明顯逆轉，南下的北韓軍隊由於後路已斷，開始全面崩潰。此時，中共透過印度屢次警告美國，不得越過北緯三十八度線，進入原北韓境內，否則不惜一戰。其實，毛澤東對美國並不抱期望，此舉只是盡人事，並爭取國際同情而已。他在美軍越過三十八度線前的十九天，亦即10月1日，已經在政治局力排眾議，主張介入韓戰，並致電史達林，表示政治局已通過原則上同意出兵韓國的決定了。不過毛澤東尚有猶豫，一直到10月13日政治局擴大會議中再次取得多數人的同意後，纔作出介入韓戰的正式決定[11]。為了表示無意與美國全面為敵，毛澤東同時決定所派軍隊將以中國人民志願軍名義參戰。

從單純軍事觀點來看，志願軍入韓不是一個絕對有勝算的決定。經過內戰的磨練，中共的軍隊雖然已不是「小米加步槍」可以形容，但基本上仍然是一支火力和機動力均遠遜於美軍的部隊。志願軍總司令彭德懷回憶他奉召入京，接受任命時的心情，他說當天晚上無法入睡，最初以為是無福消受沙發床，可是換到地氈上睡，依然無法成眠，可見其心理壓力之大[12]。其實，麥克阿瑟也認為中共並無介入韓戰的實力，除了虛聲恫嚇以外，不可能有任何實際行動。

儘管中共方面的軍事勝算不大，也認為戰爭會妨礙中國大陸的和平建設，可是毛澤東還是決定拼死一搏。他的理由似乎是這樣的：韓國是日本入侵東北的跳板，如果南北韓統一，東北勢將暴露在美軍的

11 楊奎松，《中共與莫斯科的關係》，頁629-638。
12 彭德懷，《彭德懷自述》，頁257。

直接打擊之下。東北是中國最重要的工業地帶，毛澤東不想讓滿洲國的歷史重演。加上當時中共和北韓共同享用鴨綠江上的小豐滿水電系統，轟炸北韓工業設施的美國空軍偶爾闖入東北領空，對中共形成了莫大的威脅。當時，金日成已準備在東北成立流亡政府，繼續抵抗美軍，毛澤東無法想像戰爭會如美國所宣稱的那樣，在鴨綠江和圖們江邊停止。不過，如前所說，毛澤東這些看法的背後是美蘇冷戰的世界觀。在這個世界觀的主導之下，他本來就把美軍跨越三十八度線一事，看成全面反共策略的一環，既然不願在東南沿海蒙受美國的軍事攻擊，那麼寧可選擇北韓為戰場。何況毛澤東有其世界共產主義胸懷，而在第二次內戰期間，北韓的金日成政府曾對中共提供庇護和援助，中共此際正好趁機報恩[13]。毛澤東認為中共不論為人為己，都應該冒險派大軍援助已經窮途末路的金日成政府。

中共參戰前夕，史達林原本答應以空軍配合中共攻勢，或至少讓中共認為已經有此承諾，不料事到臨頭，卻告訴中共，一來準備不及，二來擔心戰爭的層級升高，蘇軍不可能立即派空軍助戰。毛澤東面對此一突然變化，雖然對是否出兵有所猶豫，但在考慮一切相關因素之後，仍然不顧一切，決定按原計畫派兵入韓。所幸，麥克阿瑟完全錯估了毛澤東的膽識，他不僅改變原來的作戰計畫，把大兵分成兩路，向中韓邊界逼近，並且把軍隊分散，以團營為單位，在戰力較弱的南韓軍隊的先導之下，全力追逐北韓潰兵，希望趕在11月最後一個星期四的感恩節前，完成兩韓的軍事統一。麥克阿瑟並不知道，就在美軍進入北韓的10月下旬，中共已在鴨綠江東岸附近的山岳地帶，集結了20萬軍隊，並且在10萬民工的全力支援下，正日以繼夜備戰。

隨後，中共志願軍和以美軍為主力的聯合國軍接觸，接著雙方便展開五次大戰役。第一次戰役是先期進入北韓的中共志願軍，於10月

13　中共黨史人物研究會，《中共黨史人物傳》，48：235-37。

中共介入韓戰。1950年10月，毛澤東力排眾議，主張派兵支持北朝鮮的金日成；隨後發布命令，將東北邊防軍改名為中國人民志願軍，以彭德懷為司令員兼政委，準備隨時出動。這一個月的第19天，中國人民志願軍即趁鴨綠江冰凍，分三路秘密進入北朝鮮陣地，截擊分兵冒進的聯合國軍。

底，伏擊正在乘勝追擊的聯合國軍隊。當時，聯合國軍想搶在感恩節之前完成攻勢，統一全韓，完全沒有想到中共會斗膽介入，所以分散成營或連，完全不顧有無後方支援，卯盡全力，直奔鴨綠江邊。中共軍則以逸待勞，集中優勢兵力，先打敗冒進分散的南韓軍隊，再以近戰、夜戰為主的人海戰術，擊破一支孤軍深入的美國精銳，然後乘勝分割包圍其他聯軍進攻部隊，使聯軍攻勢為之頓挫。

中共的軍隊幾無休整，在11月底展開第二次戰役。聯軍統帥此時仍然在完全不明敵情的情形下倉卒應戰。雖然已經有了第一次戰役受挫的經驗，卻依舊盲目自大，以為中共不敢大規模地介入，加上渴望趕在聖誕節前再次打到鴨綠江邊，以便讓美國大兵回家過節，於是下令聯軍分東西兩路繼續北上。中共志願軍利用美軍輕敵的心理，再次誘敵至預設戰場，或是分割包圍，或是攔腰截斷，再企圖以近戰、夜戰予以全殲。結果把聯軍打得昏頭昏腦，使其在東西兩線同時潰退。所幸，中共志願軍缺乏火砲和禦寒裝備，後勤補給嚴重不足，既無法擊破聯軍帥部的戰志，也無法展開有效追擊。同年陽曆除夕，志願軍獲得足夠補充以後，乘聯軍尚未站穩陣腳，展開第三次戰役，越過三十八度線，集中火砲和兵力，先擊潰第一線的南韓部隊，然後實行縱深迂迴作戰，把聯合國軍逼出漢城。只是，共軍再次受限於原始的後勤補給系統，在戰役開始後的一個禮拜後就有如強弩之末，無法繼續攻擊。當時美國提議先停火後談判，毛澤東高估了志願軍戰力，一口拒絕，反而要求外國軍隊立即全面撤出朝鮮半島，以致戰爭走上曠日持久的道路[14]。

1951年1月下旬，聯軍站穩陣腳，加上後方增補源源而來，終於取得了主動攻擊地位。志願軍被迫展開第四次戰役。中共逐山逐水死守，其後又實行機動防禦，注重陣地縱深，布置火砲則以火器分散、

14　徐焰，《第一次較量》，頁68-70。

火力集中為原則，絕不死守前緣陣地，即便前緣陣地失守，在後衛陣地仍有充分餘力反擊。這次戰役前後歷時共87天，由於志願軍誓死頑抗，聯軍平均每日傷亡900人才能推進1.3公里，最後傷亡的人數累積為78,000人，超過前三次戰役的總和。中共是守方，傷亡的人數本來就應該少，但官方公布的數字也高達5.3萬之多[15]。而到了1951年2月，志願軍終於被迫放棄漢城，退回漢江北岸的北緯三十八度線以北。在這一次戰役中，志願軍由於傷亡極大，經常不得不整軍整師退往後方補充休整。不過毛澤東也終於了解到，戰爭的發展有長期化的可能，因而主張隱忍沉著，暫時只守不攻。此後，他把韓戰看成實戰訓練，從後方抽調各軍團輪番上陣[16]。同年4月，中共的戰略後備部隊在換成蘇式裝備以後，終於趕到前線，毛澤東以牙還牙，決定集中約70萬的大軍，全面反擊，展開歷時50天的第五次戰役。志願軍雖然在東線擊破以南韓軍隊為主的聯軍防禦，但在西線則於漢城北郊受阻，加上糧彈無以為繼，只好停止攻勢。不料，聯軍抓緊時機，大膽穿插包圍被迫撤退的志願軍，幾乎全殲其一個師。這次大規模反擊，卻徒勞無功，毛澤東終於接受現實，明瞭志願軍絕不可能趕聯軍下海。聯軍面對有力的反攻，也終於翻然醒悟，戰爭基本上已進入相持局面，把志願軍趕回鴨綠江以北是難以實現的願望了。

在這五次戰役中，中共志願軍以己之長，補己之短。志願軍的主要弱點是沒有空軍，火力不足，運動能力有限。但內戰中有對付優勢國軍的經驗，可以採取近戰、夜戰和速戰的辦法，使聯軍的各種優勢難以發揮。在戰略方面是集中優勢兵力，以軍、師為單位，實行大膽穿插迂迴，將聯軍分割成團、營，甚或連的小塊以後，再各個擊破。當時志願軍缺乏空中掩護，受制於聯軍的轟炸，根本無法在白天行動，雖然依賴夜色掩護，尚不難對聯軍進行切割包圍，但必須在一個

15 軍事科學院軍事歷史研究部，《中國人民志願軍抗美援朝戰史》，頁119。

16 毛澤東，《建國以來毛澤東文稿》，2：151-53。

中共的聯合國軍俘虜。1950年10月介入韓戰以後，中國人民志願軍雖然武器裝備不如聯合國軍，但是利用聯合國軍的輕敵心理，把聯合國軍趕到北緯38度線以南。圖為共軍押送聯合國軍俘虜。

晚上解決敵軍，否則天亮以後，聯軍即可招來空中支援，展開有力反擊。再者，中共的後勤補給制度本來極度落後，再加上聯軍不斷轟炸，軍隊所需糧食彈藥，最幸運的時候也只有60%到70%能運抵前線。第一線軍隊彈盡援絕、忍饑挨餓，已司空見慣。正由於後勤補給不足，志願軍展開攻勢時，很難持續一個禮拜以上，隨後便無彈藥可用，乾瞪眼等敵人反攻了。除補給落後以外，戰爭初期天候惡劣也是一大威脅。志願軍入韓以來，一直在零下二、三十度的冰天雪地中作戰，因為缺乏寒地作戰的裝備，產生嚴重凍傷的問題。在第二次戰役中，東線共軍因凍傷而減員的人數，遠遠超過戰鬥減員，戰役結束之後，一整個兵團像是「大醫院」，觸目盡是等待治療的傷患[17]。由於

17　徐焰，《第一次較量》，頁59-60。

天寒地凍，志願軍難以修築工事，尤其不易挖掘戰壕，傷亡因而倍增。儘管有以上種種困難，志願軍終於證明他們有能力面對火力強大的美軍。雖然不能把美軍逐出朝鮮半島，卻至少能把美軍驅出北韓，並把美軍堵在北緯三十八度線一帶，無力再次北進。

2 戰略相持時期(1951/6-1953/7)

1951年6月以後，美軍在重新獲得充分補給之後，火力大爲擴充，於是展開全面攻勢。中共由於事先已注意到海岸防禦，所以美軍無法重施仁川登陸的故技，不能從側翼發揮其海空優勢，而只能從正面設法進攻。可是中共不但能夠成功阻擋，甚至能夠不時展開反擊，只是再也無法取得戰事初期的那種勝利罷了。當時，中共陣營是志願軍77萬人，加上北韓軍34萬。聯合國軍方面則以美軍爲主力，共有69萬人。從人數上說，兩者之比是1.6對1，中共方面稍占優勢。但從雙方所擁有的現代化武器來看，無論是飛機、大砲、坦克和艦艇，中共都萬難和美國相提並論。中共的志願軍只是依賴山地和野戰工事阻擋聯軍攻勢，再乘聯軍進攻空隙，集中重砲和兵力，進行主動攻擊。然而因爲美軍的火力強大，要消滅美軍一個營，至少需要集中一個軍的兵力，因此根本不可能在戰場上取得任何決定性的勝利。

中共是如何抵擋火力強大十倍以上的美軍攻勢？這其實是兩個問題，亦即中共如何在美軍的飛機和火砲轟炸之下，維持起碼的前線補給？中共第一線部隊如何抵擋美軍的步砲協同和陸空協同作戰？中共的答案是竭盡智慮建立可以維持軍隊最低限度的後勤補給制度，以及修築可以抵擋美軍砲火攻勢的坑道工事體系。中共志願軍的後勤部門爲確保補給，不但採取種種疏散、隱蔽、僞裝、設置假目標等方法，減少損失，而且白天任由美國空軍轟炸，晚上則全力搶修，千方百計維持交通順暢。試舉一例：美國空軍炸毀公路橋樑，把公路炸得不相銜接，中共卻修築潛水橋，橋面離水僅半公尺左右，以致美空軍從空中偵察，誤認爲轟炸極爲成功，而志願軍的汽車卻暢行無阻，仍然源源不絕地送到補給[18]。志願軍艱苦卓絕、極盡巧思之外，最重要的是迅速現代化，揚棄以人力和小車爲主時代的傳統後勤觀念，迅速建立擁有高砲、工程和公安部隊的現代化運輸部門，組成從後方到前線的龐大網狀兵站運輸線。

至於地下坑道工事體系，則是把野戰工事完全地下化，以交通地道相聯接；坑道之中可以行駛車輛，而坑道之間設有防毒室、儲水池、指揮室、休息室、救護室和彈藥庫。在這樣的坑道工事體系中，中共志願軍可以忍受長時間轟炸和砲擊。而且真中有僞，僞中有真，複雜彷彿迷宮，密集宛如蛛網，論其構思之複雜和巧妙，決不遜於後勤補給線，而其規模尤可媲美萬里長城。在此一期間，志願軍構築的全部坑道，總長達1,700公里，相當於整條隴海鐵路的長度。他們爲修建工事體系所挖掘出來的泥土，若按一立方公尺的土方計算，則其長度可以繞地球一週半。這些坑道全部在地底深處，因爲在美軍的密集轟炸下，陣地表面必定彈落如雨，翻土三尺。因此，它們主要構築於堅硬岩石組成的山區，而當時志願軍只有原始工具，沒有大型機械，所以不難想見其所經歷之工程是如何艱鉅。

由於坑道工事深藏地下，美軍的火砲和飛機難以發揮預期的效果。美軍一度想利用絕對的空中優勢，以地氈式轟炸，切斷防禦整個坑道工事體系所需要的補給。1951年夏，美國空軍在韓國戰場上共有各型飛機1,700架，其中包括約400架新型噴射機。他們經常出動半數左右的飛機，轟炸中共補給線，也經常使前線的志願軍士兵連續幾天，連最簡單的炒麵也都吃不到，而在緊要關頭，更完全得不到任何彈藥支援。中共志願軍最初是被打得有點不知所措，但很快地便改善了情況，到後來更逼使美國空軍承認地氈式轟炸失敗。這中間的一個因素

18　洪學智，《抗美援朝戰爭的回憶》，頁228。

地下坑道工事體系。1951年6月，韓戰進入戰略相持階段。中共利用地下坑道阻擋美軍的攻勢。這些坑道工事可以行駛車輛，彼此之間有防毒室、儲水池、指揮室、休息室、救護室和彈藥庫。共軍據以長時間忍受聯合國軍的轟炸和砲擊，並伺機展開反攻。圖上為共軍構築坑道工事，圖中為共軍進行沙盤演習，圖下為共軍奪回上甘嶺高地。

是俄軍派高砲團和空軍秘密參戰，可是更重要的還是因爲中共下決心迎頭趕上，他們在蘇聯的大力協助下，成立自己的空軍和防空部隊，邊學邊打，邊打邊學[19]。就這樣，最初遠非美國空軍對手的中共空軍，很快地也能擊落美軍噴射戰機，不容許美國空軍任意出動。中共空軍的迅速成長，配合志願軍後勤部門的有效運作，終於迫使美軍停止地氈式轟炸。當時，蘇聯在協助中共建立現代空軍之外，也提供大量地面部隊的各種輕重裝備，使中共軍隊在這一段期間，火力可以勉強趕上聯軍，而把戰爭從以槍戰爲主的形態改變爲以砲戰爲主。

中共和美國軍隊就這樣在北緯三十八度線上拉鋸，形成長期對峙。兩方面軍隊的傷亡均大，戰爭成了消耗人肉的磨子，雙方都想藉談判來結束戰爭，只是雙方的最初條件相差過鉅，無法達成協議。後來因爲彼此堅持不讓步，都力圖以戰場上的勝利來改善談判地位，卻又無法贏得壓倒性和決定性的勝利，所以談判毫無進展。表面上雙方均是以戰促和，實際上彼此卻是拖延戰爭，讓戰爭成了消耗各自國力的無底洞。1952年底天寒地凍，聯軍在有名的上甘嶺之役中，爲爭奪一個只有3.7平方公里、原由兩個連兵力防守的陣地，而動用了總共6萬兵力，中共爲確保這個陣地，也總共投入了4萬軍隊。43天內雙方你攻我守，你守我攻，陣地數度易手，彼此總共發射了230萬發砲彈，總數爲中共在淮海戰役所發射砲彈的10倍以上，也是1958年八二三之役中共所發射砲彈的4倍左右(金門比上甘嶺陣地大40倍)，美軍死傷近萬(公布數字是0.9萬，中共統計是2.5萬)，中共也死傷一萬有餘(公布數字是1.15萬，美軍統計是1.9萬)。

這只是爭奪一個山頭陣地的戰役，死傷竟然在2萬人以上。雖然立即和平並未因此而來臨，但雙方從此深深覺悟，和平只有透過談判桌上的彼此妥協才能達成，雙方必須各讓一步。可是要達成真正的和平

19　據徐焰，《第一次較量》頁199，早在1951年即有蘇聯空軍兩個師秘密參戰，其作戰主要任務為確保中共在清川江以北的交通線。

仍不容易，要等到半年之後，才終於同意在一個酷熱的夏日，簽訂和平協定。聯合國軍不再堅持，中共在畫停火線時，必須割地以補償聯軍所擁有的海空軍優勢；中共則不再堅持聯合國軍必須遣返所有戰俘，更不堅持所有外國軍隊都必須從朝鮮半島撤出；同時爲了突顯美軍留駐南韓的事實，其實也是爲了節省軍費開支，因而自動將志願軍分批撤出北韓。

在爲期兩年九個月的戰爭中，中共和美國雙方都付出了慘痛的代價。中共官方估計，美軍在運動戰期間傷亡9萬，在陣地戰期間傷亡20萬。加上其他各國軍隊，則聯軍在運動戰期間傷亡的數字增加爲15萬，陣地戰期間傷亡的數字增加爲52萬。美國官方僅承認美軍傷亡16萬(5.4萬陣亡、10.3萬負傷、5千失蹤)，南韓傷亡40萬。爲了取得此一戰果，中共總共動員了230萬的軍隊，外加無數民工，而在戰爭過程中傷亡了36萬人，被俘2萬人，並耗貲100億美元，真可以說是竭盡全國之力[20]。美國對共方傷亡的估計更要高一倍以上，北韓損失60萬人，中共則傷亡70萬到90萬人。

這些估計都不包括無辜的韓國百姓。對中國大陸而言，這場戰爭的直接代價也不止上揭數字。美國在戰爭停止後，持續對中共實施禁運，並堅持其不承認中共的政策。這種敵對關係一直延續到1970年代。中共除了對美國的敵意增強以外，還因爲韓戰的爆發而喪失了進攻台灣的機會。如上所說，韓戰一爆發，美國便宣布第七艦隊協防台灣海峽。其後美國又和國民政府簽訂協防條約。雖然美國因爲不願意進一步捲入中國內戰，而對台灣的援助始終是防禦性質的，並未使台灣成爲中共難以應付的真正軍事威脅，但總算是讓台灣站穩了腳跟，

---

20 Hao Yufan and Zhai Zhihai, "China's Decision to Enter the Korean War: History Revisited", *China Quarterly*, March 1990, no. 121, p. 114；姚旭，〈抗美援朝的英明決策——紀念中國人民志願軍出國作戰三十周年〉，《黨史研究》，1980年第5期，頁13。韓戰歷時三年，平均一年耗費約33億美元。

簽訂停戰協議。1953年夏，經過兩年漫長的談判以後，無論是中共還是美國都了解到，戰爭已成了消耗人力和物力資源的機器，既然雙方都無法以戰促和，就只好各讓一步，以北緯38度為界，就地停戰。圖為中國人民志願軍總司令彭德懷和聯合國軍總司令克拉克(Mark Clark)，分別在停戰協定文本上簽字。

成為中共面對內外問題時背上的一根芒刺，並有效地圍堵住中共進入西南太平洋的缺口。

失之東隅，收之桑榆，中共也並非一無所獲。中共派兵進入北韓，是毛澤東力排眾議所作的決定。他最初答應北韓出兵，是以蘇聯派遣空軍參戰為先決條件。後來史達林臨時改變心意，毛澤東有充分理由更改前議，可是他按照原來計畫，仍然堅持派兵入韓。毛澤東此舉終於消融了史達林對他馬列主義信仰忠誠度的懷疑，史達林在建立起對毛澤東的信心之餘，也立即投桃報李，除在韓戰期中提供軍火，派新式戰機協防和助戰以外，還根據原先的承諾，退還中東鐵路[21]。重要的是，史達林在中共實行第一個五年計畫時，毫無保留地予以協助。當時蘇聯本身缺乏資金，故資金方面的協助不多，蘇聯提供的全部貸款僅佔五年計畫所需的4%，而且要求中共連本帶利，按時償還。不過，在交易的價格和匯率計算兩方面均不苛刻，而在技術轉移方面，尤其慷慨大方，提供工業設備，如煉鋼爐等，都是當時世界最先進的發明。蘇聯並未故意預藏一手，以防中共迎頭趕上。中共的第一個五年計畫偏重重工業。蘇共同意針對其中約三分之一，也就是141項大型工程，譬如修建鋼鐵工廠、發電廠、汽車廠和煉油廠等等，提供設備、設計圖、裝置，以及人才訓練[22]。在第一個五年計畫期間，蘇共派了1萬名專家前來中國，而中國也派了2.8萬人前往蘇聯受訓。蘇聯來華的專家，儘管擁有「治外法權」，其個人品質與專業造詣良莠不齊，且有驕矜狂傲、仗勢凌人者，但總的說來，他們還是學有專

21 史達林生前並未歸還大連和旅順。大連和旅順是赫魯雪夫在1954年歸還的。

22 師哲，《在歷史巨人身邊》修訂本，頁516-23。周恩來在1952年8月訪蘇，和史達林商定蘇聯援助中共第一個五年計畫的原則。次年3月5日史達林逝世，但是25天後，中共國務院副總理兼國家計畫委會主任委員李富春，仍然按原定計畫和蘇聯領導人談判具體細節。同年5月中蘇兩國簽訂協定，把原來預定協助的50項工程增加為141項。見《當代中國的計畫工作》辦公室，《中華人民共和國國民經濟和社會發展計畫》，頁37-39。

精，值得尊敬的一批人，他們殫精竭慮，為中共的工業化作出了巨大的貢獻。蘇聯為中共訓練的學者專家在返國以後，立即全神投入第一個五年計畫的工作，他們不僅為毛澤東時代所謂的社會主義經濟建設提供不可或缺的人力資源，更為後來鄧小平時代的各項政策提供了一批技術官僚，及至江澤民崛起，他們更正式躋身於中共的領導核心。

中共在韓戰期間的表現傑出，贏得許多第三世界國家的尊敬。1953年底和1954年初，中共展開對印度的外交談判，但是毫不驕矜，一方面在重劃邊界時自動讓步，另一方面則讓一些無解的外交懸案懸在那裡，不堅持非解決不可，因而印度同意取消獨立前之宗主國——英國——在西藏的不平等權利。在這一次外交談判中，中共正式提出所謂外交五原則，即互相尊重領土主權、互不侵犯、互不干涉內政、平等互惠以及和平共處。就在中共和印度彼此簽訂商業協定的前後，也就是1954年 7 月，中共總理周恩來率團參加美、蘇、英、法等列強與會的日內瓦和平會議，雖然在這一次會議上，並沒有和美國達成有關和平解決韓國問題的期望，卻為後來法軍退出中南半島做好了鋪路工作，使中南半島的緊張形勢一時之間大為緩和。中共有了這兩次外交上的突破，周恩來纔能在1955年 6 月，順利前往印尼萬隆參加亞非會議。誠然，中共的外交五原則，以反殖民、反帝國主義為號召，取得一些亞非國家的好感，但是中共強調「宗教信仰自由」，取消雙重國籍法，鼓勵華僑土著化，也都是萬隆會議上周恩來得到善意回應的主要原因。追本溯源，中共在韓戰中能和美國打成平手，更是它贏得第三世界國家友誼，打破國際孤立的最主要因素。

三、攘外以安內，安內以攘外

對中共而言，韓戰是傾全國之力，動員所有的野戰部隊，以軍、師為單位混合編組，輪流前往前線作戰。共軍各部隊在民族主義情緒的激勵之下，紛紛請戰，中共中央也利用此一機會整合各地區的野戰軍。同時在莫斯科的協助之下，全面改用蘇式裝備，並加速組建各技術兵種，尤其是空軍、砲兵和後勤部隊。韓戰結束之後，中共高層形成共識，他們認為未來美國的軍事威脅可能是傳統戰爭和核子戰爭的結合，為迎接這項挑戰，共軍的當務之急乃是讓軍隊持續正規化和現代化，共軍必須全面向蘇聯紅軍學習。

中共既然決定介入韓戰，當然也利用敵愾同仇的心理，達到進一步鞏固政權的目的。內戰結束後，中共軍隊曾收編大量的國軍官兵。這些前國軍部隊經過所謂改造以後，有的已經脫胎換骨，有的則仍然是潛在的威脅。韓戰成為事實之後，中共認為這也是一舉解決不穩部隊的千載良機。最明顯的例子便是所謂「起義」來歸的國軍綏遠部隊。這支部隊約 9 萬餘人，地緣性極重，內部有強烈的凝聚力。在其「起義」之後，中共維持原司令官董其武及其他重要將領的任命，僅派遣極少數的高級幹部參與領導，但同時卻派遣了3,600名政治幹部對該部隊進行思想改造。到中共志願軍入韓時，綏遠部隊的改造工作已進行了一年，它在汰除老弱和其他不適當人員後，僅剩 5 萬餘人。儘管中共認為脫胎換骨的政治工作大體成功，但仍然擔心這支軍隊不改舊習，會趁外侮造反，所以藉口該軍請求參戰，對其進行更徹底的改造和整頓。首先，中共軍方以整訓為名，下令這一支軍隊遠赴河北滄州，待其遠離老巢綏遠以後，立即師法內戰時期的整軍方法，在部隊內部掀起訴苦運動，由士兵控訴地主、舊長官和舊政權，然後再以反對「軍閥主義」為號召，鼓勵士兵揭發隱藏的特務、反革命分子和其他各類所謂壞分子。結果共有1,905人被揭發為反革命分子，1,924人被揭發曾參加反動黨團政治派別，另外私藏武器133支被檢舉出來。對這些被揭發和檢舉的人員，中共只懲罰了其中少數，絕大多數則假借年老體弱為名，勸令改業。縱使容許留在部隊，也必須先參加學習，學習後則不准回原來職位工作。在鼓勵揭發的過程中，中共甄拔積極分子，吸收了1,000餘人為黨員，並提拔其中800餘人為幹部。

中共隨後把這支綏遠部隊改編爲第23兵團。部隊原來有很多師和團的編制，中共則藉口統一建制而予以裁減，實際目的是打破原有師團的人事關係。此外，以韓戰戰場不適合騎兵作戰爲名，把這支部隊中的騎兵師全部解散，騎兵下馬之後編入其他單位。緊接著又以各師員額不足爲由，從湖南、江蘇、河南各省徵發新兵2萬，以之增補，並改變這支部隊的地緣性格。爲了避免整編產生不良後果，中共維持所有編餘幹部原有的生活待遇。如此經過八個月的整訓後，第23兵團開入北韓，最先的指令是在兩個月內修建三座飛機場，隨後再擔任作戰任務。當時中共在韓國戰場雖然有空軍和高砲部隊，基本上卻無法有效制止美空軍地氈式的轟炸，修建機場是很危險的任務。第23兵團在遭受慘重犧牲之後，終於在限期之內完成修建機場的任務。照理，第23兵團應該按原定計畫參加作戰，但是中共卻以戰場形勢有變爲理由，調回東北。原來的說法是整訓後再調入韓國戰場，幾天之後，下達的命令卻是爲了減輕東北補給負擔，調回河北。從此以後，這支軍隊便沒移防過，而一年不到，一個兵團便被縮編爲一個軍。此時，綏遠軍隊可以說完全「解放軍化」了[23]。

爲了配合韓戰，中共也展開各種群眾運動。這些運動有涉及「敵我之間矛盾的」，例如土地革命、鎮壓反革命、三反五反。也有表面只涉及「人民內部矛盾的」，譬如思想改造。還有似乎和所謂內部矛盾無關的，如抗美援朝、增產節約、愛國捐獻、消滅文盲、愛國衛生。這些運動彼此獨立，也彼此聯繫。目的是多方面的，一方面是爲了加速恢復經濟，有效動員人力物力。另一方面則是穩定社會秩序，消除內部可能的反抗，並透過恢復生產或捐獻運動，有計畫地削弱一些所謂資產階級成員的經濟基礎。攘外爲安內製造良機，安內也爲攘

23　高克林，《高克林回憶錄》，頁164，223-34；毛澤東，《建國以來毛澤東文稿》，2：269-70；裴周玉，〈從綏遠起義到抗美援朝〉，《革命回憶錄》，1985年第17期，頁116-38。

抗美援朝運動。中共利用民族主義掀起青年從軍的情緒，並發起各種捐獻運動，在激起民眾的愛國情緒後，號召他們，或捐獻現金以購買飛機，或捐獻廢鐵以供軍火生產。圖上為歡送華北革命大學生志願參軍的熱鬧場面。圖中和圖下分別為人民捐獻現金和廢銅廢鐵。

外改善條件。下文所強調的是，中共如何借此機會切斷國內人民和歐美國家的所有聯繫，並以鎮壓反革命為例，說明他們如何清除內部真實和想像的敵人。

在抗美援朝運動中，由於有些外國人擁有無線電和槍支，中共遂以抓特務為名逮捕之。被逮捕的外國人中，當然有真正的特務，但也有只是因為籍隸美英等資本主義國家而已。在美國實行對中國大陸的禁運以後，外資企業在中國本來就已經營困難，中共則故意檢查其帳簿，隨後又以欠稅為名，罰以鉅款，逼使外國資本家廉價轉讓財產和工廠。有時甚至召集外資工商業的華籍職工，要他們公開控訴外國老闆的所謂種種惡行和暴行。中共也以消除恐美、崇美和媚美心理為名，發動知識分子，尤其是留學歐美的名學者，公開批評歐美國家，清算和揭發所謂帝國主義的罪行，公開和歐美國家劃清界限。

在外國工商企業之外，中共最疑忌的是那些和外國教會有千絲萬縷關係的300～400萬教徒。1951年初，中共以美國凍結中國在美資產為名，沒收及接管美國在中國的教堂、醫院、學校和慈善機關。美國董事一概除名，所有和外國人有來往的社團皆遭受調查。廣州官方指控五名加拿大修女以開孤兒院為名，殺害兩千名小孩。修女雖然沒有被處死，但罪名之嚴重，令人心驚膽寒。中共也逮捕一般傳教士，並強迫其中一些人承認自己是特務。在抗美援朝運動展開後，中共動員與教會有關的民主人士參加，更動員受過英美教育的教授響應。當時誰敢冒漢奸的大不韙罪名拒絕？民初以來基督教教會內部本有所謂三自運動，強調本土教會的自立、自傳、自養，中共以發揚光大三自精神為名，要求所有教會都展開自立革新運動，自動切斷外國來的津貼，尤其是和梵蒂崗教廷的關係。中共同時也鼓勵華籍教友掌管董事會，接管所有過去有外國津貼和資助的教堂、醫院、學校和慈善機關。為了消除這些華藉教友的顧慮，中共保證讓所有宗教社團繼續活動，更保證華籍人員原職原薪，並主動提供辦理經費，甚至支持神學院繼續存在。中共中央宣傳部副部長胡喬木，對天主教和基督教教友的華籍領袖說：「你擁護政府，政府就保護你」。隨後，中共政務院在全國各地成立宗教事務處，把天主教和基督教這兩個和西方有關的宗教納入管理系統[24]。4月，南京的宗教事務處便組織控訴運動，舉行金陵男女神學院掃毒展覽，逼教徒和神職人員展開政治學習，同時還辦理基督教青年學生夏令會，並在親中共的教徒協助下，組織宗教工作隊，到各教堂宣導中共政令[25]。

中共一方面切斷與英美的關係，另一方面則按原定計畫，在新占領區從事土地改革，尤其是要在東南沿海地區加速土地改革。土地改革固然是動員貧苦農民參加軍隊和支援前線的利器，但農村內部的抗拒極大，也可能引起城市居民的疑懼。民族對外戰爭的氣氛卻可以減少反對力量。雖然如此，土地革命與農民參軍以及支援前線的運動結合以後，亂捕、亂殺、亂打現象卻有增無減，而一旦和排外運動結合，更引發許多毀壞教堂十字架的案子[26]。中共針對這些問題，下令糾正，可是他們的根本關懷是鞏固新社會的秩序，所以情況猶未改善，卻爲了消除大規模反抗的隱憂，反而另外發動了鎮壓所謂反革命的全國性運動，大開殺戒，不容許社會出現一絲一毫動亂的可能，結果土地改革中出現大量的血腥鎮壓。許多可能只是反對土地改革的地主士紳，都被戴上反革命的帽子槍斃了。

1950年10月介入韓戰以後，中共中央認爲華北之所以動盪不安，是因爲政府對各類反革命分子太寬大了。華北新區實行的土地改革，過於和平，火爆的鬥爭場面不多，而老區鎮壓所謂「人民公敵」，能殺不殺，能抓不抓，發生了「寬大無邊」的現象。所以他們主張針對

---

24 中共中央統戰部研究室，《歷次全國統戰工作會議概況和文獻》，頁40，45-49。

25 毛澤東，《建國以來毛澤東文稿》，2：442-43。

26 同上，2：14，95，107，124。

所謂「特務」、「匪首」、「惡霸地主」、「反動黨團骨幹分子」以及「反動會道門」，進行嚴厲鎮壓。前述這些反革命的罪名都是從政治觀點來定義的，是否適合被戴帽子的人，很難判斷。以據說擁有200萬會員的宗教組織一貫道爲例，或許能看到其中的問題。

從歷史材料觀察，一貫道並無統一的領袖，內部山頭林立。在數以萬千計的道首中，雖然不乏藉名斂色、斂財之徒，也有個別領袖可能和政治有密切關連，但是決不能以偏概全，說他們全是一丘之貉。其實他們中間還是以正派信仰者爲多。這些道首所領導的一貫道，是民間宗教團體的一種，像歷史上的一些其他民間宗教團體一樣，水能載舟，亦能覆舟，可以成爲社會既有秩序的穩定力量，也可以成爲宗教叛亂的工具。只是傳統政權不分青紅皂白，經常一概而論，不僅對其深懷疑忌，甚至嚴格取締，連承認人民有信仰自由的國民政府也不例外。

中共繼承了這種敵視的態度，加上意識形態作祟，更決定全力加以剷除。山西黨委奉到命令之後，立即對境內的一貫道展開滲透，徹底了解其活動和組織狀況之後，突然針對職業會首展開全面逮捕。至於其餘小道首，則令其登記、坦白，再施以簡單政治訓練，然後按照情況分別管制其行動。山西各級黨委幹部，從省到區村基層，還同時利用報紙、電台、漫畫、展覽會、訴苦會和群眾會，徹底摧毀一貫道的宗教和道德形象，進而掀起全民退道運動[27]。大城市天津以類似的方法鎮壓一貫道，千方百計鼓動會友檢舉和坦白。運動到達高潮時，據說每天有15,000名道友(女性占一半)坦白，在短短不到一個月的時間裡，便有28萬人坦白，並參加控訴，總共揭發了4,000名道首。這種打擊會道門的工作，在中共中央的指揮之下迅速遍及全國[28]。除一貫道

27　毛澤東，《建國以來毛澤東文稿》，2：71-72，112-13，115，132-33。

28　關於中共取締一貫道的詳情，可參見郭玉強，〈建國前後取締一貫道的鬥爭〉，《中共黨史資料》，1996年12月，60：119-35。

以外，中共也以取締「反動會道門」為名，打擊傳統政權和國民政府認為是邪說異端的其他宗教團體，例如先天道、聖賢道和天門道。縱使是北伐時期中共引為同志的紅槍會，也在徹底剷除的會道門組織名單之列。

1951年1月，毛澤東接到地方資料，中共軍隊有一個軍在湘西21個縣共殺了「匪首惡霸特務」4,600餘人。無論是否殺戮過度，毛澤東認為這正是重新掀起鎮壓反革命運動的時機，他要求立即殺掉一批「應殺的反動分子」，要穩、要準、要狠，既不能手軟，更不能膽怯。他認為只有這樣才能穩定社會秩序，使志願軍作戰時無後顧之憂。他甚至認為面對台灣海峽對岸的軍事威脅，鎮壓反革命比到處興建國防工事還重要[29]。毛澤東隨即親自掌握全國鎮反工作，四天之內，連下數道指示，要求嚴厲鎮反，千萬不可「優柔寡斷」[30]。1月21日，他指示華東局，春季要在上海殺三、五百人，南京殺一、二百人，同時特別指出，上海非殺一、二千人不能穩定局勢[31]。1月22日，毛澤東又指示華南分局在廣州殺幾千人[32]。1月23日，毛澤東在轉發廣西的鎮反報告時，強調廣西局勢之所以迅速改善，正是因為糾正了「右傾(不殺)偏向」之故，要求在隨後三個月內處決「匪首惡霸」3,000餘人[33]。1月24日，毛澤東指示各地方局書記，應放手殺幾批該殺的反革命分子。從2月起，北京、天津、重慶等大城市遂開始大殺反革命分子，天津3月殺了150人，毛澤東主張4月再殺500人，然後年底之前再殺850人[34]。

對於毛澤東的指示，當時有些地方黨委書記認為有違司法程序。但在2月20日的《人民日報》上，民主人士出身的司法部長史良，卻發

29 毛澤東，《建國以來毛澤東文稿》，2：36-37。
30 同上，2：156。
31 同上，2：47。
32 同上，2：51。
33 同上，2：62-63。
34 同上，2：168。

鎮壓反革命運動之一。韓戰爆發後，中共為了安定內部，發動鎮壓反革命運動。為了使運動轟轟烈烈，毛澤東指定數額，要求各省市委在一定時間，處決一定數量的所謂反革命分子。圖為北京市北郊14區的公審大會，由群眾控訴被逮捕的所謂反革命分子，然後宣判當場處決。

鎮壓反革命運動之二。鎮壓反革命運動的重要對象之一是民間宗教，一貫道主張釋儒道合一，像其他「會道門」組織一樣，內部山頭林立，而成員良莠不齊。中共視一貫道為不法組織，也很容易找到個別道首有國民政府背景的證據，於是據以抹黑所有一貫道的道首，展開退道運動，奪取他們的群眾。圖為控訴一貫道道首的群眾大會。

表〈堅決正確鎮壓一切反革命活動〉一文，作為呼應[35]。連原來律師出身的民主人士，都認為國難當頭，中共當局可以採取權宜措施，以血腥鎮壓，穩定社會秩序，更何況是身為黨員的中共黨委書記了。3月，北京市召開了一次100多人的各界代表大會，由政府當局先說明典型反革命分子的案情，並提供其犯罪證據。在激起與會人士的義憤之後，又召開了一個有5,000多人參加的代表會議，由所謂苦主登台控訴，爭取同情，再假借他們的名義，公審大殺了一批人[36]。天津也召開類似的宣導會議，最大的一次會議有各界代表15,000人參加。這一次會議總共進行了五小時，中共當局透過廣播電台作實況轉播，並組織了50萬市民收聽詳情[37]。

當然，那一個人該殺，那一個人不該殺，這只有地方能夠決定。公安部長羅瑞卿則有原則性的指示。他把所謂反革命分子分為三層：一是縣以上的統戰對象，除「罪大惡極證據確鑿」者，均可免其死罪，甚至不予判刑。二是全縣性或全區性的「惡霸」，要全部殺掉，不留一個。三是全鄉性的小惡霸，則殺掉他們一部分或大部分。當時，有很多無辜者害怕遭殃，當然也有真正犯人紛紛逃往城裡躲避，或潛赴沿海島嶼隱身，還有逃往邊疆地區的，另有躲在中共機關單位的，中共都千方百計加以追緝[38]。同時，各地政府都展開所謂特務和反動黨團登記，要求所有參加過國民黨、會道門以及幫派的人員自動坦白。

最初，何謂反動黨團並無明確的定義，因此上海市要求各小黨黨員登記，以致人心惶惶，中共中央必須出面澄清，指出「友黨」人士

35 毛澤東，《建國以來毛澤東文稿》，2：147。史良於1927年畢業於上海法政學院專科部，曾因為共產黨嫌疑被捕入獄。由於有人營救，不久即獲釋出獄，但因為有共產黨員嫌疑的帽子，她無法在國民政府法院任職。

36 同上，2：192。

37 同上，2：244。

38 同上，2：138。

不在規定之列[39]。1951年4月，華東局還在各大中城市的工廠、學校、機關和里弄，成立群眾性的肅反委員會，授予檢舉控訴和監視反革命的權力。當時上海一地便以街道委員會名義成立了2,000個這種組織，而透過這些委員會，群眾共檢舉了4萬人[40]。杭州的中共當局，則吸收黨外人士做鎮壓反革命工作，審查案件、核實材料、討論量刑問題，一方面藉以減少外界猜疑，另一方面則實行「以毒攻毒」，借力使力[41]。

6月，由於群眾運動已把鎮壓反革命帶入過左的局面，中共決定把殺人的數字限制在人口的0.05%到0.1%之中。假定中國大陸的人口是6億，則應有30萬至60萬人被殺，再根據北京逮捕1萬人，擬殺1,400人的比例來推算，則當時整個中國大陸應有214萬人被捕[42]。實際上執行長官命令的結果，則可能是50萬人被殺，250萬人被捕。廣東的情形如下：從1950年10月到1951年8月的十個月中，總共逮捕了土匪52,620人，罪犯89,701人，並處決了其中28,322人。1951年5月，毛澤東為有效控制殺戮，曾特別規定捕人批准權立即上收至地委(縣委的上級)，而殺人批准權則上收至省委；並規定凡是農村以外，就是一些應殺的反革命分子，也只能殺其一二，其餘全部判處死緩二年，意思頗似傳統的斬監候(秋審後處斬)，已經判處死刑，但如果在緩刑的兩年內，上級滿意其服刑情形，便可豁免死罪。死緩犯人，在緩刑期間，則和其他犯人一樣，一律參加勞動，從事大規模水利、築路、墾荒、開礦和營造工作[43]。同時，中共在留用人員和知識分子中展開三查工作：查歷史、查立場、查工作。方法是號召坦白檢舉，目的是徹底清理各

39　毛澤東，《建國以來毛澤東文稿》，2：187。

40　同上，2：263。

41　同上，2：277-78。

42　同上，2：267。

43　同上，2：280-82。

部隊和各機關的舊軍官和舊人員。至於所謂「中層」的一般黨員和幹部中，則因非追究重點，僅根據組織學習、登記坦白和分別處理三個階段，逐漸展開審查[44]。

到底誰是反革命分子？中共公安部長羅瑞卿說，被殺的反革命分子中，匪首和慣匪占44.6%，惡霸占34.2%，會道門分子和反動黨團首要分子占7.7%，特務地下軍頭分子占13.5%。這些統計數字顯示，鎮壓反革命分子的鬥爭和土地革命是聯在一起的，被殺者主要是在鄉下，其中絕大多數人是地主士紳。在城市中，所謂的反革命分子主要是那些人呢？湖北公安廳在省級機關逮捕了160人，其中70%是前省府的工作人員，單單處長一級便有 5 人，似乎所逮捕的主要是留用的國民政府官員[45]。鄧小平西南軍政委員會的鎮壓反革命運動，也說明了同樣趨勢。當時西南軍政委員會直屬機關，共有留用人員和新參加工作的知識分子9,000人，其中有5,700餘人在登記參加清理時，承認自己曾參加過國民黨或會道門。他們占全部留用人員和新知識分子的67.9%。西南軍政委員會認為情節嚴重的，採取以下鎮壓措施：「清洗」8人，管制70餘人的行動，逮捕70餘人，並送190餘人到特別單位接受管訓[46]。這些被鎮壓的所謂反革命分子中，有無冤枉情事？羅瑞卿部長承認難免，但是僅說了一句基層幹部猶有「國民黨舊警察作風」，便把全部責任推開了[47]。無論如何，中共透過鎮壓反革命運動，畢竟消除了許多可能存在的反側，也使得其監控制度益愈完美。國民政府時期，民槍為患，而在五〇年代的鎮壓反革命運動中，中共禁止私人擁有武器，總共沒收民槍約50萬支。同時他們也實行路條制度，使得任何受到懷疑的老百姓寸步難行。在鎮壓反革命進入清理積案階段，中共更

44 毛澤東，《建國以來毛澤東文稿》，2：287。
45 同上，2：115。
46 同上，2：172。
47 同上，4：60-61。

在機關軍隊和黨內展開審查工作，凡是被發現有政治問題的，或是有家屬被鬥被殺的，除非早已通過所謂革命考驗，都一律視為審查重點，將其調離首腦機關或要害部門[48]。

※　　　　※　　　　※

中共參與韓戰，耗費國力驚人。儘管有蘇聯的協助，但是犧牲人命無數，而龐大的軍費更使百廢待興的中共，無法集中全力來建設國家。其實，在毛澤東決定參戰之前，中共已經考慮到這些代價了，但考量東北受到直接的軍事威脅，中共還是決定參與。中共下決心克敵制勝，硬是把美軍阻擋在北緯三十八度線上，即便不是完全贏，卻也不能說是輸。中共在戰場上的表現不但對手刮目相看，也為他們爭得所謂第三世界國家的尊敬。同樣重要的是，中共在決定參戰以後，很有效地利用對外戰爭，發揚民族主義，鞏固政權，不僅積極動員全國百姓「抗美援朝」，更乘機發動鎮壓反革命分子運動，清除任何可能造反的勢力，使政權更加穩如磐石。

中共參與韓戰，雖然強化了美國的敵意，也改變了美國對國民政府的外交政策。但是韓戰爆發之初，美國便已宣布中立化台灣海峽的決定，無論中共是否介入，它都已失去攻占台灣的機會了。中共不可能因為坐視美國攻占北朝鮮，而改變美國圍堵中共的決心。而中共參戰以後，反而可以名正言順地排除所謂資本主義國家的在華勢力。另一方面，中共參加韓戰也可以得到蘇聯的信賴，大幅改善中蘇共之間的關係，使中共的「社會主義現代化」計畫順利推展。在韓戰進行過程中，中共已大力推行軍隊的正規化和現代化；韓戰結束以後，中共更是強調軍隊正規化和現代化的必要。因此不但為共軍全軍進行換裝，而且向蘇聯紅軍學習，從軍隊的編制、條令教程，到供給保障，

48　毛澤東，《建國以來毛澤東文稿》，2：275。

無一不全盤引進，同時並大規模設立軍事院校，吸引知識青年參軍，以便提高軍隊的教育水平，適應現代戰爭的需要。

中共經濟的復蘇並未因為韓戰的消耗而減緩。中共因為能利用戰爭更有效率地動員全國百姓，所以到1952年其經濟基本上已恢復到抗戰前的最高水準。中國大陸的農村經由土地改革，改善了貧苦農民的生活，加上醫療及公共衛生方面的改良與普及化，死亡率驟減，農民的平均壽命由36歲增高為57歲。農業生產雖仍然是傳統式的，但每年成長率在3.8%左右。工業方面，戰爭的需求更帶來迅速擴張的需要，加上中共把投資率由每年5%提高到20%，所以工業恢復和成長得極快，1952年成長率即高達18.7%。工業能有這樣高的成長率，當然和中共財政的改善有關。中共透過各種群眾運動，使其黨國一體化的組織深植於社會基層，中央政府又統一了財政稅收，不准地方政府任意截留，使中共中央能夠掌握的實際稅收，高達國內生產總值的24～30%，為戰前國民政府的數倍，中共因而在支撐對外戰爭以外，仍有餘力發展國內工業建設。